133

ALESSANDRO DUCE

STORIA DELLA POLITICA INTERNAZIONALE

Il tramonto degli imperi coloniali (1945-2013)

EDIZIONI STUDIUM - ROMA

Ci sono cose per cui
sono disposto a morire,
ma non ce n'è nessuna
per cui sarei disposto
ad uccidere.

GANDHI

Prima edizione: 2013 / *Ristampa*: 2018

ISBN 978-88-382-4174-1

www.edizionistudium.it

INDICE

RINGRAZIAMENTI

Nella stesura di questo secondo volume ho utilizzato i suggerimenti, le osservazioni e le critiche di molte persone; grazie al loro contributo ho portato a termine questa pubblicazione superando molti ostacoli sul piano del metodo, dei contenuti e delle scansioni temporali. Ancora una volta ho potuto constatare la disponibilità, l'attenzione, non di rado l'affetto, nei miei confronti di studiosi, di esperti in problemi internazionali, di esponenti politici e di docenti e la sincera intenzione di collaborare al completamento di questo progetto culturale. Il debito di gratitudine contratto nei loro confronti mi obbliga a ringraziarLi e a riaffermare anche in questa sede che nutro nei loro confronti una doverosa e sincera riconoscenza; sono ben consapevole di non poter in alcun modo ricambiare quanto essi hanno fatto per me. Preferisco non citarli per non dimenticare qualcuno e per non coinvolgerli nelle valutazioni che potranno essere fatte su questa pubblicazione. Né minore è la mia riconoscenza per i tanti addetti agli archivi e alle biblioteche con cui ho avuto modo di collaborare in questo periodo; senza la loro disponibilità e professionalità i risultati del mio impegno sarebbero stati senza dubbio molto diversi.

Ai professori Massimo Bucarelli, Daniele Caviglia e Luciano Monzali devo un particolare ringraziamento per avere affiancato la mia fatica con intelligenti osservazioni su questioni specifiche e sulla sistemazione complessiva del volume. Agli stimoli e alle sollecitazioni di questi docenti devo associare anche il contributo di alcuni giovani dottori: Davide Duce, Alessandro Mambelli, Rosario Milano e del maresciallo Alfonso Bottazzi; essi, studiosi ed operatori di materie storiche, giuridiche, finanziare ed economiche, hanno contribuito a completare e ad arricchire il testo, a definirne la stesura, a rileggere le bozze e in generale a giungere alla pubblicazione.

Un aiuto prezioso mi è stato offerto anche dal direttore delle Edizioni Studium dott. Simone Bocchetta che ha curato il coordinamento editoriale dell'intero volume (testo e fotografie) e ha predisposto gli indici delle località geografiche e delle personalità; merita altresì un esplicito ringraziamento la dott.ssa Anna Augusta Aglitti, che ha contribuito alla correzione delle bozze e ad una riepilogativa rilettura del testo.

È ovvio che eventuali apprezzamenti positivi per questo volume evidenziano il meritorio impegno di tutte queste persone; al contrario eventuali carenze, errori, disorganicità sono da attribuirsi soltanto all'autore.

Un grazie sincero anche alla mia famiglia, a mia moglie Dina e ai miei figli Stefania e Davide; essi, pur non impegnati nel "lavoro storico", hanno manifestato, in più occasioni, curiosità, apprezzamento e rispetto per la mia attività professionale.

PREFAZIONE

Anche questo secondo volume vuole essere uno strumento didattico per gli studenti universitari e per quanti devono affrontare esami postlaurea o concorsi a vario livello per accedere a carriere di profilo internazionale. Questa primaria intenzione non esclude che possa essere d'aiuto per tutti coloro che hanno interesse ad approfondire la conoscenza della politica internazionale o operano in settori professionali per i quali può essere utile una conoscenza specifica e approfondita di queste tematiche (studiosi, diplomatici, giornalisti, funzionari pubblici, esponenti politici, dirigenti di multinazionali, funzionari di organizzazioni governative e non, ecc.). Le finalità didattiche prevalenti e l'attenzione per un mondo più vasto di possibili "utenti" presuppongono alcuni chiarimenti sui contenuti e sul metodo adottato.

Emerge evidente la diversità d'impostazione dalla manualistica tradizionale italiana ed estera. Essa evidenzia la colonizzazione e la decolonizzazione rispetto a molti altri avvenimenti, pur importanti, che hanno caratterizzato la vita della comunità internazionale nel periodo studiato. La scelta vuole evitare il rischio di una lettura di questi fenomeni nel contesto delle relazioni fra le maggiori potenze, ma cerca, al contrario, di evidenziare il ruolo specifico delle forze di "liberazione anticoloniali" nei settori continentali nei quali si sono manifestate e presentarle nella loro autenticità. Risulta in tal modo più evidente il ruolo decisivo da esse avuto nei processi di decolonizzazione e quello assai più limitato esercitato dagli Stati coloniali, dalle stesse "grandi potenze", dalla Società delle Nazioni, dall'Organizzazione delle Nazioni Unite e dai blocchi ideologico-militari formatisi dopo la seconda guerra mondiale.

Un ulteriore elemento di novità è il richiamo al periodo precedente al 1945, cioè un esame della colonizzazione e della decolonizzazione precedente. È utile fornire un quadro sintetico della formazione dei più importanti imperi coloniali d'oltremare e contigui per spiegarne poi la progressiva decomposizione. Quest'ultima, pur avviata ormai da alcuni secoli, non può ancora considerarsi completamente compiuta. Infatti, in alcune aree del nostro pianeta, sono in atto confronti politici e militari scaturiti da quelle originarie espansioni e dominazioni che ancor oggi sono contestate. Occorre un'ulteriore premessa su questa evoluzione. È bene precisare che non esiste una continuità temporale fra le due fasi del fenomeno (sottomissione-liberazione). Non c'è un periodo in cui si manifesta l'espansione dei possedimenti coloniali alla quale segue il tramonto delle dominazioni esterne. I due fenomeni sono intrecciati: accade, infatti, che mentre in interi continenti la decolonizzazione è, di fatto, compiuta, in altri deve ancora avvenire o è in una fase di avvio. In tal modo quando le Americhe (Nord-Centro-Sud) si liberano, fra la fine del Settecento e l'inizio dell'Ottocento, dal giogo coloniale europeo, la colonizzazione di altri continenti è appena all'inizio e lo stesso periodo dell'imperialismo coloniale si manifesterà nei decenni successivi.

Allo studio della decolonizzazione e ai suoi sviluppi in alcune aree è dedicato uno spazio più ampio sia per l'importanza dei settori specifici sia per le conseguenze che essi hanno avuto a livello internazionale. In questo senso sono analizzati i problemi del Medio Oriente, la questione palestinese, l'indipendenza dell'India e del Pakistan, il teatro indocinese, l'emisfero occidentale e la realtà cubana dopo l'affermazione del castrismo. Non manca un'analisi dettagliata della conclusione dell'esperienza coloniale negli altri territori inseriti negli imperi coloniali africani ed asiatici.

Per quanto riguarda l'URSS è evidenziata la fine dei vincoli "imperiali" creati dallo zarismo prima e dai sovietici poi. Anche in questo caso, come per gli ottomani, si tratta della decomposizione di un impero contiguo alla potenza colonizzatrice e non d'oltremare.

Nella parte conclusiva del volume ho ritenuto opportuno far luce su alcuni problemi che possono essere ricondotti a forme di "colonizzazione particolare". Si tratta delle controversie sorte a proposito delle calotte polari e degli accordi sottoscritti da diversi Stati sullo spazio extraterrestre e sull'utilizzo dei satelliti naturali del nostro pianeta. L'attualità e l'importanza di questi problemi ne hanno consigliato la specifica trattazione che gioverà, senza dubbio, ai lettori.

Una valutazione complessiva del fenomeno della decolonizzazione ha comportato anche riflessioni sul neocolonialismo e sull'evoluzione dei rapporti fra i Paesi ex coloniali e gli altri Stati. La fine del colonialismo ha determinato una profonda trasformazione della comunità internazionale sia sul piano politico che su quello economico e ha segnato una profonda evoluzione delle stesse organizzazioni internazionali. Su un piano più generale la fine del rapporto di sudditanza fra popoli dominatori e dominati, il tramonto dell'imperialismo storico, l'emancipazione di significative comunità, i nuovi rapporti più rispettosi e costruttivi fra civiltà e culture diverse, hanno contribuito alla formazione di una coscienza umana più matura e in ultima analisi al convincimento di una sostanziale unità e uguaglianza fra tutti gli uomini, cioè all'unicità della razza umana. Questa evoluzione ha determinato una nuova sensibilità nei confronti dei diritti umani e della necessità di tutelarli con adeguati accordi interstatuali o con interventi anche all'interno dei singoli Stati ove essi siano minacciati o violati in modo grave.

INTRODUZIONE

Il fenomeno della decolonizzazione, che prende corpo su larga scala alla fine del secondo conflitto mondiale, si sviluppa in modo autonomo, cioè non è legato in modo diretto agli eventi bellici; al contrario, la decolonizzazione delle aree soggette al Giappone e all'Italia fa parte degli accordi degli alleati e dei trattati di pace. Questo comportamento accelera un processo analogo, fra l'altro già avviato, anche nei confronti degli altri colonizzatori; ancora una volta emerge il contrasto fra il permanere delle loro presenze coloniali e la politica adottata nei confronti dei vinti, com'era già accaduto alla fine del primo conflitto mondiale. Una parte della decolonizzazione è vissuta e imposta dai vincitori ai vinti; un'altra parte, assai più consistente, si muove secondo logiche diverse che vedono l'affermarsi di *élites* culturali e politiche, di movimenti e partiti sostenitori del completo affrancamento dai vincoli coloniali esistenti.

La fase critica della decolonizzazione, il passaggio cioè dei poteri effettivi da mani straniere a quelle dei rappresentanti dei popoli autoctoni, ha origine da cause diverse. Da una patre registriamo l'azione dei movimenti, dei partiti, dei *leaders*, delle *élites* locali che, con motivazioni diverse, domandano prima maggiore partecipazione alla guida della vita pubblica, poi maggiore autonomia e in seguito l'indipendenza per i nuovi Stati. Dall'altra si segnala l'attenzione specifica delle maggiori potenze USA e URSS. Nel confronto competitivo Washington vede nella fine degli imperi coloniali l'affermazione di Stati indipendenti retti da sistemi politici liberal-democratici con economie aperte alla libera iniziativa e al commercio internazionale basato sul liberoscambismo: essi devono rafforzare l'area del "mondo libero". L'URSS, al contrario, propone una saldatura più complessa e radicale: la cacciata dei colonizzatori deve essere l'occasione per inaugurare anche una rivoluzione marx-leninista per collocare i nuovi Paesi all'interno del mondo comunista. La posizione delle potenze europee colonizzatrici è diversa, trovandosi in questo periodo a fronteggiare le pressioni dei popoli delle rispettive aree d'influenza, ma anche la propaganda anticoloniale delle due maggiori potenze: i tentativi europei di mantenere il controllo di questi territori o di ripristinarlo, dopo averlo perduto durante la guerra, saranno vani. Le azioni militari, le offerte socio-politiche, le forme nuove di collaborazione o d'integrazione con le "metropoli" non porteranno agli equilibri auspicati, mentre si affermerà la richiesta della piena indipendenza. Ciò avviene con tempi e modalità diverse nelle varie aree interessate al fenomeno, ma alla fine il confronto fra colonizzati e colonizzatori si conclude con una generale affermazione delle aspirazioni indipendentistiche. La decolonizzazione non è importante soltanto per i popoli che coinvolge o per i rapporti fra questi ultimi e le potenze coloniali, ma acquista un rilievo molto più incisivo nella competizione fra i sistemi concorrenti e in questo senso contribuisce a creare il contesto di una politica internazionale globale.

Il fenomeno influisce in maniera molto più incisiva sullo sviluppo di rapporti globali fra popoli e governi di quanto non abbiano fatto la colonizzazione in oltre cinque secoli e lo stesso conflitto mondiale. Quest'ultimo ha senza dubbio attivato progetti politico-militari a livello mondiale, comportato programmazioni economiche a fini civili e bellici di respiro intercontinentale, provocato lo spostamento di collettività umane, ma in realtà è stato vissuto da un lato come necessità espansiva di alcuni Stati o di reazione difensiva di altri. In definitiva, ha avuto caratteristiche d'emergenza, di drammaticità e di estrema distruzione ai limiti del genocidio.

Al contrario, nei decenni successivi, la decolonizzazione (anche con le violenze e le guerre che comporta) è vissuta in termini positivi, come emancipazione, occasione di progresso e di sviluppo, di fiducia nelle capacità creative dei popoli sottomessi. Nasce una comunità internazionale nuova, aperta alla partecipazione di decine di nuovi soggetti con i quali sarà necessario coesistere e collaborare. Anche la sfida in atto fra Washington e Mosca per dimostrare la validità del proprio sistema ha una dimensione prioritaria interna, ma presuppone un orizzonte più ampio. I gruppi dirigenti americani, sovietici e anche cinesi sono consapevoli che la sfida è mondiale; la felicità "nell'orto di casa" è in contrasto con la vocazione universale dei rispettivi sistemi e d'altronde un'autolimitazione spaziale potrebbe permettere la vittoria del "concorrente storico globale". La vera partita del confronto Est-Ovest si gioca sul tavolo della decolonizzazione: i due blocchi ne vogliono essere i promotori e i garanti. C'è uno sforzo senza precedenti per assicurarsi un'influenza prevalente presso le classi dirigenti dei nuovi Stati o presso i vertici dei movimenti di "liberazione". Questo impegno esterno e questa presenza sul palcoscenico del mondo sono una sentenza di condanna a morte definitiva per le precedenti vocazioni isolazioniste coltivate per anni sia a Washington che a Mosca. L'attivismo internazionale nulla toglie, tuttavia, agli sforzi per raggiungere obiettivi di crescita interna poiché ambedue sono consapevoli dell'importanza del giudizio dei propri concittadini e dei risultati delle loro politiche interne di sviluppo per rendere più credibili e accettabili i loro modelli economico-politici.

Parlare di "decolonizzazione" presuppone conoscenze sulla "colonizzazione". È utile a questo proposito una precisazione pregiudiziale: non c'è continuità cronologica fra i due fenomeni, nel senso che non si registra prima una fase di espansione da parte degli "Stati colonizzatori" alla quale segue un periodo di liberazione ad opera dei popoli che avevano subito quelle originarie dominazioni. Al contrario, queste fasi di "occupazione e di liberazione" sono fra loro indistinte e per molti aspetti contemporanee. Si verifica in tal modo che nei periodi in cui alcune aree si liberano da precedenti vincoli, altre, anche a distanza di decenni o di secoli, li debbano subire, per conoscere soltanto in seguito analoghi processi d'indipendenza. Questa fenomenologia non è dunque coerente e omogenea sul piano cronologico ed ancor meno su quello geografico, ma risponde alle esigenze e alle evoluzioni politiche dei soggetti interessati. Si preferisce in questa sede dare rilievo in modo autonomo alle due fasi della "colonizzazione e della decolonizzazione" per farne risultare più evidenti e chiari gli elementi distintivi (conquiste, occupazioni, liberazioni).

La colonizzazione ha assunto nel corso dei secoli significati diversi legati a circostanze dissimili e non fra loro equiparabili. L'origine della parola colonia trova le sue radici nell'espressione latina *colere*, cioè abitare, coltivare, ma in seguito ha finito per significare esperienze molto diversificate. In sé il fenomeno non è nuovo e non è certo riconducibile alla esclusiva attività degli Stati europei dopo il XV secolo; al contrario esperienze analoghe sono esistite anche in passato seppure in spazi più circoscritti e comunque limitati alla parte del mondo allora conosciuto (Impero assiro, persiano, egiziano, greco e romano, ecc.). Al tempo dei greci e dei romani gruppi di cittadini trasferiti in terre lontane danno vita a colonie che possono avere rapporti più o meno stretti con le rispettive zone di provenienza. In periodi più recenti questa espressione ha indicato un rapporto di occupazione, d'insediamento, di estensione di sovranità di uno Stato su territori lontani o vicini sia attraverso presenze militari che attraverso l'emigrazione di parte della sua popolazione. Si è parlato, a questo proposito, della costituzione d'imperi coloniali per sottolineare un rapporto di conquista, di soggezione, di sfruttamento delle risorse economiche e umane di quei territori.

L'espansione coloniale e imperiale accompagna la vita delle comunità umane fin dai tempi più remoti e ha avuto origini diverse secondo circostanze temporali e ambientali specifiche; anche la distinzione fra espansione contigua alla "madre patria" e lontana non è adeguata a spiegare le differenze esistenti fra diversi sistemi imperiali. Il fatto che l'espansione di uno Stato avvenga in territori limitrofi, cioè ai danni dei suoi vicini confinanti (come ad esempio nel caso della Turchia, della Russia, della Cina, degli USA, ecc.) o in terre o continenti lontani (come in genere hanno fatto le potenze europee o il Giappone), non modifica la sostanza del problema.

La casistica è molto varia nelle tipologie adottate dai diversi Stati colonizzatori, i quali spesso mutano i criteri della loro presenza nella stessa area o adottano soluzioni dissimili fra le colonie sulle quali estendono la loro preminenza. Ciò ha contribuito all'attribuzione di significati diversi del termine "colonia". Negli ultimi decenni, ad esempio, non si è più fatto riferimento ai trasferimenti di popolazioni dai Paesi colonizzatori, ma è stata attribuita una maggiore importanza alla conquista e all'occupazione di territori, a concetti di natura etico-nazionali o si è passati a valorizzare quelli territoriali, cioè la conquista, l'occupazione e il dominio su aree esterne alla madrepatria. Questa impostazione non ha tuttavia risolto il problema di fondo e cioè se debbono essere considerate come colonie anche le regioni contigue agli Stati espansivi ed ancor meno nel caso in cui essi attribuiscono ai residenti la piena cittadinanza e non la condizione di sudditi. Questo problema ha rivestito un particolare rilievo per l'espansione statunitense nel continente nordamericano e per la Russia nelle aree siberiane e asiatiche.

Occorre resistere alla tentazione delle definizioni terminologiche (colonie, colonialismo, impero, imperialismo, ecc.) e restare all'essenza del problema. Questo fenomeno si manifesta quando un popolo, una nazione o uno Stato assumono il controllo e la gestione di altre collettività più o meno organizzate e dei territori da esse occupati. In questo senso si presentano diverse tipologie di colonie sia per quanto riguarda il modo della loro acquisizione sia per l'utilizzo che ne è effettuato sia per le strutture politiche e istituzionali con le quali esse sono gestite. È utile sottolineare la necessità di esaminare caso per caso i fenomeni più significativi della colonizzazione e della nascita degli imperi senza creare astratte categorie interpretative. Ancora una volta nello studio delle relazioni internazionali giova l'ancoraggio ai fatti, al loro svolgimento, alla ricerca delle fonti che ci aiutano a comprenderli.

I. L'ESPANSIONE COLONIALE

1. *Le prime iniziative (Spagna, Portogallo, Francia, Olanda, Inghilterra e Russia)*

L'avvio dell'espansione degli europei negli altri continenti si afferma a partire dai secoli XV e XVI dopo la formazione degli Stati nazionali, lo sviluppo delle flotte e l'uso di nuovi strumenti per l'orientamento della navigazione, della cartografia e delle moderne armi da fuoco. Se è vero che anche in precedenza vi erano stati contatti, esplorazioni, spedizioni commerciali in continenti lontani, essi erano rimasti elementi eccezionali legati all'iniziativa di singoli trafficanti o di audaci navigatori. Ora si assiste ad una penetrazione in tutte le aree del globo, cioè nelle Americhe, in Africa e nell'Estremo Oriente asiatico. Gli europei dimostrano una sorprendente vitalità in un periodo di rinnovamento e di profonde trasformazioni (non a caso chiamato Rinascimento) che li porta a dominare i mari grazie ai quali raggiungono terre lontane, spesso inesplorate o ignote, con lunghi viaggi. Molto attivi in queste imprese si dimostrano spagnoli e portoghesi; questi ultimi già agli inizi del XV secolo operano lungo le coste occidentali dell'Africa: nel 1487 Bartolomeo Diaz arriva alla punta estrema del continente (Capo di Buona Speranza) e apre la strada nell'Oceano indiano a Vasco de Gama, che porta i naviganti portoghesi fino all'India. Si è aperta in tal modo la via delle Indie, grazie alla quale è possibile trasportare prodotti indigeni senza passare attraverso territori mediorientali (Mar Rosso, Egitto) controllati da Stati musulmani per poi risalire il Mediterraneo. La posizione di questi ultimi risulta, inoltre, rafforzata dalla conquista, ad opera degli ottomani, di Costantinopoli (1453). Non si dimentichi che l'Europa è da secoli importatrice d'importanti prodotti dall'Asia centrorientale e che già al tempo di Roma erano molto attivi gli scambi nei mercati mediorientali, in particolare ad Alessandria d'Egitto, a Tiro e Antiochia, lungo le coste e le isole orientali del Mediterraneo. Le spezie sono molto ambite dagli europei, in particolare il pepe nero utile per la conservazione e l'aromatizzazione delle carni, ma anche la cannella e il chiodo di garofano. Da quelle aree arrivano altri prodotti: legni pregiati, perle, corallo, caffè, cotone, sete, allume, pietre marine, argento, oro, lacche, sesamo. In questo periodo il continente europeo registra un passivo commerciale con l'Asia in quanto non è nelle condizioni di esportare beni apprezzabili per quelle popolazioni. I pagamenti vengono effettuati con monete e lingotti (oro, argento, rame).

Mentre i portoghesi raggiungono le Indie navigando verso Est (cioè circumnavigando l'Africa), gli spagnoli pensano di raggiungerle navigando verso ponente (cioè verso l'Ovest): «buscar el Levante por el Ponente». In questo modo il viaggio di Cristoforo Colombo, progettato per raggiungere l'Asia (India, Cina, Giappone), porta alla scoperta del continente americano (1492) e alla sua progressiva colonizzazione da parte di diverse potenze europee. Gran parte dei territori sud e centro americani è divisa fra Madrid e Lisbona in conformità a disposizioni emanate (1492-1495) dal Pontefice Alessandro VI, nel contesto, ancora accettato, di una investitura pontificia per legittimare il possesso di territori considerati "nullius" perché popolati da non cristiani. Secondo questa ripartizione, alla Spagna spettano le aree orientali, al Portogallo quelle occidentali. Da parte loro gli spagnoli dilagano nel Centro e Sud America dove sottomettono i maya, gli aztechi e gli inca, gli indigeni delle Antille. Riescono in tal modo a procurarsi ingenti quantità d'oro sottratto a quelle popolazioni debellate e schiavizzate e anche ad attivare, a metà del 1500, le miniere peruviane e messicane d'oro e d'argento e le riserve minerarie della catena andina. Questa enorme disponibilità di metalli preziosi trasportati in Spagna sarà all'origine della grave crisi inflattiva degli anni seguenti e contribuirà alla flessione delle condizioni di vita del continente.

I portoghesi creano una vasta rete di collegamenti marittimi, terrestri e insulari che li collega alla madrepatria e assicura un flusso rilevante di risorse: doppiata l'Africa si spingono a Goa, nelle Molucche, nel Borneo, a Celebes, nella penisola di Malacca, a Macao e si garantiscono la sicurezza dei transiti con il controllo del Golfo Persico e di Ormutz. Le occupazioni successive, le guerre per sottomettere gli indigeni, la ricerca dell'oro, lo sfruttamento delle risorse locali sono giustificate in parte dalla convinzione di compiere una missione di civiltà, di proselitismo religioso, e dalla sostanziale convinzione della superiorità della "razza bianca", nonché dalla necessità di conoscere il pianeta in tutta la sua estensione e di percorrere pertanto senza limiti gli oceani. L'espansione degli iberici è fra l'altro molto sensibile all'impegno che gli Stati cristiani devono svolgere per allargare l'area della cristianità con la conversione dei popoli infedeli. C'è uno stretto legame fra le motivazioni "laiche" e quelle "religiose" che gli stessi Pontefici di quel periodo sottolineano anche per rafforzare il valore delle loro autorizzazioni. Già in precedenza Nicolò V (1452) aveva autorizzato il monarca portoghese Alfonso «a invadere, conquistare, espugnare, soggiogare» i regni, i domini, le città, gli accampamenti «dei saraceni, dei pagani, degli infedeli e dei nemici di Cristo». Ancora nella logica della Repubblica cristiana medioevale i popoli infedeli e di altre civiltà inferiori non possono costituire entità sovrane, ma devono essere inclusi negli Stati cristiani. Alla luce di queste premesse, si comprende più facilmente lo sviluppo delle missioni religiose al fianco dei colonizzatori sia nelle fasi iniziali delle invasioni e delle occupazioni che in quelle successive degli insediamenti. In sostanza la religione cattolica e la S. Sede hanno un ruolo rilevante nell'espansione coloniale portoghese e spagnola. Nel Medioevo, e anche dopo, il Papa è considerato capo della cristianità, riconosciuto come arbitro e guida, quasi un super sovrano. Dalla S. Sede vengono incoraggiamenti e autorizzazioni. La sua autorità non nasce soltanto da fattori strettamente religiosi, ma dal convincimento che essa rappresenti un punto di riferimento e di sintesi accettabile della complessa tradizione romano-greco-orientale. La coscienza di questa sintesi rafforza l'esercizio di un potere spirituale non discusso e contribuisce a rendere più coordinato, quasi unitario, l'operato espansivo degli Stati europei che alla Chiesa di Roma fanno più esplicito riferimento. Le Bolle papali legittimano l'estensione di sovranità di Lisbona e Madrid, impongono l'obbligo di far convertire i nativi delle terre scoperte e occupate e di sottomettere coloro che resistono alla fede di Cristo, azione che risulta conforme al diritto delle genti di quel tempo. Un analogo comportamento è tenuto dai potentati musulmani: anzi, in diverse occasioni, il rifiuto della conversione può comportare non solo la schiavitù, ma anche la morte. Non senza motivo è stato osservato che i primi navigatori, esploratori e conquistatori sono ispirati dal "motto delle tre G": *God*, *Gold*, *Glory*.

Lo sviluppo della colonizzazione e la successiva formazione di estesi imperi a partire dal XV secolo determinano significativi insediamenti in altri continenti di popolazioni europee, ma la dottrina cristiana è poco conosciuta ed ancor meno diffusa nelle aree extraeuropee con poche e ben circoscritte eccezioni. La definizione dei rispettivi "spazi espansivi coloniali" non risolve che una parte dei problemi sul tappeto. In realtà, anche se l'autorità della S. Sede è riconosciuta ed accettata essa deve affrontare molte difficoltà. Gli Stati pretendono di esercitare poteri speciali nelle rispettive colonie anche in campo religioso; non di rado definiscono il territorio delle circoscrizioni religiose, effettuano controlli sulle attività degli ecclesiastici, ne influenzano la distribuzione, non esitano ad intervenire nella nomina dei vescovi destinati ad esercitare il loro magistero "oltremare". La Chiesa di Roma rifiuta ogni forma di sudditanza, ma non dispone di strumenti adeguati per prevalere in questo confronto: da un lato vuole essere presente per evangelizzare i nativi, dall'altro dipende sul piano logistico dalle potenze colonizzatrici (trasporti, insediamenti, viveri, difesa militare, ecc.). Nasce in questo contesto una situazione confusa di collaborazione e di contrapposizione, poiché si vuole assicurare l'evangelizzazione e l'inserimento nella Chiesa degli indigeni, ma cercando di non apparire come l'espressione religiosa dei colonizzatori. Conquiste, occupazioni, insediamenti, sfruttamento di risorse possono essere accettate e giustificate purché apportatrici di "civiltà" e capaci al contempo di garantire l'evangelizzazione e l'adesione alla Chiesa di nuove comunità indigene. Questi indirizzi, più teorici che realistici, mal si conciliano con la condotta pratica dei colonizzatori che, con il passare degli anni, diventa sempre più oppressiva e sfruttatrice. Già nei primi decenni della colonizzazione latino-americana non mancano nel mondo cattolico forti critiche per la scarsa considerazione in cui sono tenuti i nativi, per i metodi brutali e repressivi adottati e per le conversioni forzate. Nelle voci di questo dissenso emergono quelle dei domenicani Bartolomeo Las Casas, autore della *Storia delle Indie* (1561), e Francesco De Vitoria.

Fra le preoccupazioni maggiori della S. Sede emerge la questione della schiavitù praticata dai colonizzatori sia in Africa che nelle Americhe. Già nel 1436 Eugenio IV condanna i cristiani che la utilizzano nelle Canarie e li minaccia di scomunica. Anche Sisto IV insiste sulla problematica della tutela delle popolazioni delle coste africane, né minore è l'impegno di Paolo III (1534-1549) e di Pio V (1566-1572) a difesa degli "indiani d'America" dalle prevaricazioni e dalle violenze degli occupanti europei. Nonostante queste condanne e questi autorevoli richiami, le potenze colonizzatrici non esitano a proseguire nei secoli successivi nei loro progetti espansivi e anche nella tolleranza della schiavitù, a tal punto che Benedetto XIV (1741) e Gregorio XVI (1831) tornano a più riprese a condannare lo schiavismo.

Di fatto il colonialismo crea vincoli fra le Chiese cristiane e le potenze anche se gli obiettivi finali divergono: le compagnie commerciali e gli Stati proseguono obiettivi economici, militari, strategici, di prestigio; le gerarchie religiose, al contrario, intendono procedere nell'evangelizzazione degli indigeni e nel promuovere opere caritatevoli per migliorarne le condizioni di vita. Esse operano per sostituire credenze e riti pagani, pratiche di stregoneria e altri comportamenti ritenuti primitivi con il messaggio salvifico del cristianesimo. In questa ottica si costituiscono e si diffondono le missioni, vale a dire nuclei di insegnamento religioso forniti di adeguati strumenti operativi (sacerdoti e pastori europei, chiese, scuole, ospedali, ecc.). Lo sviluppo di queste strutture procede, in genere, di pari passo con gli insediamenti dei colonizzatori. Anche se i fini e i metodi adottati dagli uni e dagli altri sono diversi, essi appaiono spesso agli occhi dei nativi legati fra loro. Il "nuovo credo" è quello professato dagli "invasori bianchi" d'oltremare. Questa situazione non può essere considerata di carattere generale, ma rappresenta un aspetto importante dei rapporti fra gli indigeni e i colonizzatori laici o religiosi, poiché il fenomeno non si concretizza con uguale intensità in tutte le aree coloniali nello stesso periodo. In sostanza, l'occidentalizzazione e la cristianizzazione appaiono come due fenomeni collegati fra loro e destinati a percorrere un cammino parallelo. Anche la Francia e l'Inghilterra si affacciano, nel XVI secolo, nella parte settentrionale del nuovo mondo con la nascita della "Nuova Francia" e della "Nuova Inghilterra". Alla base dei primi insediamenti inglesi in America vi sono fattori religiosi; nel 1600 gruppi di coloni che rifiutano la "Chiesa Stabilita" dal governo dopo la rottura (1534) fra Enrico VIII e la S. Sede cercano in terre lontane la pace della coscienza e prospettive economiche nuove. I trasferimenti sono resi possibili dal precedente rafforzamento (durante i secoli XIII-XVI) della marina mercantile e militare e dallo sviluppo del commercio marittimo. Agli inizi del 1600 queste iniziative sono opera di privati pur approvate e sostenute dalla Corona. Nel Nord America prendono corpo colonie in prevalenza di popolamento a vocazione agricolo-artigianale e attività di gruppi capitalisti che danno vita a compagnie commerciali con obiettivi specifici, godendo di privilegi monopolistici che gli ambienti governativi riconoscono e tutelano. Nel 1600 la più nota di queste compagnie è quella delle Indie, destinata ad avere un ruolo di rilievo nella politica coloniale ed estera di Londra anche nei secoli successivi quando prenderà corpo il più grande impero coloniale dell'Occidente europeo.

Anche le isole tropicali del Centro America suscitano l'attenzione di Londra: sono occupate le Bermuda (1602), le Barbados (1625), le Sottovento (Leeward Island). La presenza inglese, articolata in una rete di colonie (Virginia, Nuova Inghilterra, Massachusetts, Providence, ecc.), porta a continui e consistenti insediamenti di popolazione proveniente dall'Europa e ad una progressiva espansione verso i territori dell'interno.

Alla foce del San Lorenzo s'insediano i francesi, si forma la Compagnia commerciale dei Cento Associati (1628), si sviluppa la città di Quebec, è fondata Montreal (1641), iniziano esplorazioni e insediamenti nelle aree boschive e lacustri dell'interno, nascono rapporti di collaborazione con alcune tribù indigene, mentre con altre si devono affrontare sanguinose guerriglie. Parigi s'interessa anche alle isole caraibiche ove effettua sbarchi e occupazioni (Antille, Guadalupa, Martinica, Tortuga).

Fra i popoli che già all'inizio del 1500 partecipano alle spedizioni marittime e agli insediamenti in altri continenti occupano un posto di rilievo anche gli olandesi. Essi con la Repubblica delle Province Unite hanno dato vita ad uno Stato ricco, attivo sul piano commerciale, che dispone di risorse finanziarie, di oro e di una poderosa flotta commerciale. Amsterdam è uno dei principali porti commerciali del mondo dopo essere stata nei decenni precedenti un punto di riferimento per i traffici marittimi nordeuropei legati in particolare allo scambio dei prodotti ittici (merluzzi, aringhe, crostacei, ecc.). Anche qui si costituisce una Compagnia per le Indie orientali che sviluppa le sue attività lungo le coste africane, nell'Oceano Indiano, a Ceylon, Malacca, a Sumatra, in Persia, in India alla foce del Gange, a Formosa, nei mari della Cina, lungo le coste settentrionali dell'Australia fino alla Tasmania (1642). Gli olandesi sono interessati anche ai territori nord-americani. Nel 1602 nasce la Compagnia unita delle Indie orientali, la più organizzata, attiva e ricca del mondo olandese; sarà ceduta più tardi (1800) allo Stato quando ancora mantiene il controllo dell'area indonesiana. Nel corso delle loro attività extraeuropee gli olandesi determinano anche trasferimenti di popolazione fra i quali l'insediamento a Città del Capo. I discendenti dei coloni originali sono noti come "boeri" (oggi afrikaner). L'espansione olandese è frutto in prevalenza delle iniziative di armatori e commercianti che, già arricchitisi con i trasporti marittimi, con il traffico delle risorse ittiche e delle attività artigianali e preindustriali, guardano con crescente interesse alle opportunità offerte dalle "nuove terre"; risultano meno importanti le motivazioni religiose, politiche o di potenza nazionale. Alla foce dell'Hudson nasce la "Nuova Olanda" (1610). Nel 1621 è costituita la Compagnia delle Indie Occidentali e nell'isola di Manhattan si forma la città di Nuova Amsterdam. Si registrano anche insediamenti e iniziative commerciali in Brasile che non avranno però una durevole esistenza. Tali compagnie, grazie alla disponibilità di capitali, si dimostrano molto competitive sia in Asia che in America; acquistano un ruolo primario nell'arcipelago indonesiano e sono molto attive in India e lungo tutte le rotte dell'Oceano Indiano, mentre assumono un comportamento più cauto verso la Cina e lo stesso Giappone. Nel 1600 cresce da parte loro l'interesse anche per l'America, ma ciò non si deve soltanto alle precedenti iniziative ispano-portoghesi e delle altre potenze, bensì anche al diffuso convincimento che sia possibile ottenere dal nuovo mondo forniture importanti e durevoli (metalli, cotone, cacao, zucchero, tabacco, perle, pellicce) tali da mettere in ombra quelle di provenienza asiatica. Anche danesi e svedesi agli inizi del 1600 partecipano allo sviluppo delle relazioni con gli altri continenti e promuovono compagnie per estendere i commerci; Madrid e Lisbona hanno, al contrario, mantenuto uno stretto controllo statale.

Queste presenze d'oltremare di alcuni Stati europei presentano molte affinità: anche se le autorità politiche sono interessate e presenti, il ruolo più rilevante nelle esplorazioni, negli scambi e negli insediamenti è assunto dalle compagnie private che godono di ampia autonomia. Anzi esse beneficiano di significativi privilegi in quanto sono delegate ad esercitare alcune funzioni pubbliche e a godere di diritti che competono alle famiglie regnanti o ai governi. Né si tratta di concessioni di poco rilievo o riconosciute per periodi brevi. Al contrario, l'esame dei loro statuti rivela l'importanza e l'estensione di queste prerogative: possono procedere ad esplorare e occupare territori, sono autorizzate a costruire porti, fortificazioni provvisorie e permanenti, alleanze con esponenti delle comunità indigene e intese con altre compagnie e, in caso di necessità, possono intraprendere azioni militari e porre fine ad esse con conseguenti accordi di pace. C'è, in questa indipendenza, da un lato la presenza di deleghe autorevoli che non significano rinuncia permanente ad esercitare pieni poteri da parte della madrepatria, ma anche l'evidente intenzione di estendere i confini dell'autonomia di azione dei dirigenti delle compagnie. Esse finiscono per essere vere e proprie strutture operative degli organi centrali con funzioni diverse da quelle delle tradizionali ambascerie diplomatiche, diventando strumenti concreti ed efficaci per estendere il dominio commerciale e territoriale degli Stati di appartenenza. Lo sviluppo di queste strutture, a vocazione commerciale e militare, modifica in parte le giustificazioni iniziali delle imprese marinare ed espansive senza rinnegare la necessità di allargare i confini della cristianità, di convertire, civilizzare e proteggere le popolazioni indigene. Si affermano sempre di più gli interessi economici degli Stati europei sia con il rafforzamento delle reti commerciali, sia con gli insediamenti territoriali grazie ai quali sono assicurati punti di appoggio sicuri alle flotte, ma anche condizioni di maggior vantaggio nel reperimento dei prodotti locali o nelle condizioni degli scambi con gli indigeni. Questa originaria condizione subisce successivi mutamenti a seguito dello sviluppo industriale europeo che accresce, in modo considerevole, sia la necessità di materie prime che di forza lavoro. Aumentano il prelievo delle risorse agricole e minerarie dei Paesi occupati e l'utilizzo della forza-lavoro anche con massicci trasferimenti forzati ricorrendo alle forme ben note della schiavitù, in particolare dal continente africano verso quello americano. La mano d'opera nera è molto apprezzata poiché si calcola che il rendimento di un lavoratore indio dell'America Latina sia di ben quattro volte inferiore a quello di uno schiavo africano. Tale disparità giustifica la scelta operata anche a costo di dover affrontare i lunghi e pericolosi viaggi marittimi Africa-America da parte delle navi dei mercanti di schiavi. I trasferimenti iniziati già nel 1500 diventano sempre più consistenti nei secoli successivi e raggiungono l'apice nel 1700. Di fatto, con motivazioni diverse, si assiste ad una vera e propria competizione fra gli Stati europei per assicurarsi presenze, influenze e occupazioni in America, in Asia, in Australia e in Africa, cioè in tutti i continenti extraeuropei.

Nei primi secoli di questa espansione portoghesi, spagnoli, francesi, olandesi e inglesi cercano nuove vie marittime per raggiungere le Indie con la speranza di trovare ricchezze e con la certezza di sviluppare i commerci con altre popolazioni. C'è il convincimento che la presenza europea possa far progredire in tutti i campi quei popoli che paiono assai meno progrediti; diffondere il Vangelo, affermare la civiltà occidentale, proteggere gli indigeni, sviluppare i commerci, ricercare ricchezze restano alla base di queste iniziative per un lungo periodo di tempo. Da questo punto di vista la colonizzazione diventa anche un servizio a favore dei popoli meno sviluppati e assume la dimensione di una vera e propria missione per i colonizzatori. Queste prevalenti motivazioni si rafforzano già nel corso del XVII con altre giustificazioni legate all'incremento dei traffici commerciali e al progressivo sviluppo delle attività industriali; la crescita di queste ultime accentua l'importanza delle colonie e spinge alla conquista di nuovi insediamenti. Dagli originali scali commerciali marittimi si guarda con crescente interesse anche all'interno dei territori, dove possono essere sfruttate risorse minerarie, raccolte in ogni modo materie prime e prodotte piante esotiche (caffè, canna da zucchero, cotone, caucciù, the, ecc.).

Fino alla Rivoluzione francese è diffusa una concezione patrimoniale delle colonie e dei loro abitanti, che vengono considerate appartenenti allo Stato che ne dispone a proprio piacimento in quanto costituiscono parte del patrimonio pubblico che può essere liberamente utilizzato nell'interesse della comunità metropolitana e, in caso di necessità, alienata o scambiata con altri potentati. È diffuso il convincimento che la politica coloniale sia diventata figlia della politica industriale e che l'Europa senza un'adeguata espansione in altri continenti sia condannata a morire di fame per la crescita esponenziale della sua popolazione.

Dal secolo XVIII in poi il tema demografico si lega sempre più strettamente con quello della ricerca di risorse e produce, di conseguenza, insediamenti coloniali sempre più estesi e correnti migratorie dall'Europa verso gli altri continenti sempre più consistenti.

Nei primi decenni del XIX secolo la presenza inglese si estende in Oceania (Australia, Nuova Zelanda), nel Nord America copre ampi territori dall'Atlantico al Pacifico, in Africa rafforza gli insediamenti nel Sud e nelle aree occidentali, mentre in Asia continua la penetrazione in India, nel Golfo Persico, negli Stati malesi e in diverse aree della Cina (Hong Kong). In questi primi decenni dell'Ottocento si deve registrare l'occupazione francese dell'Algeria ad opera del governo di Carlo X. Anche la Russia conduce un'azione espansiva nei confronti di vasti territori siberiani ed estende la sua influenza sia nelle aree caucasiche che asiatiche.

2. *Gli Imperi arabo e ottomano*

In questa sede è opportuno anche un riferimento alla formazione degli Imperi arabo e ottomano. Si tratta di occupazioni in aree limitrofe e quindi diverse da quelle condotte in territori lontani "d'oltremare", ma ciò non toglie che queste nuove realtà imperiali precedano i grandi viaggi di scoperta europei e durino fino alla conclusione della prima guerra mondiale (circa sei secoli).

Nel VII secolo Maometto inizia la predicazione del credo monoteistico islamico ("islam" in arabo significa "sottomissione a Dio") nelle strade della Mecca (Arabia occidentale); si sposta in seguito a Medina ("la città del Profeta"), da dove con un piccolo gruppo di seguaci inizia un'intensa attività di proselitismo religioso e politico. Alla penetrazione religiosa è affiancata un'efficace azione militare che, nel giro di pochi anni, porta Maometto al controllo della Mecca (630) e delle aree circostanti.

La dottrina di Maometto, professata dai musulmani, trae origine da rivelazioni divine fatte allo stesso profeta. Le fonti originali per lo studio dell'islam sono numerose; la principale, in arabo classico, è senz'altro il Corano che contiene il messaggio dato da Dio a Maometto, mediatore e annunciatore agli uomini della volontà divina. Esistono anche importanti raccolte in più volumi di fatti, racconti, discorsi relativi alla vita di Maometto che è considerato un modello per la vita quotidiana degli aderenti a questa fede. Al centro di quest'ultima ci sono Dio e la sottomissione totale alla sua volontà. A Dio si deve la creazione del mondo, quella dell'uomo e il suo intervento provvidenziale per tutelare le sue creature durante la loro vita e per giudicarle "con misericordia" alla fine della loro esistenza terrena. Il giudizio finale, al quale sono sottoposti tutti i mortali, è basato sulle loro opere e sulla loro fede; la libertà che Dio ha concesso all'uomo comporta la responsabilità morale. I credenti devono mettere in atto cinque pratiche fondamentali (i pilastri dell'Islam) che sono previste dal Corano: la professione di fede, la preghiera rituale, l'elemosina, il digiuno nel mese del Ramadan e il pellegrinaggio alla Mecca. L'islam ha creato un sistema di vita integrale, una vera e propria civiltà (fede religiosa, ordinamento sociale, legislazione civile e penale, struttura sociale e familiare, sistema alimentare, costumi, ecc.). La divisione fra sfera religiosa e politica, assestata in Occidente da secoli, non ha alcun valore per i musulmani in quanto tutti gli aspetti della vita individuale e sociale devono essere ricondotti alla loro ultima ed esclusiva finalità, cioè la sottomissione a Dio. Questi indirizzi fondamentali del monoteismo islamico hanno dovuto affrontare nel corso dei secoli diverse interpretazioni, contestazioni e contrapposizioni sia all'interno della comunità dei credenti che all'esterno (religioni, ideologie, colonialismo, ecc.).

Nel corso del XX secolo si sono formati numerosi gruppi e movimenti islamici impegnati in campo sociale e politico con l'intenzione di rafforzare i legami con la "tradizione più autentica", di offrire sostegno alle classi più bisognose e di dare una forza politica propria agli aderenti alla fede comune.

Alla morte del profeta la guida dei musulmani (aderenti all'islam) è assunta dai califfi (rappresentanti di Maometto), ai quali si deve la rapida espansione della nuova religione e il controllo di vasti territori: Egitto, Palestina, Siria, Mesopotamia, Iran. Già nella seconda metà del VII secolo l'Impero arabo raggiunge le montagne del Caucaso, ad Est gli attuali territori del Pakistan e dell'Afghanistan e ad Occidente Tripoli. Dal Nord Africa agli inizi dell'VIII secolo entrano in Spagna, mentre ad Oriente penetrano in territorio indiano. Nella penisola iberica gli arabi saranno fermati da Carlo Martello (737), ma vi rimarranno per quasi otto secoli: di fatto l'Impero arabo si estende dalla valle dell'Indo fino alla catena dei Pirenei: saranno allontanati dalla penisola iberica in seguito alla "riconquista cristiana" con la caduta di Granada (1492).

Per secoli l'Impero arabo è retto da dinastie musulmane e i suoi territori godono, in molti casi, di condizioni d'autonomia rispetto al potere centrale dei califfi. Questa realtà viene modificata dall'arrivo dei turchi selgiuchidi nel secolo XI e dei mongoli nel XIII e più tardi, in modo radicale, dalle invasioni dei turchi ottomani (XIV secolo) di fede musulmana. Con loro si forma l'Impero ottomano che si estende nei Balcani, in Ungheria, nell'area della Mezzaluna fertile e nel Nord Africa; non riescono tuttavia a mantenere il controllo del subcontinente indiano né a riconquistare la penisola iberica. Nonostante le difficoltà politiche, la religione islamica si diffonde in alcune zone della Cina, nell'Asia Sud-orientale, le attuali Malaysia e Indonesia, e anche nell'Africa settentrionale subsahariana.

Dopo la scomparsa di Maometto (632 d.C.) si crea una frattura fra i suoi seguaci sulle regole per la scelta dei califfi. Da una parte si forma lo sciismo secondo il quale possono aspirare alla guida della comunità dei credenti (Umma) i discendenti diretti del profeta, in primo luogo sua figlia Fatima Muhammad e suo cugino Ali ibn Abi Talib o comunque un appartenente al lignaggio del fondatore della religione islamica. Gli sciiti, costituitisi nel 661 d.C., danno vita a diversi rami che si suddividono a loro volta in numerose "famiglie" (duodecimani, ismailiti, zayditi, alechiti, alawiti, ecc.). Anch'essi, come tutte le scuole islamiche, accettano i "cinque pilastri" (fede, preghiera, elemosina, digiuno e pellegrinaggio), ma li rafforzano con alcuni fondamenti dottrinali (monoteismo, profezia, imamato, resurrezione e giustizia di Dio). Lo sciismo riconosce a Maometto l'infallibilità assoluta (non solo in materia di fede) e gli attribuisce il merito d'aver compiuto il miracolo più grande con il Corano, trasmessogli direttamente da Dio. Maometto è l'ultimo dei profeti dopo Adamo, Noè, Abramo, Mosè e Gesù; dopo di lui la guida della comunità sarà affidata agli imam che via via nel corso dei secoli devono essere indicati da quello che li ha preceduti, come Maometto ha indicato Alì (suo cugino e genero) come primo imam. Tale catena successoria, con caratteri politici e religiosi, è considerata la continuazione del ciclo della profezia. La divinità, attribuita ai primi imam, è, con il passare dei secoli, sbiadita; ora molte delle comunità sciite ne riconoscono soltanto l'infallibilità e l'impeccabilità. Agli esponenti di grado più elevato fra i religiosi sciiti è attribuito il titolo di ayatollah ("segno di Allah"). Si tratta, in genere, di esperti in studi islamici e di insegnanti di scuole coraniche. I religiosi sciiti indossano turbanti neri o bianchi: nel primo caso essi indicano una discendenza diretta dal profeta. Attualmente la comunità sciita (circa 160 milioni di fedeli) rappresenta la più consistente minoranza dei musulmani presente in alcuni Stati (Iran, Iraq, Azerbaijan, Bahrein) come maggioranza assoluta, in altri con forte maggioranza (Libano, Yemen, Kuwait), in altri in modo minoritario ma significativo (Arabia Saudita, Siria, ecc.); minoranze sciite si registrano anche in Turchia, Pakistan, Afghanistan e India.

L'altro orientamento dell'islam è il sunnismo (657 d.C.): deriva il suo nome dalla parola araba "sunna" (consuetudine) riferita all'opera di Maometto e dei suoi collaboratori. I sunniti rifiutano la tesi sciita che spetti ai discendenti diretti di Maometto la guida della comunità islamica (Umma), mentre sono favorevoli ad un sistema elettivo diretto, attuato da un gruppo ristretto di fedeli. Ad essi spetta nei contesti specifici indicare la persona più adatta a ricoprire questo ruolo (califfo). I sunniti fanno riferimento ai primi califfi, che sono eletti direttamente da un limitato gruppo di esponenti religiosi. Sotto questo profilo il sunnismo rifiuta la teoria della consanguinità ereditaria per la scelta della guida religiosa e preferisce forme di "democrazia" elitaria. All'interno del mondo sunnita si sono manifestate diverse scuole teologiche con specifici indirizzi (hanafismo, shafiismo, malikismo, hanbalitismo). I sunniti hanno espresso nel corso dei secoli numerosi califfi ("vicario", "successore") per la guida della comunità dei credenti; l'ultimo di questi può essere considerato quello ottomano destituito per ordine di Mustafa Kemal Atatürk (Ankara, 1924). Nei decenni successivi il mondo sunnita non ha trovato una posizione unitaria in merito all'attribuzione del califfato e lo stesso problema ha perso la sua originaria rilevanza. L'ipotesi di ridare vita ad un "grande califfato" è stata riproposta da alcune organizzazioni islamiche fondamentaliste. Il ruolo del califfo potrebbe essere oggi ricoperto dal segretario generale dell'Organizzazione della Conferenza Islamica, creata a tutela dei valori dell'islam o, per il mondo arabo, dai vertici della Lega Araba per quanto attiene ai problemi socio-politici. I sunniti rappresentano la stragrande maggioranza degli islamici (circa 1.500.000 aderenti). Con le poche eccezioni già ricordate delle aree a prevalenza sciita, essi prevalgono in tutti gli altri Paesi di fede musulmana.

Nel corso dei secoli è comparsa anche la figura del mufti come esperto giuridico musulmano, che può emettere giudizi e responsi e costituisce un'autorità religiosa. Nell'Impero ottomano è nominato un gran mufti con il compito di rappresentare i musulmani nei rapporti con le autorità delle altre fedi religiose (cristiani ed ebrei). Nella Palestina durante l'occupazione britannica ha un ruolo rilevante il gran mufti di Gerusalemme. Ancora oggi in diversi Paesi, come l'Egitto, il mufti di nomina governativa si occupa delle più importanti questioni esegetiche e giuridiche. Per la gestione della giustizia ordinaria le autorità politiche nominano il qadi che, non essendo un esperto in materia esegetica e di scienza religiosa, deve far riferimento alle leggi derivate dal Corano e dagli altri testi sacri, uniche vere fonti della legislazione (sharia). In tempi più recenti la sua giurisdizione è limitata al diritto familiare e non comprende più quello civile e penale. Le divisioni che si sono create fra sciismo e sunnismo, pur rilevanti, non hanno mai messo in discussione l'appartenenza alla comune fede islamica ed ancor meno l'azione missionaria rivolta a tutti popoli del pianeta.

Le popolazioni nomadi turcomanne, provenienti dall'Asia centrale, già nel secolo XI si muovono verso Occidente, spinte dalle pressioni mongole, da oggettive difficoltà economiche e dalla speranza di potersi insediare nelle aree attigue al Mar Caspio, al Mar Nero e nei territori arabi. Questi ultimi hanno conosciuto un continuo progresso nelle attività commerciali e agricole; i nomadi centroasiatici, dopo aver premuto ai confini di questi territori, riescono a penetrarvi e a prevalere in molte zone e anche a costituire potentati propri. Gli ottomani costituiscono un gruppo di queste popolazioni turche, che, dopo diverse peregrinazioni, si sono insediate in Anatolia non lontano da Costantinopoli. L'Impero che da essi prende il nome ha dunque radici antiche; la sua formazione ha origine già nel XIII e XIV secolo quando i turchi ottomani, da tempo convertiti all'islam, si affermano su altri popoli vicini e consolidano le loro conquiste con successi militari. Nei secoli XV e XVI essi estendono il loro potere su una vasta area. Nella seconda metà del XV secolo conquistano la Serbia, la Morea, la Bosnia, l'Albania, la Crimea, la Siria, Rodi, Buda, Creta, l'Egitto, l'Iraq, Cipro, si espandono in Persia e in Ungheria. La vasta area sotto il controllo diretto e indiretto (Stati vassalli) di Costantinopoli si estende dall'Algeria all'Alto Nilo, dalla penisola balcanica al Mar Nero, dal Mar Caspio ad Aden (con l'inclusione dei Luoghi Santi musulmani fra i quali Gedda e Mecca), dalle sponde orientali del Mar Rosso, fino a quelle egiziane d'occidente. Quest'avanzata è fermata in Europa a Lepanto (1571), ove è distrutta la flotta ottomana. Di fatto, dopo questa sconfitta, Costantinopoli perde slancio sul mare, mentre la sua azione espansiva resta accentuata in tutte le zone continentali e in particolare nella penisola balcanica, dove la sua avanzata sarà fermata nel Nord con la battaglia di San Gottardo (1664) e pochi anni dopo con la disfatta di Vienna (1683) che pone fine all'assedio della città. Nel periodo successivo l'autorità del sultano (califfo) di Costantinopoli, riconosciuta e accettata da tutti i potentati sottomessi, subirà un progressivo decadimento, anche se la sopravvivenza dell'Impero si protrarrà fino al termine della prima guerra mondiale con una durata di oltre tre secoli (1455-1918).

La sconfitta subita durante la prima guerra mondiale provoca la distruzione dell'Impero e la nascita della Repubblica di Turchia (con il controllo degli Stretti e di una circoscritta area europea). La sistemazione dei suoi precedenti possedimenti è oggetto dell'azione anticoloniale della Società delle Nazioni che ne affida la gestione con il sistema dei mandati ad alcune potenze vincitrici.

II. L'IMPERIALISMO COLONIALE

1. *Considerazioni generali*

Anche se l'espansione coloniale si manifesta in quasi cinque secoli (dal XV al XX) è indubbio che il periodo nel quale essa determina la conquista e l'occupazione di vaste aree e la creazione dei moderni imperi coloniali si colloca fra la fine del XIX e l'inizio del XX secolo. Quali sono stati i fattori che hanno determinato la corsa alla creazione degli imperi coloniali e quali ne sono state le conseguenze per i colonizzatori e i colonizzati? Esistono a proposito diverse interpretazioni dell'imperialismo coloniale spesso segnate fra loro da differenze significative. È indubbio che gli Stati colonizzatori hanno giustificato le loro imprese espansionistiche con argomenti legati alla civilizzazione e alla modernizzazione e messo in risalto da un lato l'arretratezza dei popoli degli altri continenti e dall'altro le proprie superiorità intellettuali, culturali, economiche, scientifiche, tecnologiche, economico-finanziarie, civili e istituzionali. Da questo punto di vista, la colonizzazione appare come una benevola missione a favore del progresso e della civiltà, sebbene spesso sia lasciata in ombra la modalità di queste azioni: esse sono violente, contrastate dai nativi, osteggiate e combattute anche dopo l'originaria conquista e gli insediamenti imperiali. Queste operazioni hanno in genere prodotto vantaggi economici per i colonizzatori che hanno ottenuto controlli territoriali, basi d'appoggio per le flotte, presidi di punti strategici, ma anche favorevoli condizioni per l'importazioni di derrate alimentari tropicali (cotone, gomma, semi oleosi, caffè, the, ecc.) e ingenti risorse minerarie (oro, argento, rame, ferro, petrolio, cobalto, uranio, ecc.). Alcuni dei Paesi colonizzati hanno rappresentato inoltre mercati di sbocco per i prodotti industriali delle potenze coloniali. Non è agevole fornire un quadro complessivo dei vantaggi e degli svantaggi di questi rapporti, non essendo ad oggi disponibili statistiche precise sui volumi dei traffici ed ancor meno rapporti esaustivi e compatibili fra i costi delle operazioni coloniali e il loro rendimento. Come è difficile "pesare" per i singoli Stati gli utili finali delle esperienze coloniali, è ancor più arduo, anzi impossibile, un confronto fra i vantaggi conseguiti da un Paese colonizzatore da un altro, perché sono diverse la durata e le modalità degli insediamenti coloniali e anche la consistenza degli investimenti finanziari pubblici e privati realizzati. C'è dunque un divario fra chi può aver ottenuto molti vantaggi in poco tempo, chi ha avuto ritorni modesti e chi ha dovuto registrare danni. Non induca in errore la pervicacia con cui molte potenze hanno difeso i loro possedimenti: per talune sono stati fondamentali il prestigio, la manifestazione di potenza e gli evidenti vantaggi economici, per altri, al di là degli aspetti più appariscenti, questa resistenza è determinata dalla speranza di poter ottenere in seguito utili adeguati allo sforzo intrapreso e ai costi sostenuti. Gli stessi vantaggi conseguiti non sono sempre riscontrabili nei bilanci statali, ma ad essi riconducibili soltanto per i guadagni di ristretti gruppi di operatori e di investitori (di capitali). In sostanza, le colonie non arrecano soltanto vantaggi d'immagine sul piano del prestigio strategico e politico, ma offrono, con le dovute precisazioni ed eccezioni, anche vantaggi di ordine economico e finanziario. Sotto questo profilo alcune di esse forniscono partite attive di bilancio, anzi i cosiddetti "superprofitti". Ciò è possibile quando è utilizzata forza-lavoro a basso costo, sono avviati grandi lavori di pubblica utilità (strade, ferrovie, porti, infrastrutture urbane, reti di comunicazione telefoniche e telegrafiche, ecc.), sono praticati noli molto favorevoli alle compagnie di navigazione e favorite colonie di popolamento agricolo capaci di generare redditi appetibili. Le potenze colonizzatrici avrebbero potuto svilupparsi anche senza le colonie, ma è indubbio che il loro utilizzo-sfruttamento ha contribuito alla loro crescita. Le strutture imperiali hanno comportato costi enormi ma hanno contribuito alla grandezza politica, militare, navale degli Stati colonizzatori; hanno inoltre, fornito, in occasione dei due conflitti mondiali, contingenti militari utili per fronteggiare gli avversari. L'attuale tendenza a un'affrettata condanna di tutta l'esperienza coloniale deve essere affiancata da una riflessione sull'intera portata del fenomeno che risulta oggi più semplice per il completamento della decolonizzazione. Nei 9.000 anni di storia si trovano molte esperienze coloniali, cioè l'affermazione di popoli su altri con la nascita di vasti imperi. Anzi, in molti casi, alcuni di questi ultimi da colonizzatori sono diventati a loro volta colonizzati; nessun imperialismo si è manifestato in modo pacifico, sia nei rapporti fra popolazioni molto diverse fra loro, sia affini (mongoli, ottomani, ecc.). Anche quello più recente è oggetto di contestazione per essersi imposto con la forza militare e per aver esercitato un potere oppressivo e sfruttatore. Le critiche più ricorrenti ricordano il sistematico sfruttamento delle risorse, della mano d'opera indigena, il lavoro forzato, i bassi salari, lo scarso impegno per l'elevazione culturale, sociale e politica delle popolazioni, gli abusi, le prepotenze, le stragi, le distruzioni degli ordini tribali, delle tradizioni spirituali e culturali. Una delle accuse più gravi riguarda la promozione della schiavitù e il ricorso sistematico alla "tratta" per il bisogno di forza-lavoro nelle colonie americane della seconda metà del 1500. A dire il vero il ricorso sistematico alla schiavitù era già diffuso in Africa ben prima dell'arrivo dei colonizzatori europei ed era praticato dai re locali nei confronti dei propri sudditi o di popolazioni indigene soggiogate dai mercanti arabi musulmani. La coscienza cristiana degli europei si "sveglia" alla fine del Settecento con la denuncia del fenomeno e la nascita di numerose organizzazioni antischiaviste; nel 1793 la Convenzione abolisce la schiavitù nelle colonie francesi (sarà ripristinata per esigenze economiche impellenti, nel periodo napoleonico, per essere in seguito abolita). Londra proibisce nel 1807 la tratta; il Congresso di Vienna (1815) conferma questa condanna da parte delle potenze vincitrici. Più tardi (1833), il governo inglese abolisce la schiavitù nei suoi possedimenti; organizza inoltre un corpo d'intervento di polizia marittima contro la tratta e il contrabbando. Tale azione si rivelerà molto efficace e meritevole per i risultati conseguiti contro il commercio degli esseri umani dall'Africa all'America. A difesa dei colonizzatori è stato osservato che le popolazioni indigene avevano in passato conosciuto prevaricazioni, violenze, invasioni e stermini ben più gravi ad opera di altri popoli e che gli stessi europei hanno subito aggressioni e devastazioni da parte degli unni, arabi, turchi, mongoli, senza parlare delle repressioni inglesi contro i boeri o dello stesso sterminio degli ebrei operato dal nazismo. Oltre a ciò il "fronte" dei colonizzatori, senza negare molte delle accuse formulate, mette in luce gli aspetti positivi della propria presenza: esaltazione delle libertà personali e dei sistemi politico-istituzionali democratici, creazione di condizioni di stabilità, di ordine e di gestione della giustizia e buona amministrazione. Non deve essere sottovalutato il grande contributo dato per lo sviluppo delle infrastrutture (urbane ed extraurbane), l'insegnamento delle tecniche moderne per lo sfruttamento delle risorse (agricole, animali, minerali ed energetiche), l'avvio di campagne sanitarie preventive e curative con la costruzione di centri d'assistenza e ospedali, la promozione dell'insegnamento scolastico elementare, superiore e universitario (con le relative strutture), l'inizio della moderna industrializzazione e delle basi per organizzare la raccolta del risparmio, il suo utilizzo con moderne strutture bancarie e finanziarie. A ciò si deve aggiungere il progressivo e fondamentale travaso dell'esperienza scientifica maturata dopo il Rinascimento in Europa a favore dell'intera umanità. In una parola i colonizzatori, pur accettando critiche e condanne, rivendicano il merito di avere risvegliato civiltà dormienti e di averle spinte sulla strada dello sviluppo e della modernizzazione grazie ad esperienze multisecolari maturate in prevalenza in Europa. Anche se questo "travaso di civiltà" è avvenuto in modo traumatico (e spesso violento), viene considerato un contributo importante per lo sviluppo dell'umanità e dell'avvio della conoscenza, della collaborazione e dell'integrazione fra popoli e Stati, cioè della cosiddetta globalizzazione. Nessun fenomeno imperialista dei secoli precedenti all'espansione europea ha avuto caratteristiche tanto estese da essere di fatto "planetario", creando contatti, rapporti, scambi culturali, economici e sociali mai conosciuti in precedenza e posto le basi di una rete estesa di relazioni destinate a durare anche nei decenni successivi al tramonto di questi imperi. Da questo punto di vista il colonialismo, pur in modo inconsapevole, ha posto le basi di rapporti internazionali nuovi e ha creato le premesse di relazioni, di vincoli e di conoscenze sconosciute ai popoli del passato. Sotto questo profilo non è possibile un'analisi scrupolosa del fenomeno della globalizzazione che non collochi nel giusto contesto la singolare esperienza che ne costituisce la radice più remota, ma più significativa.

Dal XVII secolo si estende la presenza d'oltremare di molte potenze europee con popolazione cattolica, protestante e ortodossa, inaugurando in tal modo una stagione nuova che vede la presenza di numerose iniziative missionarie oltre quelle cattoliche. Per dare maggiore autonomia all'opera missionaria e per renderla più adeguata ai suoi veri obiettivi, la S. Sede costituisce (1662) la Congregazione per la propaganda della fede, alla quale spetta il compito di organizzare e dirigere l'attività missionaria. Si vuole in tal modo sottolineare l'attenzione vaticana per l'opera missionaria, la necessità di recidere, per quanto possibile, i legami con le strutture dei colonizzatori ed evidenziare l'autonomia dell'evangelizzazione che persegue esclusivi obiettivi di carattere religioso. Alla nuova congregazione sono demandate funzioni specifiche che ne evidenziano il ruolo centrale nella strategia missionaria della S. Sede (controllo di tutte le missioni, fondazione di vicariati, divieto per i missionari di svolgere attività commerciali, autonomia di insediamento territoriale, ecc.). Questa politica darà i suoi frutti senza tuttavia cancellare molte delle ombre del periodo precedente. La distinzione fra colonialismo ed evangelizzazione, pur attuata in termini dottrinari e di fedele testimonianza da molti missionari, non è accolta da gran parte delle popolazioni indigene; appare spesso evidente la sostanziale unità operativa dei religiosi e dei colonizzatori nell'invasione di interi continenti. Aggrava senz'altro questo giudizio la constatazione che la dottrina cristiana è quella professata dagli stessi conquistatori; i loro comportamenti appaiono, di fatto, poco coerenti, anzi spesso in aperta contraddizione con il decalogo predicato dalle Chiese cristiane.

Durante i decenni dell'imperialismo europeo il lavoro delle missioni d'oltremare non sarà facile; la loro azione incontrerà l'avversione dei nazionalismi locali e delle religioni indigene. C'è un'evidente legame fra colonizzazione ed evangelizzazione. Spesso nei cosiddetti "trattati ineguali" con cui le potenze europee ottengono concessioni, privilegi ed extraterritorialità, compaiono anche clausole a favore della libertà d'azione missionaria. Né va tuttavia dimenticata, pur in presenza di molti limiti, l'azione delle Chiese cristiane contro la schiavitù praticata in molti territori coloniali. Nei decenni in cui si sviluppa l'imperialismo coloniale, sorgono nuovi problemi di particolare rilevanza non soltanto nei rapporti fra colonizzati e colonizzatori. Le relazioni fra le diverse missioni cristiane risentono dell'influenza e delle pressioni dei rispettivi governi, che sostengono in via prioritaria l'azione missionaria delle rispettive Chiese nazionali (cattoliche, protestanti e ortodosse). Di fatto, nella seconda metà del XIX e l'inizio del XX secolo, le gerarchie ecclesiastiche sono esposte all'urto dell'espansione concorrente dei diversi Stati, essendo spesso costrette a scelte e ad identificazioni nazionaliste intransigenti che mal si conciliano con l'universalismo del messaggio evangelico. Sotto questo profilo i tradizionali rapporti di reciproco rispetto, tolleranza e collaborazione fra le diverse Chiese sono compromessi. Le espansioni nazionali di carattere militare, economico e politico tendono a rendere più omogenee le presenze missionarie. Questa situazione crea confusione e incertezza nei valori che le missioni intendono proporre e affermare. Nella misura in cui si accentuano le caratteristiche nazionali degli insediamenti religiosi, l'universalismo evangelico è messo in ombra da fattori oggettivi di interessi coloniali delle singole potenze e delle rispettive strutture religiose. In questo contesto alcuni riferimenti alla precedente "civilizzazione" appaiono sempre più inadeguati e irreali: cristianità, religione occidentale, civiltà cristiana assumono significati sempre più indefiniti e spesso comportano interpretazioni fra loro conflittuali; il messaggio evangelico è filtrato e testimoniato da realtà missionarie nazionali o da gerarchie religiose fra loro concorrenti. Questa situazione non agevola l'opera di conversione, ma proietta anche in altri continenti i problemi che stanno alle spalle delle divisioni interne alla comunità cristiana.

La vigorosa spinta espansiva dei secoli precedenti registra, agli inizi del XIX secolo, un rallentamento, ma non un'interruzione a seguito delle vicende europee e dei conflitti che travagliano il continente. Ciò nonostante, permangono molti dei precedenti insediamenti e si manifestano nuove presenze e pressioni.

In questi decenni si assiste alla progressiva influenza europea in Cina e in Giappone, senza determinare specifiche occupazioni con insediamenti portuali (marittimi e fluviali), statuti particolari a favore dei cittadini stranieri, condizioni di extraterritorialità, libertà dei commerci. Le potenze europee non esitano a ricorrere all'uso della forza per ottenere queste favorevoli condizioni d'insediamento.

Nei primi decenni dell'Ottocento si registra una pausa riflessiva sull'intero fenomeno coloniale presso molte capitali europee, che s'interrogano sulle ragioni e sui risultati conseguiti nei decenni precedenti e non mancano severe autocritiche: autorevoli esponenti politici rappresentanti dei settori culturali più sensibili discutono dei risultati raggiunti, s'interrogano sui reali benefici ottenuti, dubitano della validità delle precedenti esperienze coloniali, si sforzano di effettuare esami più approfonditi fra i benefici della civiltà dei bianchi e i danni prodotti dalla sua imposizione.

Nonostante l'analisi autocritica, alla fine del XIX secolo e nei primi decenni del successivo, si manifesta una fase nuova d'espansione coloniale di straordinario rilievo. Grandi e medie potenze sono impegnate nella costruzione di vasti imperi in tutti i continenti: si assiste a una vera e propria spartizione di oltre l'80% della superficie del globo tra gli Stati del vecchio continente. Necessità economiche, legate allo sviluppo industriale (ricerca di materie prime, prodotti alimentari, sviluppo dei trasporti marittimi e ferroviari, crescita dei commerci, diminuzione del costo dei noli, ecc.), preoccupazioni strategiche (creazioni di basi terrestri e navali, reclutamento di "truppe di colore", presidio degli stretti e d'isole, controllo di vie di comunicazione e di "passi"), pressioni demografiche, a causa della crescita della popolazione europea, questioni di prestigio e di concorrenza con le altre capitali, aprono la porta a questa convulsa fase d'espansione che porterà alla formazione di numerosi e vasti imperi coloniali. Il fenomeno è di tale rilevanza da venire considerato come "l'età dell'imperialismo" che vede l'iniziativa di altri Paesi che non avevano manifestato con tanta veemenza nei secoli precedenti la loro vocazione coloniale (Italia, Germania, Belgio, Giappone, ecc.). Questa fase determina non soltanto un'accresciuta influenza su aree tanto estese del pianeta (in particolare Asia, Africa, Oceania), ma anche una forte concorrenza fra i colonizzatori, tutti protesi all'occupazione del maggior numero possibile di territori. La costruzione di un impero è considerata una prova di vitalità, di potenza, di solidità economica, istituzionale e politica, costituisce l'apice del fenomeno che solo nella prima metà del XX secolo inizierà a declinare per consentire a decine di nuovi Stati di affacciarsi sulla scena internazionale.

I grandi imperi coloniali destinati a durare, con poche eccezioni, oltre la seconda guerra mondiale si formano nella seconda metà del secolo XIX, hanno caratteristiche molto diverse dalle colonie più remote costituite nelle Americhe. I nuovi imperi si costituiscono in breve tempo in Africa, in Asia, nel Pacifico, in territori spesso densamente popolati nei quali sono presenti culture di popoli diversi. In genere, si tratta di conquiste e occupazioni eseguite con largo impiego di mezzi militari e con l'esercizio finale di poteri esclusivi su questi territori. In mezzo secolo la spinta coloniale europea porta al controllo di interi continenti. Si manifesta una vera e propria volontà di partecipare a questa spartizione del globo, di non essere esclusi dal "banchetto coloniale" che permette di sperare in vantaggi nazionali sul piano strategico, economico e demografico. Il fenomeno è di tale rilievo e rapidità che provoca da un lato azioni militari contro le popolazioni indigene, ma anche confronti diplomatici e politici fra le potenze colonizzatrici nel tentativo di estendere le proprie aree d'influenza. Tale forza espansiva sottolinea la sostanziale diversità esistente fra gli Stati europei e le strutture sociopolitiche presenti negli altri continenti. Questa posizione di superiorità è dovuta alle conoscenze scientifiche più progredite, alla crescente industrializzazione e alla disponibilità di ingenti risorse finanziarie e militari, nonché ad adeguati mezzi di trasporto marittimo (sia commerciale che militare). Lo stimolo allo sviluppo industriale europeo spalanca le porte a esigenze nuove: c'è la necessità di cercare materie prime a bassi costi e in quantità rilevanti (prodotti minerari, fertilizzanti, petrolio, cotone, the, ecc.), di garantire sbocchi per alcune produzioni di beni che hanno possibilità di essere collocati anche in altri continenti e di trovare nuovi sfoghi per l'esuberanza di popolazione, in particolare agricola, che si registra in alcuni Stati (la popolazione europea ha un forte incremento fra l'inizio e la fine del XIX secolo, passando da circa 200 milioni ad oltre 400). È evidente che un fenomeno di così vasta portata, com'è la formazione in pochi decenni degli imperi coloniali, non ha identiche radici in tutti i Paesi europei, anche se questa espansione nel mondo presenta alla fine caratteristiche analoghe e pare essere prerogativa quasi esclusiva dei popoli europei. È bene precisare che la vocazione imperiale di questo periodo, anche se rappresenta il momento più importante dell'intero fenomeno, non ne esaurisce pienamente le risorse, poiché anche dopo la prima guerra mondiale si registrano iniziative coloniali (o, com'è stato detto, di "tardo colonialismo") riconducibili agli schemi del cinquantennio precedente (Manciuria, Etiopia, Albania, ecc.)

La nascita degli imperi coloniali ottocenteschi rappresenta una svolta rilevante nei rapporti fra colonizzatori e colonizzati; è sottolineata l'appartenenza di popoli e territori ad una realtà statuale straniera, una dipendenza diretta e totale, una sostanziale limitazione dei più elementari diritti tradizionali. Questi elementi, seppur in modo diverso da Paese a Paese, finiscono per caratterizzare le esperienze imperiali ed evidenziano, per un lungo arco di tempo, la perdita, per i soggetti colonizzati, dell'indipendenza, della sovranità e spesso anche della precedente integrità territoriale. Ciò è più evidente quando si è in presenza di realtà politiche ben costituite quasi analoghe a quelle europee, assai meno di fronte a fenomeni associativi di tipo tribale. In ultima istanza l'elemento che caratterizza il rapporto fra colonizzatori e colonizzati, specie nel periodo detto dell'imperialismo (ultimi decenni dell'Ottocento e primi del Novecento), è l'estensione di sovranità nei confronti di altre popolazioni su territori esterni spesso, ma non sempre organizzati con strutture gerarchiche o statali. Resta il fatto che proprio il termine stesso imperialismo sottolinea l'esercizio di questo potere discrezionale assoluto imposto ai colonizzati. L'espressione deriva dal termine "imperium" che significa appunto l'esercizio di un comando che genera sottomissione ed ubbidienza. La colonizzazione crea per sua natura rapporti gerarchici di supremazia e di sudditanza, di dominanti e dominati, comportando il ricorso a pressioni diplomatiche, politiche, economiche, ma spesso anche all'uso diretto e brutale della forza militare. Uno dei temi più difficili che necessita di essere trattato è quello della differenza fra lo Stato imperialista e i suoi domini.

Da parte di alcuni governi si è sostenuto che possono essere considerate "colonie" solo i possedimenti a vario titolo controllati dalla madrepatria in territori ad essa non contigui ma lontani, in altri continenti, in genere separati da mari o da oceani. Tale tesi, sostenuta in particolare dall'URSS, negli anni della decolonizzazione, dopo la seconda guerra mondiale, non è di facile accoglimento. Nell'ottobre del 1947 il rappresentante inglese Hilton Poynton, durante un dibattito al Comitato delle Nazioni Unite in merito ai territori da affidare in amministrazione fiduciaria e a quelli considerati non autonomi, definisce le tesi di Mosca a questo proposito "sofisma dell'acqua salata" (Salt Water Fallacy): «Ma siccome tra Mosca e Vladivostok non c'è di mezzo l'acqua salata, ciò modifica completamente il principio» (il principio, cioè, in base a cui si può definire l'imperialismo). In altre parole non c'è, a suo giudizio, alcuna differenza fra l'espansione inglese in terre lontane e quella russa in vasti territori contigui allo Stato zarista originario. Non è pertanto possibile parlare di colonialismo nel caso di Londra ed escluderlo per San Pietroburgo (e per Mosca) poiché anche gli abitanti dell'Asia Centrale e di molte aree siberiane non appartengono alla stessa razza "russa bianca". Né la critica reazione inglese, sul terreno coloniale, si ferma al respingimento della tesi moscovita, ma si estende anche agli USA. Secondo Londra anche l'estensione da oceano a oceano degli USA, con la guerra al Messico, con l'assorbimento di estesi territori, l'eliminazione o la relegazione in riserve delle popolazioni locali deve essere ricondotto alle tipologie coloniali. In questo senso si esprime Attlee nella sua autobiografia dove, con grande chiarezza ed esplicita polemica, sottolinea il "colonialismo" di Washington: «Gli Americani fanno una netta distinzione fra la loro espansione dall'Atlantico al Pacifico, che comportò una guerra con il Messico e la relegazione in riserve degli autoctoni, e l'espansione britannica oltremare. L'assorbimento di un continente sembrava loro un processo naturale, ma un impero costituito da numerose parti di terra distaccate ed abitate da varie razze a stadi diversi di civiltà appariva un esempio di colonialismo e violento imperialismo». Sotto questo profilo si può parlare di un imperialismo coloniale russo-americano, senza timore di poter essere smentiti. C'è tuttavia da osservare che esso presenta caratteristiche atipiche rispetto a quello degli imperi d'oltremare; in realtà nei due casi ora esaminati l'espansione in territori contigui ha generato l'assorbimento nell'area stessa della madrepatria e la concessione della cittadinanza a tutti i residenti (cittadini e non sudditi). Si potrà, tuttavia, osservare che queste ultime concessioni sono state più teoriche che reali perché il loro effettivo esercizio è stato successivo all'adozione di dure politiche repressive e spesso proclamato in sede legislativa ma di fatto non applicato. Per quanto riguarda l'esperienza russo-sovietica dopo la caduta del sistema comunista e la decomposizione territoriale dell'URSS si potrà capire meglio la coscienza decolonizzatrice presente in vasti territori europei e asiatici e la volontà di questi popoli di liberarsi del sistema marx-leninista e di uscire dalla compagine statale russa rivendicando radici nazionali storiche autonome. Per una conoscenza complessiva dell'imperialismo è dunque opportuno includere anche l'esperienza espansionistica "contigua" alla madrepatria degli USA e della Russia (URSS), anche se è bene sottolinearne gli aspetti particolari. D'altra parte queste occupazioni si realizzano nel periodo in cui si sviluppa l'azione delle altre potenze che non sembra essere ispirata da motivazioni molto diverse. Le stesse capitali in questione realizzano inoltre altre iniziative coloniali anche in aree non contigue.

2. *Spagna e Portogallo*

La Spagna dopo aver perduto gran parte dei suoi possedimenti in America Latina e in quella centrale per le rivolte delle popolazioni locali e per i contrasti con gli USA e le potenze europee, proclama, nel 1912, il suo protettorato sul Marocco dopo aver occupato il Rio de Oro e la regione di Hamra (Sahara spagnolo).

Il Portogallo conferma la sua presenza in Mozambico, Guinea Bissau, Angola e in altri più modesti insediamenti in Africa e in Asia (Capo Verde, São Tomé, Principe, Goa, Macao, Azzorre, Timor Orientale, Cabinda). Il governo di Lisbona coltiva il sogno di un grande insediamento africano Est-Ovest, capace di congiungere l'Angola al Mozambico e di garantire al Portogallo una posizione di primo piano sul continente, ma il progetto non avrà seguito per le resistenze inglesi e per i limiti oggettivi finanziari e militari dei portoghesi.

3. *Inghilterra*

Il governo di Londra dà un contributo importante all'espansione coloniale con la costruzione del più esteso impero d'oltremare. In verità per diversi decenni gli inglesi, pur presenti in molte aree extraeuropee, hanno preferito evitare conquiste e occupazioni giudicate spesso inutili e costose, incrementando lo sviluppo dei commerci, le presenze in aree geografiche strategiche e gli insediamenti in strutture portuali adatte ai collegamenti terrestri e marittimi. In quest'ottica, dopo la parentesi napoleonica, si registra l'acquisto della colonia del Capo, di Ceylon, di una parte della Guyana, di Malta e la lenta ma progressiva penetrazione in India, approfittando delle divisioni e dei contrasti fra i potentati locali. Dopo questa lunga fase di penetrazione commerciale e militare, nel 1876 la regina d'Inghilterra è proclamata imperatrice delle Indie, è occupata Cipro (1878) e, poco dopo, è la volta dell'Uganda, del Kenya, di Zanzibar. La necessità di controllare l'area mediorientale, dopo l'apertura del Canale di Suez (1869), porta Londra a sfidare Roma, Parigi e Istanbul e ad occupare l'Egitto, con un'azione facilitata dalle difficoltà finanziarie egiziane, dall'insolvenza nei confronti dei maggiori istituti finanziari europei, dalle tensioni con il governo turco. Dopo l'acquisto delle azioni della Compagnia del Canale, a seguito di disordini e del rafforzamento dei movimenti nazionalisti egiziani, è deciso l'intervento militare che porta alla totale occupazione del Paese (1882). A essa segue anche quella del Sudan (1896-1898) e dell'isola di Socotra. Si spinge nell'Africa occidentale nelle aree del medio Niger e del Ciad e nelle zone settentrionali della Nigeria e della Costa d'Oro (1890-1899); occupa nella parte centrale dell'Africa i territori rhodesiani e del Niassa (1890) e non esita ad avviare un conflitto sanguinoso e impegnativo con i boeri (1899-1902) per poter annettere il Transvaal e l'Orange. Sarà una lotta dura e costosa che creerà difficoltà di bilancio e monetarie, essendo Londra obbligata ad impegnare un contingente di circa 50.000 uomini per piegare, in tre anni, la resistenza del popolo boero e dei suoi amici africani.

La conquista di questo territorio è complessa: in una prima fase c'è il confronto fra i boeri (contadini) in prevalenza d'origine olandese e gli inglesi. Nella prima metà dell'Ottocento le comunità boere, dopo l'occupazione della Colonia del Capo da parte di Londra, si spostano verso il Nord ("Grande Trek") alla ricerca di nuovi territori e fondano nuove entità "statuali" (Stato libero d'Orange, Repubblica di Natalia, Repubblica del Transvaal, Stato del Stellaland). Londra, dopo la scoperta delle rilevanti ricchezze minerarie (oro e diamanti) del Nordest della regione, inizia l'avanzata all'interno del Paese. Scoppiano, fra la fine dell'Ottocento e l'inizio del Novecento, le guerre anglo-boere, che terminano con l'affermazione inglese. L'intero territorio (l'attuale Sudafrica) è unificato nel 1902 e nel 1910 entra a far parte del Commonwealth come *dominion* con il nome di Unione Sudafricana. Le popolazioni locali, di origine bantù, assumono atteggiamenti diversi nei confronti dei colonizzatori europei: gli zulù scendono in campo a fianco dei boeri, mentre gli swazi e gli xhosa si schierano con gli inglesi.

Al tempo stesso Londra estende il suo dominio in Asia, in particolare in India. Già nei primi decenni dell'Ottocento, Londra e Parigi guardano con crescente interesse alla penisola indocinese, ove mancano unità statale e tradizioni culturali comuni, poiché alcune delle popolazioni hanno radici di origine indiana, altre cinese e quelle delle zone montanare tibetane. Oltre ai principati e ai sultanati della penisola della Malacca, nella regione esistono "quattro Stati": Cambogia, Siam, Birmania e Annam. La Gran Bretagna è più interessata al Siam e alla Birmania dai cui governi ottiene concessioni e privilegi. Inoltre, esercita una forte influenza in Afghanistan (in contrasto con le aspirazioni russe), estende la sua influenza anche nei sultanati intorno ad Aden e costituisce protettorati in numerosi Stati della penisola di Malacca. Prende parte alla divisione e al controllo delle isole Samoa e delle nuove Ebridi e partecipa con altre potenze al "banchetto cinese". Il governo di Pechino è costretto da pressioni diplomatiche, da azioni militari o da erogazioni di crediti a concedere privilegi commerciali, utilizzo di porti, libertà di navigazione fluviale, extraterritorialità per insediamenti amministrativi, ecc. L'accettazione dei "trattati ineguali" non comporta tuttavia né la conquista né l'occupazione della Cina che resta una delle poche realtà del periodo non oggetto di colonizzazione. L'azione espansiva inglese dà vita al più esteso impero d'oltremare che comprende aree collocate in continenti lontani e popolazioni con culture e tradizioni non omogenee. Per mantenere l'unità imperiale e assicurarle in seguito un'evoluzione "amichevole e pacifica" Londra mette in atto politiche diversificate sia nel tempo che nei luoghi ove esse trovano applicazione. Questo comportamento sottolinea ancora una volta il realismo e il pragmatismo della Gran Bretagna, che dopo la secessione della colonia americana assume un atteggiamento prudente; da questo momento vengono in gran parte messi da parte i precedenti criteri che hanno portato alle conquiste e agli assoggettamenti e prende corpo l'idea di favorire l'autonomia delle colonie. Già all'indomani dei disordini a Quebec (1837), il timore di una riedizione della rivolta nordamericana induce ad allentare i vincoli con la madrepatria e a riconoscere un certo grado di autonomia (per competenze interne) a esecutivi considerati "affidabili e responsabili". Si parla a proposito di *Responsible government*, che tuttavia non esercitano poteri né in politica estera, di difesa o più in generale di comune interesse con la struttura imperiale. C'è la consapevolezza di dover accettare e guidare l'evoluzione delle proprie colonie e di anticiparne la ribellione con adeguate misure d'emancipazione: Londra vuole condurre questo processo per evitare altre clamorose rotture e preparare con calma le nuove classi dirigenti. In questa ottica respinge sia l'idea di un perenne assoggettamento sia di una totale assimilazione nei decenni successivi. Questa progressiva emancipazione sarà indicata con nuove espressioni non sempre idonee a chiarire le diversità delle soluzioni adottate: *Dominion*, *responsible status*, rappresentano tappe dell'evoluzione delle colonie verso la piena indipendenza. Più tardi, con lo statuto di Westmister (1931), nasce il Commonwealth formato dalla Gran Bretagna e dai *dominions* (all'inizio da quelli abitati quasi esclusivamente da bianchi). Di fatto, si tratta di un'associazione fra soggetti con *status* diverso sotto la guida della Corona inglese. Dopo la seconda guerra mondiale ci sarà l'adesione di nuovi membri e, pertanto, non si parlerà più di Gran Bretagna e *dominions*, ma di membri del Commonwealth che diventa, con il passare degli anni, una libera associazione di Stati presieduta dalla regina inglese. Londra ha previsto e accettato, assai prima di altre potenze coloniali, l'evoluzione verso l'autogoverno, l'autonomia e l'indipendenza delle proprie colonie e l'ha favorita con provvedimenti graduati nel tempo. In alcune ha anche adottato provvedimenti speciali a favore delle minoranze bianche per tutelarle nei momenti di maggiore tensione nel passaggio dei poteri nelle mani delle autorità locali. Con l'evoluzione del Commonwealth, dopo il 1948, Londra mostra una crescente attenzione verso le esigenze dei nuovi membri e la precisa volontà di mantenere in vita i legami economici e politici con ex colonie e *dominions*. Nel lungo periodo che separa l'occupazione dall'indipendenza, il governo inglese non ha inserito nel territorio metropolitano le colonie né ha accettato loro rappresentanti all'interno del proprio Parlamento, ma neanche concesso ai nativi la cittadinanza inglese che sono restati o sudditi o "protetti". Sono al contrario rimasti cittadini inglesi a tutti gli effetti anche quelli trasferiti o residenti all'estero e anche i loro discendenti diretti ("consanguinei") anche nati in territori soggetti al dominio coloniale. Questa impostazione prevalente ha tuttavia fatto registrare eccezioni in quanto questo schema di riferimento si è prestato ad interpretazioni diverse e ad alcune soluzioni non conformi, secondo specifiche esigenze coloniali (Colonia del Capo, ecc.). La cittadinanza inglese tuttavia non è stata mai concessa "in blocco" né nelle colonie abitate in prevalenza da europei (Canada, Australia, Nuova Zelanda, Terranova) né in quelle miste (Sud Africa, Kenya, Rhodesia del Sud) né in quelle con popolazioni autoctone prevalenti (India, Nigeria, ecc.).

4. *Francia*

La Francia, dopo la Rivoluzione e il periodo napoleonico, controlla ben poco dei precedenti possedimenti. L'espansione riprende nel 1830 in Algeria a cui segue il controllo della Cocincina (1860) e della Cambogia, mentre nel Pacifico meridionale occupa Tahiti (1843) e la Nuova Caledonia (1853). Nei decenni successivi la penetrazione francese in Africa è definita da nuove iniziative: occupazione della Tunisia (1881), controllo del Senegal, occupazione di parte del bacino del Congo (1885), di Gibuti (1888), più tardi del Madagascar (1895) e del Marocco (1912). In Asia, dopo l'annessione dell'Annam e l'occupazione del Tonchino (1885), proclama il protettorato sul Laos (1893); attiva inoltre, fra il 1886 e il 1887, dei protettorati negli arcipelaghi delle isole Anjuan, Moheli e Comore nell'Oceano Indiano. Di fatto Parigi, fra la fine del secolo XIX e l'inizio del XX, conquista vasti territori. L'estensione di queste colonie è rilevante, poiché interessa intere regioni in più continenti. Da un punto di vista strettamente quantitativo la vastità dell'Impero francese d'oltremare risulta seconda soltanto a quello inglese, ma di gran lunga superiore a quello delle altre potenze europee.

5. *Russia*

L'espansione russa verso l'Asia centrorientale ha radici remote che lambiscono il XVI secolo. Già a metà del 1500 Ivan il Terribile, granduca di Mosca, annette i Khanati tartari di Astrakan e di Kazan situati nel medio e basso Volga e avvia la conquista della Siberia dopo aver accordato concessioni terriere nelle aree a Est del Volga. Nel corso del XVII secolo i russi raggiungono i confini settentrionali della Cina segnati dal fiume Amur, si spingono fino alle gelide coste dell'Oceano Pacifico settentrionale, mentre a Nord raggiungono i mari artici e s'incontrano con le poche popolazioni che abitano quegli sterminati territori. Questa espansione, di gran lunga la più significativa per la vastità dei territori occupati attigui all'originaria madrepatria, trae origine dalla volontà di potenza, dalle esigenze di sicurezza strategiche e dall'effettiva attrazione esercitata da territori tanto vasti quanto inesplorati lungo le frontiere orientali. Si protrae il ricorso sistematico alla violenza per sottomettere i nativi, la decisione di incorporare queste terre come province del regno degli zar di Mosca e di trasferirvi nuclei sempre più consistenti di coloni e, non di rado, di deportati (condannati per sedizioni politiche o per reati comuni). Nei decenni successivi non diminuisce l'attenzione moscovita né per quanto riguarda le aree centroeuropee e balcaniche né per quelle asiatiche. L'attivismo degli zar Alessio I e di Pietro il Grande determina fra la fine del XVII e l'inizio del XVIII secolo l'occupazione di parte della Polonia, dell'Ucraina (Kiev), della Bielorussia, dell'Ingria (dove viene costruita la nuova capitale San Pietroburgo nei primi decenni del Settecento), dell'Estonia, della Lettonia settentrionale (o Livonia). Verso la fine del XVIII secolo ci sarà l'occupazione di tutta l'Ucraina e di tutta la Bielorussia, della Lituania e della Lettonia e, agli inizi del XIX secolo, anche della Finlandia (1809), della Polonia (1815) e della Bessarabia (1812). A queste iniziative si associano le azioni per conquistare le sponde del Mar Nero, la conquista della Crimea (1783), le aree circostanti, il Mare di Azov. Il Khanato di Crimea è annesso nel 1783, mentre la Russia non nasconde di ambire al controllo degli Stretti e dunque ad avere uno sbocco nel Mediterraneo, cioè in un "mare caldo". Dopo aspri confronti con gli ottomani si spinge in Georgia (1801), annette l'Azerbaijan (1806), il Daghestan (1813), l'Armenia (1828), le coste orientali del Mar Nero e le aree a Nord e a Sud del Caucaso. Anche il Kazakistan è occupato nei primi decenni dell'Ottocento e poco più tardi il Turkestan (1865), Bukhara (1869), l'Uzbekistan e il Turkmenistan (1884). La penetrazione in queste aree non ferma la spinta espansiva in Asia orientale: i russi varcano lo stretto di Bering, occupano (1747) l'intera Alaska (sarà ceduta agli USA nel 1867), ampi territori a Ovest del fiume Amur (1858), l'intera provincia di Vladivostok (1861) e la prospiciente isola di Sahalin (1875). Anche in questo caso, come in quello americano, si verifica una corsa sfrenata per rendere certa la frontiera orientale e si finisce per collocarla a migliaia di chilometri dalla base di partenza, di fronte all'oggettivo ostacolo costituito dalla costa del Pacifico. Queste caratteristiche comuni della colonizzazione della Siberia e della politica delle tredici Colonie americane hanno determinato il diffuso convincimento che esse non potessero essere attribuite alle tipologie più classiche del colonialismo, perché condotte in aree contigue, scarsamente popolate e annesse al territorio metropolitano. Ciò equivale ad accettare il "sofisma dell'acqua salata", idoneo a giustificare occupazioni e annessioni piuttosto che a spiegare il significato autentico di questi fenomeni e ancor più i comportamenti adottati nei confronti delle popolazioni indigene per quanto ridotte potessero essere. Per meglio comprendere le ragioni di questo espansionismo e l'esodo continuo di popolazione verso le distese orientali è bene ricordare che l'abolizione della servitù della gleba (1861) spinge milioni di contadini russi alla ricerca di terre sia nelle aree europee che in quelle orientali. Contribuisce a questo esodo il forte aumento demografico grazie al quale la popolazione russa passa dai 70 milioni del 1860 ai 130 del 1900 per arrivare, nel 1914, a toccare i 180 milioni. Si tratta di cifre approssimative a causa della scarsa affidabilità dei censimenti, ma esse danno un'idea dell'ampiezza del fenomeno e del peso esercitato dalla realtà contadina, accentuando la concentrazione della popolazione nelle aree urbane ove si sviluppano le attività industriali. Nei decenni successivi, nonostante le tensioni interne, la Russia consolida l'Impero costituito e tenta di estenderlo: nell'Asia centrale la sua attenzione è rivolta verso il Pamir, l'Afghanistan e la Persia, mentre in Estremo Oriente guarda alla Corea e alla Manciuria dove ottiene risultati importanti ma temporanei in quanto, dopo la sconfitta della guerra con il Giappone (1904-1905) e, a seguito delle pressioni delle rivali potenze coloniali, deve rinunciare ai maggiori vantaggi ottenuti (Manciuria, penisola di Liaotung, la ferrovia meridionale mancese Harbin-Port Arthur e la parte meridionale di Sahalin). A causa della decisa opposizione inglese deve rinunciare alle sue aspirazioni in Persia e in Afghanistan e accettare frontiere definitive a garanzia dell'indipendenza di questi Stati.

Di fatto, cadute le speranze di occupare e annettere anche questi territori, San Pietroburgo deve accontentarsi di una presenza assai più limitata e dell'esercizio di una influenza importante ma non esclusiva con le altre potenze, in primo luogo con Londra.

I sovietici, dopo la conclusione della fase rivoluzionaria, cercano di riprendere il controllo dei territori zaristi che hanno perso dal 1917 al 1920. Stalin, con gli accordi di Yalta (1945) e Potsdam, riafferma i diritti dell'URSS su aree e concessioni perdute dallo Zar e pretende l'annessione di nuovi territori, trattandosi di compensi per i sacrifici sostenuti dall'URSS nella guerra contro la Germania e per l'impegno di entrare in guerra contro il Giappone. Sotto questo profilo i sovietici riprendono, alla fine del conflitto, la tradizione espansiva precedente in Asia e in Europa anche se i territori annessi non hanno l'estensione di quelli occupati durante il periodo zarista.

Nel fronte asiatico ottengono il controllo delle Isole Curili, della parte meridionale di Sahalin e il mantenimento della Repubblica popolare mongola (Stato sovrano ma di fatto sotto l'influenza di Mosca). In Europa si assiste all'annessione della parte orientale della Polonia (linea Curzon), al mantenimento nella compagine statuale sovietica dei tre Paesi baltici (conseguente agli accordi Molotov-Ribbentrop dell'agosto-settembre 1939), della Bessarabia e di un allargamento lungo le frontiere sud-orientali della Finlandia. A ciò si deve aggiungere l'annessione della regione tedesca di Königsberg, dalla quale sarà allontanata la popolazione germanica. Queste occupazioni e annessioni russe (prima zariste e poi sovietiche), con i relativi trasferimenti umani, rappresentano fenomeni riconducibili all'esercizio di un imperio su territori e abitanti esterni, e non è errato ricondurne le radici nell'ambito dei fenomeni di tipo coloniale. Ciò è senz'altro accettabile anche se c'è da osservare la tipicità di queste vicende postbelliche sia sul fronte europeo che asiatico. La loro esclusione da questa tipologica interpretativa li riporterebbe nell'ambito delle rivendicazioni storiche interstatuali o delle "prede o compensi di guerra". Tuttavia, questa valutazione, per alcuni aspetti accettabile e comprensibile, pare inadeguata a una più precisa interpretazione del fenomeno. Se questa lettura può apparire diversa da quella in genere consolidata e accettata, essa riesce di più agevole comprensione ove la si collochi nel quadro della decolonizzazione e della caduta del sistema del comunismo sovietico nei decenni successivi. Molti di questi popoli occupati, soggiogati e integrati, anche per quasi un secolo, di fronte alla crisi del sistema politico moscovita, abbandoneranno ogni allineamento ideologico. Al tempo stesso, però, condanneranno l'occupazione zarista o sovietica e proclameranno l'indipendenza dei rispettivi Stati.

6. *Olanda*

Anche altre potenze europee realizzano le loro aspirazioni imperiali occupando estesi territori in Africa e in Asia. L'Olanda con un impegnativo e lungo conflitto (1873-1904) s'insedia in gran parte dell'isola di Sumatra sconfiggendo le forze dei sultanati locali e occupa ampie aree del Borneo

(1898-1900). L'Impero olandese si estende per oltre 5.000 km, da Sumatra alla Nuova Guinea, da Giava al Mare delle Filippine, e densamente popolato fornisce derrate alimentari destinate all'esportazione (caffè, caucciù, zucchero di canna, cacao, olio di palma, ecc.) e abbonda di risorse minerarie (lo stagno delle isole Banka, il ferro del Borneo, il petrolio a Sumatra, Giava e nel Borneo). Dopo una prima fase coloniale "classica" il governo olandese, preoccupato delle proteste contro l'occupazione, promuove un Consiglio del Popolo (1916) con funzioni consultive, formato in parte da eletti e in parte da membri nominati da L'Aja (europei, indonesiani, indiani, indocinesi, ecc.). Nella nuova Costituzione olandese (1923) le Indie olandesi, la Guyana e le Antille olandesi sono dichiarate «parti integranti del Regno dei Paesi Bassi» e non compare più il termine colonia. Già nel 1925 si assiste ad una ulteriore evoluzione del sistema precedente, passando dall'assoggettamento alla concessione di maggiore autonomia. Pertanto, le Indie olandesi sono divise in due gruppi, alcune restano soggette ai poteri di un Governatore generale, altre godono di significative autonomie amministrative. L'evoluzione in atto in quest'area sarà bloccata nel 1942 dall'occupazione nipponica che proclamerà la fine del periodo coloniale. Poco prima della fine del conflitto (1945) Tokyo trasferirà i pieni poteri ai capi nazionalisti che, durante gli anni del conflitto, hanno collaborato con gli occupanti giapponesi. Essi proclameranno nell'agosto 1945 l'indipendenza, ma l'importante risultato non sarà accettato nei mesi seguenti dagli olandesi e si aprirà in tal modo un confronto aspro, politico e militare, fra i movimenti nazionalisti e la potenza ex coloniale con la nascita di nuovi Stati nella regione indonesiana e nelle zone caraibiche.

7. *Belgio*

Il Belgio avvia la sua politica coloniale con l'occupazione del Congo (1877), cioè di una vasta area centrafricana con enormi ricchezze minerarie e possibilità di sfruttamento agricolo. Il re Leopoldo II, che presiede l'Associazione internazionale africana e il Comitato di Studi dell'Alto Congo, ne favorisce la fusione dalla quale scaturisce l'Associazione internazionale del Congo (1882). Quest'ultima costituisce nel 1885 lo Stato indipendente del Congo, del quale Leopoldo II assume la guida "a titolo" di unione personale. Nel 1908, dopo la sua morte, il Congo passa al Belgio e in questa occasione è promulgata una costituzione specifica ("Carta coloniale") che resterà di fatto in vigore fino al 1959 con poche modifiche per la maggior parte di natura amministrativa. L'esperienza belga si rivela un caso di colonialismo classico, con una gestione diretta da parte della madrepatria, in una logica paternalista che offre condizioni di particolare favore agli investitori, ai grandi gruppi industriali e agrari belgi. Lo sfruttamento delle enormi risorse del Paese determina un progressivo sviluppo delle aree attigue agli insediamenti minerari e a quelle più favorevoli per la realizzazione di piantagioni. Le autorità coloniali garantiscono la gestione della giustizia e dell'ordine pubblico e provvedono alla costruzione di infrastrutture viarie e ferroviarie, promuovono piani di edilizia urbana e di villaggi nelle zone minerarie, creano una importante rete di scuole primarie, superiori e professionali; lasciano al contrario in ombra le università e non danno adeguato rilievo alla frequenza dei giovani congolesi agli istituti accademici in Belgio e in Europa (soltanto negli anni Cinquanta nascerà la grande Università Lovanium, che permetterà una formazione adeguata per le nuove *élites* congolesi). La presenza dell'autorità coloniale agevola la convivenza, in un territorio tanto esteso, di numerose tribù che, in passato, hanno conosciuto rivalità e guerre. Prevale nell'impostazione belga il convincimento di poter mantenere, anche dopo i due conflitti mondiali, il controllo di questa colonia: ancora nel 1949 Bruxelles promuove un piano di sviluppo decennale a favore della "sua colonia africana". Quest'ultima in realtà risulta meno sensibile ai richiami indipendentisti rispetto a quelle francesi e inglesi delle stesse regioni africane. Senza dubbio la mancata formazione di una classe politica locale rallenta, in una prima fase, la decolonizzazione, ma essa sarà accelerata in seguito senza le importanti fasi intermedie che caratterizzano analoghe esperienze africane.

8. *Stati Uniti*

Agli inizi del XIX secolo gli Stati Uniti, che raccolgono all'interno dell'Unione le 13 colonie del Nord e quelle del Sud, sviluppano la loro espansione verso il Pacifico e il Golfo del Messico. Questo fenomeno ha radici demografiche, economiche e anche di sicurezza strategica, né può essere sottovalutata la forte immigrazione europea, in particolare dall'Irlanda, dall'Inghilterra e dalla Germania, ma nasce anche dal convincimento di dover civilizzare l'intero continente scarsamente popolato e ricco di risorse. L'attenzione maggiore è rivolta verso le aree del Sud-Ovest, mentre il Canada, sotto controllo inglese, è al riparo da questa tentazione. Dopo aver acquisito la Louisiana dalla Francia (1803) e la Florida (1819), si apre un contenzioso con la Spagna a proposito del Texas, il cui territorio è rivendicato sia da Washington sia da Madrid. Più tardi, caduta la dominazione spagnola, il nuovo Stato messicano considera quest'area soggetta al suo potere, finché consistenti gruppi di coloni americani, dopo essersi qui trasferiti, ne proclamano l'indipendenza (1836) e ne chiedono l'annessione all'Unione, che sarà realizzata soltanto nel 1845. La decisione provoca reazioni negative messicane, mentre si apre un nuovo contenzioso fra i due paesi in California. È da queste tensioni che scaturisce il conflitto messicano-statunitense (1846) nel quale prevale senza difficoltà Washington. Il trattato del 1848 consente agli USA di annettere il Nuovo Messico, la California, il Nevada, lo Utah e l'Arizona. Negli anni seguenti gli Stati Uniti, investiti da un forte sviluppo socio-economico, sono in grado di perseguire nuovi obiettivi esterni dopo aver assorbito le conseguenze della guerra di secessione. Nella zona nordoccidentale del continente americano Washington riesce a prevalere nel confronto con San Pietroburgo e a inserire nell'Unione anche l'Alaska. Questo territorio, già oggetto d'occupazione da parte russa, è stato sfruttato da compagnie russe e americane fra la fine del Settecento e l'inizio dell'Ottocento. Il governo dello Zar non ha nascosto aspirazioni maggiori e guarda verso Sud con la speranza di potersi estendere fino alla zona di Vancouver, ma tale ipotesi tramonta presto: forti pressioni politiche inducono lo Zar a vendere a Washington l'intero territorio (1867) che sarà in seguito incorporato a pieno titolo in quello dell'Unione (1959). Esso di conseguenza non è contiguo a quello metropolitano, essendo da esso separato dai territori canadesi.

A metà degli anni Novanta, di fronte ad una nuova rivoluzione dei cubani contro la dominazione spagnola, Washington decide di intervenire per porre fine ad un contrasto che dura ormai "da quasi mezzo secolo". Queste rivoluzioni, spiega il governo americano, hanno comportato perdite enormi per il commercio statunitense e danni ai cittadini ivi residenti; per «porre fine alla barbarie, allo spargimento di sangue e alle terribili miserie che affliggono Cuba gli Stati Uniti ritengono di avere il diritto d'intervenire con la forza» come "Paese neutrale" impegnato a porre fine alla guerra, "secondo ampi dettati dell'umanità" per far cessare le ostilità fra il governo spagnolo e il popolo cubano e assicurare nell'isola l'insediamento di un governo stabile. Nel successivo trattato di pace (1898), la Spagna rinuncia «ad ogni pretesa di sovranità su Cuba» che sarà occupata dagli Stati Uniti (è ceduta anche l'isola di Puerto Rico). Al tempo stesso nel Pacifico Madrid rinuncia anche ad altre isole minori, Guam nelle Marianne, e all'arcipelago delle Filippine, mentre Washington ottiene il protettorato sul regno delle Hawaii (1876) e annette le Samoa orientali (1898-1899). La presenza americana a Cuba e in altri arcipelaghi delle Indie Occidentali dopo aver raggiunto e colonizzato le coste occidentali del continente nordamericano rende necessario un collegamento marittimo fra l'Atlantico e il Pacifico con la costruzione di un canale interoceanico nell'America centrale. Il problema, già posto in passato, diventa ora più urgente e la sua soluzione condiziona lo sviluppo economico degli USA e di diversi Paesi centro-sudamericani. Non mancano, tuttavia, opposizioni e riserve da parte di altri Stati e in particolare di Londra, ma Washington riesce a superare questi ostacoli e ottiene il via libera inglese per la costruzione del Canale interoceanico di Panama (1901). Quest'ultimo sarà costruito "a sue spese" dal governo degli Stati Uniti che godrà di tutti i diritti derivanti da tale costruzione, nonché il diritto esclusivo di provvedere al regolamento e alla conduzione del Canale. La via marittima sarà neutralizzata e il suo utilizzo autorizzato con regole analoghe a quelle della Convenzione di Costantinopoli (1888) riguardo alla libera navigazione nel Canale di Suez. Con la secessione di Panama dalla Colombia si rafforza la presenza degli statunitensi in America centrale, che ottengono dal nuovo governo di Panama (1903) la concessione di un corridoio per costruire il collegamento interoceanico che sarà ultimato nel 1914 alla vigilia del primo conflitto mondiale. Con questi risultati nel Nord, nell'America centrale e nelle isole atlantiche e del Pacifico i principali obiettivi strategici di Washington sono stati raggiunti: il governo americano attribuisce nei decenni successivi una maggiore importanza allo sviluppo della sua economia e dei suoi commerci e al potenziamento in tutto il mondo della rete dei suoi rapporti commerciali attraverso attive politiche d'*import-export* e di utilizzo di consistenti capitali finanziari. Il fenomeno che vede in azione la diplomazia, l'intraprendenza di imprenditori e commercianti, la determinazione dei presidenti è in genere denominato "diplomazia del dollaro" per sottolineare da un lato l'assenza degli strumenti del colonialismo classico, dall'altro la priorità dei fattori economico-monetari nelle pressioni esercitate all'estero e in primo luogo nell'intero continente americano. Questa scelta non esclude l'uso della forza militare, ma sotto questo profilo al progressivo consolidamento dell'espansione statunitense corrisponde l'arretramento di quello delle potenze europee. A questo proposito è utile precisare che dopo la dichiarazione Monroe (1823), con la quale cercano di sbarrare la strada di ogni avventura coloniale alle potenze europee, gli USA si riservano il diritto (1903) d'intervento per la conservazione dell'indipendenza cubana e la costruzione sull'isola di una base militare (la futura Guantanamo) con il cosiddetto emendamento Platt. Nel 1904 Theodore Roosevelt non esita ad affermare che Washington intende tenere sotto controllo tutti i Paesi vicini incapaci di garantire al proprio interno stabilità ed ordine, precisazione questa che sarà ricordata come il "corollario di Roosevelt alla dottrina Monroe". Di fatto gli Stati Uniti, nati da una guerra di liberazione anticoloniale, diventano anch'essi "imperialisti", nel senso che si affermano nei confronti di aree contigue e insulari. Senza usare il termine colonie ma quello più equivoco di possesso o di territori incorporati, di fatto finiscono per esercitare poteri analoghi a quelli delle altre potenze coloniali. In generale, il fenomeno non assume per estensione e per carattere la fisionomia dei grandi imperi messi in atto dalle potenze europee. Per alcuni di questi possedimenti, fin dall'inizio, infatti il governo nordamericano ne precisa la provvisorietà e s'impegna a concedere la completa indipendenza non appena potranno nascere governi rappresentativi e istituzioni democratiche garanti di autentica stabilità. A questo proposito il caso più significativo sono le Filippine, occupate per porre fine alla detestata presenza spagnola. Washington conferma in più occasioni di voler concedere l'indipendenza non appena vi siano condizioni di stabilità, un ordinamento democratico e un governo attendibile. Negli anni successivi si rafforzano i legami economici con l'arcipelago asiatico produttore di generi alimentari e ricco di materie prime e a sua volta importatore di prodotti industriali. Già nel 1934 Washington assume l'impegno di concedere la piena indipendenza a Manila dopo un ulteriore periodo di preparazione istituzionale di almeno dieci anni, promessa che sarà mantenuta dopo la seconda guerra mondiale (1946).

9. *Germania*

Berlino, com'è noto, si affaccia sulla scena coloniale dopo che molte altre potenze hanno già consolidato conquiste e occupazioni e posto con determinazione le fondamenta dei loro imperi. Questo ritardo non è dovuto a disattenzione, o, come spesso si scrive, a disinteresse, ma a precise motivazioni politiche. C'è in primo luogo da ricordare che la nascita dello Stato tedesco avviene nella seconda metà del XIX secolo e comporta guerre sanguinose e impegnative che modificano profondamente gli equilibri politici precedenti sul continente europeo. Le prove di forza con l'Austria e con la Francia inducono nel periodo successivo Bismarck ad adottare una politica europea prudente per non compromettere il risultato ottenuto e garantire condizioni di sicurezza e di sviluppo al nuovo Stato tedesco. Il sistema delle alleanze attivato dal cancelliere disegna una situazione di equilibrio e di reciproche garanzie che offre a San Pietroburgo, a Vienna, a Roma e anche a Londra certezze di stabilità continentale e prospettive di sviluppo economico in un quadro pacificato dopo anni di conflitti e di tensioni (fra queste anche la nascita dello Stato italiano). Emerge evidente, dalla rete delle intese bismarckiane, l'esclusione di Parigi, il timore della "rivincita", la precisa volontà di mantenere la Francia vinta, ma non domata, ai margini dei nuovi sodalizi. In questo contesto si affermano due indirizzi: concentrare la presenza tedesca politica, economica e militare sul continente, non precludere alla Francia, chiusa nelle nuove frontiere dopo la sconfitta di Sedan, la strada coloniale. Ciò spiega da un lato alcuni aspetti dell'attivismo extraeuropeo dei francesi e per altro lato la tardiva vocazione tedesca per il possedimento di colonie. Soltanto alcuni ambienti finanziari, commerciali e industriali che guidano la crescita dell'economia, guardano con interesse alle imprese d'oltremare e sollecitano l'adozione di misure adeguate perché la Germania non rimanga esclusa dalla spartizione del globo. La politica coloniale tedesca è avviata con molta prudenza da Bismarck, che è più sensibile alle esigenze degli equilibri politici europei. Dopo il suo allontanamento dal potere, agli inizi del 1890, l'assunzione delle redini del comando da parte di Guglielmo II apre le porte a queste pressioni; quest'avvio tardivo non impedirà a Berlino di occupare vaste aree africane (Togo, Camerun, Africa orientale tedesca e sudoccidentale). Oltre a ciò occuperà un posto di rilievo nelle relazioni con l'Impero ottomano, caratterizzate da una costante crescita. Nei disegni berlinesi questo rapporto può portare alla nascita di una grande area commerciale destinata ad estendersi e a collegare cinque mari (Baltico, Mediterraneo, Mare Nero, Mare Persico, Oceano Indiano). Questo grandioso progetto capace di valorizzare le inespresse potenzialità della nazione tedesca deve dar vita ad un'ampia area plurinazionale e costituire la premessa di uno sviluppo comune e di una collaborazione duratura fra il mondo protestante, cattolico e quello musulmano. Lo strumento per avviare questa presenza è una linea ferroviaria che deve collegare i terminali di questo esteso territorio: Berlino, Vienna, Costantinopoli, Baghdad. L'opera avviata viene in parte realizzata ma non completata, nonostante lo sviluppo poderoso dei rapporti commerciali ed economici fra il mondo tedesco e l'Impero ottomano. L'aspirazione balcanico-mediorientale tedesca creerà preoccupazioni e risentimenti a San Pietroburgo e a Londra per i loro noti interessi in queste stesse aree. Meno negative risultano invece le reazioni di Vienna che stringe sempre più i suoi legami politici ed economici col "grande fratello" germanico. Oltre alle aree di occupazione ricordate, la Germania ottiene il controllo di isole e arcipelaghi nell'Oceano Pacifico (Isole Marshall, Caroline, Bismarck, Nauru, Samoa occidentali) ed è presente al "banchetto cinese", dove ottiene particolari garanzie, concessioni e privilegi in diverse aree, in particolare nello Shantung.

10. *Giappone*

Anche il Giappone sviluppa un'attiva politica coloniale dalla fine del XIX secolo verso il continente asiatico e le aree insulari dell'oceano Pacifico. Già abbiamo esaminato (cfr. A. Duce, *Storia della politica internazionale. Dalla Rivoluzione d'Ottobre ai Trattati di Roma. 1917-1957*, Studium, Roma 2009, pp. 103-126) le reazioni nipponiche di fronte alle potenze coloniali del tempo, la sua rapida evoluzione sociale, economica e istituzionale e messo in luce le ragioni che spingono il gruppo dirigente ad intraprendere iniziative continentali ove incontrano la resistenza della Cina e l'opposizione anglo-russo-statunitense. La proclamata intenzione di Tokyo di condurre questa politica soltanto nei confronti di aree del Sud-Est asiatico e di non voler insidiare o minacciare le presenze consolidate degli altri colonizzatori non dissolve il clima di sfiducia e di resistenza delle altre capitali.

L'impegno per la trasformazione interna e il suo rafforzamento militare di terra e di mare non eliminano le preoccupazioni d'ordine esterno. Al timore di poter essere oggetto di pressioni e ingerenze da parte delle potenze euro-americane si affianca la crescente paura per l'attivismo russo che, dopo la conquista della Siberia orientale e della Provincia marittima, potrebbe minacciare anche il Paese del Sol Levante. Né con minor preoccupazione si guarda verso la Cina e al Regno coreano di fatto sotto il suo controllo, che si allunga nell'Oceano Pacifico e arriva molto vicino alle coste meridionali nipponiche. La prima esigenza di Tokyo è dunque, nella seconda metà del XIX secolo, garantire la sicurezza nazionale nel contesto di potenziali minacce russo-cino-coreane. Spinto da queste necessità si muove per prendere possesso di isole che potrebbero essere occupate da altre potenze; nei mari del Sud Ovest sono occupate le isole Bonin (Ogasawara) (1873) e le isole Ryukyu (1875), già appartenute in passato a esponenti dell'aristocrazia giapponese. Nel Nord prende possesso delle isole Curili (1875), dopo una difficile trattativa con San Pietroburgo, al quale tuttavia deve riconoscere il totale controllo dell'isola di Sahalin di cui già occupava la parte meridionale dal 1862 e che era gestita insieme dai russi e dai giapponesi dal 1867, pur con forti contrasti e continue tensioni. Negli anni successivi l'attenzione è rivolta verso il continente con un particolare interesse per la Corea che, pur sotto il controllo cinese, potrebbe essere oggetto delle mire delle potenze europee che avevano già effettuato nei suoi confronti diverse pressioni e alcuni interventi armati. Oltre a questi timori, è appetibile per le sue estese coltivazioni di riso e per le rilevanti risorse minerarie nelle zone del Nord. Nel 1876, con pressioni diplomatiche e la minaccia di una manifestazione navale, è sottoscritto un trattato commerciale che garantisce l'accesso delle navi giapponesi nei porti coreani, privilegi ai residenti nipponici e regime di extraterritorialità per i più importanti insediamenti. Si tratta dello stesso sistema che le potenze coloniali hanno adottato nei decenni precedenti nei confronti di Tokyo e di Pechino.

La Cina in particolare, già oggetto di pressioni, d'ingerenze e di lesive limitazioni della propria sovranità, vede nel Giappone un pericolo concreto sul piano economico, territoriale e politico. La dinastia mancese (dinastia Qing) non ha avviato un rapido programma di modernizzazione analogo a quello varato dalle autorità nipponiche: la temuta ingerenza degli stranieri di fronte ai quali ha dovuto piegarsi e riconoscere concessioni e privilegi ha frenato il necessario rinnovamento sul piano istituzionale, amministrativo, militare, economico e scientifico. Oltre a ciò la paura delle "sette segrete", molto diffuse e pericolose, ha indotto Pechino a concentrare le proprie forze sulla repressione interna e dopo la rivolta dei Taiping Setta del Principio Celeste (1853) a fare ogni sforzo per mantenere l'ordine. Questa situazione rende il Paese impreparato ad un confronto con Tokyo, che, al contrario, ha voluto colmare con rapidità e determinazione il distacco dalle potenze euro-americane. Nel 1894, dopo lo scoppio d'incidenti nel regno coreano (vassallo della Cina), l'esercito giapponese interviene e occupa parte della Corea e altre aree cinesi. Con il trattato di Shimonoseki (1895) (noto in Cina come Trattato di Maguan) la Cina riconosce «in maniera definitiva la piena e completa indipendenza e autonomia della Corea»; cede inoltre al Giappone l'isola di Formosa (con tutte le altre isole "spettanti o appartenenti" ad essa), il gruppo delle Pescadores (isole Penghu); s'impegna inoltre a dar vita a un trattato bilaterale (cino-giapponese) per regolare le questioni commerciali e di navigazione sulla base di quelli sottoscritti da Pechino con le potenze europee. Negli anni successivi prende corpo l'annessione del Regno coreano da parte del Giappone: con i trattati nippo-coreani del febbraio e agosto 1904 Tokyo avvia la collaborazione amministrativa, finanziaria e diplomatica e con un successivo accordo (1905) «assume il controllo e la direzione degli affari esteri della Corea». Poco prima iniziative russe in Manciuria creano il timore a Tokyo di poter perdere la preminenza ottenuta in Corea dopo il conflitto con la Cina. Dopo aver ottenuto adeguate garanzie inglesi, il Giappone apre le ostilità con i russi con un attacco a sorpresa contro la flotta russa del Pacifico nella rada di Port Arthur (1904), occupa Mukden (1905) e distrugge nella battaglia navale di Tsushima nello stretto di Corea (1905) la flotta russa del Baltico. I problemi russo-giapponesi sono definiti nel trattato di Portsmouth (1905): il Giappone ottiene, «in perpetua e completa sovranità, la parte meridionale dell'isola di Sahalin e di tutte le isole adiacenti», il trasferimento a proprio favore del contratto d'affitto di Port Arthur e del territorio adiacente, acque territoriali e tutti i diritti, privilegi e concessioni connesse e incluse nel contratto cino-russo e acquista il controllo della linea ferroviaria meridionale mancese e di tutte le sue diramazioni. San Pietroburgo riconosce inoltre i prevalenti interessi giapponesi in Corea e s'impegna a non ostacolare l'azione di Tokyo in questa penisola che di fatto è già un suo protettorato. Dopo questi accordi il governo nipponico procede nel 1910 alla formale annessione della Corea. L'Imperatore di Corea «fa cessione completa e permanente a Sua Maestà l'Imperatore del Giappone di tutti i diritti di sovranità sull'intera Corea».

Si completa in tal modo la prima fase espansiva insulare e continentale nipponica che offre nuove garanzie di sicurezza e possibilità di forniture minerali e alimentari. Alla base dei risultati raggiunti ci sono le vittorie militari contro Pechino e San Pietroburgo e opportune iniziative politico-diplomatiche nei confronti delle altre potenze coloniali euro-americane. Se poi si considerano i privilegi di cui gode Tokyo, sia in Manciuria, sia in Cina, si può concludere che la sua azione gli ha permesso di inserirsi a pieno titolo nel "club delle potenze coloniali" e di partecipare in condizione di parità con gli altri commensali "al banchetto cinese". Al contrario, al di là di questi positivi risultati, deve prendere atto di non essere nelle condizioni di sviluppare una politica analoga verso le aree più significative del Pacifico, in particolare l'Australia e la Nuova Zelanda, poiché non appare realistica un'azione offensiva nei loro confronti né si ritiene possibile avviare un'immigrazione nipponica al loro interno. Questi governi, come gli Stati Uniti, applicano già, agli inizi del Novecento, legislazioni molto restrittive nei confronti del trasferimento di "popolazioni gialle". Da questo comportamento nasce la polemica di Tokyo destinata a durare nei decenni successivi, in base alla quale la radicale discriminazione viene ricondotta a radici razziali e considerata in contrasto con le teorie libertarie e umanitarie proclamate dai governi di questi Paesi. La rivalità esistente fra il Giappone e le altre potenze europee-asiatiche e americane non si placa con l'adesione del Giappone al fronte dei vincitori durante la prima guerra mondiale: il suo progressivo rafforzamento, le sue iniziative espansive, la sua intenzione di "risvegliare l'Asia" sono seguite con sospetto e preoccupazione anche quando partecipa, nella Siberia orientale, alla lotta contro il neonato governo bolscevico, dopo aver ottenuto di subentrare agli interessi tedeschi in Cina. Nel Pacifico ottiene, con il sistema dei mandati predisposto dalla Società delle Nazioni, il controllo delle aree insulari tedesche, ma dovrà sottostare alle decisioni della Conferenza di Washington (1921-1922). In questa sede deve accettare: il mantenimento dello *status quo* insulare, la sovranità, l'indipendenza, l'integrità territoriale e amministrativa dello Stato cinese e il principio della "porta aperta" sul piano economico-commerciale; l'equilibrio degli armamenti navali prefissato in rapporto alle flotte delle altre potenze (USA, Gran Bretagna, Francia, Italia); la restituzione alla Cina di tutti i "diritti ed interessi" che erano stati ottenuti dalla Germania e altri privilegi ottenuti durante il conflitto da parte di Pechino e porre fine all'avventura siberiana antisovietica con il ritiro delle sue truppe dai territori russi occupati. Di fatto mantiene il titolo di mandato nei tre arcipelaghi tedeschi nel Pacifico e i privilegi di cui gode nella Manciuria meridionale (immigrazione, ferrovia, acquisto di terre da parte dei coloni giapponesi, attività minerarie, ecc.).

L'espansionismo nipponico verso la Cina si riaccende negli anni della "grande depressione", quando nei vertici del Paese torna a prevalere l'idea che per far fronte alle difficoltà del periodo siano da preferire azioni energiche d'occupazione militare rispetto alle ingerenze commerciali ed economiche. Nel 1931 le forze armate giapponesi occupano l'intera Manciuria con la pretesa di difendere i cittadini nipponici ivi residenti. La presenza militare, prevista in un primo tempo come provvisoria, viene mantenuta anche nei mesi seguenti. Nel 1932 viene proclamata l'indipendenza delle tre province mancesi e nasce il nuovo Stato del Manciukuò posto sotto l'autorità del principe mancese Pu Yi. Tokyo ha guidato l'intera operazione e si affretta a riconoscere la nuova realtà statuale e a garantirne la difesa con le proprie forze armate. Si tratta di una palese violazione della integrità cinese e, al di là degli aspetti formali, di un'azione di colonizzazione anche se mascherata sotto la forma di un semiprotettorato (pochi mesi dopo viene occupata anche la provincia cinese dello Jehol). Le proteste di Pechino, delle altre capitali e il dibattito alla Società delle Nazioni non modificano la situazione confermando l'impressione che nessuno sia in grado di opporsi all'utilizzo della forza da parte di una grande potenza anche quando quest'ultima non esita ad insidiare territori di altri Stati appartenenti alla stessa Società delle Nazioni. L'avventura mancese conclude l'espansionismo coloniale di Tokyo, ma pochi anni dopo riprenderà la penetrazione in Cina (1937) e subito dopo con lo scoppio delle ostilità nippo-americane (1941) le forze armate nipponiche dilagano in molte aree del Sud-Est asiatico. Tuttavia, queste occupazioni avranno carattere temporaneo e saranno cancellate dalla sconfitta militare del Giappone (1945) con la conclusione della cosiddetta guerra dei 15 anni (1931-1945).

Una particolare attenzione è rivolta alla Corea, inserita dalle autorità di Tokyo all'interno dell'impero: essa ne è considerata parte integrante e la politica che è adottata nel mezzo secolo di dominazione giapponese (1910-1945) persegue la piena assimilazione del territorio e della popolazione. Questo possedimento "d'oltremare" è chiamato "territorio esterno" soltanto per distinguerlo da quello "interno" e cioè dall'arcipelago nipponico storico. Alla guida della Corea sono posti governatori nipponici (in genere generali o ammiragli) che perseguono con sistemi molto repressivi la politica indicata da Tokyo: tumulti, ribellioni, sommosse, ispirati ai precedenti periodi di autonomia nazionale, alle passate dinastie e all'indipendenza sono repressi in più occasioni con estrema durezza (arresti, condanne a morte, massacri, ecc.); l'esodo dei coreani risulta sempre elevato sia verso gli altri Paesi asiatici che verso il continente americano. Le autorità giapponesi tendono in ogni modo a sottolineare le affinità fra i due popoli, la storia comune, la sostanziale omogeneità per rendere più facile la sottomissione e l'assimilazione. Quest'opera di sostanziale snazionalizzazione avviene negli ambienti culturali, nei luoghi di lavoro, nelle scuole di ogni ordine e grado; è creato un apposito Ufficio Centrale consultivo formato da coreani che accettano di collaborare con i governatori per accentuare l'integrazione fra il popolo coreano e le autorità giapponesi. Queste ultime riducono ogni espressione nazionale: chiusura e censura degli organi di stampa, proibizione di molte associazioni e formazioni sociali, divieto dell'uso della lingua coreana nei luoghi pubblici. Negli ultimi anni del dominio nipponico, oltre a queste misure, si cerca di introdurre anche l'obbligatorietà della partecipazione ai riti shintoisti, cui sono tenuti gli studenti e i pubblici ufficiali. Con lo scoppio in larga scala delle ostilità cino-giapponesi (1937) e più tardi con la guerra contro Washington (1941), la pressione in Corea si accentua: è soppressa la libertà di associazione, rimane in circolazione, in lingua coreana, soltanto un giornale edito dal governatorato, i coreani sono invitati a cambiare i loro nomi con altri nipponici, molti cittadini sono arruolati nell'esercito imperiale. Gli sviluppi postbellici confermano il fallimento della politica di assimilazione dei decenni precedenti, che aveva generato non soltanto un forte nazionalismo coreano, ma anche un risentimento profondo nei confronti del potente vicino insulare. Ciò è dovuto non solo al tentativo di snazionalizzare la Corea, ma anche allo sfruttamento economico messo in atto in quel periodo. Il mondo agricolo subisce forti prelievi di derrate alimentari (in particolare di riso) destinate ai giapponesi; il patrimonio minerario della penisola viene utilizzato per il potenziamento dell'industria giapponese e più tardi per sostenere lo sforzo bellico; gli investimenti nell'industria e nelle attività minerarie estrattive e di trasformazione risultano molto rilevanti; finanzieri e imprenditori nipponici traggono grandi benefici per la politica di bassi salari praticata in Corea e per il controllo sull'import-export nippo-coreano. L'assimilazione non è raggiunta, nonostante le disposizioni delle autorità giapponesi sia per l'inesistenza di una sincera unione delle due collettività, sia perché i due popoli mantengono un atteggiamento di reciproca e profonda ostilità. I giapponesi, al di là delle proclamate intenzioni dei vertici, sono convinti di una loro naturale superiorità, mentre i coreani hanno nel cuore il ricordo del loro regno dei secoli precedenti e il desiderio di riconquistare la piena indipendenza; sono dunque contrari ad un protettorato cinese e ostili ai tentativi di assorbimento nipponici.

11. *Italia*

La tardiva formazione dello Stato unitario (1861), la lenta organizzazione dei suoi apparati istituzionali, la fragilità delle strutture militari terrestri e marittime, il ritardato e faticoso cammino del processo industriale possono aiutare a capire le difficoltà del colonialismo italiano sia nei modi e nei tempi in cui si è realizzato sia in rapporto all'espansione già attuata e spesso consolidata delle altre capitali. Questa esperienza nasce e matura nella fase più dinamica del moderno imperialismo senza avere alle spalle precedenti iniziative, come potevano vantare altri popoli colonizzatori. Ciò significa in primo luogo dover prendere atto di quanto è già stato conquistato e occupato, di quanto è oggetto delle aspirazioni di altri colonizzatori e di quanto in realtà può avere un certo interesse e comportare indubbi vantaggi. Il tardivo e debole processo di industrializzazione non richiede mercati per assorbire eccedenze produttive, mentre richiederebbe controllo di territori fornitori di materie prime, ma questi ultimi sono in gran parte già oggetto di sfruttamento coloniale. Resta l'oggettiva necessità di ridurre l'eccedenza nazionale di forza-lavoro cresciuta per il forte incremento demografico e, dunque, l'urgenza di garantire approdi idonei ad offrire ospitalità, terre coltivabili, in una parola un'attività di colonizzazione storica, cioè legata ad insediamenti umani consistenti e ad attività economiche di carattere primario. Da segnalare anche la modesta disponibilità di risorse finanziarie nei primi decenni postunitari e la necessità di privilegiare il loro utilizzo per lo sviluppo delle aree metropolitane. Questo contesto offre limitate possibilità di manovra alle classi politiche liberali di quel periodo al di là delle oggettive aspirazioni di potenza e della proclamata intenzione di assumere un ruolo adeguato in Europa e nel mondo. Tutte le forze nazionaliste, giustamente orgogliose della raggiunta unità, spingeranno in questa direzione. A questa sensibilità si devono le prime iniziative coloniali italiane in Africa: si tratta della conquista dell'Eritrea e della Somalia. Né manca una presenza in Asia per ottenere, ai danni della Cina, privilegi, concessioni, diritti speciali nel tormentato vortice del tentativo straniero di strappare al governo di Pechino favorevoli condizioni per i propri cittadini e per i propri commerci. Non si dimentichi la presenza italiana nella repressione della rivolta xenofoba dei Boxer (1900) con l'invio di un corpo di spedizione internazionale sotto la guida di un generale tedesco. Nel 1911-1912, dopo il conflitto con l'Impero ottomano, il governo di Roma occuperà la Libia, dove tuttavia dovrà affrontare una decennale conflittualità senza mai riuscire ad ottenere il completo controllo di questa estesa regione. Allo stesso periodo sono riconducibili le azioni intraprese per l'occupazione di Rodi e delle isole del Dodecanneso. La presenza in Africa si estende in Etiopia durante il periodo fascista dopo un conflitto (1935-1936) destinato ad avere anche serie conseguenze nel continente: lo scontro etiopico fa registrare un sostanziale allontanamento di Roma da Londra e da Parigi e apre le porte all'avvicinamento italo-tedesco prima con gli accordi del 1936 e in seguito con la firma del Patto d'Acciaio (1939), di quello Tripartito con Tokyo e Berlino (1940) e dell'alleanza militare con questi ultimi nel gennaio del 1942. Ma le mire espansive italiane, dettate da ragioni di potenza e di sicurezza, non si limitano all'Africa, toccando anche territori europei: nella primavera del 1939 l'Italia fascista dopo aver tutelato a lungo il governo di Tirana decide l'occupazione e l'inserimento dell'Albania nel Regno d'Italia. Si pensa in tal modo di rafforzare la posizione strategica italiana con il controllo delle due sponde meridionali del Mare Adriatico che, come osserva Mussolini, «è diventato un lago italiano». Influisce sulla decisione romana anche la volontà di dimostrare di non essere da meno della Germania che con determinazione e audacia ha ottenuto prima l'annessione dell'Austria e del Sudetenland, poi la distruzione della parte rimanente della Cecoslovacchia e ora si appresta ad affrontare la Polonia sulla questione di Danzica. I circoli dirigenti fascisti pensano anche di poter utilizzare l'Albania come base per future iniziative balcaniche e guardano con crescente interesse verso la Grecia. Nei confronti di quest'ultima sarà avviata nell'ottobre del 1940 un'aggressione armata che non darà tuttavia al regime le attese soddisfazioni.

La presenza italiana nelle aree colonizzate sarà breve rispetto a quello di altre potenze europee, dal momento che le scarse risorse di questi territori, l'esigenza di effettuare investimenti onerosi, sia per la conquista che per l'occupazione, non permetteranno di ottenere risultati adeguati ai costi sostenuti. Ciò vale in senso economico generale, mentre non devono essere sottovalutati altri aspetti di natura strategica e di prestigio per l'inserimento fra i Paesi colonizzatori. La politica coloniale italiana presenta caratteristiche proprie sia nel Nord Africa che nell'Africa orientale, mentre la presenza in Etiopia sarà di brevissima durata e pertanto poco significativa. Nell'Africa orientale (Eritrea e Somalia italiana) prevale un sistema coloniale di assoggettamento: il potere è gestito da un Governatore generale assistito da funzionari italiani che si avvalgono della consulenza e della collaborazione di "capi distretto", mentre per i nativi è previsto lo *status* di sudditi che non può e non deve essere confuso con quello di cittadini italiani. La Libia, al contrario, non è considerata "colonia", ma "regione" italiana, e tale assimilazione territoriale la sottopone al controllo del ministero dell'Interno con limitata autonomia amministrativa. Non sono costituite assemblee locali di rappresentanza degli autoctoni, ma solo alcuni consigli locali. Non c'è rappresentanza libica all'interno degli organismi parlamentari metropolitani. Per quanto attiene alla cittadinanza, un decreto del 1934 promuove per gli abitanti «una cittadinanza italiana libica». Più tardi nel 1939 un successivo provvedimento istituisce la "cittadinanza speciale", con la quale si estendono i diritti di cui godono i libici (senza tuttavia il godimento dei pieni diritti politici riservati ai cittadini italiani). Nelle zone della Libia sotto il pieno ed effettivo controllo italiano si registrano insediamenti importanti di coloni italiani. Nasce l'Ente di colonizzazione demografica prima per la Cirenaica e in seguito per la Tripolitania. Nel 1937-1939 sono avviati poderosi progetti d'insediamento di comunità italiane con la costruzione di nuovi e completi villaggi per i trasferiti dalla madrepatria; nascono centri modello in diversi territori della "quarta sponda" attrezzati e organizzati sul modello dei comuni italiani (municipio, chiesa, scuola, ufficio postale, strade, acquedotto, luce, negozi, ecc.); prendono corpo anche analoghe, ma più ridotte iniziative a favore delle popolazioni locali musulmane, in particolare dopo la decisione del governo italiano di voler proteggere l'islam dalle prevaricazioni del colonialismo anglo-francese. Nel corso della guerra le colonie africane italiane saranno invase e occupate dagli inglesi (soltanto il Fezzan da forze armate francesi). L'Albania sarà invece "liberata" dalle forze comuniste partigiane che si avvalgono della collaborazione dei nuclei combattenti monarchici e repubblicani (tutti godono del sostegno militare anglo-americano). L'art. 25 del trattato di pace (1947) segnerà la conclusione della politica coloniale italiana in Africa, nelle isole del Dodecanneso e in Albania.

III. LA DECOLONIZZAZIONE DEL CONTINENTE AMERICANO

Con il termine decolonizzazione s'indica il processo che porta alla fine degli imperi coloniali dalla seconda metà del XVIII secolo fino al XXI; in questo contesto l'avvio più significativo è l'affrancatura delle colonie nordamericane, al quale segue il tramonto degli imperi iberici nell'America centromeridionale. Giova ricordare che la decolonizzazione è avviata in alcuni continenti quando ancora la colonizzazione non è terminata, per cui mentre alcune aree precedentemente colonizzate si affacciano all'indipendenza, altre, fino ad allora "libere", conoscono il dominio di potenze straniere. Non esiste dunque, come già si è osservato, fra i due fenomeni continuità cronologica, ma, per un certo arco di tempo, c'è contemporaneità in quanto si sovrappongono.

1. *Nord America*

Nella seconda metà del XVIII secolo si manifesta la prima importante decolonizzazione dell'America settentrionale ai danni dell'Inghilterra; la rivolta dei coloni contro gli inglesi avrà conseguenze anche a Parigi e a Madrid e assumerà in seguito un rilievo internazionale. All'origine della crisi c'è l'intenzione del re Giorgio III di estendere alle colonie i tributi di cui il suo governo ha bisogno per far fronte agli oneri sostenuti per le guerre in Europa. Dopo un breve periodo di polemiche e di sommosse, nel 1773 scoppiano i primi gravi incidenti che contrappongono la comunità nordamericana ai contingenti inglesi. Nel 1775 la guerriglia si estende; da un'iniziale protesta per gli inasprimenti dei prelievi fiscali, prende corpo una ribellione che coinvolge ben tredici colonie e si prefigge la rottura dei vincoli con la madrepatria. Già nel 1776, George Washington, capo delle milizie ribelli della Virginia, sconfigge importanti guarnigioni inglesi dopo l'assedio di Boston. Il Congresso, al quale partecipano i rappresentanti delle colonie ribelli, mette a punto una propria Costituzione e proclama l'indipendenza (1776).

L'insurrezione e la Dichiarazione d'indipendenza suscitano sentimenti di simpatia e di solidarietà politica in Francia, la quale non dimentica la secolare rivalità con la Gran Bretagna sul continente e anche nelle aree extrametropolitane. Da parte sua Londra non accetta il distacco delle colonie nordamericane e intraprende, negli anni successivi, numerose iniziative militari per stroncare la ribellione. Si registrano azioni offensive dai territori canadesi, sbarchi in diverse località delle coste occupate dai rivoltosi e penetrazioni di contingenti dagli Stati del Sud (Georgia, Carolina) nel 1779; gli inglesi però devono prendere atto delle determinazioni e delle capacità militari dei rivoltosi, che non mantengono soltanto il controllo dei territori indipendenti, ma conducono anche efficaci contrattacchi. La situazione britannica è aggravata dalle iniziative militari franco-spagnole dopo che queste ultime sono scese apertamente in campo a favore dell'indipendenza delle colonie nordamericane. Gli scontri proseguono sul continente (1780-1781), dove si registrano significativi successi delle milizie di Washington che costituiscono ormai un vero e proprio esercito, ben armato e organizzato. In questo contesto, aggravato dalle perduranti ostilità con Parigi e Madrid, il governo di Londra decide di aprire una fase nuova e di trovare un'intesa con le province ribelli accettando l'indipendenza delle tredici colonie d'America (1783), le quali occupano i territori a Sud del Canada. In tal modo la rivolta e l'indipendenza ottengono il riconoscimento inglese, anche se il successo dei "ribelli" è stato ottenuto dopo un decennio di aspri combattimenti. La prima importante decolonizzazione si realizza fra territori abitati in prevalenza da popolazioni di provenienza anglo-tedesca ai danni di una potenza europea. Quest'ultima, per mantenere il controllo di tali aree, non ha esitato a ricorrere all'utilizzo d'imponenti mezzi militari e ha cercato nelle aree confinarie canadesi anche di mobilitare le popolazioni autoctone indiane contro "i coloni europei"; a causa di ciò il ricordo della lotta per l'indipendenza, dei sacrifici e delle perdite subite rimarrà scolpito nella coscienza del popolo nordamericano. In seguito ribadirà con frequenza le sue origini anticolonialiste e libertarie e non a caso, in più occasioni, cercherà di prendere la guida dei movimenti anticoloniali. Assumerà altresì, con la nota dichiarazione Monroe (1823), il ruolo di protettore dell'America centro-meridionale nel caso in cui si manifestassero rigurgiti colonialisti europei. Tale scelta al momento della sua formulazione otterrà molti consensi, ma con il passare degli anni la protezione nordamericana sarà oggetto di critiche perché sarà da molti considerata una forma più evoluta, ma pur sempre negativa, dei vecchi "protettorati".

2. *Centro e Sud America*

Con la nascita della repubblica nordamericana una parte del continente spezza il giogo coloniale, poiché appare chiaro che essa ha di fronte a sé prospettive di sviluppo enormi, sia economiche che commerciali, anche se deve fare i conti con la residua presenza coloniale e con gli interessi delle altre potenze interessate a difendere proprie posizioni o a crearne di nuove. Non bisogna, infatti, dimenticare la presenza franco-inglese nel Nord, quella commerciale russa nel Pacifico (dopo il passaggio dello Stretto di Bering e l'occupazione dell'Alaska), l'insediamento spagnolo in gran parte dell'America centrale e meridionale e del Portogallo in Brasile. L'emancipazione di questi territori è agevolata dalla Rivoluzione francese, dalle guerre che la seguono e dalla politica del Congresso di Vienna. Gli avvenimenti che coprono un quarto di secolo aprono orizzonti nuovi e offrono la possibilità di cambiamenti significativi all'interno delle comunità del Centro e del Sud America. Le idee nuove e i contrasti europei tuttavia non generano un movimento immediato e unitario a favore dell'indipendenza e per la scelta istituzionale repubblicana, ma progetti diversi, spesso divergenti, si confrontano all'interno di un mondo assai variegato per composizione sociale (nativi, creoli, spagnoli, portoghesi, schiavi). Taluni sono più favorevoli a un'evoluzione sotto la copertura delle vecchie case regnanti europee, altri sostengono la nascita di nuove dinastie locali, altri sono propensi ad imitare l'esperienza nordamericana. L'evoluzione di questo confronto non avviene né in modo pacifico né in un periodo breve e sarà caratterizzato da fasi alterne di prevalenza ora degli uni ora degli altri, ma non saranno assenti le pressioni e gli interessi delle ex potenze coloniali e degli Stati che guardano con crescente interesse a questi territori decolonizzati. Ad aprire la strada per l'indipendenza, dopo anni di duri scontri civili e militari, sono le Province Unite della Plata che nel 1816 dichiarano la rottura «dei vincoli imposti con la forza che le univano ai sovrani di Spagna» e proclamano la libertà e l'indipendenza dell'Argentina. Nel 1817 le forze armate spagnole sono sconfitte in Cile; nel 1819 il Venezuela e la Colombia sono liberate da Simón Bolívar; nel 1822 il Brasile rompe i vincoli coloniali con Lisbona e proclama l'indipendenza. In questo contesto rivoluzionario anticoloniale si formano venti nuovi Stati nella parte centrale e meridionale del continente. Non sono in grado di fermare questo processo né i tentativi militari di Madrid né quelli diplomatici e dinastici di Lisbona e ancor meno gli appelli e le pressioni di alcune potenze firmatarie della Santa Alleanza (settembre 1815) e della Quadruplice (novembre 1815). Interessi contrastanti, temuti impegni militari, debolezza delle case regnanti impegnate a normalizzare il continente europeo, necessità di non compromettere i commerci, già danneggiati dal periodo bellico precedente, favoriscono la stabilizzazione del nuovo contesto e l'avvio delle esperienze indipendentiste. Questa evoluzione è seguita con particolare attenzione dagli Stati Uniti che vedono, nella caduta dei vincoli coloniali precedenti, un'esperienza analoga alla propria e l'apertura di rapporti economici e commerciali di particolare interesse: oltre ai già ricordati vantaggi territoriali nelle aree contigue controllate dagli spagnoli, c'è l'apertura di un intero continente che ha caratteristiche economiche complementari con quelle statunitensi. Washington dopo un breve periodo di attesa, per non compromettere i rapporti con Madrid, procede al riconoscimento delle nuove realtà statuali e stabilisce con loro normali relazioni diplomatiche (1822), mentre sul piano istituzionale raccomanda l'adozione della scelta repubblicana per tagliare in modo netto e definitivo «ogni vincolo di sangue» residuo con le dinastie europee. Nel dicembre 1823 il presidente Monroe precisa che gli Stati Uniti hanno preso atto che le colonie spagnole hanno proclamato e mantenuto l'indipendenza; in seguito a ciò dovrebbero considerare come «una disposizione d'inimicizia» verso di loro che li hanno riconosciuti qualsiasi azione ostile ai nuovi Stati da parte di potenze europee per "opprimere" o per «esercitare azioni sul loro destino». In questo modo il primo decolonizzatore del continente prende le difese del processo avviato nel Centro e nel Sud America e, di fatto, assume il ruolo di protettore nei confronti delle residue aspirazioni del colonialismo europeo. Si tratta di un vincolo nuovo che da un lato sottolinea la vocazione anticoloniale, ma per altro verso mette in luce una presunta debolezza difensiva dei nuovi Stati e apre le porte ad una indiretta forma di protettorato di una parte del continente sulle altre. Nel Centro-Sud America nascono dalle ceneri degli ex Imperi portoghese e spagnolo numerose repubbliche. I progetti di dar vita ad una sola realtà statuale tramonteranno ben presto per le distanze geografiche, per le differenze etniche, per le diverse sensibilità nazionali, per i contesti climatici ed economici e anche per le naturali aspirazioni delle *élites* rivoluzionarie. Nonostante queste condizioni oggettive, non mancano progetti federativi: si pensa che, al di là delle divisioni statuali, sia possibile dar vita a vincoli speciali fra i nuovi soggetti per promuovere politiche comuni (difesa, esteri, finanza, ecc.). Questa tesi è sostenuta con particolare vigore dal "liberatore" dell'America Latina Bolívar da sempre fautore dell'unità del continente meridionale: a lui si deve la preparazione di un Congresso panamericano a Panama con lo scopo di rafforzare i legami fra le nuove capitali e di inaugurare una collaborazione speciale con gli USA; ma il progetto, audace e lungimirante, non va in porto per i contrasti fra i possibili aderenti. Tramontano in tal modo sia l'ipotesi della federazione sudamericana che il progetto più ampio panamericano; la decolonizzazione estromette Madrid e Lisbona, ma non fa nascere né un nuovo grande Stato né una federazione continentale.

Sulla base di queste aspettative nascono due unioni politiche che però avranno vita breve: la Gran Colombia che comprende Colombia, Venezuela, Ecuador e Panama (1819-1831) e le Province unite dell'America centrale che raccolgono le ex colonie del Centro America (1823-1840); di fronte a queste evoluzioni, Simón Bolívar, deluso, osserva: «Ho arato il mare». Nonostante questi insuccessi e l'emergere dei nazionalismi statali, l'idea panamericana mantiene il suo fascino; essa, di natura sociale e politica, vuole incoraggiare le relazioni, la cooperazione e le aggregazioni fra tutti gli Stati americani.

Anche nei decenni successivi si tengono frequenti conferenze panamericane (dopo quella di Panama del 1926), fra le altre quelle di Lima (1847), di Santiago del Cile (1856), di Lima (1864), di Washington D.C. (1889-1890). In queste occasioni sono esaminati progetti di difesa collettiva, sottoscritti accordi sugli scambi commerciali e, per risolvere eventuali dispute originate dall'import-export, definite regole per gli arbitrati.

IV. LA DECOMPOSIZIONE DEGLI IMPERI OTTOMANO E AUSTRO-UNGARICO

Nella penisola balcanica, già agli inizi del XIX secolo, cresce la tensione nei confronti di Costantinopoli; le popolazioni cristiane sottomesse dal XVI secolo mal sopportano il potere del sultano che, secondo i principi dell'islamismo, è sovrano assoluto e, come califfo, capo religioso degli islamici. I turchi guardano a queste regioni conquistate come aree da sfruttare e non hanno a cuore il loro sviluppo. Anche sul piano religioso non intendono né confondersi con i cristiani né convertirli ma, in genere, applicare una rigida distinzione senza alcuna forma d'integrazione; pertanto accettano l'autonomia organizzativa delle altre confessioni purché non sconfini in campo politico. Ricorrono sistematicamente all'uso della forza, impongono il pagamento di pesanti tributi e il mantenimento dell'ordine pubblico. Rivolte e ribellioni sono represse duramente: in queste condizioni i serbi, i romeni, i bulgari e i greci, pur sottomessi, non disperano di potersi liberare da questi vincoli con le proprie forze o con l'aiuto di potenze esterne. Dopo una lunga resistenza e precedenti insurrezioni i serbi riescono a costruire un principato autonomo (1812) nella pianura della Sava, risultato che alimenta altre iniziative nelle popolazioni balcaniche e accentua l'interesse per questo "mondo cristiano" nelle capitali europee. Si forma in tal modo una solidarietà europea diffusa nei confronti delle infelici popolazioni sottomesse ad un potere al tempo stesso "assoluto e dissoluto". C'è la volontà di sostenere, ove sarà possibile, la causa dell'indipendenza della regione e quanto meno di lottare per contrastare i metodi di governo turchi considerati lontani dalla sensibilità delle tradizioni cristiane europee e pertanto "asiatici". Da questo punto di vista si tratta di una decolonizzazione speciale perché impegna popolazioni europee contro un potere asiatico ispirato da fattori religiosi diversi dal cristianesimo; in tal modo mentre in altri continenti la lotta contro i colonizzatori è condotta dai nativi contro gli europei o da europei trapiantati contro altri europei in questo "angolo del mondo" la lotta è condotta contro forze imperiali non europee e non cristiane. Dopo l'affermazione serba si registra la sollevazione del popolo greco anch'esso ostile al potere turco e per tradizione molto sensibile al rispetto delle proprie tradizioni civili e religiose. L'azione dei rivoluzionari greci è guardata in Europa con simpatia per i valori di cui è paladina, ma anche con preoccupazione. Si teme che il crollo ottomano possa aprire le porte alla Russia e sconvolgere gli equilibri balcanici austro-russi e mediterranei ove prevalgono ancora gli interessi inglesi e francesi. Successive complicazioni provocano un confronto militare fra alcune potenze europee e Costantinopoli e un conflitto russo-turco; dopo complesse trattative, difficoltà e progetti di spartizione dell'Impero ottomano, le potenze europee riconoscono l'indipendenza greca (1830). I turchi, per evitare altre complicazioni e un conflitto più ampio che avrebbe aperto per tutti inquietanti interrogativi sul futuro assetto dell'impero, devono accettare anche altre richieste: nascono i principati di Moldavia e Valacchia gestiti da un governo autonomo (anche se i due territori restano "vassalli" di Costantinopoli); i principati, abitati da popolazioni rumene, finiscono ben presto sotto l'influenza di San Pietroburgo, anche se si fa strada, con il passare degli anni, una consapevolezza "nazionale" rumena sensibile agli stimoli indipendentisti e protesa a raccogliere in un unico Stato tutte le genti di lingua e di tradizioni rumene (esse sono in parte all'interno dell'Impero ottomano, di quello austro-ungarico e di quello russo). Dopo un periodo di relativa stabilità, i movimenti nazionali insurrezionali balcanici riprendono vigore negli ultimi decenni del XIX secolo; la lotta contro la dominazione ottomana si accende nella Bosnia-Erzegovina e nei territori bulgari con il sostegno della Serbia e del Montenegro (1875). La reazione di Costantinopoli è durissima (incarcerazioni, massacri, ecc.) e si ripropone in tal modo la gravità della "questione d'oriente" per le potenze europee, che da un lato temono lo smembramento dell'Impero ottomano, ma, per altro verso, non possono accettare né i suoi metodi di governo né la distruzione della Serbia e degli altri principati. In questo confuso quadro la Russia prevale nel confronto militare con la Turchia e ottiene, con il trattato di Santo Stefano (1878), importanti modifiche balcaniche che indeboliscono e ridimensionano la presenza dell'Impero ottomano. Il successivo congresso di Berlino (giugno-luglio 1878) in parte conferma e in parte modifica il contenuto del trattato di Santo Stefano.

La "grande Bulgaria" è decomposta in due principati: la Bulgaria autonoma sotto la sovranità di S.M. Imperiale il Sultano (con governo cristiano e milizia nazionale) e la Rumelia orientale, con autonomia amministrativa, sottoposta all'autorità "politica e militare" di Costantinopoli. È altresì confermata l'indipendenza del Montenegro, del principato di Serbia e della Romania.

La Dobrugia dovrà essere ceduta dalla Russia alla Romania, la quale a sua volta dovrà rinunciare alla Bessarabia meridionale; Vienna ottiene l'amministrazione provvisoria della Bosnia-Erzegovina che annetterà nel 1908 e il diritto di mantenere reparti armati nel Sangiaccato di Novi Pazar.

Costantinopoli s'impegna a realizzare «i miglioramenti e le riforme» richieste dalle province abitate dagli armeni e «a garantire la loro sicurezza contro i circassi ed i curdi»; dovrà inoltre assicurare la piena libertà religiosa e la pratica esterna di tutti i culti né potrà interferire nell'organizzazione gerarchica delle diverse comunità né «nei rapporti con i loro capi spirituali».

In sostanza, le rivendicazioni dei popoli balcanici comportano la riduzione dell'influenza ottomana ma anche l'inserimento delle altre potenze europee causando nuovi contrasti fra le capitali che sembrano aver ottenuto i maggiori vantaggi dalla spartizione. La rivalità austro-russa nella regione è destinata a protrarsi nei mesi successivi e a costituire uno degli elementi più rilevanti dello scoppio della prima guerra mondiale. Dopo la sconfitta militare subita e le decisioni adottate dal Congresso di Berlino, il governo ottomano non sarà più nelle condizioni di riprendere il controllo dei territori perduti e dovrà affrontare nuove tensioni, rivolte, insurrezioni in altre aree abitate da popolazioni cristiane (Armenia, Creta, Macedonia) spinte da motivazioni nazionali, religiose e dal rifiuto dei metodi di governo "asiatici". Una nuova critica fase nel contesto balcanico si apre all'inizio del secolo e durerà fino allo scoppio del conflitto; la Serbia si allontana dall'Austria-Ungheria, tende ad assumere il ruolo di "Piemonte balcanico", ricerca la solidarietà dei bosniaci, degli sloveni e dei croati, fa propaganda a favore di una nuova realtà panserba. Vienna reagisce con l'annessione della Bosnia-Erzegovina e non esclude un intervento militare contro Belgrado. Queste iniziative provocano una profonda rottura con San Pietroburgo che non sarà più sanata; nello stesso periodo si affacciano contrasti anche fra i movimenti nazionali balcanici che cercano appoggi e alleanze nelle diverse capitali europee: all'origine di queste divisioni vi sono diversità religiose (cattolici, ortodossi), incomprensioni confinarie, scarsa sicurezza; ciò nonostante essi non esitano ad entrare in guerra con Costantinopoli (1912) e prevalgono nel confronto militare. La Turchia rinuncia alla sua residua presenza in Europa (conserva solo la Tracia orientale e Costantinopoli); la Macedonia, dopo aspri contrasti, sarà divisa fra Serbia e Grecia; viene sancita l'indipendenza albanese con l'assenso italo-austriaco. La guerra con l'Italia priva la Turchia anche della Tripolitania e della Cirenaica (1912) e Roma ottiene l'occupazione "provvisoria" delle isole del mar Egeo. In tal modo Costantinopoli perde una secolare posizione balcanica a vantaggio dei nuovi Stati sorti in un secolo di lotte con l'interessato appoggio di altre potenze europee. Ma al tempo stesso la sua dominazione in Asia è minacciata dall'ingerenza crescente delle potenze coloniali europee che hanno esteso via via la loro influenza. Costantinopoli deve anche fare i conti con i movimenti nazionalisti arabi che mal sopportano l'egemonia turca. Dopo le guerre balcaniche, l'Impero ottomano conserva un'enorme estensione e una popolazione mista: è turca in Anatolia, ma araba, armena e curda in altre aree (a Smirne è in prevalenza greca). Questa multinazionalità è un elemento di debolezza poiché le spinte interne favorevoli alla decolonizzazione sono forti e godono dell'appoggio di forze esterne. Inglesi e francesi dal 1881 controllano le finanze dell'Impero ottomano che sono insolventi dei prestiti esteri ottenuti in precedenza, San Pietroburgo preme per favorire l'autonomia delle province armene, gli emigranti ebrei, giunti in numero crescente in Palestina, aspirano ad assumerne l'amministrazione, gruppi economici e finanziari tedeschi (ed anglo-francesi) vogliono realizzare il collegamento ferroviario fra il Centro Europa e Baghdad e controllano già molte delle iniziative economiche all'interno dell'impero e anche Roma aspira a concessioni ferroviarie in Anatolia. La prima guerra mondiale offre occasioni nuove al nazionalismo arabo per contestare l'appartenenza di molte zone all'interno dell'Impero ottomano e pone le premesse della sua definitiva dissoluzione. La sua collocazione fra gli sconfitti attiva una politica di decolonizzazione nel quadro dei provvedimenti adottati dalla Società delle Nazioni con il sistema dei mandati (tipo A, B e C.); al tempo stesso la sconfitta genera una violenta reazione interna che porta, nel giro di pochi anni, alla caduta del sultano (califfo), alla rottura del tradizionale sistema di unità del potere politico e religioso, alla costituzione della Repubblica turca ispirata ai valori laici e democratici dell'Occidente euro-americano. In questo periodo svolge un ruolo di primo piano il generale Mustafà Kemal, il quale in seguito, per gli indiscussi meriti acquisiti nella difesa della Turchia e nella riorganizzazione dello Stato, sarà chiamato Atatürk (cioè "padre dei turchi") ed eletto primo presidente della nuova repubblica. Alla fine del conflitto Costantinopoli perde la maggior parte dell'impero e la Turchia resta limitata all'Anatolia centrale. Londra si garantisce i mandati sulla Mesopotamia e sulla Palestina e conferma la sua preminenza in Egitto, mentre la sua influenza decresce in Afghanistan e in Iran. In Palestina, posta sotto mandato della Società delle Nazioni, avvia la costituzione del "focolare nazionale ebraico" promesso nel 1917. Anche Parigi e Madrid devono confrontarsi con movimenti nazionalisti musulmani rispettivamente in Tunisia, in Siria e in Marocco, ma seppure con difficoltà mantengono sotto controllo la situazione. In Arabia, al contrario, dopo cruente lotte fra esponenti locali del mondo musulmano, nasce un nuovo Stato indipendente (Arabia Saudita) accettato e riconosciuto dalle altre potenze. In tal modo la decomposizione dell'Impero ottomano apre le porte alla formazione di nuove realtà statuali nei Balcani e nel mondo arabo e favorisce iniziative coloniali di alcune potenze europee nel Nord Africa e nel Medio Oriente.

Dopo la sconfitta termina anche l'impero austro-ungarico. Quest'ultimo ha radici antiche; gli Asburgo si espandono dalla Marca orientale, creata da Carlo Magno, in altri territori (Fiandre, Ungheria, Boemia, ecc.). Nel 1804 nasce l'Impero austriaco come monarchia ereditaria sotto la guida di Francesco I; per far fronte alle pressioni dell'irredentismo ungherese e dopo diversi tentativi di riforme costituzionali viene proclamato (1867) l'Impero austro-ungarico (detto anche "Duplice Monarchia" o più semplicemente "Austria-Ungheria"). Con questa riforma costituzionale si creano due regni distinti e paritari sotto il medesimo sovrano. Austria e Ungheria mantengono i propri parlamenti, costituzioni e ministeri; spetta all'imperatore e ai ministeri competenti condurre la politica estera, economica e militare, mentre specifici accordi regolano le più delicate questioni commerciali e finanziarie. La capitale è Vienna; l'Impero austro-ungarico si estende per circa 700.000 kmq e all'inizio del secolo ha una popolazione multietnica (tedeschi, ungheresi, cechi, polacchi, ucraini, romeni, croati, slovacchi, serbi, sloveni, italiani, serbocroati di Bosnia) che supera i cinquanta milioni con una forte percentuale di tedeschi e ungheresi (circa il 50%).

La Duplice Monarchia, nonostante le tensioni interetniche e le pressioni degli Stati confinanti, resta in vita fino al termine della prima guerra mondiale. Dopo il conflitto le potenze vincitrici ne decidono lo smembramento. L'Austria, dopo aver posto fine alla monarchia, diventa una repubblica federale.

V. L'EVOLUZIONE SUCCESSIVA (1919-1947)

1. *La Società delle Nazioni e il sistema dei mandati (1919-1946)*

Al termine del conflitto, con la nascita della Società delle Nazioni, è affrontata in modo esplicito la questione coloniale e, più in generale, la liquidazione degli imperi dei vinti. Già è stata esaminata la posizione di Wilson, degli alleati europei e dell'URSS a proposito del mantenimento delle colonie. In questo contesto i principi, enunciati dal presidente americano a favore dell'autodeterminazione dei popoli e del progressivo superamento dei vincoli di dipendenza interstatuali trovano un'accoglienza favorevole sul piano dei principi, ma incontrano forti resistenze a Londra, a Parigi, a Roma e a Tokyo quando si tratta di applicarli. Queste ultime hanno ancora una forte coscienza coloniale e sono convinte della possibilità di mantenere il controllo delle aree extrametropolitane. Le tensioni interalleate trovano una via d'uscita quando convergono sulla necessità prioritaria di affrontare il problema nei territori colonizzati dei Paesi vinti (Germania, Impero ottomano e austro-ungarico). Si verifica in tal modo una situazione curiosa: il processo di decolonizzazione non è avviato nei grandi imperi coloniali esistenti, ma soltanto nelle aree controllate da Berlino e Costantinopoli. La loro gestione "verso la piena indipendenza" viene affidata a Paesi coloniali, i quali in tal modo, mentre mantengono i propri possedimenti, estendono il controllo su altri Paesi che dovrebbero condurre, in tempi brevi, all'indipendenza. Questo processo ha come primo obiettivo non l'emancipazione dei Paesi colonizzati (di tutti o di una parte), ma la distruzione degli imperi dei Paesi vinti. Nella partita politica che si gioca a questo proposito nella Società delle Nazioni non c'è un confronto fra colonizzati e colonizzatori, ma fra i vinti e i vincitori del conflitto mondiale. Viene deciso in tal modo di affidare le ex colonie tedesche e le parti non anatoliche dell'ex Impero ottomano a membri della Società delle Nazioni, i quali dovrebbero condurli all'indipendenza sotto il controllo della stessa organizzazione. Nell'art. 22 dello statuto della Società delle Nazioni si precisa che le colonie e i territori che al termine del conflitto hanno cessato di trovarsi sotto la sovranità degli Stati che prima li governavano e che sono abitati da popoli non ancora in grado di reggersi da sé dovranno essere aiutati in questo cammino da nazioni più progredite. Esse devono agire come mandatarie della Società delle Nazioni, redigere rapporti annuali sul loro lavoro ed essere sottoposte ad un rigoroso controllo da parte del Consiglio. Nascono in tal modo tre tipi di mandati (A, B e C), che si rendono necessari perché variano «il grado di sviluppo del popolo, la posizione geografica del territorio e le sue condizioni economiche». Nel gruppo A rientrano territori già appartenuti all'Impero ottomano che possono godere subito dell'indipendenza «salvo il consiglio e l'assistenza amministrativa di una potenza mandataria» (la Siria e il Libano sono affidati a Parigi, la Palestina e l'Iraq a Londra). Si tratta di una semindipendenza fino alla piena capacità di autogoverno sotto il controllo diretto della potenza mandataria e indiretto della Società delle Nazioni. I mandati di tipo B riguardano popoli dell'Africa centrale per i quali la potenza mandataria dovrà garantire l'amministrazione, la libertà di coscienza e di religione, l'ordine pubblico, il buon costume, il divieto del commercio degli schiavi, del traffico delle armi, dei liquori e di stabilire fortificazioni. A Londra sono assegnati il Tanganica, piccole parti del Togo e del Camerun, a Parigi il Togo e il Camerun; a Bruxelles è affidato il Ruanda-Urundi e a Lisbona in Africa orientale il territorio del Kionga. Nei mandati del gruppo C sono presi in considerazione gruppi di isole del Pacifico australe e territori dell'Africa sud-occidentale che possono essere meglio amministrate se integrate direttamente nello Stato mandatario «fatte salve le garanzie previste per le popolazioni indigene» di questi territori. A seguito di queste decisioni l'Australia ottiene il mandato sulla Nuova Guinea tedesca, sulle isole Bismarck e su Nauru. Alla Nuova Zelanda sono affidate le Samoa Occidentali e a Tokyo gli arcipelaghi delle Marianne, Marshall, Caroline e Palau. Tokyo ottiene, inoltre, il godimento dei diritti acquisiti in Cina da Berlino che saranno tuttavia contestati nei mesi successivi. L'Africa del Sud-Ovest (Namibia) viene affidata all'Unione Sudafricana che eserciterà il mandato per oltre mezzo secolo. Una rapida evoluzione di questi Paesi verso la piena indipendenza presupponeva il controllo e l'autorità degli organi della Società delle Nazioni per l'applicazione dei principi stabiliti nell'art. 22 del patto costitutivo dell'organizzazione. In realtà, com'è noto, lo sviluppo successivo sarà diverso da quello previsto nella fase costituente. Il ritiro di Washington, l'assenza dell'URSS e dei Paesi vinti e la dissociazione nipponica e italiana a metà degli anni Trenta lasciano nelle mani di Londra e Parigi le fasi più delicate della vita della nuova organizzazione: si tratta di due Stati che controllano vasti imperi coloniali e sono convinti di poterli mantenere ancora a lungo. Non sorprende la loro scarsa sensibilità negli anni successivi a favore della rapida conclusione della gestione dei mandati; né più favorevole a questa ipotesi poteva essere quella delle altre capitali impegnate in questa operazione, anch'esse colonialiste da vecchia data (Belgio, Olanda, Spagna, Portogallo, Giappone, Italia). Queste osservazioni, già molto pertinenti ove si considerino i singoli territori già oggetto dei mandati di tipo A e B, lo sono ancor più per quelli tipo C, per i quali, com'è evidente, si passa dalla colonizzazione precedente a forme di annessione o di semiannessione.

C'è anche da considerare, nell'immediato dopoguerra, la sistemazione dell'Impero austro-ungarico che unisce al suo interno nazionalità diverse che da tempo manifestano ostilità nei confronti di Vienna. Anch'esso è liquidato dai vincitori, tuttavia non sono applicati i criteri adottati per i possedimenti tedeschi e ottomani. La valutazione è diversa poiché è costituito in aree europee contigue all'Austria (Österreich), nelle quali, liberate dai vincoli imperiali, sono costituiti Stati indipendenti considerati idonei all'esercizio di tutte le funzioni di governo (Ungheria, Polonia, Cecoslovacchia, Regno dei Serbi, dei Croati e degli Sloveni, poi Regno di Jugoslavia); è ricostituita l'unità statale polacca. Vienna perde anche altri territori a favore di Stati confinanti fra i quali l'Italia (alta valle dell'Adige fino al colle del Brennero).

La Società delle Nazioni ribadirà i principi anticoloniali già dichiarati in occasione delle iniziative giapponesi contro la Cina (1931 e 1937) e italiane contro l'Etiopia (1935-1936); dopo la condanna di queste aggressioni nippo-italiane vengono emesse sanzioni nei confronti dei due Stati che, com'è noto, abbandonano in quelle circostanze la stessa organizzazione.

2. *Egitto, Iraq, Commonwealth, Siria, Libano, Filippine*

Negli anni che dividono le due guerre mondiali, il processo di decolonizzazione segna il passo. Al di là dalle proclamate teorie americane e sovietiche e delle disposizioni della Società delle Nazioni il quadro complessivo registra una sostanziale stabilità. I Paesi oggetto dei mandati non guadagnano l'indipendenza e le altre aree coloniali rimangono nelle precedenti condizioni di soggezione, di protettorato o di semindipendenza. Questo non impedisce il rafforzamento delle *élites* culturali e politiche indigene e il permanere di contestazioni, di rivolte e di pressioni, più o meno violente, per procedere nel cammino dell'autonomia e dell'indipendenza. Tali considerazioni di carattere generale permettono tuttavia di evidenziare alcuni fenomeni di segno contrario, anche se si tratta di esperienze circoscritte. In alcuni Paesi e aree la volontà di portare avanti il processo liberatorio si manifesta con particolare forza, ottenendo anche significativi risultati. Un segnale importante viene dall'Egitto: quest'ultimo, parte dell'Impero ottomano, aveva goduto di ampia autonomia da Costantinopoli. Da decenni è in realtà diventato (dopo l'occupazione del 1882) un protettorato inglese (1914). È evidente il rilievo strategico del Paese sul cui territorio è stato realizzato il Canale di Suez; dopo la conclusione delle ostilità il nazionalismo egiziano, organizzato in varie formazioni politiche, riprende la lotta per l'indipendenza invocando i principi wilsoniani: esso ricorre a contestazioni, a proteste violente e alla resistenza passiva. Londra, dopo mesi di scontri e di tensioni, pur rifiutando il riconoscimento della piena indipendenza si orienta all'abolizione del protettorato e al riconoscimento di ampi poteri interni alle rappresentanze egiziane. Dopo una lunga e difficile trattativa, che si protrae per oltre due anni, nel 1922 la Gran Bretagna proclama l'indipendenza egiziana, riservandosi tuttavia alcune prerogative che limitano fortemente la sovranità del nuovo Stato: la tutela delle minoranze e dei cittadini stranieri, la difesa dell'Egitto di fronte ad ingerenze o aggressioni e la diretta gestione e il controllo delle vie di comunicazione egiziane che interessano l'Impero britannico (in particolare il Canale di Suez). Questa sistemazione, pur accettata all'inizio, sarà contestata negli anni successivi; anche il controllo del Sudan resta al centro delle tensioni anglo-egiziane. Più tardi prende corpo un nuovo trattato (1936) che vede una riduzione del potere inglese nel Paese;

permane però il controllo del Canale di Suez con il mantenimento di contingenti militari nel Paese, sistemati in basi strategiche, che godono, in caso di guerra, di libertà di accesso alle strutture militari necessarie per tutelare il traffico dell'impero. Anche in Iraq il nazionalismo arabo solleva la testa con determinazione: nel 1920, dopo proteste e rivolte, Londra dà vita ad un Consiglio provvisorio iracheno, permette la convocazione di una costituente (1924) e la predisposizione di una Costituzione e assicura la rapida conclusione del mandato ottenuto dalla Società delle Nazioni. Nel 1930 la situazione mandataria è superata da un accordo anglo-iracheno: esso apre le porte all'indipendenza del Paese, ma dà vita a un'alleanza militare grazie alla quale Londra può mantenere basi e utilizzare il territorio del Paese in caso di guerra. Poco più tardi (1932) anche la Società delle Nazioni riconosce la fine del mandato iracheno e di fatto la piena indipendenza del Paese pur "costretta" nella gabbia del trattato di sicurezza con Londra. Già nei primi anni del dopoguerra molti *dominions* raggiungono la piena indipendenza (anche per la politica estera) e la Conferenza imperiale dà vita al Commonwealth composto da membri uguali fra loro, liberamente associati e aventi «un comune vincolo con la Corona» (1926). Nel 1931 è approvato lo Statuto di Westminster da parte del Parlamento britannico: i *dominions* possono accedere all'indipendenza e rifiutare le leggi inglesi. Questa evoluzione, riservata ai *dominions* bianchi, non è ancora applicata nei confronti delle colonie asio-africane anche se non si esclude per il futuro questa possibilità. Il modello adottato esercita una forte influenza nei confronti degli altri Paesi sotto controllo inglese fra i quali primeggia l'India: al suo interno matura una ferma opposizione al colonialismo e inizia una lunga lotta per ottenere la piena indipendenza che sarà tuttavia raggiunta soltanto nel secondo dopoguerra (1947). Nel mondo politico inglese rimangono in questi anni prevalenti riserve sul riconoscimento dello *status* di *dominion* all'India e ancor più agli altri Paesi colonizzati, in particolare in quelli ove è necessaria una specifica tutela delle minoranze bianche.

Anche la Francia deve affrontare in Siria e in Libano i movimenti nazionalisti arabi promotori di agitazioni e rivolte per ottenere l'indipendenza. Nel 1936 Parigi dichiara l'indipendenza della Siria e promuove un trattato franco-siriano; le due iniziative restano però senza pratiche conclusioni per successive difficoltà all'interno del mondo arabo e per i contrasti fra le forze politiche francesi in materia di decolonizzazione. Uno sviluppo analogo si registra in Libano, ove, alla fondazione di uno Stato libanese, seguono altre tensioni e controindicazioni. Questo territorio, già autonomo durante il dominio ottomano, viene ingrandito al Sud e al Nord e ciò comporta una forte crescita della popolazione musulmana. Di fatto, mentre Londra ha trovato una via d'uscita di fronte alle crisi egiziana e irachena, Parigi non riesce a governare il contesto libano-siriano. Al tempo stesso in Indocina il potere effettivo è concentrato nelle mani di un governatore generale che tiene in scarsa considerazione le autorità locali. Sul piano formale rimangono in vita le dinastie reali del Laos, della Cambogia e dell'Annam, ma ad esse sono riservate ben poche prerogative; le proteste dei movimenti nazionalisti e di un ben organizzato partito comunista sono represse con determinazione e ciò renderà più difficile l'evoluzione dei rapporti con Parigi negli anni successivi. Per quanto riguarda l'Africa del Nord, in particolare Marocco, Algeria e Tunisia, le rivendicazioni dei nazionalisti sono respinte: la Francia insiste, con provvedimenti successivi, nella politica di assimilazione e non esita ad impiegare le forze armate per far fronte alle ribellioni che mettono in discussione il suo predominio. In questi territori la situazione è più critica per la presenza di numerosi coloni, giunti dalla madrepatria, che si oppongono a qualsiasi progetto di decolonizzazione a favore dei nativi. Anche Spagna, Portogallo e Belgio devono fronteggiare i movimenti nazionalisti e le *élites* più sensibili alla concessione delle autonomie amministrative e all'indipendenza nei rispettivi territori africani di occupazione: prevale in genere un atteggiamento negativo che nasce dal convincimento che sia possibile mantenere, pur con qualche riforma, le condizioni in essere di dipendenza coloniale. Non dissimile appare la situazione in Indonesia, ove l'Olanda fronteggia combattive e organizzate forze ispirate dal nazionalismo liberal-democratico e da quello comunista. A parte deve essere valutata la posizione di Washington nei confronti delle Filippine delle quali conserva l'occupazione a titolo provvisorio. Anche qui, ove è stata costituita la repubblica sul modello americano, il nazionalismo locale è forte e ben organizzato; nel 1934 gli Stati Uniti promettono la piena indipendenza all'arcipelago entro un periodo di dieci anni. Si completa in tal modo, anche se ancora sul piano formale, il percorso verso la costituzione di un nuovo Stato sovrano dopo la lunga presenza spagnola e quella più recente nordamericana. In questo contesto ha un ruolo importante la volontà statunitense di tutelare gli interessi dei cittadini americani ivi residenti e in particolare l'import-export fra i due Paesi che è molto cresciuto negli anni. Lo scoppio della guerra nel Pacifico e la successiva occupazione da parte giapponese dell'arcipelago determinano uno "slittamento" della data prevista per l'indipendenza che sarà posticipata al 1946.

3. *Il secondo conflitto mondiale. Confronto fra Washington e Mosca*

La seconda guerra mondiale ha una rilevante importanza nel processo di decolonizzazione in quanto alcuni dei più importanti Stati con imperi coloniali (siano essi fra i vinti o fra i vincitori) non saranno più nelle condizioni di mantenere il controllo dei possedimenti prebellici: ciò vale per alcune potenze europee (Gran Bretagna, Francia, Belgio, Portogallo, Spagna, Italia, Olanda) e per il Giappone in Asia. Ciò è vero per un duplice ordine di ragioni: da un lato c'è l'oggettivo indebolimento di questi Paesi, che pur appartenendo al fronte dei vincitori hanno pagato prezzi elevati nello sforzo bellico subendone le conseguenze a lungo; d'altro lato l'emergenza bellica ha obbligato i belligeranti a cercare il consenso dei popoli ancora colonizzati per ottenere contingenti militari, appoggi territoriali, forniture (alimentari, energetiche e di materie prime) consistenti e durevoli. Ciò ha comportato una diffusa consapevolezza della propria rilevanza e necessarietà non solo presso le *élites* indipendentistiche, ma anche presso gran parte dei popoli ancora sottomessi. La lotta fra i colonizzatori rende la loro immagine meno autorevole e la loro forza meno temuta e apre prospettive concrete di liberazione in tempi ragionevoli. Non c'è dunque soltanto da decidere in quale campo convenga schierarsi ai fini di ottenere i migliori risultati alla fine del conflitto, ma anche la concreta possibilità di trattare questa collocazione sul tavolo delle aspirazioni indipendentiste; mentre conducono le operazioni belliche che li vedono contrapposti in diversi continenti non possono ignorare l'importanza di questi aiuti né sottrarsi alle pressioni per la definizione degli assetti coloniali postbellici. La pratica maturata all'indomani del primo conflitto mondiale induce molti all'ottimismo: si spera di poter, anche in quest'occasione, ripetere l'esperienza passata alla luce dell'antico suggerimento del Machiavelli al principe «sia il prometter lungo ed il mantenere breve», ma non si può escludere che il conflitto possa aprire scenari diversi. In genere, i movimenti indipendentisti si allineano con le democrazie euro-americane contro le potenze dell'Asse (con poche eccezioni); al contrario la situazione risulta più complessa in Asia, ove Tokyo avvia la sua azione militare nel nome della liberazione dei popoli asiatici contro i colonizzatori euro-americani per la liberazione del continente da ogni forma di precedente dominio straniero e da tutte le classi dirigenti asiatiche che lo hanno accettato. A sostegno di questo progetto (l'Asia agli asiatici) il Giappone promuove la progettata assimilazione della Corea e di Formosa e l'insediamento di un governo mancese sotto la guida di Pu Yi nello Stato indipendente del Manciukuò. Questo modello, pur con le sue finzioni e ipocrisie, è seducente e non mancherà di incontrare approvazioni. Fra l'altro il Giappone (che già nei decenni precedenti aveva sconfitto prima la Cina imperiale, poi la Russia zarista e successivamente proprio in Manciuria la nuova Repubblica Cinese), nella prima fase del conflitto, è in grado di piegare i francesi, gli olandesi e anche gli inglesi ai quali, oltre ad altre significative sconfitte, infligge l'umiliante occupazione di Singapore. Si tratta di vittorie terrestri e marittime di notevole valore militare, ma anche di grande effetto psicologico sui popoli e sui *leaders* asiatici. Non deve pertanto sorprendere il parziale successo della propaganda nipponica, che sarà in seguito indebolita dalla durezza delle occupazioni giapponesi e dal rigore dei prelievi delle risorse locali per necessità belliche e, dopo l'intervento di Washington, dal peggioramento del quadro militare. Tokyo, coerente con questa impostazione, riconosce l'indipendenza della Birmania, dell'Indonesia e sostiene il "governo indiano" in esilio guidato da Subhas Chandra Bose. In tal modo in Africa e in Asia la politica delle potenze belligeranti coinvolge anche i Paesi colonizzati e apre scenari immediati di natura bellica, ma spalanca prospettive, per il periodo successivo, non previste né programmate in precedenza. In generale, la guerra diventa un elemento di forte accelerazione della decolonizzazione per tutti i popoli coinvolti, sia che collaborino con le forze del Tripartito (settembre 1940) che con quelle dell'Alleanza delle Nazioni Unite (gennaio 1942). La partita in atto è di tale rilievo per i competitori internazionali che alcuni di essi si trovano nella necessità di riconoscere maggiore autonomia alle realtà coloniali e anche l'indipendenza quando ancora il conflitto non si è concluso.

La decolonizzazione procede in modo molto rapido dopo il 1945, conseguenza diretta delle vicende belliche, ma non dagli accordi di Yalta e di Potsdam. In quella sede sono state considerate soltanto e in modo marginale le necessarie amputazioni territoriali a Berlino e Tokyo; incidono, al contrario, in modo prioritario l'indebolimento delle maggiori potenze coloniali europee, il generale rafforzamento dei movimenti nazionalisti afro-asiatici, l'emergere delle due maggiori potenze anticolonialiste USA e URSS e la nascita dell'Organizzazione delle Nazioni Unite, che fra i suoi obiettivi annovera anche la fine del colonialismo. La rottura dei vincoli coloniali non avviene in modo uniforme in quanto alcuni Stati nascono senza contrasti esasperati, mentre in altri la proclamazione dell'indipendenza è il risultato di lotte pluriennali o di guerre sanguinose. In genere, le potenze coloniali europee che appartengono al fronte degli alleati (ma anche la cobelligerante Italia dopo il 1943) non hanno alcuna intenzione di porre fine ai propri imperi coloniali. Al contrario esse, dopo la vittoria, si ripropongono di rinsaldare quei vincoli, di riaffermare la loro supremazia sulle aree che avevano dovuto abbandonare durante gli anni del conflitto. In alcune situazioni specifiche sono disponibili a promuovere riforme amministrative, a rivedere le modalità dell'integrazione, ad allentare i vincoli più restrittivi fra colonie e madrepatria, ma non a porre fine al colonialismo. Diversa, per ovvie ragioni, la situazione dei Paesi colonizzatori aderenti al Tripartito per i quali la fine dei rispettivi domini è decisa d'autorità da parte dei vincitori e molti dei loro possedimenti coloniali sono occupati durante le operazioni belliche ancor prima della nascita dell'Organizzazione delle Nazioni Unite (Africa Orientale italiana, Libia, Manciuria, Formosa, Corea, arcipelaghi nell'Oceano Pacifico, Sahalin, ecc.). Sul complesso fenomeno della decolonizzazione s'inserisce, con un ruolo rilevante, il peggioramento delle relazioni anglo-americano-sovietiche. Non soltanto si scontrano in questo contesto le aspirazioni contrapposte dei colonizzati e dei colonizzatori, ma, alle loro spalle, si pongono sia Washington che Mosca. Washington conferma la condanna del colonialismo tanto radicata nella coscienza nazionale e ribadita in anni più recenti con la Carta Atlantica (1941), con la formazione dell'Alleanza delle Nazioni Unite (1942) e in occasione dei più importanti vertici internazionali successivi (San Francisco 1945). Gli Stati Uniti riaffermano anche i principi del libero commercio internazionale e la libera circolazione sui mari: ora, come in passato, i loro convincimenti liberisti li portano a contrastare le aree economiche chiuse e ad operare per mercati aperti, cioè grandi spazi di scambio delle merci. Questa politica tradizionale era stata sostenuta negli ultimi anni anche contro le politiche autarchiche italo-tedesche-nipponiche e quelle dell'Unione Sovietica. Washington ha osteggiato le aree doganali protette degli imperi coloniali europei e in Cina con la politica detta della "porta aperta" ha avversato i tentativi di attribuire a singole potenze aree esclusive di predominanza commerciale a favore di una libera concorrenza di tutti sull'intero territorio cinese per l'attracco nei suoi porti e per la navigazione nei suoi fiumi. Deve tuttavia, nel momento in cui lo scontro con il comunismo sovietico e con quello cinese si fa più aspro, sostenere l'intero fronte delle democrazie liberali, molte delle quali sono potenze coloniali. Su questo fronte, mentre non può abbandonare i legami con i movimenti indipendentisti, non può rompere le strette relazioni con le capitali alleate. Ne deriva un difficile compromesso, in virtù del quale la decolonizzazione viene approvata e sostenuta, ma valutata con attenzione caso per caso. È necessario che i nuovi Stati garantiscano sistemi istituzionali liberali, governi stabili e non scivolino nell'orbita comunista, conducendo una politica attiva che, senza compromettere i rapporti con gli alleati occidentali, soddisfi anche le esigenze delle *élites* e dei popoli che vogliono l'indipendenza. Fra l'altro gli Stati Uniti dispongono degli strumenti per sostenere questa azione e per condizionare gli uni e gli altri: enormi risorse economiche e finanziarie (grazie alle quali saranno varati i ben noti piani d'aiuto come il Piano Marshall, ecc.). La posizione dell'URSS appare a prima vista più semplice, ma questo vantaggio è in realtà soltanto apparente. Mosca, senza legami d'alleanza con potenze coloniali, non è appesantita e può, senza timori, riprendere su queste tematiche la propaganda avviata già dal 1917. L'azione agevola da un lato le forze indipendentiste e contribuisce allo sgretolamento degli imperi coloniali e dunque al tramonto dell'imperialismo capitalista. Già nel 1947 il Kominform (nuova versione del Komintern sciolto nel 1943) annovera la decolonizzazione fra i suoi obiettivi prioritari, benché appaia non di facile perseguimento. C'è in primo luogo la indisponibilità di molti movimenti nazionalisti (spesso con retroterra di natura religiosa) a collaborare con le forze comuniste, poiché non ritengono necessario completare la rivoluzione per l'indipendenza nazionale con l'adozione di sistemi istituzionali ed economici ispirati al marx-leninismo e ancor meno concedere fiducia ai movimenti locali con analoga matrice. Si registra in tal modo una frequente conflittualità fra queste forze, che pur perseguono l'obiettivo comune di liberarsi dal giogo straniero (emblematici sono la Cina, l'India, l'Indonesia, la Corea, ecc.). Il Cremlino deve fare i conti anche con un altro ostacolo oggettivo di difficile superamento: non dispone di risorse economico-finanziarie analoghe a quelle degli USA. È vero che l'URSS è uscita vincitrice dal terribile scontro con la Germania (e i suoi alleati), ma a prezzo di elevate perdite umane ed economiche. Pur disponendo di enormi potenzialità produttive e di materie prime, non può utilizzarle in modo rapido e immediato per sostenere uno sforzo internazionale adeguato alla sfida che si preannuncia. Occorreranno anni per superare questo divario e in primo luogo per ricostruire gran parte dell'URSS europea duramente provata dalle vicende belliche; oltre alla solidarietà e all'appoggio ai movimenti di liberazione, Mosca non può fornire aiuti concreti analoghi a quelli di cui dispone al momento il suo competitore internazionale. La sfida che si apre in questi anni è assai diversa da quella che si è verificata dopo il 1918; quest'ultima, essendo al di là dalle dichiarazioni formali, si è risolta in una spartizione delle colonie dei vinti fra alcune potenze vincitrici con il sistema dei mandati, che in sostanza protraevano il regime precedente. Ora questo fenomeno coinvolge direttamente tutte le grandi potenze vincitrici, è al centro della competizione fra i contrapposti sistemi ideologico-politici, può costituire la rottura di precedenti equilibri internazionali economici-commerciali e aprire la strada ad una realtà interstatuale affollata da soggetti di nuova costituzione di cui sono incerte le caratteristiche istituzionali, i sistemi economici e la collocazione politica. La lettura di questo processo mondiale nell'ottica esclusiva dei rapporti fra colonizzati e colonizzatori o fra i vinti e i vincitori nel secondo conflitto mondiale è inadeguata. La collocazione del fenomeno nel contesto specifico della competizione fra i sistemi politici concorrenti (liberal-democratico e marx-leninista) e fra le maggiori potenze che li rappresentano può far comprendere con più esattezza il problema e spiegarne la rapidità e la generale diffusione. L'orientamento che prevale in questi primi anni postbellici è il frutto anche di queste pressioni possenti, le quali rispondono in primo luogo alle esigenze dei maggiori Stati di assicurare un'evoluzione rapida della situazione internazionale favorevole al sistema ideologico-politico da essi proclamato e sostenuto. L'impegno dei movimenti indipendentisti, rilevante ed essenziale, è parte di questo contesto di cui è fattore originario, ma non sempre esclusivo.

4. *L'azione dell'Organizzazione delle Nazioni Unite*

Già a Yalta (1945) i "tre grandi" affrontano il problema coloniale e i suoi necessari sviluppi: esso è di tale importanza che si decide di coinvolgere tutte le cinque nazioni che avranno il seggio permanente nel Consiglio di Sicurezza al fine di definire «un nuovo sistema di tutela internazionale». Si specifica che questa raccomandazione è accolta dai contraenti alla "condizione che il regime di tutela internazionale" venga applicato soltanto in alcuni specifici casi:

1) ai mandati in essere della Società delle Nazioni;

2) ai territori ripresi al nemico in seguito alla guerra attuale;

3) «a ogni altro territorio che potrà volontariamente essere posto sotto tutela».

I firmatari precisano inoltre, ad ulteriore garanzia dei propri possedimenti (e di quelli franco-cinesi), che nessuna discussione «sui territori stessi» dovrà tenersi durante le consultazioni preliminari o durante l'imminente conferenza preparatoria delle Nazioni Unite. Soltanto con accordi successivi «ci si metterà d'accordo» sui territori che dovranno essere posti sotto tutela. La precisione del testo dà la misura dei timori dei contraenti, delle riserve che accompagnano queste dichiarazioni e della precisa volontà di occuparsi degli ex mandati, dei possedimenti dei vinti ("il nemico"), ma di voler escludere qualsiasi automatica applicazione nei confronti di aree controllate, a diverso titolo, da Washington, Mosca e Londra (vengono associate Pechino e Parigi), evitando in tal modo i rischi e le complicazioni di un esame generale della questione coloniale. Queste precauzioni non impediscono tuttavia un aspro confronto sull'intera materia durante la conferenza di San Francisco (aprile 1945) a proposito dei territori coloniali, dove si vengono a delineare due contrapposti schieramenti: l'uno favorevole alla immediata indipendenza (ex mandati e in genere colonie), l'altro a favore di un processo graduale che, pur comportando lo stesso approdo, prevede tappe intermedie (autogoverno, relazioni estere limitate, ecc.). Al termine di un confronto all'interno di un apposito comitato, è raggiunto un compromesso. Si conviene di mettere in amministrazione fiduciaria sia i territori destinati all'indipendenza che quelli predisposti all'autogoverno, mettendo in atto negli anni successivi un meccanismo con gradualità e con molte distinzioni ed eccezioni. L'amministrazione fiduciaria (o regime di tutela) viene applicato ai territori dei vecchi mandati della Società delle Nazioni, a quelli tolti agli Stati nemici durante il conflitto (1937-1945) e a quelli posti sotto questo regime ("volontariamente") dagli Stati che ne hanno l'amministrazione. Con queste decisioni la Carta dell'ONU pensa di:

1) rafforzare la pace e la sicurezza internazionale;

2) promuovere il progresso politico, economico, sociale ed educativo degli abitanti di queste aree per avviarli verso l'autonomia e l'indipendenza;

3) rinvigorire la coscienza dei diritti dell'uomo e delle libertà fondamentali;

4) assicurare parità di trattamento (economico, sociale, commerciale) a tutti i membri dell'Organizzazione delle Nazioni Unite.

Le potenze titolari dei precedenti mandati della SdN ottengono specifici accordi di tutela da parte dell'ONU (1946-1947): Gran Bretagna (Togo, Tanganica e Camerun), Francia (Camerun, Togo), Belgio (Ruanda-Urundi), Australia (Nuova Guinea), Nuova Zelanda (Samoa Occidentali) e Gran Bretagna, Australia e Nuova Zelanda insieme a Nauru. Le isole del Pacifico Centrale (già sotto controllo tedesco), sulle quali Tokyo aveva ottenuto mandato dalla Società delle Nazioni, passano sotto il controllo di Washington come "tutela strategica" nel 1947 (Marianne, Caroline e Marshall); poco dopo la ex Somalia italiana sarà affidata all'Italia (1949). L'ONU non raccoglie le aspirazioni sudafricane a gestire senza controllo (e in realtà ad annettere) l'Africa del Sud-Ovest tedesca, ma stabilisce che spetti alla nuova organizzazione vigilare sul mandato in essere dopo il decesso della Società delle Nazioni. Anche l'ONU attiva meccanismi di controllo con un apposito consiglio di tutela che opera in stretta collaborazione con l'Assemblea Generale e con il Consiglio di Sicurezza; questo regime di tutela rimarrà in vigore per circa un decennio (1946-1957) quando gran parte di questi territori raggiunge la piena indipendenza. Anche le colonie e i protettorati degli Stati membri dell'ONU sono oggetto dell'attenzione della organizzazione: i "colonizzatori" hanno l'obbligo di:

1) garantire il progresso politico, economico, sociale, culturale ed educativo degli indigeni,

2) sviluppare l'autogoverno,

3) informare con dati statistici specifici il segretariato generale sulle condizioni socio-economico-educative dei territori di cui sono responsabili.

Negli anni successivi l'ONU estende la propria azione a favore non soltanto dei territori sotto sua tutela, ma anche di quelli non autonomi per favorire l'accelerazione del loro cammino verso l'indipendenza; da parte loro le potenze coloniali si oppongono a questo interessamento e a queste intrusioni e considerano illeciti i tentativi messi in atto per condizionare la loro politica coloniale. L'Assemblea Generale registra il confronto dialettico fra le potenze coloniali e i Paesi ostili al permanere di ogni vincolo di questa natura. La posizione di questi ultimi risulterà negli anni sempre più incisiva, sia per il loro numero crescente di anno in anno, sia per l'oggettiva debolezza delle potenze coloniali e per lo sgretolamento progressivo dei vecchi imperi. Questa nuova realtà costituisce la conseguenza naturale delle aperture sul fronte coloniale già operate con la nascita della Società delle Nazioni che, seppur in modo indiretto e prudente, aveva messo in discussione il diritto delle potenze coloniali alla gestione esclusiva delle proprie colonie e posto in rilievo aspirazioni e diritti dei popoli sottomessi. L'estensione di quest'attenzione da parte dell'ONU avrà effetti importanti sulla dinamica delle indipendenze nazionali del periodo postbellico; ciò non toglie che, da parte di alcuni fondatori della stessa organizzazione, l'accettazione dei criteri di riferimento contenuti nella Carta non comporti l'automatica disponibilità a procedere rapidamente sulla via dell'autogoverno e ancor meno dell'indipendenza. Essi e altri autorevoli membri dello stesso sodalizio restano convinti di poter riprendere, mantenere e difendere i propri edifici imperiali e non esiteranno a ricorrere all'uso della forza e a lunghe e impegnative campagne militari con questo obiettivo. La partita sarà decisa dalla forza dei movimenti nazionali, dalle *élites* e dal sostegno garantito, seppur con obiettivi e modi diversi, anche da Washington e da Mosca. Da parte sua l'ONU attiverà al suo interno diversi strumenti di controllo e di gestione della complessa questione coloniale (Consiglio di tutela, Comitato speciale sulle informazioni, Comitato di decolonizzazione, Quarto Comitato dell'Assemblea Generale, Comitato per i territori non autonomi, ecc.), nella quale saranno comunque sempre impegnati in prima linea il segretariato e la Corte Internazionale di Giustizia (art. 73 della Carta).

Il processo di decolonizzazione registra una forte accelerazione dopo il 1945 e nei due decenni successivi la gran parte dei territori ancora sotto controllo delle potenze coloniali accede all'indipendenza, in particolare nel continente asiatico e in quello africano. Il fenomeno non ha uno sviluppo coerente né una regia comune che ne prepara e guida il percorso. Al contrario esso matura con proprie caratteristiche nelle singole aree geografiche e risponde alle esigenze di liberazione e di emancipazione dei singoli popoli, dei movimenti indipendentisti e delle *élites* locali. I settori che registrano i primi e più significativi cambiamenti sono il Medio Oriente, il subcontinente indiano, l'Indonesia e la penisola indocinese.

L'ONU interviene ancora in modo specifico sul problema della decolonizzazione nel corso della XV Assemblea (1960), quando molti Stati africani hanno già raggiunto l'indipendenza e hanno aderito all'Organizzazione; questi nuovi membri determinano equilibri interni diversi da quelli del passato in quanto rendono possibili nuove maggioranze. In questa occasione (settembre 1960) il segretario generale Dag Hammarskjöld evidenzia la necessità di sottrarre i conflitti regionali alla lotta fra "i blocchi ideologici", ribadendo la convinzione di prevenire queste crisi e, ove esse si acutizzano, di "localizzarle" e impedire in ogni modo il loro allargamento. A questo proposito specifica che le Nazioni Unite devono attivare una "diplomazia preventiva" per garantire il rapido e incruento passaggio dal potere coloniale all'indipendenza. L'Assemblea Generale, al termine del dibattito sul colonialismo, approva (dicembre 1960) a larga maggioranza (80 a favore, nove astenuti, nessun contrario) una risoluzione di condanna del colonialismo; dominazione, soggezione e sfruttamento straniero costituiscono una negazione dei diritti dell'uomo e una violazione della Carta delle Nazioni Unite. Tutti i popoli hanno diritto di decidere il proprio *status* politico, economico, sociale e culturale; la mancata preparazione in questi settori non può mai costituire un pretesto per ritardare l'indipendenza. Occorre porre fine «ad ogni azione armata ed a tutte le misure di repressione di qualsiasi genere dirette contro i popoli dipendenti», ai quali devono essere trasferiti tutti i poteri senza «alcuna condizione né riserva» e senza alcuna distinzione di razza, di fede o di colore. Occorre inoltre, prosegue la risoluzione, garantire l'unità nazionale e l'integrità territoriale di ogni Paese; gli Stati devono osservare con scrupolo la Carta delle Nazioni Unite, la Dichiarazione universale dei diritti dell'uomo sulla base dell'eguaglianza, della non ingerenza negli affari interni di ogni entità statuale nel rispetto dei diritti sovrani e dell'integrità territoriale di tutti i popoli. La stessa Assemblea Generale costituisce (1961) un Comitato speciale per garantire l'applicazione di queste raccomandazioni. Anche se la risoluzione ha un valore di carattere morale e non è "vincolante", è considerata il manifesto della decolonizzazione. Già in questo periodo, e ancor più negli anni successivi, cresce il numero degli Stati indipendenti ed è sbloccato il meccanismo perverso delle ammissioni legato agli equilibri delle superpotenze e dei blocchi. Si afferma, di fatto, il principio dell'universalità di adesione per tutti i soggetti statali che desiderano aderire all'Organizzazione. Alla luce di questa premessa, è facile comprendere l'estensione del gruppo degli Stati afro-asiatici che risulta, ben presto, essere il più numeroso.

VI. L'EMANCIPAZIONE DEL MEDIO ORIENTE

1. *La Lega Araba, il Partito della Resurrezione (Baath) e l'Iran*

Segnali importanti verso l'emancipazione si registrano nel mondo arabo ove fattori nazionali e religiosi animano movimenti, partiti politici ed *élites*, che vantano l'aspirazione verso la piena indipendenza e verso forme di cooperazione e di collaborazione fra le diverse realtà territoriali esistenti. Si assiste a un duplice fenomeno: la pressione contro le potenze coloniali e lo sforzo di aggregazione interaraba. Questa tendenza già presente nel trattato fra l'Arabia Saudita e l'Iraq (1936), al quale aderisce poco dopo anche lo Yemen (1937), si rafforza con l'intesa fra l'Egitto e i sauditi. Negli anni seguenti si registrano nuovi incontri fra diversi esponenti arabi della regione che esaminano le prospettive federali tra "gli Stati arabi": già nel 1944 ad Alessandria rappresentanti egiziani, iracheni, transgiordani, siriani e libanesi s'impegnano a dar vita ad una "Lega degli Stati arabi" per la tutela e l'unità dell'intera nazione araba. In questa occasione è discusso il problema palestinese: anche a questo territorio deve essere concessa l'indipendenza, Londra deve fermare l'immigrazione ebraica e vietare la vendita di terre agli ebrei e alle loro organizzazioni e per far fronte a questa emergenza viene costituito un "Fondo nazionale arabo" per acquistare terreni in Palestina e impedire che possano finire in "mani sioniste".

A proposito del problema ebraico e della persecuzione messa in atto in Europa nel decennio precedente viene espressa la condanna del genocidio e la solidarietà nei confronti dei sopravissuti, ma si precisa che non si può porre rimedio ad un'ingiustizia messa in atto in Europa con atti arbitrari e prevaricatori ai danni degli arabi palestinesi. Viene in tal modo affermata una tesi destinata a durare negli anni successivi e a costituire, ancor oggi, la ragione più profonda del contrasto fra molti Paesi e Israele. Secondo questa valutazione, la Palestina è araba e non può essere divisa in più Stati ed ancor meno può essere accettata la nascita di uno Stato ebraico. Gli ebrei possono restare nel territorio, ma deve essere fermata l'immigrazione dall'estero per non alterare l'equilibrio demografico esistente.

Nel marzo del 1945 a Il Cairo è sottoscritta la Carta della Lega Araba (Egitto, Siria, Transgiordania, Iraq, Libano e, poco dopo, Yemen). Essa sancisce la nascita di un sodalizio fra gli Stati arabi indipendenti con lo scopo di consolidare i loro rapporti e di tutelare «la loro indipendenza e sovranità». Gli aderenti escludono il ricorso alla forza per risolvere i loro contrasti, dispongono la formazione di un Consiglio, formato dai rappresentanti di tutti gli Stati, e stabiliscono che le decisioni votate all'unanimità vincolano tutti i membri, mentre quelle a maggioranza «soltanto coloro che le accettano». Anche in quest'occasione un'attenzione specifica è rivolta alla Palestina. In un allegato alla Carta della Lega si ricorda che tutti i Paesi arabi staccati dall'Impero ottomano devono avere piena indipendenza: non ci può essere alcun dubbio che questo deve costituire il futuro anche della Palestina. Essa, anche se al momento non gode di questa condizione per "cause di forza maggiore", potrà partecipare con un proprio rappresentante "arabo" ai lavori del Consiglio della Lega. La nascita della Lega è all'inizio incoraggiata dai britannici, che hanno interessi da tutelare in tutta l'area mediorientale e nordafricana (mandati, contingenti militari, vie di comunicazione, petrolio, ecc.), ma le speranze andranno presto deluse per l'ostilità crescente verso le potenze coloniali e per i dissidi fra gli stessi Paesi arabi. Fra le prime questioni da affrontare, la Lega si trova di fronte le aspirazioni libano-siriane contro Parigi e la presenza militare inglese nell'area medio-orientale: i tentativi francesi di mantenere sotto controllo la situazione falliscono e anche i successivi interventi inglesi non danno risultati migliori. Nel 1946 gran parte delle truppe anglo-francesi abbandona il Medio Oriente nelle mani delle autorità locali. Le pressioni di Mosca e di Washington hanno un ruolo non secondario per favorire da un lato la fine dei precedenti vincoli mandatari e dall'altro per conquistare simpatie e crediti nel mondo arabo e presso i dirigenti della Lega. La partita mediorientale è importante agli occhi delle maggiori potenze per molte ragioni: affermazione del proprio sistema politico-economico, garanzie di transito nel Canale di Suez e rilievo crescente delle fonti energetiche (petrolio). Londra favorisce nello stesso anno anche l'indipendenza della Transgiordania (1946): il riconoscimento viene affiancato alla firma di un trattato di alleanza, valido per 25 anni, in virtù del quale i due Paesi si sarebbero consultati in tutte le questioni di comune interesse e le forze armate britanniche vengono autorizzate a permanere sul territorio. Un analogo tentativo condotto in Iraq, per rivedere le clausole concordate negli anni Trenta, non dà tuttavia risultati positivi. Gli ambienti nazionalisti iracheni premono sul governo per l'affrancamento pieno e rifiutano ogni ipotesi di permanenza di forze armate britanniche e di vincoli per le relazioni esterne. La lotta contro i vertici politici arabi "più collaborazionisti" e contro le potenze coloniali europee (colonie, protettorati, mandati) è inasprita dal rafforzamento delle forze nazionaliste arabe che si muovono nei singoli Paesi. Un sintomo importante di questo fenomeno è la nascita del Partito della Resurrezione araba, o Baath, fondato dal siriano Michel Aflaq. Nel suo statuto sono proclamati tre principi fondamentali:

1) unità e libertà della nazione araba;
2) identità della nazione araba;
3) missione della nazione araba.

«La patria araba è un'unità politico-economica indivisibile»: essa appartiene agli arabi che devono disporre «dei suoi affari, delle sue ricchezze e dirigerne le possibilità [...] il colonialismo e tutto quello che è ad esso affine [è] un crimine che gli arabi combattono con tutti i mezzi possibili»; gli arabi considerano «l'umanità un insieme solidale, si nutrono della civiltà mondiale e la nutrono», lottano per un nuovo ordine giusto che garantisca a tutti i popoli "benessere e pace". Il Baath afferma che «gli arabi sono una sola nazione che ha il diritto naturale di vivere in un unico Stato e di essere libera nel dirigere le sue possibilità»; questo partito è «arabo-universale» e vuole costituire "sezioni" in tutti i Paesi arabi; devono essere considerate "sacre" la libertà di parola, di riunione, di convinzione e di attività. Nei principi generali lo statuto conferma che «il Partito è nazionalista», perché la nazionalità è una realtà viva ed eterna ed esprime la volontà del popolo arabo di liberarsi e di realizzare la propria personalità nella storia. Il partito è anche rivoluzionario, perché crede nella resurrezione della nazione araba e nella costruzione del socialismo contro ogni moderatismo e riformismo gradualista; occorre combattere contro la corruzione «intellettuale, economica, sociale e politica», lottare contro il colonialismo per «raccogliere tutti gli arabi» in un unico Stato indipendente. Il testo precisa i confini geografici della patria araba: i Monti del Tauro, i Monti del Pùsht–I-Küh, il golfo di el-Basrah, il Mare arabo, i Monti dell'Abissinia, il Grande Deserto, l'Oceano Atlantico e il Mare Mediterraneo; è arabo chi parla la lingua araba e «crede nella sua appartenenza alla nazione araba». C'è anche un articolo dedicato al mondo femminile: «la donna araba gode di tutti i diritti del cittadino», nel quale si riconosce la necessità di lottare «per elevare il livello della donna affinché sia all'altezza di godere di tali diritti». Sul piano sociale il Baath evidenzia un accentuato indirizzo socialista.

Londra deve affrontare, in questo contesto di rinascita del nazionalismo arabo, una sfida impegnativa con quello egiziano che rappresenta una delle punte più avanzate di questo fronte. L'Egitto, già indipendente dal 1936, richiede in più occasioni la revisione delle clausole limitative ancora in essere (stanziamenti di truppe, controllo del Canale di Suez, relazioni esterne, ecc.); le richieste vengono avanzate anche sulla base del comportamento de Il Cairo durante il conflitto: sono state rotte le relazioni diplomatiche con Berlino e Roma (1933-1940), anche se una formale dichiarazione di guerra viene formulata soltanto nel febbraio del 1945. L'Egitto aspira ad entrare nelle Nazioni Unite e vuole adeguarsi alle indicazioni emerse a Yalta per diventare membro della costituenda organizzazione. Il Cairo desidera, inoltre, incorporare il Sudan, al momento sotto controllo comune anglo-egiziano, nonostante la forte opposizione dei sudanesi ostili tanto agli inglesi quanto agli egiziani; le trattative che si protraggono nel 1946 non danno risultati apprezzabili; la disponibilità inglese a concentrare le sue forze armate nella zona del Canale (lasciando Il Cairo, Alessandria e l'area del delta del Nilo) non soddisfa le aspirazioni egiziane, che sostenute da forti manifestazioni popolari chiedono il ritiro immediato e totale degli inglesi dall'Egitto e dal Sudan. Nel 1947 le trattative di fatto sono interrotte: Londra dichiara di volersi attenere agli accordi del 1936, mentre Il Cairo li considera superati e li rigetta ufficialmente. La contrapposizione s'inasprisce nel 1950 quando il governo egiziano decide di denunciare il trattato del 1936, che sarebbe dovuto rimanere in vigore fino al 1956. Londra rafforza la sua presenza militare nella regione del Canale di Suez; i rapporti, già molto tesi, peggiorano quando la Gran Bretagna attribuisce all'Assemblea sudanese poteri costituenti preparatori della nascita di un governo autonomo. Questa decisione è avversata da Il Cairo ove sia il governo che il re Farouk rivendicano l'annessione dell'intera regione al regno egiziano. Londra deve far fronte, nell'immediato dopoguerra, anche alla questione iraniana ove, oltre al nazionalismo locale, è molto forte la pressione di Mosca che controlla vaste aree confinanti con l'Iran (Azerbaijan, Kurdistan, Armenia, ecc.). Già nel 1946 Teheran preme per il ritiro delle truppe anglo-russo-americane che era stata costretta ad accettare durante il periodo bellico a garanzia dei collegamenti alleati fra l'URSS e l'Oceano Indiano; grazie a questa via di comunicazione le forze armate russe e inglesi hanno potuto ottenere rifornimenti rilevanti e continui senza dover utilizzare linee di comunicazione più esposte o più remote. Mentre Londra procede al ritiro, con l'eccezione delle zone petrolifere del Sud, Mosca mantiene le proprie nel Centro-Nord del Paese e sostiene le posizioni autonomiste di usbechi e curdi. Un successivo ricorso iraniano al Consiglio di Sicurezza (1946), per rivendicare l'integrità territoriale del Paese e l'evacuazione di tutte le forze armate straniere, porta a nuove trattative russo-iraniane; grazie ad esse si realizza il ritiro dei contingenti russi, l'Azerbaijan diventa una "provincia autonoma" e nasce una compagnia petrolifera russo-iraniana a capitale misto. Da questo punto di vista l'influenza sovietica in Iran si rafforza, anche se non è messa in discussione l'integrità del Paese. L'ingerenza sovietica provoca la reazione inglese: Londra sostiene movimenti anticentralisti del Sud in aperto contrasto con la svolta filosovietica di Teheran e delle province del Nord. L'azione provoca mutamenti significativi nella politica del governo iraniano che teme una secessione a favore dell'Iraq dopo aver subito le pesanti ingerenze sovietiche e con il rischio di secessioni a catena al Sud e al Nord, che potrebbero porre in discussione non solo l'integrità ma la stessa esistenza dell'Iran. Teheran, grazie all'appoggio diplomatico anglo-americano, decide d'intervenire militarmente nelle zone "autonome" del Nord, riprende il pieno controllo di questi territori e non ratifica gli accordi petroliferi con l'URSS. In tal modo nel 1947 il confronto anglo-russo-americano in Iran si conclude a favore di Londra e Washington. Queste ultime non soltanto fermano l'ingerenza sovietica nella regione, ma mantengono il controllo delle aree petrolifere e stringono rapporti sempre più stretti con lo scià e con il governo iraniano.

2. *La questione palestinese*

2.1. Le premesse

La difficile situazione mediorientale registra un avvenimento di straordinaria importanza sul piano locale e internazionale con la nascita in Palestina dello Stato d'Israele. La genesi di questo evento è complessa e non è riconducibile, se non in parte, al processo di decolonizzazione in atto nella regione. Le radici più remote della crisi palestinese si perdono nei secoli precedenti quando la popolazione di quel territorio prende la strada della "diaspora" per sottrarsi allo sterminio e alle persecuzioni romane. Nella storia del popolo ebraico analoghe circostanze già si erano verificate con distruzioni, massacri, deportazioni e dispersioni come conseguenza di dominazioni straniere. Le passate esperienze non hanno tuttavia cancellato i ricordi dei periodi d'insediamento precedenti ed ancor meno il desiderio di ricomporre quelle originarie condizioni con la creazione di una realtà statuale ebraica in Palestina. La rivalità arabo-palestinese-ebraica è legata a "diritti storici" maturati nei secoli e nei millenni precedenti; le rivendicazioni traggono origine da lontane occupazioni e insediamenti che giustificano le più recenti pretese. È difficile capire l'asprezza di questo confronto se si ignorano i fattori storici che sono alla base delle contrapposte aspirazioni e che ne hanno, negli ultimi decenni, esasperato i contenuti; al centro delle "storie", delle battaglie politiche, dei conflitti, c'è sempre un passato nazionale, religioso o etnico.

È difficile comprendere la contrapposizione arabo-ebraica per la Palestina se si ignorano le sue radici. Essa non è soltanto di carattere politico territoriale, come spesso si pensa, ma si allarga ad altre tematiche che hanno una grande importanza per tutti i competitori della regione. L'analisi di questi fattori risulta prioritaria per comprendere le relazioni fra i popoli e gli Stati di quest'area. La Palestina è un territorio mediorientale carico di valori e di simboli per diversi popoli e religioni, è poco estesa sul piano territoriale (circa come la Lombardia o la Toscana), anche se ha avuto, in tempi più remoti (periodo biblico), un'estensione maggiore poiché comprendeva parte del Libano, della Giordania e della Siria. Si parla a questo proposito di un territorio, non di uno Stato che non esisteva. Le più antiche fonti sulla sua storia risalgono alla fine del terzo millennio a.C.; si fa cenno all'occupazione di questi territori da parte di "gente venuta dal mare" (i Fenici), alla presenza dei Filistei nella regione costiera a Nord e a Sud di Gaza e a un successivo insediamento di tribù ebraiche. Lo stesso termine Palestina, pur antico, è soggetto nel tempo a diverse specificazioni: Peleshet, Canaan, Eretz Ysrael, Judaea, Filastin, ecc.

La Bibbia (la parola significa papiro, lo scritto nel suo insieme, libri, scritture, ecc.) costituisce la fonte primaria per ricostruire la storia dell'antico Israele. Le precedenti strutture socio-politico-religiose, in parte leggendarie e mitologiche, assumono una dimensione statuale con la formazione nella regione di Canaan (così la Bibbia definisce l'attuale Palestina) dei regni di Davide (1000 a.C.) e del figlio Salomone (961 a.C.) con capitale Gerusalemme, dove sono riunite le tribù dei nomadi aramei (dopo la definitiva sconfitta dei cananei) ed è eretto il Tempio che diventa (con la città) il simbolo degli israeliti e della loro religione. Alla morte di Salomone si formano due regni: Israele al Nord e Giuda al Sud con capitale Gerusalemme. Israele sarà sottomessa dagli assiri (721 a.C.) e Giuda, più tardi dai babilonesi (587 a.C.) che deportano la famiglia reale e la classe dirigente. Si tratta del noto "esilio babilonese", che pone fine alla dinastia davidica e all'autonomia politica ebraica, alla quale succedono altre dominazioni straniere. Ciò genera l'attesa di una resurrezione politica (messianismo) e l'inizio della dispersione del popolo ebraico in diversi territori; il fenomeno, noto come "diaspora" (disseminazione), non coinvolge tutti gli ebrei, ma soltanto una parte di essi in quanto molti rimangono in Palestina. Già nel V secolo a.C. Erodoto usa il termine Palestina per indicare questa regione. Più tardi la maggior parte degli ebrei esiliati a Babilonia ritorna in Giudea e ricostruisce il Tempio (515 a.C.). Nei secoli successivi la Giudea (dopo la conquista di questi territori da parte di Alessandro Magno nel 320 a.C.) sarà sottoposta al potere dei Tolomei d'Egitto (323 a.C.) e dei Seleucidi di Siria (198 a.C.). La rivolta dei Maccabei (142 a.C.) porterà alla ricostituzione di un regno indipendente fino alla conquista della regione ad opera dei romani; la Giudea passa sotto il controllo diretto di Roma ma è teatro di continue sommosse e ribellioni. Nel 70 d.C. legioni romane occupano Gerusalemme, distruggono il Tempio, tolgono qualsiasi potere ai rappresentanti religiosi e popolari giudei. Pochi decenni dopo (135 d.C.), a seguito di nuove rivolte, Roma rade al suolo Gerusalemme, proibisce ai giudei di risiedere nella regione ribattezzata "Palestina". Alla metà del VII secolo si verifica l'occupazione araba.

Con la successiva occupazione turco-mamelucca, agli inizi del XVI secolo il territorio palestinese diventa una provincia dell'Impero ottomano, suddivisa in distretti amministrativi (Sangiaccati di Gaza, Gerusalemme, Nablus, Ajlun, Lajjun) che dipendono dal governatore (bey) di Damasco. Questa dominazione ottomana durerà oltre quattro secoli fino al termine della prima guerra mondiale con la costituzione del mandato britannico. Già dalla dominazione araba prima e ottomana poi, si accentua l'esodo degli ebrei e si forma una nuova "diaspora". Nonostante questa dispersione, i rapporti fra il popolo ebraico rimasto in Palestina e quello "disperso" nel mondo restano intensi sia sul piano sociale-familiare che religioso, permettendo di impedire l'assimilazione, di conservare tradizioni e convincimenti e di arricchire "la precedente ricchezza sapienziale" con contributi arrecati dalla coesistenza e dal confronto con altre realtà culturali, nazionali ed etniche. Questo collegamento, protrattosi per secoli, non ha reciso i vincoli originari e ha mantenuto viva la speranza di poter ricostruire una realtà ebraica autonoma in Palestina. C'è dunque un legame stretto fra la storia della Palestina e quella del popolo ebraico e arabo che hanno vissuto in queste aree per secoli. I rapporti, non sempre facili, fra le diverse comunità, sono degenerati in un'aperta competizione, divenuta in seguito scontro armato, con la fine della dominazione ottomana, che ha aperto le porte alla prospettiva dell'indipendenza. Sia gli ebrei che gli arabi hanno visto l'occasione di promuovere nuove realtà statuali. Com'è nata negli ultimi decenni questa competizione? Quali ne sono i protagonisti e le aspettative? Perché il contrasto, nonostante ripetuti e sanguinosi confronti bellici, non è stato ancora composto?

Chi sono gli ebrei? Nella terminologia corrente sono coloro che professano la religione israelita: sono figli di ebrei (almeno di un genitore) o si considerano parte di questa comunità (anche senza specifici vincoli religiosi). Il loro insediamento territoriale ha ben poca importanza: si può essere residenti in Palestina (o oggi nello Stato di Israele) o in qualsiasi altro territorio o Stato del mondo, si possono possedere una o più cittadinanze. In generale, il vincolo ebraico evidenzia un legame nazionale, etnico, religioso che lega tutti i membri in una condivisa comunità popolare. Da questo punto di vista l'essere "ebreo" coincide con una scelta personale, cioè il "sentirsi ebreo", e non necessariamente con la professione della fede mosaica né con l'adesione alla realtà statuale israeliana. I secoli della "diaspora" hanno arricchito le comunità ebraiche "disperse" in ogni angolo del mondo con diversi contributi ma non hanno spento, con le dovute eccezioni, né l'identità originaria né il desiderio da parte di molti di poter ritornare in patria e di poter ricostruire una propria dimora statale. La presenza in "terre straniere" è stata nel corso dei secoli un'esperienza difficile contrassegnata da esclusioni, isolamenti, persecuzioni, stermini. Ciò non è analogo in tutte le aree continentali, ma è indicativo di un fenomeno prevalente in particolare nell'Europa centro-orientale. Alla luce di queste premesse è più agevole comprendere l'attenzione del mondo ebraico insediato nell'Europa per l'illuminismo, per le "idee forza" della Rivoluzione francese, per i movimenti liberal-democratici e per le formazioni social-progressiste e comuniste. Nel corso dell'Ottocento varie espressioni dell'ebraismo contemporaneo (sia laiche che religiose) cercano con nuove iniziative di rafforzare i legami fra le diverse comunità ebraiche, di rilanciare, in forma più moderna, i vincoli storici di solidarietà, di risvegliare il senso di una comune identità. Alcuni gruppi sostengono la priorità della tutela e della riaffermazione delle proprie radici all'interno dei Paesi d'insediamento. Altri, situati in genere nei Paesi "più ostili" (ove sono frequenti i pogrom antiebraici), propongono il ritorno in Palestina, nella patria "perduta ma mai dimenticata". Fra questi il più significativo è senz'altro quello sionista (da Sion, collina vicina a Gerusalemme e antico nome della stessa capitale del regno di Giuda) fondato da Theodor Herzl. Il movimento nazionalista, democratico e laico con orientamenti socialisti (neutro sul piano religioso), promuove un primo congresso a Basilea (1897), dà vita ad una organizzazione sionista mondiale, conferma l'importanza della costituzione degli insediamenti agricoli ebraici in Palestina, dichiara di voler costruire uno Stato laico ebraico per offrire "patria e rifugio" a tutti gli ebrei costretti ad emigrare; si tratta di un ritorno, di una ricostruzione, di una rifondazione "nell'antica terra dei padri". Il collegamento fra "popolo d'Israele", "terra" e "Dio" rappresenta un elemento d'identità molto forte che lega fra loro gli appartenenti a questa collettività e mantiene legami fra gruppi dispersi "ai quattro angoli del pianeta". Nella storia di questo popolo è singolare la capacità di mantenere la propria identità per millenni, nonostante le durissime prove cui è stato sottoposto. La straordinaria coesione, la forza unitaria e la coscienza "d'appartenenza" sono di difficile comprensione, quasi un mistero, per chi non è parte di questa collettività.

Nei salmi recitati per secoli ricorre spesso il rimpianto per i luoghi perduti e la speranza del ritorno: «Sui fiumi di Babilonia, là ci fermammo e piangemmo ricordando Sion»; «Se mi dimentico di te Gerusalemme, mi si paralizzi la destra. Mi si attacchi la lingua al palato, se lascio cadere il tuo ricordo, se non metto Gerusalemme al di sopra di ogni gioia». Anche in occasione delle festività della Pasqua ebraica (Pesach), secondo i diffusi rituali domestici, i partecipanti rinnovano l'impegno di essere «l'anno prossimo a Gerusalemme».

Lo stesso Herzl, negli ultimi anni dell'Ottocento, precisa con chiarezza gli obiettivi ideali del movimento sionista ed è ben consapevole delle difficoltà politiche che devono essere superate: «La Palestina è la nostra patria storica, indimenticabile. [...] Se sua maestà il Sultano ci desse la Palestina ci potremmo in cambio impegnare a sistemare le finanze della Turchia; per l'Europa rappresenteremmo colà un pezzo del vallo contro l'Asia [...] avamposti della civiltà contro la barbarie, [...] saremmo la guardia d'onore dei luoghi Santi [...] un gran simbolo per la soluzione del problema ebraico dopo diciotto secoli, colmi per noi d'ogni tribolazione». Precisa, inoltre, che nascerà con il nuovo Stato «una generazione d'ebrei meravigliosa: i Maccabei risorgeranno. Ancora una volta sia ripetuta la parola detta in principio: gli ebrei che vogliono avranno il loro Stato. Dobbiamo una buona volta vivere come uomini liberi sulla nostra propria zolla e morire in pace nella nostra propria patria». Poiché la Palestina è uno dei territori più miseri e trascurati da Costantinopoli, si pensa sia facile ottenerne il possesso da parte delle autorità turche; c'è anche un altro convincimento: questo territorio poco abitato può ospitare il ritorno ebraico alla luce della nota formula: «un popolo senza terra – una terra senza popolo». Nel discorso inaugurale del primo congresso (Basilea, agosto 1897), Herzl precisa i rapporti fra sionismo, ebraismo e popolarismo ebraico: «Il sionismo è il ritorno all'ebraismo prima ancora del ritorno nel Paese degli ebrei». Il sionismo «è un movimento morale, legale, umanitario teso verso l'antica meta della nostalgia del nostro popolo [...]. Non intendiamo cedere neppure un palmo della civiltà acquistata [...]. Un popolo non può aiutarsi che da sé; se esso non può, non è degno d'aiuto».

Questo progetto, che nei primi decenni del XX secolo, incontrerà non poche difficoltà sia all'interno che all'esterno del mondo ebraico, sarà ripreso e avrà una progressiva accelerazione con l'avvio delle legislazioni antisemite, le successive persecuzioni e il tragico epilogo della Shoah; per quanto paradossale possa sembrare, i crimini nazisti aiuteranno la causa sionista, accresceranno i consensi e la solidarietà di tutto il mondo.

Alla base del progetto sionista originario c'è l'insediamento ebraico in Palestina che deve essere consolidato ed esteso con l'allargamento dei possedimenti terrieri per permettere l'accoglimento dei flussi migratori. Finanziatori stranieri e i fondi speciali ebraici, costituiti a questo scopo, offrono i mezzi per l'acquisto di terreni agricoli che spesso i proprietari arabi cedono a prezzi molto elevati. In tal modo il proletariato agricolo arabo si trova di fronte a nuovi padroni ebrei e teme sempre più la crescente immigrazione. Già alla fine dell'Ottocento sono frequenti le azioni arabe contro gli insediamenti ebraici, che devono attivare misure di autoprotezione. Il flusso migratorio è elevato fra la fine dell'Ottocento e gli inizi del Novecento, a causa delle violenze antiebraiche (pogrom) nell'Europa centro-orientale; in questi decenni la gran parte si rifugia negli USA (circa 2.500.000), mentre una minoranza raggiunge la terra dei padri (circa 70.000). I primi insediamenti sono agricoli (1890-1910), più tardi si sviluppa l'urbanizzazione (Tel Aviv è fondata nel 1909) e, dopo la prima guerra mondiale, si rafforzano i settori industriali e dei servizi. Numerose risultano inoltre le organizzazioni e le autorità ebraiche in Palestina e nel mondo che seguono l'evoluzione di questo insediamento e ne predispongono il successo (Organizzazione sionista mondiale, 1897; Esecutivo sionista palestinese, 1921; Agenzia ebraica, 1929). Secondo recenti statistiche, il rapporto percentuale fra ebrei e arabi fra la fine dell'Ottocento e la nascita di Israele (1948) subisce significativi mutamenti. Si tratta di stime da prendere con una certa cautela ma senza dubbio indicative del fenomeno: nella Palestina ottomana si calcola la presenza di 1 ebreo ogni 40 arabi, agli inizi del Novecento 1 ogni 22, nel 1915 1 ogni 7, nel 1931 1 ogni 5, nel 1947 1 ogni 2 (circa 630.000 ebrei a fronte di 1.300.000 arabi). Le cifre evidenziano il progressivo rafforzamento dell'elemento ebraico e spiegano i timori e le reazioni degli arabi palestinesi. In realtà, il progetto sionista già nell'Ottocento ha fatto del ritorno alla "terra dei padri" il vero obiettivo della sua azione, come la vera soluzione della questione ebraica: un obiettivo politico e non religioso, che ha creato, fin dall'inizio, la reazione degli arabi residenti in Palestina. Ci sono anche problemi di carattere sociale: i nuovi arrivati provengono da Paesi ove il "sistema feudale" è stato rigettato da tempo e dove le moderne tecnologie produttive (industria e agricoltura) sono già affermate; anche i rapporti familiari sono più evoluti rispetto a quelli in essere nel mondo arabo palestinese. Quest'ultimo e la sua classe dirigente vedono nell'immigrazione un pericolo per l'ordine sociale esistente e per l'equilibrio demografico e non sorprende che decidano azioni di opposizione, di contestazione, di guerriglia (nelle città e nelle campagne) contro i nuovi insediamenti.

La Palestina e la città di Gerusalemme hanno una particolare importanza anche per gli arabi palestinesi e in generale per tutto il mondo arabo. Essi, in più occasioni, ricordano la millenaria passata presenza in questi territori in posizione di netta predominanza demografica, sociale e politica. A ciò si deve aggiungere il fattore religioso: anche la fede da essi professata ha visto la luce in queste zone, in esse si è radicata e si è propagata in aree limitrofe. Se è vero che l'insediamento arabo è successivo a quello ebraico, è indubbio che è avvenuto in secoli più recenti e comunque dopo l'abbandono della Palestina di gran parte della popolazione ebraica per la "diaspora".

Durante i secoli di espansione la religione islamica porta alla conversione nell'Africa del Nord e del Medio Oriente di varie comunità cristiane e di singoli. Allo stesso modo avvengono adesioni in Persia da parte di seguaci della dottrina di Zoroastro e in India e Cina di induisti, confuciani, taoisti e buddhisti. Un fenomeno analogo avviene in seguito nelle aree subsahariane, abitate in prevalenza da animisti. Al contrario il mondo ebraico resta impermeabile alle influenze del credo islamico, salvo rare eccezioni. La particolare attenzione che gli arabi attribuiscono a Gerusalemme e alle sue moschee non è casuale. Secondo la tradizione, il profeta stesso, durante i suoi spostamenti, avrebbe dimorato in più occasioni nella città ove avrebbe svolto attività di proselitismo e di predicazione. Per i musulmani Gerusalemme è la terza città sacra (Mecca e Medina) e costituisce una delle tappe fondamentali del "percorso umano" del profeta e della sua testimonianza religiosa. Chi sono dunque gli arabi? Sono la popolazione di una vasta area nord-africana, mediorientale e della penisola "arabica" che parla arabo e si considera parte di questa nazionalità; essa è di religione islamica ed è organizzata ancor oggi in una pluralità di Stati dopo aver conosciuto un periodo di unità politico-religiosa all'interno degli Imperi arabo e ottomano. È bene tuttavia precisare che la comune fede religiosa non significa omogeneità nazionale fra gli arabi e gli altri popoli non arabofoni (turchi, iraniani, indonesiani, ecc.), dal momento che i forti legami religiosi non implicano vincoli né statuali né politici che nel corso dei secoli e dei più recenti decenni hanno dato vita ad esperienze molto diverse (alleanze, guerre, contrapposizioni, ecc.); ciò spiega l'opposizione ai vertici politici di Costantinopoli da parte di vasti settori del mondo arabo e la loro ribellione per ottenere l'indipendenza.

2.2. La presenza inglese (mandato della Società delle Nazioni, 1920). L'emirato di Transgiordania (1921). Contrasti arabo-ebraici

Durante il primo conflitto mondiale, Londra cerca, con diversi accordi, di ottenere l'appoggio delle popolazioni arabe contro i "turchi ottomani", lasciando intravedere la costruzione in Medio Oriente di realtà statuali indipendenti con la fine della tirannia turca. In realtà, lo sviluppo degli eventi non sarà coerente con le promesse: la Palestina e altri territori della regione saranno oggetto dei mandati della Società delle Nazioni a favore di Londra e Parigi. Nello stesso periodo, da parte inglese con il consenso delle altre potenze dell'Intesa, è emessa la dichiarazione Balfour (1917), con la quale si autorizza la costituzione in Palestina di un "focolare ebraico". Anche se non vi sono espliciti riferimenti alla creazione di uno Stato, i fautori del sionismo ne vedono le premesse; da quel momento l'acquisto di terre, la colonizzazione e l'immigrazione ebraica in Palestina registrano un significativo incremento. Non può sorprendere la reazione araba. In quel periodo, in cui la popolazione araba è una larga maggioranza, esistono "tre comunità minori": gli ebrei, i templari tedeschi e i consolati europei con le loro strutture organizzative. Nel 1921 Londra costituirà l'emirato della Transgiordania, con uno *status* di semiprotettorato, che resterà legato alle esigenze strategiche della Gran Bretagna anche negli anni seguenti quando si costituirà in regno ed espanderà i propri confini con l'occupazione di una parte della Palestina (Cisgiordania) e di Gerusalemme (Est). In tal modo la decomposizione dell'Impero ottomano nel Medio Oriente con l'affidamento del mandato della Società delle Nazioni all'Inghilterra non apre la porta né all'indipendenza né ad una rapida e condivisa sistemazione della Palestina. Al contrario, la regione si trova al centro di nuovi e più radicali contrasti. Il mondo arabo preme per il ritiro delle autorità britanniche, vuole impedire ulteriori flussi migratori ebraici e accelerare i tempi dell'indipendenza; gli ebrei continuano ad affluire con ritmi via via crescenti (legati anche alle legislazioni antiebraiche in Europa), pensano alla formazione di un "proprio Stato", condannano le restrizioni e i controlli inglesi e respingono le ragioni dell'arabismo sul possesso dell'intero territorio palestinese. La potenza mandataria è interessata a mantenere sotto controllo la regione, che, dopo l'emancipazione egiziana, è strategica nel sistema di sicurezza delle comunicazioni imperiali. Si trova in tal modo a dover fronteggiare due opposizioni risolute e agguerrite che, negli anni seguenti, non esiteranno a ricorrere alle armi per porre fine all'occupazione in atto. Queste ultime, pur in lotta fra loro, vedono nella Gran Bretagna e nella Società delle Nazioni due "nemici" della causa palestinese e della "patria ebraica"; questo contesto, così diverso da altre aree di prossima decolonizzazione, induce Londra a procedere con molta prudenza.

La causa nazionale araba, la richiesta di un governo autonomo e il rifiuto della dichiarazione Balfour sono affermate nei primi congressi (1919-1920) delle associazioni musulmane e cristiane (greco-ortodossi, maroniti cattolici, anglicani) e degli arabi palestinesi. La mancata accoglienza di queste proposte genera i gravi incidenti antiebraici di Gerusalemme (1920), di Giaffa (1921), di Hebron, Safed, Gerusalemme (1929) e il boicottaggio delle successive elezioni previste dalla nuova Costituzione palestinese (formazione di un'Assemblea legislativa con poteri limitati dall'Alto Commissario britannico). L'aumento, negli anni successivi, dell'immigrazione ebraica determina reazioni e violenze. Nel 1928 il Congresso arabo chiede la fine del mandato inglese e la formazione di un governo nazionale, com'è avvenuto in altri territori soggetti ad analogo sistema mandatario. La mancata accoglienza di questa richiesta rende sempre più aspra la contrapposizione arabo-ebraica con successive rivolte, disordini e azioni violente (1929-1933-1936). Sia nel mondo arabo che in quello ebraico prendono corpo organizzazioni di carattere paramilitare con lo scopo di difendere le rispettive popolazioni da aggressioni o rappresaglie. Per la protezione dei coloni e dei loro insediamenti nasce l'Haganah (1920), una struttura paramilitare che risponde alle autorità ebraiche locali. In seguito, si forma quella dell'Irgun (1931) con tendenze estremistiche, dalla quale nascerà la cosiddetta "Banda Stern" (1935). Una commissione d'inchiesta inglese, presieduta da Lord Peel, viene costituita per fare piena luce sulle origini e sulle responsabilità delle tensioni, dei sanguinosi incidenti degli anni precedenti e propone, al termine dei suoi lavori nel 1937, la "tripartizione della Palestina" (uno Stato arabo, uno ebraico e una gestione speciale per Gerusalemme e i Luoghi Santi). Il progetto, appena è conosciuto, accentua l'antagonismo e la conflittualità fra le due parti in causa e l'ostilità nei confronti della potenza mandataria e viene respinta da parte araba ogni ipotesi di frazionamento e si insiste per una soluzione indipendentista unitaria.

Del problema palestinese si occupano nel 1937 sia il Consiglio che l'Assemblea della Società delle Nazioni, confermando la piena validità del mandato (1922) a favore di Londra. Si riservano di valutare.successive proposte inglesi che «implichino la partizione del territorio» e la regolamentazione dei flussi migratori e auspicano che il problema della Palestina possa essere «equamente composto» nel rispetto «di tutti gli interessi legittimi in gioco». Nel gennaio del 1938 il governo inglese pubblica un Libro bianco (*Policy in Palestine*); preso atto dei lavori della Commissione reale a suo tempo costituita, dichiara che il «progetto di divisione tripartita costituisce la soluzione migliore del dissidio», ma esclude «il trasferimento obbligatorio di arabi dall'area ebraica a quella araba», suggerendo «lo stabilimento di uno Stato arabo e di uno ebraico capaci di vita autonoma». Il segretario di Stato per le colonie, Ormsby Gore, nella lettera che accompagna il Libro bianco, precisa al destinatario, l'alto commissario per la Palestina, Arthur Wauchope, che, in via provvisoria, l'intero territorio potrebbe «venir amministrato con un sistema di "cantonizzazione" o sotto mandati separati». Appare chiaro il convincimento del governo di non poter garantire il superamento della critica situazione esistente senza adottare provvedimenti speciali e da questo punto di vista conferma la validità della dichiarazione Balfour e del mandato della Società delle Nazioni. Inoltre, prospetta la formazione di due Stati nuovi che avrebbero comunque al loro interno significative minoranze o arabe o ebraiche (e anche di cristiani), che devono trovare, secondo Gore, adeguata tutela come è avvenuto nei Paesi europei dopo la conclusione del primo conflitto mondiale e la definizione dei confini interstatuali. Per quanto riguarda i Luoghi Santi, è auspicabile la costituzione di un «regime speciale» che li sottragga sia «al dominio degli arabi che degli ebrei». Londra è consapevole che queste proposte non possono trovare il «completo soddisfacimento» né arabo né ebraico; per gli uni e per gli altri le soluzioni proposte rappresentano la perdita di una parte del «proprio patrimonio ereditario» e per gli ebrei è inaccettabile ogni riduzione «alla sua capacità di assorbire popolazione». D'altra parte, il governo inglese non aveva nascosto queste difficoltà, nell'anno precedente, al Consiglio della Società delle Nazioni: costituire «una sede nazionale ebraica» e dare piena indipendenza alla Palestina non sono ritenuti due traguardi di facile perseguimento. Di fatto, con il passare degli anni, i due obiettivi si sono dimostrati «mutualmente incompatibili» perché «le due razze» presenti in Palestina non hanno conciliato le loro aspirazioni nazionali e reso possibile la nascita di un governo unitario autonomo. La situazione, già difficile negli anni precedenti, osserva il governo inglese, è peggiorata per lo sviluppo dell'antisemitismo in Europa e per la conseguente richiesta di aumentare le quote di ingresso di profughi ebrei in Palestina. Ciò ha determinato non soltanto le negative reazioni della popolazione araba ivi residente, ma anche l'aumento del nazionalismo arabo nei Paesi di lingua araba e il loro crescente interesse al destino politico della Palestina. In tal modo le condizioni previste due decenni prima, con l'attribuzione del mandato, sono profondamente cambiate e le relazioni, a quel tempo auspicate, sono diventate "inapplicabili". Occorre a questo punto un impegno della Società delle Nazioni perché il problema non può essere lasciato nelle mani della sola potenza mandataria.

Il segretario di Stato britannico, Gore, comunica, inoltre, la costituzione di una nuova Commissione tecnica per definire, sulla base degli indirizzi già emersi, «un progetto più preciso e più particolareggiato» per arrivare ad una soluzione «equa e realizzabile» da sottoporre all'esame della Società delle Nazioni. La nuova Commissione, guidata da J. Woodhead, inizia ad operare in un clima di crescente guerriglia e di estrema contrapposizione fra arabismo e sionismo. L'ipotesi della spartizione genera forti proteste da parte dei Paesi arabi delle aree vicine (Yemen, Iraq, Arabia Saudita, ecc.). Le proposte formulate creano instabilità, negano i diritti arabi originati da insediamenti che durano da un millennio, prevedono trasferimenti di popolazioni «in regioni incolte e desolate, in mezzo al deserto»; la posizione araba è illustrata con passione ed efficacia dal ministro degli Esteri iracheno Tawfik al-Suweidi davanti alla sesta commissione dell'Assemblea della Società delle Nazioni (1938): «È necessario rivedere la dichiarazione Balfour che è stata abolita dagli art. 20 e 22 del Patto della Società delle Nazioni. [...] è impossibile fare della Palestina il ricovero degli ebrei espulsi dagli altri Paesi. [...] la spartizione è impraticabile e tale proposta non ha fatto che dar esca alle fiamme di un odio di razze. Un'alternativa alla spartizione è l'istituzione di uno Stato arabo con garanzia d'autonomia per gli ebrei già in Palestina; [...] la spartizione è appoggiata solo dagli ebrei estremisti». Queste posizioni sono ribadite nel Congresso parlamentare arabo-musulmano de Il Cairo (ottobre 1938). Il Comitato di difesa arabo mette in guardia Chaim Weizmann, presidente dell'Organizzazione sionista mondiale, sulle conseguenze della politica ebraica: «Il vostro atteggiamento creerà a voi e a tutti gli ebrei in Oriente calamità così gravi che non avranno precedenti nella storia. Gli arabi, anche se dovessero essere completamente schiacciati, non permetteranno mai che voi v'insediate nella Palestina araba o che diventiate una maggioranza, costi ciò che costi. Voi e la vostra nazione, sparsa in tutto il mondo, dovete salvare la vita di quei vostri connazionali che già sono in Palestina e negli altri Paesi arabi ed orientali. Evitate che le vostre sfortune s'estendano dall'Occidente all'Oriente. Accontentatevi di quei vostri connazionali che già si trovano in Palestina. Ciò è già un grande beneficio per voi. Lasciate che gli arabi vi trattino nel loro Paese come Omar trattò gli abitanti della Palestina, perché se la Gran Bretagna dovesse ricorrere alla guerra per difendervi in Palestina essa non potrà mai difendervi negli altri Paesi arabi e in tutti i Paesi dell'Oriente». Ci sono il rifiuto della spartizione, la richiesta di blocco dell'immigrazione, l'offerta di coesistenza per gli ebrei già residenti, la minaccia di ritorsioni in Palestina e negli altri Paesi arabi ove si pensasse di poter ottenere la protezione inglese. Per queste scelte errate gli ebrei potrebbero essere perseguitati anche in Oriente come avviene in questo periodo in Occidente (Europa).

Queste considerazioni sulla Palestina non includono la Transgiordania, poiché infatti il mandato della Società delle Nazioni (1920) attribuiva a Londra la facoltà di "ritardare o sospendere" l'applicazione di diverse disposizioni di carattere generale e anche di promuovere, per questo territorio, un regime amministrativo *ad hoc*. In seguito a tali disposizioni, la Gran Bretagna (settembre 1921) la esclude dall'area ove deve essere costituito il futuro "focolare ebraico". La nascita dell'emirato di Transgiordania con poteri amministrativi e legislativi, alla cui guida è posto Abdullah, distacca il destino di questo territorio da quello palestinese e crea un vincolo speciale fra Amman e Londra destinato a durare anche nei decenni successivi. Abdullah è fratello di re Faysal, al quale gli inglesi hanno offerto la guida dell'Iraq dopo la sua forzata uscita dalla scena politica siriana (1920); successivi accordi anglo-transgiordani definiscono competenze e limiti del potere del nuovo emiro (amministrazione, fisco, finanza, relazioni internazionali, interessi stranieri, comunità religiose, reclutamento, organizzazione delle forze armate). Le condizioni di particolare favore avrebbero, in teoria, potuto favorire una politica attiva e impegnata dell'emirato a favore della causa palestinese e metterlo nella condizione di condurre, da una posizione di forza, la battaglia per la sua indipendenza (diventare cioè il Piemonte della Palestina). In realtà, Abdullah e i suoi successori non assumono un ruolo attivo e, senza rinnegare la causa palestinese, sviluppano un'azione cauta con due obiettivi principali: rafforzare l'emirato e mantenere buoni rapporti con Londra. Quest'ultima, d'altra parte, mentre sostiene la "tripartizione palestinese" con il progetto Peel, prospetta il passaggio dell'emirato al regno e anche un ingrandimento territoriale. Si tratta di ipotesi suggestive e allettanti per il giovane emirato che guarda con sospetto altri progetti più seducenti per la causa araba, ma capaci di compromettere la sua esistenza.

Da parte ebraica continuano le proteste per i limiti all'immigrazione posti dalle autorità inglesi. Il congresso "sionista" di Zurigo (1937) e l'Agenzia ebraica, presieduta da Weizmann, sottolineano l'assurdità delle misure restrittive basate su fattori d'ordine pubblico, evidenziando la necessità di subordinare gli ingressi alla capacità di assorbimento economico di tutta la Palestina fino a quando essa non sarà divisa. L'Agenzia attribuisce la depressione economica della regione al terrorismo arabo e al blocco di forza-lavoro ebraica capace di attivare non soltanto il settore agricolo, ma anche quello edilizio. Alla fine del 1938 la situazione resta molto difficile per la crescente attività di gruppi armati. Si tratta ormai di centinaia di morti da ambedue le parti e di un elevato numero di feriti. Le rispettive organizzazioni paramilitari si rafforzano di giorno in giorno e predispongono strutture permanenti (assistenza alle famiglie, servizi d'informazione, centri di addestramento, reclutamento, acquisto di armi, ecc.); la negativa evoluzione del contesto politico generale induce Londra ad una pausa di riflessione e di fatto ad accantonare la "spartizione". Nel mese di novembre è pubblicato da parte del governo britannico un Libro azzurro con il rapporto della Commissione tecnica presieduta da Woodhead e si riconosce l'impossibilità di definire frontiere accettabili dalle due parti in causa per costituire due Stati indipendenti promuovendo a Londra una conferenza *ad hoc* alla quale invitare i rappresentanti del mondo ebraico e di quello arabo. Al tempo stesso torna l'ipotesi di costituire un solo Stato palestinese indipendente, con un'amministrazione mista arabo-ebraica sotto il controllo della potenza mandataria, ma anche questa ipotesi è respinta. Londra affronta (Libro bianco, maggio 1939) la delicata questione della vendita di terre agli ebrei in Palestina. L'immigrazione ha portato gli ebrei da circa 50.000 (1918) ai 400.000 (1940), mentre gli arabi sono cresciuti nello stesso periodo da 600.000 a oltre 1.000.000. Alla crescente presenza ebraica ha corrisposto una notevole estensione delle proprietà agricole acquisite anche con gli aiuti economici delle comunità ebraiche estere, ma la doppia espansione, demografica e agricola, ha accentuato i timori arabi ed è all'origine della rivolta e dei torbidi in atto. In base alle nuove disposizioni in alcune aree sarà possibile la cessione terriera, in altre sarà necessaria l'autorizzazione, caso per caso, dell'Alto Commissario, in altre è vietata. Il Libro bianco progetta, inoltre, la formazione di uno Stato palestinese (a maggioranza araba) entro un arco di tempo di dieci anni ed esclude in modo categorico l'intenzione di voler fare della Palestina uno Stato ebraico. Queste decisioni incontrano la netta opposizione ebraica che ritiene di essere in tal modo "discriminata" perché, con queste restrizioni, non può garantire un adeguato sostentamento ai propri concittadini.

Durante il secondo conflitto mondiale una parte del mondo arabo parteggia per le potenze dell'Asse e conferma una politica antibritannica; in questo contesto il gran mufti di Gerusalemme, Haj Amin el-Husseini, residente provvisoriamente a Roma e Berlino, si rallegra (luglio 1941) per i successi italo-tedeschi contro «il bolscevismo, l'Inghilterra ed il giudaismo», fatto che porterà alla liberazione di tutti i Paesi arabi «dal giogo britannico» e alla fine delle ingiuste clausole «della pace imposta da Versaglia». Pochi mesi più tardi, in occasione della venticinquesima ricorrenza della "dichiarazione di Balfour", precisa che essa esprime l'inimicizia inglese per gli arabi e per l'islam, il connubio anglo-ebraico per dare «a questa razza errante uno dei più nobili territori arabi e la volontà di togliere ai musulmani il controllo dei Luoghi Santi». L'unione della nazione araba e l'audace resistenza dei palestinesi sconfiggerà l'imperialismo anglo-sionista e il loro progetto di costituire uno Stato ebraico (anche con il sostegno di Roosevelt). Weizmann e David Ben Gurion hanno sottovalutato «la meravigliosa audacia, vitalità e fermezza della nazione araba, che uscirà vittoriosa, insieme alle forze dell'Asse, da questa prova di forza; gli Stati Uniti sono nemici dell'indipendenza e della libertà degli arabi e sostengono il movimento sionista in Palestina anche con aiuti finanziari». Nello stesso periodo si intensificano gli appelli degli ebrei palestinesi al governo di Londra affinché sia loro permesso di assolvere al dovere di accogliere i loro fratelli perseguitati «nell'unico territorio dove i fuggiaschi ebrei non sono più stranieri». Nel 1942 si tiene a New York una importante conferenza sionista, dove, al termine dei lavori, è approvato il piano Biltmore (dal nome dell'albergo ove si svolgono i lavori), che prevede: apertura illimitata all'immigrazione ebraica in Palestina, sviluppo economico del Paese sotto il controllo dell'Agenzia ebraica, arruolamento di unità militari, costituzione di uno Stato ebraico indipendente in tutto il territorio palestinese. Da queste proposte risulta evidente il prevalere delle tendenze più radicali del sionismo internazionale sul piano territoriale, su quello statuale e sui trasferimenti di popolazione. È pure evidente che questi progetti non possono che creare ulteriori timori nel mondo arabo-palestinese.

3. *Dalla seconda guerra mondiale alla fine del mandato britannico (1947). Le proposte dell'ONU (1947)*

Il periodo bellico non facilita la soluzione del problema palestinese, anzi, per alcuni aspetti lo complica e lo inasprisce: sostegno del gran mufti di Gerusalemme Haj Amin el-Husseini alle forze dell'Asse, persecuzione degli ebrei in Europa (e in Africa), crescita dell'immigrazione clandestina, difficoltà economiche della regione mediorientale e ripresa dei movimenti nazionalisti arabi. Si ripresentano, dopo il 1945, la precedente contrapposizione ebraico-araba e la difficile posizione della Gran Bretagna; a questi elementi si aggiunge il crescente interesse per il futuro della Palestina e dell'intera regione da parte di Washington e di Mosca. L'impossibilità di risolvere i contrasti dei decenni precedenti o con la tripartizione o con la "cantonalizzazione" o con formule statali unitarie su base federale, apre le porte ad una radicalizzazione delle rispettive posizioni, che determinano ancora una volta rivolte, azioni armate e il ricorso sistematico al terrorismo e alle rappresaglie. La Palestina precipita in un vortice di violenze senza precedenti che Londra non riesce a fermare, anche se ricorre a misure repressive di estremo rigore (imprigionamenti, condanne a lunghe pene detentive, scioglimenti di organizzazioni e di partiti, esecuzioni capitali, ecc.). In realtà, le azioni promosse dalle organizzazioni terroristiche sfuggono di mano agli stessi rappresentanti più autorevoli dell'ebraismo e del mondo arabo. Queste strutture paramilitari composte in gran parte da residenti in Palestina finiscono per tutelare in modo più diretto le due componenti popolari presenti e per diventare lo strumento più concreto, visibile e utile a sostegno delle contrapposte posizioni, mentre il clima di paura, di sospetto, d'incertezza per il futuro, di terrore agevola la loro attività e la loro diffusione. L'Alto Commissariato inglese per la Palestina è ben consapevole che la rottura dei fragili equilibri esistenti può determinare un conflitto generale. Nel 1946 ricorda che è necessario continuare nelle trattative politiche, ma precisa che il governo di Londra agirà «col massimo rigore ed energia contro l'illegalità» e contro l'uso della violenza e del terrorismo; le misure adottate contro l'Agenzia ebraica di Gerusalemme non vogliono sopprimere o vietare la sua attività, ma tagliare i suoi legami con alcune persone compromesse con il terrorismo. Il primo ministro inglese Clement Attlee denuncia l'attivismo di "forze armate irregolari" di matrice ebraica (Haganah, Palmach, Irgun, Stern) e chiede che l'Agenzia ebraica rompa ogni rapporto con «questi eserciti clandestini» e prenda parte più attiva alle iniziative diplomatiche in corso. Le atrocità subite da parte del regime nazista non possono «giustificare l'adozione da parte degli ebrei in Palestina di alcuni peggiori metodi dei loro oppressori in Europa». In generale, le rigorose misure adottate dalle autorità britanniche non sono ostili alla comunità ebraica, ma ai terroristi e ai loro fiancheggiatori. Le critiche inglesi sono rivolte in particolare contro i membri dell'Haganah, organizzazione, nata con scopi difensivi, espressione diretta dell'Agenzia ebraica. Londra denuncia la complicità di quest'ultima con i gruppi compromessi nelle azioni militari e terroristiche e pretende piena collaborazione da parte dei più autorevoli rappresentanti delle comunità ebraiche. In realtà, i provvedimenti repressivi messi in atto non portano alla pacificazione, ma al contrario causano un attacco terroristico nell'albergo "King's David" di Gerusalemme (luglio 1946), sede dell'Alto Comando militare britannico, che provoca decine di morti e numerosi feriti. Tuttavia, la generale condanna per questo atto non modifica il contesto complessivo reso sempre più difficile per la mancanza di accordi fra le parti. Neppure le successive iniziative diplomatiche anglo-americane danno risultati apprezzabili. Viene pertanto costituita una commissione d'inchiesta che mette a punto alcune proposte: le più rilevanti, note come Piano Herbert Morrison (aprile 1946), prevedono una immediata immigrazione di 100.000 ebrei e la costituzione di uno Stato federale palestinese quadripartito, ma esse saranno rifiutate con diverse motivazioni. Da parte inglese si cerca con ogni mezzo di arginare l'immigrazione clandestina nel convincimento che essa contribuisca ad esasperare l'opposizione araba perché modifica gli equilibri demografici in essere e accresce la «fame di terre da parte degli ebrei». Londra ricorda (*memorandum*, agosto 1946) di avere accolto in Inghilterra oltre 200.000 fuggiaschi dalle persecuzioni tedesche e di aver permesso il trasferimento in Palestina, durante il suo mandato, di altri 500.000, ma, ora, lamenta il governo britannico, neppure la quota autorizzata di 1.500 persone (al mese) è accettata ed è in atto «una vera e propria invasione». Londra è consapevole che il fenomeno non è la naturale reazione alle precedenti persecuzioni, ma è organizzato da strutture ebraiche a ciò predisposte con agenti nei Paesi dell'Europa sudorientale. Questo traffico illegale è fonte di grave pericolo per la legalità e l'ordine pubblico palestinese, creando complicazioni agli "stessi fratelli" giunti in modo legale e non ancora insediati in modo conveniente. Londra per fermare questa invasione compirà passi diplomatici presso tutti i Paesi dai quali partono i flussi dell'emigrazione ebraica clandestina. Gli immigrati clandestini saranno portati a Cipro o in altre località, «raccolti in campi» in attesa di adeguate soluzioni per il loro futuro, ma il governo inglese non può tollerare che «una minoranza di estremisti sionisti» pregiudichi «un'equa definizione» della crisi palestinese attraverso soluzioni armoniche «dei diritti di questi due popoli ricchi di tradizioni storiche». Attlee, alla conferenza per la Palestina (Londra, settembre 1946), ricorda la politica britannica favorevole al nazionalismo arabo contro l'imperialismo ottomano e i risultati conseguiti in Iraq e in Transgiordania; lamenta l'assenza dei rappresentanti arabi di Palestina, ma è certo che questa mancanza sarà sanata dall'azione costruttiva degli altri Paesi arabi presenti e dalle iniziative della Lega Araba. Ritiene che siano necessari spirito di comprensione reciproca e realismo, che non occorra esasperare la "storia passata", ma procedere verso la pacificazione con concessioni vicendevoli, collocando il problema palestinese in un contesto politico mondiale: «La Palestina è un piccolo Paese ma tutto ciò che vi succede provoca delle reazioni in una sfera molto più ampia». Dopo alcuni inutili tentativi di accordo i lavori saranno sospesi e aggiornati. In questo periodo si registra anche una nuova politica degli USA nei confronti del mondo ebraico. Mentre negli anni precedenti al conflitto mondiale le quote d'immigrazione, anche ebraica, erano state ridotte e durante la guerra c'era stata poca attenzione per la questione palestinese e per la causa degli ebrei da parte di Roosevelt, ora il presidente Truman modifica questi indirizzi e dà l'avvio ad un impegno molto specifico. Ciò è senz'altro dovuto alla conoscenza delle dimensioni precise della Shoah, ma anche alle pressioni dell'influente comunità ebraica americana e alla presenza di autorevoli personalità ebraiche vicine al presidente degli Stati Uniti. Washington prende atto del fallimento del tentativo londinese. Truman si dissocia da alcune valutazioni inglesi: non è possibile attendere la soluzione dell'intera questione per attivare «un'immigrazione considerevole» che deve, al contrario, «iniziare subito». Il problema «dei profughi e dei senza patria» deve essere affrontato con leggi lungimiranti. Gli USA sono pronti a fornire anche assistenza economica alla Palestina, invitando tutti i Paesi interessati a collaborare per risolvere i problemi del popolo ebraico che ha subito in Europa atroci sofferenze durante la guerra. Non c'è, nell'intervento di Truman, alcuna considerazione per le aspettative del mondo arabo, mentre primeggiano le emergenze ebraiche e urge l'accettazione di una consistente immigrazione. Già in questi primi passaggi si pongono le premesse della contrapposizione fra gli arabi palestinesi e Washington. Immediata la reazione del re dell'Arabia Saudita Saud (ottobre 1946): i diritti arabi in Palestina risalgono «a più di mille anni»; gli ebrei devono considerarsi degli «invasori» e hanno ambizioni che «non conoscono limiti»; il popolo americano non potrà «permettere l'aggressione sionista contro un Paese arabo amico», né vorrà «difendere il diritto e la giustizia in talune parti del mondo e negarle agli arabi nella loro terra in Palestina».

Truman risponde con sollecitudine: ricorda la tragica situazione degli ebrei sopravvissuti ai campi di sterminio e alle persecuzioni, che guardano alla Palestina come ad un rifugio. Gli USA, fin dopo la prima guerra mondiale, hanno approvato la proposta di dare una patria agli ebrei in Palestina e, nel contesto del secondo dopoguerra, di fronte al raggiungimento dell'indipendenza di diversi Stati arabi, non si può che confermare quella decisione. In quest'ottica Washington è «favorevole all'entrata in Palestina di un numero considerevole degli ebrei attualmente in Europa» per dare loro un rifugio. Essi potranno inoltre, «con il loro lavoro e con la loro energia», contribuire alla costituzione di una patria per il popolo ebraico. Le posizioni politiche arabo-ebraiche restano di difficile conciliazione, anzi contrapposte. Le forze del nazionalismo arabo sostengono senza riserve le richieste dei fratelli palestinesi: lo stesso gran mufti di Gerusalemme è accolto e protetto a Il Cairo da dove continua la sua battaglia per l'indipendenza di una Palestina araba. Il suo impegno è talmente apprezzato e condiviso nel mondo arabo musulmano che nessuno attribuisce qualche importanza al suo passato politico, avendo sostenuto le potenze dell'Asse contro gli alleati. Ma ciò non appare deplorevole in quanto la sua azione è ricondotta alla necessità di porre fine al mandato britannico, all'immigrazione ebraica e in generale alla colonizzazione di tutto il mondo arabo.

Nel luglio (1946) il governo egiziano denuncia all'ONU il comportamento di Londra che, a suo giudizio, viola le disposizioni della Carta, in quanto nega le naturali aspirazioni del popolo palestinese all'indipendenza nazionale. La sua posizione è condivisa anche da altri Paesi arabi (Siria, Transgiordania, Arabia Saudita, Libano e Yemen). Si concorda su una diversa politica inglese che permetta la nascita di un nuovo regime ispirato agli autentici valori della Carta. Il rifiuto inglese di accettare il gran mufti come "capo politico" della delegazione araba per discutere il futuro palestinese genera nuove tensioni e rinvii: l'Alto Comitato arabo per la Palestina attribuisce questo atteggiamento «all'ingerenza sionista», ritenendo che spetti agli arabi definire la composizione delle loro delegazioni per ogni trattativa e che in caso contrario esse sarebbero «rappresentanze del governo britannico e non degli arabi». A giudizio di questi ultimi, si deve costituire al più presto un governo provvisorio (sette ministri arabi e tre ebrei), procedere alla elezione di un'Assemblea costituente, promuovere una Costituzione democratica, eleggere un parlamento nazionale. Si ribadisce che devono essere tutelate l'integrità dei Luoghi Santi e la libertà religiosa, la cittadinanza può essere concessa solo a coloro che risiedono in Palestina da almeno 10 anni e che nelle assemblee elettive e nell'amministrazione pubblica il numero delle rappresentanze ebraiche non deve superare un terzo del totale. In attesa di questa sistemazione «l'immigrazione ebraica» deve essere completamente proibita. In questo periodo (1945-1946) sono definite anche le richieste ebraiche e le proposte di Washington; gli esponenti ebraici più autorevoli condannano la politica repressiva inglese che scrive «un altro capitolo di degradazione e di sofferenza della nostra lunga ed amara storia»; il rabbino capo della Palestina Isaac Herzog deplora (1946) gli arresti di dirigenti dell'Agenzia ebraica che Londra considera collusi con il terrorismo e ribadisce che il problema ebraico può essere risolto solo con la nascita di una patria e con l'apertura immediata delle porte a 100.000 ebrei europei.

Di notevole importanza per comprendere le proposte ebraiche è il congresso sionista mondiale di Basilea (dicembre 1946) che si svolge, circa mezzo secolo dopo quello di Basilea del 1897, per iniziativa di T. Herzl. In quell'occasione era stato proclamato che «il sionismo tende alla creazione in Palestina di una sede per il popolo ebraico garantita dal diritto internazionale», prospettiva che, nel corso dei decenni successivi, favorirà la massiccia immigrazione ebraica, l'insediamento sul territorio con l'acquisto di aree agricole.

Al congresso il presidente Weizmann precisa gli obiettivi del movimento: gli ebrei desiderano vivere in armonia con gli arabi e non possono accettare che venga loro negato ciò che è consentito agli altri popoli della regione: «immigrazione» e «focolare ebraico» non sono un pericolo per nessuno né una minaccia. In generale, condanna il terrorismo e ricorda che gli ebrei «vanno in Palestina per costruire e non per distruggere». La costituzione di uno Stato ebraico è la "fase finale" della dichiarazione Balfour; in questo territorio troveranno rifugio e ospitalità gli ebrei dell'Europa sopravissuti. Londra deve permettere la libera immigrazione ebraica, oppure rinunciare al mandato; né può essere accettata la «proposta federativa del piano Morrison», perché non permetterebbe la colonizzazione di gran parte del territorio: questo progetto è una riedizione del Libro bianco inglese del 1939 e sulle sue basi non si possono avviare trattative credibili. Nella risoluzione finale del XXII congresso sionista (dicembre 1946) si registrano significative chiusure nei confronti di Londra, dove si condanna il Libro bianco del 1939, si respingono le restrizioni all'acquisto di nuove terre da parte di ebrei, si deplorano le misure di polizia adottate e le deportazioni «di famiglie pacifiche che cercano asilo nella terra dei loro padri», si stigmatizza «il ridicolo piano Morrison che divide la Palestina in tre province: araba, ebrea e britannica» e, infine, si condannano senza riserve gli atti terroristici di una «minoranza dissidente». Il congresso propone altresì di fare della Palestina il centro nazionale di un Commonwealth israelita inserito nel mondo democratico, di favorire l'immigrazione, di assegnare all'Agenzia ebraica il controllo e l'amministrazione del territorio e fa appello all'ONU «per creare uno Stato ebraico vitale»; si ringraziano Truman, il popolo americano e le diverse associazioni cristiane per le posizioni assunte a favore dell'immigrazione ebraica; si rifiuta, inoltre, di prendere parte alla conferenza di Londra sul futuro della Palestina per le pregiudizievoli posizioni assunte dal governo inglese.

La tensione e i continui atti terroristici inducono Londra a chiedere un chiarimento all'Agenzia ebraica (febbraio 1947): ricorda ai «capi della comunità ebraica» che ci sono state poche iniziative da parte loro per rafforzare «la legge e l'ordine» e che è mancata la collaborazione con le autorità inglesi. L'Agenzia ebraica e il Consiglio nazionale ebraico per la Palestina devono dichiarare subito (entro sette giorni) se intendono «dare il loro aiuto al governo collaborando con la polizia e le forze armate nell'individuare e nell'assicurare alla giustizia membri di gruppi terroristici». Da parte ebraica si risponde con un netto rifiuto; non è possibile «accettare la richiesta di consegnare i terroristi alle autorità» e si ritiene questa domanda «un ultimatum», tanto più grave perché inviato mentre sono in atto le conversazioni di Londra per trovare un'equa soluzione a tutti i problemi della regione (immigrazione dei superstiti europei, colonizzazione delle terre promesse, sovranità della nazione giudaica).

Il quadro, carico di prospettive poco rassicuranti e di fatto riassuntivo del fallimento delle ormai pluriennali trattative condotte dalla Gran Bretagna, apre le porte ad una evoluzione del contesto in essere. Il governo di Londra decide di mutare l'orientamento della politica fino ad ora seguita nella regione: prende atto dell'impossibilità di dar vita ad un unico governo palestinese o a due Stati sovrani, considera concluso, al tempo stesso, il mandato ricevuto dalla Società delle Nazioni e decide di rimettere la soluzione del problema nelle mani dell'ONU. Alle origini di questa importante svolta c'è un acceso confronto all'interno delle forze politiche inglesi e un ruolo di primo piano svolto dal *leader* dell'opposizione, Churchill. Nel dibattito ai Comuni (gennaio 1947) Churchill chiede che si ponga fine a «questa squallida guerriglia con i terroristi», che danneggia l'immagine inglese in tutto il mondo, non accettando il continuo ricatto del terrorismo. Ribadisce che ci sono in Palestina 100.000 soldati inglesi «che potrebbero rinsanguare in patria la nostra industria impoverita», costando una cifra enorme che potrebbe, se usata in modo migliore, «fruttare nelle tasche del popolo». Ciò è tanto più deplorevole in quanto il governo laburista esita ad impiegare queste forze con determinazione ed è incerto sulla condotta da tenere di fronte ai più recenti ricatti del terrorismo ebraico (omicidi, sequestri di esponenti inglesi militari e civili, sospensione di condanne a morte per esponenti delle organizzazioni terroristiche). Il *leader* dei conservatori rifiuta anche altre tesi a favore della permanenza in Palestina, non ritenendola strategica per la difesa del Canale di Suez (questa garanzia è assicurata dai recenti accordi anglo-egiziani del 1936 e rinnovati per un decennio). Inoltre, non accetta l'idea che il ritiro inglese porterebbe alla «guerra civile» e che «gli arabi e gli ebrei si prenderebbero per la gola». Senza un interesse specifico inglese, senza «una ragione d'onore» la responsabilità di fermare una guerra civile arabo-israeliana a suo avviso deve «ricadere sulle Nazioni Unite e non sulle nostre spalle». A questo punto, se non c'è alcuna possibilità di trovare un accordo con le parti e se Washington non condivide «con noi i sacrifici di sangue, l'odio, il disordine e le spese» e se non si pone al nostro fianco per una politica comune, «noi deporremo il mandato ai piedi delle Nazioni Unite». C'è, in questa proposta, tanto esplicita quanto insidiosa, l'omaggio evidente alla nuova organizzazione «ai piedi» della quale si rimette l'intera questione, ma c'è anche tutto «il veleno» di chi vuole passare ad altri «la patata bollente palestinese». Da parte governativa si condivide lo stato di insoddisfazione per il quadro esistente, si ricordano le precedenti iniziative per adeguate e condivise soluzioni, si nega qualsiasi comportamento equivoco ed incerto nei confronti dell'estremismo terroristico. Ernest Bevin (febbraio 1947) lamenta l'esistenza «di un conflitto inconciliabile di principi»: «vi sono in Palestina circa 1.200.000 arabi e 600.000 ebrei. L'essenziale è per gli ebrei, osserva il ministro degli Esteri inglese, la creazione di uno Stato sovrano ebraico». Per gli arabi invece il punto essenziale è quello di impedire lo stabilirsi della sovranità ebraica su qualsiasi parte della Palestina; non si ravvisa alcuna possibilità di negoziare un accordo fra le parti. Londra non può accettare né le proposte ebraiche né quelle arabe, né imporre una propria soluzione. Per queste ragioni – osserva Bevin – si sottoporrà la questione all'ONU e Londra «non intende raccomandare alcuna particolare soluzione».

Churchill apprezza questa decisione e si domanda come mai il governo abbia così a lungo indugiato e perché questa politica sia stata adottata con tanto ritardo di fronte ad un contesto da anni senza sbocchi accettabili. Bevin, in una successiva discussione alla Camera dei Comuni (febbraio 1947), riprende anche la questione dei rapporti con Washington incrinati dalle vicende palestinesi e ribadisce che alla base del dissidio c'è l'immigrazione che, secondo Truman, avrebbe dovuto essere molto più consistente di quella autorizzata. Questa posizione statunitense non ha giovato alla difficile trattativa in atto, ma ha contribuito all'inasprimento delle posizioni arabe poiché ha creato nuove aspettative fra gli ebrei. Il Dipartimento di Stato, chiamato in causa dal ministro inglese, chiarisce che la politica americana «non è faziosa né legata ad interessi locali». Le dichiarazioni di Truman confermano precedenti indirizzi affermati in più occasioni per favorire una pacifica sistemazione della Palestina e degli ebrei europei sopravissuti all'olocausto. La Commissione d'inchiesta dell'ONU, costituita in seguito, trasmette al segretario generale il suo rapporto ove sono specificate le raccomandazioni da sottoporre all'Assemblea Generale, votate in parte all'unanimità e in parte a maggioranza. Nelle prime sono elencate: la rapida cessazione del mandato della Società delle Nazioni, l'indipendenza, in tempi brevi, per la Palestina, la tutela dei Luoghi Santi e degli interessi religiosi e la garanzia del loro libero accesso, la definizione di un accordo internazionale per sistemare gli ebrei profughi dall'Europa (di cui circa 250.000 sono al momento in campi di raccolta), l'inserimento dei principi basilari della Carta delle Nazioni Unite nella nuova costituzione palestinese, il riconoscimento da parte di tutti del principio dell'unità economica di questo territorio, la decadenza nello Stato palestinese di «privilegi ed immunità» goduti da stranieri in precedenza, la cessazione degli atti di violenza che da troppo tempo «dilaniano il paese».

La Commissione approva a maggioranza (voti 12 contro 2) anche altre raccomandazioni. Secondo il piano della maggioranza (Canada, Cecoslovacchia, Paesi Bassi, Perù, Svezia e Uruguay), la Palestina dovrà essere costituita da tre realtà: uno Stato ebraico, uno palestinese e la città di Gerusalemme. I due nuovi Stati dovranno elaborare proprie costituzioni democratiche, sottoscrivere un trattato di collaborazione per garantire l'unità economica della regione, assicurare che nei rispettivi territori «non vi sarà alcuna discriminazione razziale, religiosa o linguistica»; il nuovo Stato arabo includerà la Galilea occidentale, le regioni collinari della Samaria e della Giudea e la pianura costiera da Isdud al confine egiziano. Quello ebraico comprenderà la Galilea orientale, la pianura di Esdraelon, la maggior parte della pianura costiera, la circoscrizione di Beersceba compreso il Negeb. Le Nazioni Unite amministreranno la città di Gerusalemme con un mandato fiduciario, area che comprenderà le municipalità di Gerusalemme e i villaggi circostanti (ad oriente fino ad Abu Dis e a sud fino a Betlemme, ad occidente fino a Fin Karim e a nord fino a Shu' Fat). La zona sarà smilitarizzata, il governatore non potrà essere né ebreo né arabo né palestinese e neppure, alla sua nomina, residente nella città di Gerusalemme. Sarà creata una forza di polizia speciale per proteggere i Luoghi Santi, gli edifici e tutte le località religiose, reclutata al di fuori della Palestina, senza ebrei né arabi. Anche l'area di Gerusalemme sarà inclusa nell'unione economica palestinese. La proposta formula due ipotesi in apparente contraddizione: mentre rileva la sostanziale unità economica del territorio, ne auspica la ripartizione politica in tre aree con autonomi e distinti poteri esecutivi. Alla luce dei contrasti e della guerriglia in atto non sembrano due condizioni praticabili, ma un'evidente forzatura della realtà, uno schema interpretativo semplicistico e un eccesso di fiducia nel prestigio dell'Organizzazione stessa rispetto al ruolo svolto dalla potenza mandataria. Non senza motivo Londra, di fronte alla cessazione del mandato e all'applicazione delle nuove proposte, precisa «di non essere preparata ad assumersi il compito di imporre una politica in Palestina con la forza delle armi». Si augura, inoltre, che le Nazioni Unite possano avere maggiore successo di quanto ne abbia avuto il Regno Unito nel persuadere i due popoli a collaborare per raggiungere la loro indipendenza.

Si costituisce anche una sottocommissione per la Palestina composta in gran parte da rappresentanti degli Stati arabi, che predispone e presenta un progetto per la formazione di un unico Stato indipendente palestinese. La stessa Commissione d'inchiesta respinge le proposte della sottocommissione.

La reazione del mondo arabo è negativa: è denunciata la pesante interferenza del governo statunitense condizionato dagli ambienti sionisti; si accusano gli «ebrei di New York» di voler creare in Palestina «una base ebraica dalla quale poter sviluppare la propria attività» che mira al dominio economico di tutto il mondo occidentale. È denunciato anche l'antistatutario comportamento delle Nazioni Unite: nella loro Carta non è contemplato il potere «di scacciare gli arabi dalla Palestina per far posto agli intrusi stranieri». Gli arabi palestinesi non possono accettare queste proposte né sono «disposti a capitolare» e intendono ricorrere al più presto alla Corte internazionale di Giustizia de L'Aja per verificare la «validità della dichiarazione Balfour e del mandato sulla Palestina». Analoga condanna è espressa dalla conferenza dei ministri degli Esteri arabi riuniti a Sofar (presso Beirut, settembre 1947): le proposte formulate sono pregiudizievoli per i diritti arabi e violano le precedenti promesse. La Palestina deve costituirsi in Stato arabo: non può essere accettata un'altra soluzione; quest'ultima provocherà «una reazione decisiva contro qualsiasi aggressione». Invita, altresì, «ogni arabo» a rendersi conto del pericolo e a dare assistenza e a compiere ogni sacrificio per i fratelli palestinesi. Al contrario, esprimono giudizi favorevoli alla spartizione sia Washington che Mosca. Gli esponenti americani (ottobre 1947) presso gli organi delle Nazioni Unite sostengono la necessità di alcune correzioni di natura geografica, la libertà di accesso a tutti i cittadini palestinesi ai porti, agli aeroporti, agli impianti elettrici, ecc., dichiarano di essere disponibili a fornire aiuti economici e finanziari nel periodo di transizione dal sistema mandatario a quello successivo, si attendono altresì il rispetto, da parte di tutti, delle decisioni dell'Assemblea Generale e l'impegno concreto di tutto il popolo palestinese per far cessare le violenze degli ultimi anni. Anche i rappresentanti sovietici sostengono il diritto degli ebrei ad avere un loro Stato dopo le persecuzioni subite e ritengono il problema «maturo ed urgente», non rinviabile «in un mare di riferimenti storici che si perdono nei secoli e perfino nei millenni». L'ipotesi di un unico Stato palestinese è valida in teoria, ma non praticabile, perché la conciliazione fra i due popoli non è possibile in questa fase, mentre è auspicabile l'unità economica. In questa prospettiva si ritiene necessario definire nei dettagli le future frontiere fra i due Stati e la gestione del periodo transitorio dei passaggi dei poteri fra la potenza mandataria e i nuovi governi; la divisione diventa in ogni modo «un importante passo avanti verso la soluzione dell'intera questione palestinese». La spartizione è accolta con favore, seppure con qualche riserva, dal mondo ebraico; l'Agenzia ebraica americana precisa che, per ottenere «l'immediata restaurazione di uno Stato ebraico» e per garantire «l'immediata e continuativa immigrazione israelita», si può accettare di pagare il prezzo di un insediamento territoriale assai ridotto. Nel comunicato si precisa che nella proposta formulata dal Comitato speciale l'estensione del nuovo Stato è soltanto un ottavo di quella prevista all'origine sia in Palestina che in Transgiordania e che non può essere accettata l'esclusione della Galilea occidentale, né un'unità economica che porti al controllo delle iniziative imprenditoriali ebraiche o alla riduzione dei flussi migratori. Anche il previsto periodo transitorio di due anni per il passaggio dei poteri ai nuovi esecutivi può essere ridotto; il popolo ebraico, se richiesto, può contribuire a costituire forze militari e di polizia. Anche in questa occasione è criticata la precedente politica inglese sia per come è stato gestito il mandato della Società delle Nazioni sia per il suo attuale abbandono senza precise proposte politiche per il futuro. Viene respinto anche il piano proposto dalla minoranza di un unico Stato arabo-palestinese all'interno del quale sono previste «due enclave ebraiche, in cui gli ebrei verrebbero soffocati come eterne minoranze in uno Stato federale». L'Agenzia formula, inoltre, una precisazione importante che mette a nudo il significato più profondo dell'intera questione: si precisa che la soluzione palestinese proposta deve costituire anche la definitiva conclusione del problema ebraico. Cosa significa questa affermazione? «Il problema ebraico non è un problema di immigrati o rifugiati ebrei, ma è il secolare problema del popolo ebreo senza patria. E non può che avere un'unica soluzione, la ricostruzione di un focolare nazionale per il popolo ebreo in Palestina». Questa precisazione da parte del presidente della sezione americana dell'Agenzia ebraica, Abba Hilel Silver, si è resa necessaria perché la Commissione speciale aveva dichiarato che, con la spartizione, si offriva una soluzione alla questione specifica palestinese, ma non a quella più generale della nazione ebraica. Al contrario gli ebrei ritengono che l'occasione sia propizia per unire i due problemi e risolvere, ad un tempo, le attese storiche del "popolo eletto" e quelle più contingenti successive alla dichiarazione Balfour e al secondo dopoguerra. Con questa precisazione il quadro considerato deve avere carattere di stabilità e di perennità e uscire da una logica di emergenziale provvisorietà.

L'Assemblea Generale dell'ONU approva (novembre 1947, Risoluzione 181) il progetto di spartizione in due Stati indipendenti nonostante la decisa opposizione dei Paesi arabi e le perplessità inglesi (la Gran Bretagna si astiene nella votazione). Già nel gennaio appare evidente la difficoltà di procedere su questo cammino e il Consiglio di Sicurezza, investito del problema, deve prendere in considerazione la costituzione di una forza internazionale per imporre «i due nuovi Stati». Questa ipotesi, che spalancherebbe le porte del territorio a nuove presenze (compresa quella sovietica), induce Washington ad un cambiamento di linea politica: si propone di abbandonare l'idea spartitoria e di dar vita ad una amministrazione fiduciaria da parte dell'ONU. Preoccupazioni strategiche di natura geopolitica ed energetica, timori per i rapporti anglo-americani, interrogativi sull'attivismo di Mosca e risentimenti nel mondo arabo inducono a respingere l'idea di imporre con la forza la spartizione della Palestina. Di fatto questa decisione significa l'impossibilità di applicare le decisioni dell'Assemblea Generale e di bloccare ogni iniziativa dell'organizzazione stessa. Ciò non pone fine alle violenze, non modifica la volontà di Londra di concludere entro maggio il mandato in essere, né induce l'Agenzia ebraica a rinunciare alla proclamazione dello Stato ebraico. Anzi il mondo ebraico si sente tradito «da Truman e da Marshall», mentre le autorità arabe vedono nella decisione americana un evento positivo e una «sconfitta del sionismo politico». Truman (marzo 1948) spiega le ragioni di questo cambiamento, ribadendo che le nuove proposte americane sono uno strumento per garantire la pace e riempire «il vuoto» che si determinerà al termine del mandato inglese. Non è ipotizzabile l'utilizzo nella regione di forze armate americane; la spartizione pacifica non è ritenuta praticabile. Solo una fase transitoria di amministrazione fiduciaria può garantire una tregua fra arabi ed ebrei ed evitare la tragedia «di un bagno di sangue»: la proposta statunitense «è una soluzione pacifica possibile» ed è basata sulla realtà dei fatti per evitare lo scoppio di «una guerra aperta». D'altra parte Washington non ha mai dimostrato una particolare attenzione per la dichiarazione di Balfour e ha in precedenza considerato la questione palestinese un problema "britannico".

Mosca (marzo 1948) conferma il sostegno alla spartizione proposta dall'Assemblea Generale, condanna il comportamento di Washington (pur favorevole in sede di Assemblea Generale a questa soluzione), rileva che i sacrifici imposti da un'amministrazione fiduciaria sarebbero "più gravosi". Ogni rinvio della spartizione prevista accentuerà «la discordia, le lotte [...] ed il numero delle vittime ne risulterà aumentato». Ogni responsabilità dell'annullamento delle precedenti decisioni ricade sugli USA, ai quali si devono rimproverare «interessi petroliferi» e «le loro basi strategico-militari nel vicino Oriente». Occorre al contrario, osserva Mosca, procedere con le decisioni già adottate dall'Assemblea Generale. L'ONU non ha escluso in precedenza l'ipotesi di un unico Stato arabo-palestinese, ma ora, di fronte all'impraticabilità di questo progetto, sostiene la spartizione. C'è la speranza di poter trovare in quest'area interlocutori e anche alleati e la volontà di non lasciarla sotto la completa influenza anglo-americana-francese. Successive iniziative dei diversi comitati e delle commissioni *ad hoc* e la riconvocazione dell'Assemblea Generale non aprono prospettive di pacificazione, mentre si avvicina la scadenza del mandato inglese. Sul territorio si rafforza e si estende la presenza delle forze ebraiche sempre più attive e determinate anche a seguito dell'accordo raggiunto fra l'Organizzazione per la sicurezza dell'Agenzia ebraica, Haganah, e quella paramilitare, Irgun, fino ad allora, almeno sul piano ufficiale, ostili e rivali fra loro. Al tempo stesso l'incertezza politica e questo attivismo ebraico accentuano l'ostilità araba in Palestina e nei Paesi limitrofi. Washington, d'altra parte, pur favorevole ad un periodo transitorio di amministrazione fiduciaria, deve prendere atto delle opposizioni che esso incontra. In ultima analisi, è costretto a riconsiderare l'originario progetto spartitorio.

4. *La nascita dello Stato d'Israele (1948). La prima guerra arabo-israeliana. L'ingresso nell'Organizzazione delle Nazioni Unite*

Lo sviluppo degli avvenimenti sul territorio prevale sulle manovre politico-diplomatiche delle grandi potenze e s'impone la logica "dei fatti compiuti". Già a metà aprile il Gran Consiglio sionista annuncia che con la fine del mandato britannico sarà proclamato lo Stato indipendente ebraico e che tutti i Paesi civili e le Nazioni Unite «sono obbligati a riconoscerlo e gli ebrei di tutto il mondo devono appoggiarlo». Al tempo stesso hanno poco successo gli appelli del Consiglio di Sicurezza (aprile 1948) a porre fine a tutte «le attività militari e paramilitari e a tutti gli atti di violenza, terrorismo e sabotaggio», all'acquisto di materiale bellico e a collaborare con le autorità mandatarie per garantire i servizi pubblici, le comunicazioni, l'assistenza sanitaria, i rifornimenti di generi alimentari e d'acqua. In attesa di ulteriori decisioni dell'Assemblea Generale, si raccomanda alle parti in lotta «di non mettere in pericolo la sicurezza dei Luoghi Santi» e di non pregiudicare i diritti e le aspirazioni dei due gruppi che si fronteggiano. Questi appelli cadono nel vuoto e anche i successivi lavori del Consiglio di Sicurezza non approdano a proposte condivise. Mentre le azioni militari da parte di gruppi paramilitari s'intensificano, la situazione politica pare senza sbocchi: essa è paralizzata dall'impossibilità di un accordo fra ebrei e palestinesi, dalla crescente mobilitazione dei Paesi arabi confinanti e dalla ferma decisione di Londra di ritirare, come già deciso, i suoi militari e i suoi amministratori entro il 15 maggio. Fra l'altro il governo inglese si trova al centro di pesanti critiche da parte dell'opposizione parlamentare conservatrice. Quest'ultima presenta una mozione di sfiducia alla fine di aprile ove elenca i gravi errori commessi dai laburisti e da Bevin nella questione palestinese: aver negato negli ultimi due anni forze adeguate all'Alto Commissario per «soffocare le rivolte armate», per distruggere i depositi militari del terrorismo e per punire in modo adeguato «gli assassini di soldati britannici». Oltre a ciò il governo non ha negoziato per tempo con Washington, Parigi e le altre capitali, aderenti alle Nazioni Unite, «il trasferimento del mandato in condizioni pacifiche ed ordinate», ha ignorato i danni agli interessi commerciali britannici nella regione (impianti petroliferi, basi per la navigazione e per l'aviazione civile) che hanno un'importanza strategica mondiale e «non ha preso provvedimenti per la tutela dei Luoghi Santi in un Paese che è la culla della civiltà e il centro di una religione mondiale». Il governo è posto in stato d'accusa anche per le relazioni d'amicizia e dall'alleanza (trattato anglo-transgiordano del 30 aprile 1948 sostitutivo di quello precedente del marzo del 1946) con la Transgiordania, che ora, secondo notizie non smentite, si appresta ad invadere la Palestina per estendervi il proprio controllo.

Da parte sua l'Alto Commissario britannico annuncia, con alcuni giorni di anticipo, la fine del mandato inglese sulla Palestina. La dichiarazione è affiancata dalla pubblicazione di un Libro bianco (13 maggio 1948), a cura del Foreign Office e del Colonial Office, sull'amministrazione inglese della Palestina dal 1920. La sua lettura è assai utile per far luce sulla politica della potenza mandataria nei ventisette anni della sua amministrazione e delle motivazioni del suo termine. Nel documento si precisa che il mandato aveva tre obiettivi principali:

1) promuovere il benessere e lo sviluppo del popolo palestinese;

2) facilitare la creazione in Palestina di "un focolare ebraico" con un'immigrazione graduale e regolata senza pregiudicare i diritti di altri gruppi della popolazione;

3) avviare il popolo palestinese all'autogoverno.

Londra è certa di avere raggiunto i primi due traguardi. All'inizio del mandato la Palestina era «un paese primitivo ed arretrato», l'agricoltura inefficace, l'industria quasi inesistente e le comunicazioni inadeguate; la popolazione (circa 750.000 persone) «era povera ed in preda alle malattie», l'illegalità regnava in tutta la regione, «aggravata dalle incursioni di nomadi del deserto»; in seguito sono stati introdotti nuovi metodi di coltivazione e concessi prestiti rilevanti. Il Libro bianco precisa a questo riguardo, a titolo d'esempio, che nel 1929-1930 venivano esportate 2.500.000 di cassette di cedri, mentre nel 1936-1938 15.300.000; all'amministrazione inglese si deve, inoltre, la creazione di una vasta rete di collegamenti stradali e ferroviari e di aree portuali e più in generale la guida dell'indistrializzazione del Paese condotta in sintonia con l'iniziativa ebraica. Londra rivendica anche il merito di aver creato un moderno servizio sanitario e scolastico e di aver istituito «un sistema giudiziario efficiente ed imparziale». La costituzione del «focolare ebraico» è stata perseguita con tenacia e prudenza: dal 1920 sono entrati in Palestina oltre 400.000 ebrei (essi, dagli originari 82.000, sono diventati oltre 640.000) e la loro immigrazione ha permesso, fra l'altro, di rendere produttive vaste aree incolte, di creare moderne città come Tel Aviv, di attivare impianti idroelettrici, di sfruttare le risorse del Mar Morto e di dar vita ad importanti attività manifatturiere. Il «governo britannico» della Palestina non è stato in grado di raccogliere analoghi successi sulla strada dell'autogoverno per la reciproca ostilità fra arabi ed ebrei. Già nel 1920, 1921 e 1929 si sono verificate gravi violenze antiebraiche, che sono degenerate negli anni fra il 1936 e il 1939 al punto che la

Gran Bretagna fu costretta ad adottare misure più restrittive per l'immigrazione ebraica. Successivi progetti e iniziative politiche (Commissione Peel, Woodhead, Libro bianco del 1939) per dar vita a uno Stato unitario non hanno avuto le necessarie approvazioni da nessuna delle due parti. Anzi l'ultima iniziativa del 1939 ha dato vita ad una fase ancor più acuta di violenze da parte ebraica e a tentativi sempre più frequenti di forzare il blocco dell'immigrazione. Questo quadro ha indotto Londra a portare il problema di fronte alle Nazioni Unite in quanto i circa 100.000 uomini impegnati in Palestina non erano nelle condizioni di garantire né l'ordine né la giustizia. Forze ebraiche sono responsabili di una campagna terroristica «organizzata ed equipaggiata con tutte le armi della fanteria moderna»; dal 1945 ben 338 sudditi britannici sono stati uccisi in Palestina. Alla luce di questi precedenti e della perdurante instabilità Londra ha deciso di porre termine al mandato e di predisporre «il ritiro più rapido possibile di tutte le forze britanniche dalla Palestina» e si augura che le due parti antagoniste raggiungano un compromesso, comprendano le conseguenze tragiche di conquistare con le armi la Palestina e impediscano di distruggere quanto negli ultimi decenni è stato realizzato. Nel Libro bianco c'è un evidente compiacimento per i risultati conseguiti, un'autodifesa efficace e motivata degli insuccessi e comunque la volontà di evidenziare che arabi ed ebrei sono i veri responsabili del fallimento della politica mandataria in materia di autogoverno. Essi hanno respinto sia le proposte di un unico Stato ebraico-palestinese sia quelle successive di una spartizione del territorio che avrebbe mantenuto una sostanziale unità economica. Londra precisa ancora di essere disponibile a collaborare per nuove soluzioni, ma ribadisce con fermezza che non potrebbe partecipare ad alcuna azione che volesse imporre con la forza un accordo fra le parti in contrasto. Questa esplicita ammissione equivale, di fatto, a riconoscere un "diritto di veto" arabo-ebraico su qualsiasi proposta. A sostegno degli argomenti avanzati, Londra ricorda il tributo di sangue inglese e gli enormi costi dell'amministrazione palestinese «a carico del contribuente britannico (10 milioni di sterline dal 1945)».

Non tutti però condividono la lettura degli eventi fornita dal governo di Sua Maestà britannica. Infatti, Mosca è molto critica, ritenendo il Libro bianco una dichiarazione «d'impotenza e di ipocrisia». In questo contesto l'iniziativa è presa dagli ebrei con la decisione di far nascere il nuovo Stato, anche se la scelta non risulta facile. Il vertice politico ebraico è diviso fra i favorevoli all'azione immediata e chi teme le reazioni arabe e una rottura dei rapporti con Washington. La votazione, all'interno del Direttorio del popolo, si conclude con un voto a maggioranza (6 a 4), risultando decisiva la determinazione di Ben Gurion che giudica l'attesa troppo pericolosa per il futuro della causa sionista: in tal modo prevale la tesi di creare «uno Stato sovrano in terra d'Israele».

Con l'atto di proclamazione, quinto giorno del mese di Jiar 5708 (14 maggio 1948), i membri del Consiglio del popolo, rappresentanti la comunità ebraica di Eretz Israel e il movimento sionista mondiale, danno vita allo Stato ebraico: «in Palestina sorse il popolo ebraico; ivi formò la sua personalità spirituale, religiosa e politica; ivi godette di una vita statale autonoma; ivi creò un patrimonio culturale di valore nazionale e internazionale e diede in eredità al mondo intero l'eterno Libro dei libri». Dopo il forzato esilio dalla propria terra, continua il preambolo dell'atto di proclamazione, «il popolo restò fedele in tutti i Paesi della diaspora e non cessò mai di sperare e pregare di ritornarvi e di restaurarvi la propria libertà politica. [...] Lo Stato d'Israele sarà aperto all'immigrazione ebraica e alla riunione della diaspora; incoraggerà lo sviluppo del Paese a beneficio di tutti i suoi abitanti; sarà basato su principi di libertà, di giustizia e di pace, secondo lo spirito della visione dei profeti d'Israele». C'è anche un messaggio per il mondo arabo: tutti gli arabi che vivono nel nuovo Stato d'Israele sono invitati a «ritornare alla pace»; a loro sono garantiti «pieni ed uguali diritti civili come pure la rappresentanza in tutte le autorità ed istituzioni statali»; agli Stati arabi vicini Israele «offre inoltre la pace». Con quest'atto, dopo quasi 2.000 anni dalla distruzione di Gerusalemme e dalla dispersione degli ebrei in tutto il mondo, rinasce in Palestina uno Stato ebraico.

Il sionismo politico ritrova le sue fondamenta nell'antichità, condanna senza riserve il tempo ingiusto e crudele dell'esilio, vuole dar vita ad una esperienza socio-economico-politica nuova, aperta alla modernità. Ben Gurion aveva osservato che «la diaspora significa dipendenza (materiale, politica, spirituale, culturale ed intellettuale) perché siamo stranieri, una minoranza, priva di patria, senza radici, staccata dalla terra, dal lavoro dei campi e dall'attività industriale. Il nostro compito è ora troncare questa dipendenza e diventare padroni del nostro destino». Israele non è la risposta più radicale ed estrema all'antisemitismo più recente e più criminale, ma è la conclusione di un percorso di emancipazione del popolo ebraico e l'affermazione di una identità storica anche a vocazione statuale, ponendo un nuovo orizzonte alle comunità ebraiche disperse e segnando il superamento delle tante e diverse nazionalità. Con questa proclamazione gli ebrei potranno rimanere cittadini americani, sovietici, italiani, ecc., cioè non israeliani, ma potendo anche essere israeliani (cittadini del loro Stato), cioè d'Israele. Ciò, senza comportare necessariamente l'adesione alla religione dei padri, identifica un'appartenenza alla comunità ebraica e a una specifica cittadinanza: in teoria quest'ultima non è preclusa neppure ad altri (arabi, stranieri, cristiani, ecc.), ma la componente preponderante rimane quella ebrea. Il sionismo è un movimento «di rinascita spirituale e di redenzione sociale» di un popolo che vuole riprendere un ruolo nella propria storia e attuare la propria idea di civiltà umana, ripartendo dalla terra originaria, dove è sbocciata l'esperienza ebraica ispirata dagli ideali dei profeti. Da questo punto di vista il «Risorgimento ebraico» è «un diritto, una necessità ed un dovere» nei confronti non solo della stirpe di appartenenza ma di tutta l'umanità, vale a dire una missione spirituale che deve essere compiuta per mettere a frutto il patrimonio ideale d'Israele. La millenaria aspirazione di questo popolo travagliato diventa realtà. Di fatto si tratta, nella logica dei fondatori, non di una "fondazione", ma di una "rifondazione" perché una realtà statuale sovrana e indipendente è già esistita in passato nella terra dei padri. Con questo atto giunge a compimento anche il progetto del movimento sionista che già nel 1897, al congresso mondiale di Basilea, aveva indicato questo fondamentale obiettivo e cioè «la ricomposizione delle sparse membra d'Israele» in un'unica realtà statuale in Palestina. Non è difficile, alla luce di tante precedenti dichiarazioni, attese e persecuzioni, comprendere l'entusiasmo del mondo ebraico in Palestina e anche presso le comunità ebree all'estero. L'avvenimento assume un profondo significato non soltanto politico ma anche religioso, nazionale e culturale e, dopo 2.000 anni di attesa e le terribili persecuzioni dei nazisti e dei loro alleati, un "segno miracoloso" nel cammino storico del "popolo eletto". Rafforza questi convincimenti l'accettazione della nuova realtà statuale da parte di numerosi Stati. Washington (14 maggio sera) riconosce «il governo provvisorio quale autorità di fatto nel nuovo Stato d'Israele». Pochi giorni dopo (18 maggio) anche Mosca «riconosce ufficialmente lo Stato d'Israele ed il suo governo provvisorio» e spera che questo fatto serva a consolidare la pace e la sicurezza in Palestina e nel Vicino Oriente. A questi autorevoli riconoscimenti si aggiungono quelli di numerosi altri Paesi di ogni parte del mondo. La decisione ebraica, pur prevista, suscita violente reazioni arabe, sia politiche che militari. Il gran mufti di Gerusalemme denuncia gli ebrei «che vogliono conquistare il nostro territorio» e li ammonisce: «si accorgeranno che noi li combatteremo ancor più aspramente dei nostri nonni». Una dichiarazione dell'Unione araba (Il Cairo, 17 maggio) avverte che il problema palestinese non potrà essere risolto con «colpi di mano» o con riconoscimenti esterni, ma al contrario sarà l'armata araba, già mobilitata, a difendere l'onore, la vita, l'esistenza e le proprietà degli arabi palestinesi. Questi ultimi «sono stati costretti alla guerra da un nemico che ha rovinato le loro città e i loro paesi ed ha assassinato le loro donne ed i loro bambini; questa è una guerra per la vita o per la morte». In realtà, l'invasione della Palestina da parte delle forze armate dei Paesi arabi confinanti è già in atto (Egitto, Siria, Libano, Iraq e Transgiordania), secondo piani stabiliti in precedenza. Nei numerosi proclami emanati dai governi che partecipano alle operazioni militari si precisa che si vuol tutelare «la vita degli arabi non armati», che si combattono «le bande sioniste» e non i pacifici ebrei, che è urgente garantire la pace in Palestina in attesa di nuove soluzioni. Le operazioni militari, molto aspre e sanguinose, si sviluppano su diversi fronti in gran parte del territorio palestinese e la gravità della situazione induce molti Paesi a chiedere la proclamazione di una tregua e, in questa direzione, sono attivati gli organi delle Nazioni Unite. Diverse proposte formulate nelle settimane seguenti non danno il risultato auspicato, ma in realtà al fondo delle enormi difficoltà esiste un problema territoriale di non facile soluzione. Mentre gli arabi rifiutano la nascita dello Stato d'Israele, o nell'ipotesi peggiore ne vogliono conoscere con certezza i confini, nel mondo ebraico esistono due tendenze contrapposte: vi sono i fautori della spartizione della Palestina ai quali si contrappongono coloro che identificano lo Stato d'Israele con tutto il territorio palestinese. Su questa richiesta ha assunto una posizione intransigente il gruppo dirigente dell'organizzazione paramilitare Irgun. In realtà, i territori occupati da Israele nel 1948 sono più estesi di quelli previsti dai progetti di spartizione dell'ONU, ma non comprendono l'intera Palestina. Non c'è dunque soltanto una guerra fra i due popoli, ma anche all'interno di ciascuno di essi, e più in generale si rafforza il convincimento che la partita possa essere risolta soltanto con le armi. Nel mese di luglio è accolta una tregua grazie all'intervento del Consiglio di Sicurezza: nulla tuttavia è stato definito per quanto attiene al futuro della Palestina e ai gravi problemi del passato si è aggiunta la questione dei rifugiati arabi. Si calcola che in seguito alle operazioni belliche e alla proclamazione d'Israele circa 500.000 palestinesi abbiano abbandonato le loro case per trovare rifugio nei Paesi arabi confinanti; ora le autorità di questi ultimi premono per il loro rimpatrio, mentre Israele lo rifiuta per motivi di sicurezza. Il problema potrà, secondo Tel Aviv, essere risolto senza difficoltà quando sarà firmata la pace arabo-israeliana. In realtà, nei mesi successivi il problema peggiorerà e, da parte israeliana, le iniziali ragioni della sicurezza porteranno all'adozione di misure di "pulizia etnica" sia all'interno che lungo le frontiere con i Paesi arabi confinanti. Oltre agli aspetti politici, questo massiccio esodo ha anche gravi riflessi umanitari per la precaria sistemazione dei rifugiati, per i quali viene costituito un fondo speciale internazionale.

La soddisfazione, l'orgoglio e l'importanza dei risultati conseguiti sono ben evidenziati dal primo ministro Ben Gurion e dal ministro degli Esteri Moshe Sharett (nato col nome di Moshe Shertok) di fronte al Consiglio generale sionista (agosto 1948): «ci troviamo nel mezzo di una grande rivoluzione. [...] costituirà una svolta di quelle che avvengono una volta o due in tutta la vita di una nazione. [...] La coalizione anglo-araba non è riuscita a prevalere sopra di noi ed i suoi attacchi non ci hanno schiacciato [...]. Non abbiamo ottenuto la nostra indipendenza, osserva Ben Gurion, come un generoso dono di stranieri, ma abbiamo fondato ed eretto il nostro Stato con le nostre mani, lo abbiamo difeso con la forza delle nostre armi, col sangue dei nostri combattenti e col supremo sforzo di tutti. [...] Lo Stato esisteva di fatto da lungo tempo; esso è stato costruito col sudore della fronte di tre generazioni di chaluzim [*pionieri* n.d.a.]. [...] Questo compito è stato adempiuto, sono stati allargati i confini dello Stato, è stata aperta una via di collegamento con la nostra capitale eterna e la maggior parte di Gerusalemme è stata redenta, nonostante gli attacchi mossi contro di noi dall'estero e dall'interno». La sede del governo provvisorio, dopo una breve permanenza a Tel Aviv, è spostata a Gerusalemme nonostante l'avversione del governo americano. Sharett mette in guardia dai pericoli degli entusiasmi, perché «la guerra non è finita», i confini statuali sono ancora indefiniti,

Israele non è membro dell'ONU, c'è la presenza di eserciti stranieri e nessun accordo di pace è stato sottoscritto; la tregua attuale è piena di pericoli. Il ministro degli Esteri osserva che il problema delle frontiere del nuovo Stato è fondamentale e al momento irrisolto. Anche un affrettato rientro dei profughi arabi («fuggiti e dispersi per loro iniziativa») «significa in questo momento promuovere la guerra e non consolidare la pace». D'altra parte le autorità ebraiche hanno immaginato, a parte l'estensione territoriale del nuovo Stato, una realtà nazionale omogenea e il problema della componente araba è marginale. Gerusalemme non può essere «sotto un regime esclusivamente arabo o musulmano» e la sua internazionalizzazione, accolta in un primo tempo, non può più essere accettata; il mondo cristiano, che l'ha proposta, non ha la forza per impedire che «la città cada nelle mani degli arabi». Si deve prendere atto dell'invasione delle forze armate arabe e del «completo fallimento dell'ONU»; il governo israeliano esclude in qualunque caso l'ipotesi di «una resa» e respinge l'idea di essere aggregato «al sistema di forze» degli USA o dell'URSS. Israele, costituito dagli sforzi uniti di tutto il popolo ebraico, deve vivere con pienezza la propria indipendenza. La scelta istituzionale liberal-democratica (sistema monocamerale con un'Assemblea parlamentare, la Knesset) pone Israele nel contesto del mondo democratico occidentale. Tuttavia, nei primi anni, la politica estera di questa repubblica parlamentare risulterà molto cauta per evitare tensioni e rotture col mondo marx-leninista. Questa posizione muterà negli anni seguenti per il progressivo avvicinamento di Mosca al *leader* egiziano Nasser. Contribuiscono a rendere più solidi i legami con Washington e con altre capitali europee il timore di non essere in grado di fronteggiare un'offensiva congiunta dei Paesi arabi e la paura, di conseguenza, di dover vivere l'esperienza di un «nuovo olocausto in Palestina».

Può contribuire a meglio comprendere il clima esistente nella regione l'assassinio del mediatore delle Nazioni unite Folke Bernadotte, caduto per mano di estremisti ebrei. L'attentato è immediatamente condannato dal governo israeliano e dalle componenti moderate del sionismo. Dopo questo grave fatto di sangue, ai danni di un rappresentante delle Nazioni Unite con funzioni specifiche di "mediatore", Ben Gurion affronta con decisione il nodo delle forze paramilitari e decide l'incorporazione dell'Irgun nelle strutture statali, riporta i reparti speciali della Palmach all'interno dell'esercito e non esita a sciogliere la "banda

Stern". Il presidente israeliano è ben consapevole della gravità di questo atto terroristico e delle conseguenze che esso può avere per l'immagine di Israele nel mondo.

Nei mesi successivi la tregua è rotta in più occasioni e l'ONU non trova un accordo per una proposta condivisa (neppure sul documento redatto da Bernadotte). Nel dicembre 1948 l'Assemblea Generale costituisce una nuova Commissione di conciliazione per la Palestina nel tentativo di porre fine alle ostilità, di stabilizzare la situazione e di definire un accordo fra ebrei e arabi. Sul piano militare si rafforza la presenza ebraica facilitata anche dalle crescenti divisioni del fronte dei Paesi arabi limitrofi; nonostante l'embargo sugli armamenti predisposto da molti Paesi (USA, Gran Bretagna, ecc.), il governo israeliano è riuscito ad ottenere adeguate forniture in particolare dalla Cecoslovacchia, grazie a rapporti con esponenti di quel governo e alle sue industrie belliche, già in grado di produrre ed esportare materiale bellico. Le operazioni militari segnano il passo dopo i successi israeliani e gli sconfinamenti in Egitto, in Transgiordania e in Siria. Prende corpo il primo armistizio arabo-israeliano (Egitto-Israele, febbraio 1949), che costituisce di fatto un riconoscimento del nuovo Stato e mette in luce sia l'intenzione israeliana di non estendere la sua presenza in territorio egiziano sia quella delle due parti di non proseguire in un conflitto oneroso e sanguinoso. A questo primo accordo armistiziale ne seguono altri nei mesi seguenti con i componenti della coalizione araba (Libano, Iraq, Transgiordania e Siria). Il successo militare dovuto alla determinazione e alla disperazione di un assedio che ha posto gli ebrei in una condizione di estremo pericolo («con le spalle al mare») contribuisce a stabilizzare il nuovo Stato e a dargli forza e prestigio sul piano internazionale. Nel volgere di pochissimi mesi altri cinquanta Paesi fra cui le maggiori potenze del tempo lo riconoscono *de jure* o *de facto*. La debolezza militare e le divisioni fra gli arabi, al di là delle loro preoccupazioni unitarie, contribuiscono a rafforzare il contesto geopolitico che si è costituito. In realtà, la coesione anticoloniale e antiebraica nasconde progetti diversi e non conciliabili. L'Egitto, il gran mufti di Gerusalemme e i sauditi credono in uno Stato palestinese indipendente, la Siria coltiva l'ipotesi di realizzare con ingrandimenti contigui la "Grande Siria", la Transgiordania pensa di poter annettere la Cisgiordania (e Gerusalemme) e di dar vita in tal modo alla nuova Giordania. Di fatto Israele è «un'isola in un mare arabo», che deve ad un tempo organizzare la colonizzazione interna, provvedere all'immigrazione, consolidare la propria difesa, definire lo *status* degli arabi rimasti al suo interno e i rapporti con i profughi (o "fuggiaschi") e trovare un *modus vivendi* con gli Stati arabi confinanti.

Le due fasi della guerra di questo periodo (marzo-maggio 1948 e maggio-gennaio 1948-1949) rendono molto precarie le condizioni dei coloni ebraici e ancor di più quelle dei palestinesi. Durante le operazioni belliche avvengono massacri, esodi forzati o volontari da aree o da paesi abitati da secoli. L'affermazione militare israeliana accentua l'esodo e impedisce il rientro nei mesi successivi. La necessità di consolidare i risultati raggiunti consiglia i dirigenti israeliani di adottare una politica rigorosa nei confronti dei territori "occupati" (distruzione di villaggi e di insediamenti nei pressi delle frontiere) e della popolazione palestinese rimasta entro i confini d'Israele (allontanamento da località di precedente insediamento, applicazione di regolamenti d'emergenza e sottomissione all'autorità del governo militare, esclusione dal servizio militare, ecc.). Ragioni di sicurezza interna e timore crescente per l'ostilità araba-palestinese esterna inducono il governo israeliano a prendere provvedimenti di cautela preventiva (cambiamento dei nomi delle località frontaliere, insediamenti israeliani nei Paesi abbandonati dagli arabi, creazione di nuove realtà agricolo-residenziali in prossimità dei confini, sviluppo della legislazione per la definitiva sistemazione dei nuovi immigrati, ecc.).

La nascita d'Israele provoca anche un consistente esodo dai Paesi arabi confinanti e anche da quelli musulmani non arabofoni (Iran, Afghanistan,Turchia, Pakistan, ecc.). Si tratta di circa un milione di persone che fra il 1948 e il 1955 lascia gli Stati di residenza per recarsi in Israele (circa l'80%), in Europa e negli USA. Già in questo periodo la popolazione israeliana risulta raddoppiata: si pongono delicati problemi d'integrazione fra gli "ebrei originari" e quelli di più recente immigrazione, mentre scende la consistenza percentuale della popolazione araba residente all'interno del nuovo Stato. Molti ebrei provenienti da Paesi musulmani (arabi e non) sono sistemati in villaggi e aree abbandonati dai residenti originari (fuggiti o cacciati). Si parla a questo proposito, da parte delle autorità israeliane, di provvedimenti ispirati ad una «giustizia naturale» per sottolineare, a proposito di proprietà edilizie e agricole, il rapporto diretto esistente fra "abbandono", "assegnazione" e "occupazione". Il percorso attribuisce ai nuovi insediamenti urbani e rurali un carattere definitivo.

Il problema sicurezza diventa, alla luce di questi avvenimenti, una questione essenziale per il popolo ebraico residente in Israele, non soltanto per la paura dell'ostilità del mondo arabo ma anche per la pressione dei palestinesi sistemati nei campi profughi e il timore di collegamenti eversivi e terroristici fra questi ultimi e quelli rimasti all'interno. La situazione, già grave in questo periodo, peggiorerà con le guerre degli anni successivi.

Ben Gurion (gennaio 1949) ricorda che l'obiettivo principale del governo «è l'accoglienza degli esuli e lo sviluppo agricolo, industriale e marittimo della nazione». Ciò «rende imperativo l'afflusso di capitale estero da diversi paesi» per rendere «realizzabile un assorbimento sempre maggiore delle masse immigranti», e per «salvare gli ebrei rimasti nella diaspora ed i loro beni» ritiene inoltre necessario introdurre «un programma di previdenza sociale per tutti i cittadini, eliminare l'analfabetismo e sanare la piaga degli " slums"».

Egli stesso, capo del governo provvisorio e *leader* del partito Mapai (Partito dei Lavoratori di Eretz Israel) che ha ottenuto la maggioranza relativa nelle elezioni (gennaio 1949), precisa anche gli orientamenti politici ai quali la sua forza politica si ispira; essi sono «i valori del chaluzismo [pionierismo, n.d.a.], gli ideali socialisti e sionisti adottati dall'inizio del nostro movimento» intorno ai quali ritiene possibile associare tutte le forze creative e costruttive della nazione. Precisa, con esplicito riferimento e adesione alle dottrine liberaldemocratiche, che ogni partito dovrà scegliere fra due alternative: «o partecipare al governo e dividerne le responsabilità, o restare fuori e conservare la possibilità di opporvisi». Necessità sociali, considerazioni strategiche e politiche «rendono imperativa» l'adozione di «un'economia pianificata, tendente alla massima realizzazione dell'ideale sionista-socialista»: è necessario «utilizzare tutti gli elementi costruttivi della nazione» ed «essere leali ai principi del sionismo e della democrazia». Occorre, conclude Ben Gurion, «la trasformazione del popolo ebraico nella sua propria terra in una cooperazione di lavoro, libera da ogni sfruttamento». Da queste affermazioni di Ben Gurion, dal consenso ottenuto dal suo partito e da quelli che contribuiranno a formare il governo postelettorale, si evince in modo chiaro l'indirizzo laico progressista e democratico della generazione ebraica che assume la guida di Israele all'indomani della sua costituzione. L'immigrazione dai Paesi dell'Europa «orientale, dall'Africa e dall'Asia di ebrei poveri» non determina una scelta «di tipo comunista». Anche la laicità del nuovo Stato è ben raffigurata dallo *slogan* dei laburisti: «i rabbini nelle sinagoghe, i militari nelle caserme». Nei decenni successivi questa impostazione subirà significativi cambiamenti dovuti alla crescita delle forze politiche ebraiche più ortodosse sul piano religioso e di quelle, sempre più consistenti, dell'immigrazione dall'Est europeo e dall'URSS e per l'emergere di personalità militari con importanti ruoli politici.

Da parte sua Weizmann (febbraio 1948), futuro presidente dello Stato, ricorda il risveglio sionista degli ultimi settant'anni per la rinascita spirituale del popolo ebraico, il ritorno alle sue tradizioni, il rinnovamento della sua lingua e della sua letteratura. Rievoca la conferenza di Katowice, i congressi sionisti, la creazione dell'Agenzia ebraica, la dichiarazione Balfour, l'audacia del rientro in Palestina, la nascita d'Israele. Ora, con la formazione dell'Assemblea costituente, si entra nella normale vita democratica. Lo Stato d'Israele è una restaurazione, precisa Weizmann, perché già nel mondo antico esso è esistito e «i padri» hanno promosso «la rivolta spirituale contro la tirannide e la forza bruta». Ciò ha aperto la strada a nuove relazioni fra «uomo e uomo»: l'autorità del re d'Israele era limitata dalle leggi e dalle tradizioni. «In Israele questo potere di un uomo deriva dal nobile concetto che il popolo è naturalmente libero e l'equo giudizio non hanno bisogno di costrizione dall'alto per vivere secondo le norme sociali. Il principio costituzionale di questo nuovo Stato aveva la sua radice nella limitazione imposta all'autorità del re e in tal senso l'antica politica ebraica fu la progenitrice del governo costituzionale dell'era moderna. Ed ora è toccato alla nostra generazione di saldare di nuovo gli anelli di questa vita di libertà che erano stati spezzati dalla forza della tirannide circa 1.900 anni fa. È il nostro popolo che un giorno ha dato a tutto il mondo il messaggio spirituale fondamentale per la civiltà. Ora il mondo ci osserva per vedere quale via ci scegliamo nell'organizzare la nostra vita e porge l'orecchio per udire se mai un nuovo messaggio verrà da Sion e quale messaggio sarà. Lottiamo per ricercare la base della vita umana. Costruiamo un nuovo ponte tra la scienza e lo spirito dell'uomo».

Questo messaggio di Weizmann è di particolare importanza e chiarezza, poiché racchiude il senso più profondo e autentico dell'ebraismo e la consapevolezza che ha della propria esistenza e del ruolo che ha giocato nella storia dell'umanità. Secondo questa autoconsiderazione, la Legge d'Israele e la visione dei suoi profeti hanno spalancato le porte di una nuova era nelle relazioni umane che è la diretta progenitrice dei moderni sistemi costituzionali. Ma Weizmann va oltre: si deve al popolo ebraico l'avvio della civiltà umana, sia che si pensi ad un'azione creativa da parte di una divinità, sia che si prenda come punto di partenza l'evoluzione da specie animali più primitive. Questo radicale passaggio, dal quale è segnato l'inizio della storia umana, è opera della creatività ebraica. Il suo messaggio spirituale è atteso ora, come nella notte dei tempi, per indicare la strada che deve essere percorsa, sia nel campo della conoscenza scientifica che in quello più profondo dello spirito umano. Non è esagerato osservare che, secondo Weizmann, c'è una totale identificazione fra l'ebreo e l'uomo o meglio fra il popolo eletto e l'umanità, depositario di questa profonda e misteriosa forza creativa che nella fatica di ogni giorno definisce «la base della vita umana». Anche questa visione assume un carattere universalistico analogo a quello delle dottrine politiche liberal-democratiche dei marx-leninismi, dei socialismi e delle altre forme religiose (rivelate e non). C'è tuttavia una sostanziale differenza: spetta al popolo eletto questa capacità interpretativa del mondo e del suo destino anche se il risultato di questa profezia è per l'intera umanità. Si ricrea in tal modo un rapporto stretto fra elementi nazionali e religiosi che compongono la collettività, per un lato rivolta verso il suo interno e per l'altro aspetti aperta verso l'esterno. Questa singolare e irripetibile esperienza racchiude in sé la vera storia d'Israele. Ciò aiuta a comprendere l'unità di questo popolo, la sua radicata identità, il suo attaccamento per la terra dei padri (Palestina), i forti legami religiosi e quelli non meno profondi nazionali (siano essi d'ispirazione religiosa che laica). In questa luce è più facile accostarsi alla politica estera della classe dirigente del nuovo Stato e comprenderne le motivazioni e gli obiettivi. La rinascita dello Stato d'Israele non è un traguardo importante soltanto per gli ebrei, ma per l'intera umanità. La rinascita di un «focolare statuale» dopo migliaia di anni darà loro la possibilità di dare più significativi contributi per l'avanzamento della civiltà. Questi ultimi non devono essere imposti, né portati da un regime israeliano totalitario e imperialista, ma costituiscono dei «doni», dei gratuiti vantaggi, delle benefiche scoperte che il popolo d'Israele «libero ed unito» sarà nelle condizioni di offrire per il benessere e lo sviluppo dell'intera collettività umana. È una forma di universalismo diversa da quella proposta da altre dottrine politiche contemporanee che presuppongono la formazione di apparati, la costituzione di alleanze e di blocchi, l'utilizzo di strumenti militari, in casi estremi anche il ricorso alla violenza bellica per imporsi e dare in tal modo al «mondo un ordine migliore e più giusto». L'ottica ebraica è molto diversa. Questo popolo desidera «unità e libertà»: queste condizioni gli assicureranno lo sviluppo di elevate capacità creative che avranno positive ricadute per tutti. Non c'è alcun orizzonte impositivo o imperiale, ma prevale una concezione dialogica e paritaria nel quadro di rapporti basati sull'offerta e sulla donazione. Infatti, non ci sono azioni specifiche per operare conversioni alla religione mosaica, né per l'allargamento della base nazionale con l'inserimento di altri popoli. In questa complessa realtà ebraica (sia israeliana che esterna) c'è una sostanziale unità di popolo, di storia, di religione che rende difficile adesioni e conversioni dall'esterno: «sull'innesto di altre piante» prevale la continuità, cioè la «spontanea fioritura dell'albero originario ebraico».

Il mondo arabo, al contrario, vive con sofferenza questo momento politico accompagnato dalla «vergogna» di una sconfitta militare «tanto netta quanto imprevista»; l'insediamento dei sionisti è visto come una nuova crociata (non cristiana ma ebraica) e come l'unica conquista dell'Occidente fuori dall'Europa nel XX secolo. Il sionismo ha portato fattori di squilibrio nel Medio Oriente; evidenzia l'introduzione di tradizioni, mentalità, costumi e concezioni proprie di quel mondo occidentale dal quale proviene la gran parte dei colonizzatori ebrei, senza alcun rispetto per una realtà arabo-musulmana insediata da "mille anni" in questa regione; contribuisce a rendere ancora più negativa questa valutazione la posizione favorevole al nuovo Stato assunta da Washington e da Mosca che, si precisa, hanno pensato di risolvere «il problema ebraico a danno degli arabi». La radicale opposizione del mondo arabo e di altri Stati africani e asiatici, fra i quali l'India, non impedisce al governo israeliano di ottenere un altro importante successo. Nel maggio del 1949 Israele entra a far parte dell'Organizzazione delle Nazioni Unite (è il 59° membro). Il riconoscimento internazionale, pur con le riserve e le opposizioni ricordate, rappresenta un autentico trionfo per i movimenti sionisti. Di fatto, con questa ammissione, la più importante organizzazione internazionale, mentre include al proprio interno Israele, ne riconosce la nascita. Mentre si risolve l'annoso problema di una patria per il popolo ebraico, ammette che questo fatto contribuisce ad accrescere la sicurezza internazionale e la pace fra le nazioni. In realtà, sia i riconoscimenti (*de jure* o *de facto*) ottenuti sia l'ingresso all'ONU sono attestati di fiducia nei confronti del nuovo Stato.

5. *I Luoghi Santi e Gerusalemme. La nascita della Giordania (Transgiordania, Cisgiordania, Gerusalemme Est)*

Ancora una volta si registra una violenta reazione del mondo arabo contro le decisioni della «maggioranza dell'ONU». Si denunciano i «nuovi crociati» che invadono e occupano la Palestina e la nascita di «un'alleanza giudeo-cristiana» contro i diritti dei palestinesi. La decisione dell'ONU è considerata «una grande ingiustizia» che non potrà essere tollerata e che porterà per il futuro complicazioni insolubili. Ciò nonostante, i più gravi problemi del settore restano al momento senza soluzione: la delimitazione dei confini, la sorte dei profughi arabi, il futuro dei Luoghi Santi. A questo proposito il presidente Weizmann (aprile 1949) precisa che dopo aver posto fine «alla violenza, all'anarchia, all'assedio ed alla carestia» della parte occidentale di Gerusalemme è ferma l'intenzione «di garantire la sicurezza di tutti i Luoghi Santi e il libero accesso ad essi». Questa sensibilità per i Luoghi Santi deve però convincere la comunità internazionale che Israele non può rinunciare all'amministrazione della parte ebraica della città; «la tutela degli interessi e degli affari della cristianità» auspicata da Pio XII è compatibile con le aspirazioni del popolo di Gerusalemme. Sulla stessa linea si muove anche il ministro degli Esteri, Moshe Sharett, nel novembre 1949: Israele intende incorporare la città nuova (parte occidentale), non può ritirare da quest'area le proprie forze armate per motivi di sicurezza, non può limitare in questi quartieri l'immigrazione e non è disposta a rinunciare all'esercizio del suo potere sovrano. Anche da parte araba l'ipotesi dell'internazionalizzazione della città e delle aree circostanti è respinta con fermezza. La Transgiordania precisa (novembre 1949) di non potersi ritirare dalla parte orientale della città per motivi di sicurezza; ricorda «che la Città Santa è in mani arabe da tempi immemorabili» e che tutti i Luoghi Santi sono stati per secoli protetti e custoditi, senza permettere qualsiasi contaminazione esterna; sarà anche per il futuro garantita «la libertà d'accesso e di culto ai Luoghi Santi nei confronti dei credenti delle quattro parti del globo». Nessuno può pensare di sottrarre con l'internazionalizzazione «non meno di 150.000 arabi, abitanti nella zona di Gerusalemme, alla sovranità araba, tanto più che ciò potrebbe distruggere l'esistenza stessa di questa comunità araba». Nonostante la ferma opposizione israeliano-transgiordana, l'Assemblea Generale approva a maggioranza (dicembre 1949) un piano per internazionalizzare Gerusalemme, ma il progetto non potrà essere realizzato.

Il problema di Gerusalemme e dei Luoghi Santi è al centro dell'attenzione anche della S. Sede. Si teme che il conflitto in atto, dopo anni di tensioni e di scontri, possa arrecare danni ai monumenti dei siti ove è vissuto ed è morto «il Divin Redentore» e pregiudicarne in qualche modo il libero accesso e l'utilizzo tradizionale da parte dei religiosi. Già nell'ottobre del 1948 il Pontefice manifesta le sue preoccupazioni per il conflitto in atto in Palestina e per le conseguenze che ne possono derivare anche per le istituzioni cattoliche, per i Luoghi Santi e per Gerusalemme. Ricorda che è necessario rispettare la libertà di culto, le costumanze e le tradizioni religiose e propone per questi siti un regime di garanzie internazionali. Pochi mesi dopo (aprile 1949), con una breve epistola-enciclica, Pio XII torna sull'argomento. Auspica che «alla Città Santa ed ai suoi dintorni venga data una conveniente sistemazione giuridica» con adeguate garanzie internazionali tramite un'intesa fra tutte «le nazioni amanti della pace e rispettose dei diritti altrui». Occorre inoltre, secondo il Pontefice, che anche altre «città e villaggi della Palestina» che hanno subito «danni notevoli» e sono stati esposti «a gravi pericoli» siano «protetti da uno statuto giuridico garantito da una forma di accordo o d'impegno internazionale». I cattolici desiderano riprendere i pellegrinaggi, visitare senza timori o preclusioni l'intera regione e ciò è tanto più necessario nell'imminenza dell'Anno Santo. È bene che vengano garantiti «tutti quei diritti sui Luoghi Santi, che i cattolici già da molti secoli hanno acquistato e difeso». Questi auspici trovano conferma nelle decisioni dell'Assemblea Generale dell'ONU (dicembre 1949) per la tutela dei Luoghi Santi e per Gerusalemme che viene considerata un *Corpus Separatum*. Il progetto trova difficoltà ad essere applicato per le note posizioni assunte dagli opposti fronti in questo conflitto. La S. Sede riafferma («L'Osservatore Romano», dicembre 1950) che le parti in causa in Palestina devono prendere atto che non esistono soltanto i loro diritti, che pur legittimi, non sono esclusivi in quanto ne esistono anche altri di natura morale «degni del più grande rispetto». La Chiesa cattolica non può rinunciare alla tutela di queste esigenze e ancor meno alla proposta di fare di queste zone un «corpus internazionale», né accoglie l'idea di dare ai Luoghi Santi e ai Santuari più venerati garanzie giuridiche specifiche e limitate, «una specie di extraterritorialità protetta da immunità diplomatiche, sotto il controllo di un commissario internazionale». Ciò significa che sono più gradite garanzie di carattere collettivo di quelle che possono essere assicurare da una delle parti in causa o da ambedue. C'è il timore che questi luoghi, ove non fossero sottratti ai contendenti, possano comunque subire danni e non essere nella libera disponibilità anche per coloro che hanno qui «interessi ed esigenze spirituali profonde». Ciò non significa manifestare riserve o dubbi sulla sincera volontà degli ebrei e degli arabi-palestinesi di voler mantenere un sistema di libero accesso ai Luoghi Santi e a Gerusalemme, ma si teme che questo non possa avvenire per la loro radicale contrapposizione e per il perdurare del conflitto o per nuove difficoltà.

In realtà, le diverse valutazioni sulla custodia dei Luoghi Santi e di Gerusalemme non hanno creato particolari problemi fra la Santa Sede e Israele. Quest'ultimo, negli anni successivi alla sua nascita, non ha esercitato controlli sul patrimonio immobiliare, ha concesso facilitazioni doganali ed esenzioni fiscali, ha accettato la competenza dei tribunali ecclesiastici, ha rispettato la libertà di culto, le iniziative educative, la struttura scolastica cattolica, ha permesso piena libertà di stampa e non ha interferito nelle nomine ecclesiastiche. Agli inizi degli anni Cinquanta si registra una polemica del rabbinato locale: è criticata la propaganda cattolica per la conversione di ebrei con la promessa di vantaggi economici. Da parte cattolica è, tuttavia, negata ogni responsabilità e si assicura la più rigorosa vigilanza per il futuro.

La situazione in essere è poco dopo modificata da decisioni delle autorità transgiordane, che indicono elezioni generali (aprile 1950) alle quali partecipano sia gli abitanti della Transgiordania che i palestinesi della Cisgiordania occupata dalle forze armate giordane. Nel nuovo parlamento prendono posto, in numero equivalente, giordani e palestinesi e viene proclamata l'annessione della Palestina araba (Cisgiordania); di fatto si costituisce la nuova Giordania. Questo avvenimento crea reazioni importanti: Londra riconosce la nuova realtà statuale, ma precisa che due questioni restano da definire: la frontiera fra la Giordania e Israele in quanto quella in essere è stata in via provvisoria definita dall'armistizio (aprile 1949) e l'unione della Trasgiordania alla Cisgiordania che comprende anche la parte di Gerusalemme attualmente sotto il controllo militare di Amman. A questo proposito da parte inglese si prende atto della situazione, ma si ricorda che, per definire una situazione stabile, occorre attendere le decisioni dell'ONU in merito a Gerusalemme e ai Luoghi Santi. Su questi ultimi non può essere riconosciuta alcuna sovranità giordana, anche se Londra riconosce che Amman «esercita *de facto* la propria autorità sulla parte da essa occupata». Pur in questo contesto nuovo e con queste precisazioni, Londra intende mantenere in vigore il trattato di alleanza anglo-giordano del 1948 che di conseguenza sarà applicato «a tutto il territorio compreso nell'unione». Israele prende atto dell'annessione, ma sottolinea che, essendo in presenza di accordi armistiziali, è necessario attendere la firma di un trattato di pace per definire il futuro della Cisgiordania: «resta pertanto chiaro che lo status delle regioni arabe ad occidente della Giordania rimane una questione aperta». Molto negativa è la reazione degli altri Paesi arabi: viene condannata la decisione giordana che viola l'impegno di non annettere parti della Palestina, è stigmatizzata la "collaborazione" anglo-giordana ai danni dei palestinesi e viene inoltre decisa l'espulsione della Giordania dalla Lega Araba. In tal modo, mentre la presenza ebraica si consolida, il fronte arabo si decompone e il futuro di una Palestina araba indipendente appare sempre più incerto. Il re della Giordania Abdullah paga con la vita la politica palestinese adottata dalle autorità giordane: pochi mesi dopo l'annessione della Cisgiordania (e della parte Est di Gerusalemme) è vittima di un attentato che viene attribuito a gruppi arabo-palestinesi ispirati dalla Lega Araba e dal gran mufti di Gerusalemme.

6. *Israeliani e palestinesi dopo il conflitto del 1948-1949*

In questo quadro, agli inizi degli anni Cinquanta, si chiude la prima e più significativa fase della questione palestinese che resterà al centro della politica mediorientale e internazionale anche nei decenni successivi. Quale valutazione complessiva si può fare di questi avvenimenti nei quali sono coinvolti ebrei, palestinesi, arabi, inglesi e alcune grandi potenze? Per il mondo ebraico la rinascita di Israele rappresenta un risultato di straordinaria importanza storica sotto diversi profili: c'è il ritorno nella terra dei padri, la ricostituzione di una entità statuale sovrana, la possibilità di accogliere i fratelli scampati all'orrenda persecuzione del nazismo (e dei suoi alleati), la capacità di assorbire altre comunità ebraiche. Non si tratta, per il mondo ebraico, di un'azione invasiva, ma di un reinsediamento in un territorio proprio abbandonato alcuni millenni prima per la violenta persecuzione romana. L'ingresso maturato con la crescita del movimento sionista dall'inizio del XX secolo è la naturale conclusione di una fase storica «duratura e dolorosa» della dispersione (diaspora). In realtà si fondono due importanti indirizzi del sionismo storico: la «ricostruzione del vecchio Stato» dopo la distruzione del II Tempio (70 e 135 d.C.) e la volontà di costituire un nuovo Stato nazionale, moderno, di tipo occidentale (euro-americano), ove raccogliere tutte le comunità ebraiche che lo desiderano. Non c'è mai stata rassegnazione o rinuncia a quel desiderio di tornare in Palestina, ma al contrario un profondo rammarico: non si pensava di essere costretti ad una guerra «di liberazione e d'indipendenza» contro i palestinesi e gli altri Paesi arabi ed ancor meno d'incontrare una resistenza tanto accanita da parte inglese sull'immigrazione. Essa è considerata una naturale esigenza dopo lo sterminio effettuato in Europa e le precedenti promesse di Londra (Balfour). Ma c'è anche la delusione per la mancata occupazione di tutta la città di Gerusalemme considerata la capitale naturale del nuovo Stato d'Israele. Le ipotesi di spartizione proposte dall'ONU sono state accettate senza entusiasmo e con molte riserve. Tel Aviv le ha in seguito condizionate alla firma dei trattati di pace con i Paesi arabi confinanti. Questa richiesta è motivata da evidenti ragioni di sicurezza e dalla necessità di ottenere riconoscimenti formali della propria esistenza statuale. Tuttavia, questi aspetti restano marginali rispetto ai traguardi raggiunti che ancora pochi anni prima non erano neppure immaginabili: la nascita di Israele, il riconoscimento da parte di numerosi Stati, l'ammissione alle Nazioni Unite.

La soddisfazione per i traguardi raggiunti non può tuttavia cancellare i timori per il futuro e le oggettive condizioni d'insicurezza che esistono in Palestina. Si prefigura già con questo quadro politico-militare un sostanziale senso d'isolamento e di accerchiamento ai danni del nuovo Stato. Il popolo israeliano avverte l'ostilità che lo circonda, la rabbia dei palestinesi, la volontà di diversi Paesi arabi di porre fine, alla prima occasione, all'esistenza d'Israele. Di fatto quest'ultimo vive in un clima di "stato d'assedio" destinato a durare nei decenni successivi. Anche sul piano demografico rimane in seguito la sproporzione iniziale. Secondo calcoli approssimativi la presenza ebrea nel 1948 in Israele è calcolata in

600.000 persone contro i trenta milioni di arabi. Oggi i primi sono saliti a circa cinque milioni, i secondi a circa trecento; gli uni e gli altri sono aumentati di dieci volte: la sproporzione numerica resta molto elevata. La natalità del popolo palestinese è accentuata rispetto a quella israeliana, e non a caso si parla a questo proposito di "bomba demografica palestinese". Ora il nuovo Stato può assumere anche iniziative concrete per tutelare, almeno in parte, i diritti ebraici violati negli anni precedenti.

Nel marzo del 1951 Israele, con una nota ai governi di Londra, Washington, Parigi e Mosca, rivendica i diritti del popolo ebraico ad ottenere riparazioni da parte della Germania (un miliardo e mezzo di dollari) per le persecuzioni subite dagli ebrei da parte del governo nazista. Già all'inizio della persecuzione gli ebrei di Palestina hanno accolto quelli in fuga dalla Germania, dall'Austria e dalla Cecoslovacchia (circa 75.000 persone), ma il flusso è continuato, «nonostante le limitazioni imposte», anche durante e dopo il conflitto. Si tratta dell'accoglimento di circa mezzo milione di fuggiaschi, privi di ogni mezzo, con «forze fisiche indebolite», e già da tempo spogliati di tutti i loro averi e spesso in condizioni di salute gravemente compromesse. Nessun Paese, ad eccezione d'Israele, ha aperto le porte a questa «sofferente immigrazione». Ciò ha comportato, per le autorità israeliane, impegni economico-finanziari molto onerosi, che sono stati in parte finanziati con contributi degli ebrei all'estero, ma in gran parte sopportati dal popolo ebraico residente in Israele. Non pare eccessivo pretendere che il popolo tedesco, «responsabile di questa situazione e che continua a beneficiare del possesso dei beni materiali sottratti ad ebrei morti e vivi, sia tenuto a degli indennizzi in favore degli scampati». Quando le potenze vincitrici, prosegue la nota, hanno deciso le riparazioni dovute dalla Germania, il popolo ebraico non ha potuto far sentire la sua voce perché ancora «non aveva un suo *locus standi*». Ora Israele può parlare a nome del popolo la cui appartenenza «è stata causa di morte per sei milioni di persone». Questo Stato è stato creato per fornire un rifugio a tutti gli ebrei perseguitati e profughi; fra l'altro, durante il conflitto, «i figli e le figlie d'Israele hanno combattuto in formazioni nazionali tra le forze alleate e contribuito alla sconfitta del comune nemico». Alla luce di questi fatti, Israele che si «è assunto la responsabilità dell'assorbimento e della riabilitazione dei sopravissuti alla catastrofe» esige adeguate riparazioni dalla Germania a titolo di indennizzo nei confronti del popolo ebraico. Si precisa che la somma richiesta potrà essere facilmente recepita all'interno delle quote previste dalle quattro potenze nel quadro delle riparazioni che la Germania dovrà sopportare negli anni successivi. La richiesta israeliana sarà accolta; poco dopo è firmato dal Cancelliere tedesco, Adenauer, e dal ministro degli Esteri, Moshe Sharett (Lussemburgo, settembre 1952), un accordo in base al quale la Germania s'impegna a riparare i danni materiali arrecati agli ebrei «per mano dei nazisti».

Ben diverso il bilancio arabo-palestinese; i palestinesi si trovano ora divisi in tre tronconi rispetto al periodo del mandato britannico: una parte (circa 200.000) è all'interno d'Israele in condizioni economiche e sociali difficili e anche negli anni seguenti incontreranno difficoltà nella coesistenza con la maggioranza ebraica e godranno di ridotti diritti civili e politici, considerandosi «stranieri in patria». Un'altra parte (circa 200.000) è assimilata nello Stato giordano dove, al di là delle dichiarazioni ufficiali, la loro esistenza non sarà facile per la continua tensione fra le due componenti a livello delle assemblee elettive e della comunità. Un'altra parte vive l'esperienza più drammatica (circa 800.000) trattandosi dei palestinesi che all'inizio delle operazioni belliche hanno abbandonato le aree occupate dagli israeliani. Alcuni hanno compiuto questa scelta per fuggire gli eventi bellici, mentre altri hanno accolto le sollecitazioni dei Paesi arabi: sono stati da questi invitati a fuggire con la promessa che sarebbero rientrati dopo la vittoria della Lega Araba. Non soltanto questa certezza non ha avuto conferma, ma ora Israele, per motivi di sicurezza, non ne accetta il rientro. Solo una piccola parte è accolta e integrata in altri Paesi confinanti (Egitto, Siria, ecc.), per tutti gli altri si apre la triste esperienza dei campi di raccolta in prossimità dei confini israeliani. Non è difficile immaginare le condizioni di questi profughi (o "fuggiaschi") in zone spesso semidesertiche, dipendenti dall'assistenza di alcune organizzazioni internazionali o dei più ricchi Paesi arabi. Si crea in tal modo un potenziale revanchismo palestinese ostile al mondo ebraico che ritiene responsabile della propria miseria e condanna pure i Paesi arabi per le illusioni e le promesse formulate nei primi mesi di guerra e per non prendere nuove iniziative contro Israele onde permettere loro di ritornare nelle proprie terre e proprietà. Con il passare del tempo le condizioni di precarietà dei profughi appaiono sempre più definitive: è impossibile il rientro in Israele e non è praticabile il trasferimento all'interno di altri Paesi arabi. Il popolo arabo palestinese vive dunque un suo specifico calvario destinato a protrarsi nei decenni successivi.

Anche la proclamata democrazia parlamentare di tipo liberale-democratico rivendicata dalle autorità ebraiche è oggetto di dura critica. Gli arabi paragonano il sistema democratico israeliano a quello della Grecia antica: ora, come in quel tempo ad Atene, esso vale solo per i cittadini israeliani e non per gli altri, cioè «gli schiavi». Per queste ragioni i palestinesi definiscono la spartizione della loro terra «la catastrofe» e denunciano in ogni sede internazionale «la diaspora palestinese», conseguenza dell'invasione ebraica e della nascita d'Israele. Nei campi profughi (e presso le comunità palestinesi insediate in altri Paesi arabi) si formano organizzazioni di tutela e "revanchiste" (Al Fatah) che si ispirano al nazionalismo e all'islamismo (e anche al marx-leninismo), dalle quali prendono le mosse i primi attacchi terroristici contro insediamenti israeliani e si formano via via strutture organizzate per la guerriglia e il terrorismo. La povertà, la miseria, la mancanza di prospettive rafforzano questi movimenti e vi si indirizzano molte forze giovanili. La nascita d'Israele contribuisce, per reazione, a rafforzare la coscienza e l'identità palestinese ben più di quanto fosse nei decenni precedenti. La progressiva stabilizzazione di molti campi profughi (scuole, piazze, ecc.) e gli aiuti finanziari dei Paesi arabi e dell'ONU (UNRWA-United Nations Relief and Works Agency) non modificano la situazione. La tensione ebraico-palestinese resta molto viva anche negli anni successivi. La stessa sistemazione dei palestinesi che entrano nei vicini Paesi arabi non è priva di difficoltà per problemi di carattere sociale, religioso ed etnico. In pochi casi si verifica la piena integrazione nel tessuto sociale degli ospiti e spesso i profughi sono relegati in "campi" isolati e la loro esistenza e l'attività dei loro dirigenti sono seguite con attenzione e preoccupazione; c'è il timore che possano sia provocare incidenti con Israele sia insidiare gli equilibri politici degli Stati che li hanno accolti. Negli anni successivi queste due eventualità prenderanno corpo e saranno all'origine di sanguinose prove di forza e gravi ritorsioni (Giordania, Libano, Siria).

Anche nelle altre capitali del mondo arabo l'ostilità verso Israele è profonda. C'è anzitutto un diffuso senso d'impotenza dopo la sconfitta militare, alla quale è associato il convincimento di aver subito una profonda ingiustizia. Non si comprende la ragione del trasferimento di centinaia di migliaia di ebrei in Palestina e la nascita del loro Stato come conseguenza di un crimine commesso dalla Germania (e dai suoi alleati). Non è accettata l'idea che questa grave colpa finisca per essere pagata da un popolo arabo che vive in questo territorio da «mille anni» e che ha dimostrato di poter convivere pacificamente con la popolazione ebrea fino a quando non sono iniziati trasferimenti consistenti d'immigrati. In questa logica è stato respinto ogni progetto spartitorio poiché sia la Palestina che Gerusalemme sono indivisibili e arabe. Il mondo arabo considera gli avvenimenti più recenti una nuova e più crudele forma di colonizzazione e si ricordano i precedenti tentativi cristiani operati con le crociate per procurarsi il controllo della Terra Santa. In tempi più recenti sono rievocati il predominio ottomano, durato circa cinque secoli, e il mandato inglese per quasi trenta anni. Ma rispetto a queste precedenti esperienze l'insediamento israeliano appare molto più grave e provocatorio, avendo tolto gran parte della Palestina agli arabi e scacciato la popolazione. Non si tratta dunque di una nuova occupazione né di una forma tradizionale di colonizzazione, ma di una vera e propria invasione alla quale è seguita l'espulsione di gran parte dei residenti. Rispetto al comportamento dei turchi ottomani e degli inglesi, quello ebraico appare ben più grave, non potendo essere accettati né l'insediamento forzato di una popolazione tanto numerosa né la proclamazione unilaterale di uno Stato. Si profila in tal modo una contrapposizione radicale destinata a durare nei decenni successivi che assume la forma di una lotta estrema «di liberazione della Palestina» sia dalla presenza ebraica che dallo Stato d'Israele. Né minore è il risentimento nei confronti degli USA e dell'URSS per l'appoggio dato alla causa ebraica, prima con l'immigrazione, poi con gli immediati riconoscimenti del nuovo Stato. Si osserva che queste potenze potevano, per aiutare il popolo ebraico, mettere a disposizione parte dei loro estesi territori o individuare altre aree del mondo ove dar vita al «focolare ebraico» e far nascere il nuovo Stato. Al contrario, succubi di varie pressioni, hanno preferito piegarsi alle influenze delle *élites* ebraiche e favorito l'invasione della Palestina. Anche Londra è oggetto di critiche e di polemiche: si rimproverano la promessa Balfour, la debolezza nei confronti dell'immigrazione e del terrorismo ebraico, il ritiro affrettato senza adeguate garanzie per il futuro palestinese, l'indiretta complicità nella nascita d'Israele e gli intrighi con alcuni dirigenti arabi (Giordania) per mantenere anche un controllo parziale della regione. La ferita per la proclamazione d'Israele è tanto più dolorosa in quanto in questi anni si avvia la piena decolonizzazione del mondo arabo da parte dei Paesi europei (Inghilterra, Francia, Italia, Spagna); i fatti palestinesi appaiono in controtendenza, anzi anacronistici, rispetto al movimento di liberazione in atto. Le critiche arabe non risparmiano l'ONU o meglio le maggioranze interne che si sono manifestate nei suoi diversi organi (Commissioni speciali per la Palestina, Consiglio di Sicurezza e Assemblea Generale). Sono considerate responsabilità gravi le proposte di spartizione, il mancato intervento per contenere l'immigrazione e da ultimo l'accoglienza, all'interno dell'Organizzazione, dello Stato ebraico. È palese, a giudizio arabo, che quest'ultima decisione non favorisce né la pace né la sicurezza del Medio Oriente, ma al contrario, essa, nella misura in cui nega i diritti storici arabo-palestinesi, apre la porta a nuovi conflitti.

Su queste valutazioni concordano, in via di principio, tutti i Paesi arabi. Ma nell'adozione di misure politiche o militari successive i comportamenti non sono tuttavia sempre convergenti per la minore o maggiore distanza di ciascuno dalla Palestina, dalle risorse economiche e militari di cui si dispone e dai vincoli specifici con altre potenze. Nel complesso la sistemazione della Palestina è per gli ebrei la fine della diaspora e il ripristino dei diritti storici del popolo ebraico con la rinascita da Israele; per i palestinesi al contrario è l'inizio di una traumatica divisione e l'inizio, «con l'invasione di un popolo straniero», di una nuova fase coloniale, mentre in tutto il mondo questo fenomeno volge rapidamente al tramonto. Per denunciare l'assurdità della nuova situazione essi si definiscono in diverse occasioni «vittime delle vittime» del nazismo. I rappresentanti dei palestinesi invocano il rispetto della Carta dei diritti dell'uomo (1948) approvata dalle Nazioni Unite, che prevede il «diritto al ritorno nella propria patria per esuli, fuggiaschi o perseguitati». Mentre ciò è garantito per gli ebrei, è impedito con la forza agli arabo-palestinesi.

Il contesto, benché stabilizzato da questo primo confronto militare, subirà altre scosse nel giro di pochi anni con nuovi eventi bellici (1956, 1967, 1973).

7. *L'Egitto dalla monarchia alla repubblica. Il problema sudanese. La costruzione della diga di Assuan. Il Cairo sceglie il "non allineamento"*

L'Egitto, indipendente sul piano formale dal 1922, vuole eliminare ogni traccia coloniale e rivendica in particolare la fine del condominio anglo-egiziano sul Sudan (accordo del 1899) «per dare soddisfazione alle aspirazioni nazionali delle comunità della valle del Nilo» che passeranno tutte «sotto la Corona egiziana». Chiede, inoltre, l'abrogazione del trattato bilaterale del 1936, di durata ventennale, in base al quale gli inglesi mantengono ingenti forze militari nel Paese, in particolare lungo il Canale di Suez. Fra l'altro la concessione a favore della Compagnia che lo gestisce scade nel 1968 e ora gli egiziani ne vorrebbero la conclusione anticipata. Alla fine del 1951 l'Egitto denuncia in modo unilaterale il trattato con Londra e intima alle forze armate britanniche di "sgomberare". Durante questi mesi di tensione anglo-egiziana, di grave situazione economica e finanziaria del Paese, si susseguono diverse crisi di governo. Il re Farouk fatica a tenere sotto controllo la situazione. Nell'estate del 1952 un gruppo di ufficiali, sotto la guida del generale Mohamed Naguib, assume pieni poteri, obbliga il re ad abdicare e non esita, inoltre, a stringere un accordo politico con i rappresentanti indipendentisti sudanesi e secondo questa intesa il Sudan potrà scegliere liberamente il proprio futuro. Questa posizione è diversa da quella precedente de Il Cairo che voleva unire i due territori sotto la Corona egiziana. Nel 1953 con l'accordo anglo-egiziano, che decide la fine del sistema "condominiale" sudanese, si avvia il processo per l'autodeterminazione di Khartoum che deve portare alla piena autonomia il Paese. Prima dell'elezione della prevista Assemblea costituente saranno ritirate tutte le forze militari anglo-egiziane e i loro funzionari pubblici. Queste decisioni non escludono tuttavia l'alternativa di fondo che contrappone le forze politiche sudanesi fra indipendentisti e unionisti (con l'Egitto). Infatti, pur essendo tramontata l'ipotesi di un'unione sotto la monarchia egiziana, rimane l'ipotesi di una fusione con la nuova repubblica egiziana. Dalle elezioni (novembre 1953) non emerge una maggioranza netta né a favore di una soluzione né dell'altra. In realtà il Sudan, pur con contrasti interni, sceglie la strada dell'indipendenza e tramonta in tal modo l'originario progetto egiziano dell'unità della popolazione della "valle del Nilo". Nel 1955 il primo ministro sudanese, Ismail el-

Azhari, dichiara che il Sudan deve essere «una repubblica sovrana, con un proprio parlamento e un proprio governo».

Durante il 1953 continuano le trattative anglo-egiziane per trovare un accordo sul ritiro delle forze armate inglesi dalla zona del Canale senza pregiudicare la sicurezza delle comunicazioni britanniche, che non raggiungono alcun risultato. Nel 1953, dopo la dichiarazione di decadenza della monarchia, è proclamata la Repubblica egiziana di cui Naguib assume la presidenza (mentre resta primo ministro). La sua politica, nonostante le gravi difficoltà economiche del Paese (agricoltura, cotone, comunicazioni, ecc.), resta antimperialista e nettamente antibritannica; anche la situazione lungo i confini armistiziali con Israele resta molto difficile a causa di continui e sanguinosi incidenti. Nel luglio 1954 è raggiunto un accordo con Londra, che stabilisce: *a*) il ritiro delle forze britanniche dall'Egitto; *b*) il Canale marittimo di Suez fa parte integrante dell'Egitto (sarà utilizzato sulla base della Convenzione del 1888); *c*) nel caso in cui si verifichi «un attacco armato» contro l'Egitto e uno Stato membro del patto per la sicurezza collettiva della Lega Araba (Egitto, Siria, Libano, Arabia Saudita, Yemen, Giordania, Iraq, Libia) o contro la Turchia, l'Egitto rimetterà la base di Suez a disposizione di Londra (dovrà rendere utilizzabili anche gli altri porti egiziani utili per la comune reazione difensiva); la durata prevista per l'accordo è di sette anni. Con questa intesa Il Cairo raggiunge l'obiettivo primario della sua recente politica («gli inglesi fuori dalla porta, tutto l'Egitto agli egiziani»). Londra, mentre accetta «una onorevole ritirata», ottiene garanzie per la sicurezza della regione mediorientale e di conseguenza per il futuro delle comunicazioni del Commonwealth.

In questo contesto si sviluppa una lotta interna ai vertici politici e militari egiziani che, dopo alterne fasi, porta all'allontanamento del generale Naguib e all'assunzione del potere da parte del colonnello Gamal Abdel Nasser che di fatto ora guida il "consiglio della Rivoluzione" ed ha già assunto la carica di primo ministro (1954). Naguib è accusato di complicità con i "Fratelli musulmani", un'associazione nazionalista a sfondo religioso che è ritenuta responsabile di un attentato contro Nasser. Il nuovo governo, dominato dalla Giunta militare, pensa di poter affrontare i gravi problemi interni dopo aver eliminato la monarchia, i pascià, le forze politiche d'opposizione e raggiunto l'accordo per Suez con Londra. In realtà i rapporti interni egiziani e quelli nel mondo arabo e nella Lega araba restano difficili; la decisione irachena di dar vita ad un patto di mutua assistenza con la Turchia provoca le reazioni egiziane. Turchia e Iraq sottoscrivono il patto di Baghdad il 4 febbraio del 1955, al quale aderiscono, in seguito, Londra (aprile 1955), il Pakistan (settembre 1955) e l'Iran (ottobre 1955). Al contrario, la Giordania, dopo un'iniziale disponibilità, non lo sottoscrive anche se mantiene un atteggiamento favorevole nei confronti dei firmatari e in genere della politica occidentale. Il trattato vuole rafforzare la sicurezza dei Paesi contraenti e del Medio Oriente e la loro cooperazione, precisando che le sue disposizioni, con finalità difensive, si inseriscono nel quadro dei loro precedenti impegni internazionali: accordo anglo-iracheno del 1930, patto di difesa comune e di cooperazione economica fra gli Stati della Lega Araba, Statuto dell'Organizzazione delle Nazioni Unite (art. 51). L'adesione al trattato è possibile per tutti i Paesi arabi e per ogni altro Stato interessato alla pace della regione. Appare evidente il tentativo di creare un cordone di sicurezza dal Mediterraneo al Mare Arabico con due obiettivi principali: rafforzare il lato sudeuropeo della NATO e ostacolare i tentativi sovietici di penetrare nel Medio Oriente. In generale, il patto risponde alle necessità della difesa preventiva anticomunista e lascia in ombra i problemi più scottanti dello scacchiere mediorientale (Israele, nasserismo, palestinesi, Luoghi Santi, ecc.).

Nasser denuncia i pericoli di questa iniziativa perché indebolisce il fronte arabo, pretende di introdurre la Turchia come elemento di stabilità e sicurezza, mentre rimane amica d'Israele. A causa di queste opposizioni, per le tensioni interne ai singoli Paesi firmatari e per l'evoluzione del quadro politico della regione, questo accordo avrà vita difficile e breve: l'Iraq lo abbandona nel 1959.

Per contrastare le pressioni sovietiche e l'attivismo dei Paesi arabi ostili all'Occidente, il Pakistan, l'Iran, la Turchia e la Gran Bretagna costituiscono nel 1959 la Central Treaty Organisation (CENTO). Questa nuova struttura persegue finalità economiche, sociali e assistenziali, ma sul piano più strettamente difensivo-militare vuole essere un "collegamento geografico" fra le aree garantite dalla NATO e dalla SEATO, cioè un argine politico-militare per garantire la difesa e la sicurezza dell'area centro-orientale. L'alleanza si decompone di fatto già nel 1974 a seguito dell'invasione turca dell'isola di Cipro: non sarà operativa neppure negli anni successivi, fino al suo scioglimento nel 1979.

Anche la situazione lungo i confini armistiziali con Israele è rimasta molto "calda" a causa di continui incidenti sia durante la fase terminale della monarchia sia dopo la nascita della repubblica: i più gravi si verificano nella zona di Gaza (territorio lasciato sotto controllo egiziano dall'armistizio di Rodi del 1949) fra reparti egiziani e israeliani. A seguito di questi fatti, Israele precisa che l'Egitto deve scegliere «fra la pace e la guerra» e non può coltivare un sogno revanscista; in caso contrario deve essere pronto ad un nuovo conflitto militare. Nasser risponde con estrema durezza (marzo 1955): se gli israeliani «vogliono oggi una battaglia daremo loro una dura lezione; [...] l'esercito attuale non è quello di ieri, siamo ora nel 1955, non nel 1948». Critica inoltre il Consiglio di Sicurezza che ha «aiutato Israele a raggiungere i suoi obiettivi» e ha imposto l'armistizio: a causa di ciò l'esercito egiziano ha subito prima il tradimento e poi ha dovuto accettare la "tregua". Si deve ricordare, precisa Nasser, che «Israele non ha vinto e l'Egitto non ha perso»: c'è stata, al contrario, una congiura internazionale contro il nazionalismo arabo. Successive trattative per "pacificare" il confine armistiziale non portano ad alcun risultato, dal momento che neppure l'attiva presenza di esponenti dell'ONU modifica la grave situazione: gli scontri militari sono frequenti e gravi; lo *status* armistiziale se non porta a trattati di pace rischia di essere un elemento negativo e di esasperare le contrapposizioni. Domina in realtà l'intero quadro mediorientale un clima di diffidenza e di ostilità frutto della guerra degli anni precedenti. Neppure Londra, Parigi e Washington sembrano in grado di trovare una soluzione, anche se nel 1950 hanno dichiarato di voler difendere lo *status quo* della regione. Anche le più recenti proposte del segretario di Stato degli USA, Foster Dulles, per una pacificazione arabo-israeliana, hanno avuto poca fortuna (rifugiati palestinesi, sfruttamento comune delle acque del Giordano, costituzione di un fondo finanziario, parziali revisioni confinarie, ecc.). Permane il rifiuto del mondo arabo ad accettare la costituzione dello Stato d'Israele.

Nel settembre del 1955 l'Egitto decide di acquistare ingenti quantitativi di armi dalla Cecoslovacchia. L'intenzione di armare l'Egitto, già presente nell'originario programma di Naguib, giunge dopo una lunga e sterile trattativa con le potenze occidentali. Nasser riassume in un breve comunicato i motivi di questa decisione: «la Cecoslovacchia è disposta alla fornitura nel quadro di uno scambio commerciale: armi in cambio di riso e cotone; al contrario Parigi vuole l'adesione egiziana alla sua politica colonialista nel Nord Africa e la rinuncia alla nostra azione "panaraba"; Londra si è dichiarata disponibile solo alla vendita di "piccole quantità"; Washington pretende l'allineamento egiziano "a certi patti occidentali"». Al contrario, osserva Nasser, Israele ottiene armamenti moderni senza alcun limite dalla Gran Bretagna, dal Canada, dal Belgio, dalla Francia e dall'Italia. Le capitali occidentali, pur sensibili alle esigenze difensive della maggiore potenza mediorientale, hanno di volta in volta rinviato ogni decisione in materia per tutelare la pace già precaria ed evitare nuove tensioni con Israele. Esse sarebbero disposte a sostenere il rafforzamento militare egiziano ma soltanto dopo la firma di un accordo per la sicurezza di tutta la regione fra arabi e israeliani.

Nasser, deluso da questi rinvii, si volge verso Mosca, che, da mesi, conduce un'attiva azione diplomatica verso tutti i Paesi arabi della regione. Si affaccia un confronto politico Est-Ovest in Medio Oriente, ove l'URSS non nasconde l'intenzione di assumere la tutela del mondo arabo mentre Washington può diventare esclusivo tutore di Israele; la decisione egiziana apre la strada alla corsa agli armamenti. Nei giorni seguenti il governo israeliano denuncia il pericoloso riarmo dell'Egitto e di altri Paesi arabi e non esita a dichiarare di dover ricercare al più presto «armi da qualsiasi possibile provenienza».

Alla fine del 1955 Il Cairo decide di procedere alla costruzione di una imponente diga sul Nilo ad Assuan, che dovrebbe regolare la portata delle acque e permettere una razionale utilizzazione per l'agricoltura e per l'industria. L'opera farà nascere un enorme "lago-serbatoio" lungo 600 chilometri (di cui 250 in territorio sudanese) e sarà necessario spostare città, villaggi e siti archeologici dalle aree allagate, deviare in via provvisoria il corso del Nilo, creare collegamenti stradali e ferroviari, costruire gallerie per il deflusso temporaneo del fiume, costruire nuove centrali idroelettriche, organizzare lo spostamento di enormi quantità di materiali. La durata dei lavori è prevista in dieci anni e i costi dell'opera, assai elevati, saranno affrontati con i proventi della vendita di energia, con prestiti internazionali, con le riserve valutarie egiziane e con un eventuale coinvolgimento della Banca Mondiale.

Durante i primi mesi del 1956 l'Egitto accentua i suoi rapporti con i vertici dei Paesi non allineati (già delineati durante la conferenza di Bandung del 1955), sviluppa le relazioni con il mondo comunista euro-asiatico e rafforza i legami con gli esponenti più autorevoli del mondo arabo. Già alla fine del 1955 Tito e Nasser si incontrano a Il Cairo: confermano le precedenti scelte a favore di una politica di non allineamento, la quale ha per scopo la promozione della «sicurezza collettiva generale». Al contrario «una politica di blocchi e di patti militari ha per risultato inevitabile una corsa suicida agli armamenti» perché semina incomprensioni e inasprisce le tensioni. In un successivo incontro Nehru, Tito e Nasser riaffermano che la necessità di porre termine «al dominio di un Paese sull'altro», di procedere sulla strada del disarmo mondiale (nucleare e convenzionale), di sospendere gli esperimenti di nuovi ordigni atomici, di rafforzare la collaborazione per l'utilizzo pacifico dell'energia nucleare e di promuovere un fondo speciale dell'ONU per lo sviluppo economico. I «tre neutrali sono convinti della necessità di ammettere la Cina comunista all'ONU e che debbono entrare nell'Organizzazione anche tutti i Paesi che lo desiderano se ne accettano lo Statuto». I tre capi di governo confermano le decisioni di Bandung per la Palestina, si dichiarano solidali con le aspirazioni all'indipendenza del popolo algerino («il dominio coloniale è insopportabile ed offensivo») anche se devono essere tutelati gli interessi «di un numeroso gruppo di abitanti di origine europea». Nel maggio l'Egitto riconosce il governo di Pechino (e rompe le relazioni diplomatiche con Formosa) e non nasconde che questa decisione vuole sottolineare l'indipendenza della sua attività politica dall'Occidente che ha avuto, negli ultimi tempi, atteggiamenti ostili vero il mondo arabo. Lo stesso ministro degli Esteri dell'URSS, Šepilov, si reca (1956) in visita a Il Cairo e in altri Stati arabi, confermando l'anticolonialismo del suo Paese che vede con soddisfazione realizzarsi la profezia di Lenin sulla fine dell'imperialismo coloniale. Mosca non cerca in Medio Oriente né vantaggi né privilegi, perché dispone di tutto quanto è necessario per il suo sviluppo (petrolio, metalli, carbone). Persegue una politica di pace e di cooperazione col mondo arabo, né vuole alimentare le tensioni fra quest'ultimo e le ex potenze coloniali. Mosca vuole aiutare l'Egitto a superare «le dolorose conseguenze del colonialismo» ed essere al suo fianco in questo sforzo gigantesco per lo sviluppo del Paese. Šepilov cita anche un proverbio arabo, che, a suo giudizio, si può applicare ai rapporti arabo-sovietico-egiziani: «Prima di affrontare un viaggio trovati un compagno, prima di costruirti una casa trovati un vicino». Mosca può essere un fedele compagno e un sicuro vicino.

Nel mese di marzo gli esponenti più autorevoli dell'Egitto, della Siria e dell'Arabia saudita, riuniti a Il Cairo, confermano l'intenzione di opporsi alla politica aggressiva d'Israele, condannano il patto di Baghdad (Iraq, Iran, Pakistan e Turchia), chiedono a tutti i Paesi arabi di fare fronte comune contro il pericolo sionista, s'impegnano ad attuare una politica militare comune, chiedono che Parigi riconosca l'indipendenza dei popoli del Nord Africa, come è previsto dalla Carta delle Nazioni Unite. In questo difficile contesto il Consiglio di Sicurezza delle Nazioni Unite cerca, senza successo, di impedire ulteriori incidenti lungo le linee armistiziali in essere fra Israele e gli Stati arabi confinanti e di porre fine allo stato di guerra con la sottoscrizione di trattati di pace. Lo sviluppo della politica egiziana e dei Paesi arabi è seguito con molta attenzione a Washington. Eisenhower conferma la necessità di stabilizzare il Medio Oriente con un accordo fra arabi e israeliani; esclude che un nuovo equilibrio possa scaturire dall'uso della forza; precisa inoltre, a titolo di avvertimento per tutti, che Washington scenderà in campo per sostenere qualsiasi Paese oggetto di aggressione. È un monito diretto anche all'URSS per la sua più recente politica filoaraba in materia di armamenti e di sostegni economico-finanziari.

8. *Nasser nazionalizza la Compagnia del Canale di Suez (1956). La seconda guerra arabo-palestinese-israeliana (1956). I* memoranda *egiziani (1957). La dottrina Eisenhower per il Medio Oriente (1957). La nascita della Repubblica Araba Unita (1958)*

Nel mese di luglio (1956) Washington annuncia il ritiro del suo aiuto «a titolo gratuito» (56 milioni di dollari) per la costruzione della diga di Assuan. Anche Londra annulla la sua promessa (14 milioni di dollari). Sul piano formale la decisione anglo-statunitense è motivata dalla debolezza tecnica, economica e finanziaria egiziana e dal mancato accordo de Il Cairo con gli altri Stati rivieraschi del Nilo (Sudan, Etiopia e Uganda). In realtà, si tratta di un avvertimento a Nasser: non possono essere accettati il suo progressivo avvicinamento all'URSS (e alla Cina) e ancor meno il ricorso agli aiuti comunisti ogni qual volta si registrano difficoltà con "gli occidentali". Anche gli aderenti al patto di Baghdad fanno pressione su Washington affinché Il Cairo riveda la propria politica mediorientale. La mossa anglo-americana mette in difficoltà Nasser, il quale da un lato non può rinunciare ad un'opera tanto reclamizzata e dall'altro non può ottenere analoghi finanziamenti dal blocco orientale.

In questo periodo si è completato lo sgombero di tutte le forze armate inglesi dall'Egitto: questo fatto è un indubbio successo per il governo, ma esso era già stato concordato e previsto e non potrebbe in ogni modo compensare, davanti all'opinione pubblica, la rinuncia alla costruzione della diga. Nasser, per ritorsione e per disporre di risorse finanziarie alternative, decide di nazionalizzare la Compagnia che gestisce il Canale di Suez. Il problema era già stato posto dall'Egitto in precedenza: la concessione in atto dovrebbe scadere nel 1968 (dopo 99 anni) e già era stata annunciata l'intenzione egiziana di non rinnovarla e di assumerne la gestione diretta. La Compagnia, grazie al traffico crescente nel Canale, ha visto aumentare negli anni gli utili (il bilancio del 1955 chiude con un utile di oltre 10 miliardi di franchi): dal 1948 al 1955 il tonnellaggio transitato nei due sensi di navigazione è raddoppiato. Nasser decide (luglio 1956) la nazionalizzazione della Compagnia del Canale di Suez e di tutte le sue proprietà all'estero e in Egitto (è costituito un nuovo Consiglio formato soltanto da egiziani). La decisione di anticipare di un decennio il provvedimento è motivato dalla necessità di reperire mezzi finanziari per realizzare la diga di Assuan dopo il ritiro delle promesse anglo-americane. Nello stesso giorno dell'emanazione del decreto, Nasser, in un violento discorso antioccidentale ad Alessandria, ribadisce che il «nazionalismo arabo è in marcia e vincerà» e che «Israele è uno strumento dell'imperialismo [...] che vuole imporre il proprio dominio su tutti gli Stati arabi, dal Nilo fino all'Eufrate». Ritiene necessario combattere il sionismo («una banda di volgari assassini»), «poiché lo Stato arabo deve estendersi dall'Oceano Atlantico fino al Golfo Persico». Gli USA hanno cercato d'imporre un sistema di sicurezza mediorientale per salvare Israele, al tempo stesso difendono la politica nordafricana di Parigi che, con l'aiuto della NATO, «massacra il popolo algerino». Né può essere accettata la proposta occidentale, prosegue Nasser, di compensare i profughi arabi palestinesi con sussidi economici: la Palestina è un Paese millenario, mentre gli Stati occidentali esistono da poche centinaia di anni. L'Egitto ha comprato armi dall'URSS (e non dalla Cecoslovacchia) per la propria difesa: gli occidentali non hanno alcun titolo per giudicare la politica di sicurezza egiziana.

A proposito della diga ricorda le difficili ed equivoche trattative con la Banca Mondiale, con Londra e Washington, le offerte d'aiuto da parte sovietica e il successivo ritiro anglo-americano, privo di serie motivazioni e causato soltanto dal rifiuto egiziano di aderire a "patti militari" regionali. Ricorda che la Compagnia del Canale doveva essere, fin dall'inizio (1856), egiziana e che diventò invece uno strumento nelle mani delle potenze occidentali: «uno Stato dentro lo Stato egiziano». L'Egitto dovette vendere, nel corso degli anni, la sua quota azionaria a Londra che in tal modo ne ha assunto di fatto il controllo e goduto, in gran parte, degli introiti finanziari; il Canale e i fondi sono egiziani e devono essere gestiti e goduti dal popolo egiziano come prevedeva l'originaria concessione. Anche con queste risorse finanziarie sarà costruita la diga di Assuan e sarà garantito lo sviluppo dell'economia egiziana («Auguro agli imperialisti di morire – esclama Nasser – per l'ira»). Alla fine di luglio Il Cairo comunica che la nazionalizzazione non intacca gli impegni internazionali dell'Egitto e che la libertà di navigazione sarà garantita sulla base della convenzione del 1888 e degli accordi anglo-egiziani del 1954.

Il motivo prevalente della reazione egiziana e delle decisioni americane di bloccare i finanziamenti è da ricercare nella mancata accettazione del sistema di sicurezza mediorientale predisposto da Washington. Eisenhower pensa di realizzare un quadro regionale stabile, capace di garantire lo *status quo* (cioè la pacifica coesistenza fra arabi e israeliani); il pericolo di un'azione aggressiva panaraba è remota, un'azione analoga sovietica è un'ipotesi molto teorica (se si escludono i confini turchi), un'espansione militare dei Paesi aderenti al patto difensivo di Baghdad è pura fantasia; l'unico vero pericolo di conflitto è quello arabo-israeliano. Questo è il vero ostacolo, il nodo cruciale su cui si arenano le trattative: l'Egitto non può accettare l'ipotesi di un sistema di sicurezza collettivo all'interno del quale ci sarebbe Israele di cui, al contrario, vuole la distruzione come realtà statuale. A Il Cairo prevale il convincimento che la vera preoccupazione di Washington non sono né l'aiuto al mondo arabo né la tutela della pace, ma la difesa dello Stato ebraico; di contro per gli statunitensi questo è in realtà l'obiettivo principale, anche se non l'unico.

«Gli imperialisti – afferma Nasser – ci hanno detto che avevano un piano per l'equilibrio delle forze nel Medio Oriente, ma che equilibrio è quello che dà un fucile a 70 milioni di arabi contro due fucili a un milione di sionisti ed un aereo agli uni e uno agli altri? [...] Nel maggio del 1948 essi vollero distruggere ogni nazionalismo arabo, dal Golfo Persico all'Atlantico. È dunque necessario fornirci di armi con qualsiasi mezzo per non essere alla mercé dei nostri nemici e sotto la minaccia di Israele e degli amici di Israele». C'è a Il Cairo un altro timore: non si vuole che la costruenda diga metta l'Egitto in condizioni di dipendenza tecnica, economica, finanziaria e gestionale; il decondizionamento dagli aiuti finanziari occidentali presuppone la costruzione di una diga egiziana e il pieno controllo della Compagnia del Canale di Suez.

La protesta contro il provvedimento egiziano da parte anglo-franco-americana è immediata: si denuncia la violazione della convenzione ancora in vigore e si esprimono timori per la libertà di navigazione nel Canale (esso si sviluppa per circa 200 Km con una profondità media di 12 metri); si propone la convocazione a Londra di una conferenza di tutti i Paesi cofirmatari della convenzione del 1888 che utilizzano il Canale o che hanno attività commerciali legate al transito in questa via d'acqua. Washington vede nella nazionalizzazione «uno sdegnato atto di rappresaglia contro immaginarie ingiustizie [...] un atto nazionale di vendetta» ed esclude l'uso della forza in quanto violerebbe i principi basilari della Carta delle Nazioni Unite e metterebbe in pericolo la pace. Al contrario, ricerca una soluzione che garantisca i diritti egiziani, ma al tempo stesso assicuri il pieno utilizzo del Canale per «gli interessi di tutta l'umanità». Krusciov precisa la posizione sovietica: ribadisce la scelta leninista della coesistenza fra sistemi diversi per garantire la pace e spera che Londra e Parigi, dopo le prime reazioni, possano assumere un atteggiamento più costruttivo. Quanto è accaduto non è illegale: il Canale è in Egitto, attraversa soltanto terre egiziane, è stato costruito «da mani egiziane» ed ora non è caduto in possesso di stranieri. Occorre capire i cambiamenti in atto nel mondo e le aspirazioni dei popoli ex coloniali. È importante che Il Cairo abbia assicurato la libertà di transito per tutti, mentre nessuno deve «arricchirsi a spese dell'Egitto». L'URSS è interessata al rispetto della convenzione del 1888 e si augura che anche gli altri Stati rinuncino a pressioni o minacce nei confronti dell'Egitto. Quest'ultimo si è anche impegnato a indennizzare in modo equo gli azionisti della Compagnia nazionalizzata: fra l'altro, al momento, la navigazione procede come in precedenza e non si sono verificati né blocchi né incidenti e i dipendenti della Compagnia hanno continuato a svolgere le loro attività.

La conferenza di Londra (16 agosto 1956) si apre alla presenza di 22 Paesi. All'inizio dei lavori Šepilov lamenta che i lavori abbiano inizio senza la presenza egiziana, anzi senza il suo assenso, mentre, fra l'altro, Londra e Parigi hanno attivato misure militari che possono minacciare la pace nel Mediterraneo orientale. Nel corso dei lavori vengono presentati diversi progetti sia da parte statunitense che sovietica e al termine della conferenza si registreranno due posizioni: 18 Paesi (Australia, Danimarca, Etiopia, Francia, Iran, Italia, Giappone, Paesi Bassi, Nuova Zelanda, Norvegia, Pakistan, Portogallo, Spagna, Svezia, Turchia, Gran Bretagna, Stati Uniti d'America) sostengono il piano di Washington (pur emendato) che in sostanza propone la costituzione di un organo internazionale per garantire «funzionamento, gestione, sviluppo e mantenimento del Canale». Questo gruppo di Paesi costituisce un Comitato detto "dei cinque" (USA, Iran, Turchia, Svezia e Australia), presieduto dall'australiano Menzies, che è incaricato di riferire all'Egitto le proposte della maggioranza dei partecipanti ai lavori di Londra. C'è pure una proposta di minoranza (India, URSS, Indonesia e Ceylon) che prevede la revisione del trattato di Costantinopoli (1888), un'associazione degli utenti da affiancare all'Ente egiziano per il Canale di Suez, «senza pregiudizio per la proprietà egiziana del Canale e la sua gestione da parte dell'Egitto». L'incontro fra il Comitato dei cinque e il presidente Nasser è negativo: l'Egitto ritiene che le proposte formulate siano non solo inadeguate, ma anche lesive della propria indipendenza e sovranità. Mosca, dopo la conclusione della conferenza, conferma piena adesione alla politica egiziana, ritenendo necessario rispettare i diritti sovrani dell'Egitto «come possessore e gestore del Canale» e «confermare il diritto di transito per tutti i Paesi».

La risposta di Nasser alle proposte del Comitato dei cinque (in rappresentanza dei gruppo dei 18) è di insolita durezza: contesta il diritto di voler rappresentare la maggioranza degli utenti, conferma la piena legittimità della nazionalizzazione di una Compagnia egiziana, ribadisce il rispetto della convenzione del 1888, denuncia le manovre militari «minacciose e pericolose» anglo-francesi (in contrasto con le disposizioni della Carta delle Nazioni Unite). L'Egitto non può accettare una gestione straniera del Canale né ha mai pensato di creare problemi al transito del naviglio inglese. Gli egiziani, prosegue Nasser, vogliono la pace, ma nessuno può pensare di toglier loro con una "internazionalizzazione" una parte importante del loro territorio nazionale e non si può delegare neppure ad un "gruppo di utenti" l'amministrazione del Canale. Le proposte del "gruppo dei 18" vogliono sottrarre «il Canale di Suez dalle mani dell'Egitto e metterlo in altre mani»; ciò creerebbe disordini e tensioni senza fine. Il Cairo cerca la solidarietà del mondo arabo: a questo scopo è convocato il Comitato politico della Lega Araba che esprime solidarietà a Nasser e alla sua politica e condanna, ancora una volta, l'imperialismo e il sionismo. Anche in questi mesi continuano gli incidenti di particolare gravità lungo la frontiera armistiziale egizio-israeliana.

La posizione egiziana è condivisa anche dai vertici indiani, sovietici e cinesi. Da parte di numerosi governi si auspica che il problema sia sottoposto al più presto alle Nazioni Unite. In settembre Londra e Parigi chiedono l'intervento del Consiglio di Sicurezza.

Anche Israele segue con attenzione la crisi di Suez: Ben Gurion, primo ministro, critica gli Stati arabi che hanno dimenticato gli interessi veri dei rispettivi popoli e hanno esasperato la lotta contro gli israeliani. Al contrario questi ultimi desiderano stabilità e pace nella sicurezza per poter accogliere i nuovi immigrati e attuare i programmi economico-sociali già programmati. Israele è contraria a qualsiasi "guerra preventiva" perché senza garantire la pace futura preparerebbe altri conflitti. Purtroppo, lamenta Ben Gurion, la sicurezza di Israele dipende dalla sua "potenza" in quanto non può fare affidamento né su alleati sicuri né sulle Nazioni Unite, al cui interno è in atto «una lotta per il predominio» fra blocchi rivali e antagonisti. Nessuno si è mosso a difesa d'Israele quando «il dittatore egiziano Nasser» ha impedito il passaggio nel Canale alle navi israeliane o ad altre «battenti altra bandiera» ma in rotta verso Israele. Quest'ultima non è stata invitata neppure alla conferenza di Londra benché fosse l'unico Stato ad aver subito "il blocco" da parte egiziana. Neppure l'URSS si è adoperata per rimuovere questo assurdo comportamento né per il Canale né per il libero sbarco a Eilat. Non potranno essere garantite la sicurezza e «la tranquillità» della regione senza il rispetto dei diritti israeliani di transito a Suez e nel Mar Rosso.

I successivi lavori del Consiglio di Sicurezza non risolvono le questioni di fondo: il controllo e la gestione del Canale. A questo riguardo le posizioni anglo-francesi ed egiziane restano divergenti. In questa confusa situazione, Israele decide un'azione militare contro l'Egitto (ottobre

1956), dopo aver ottenuto l'approvazione anglo-francese, per porre fine alle incursioni e agli attentati messi in atto dagli egiziani lungo il confine armistiziale. In pochi giorni le forze armate ebraiche raggiungono il Canale di Suez. Londra e Parigi, dopo avere intimato ai contendenti di ritirarsi dalla "zona del Canale", inviano contingenti militari per garantire il libero utilizzo della via d'acqua. Altri Paesi arabi si mobilitano a sostegno de Il Cairo; Washington deplora l'uso della forza da parte anglo-francese e il Consiglio di Sicurezza propone una risoluzione per imporre ad Israele l'immediata cessazione delle ostilità. Mentre Mosca è favorevole alla proposta, Londra e Parigi la bloccano con il ricorso al "diritto di veto". In tal modo risulta evidente l'intesa anglo-franco-israeliana e la convergenza dei rispettivi interessi: il controllo del Canale e la sicurezza sulla linea armistiziale. Non può sorprendere che l'ultimatum franco-inglese sia accolto da Israele e respinto dall'Egitto. Gli israeliani, che hanno scelto l'alleanza con Londra e Parigi, occupano il Sinai, la "striscia di Gaza" e si attestano in prossimità del Canale secondo le precisazioni dell'ultimatum. Da parte loro i contingenti anglo-francesi occupano punti strategici sul Canale. Gli egiziani bloccano il Canale: in diversi punti sono affondate navi di medio tonnellaggio (novembre 1956). Forte resterà il risentimento egiziano verso gli altri Stati arabi che, dopo l'aggressione israeliana, diffondono comunicati favorevoli all'Egitto, ma non «alzano un dito in sua difesa» e non attaccano Israele. Già agli inizi di novembre i combattimenti hanno termine per le pressioni esercitate dal Consiglio di Sicurezza e da numerosi governi. Le speranze anglo-franco-israeliane di un cambiamento ai vertici egiziani non trovano soddisfazione: Nasser resta al potere e appare ora come il vero *leader* dell'arabismo nonostante le divisioni presenti all'interno degli Stati arabi. L'Occidente pare a sua volta «debole e diviso»; Mosca sostiene la causa egiziana, deplora l'azione militare anglo-francese, ritira il proprio ambasciatore presso il governo israeliano. Krusciov minaccia l'uso dei missili sovietici per fermare «gli aggressori» e oltre a ciò conferma la volontà di fornire nuovi armamenti ai Paesi arabi e non esclude, se le ostilità dovessero continuare, di inviare volontari a sostegno della causa arabo-egiziana. È indubbio che le azioni militari antiegiziane hanno contribuito a rafforzare i legami fra i Paesi arabi e l'URSS che è apparsa ferma e convinta sostenitrice delle decisioni de Il Cairo e sempre più ostile ad Israele. Questa crisi permette a Mosca di appannare agli occhi dell'opinione pubblica internazionale i gravi fatti d'Ungheria e d'indebolire la propaganda occidentale che denuncia la brutalità dell'invasione sovietica in quel Paese. Anche Nuova Delhi condanna l'invasione anglo-francese del territorio egiziano, «contraria alla Carta delle Nazioni Unite ed ai principi di Bandung», azioni che hanno prodotto il blocco del Canale e la cessazione del traffico. Le Nazioni Unite devono porre fine «all'invasione ed all'aggressione di tutte le truppe straniere dell'Egitto».

Prende corpo l'idea di attivare una forza internazionale delle Nazioni Unite per creare una barriera fra i contendenti e stabilire l'ordine nella zona del Canale. Viene pure proposta, da parte del governo svizzero, la convocazione di una conferenza internazionale sul Medio Oriente. In questo momento, l'azione dell'ONU appare difficile per i "veti incrociati" esercitati da Mosca per l'Ungheria e da Londra e Parigi per la situazione egiziana. Si rafforza, tuttavia, la decisione di costituire un «corpo di polizia internazionale»; Israele, pur con molte riserve, accetta di ritirarsi dalle aree occupate e precisa di non aver mai «voluto annettere il deserto del Sinai». Ben Gurion invia anche una lunga lettera (novembre 1956) a Bulganin con la quale respinge le accuse sovietiche e spiega le ragioni della politica israeliana. Ricorda al presidente del Consiglio sovietico le precedenti decisioni dell'ONU che Il Cairo non ha rispettato prima e dopo la proclamazione dello Stato d'Israele, le parole di Gromyko (luglio 1948) contro gli arabi invasori, il rifiuto egiziano di firmare un trattato di pace (per rimanere in guerra perennemente con Israele), il blocco del Canale e del golfo di Aqaba per le navi d'Israele, o ivi dirette, l'organizzazione di bande di sabotatori e terroristi da Gaza e dal Sinai in territorio israeliano, la preparazione di piani militari egiziani per distruggere Israele, la sottoscrizione di patti aggressivi con Siria e Giordania con lo stesso obiettivo, la concentrazione nel Sinai di consistenti forze militari per iniziare le operazioni contro Israele, il quale ha dovuto provvedere a difendersi per poter garantire la propria sicurezza. Per queste ragioni, precisa Ben Gurion, il ritorno al vecchio regime armistiziale non è adeguato perché non prepara alla pace come non l'ha fatto in passato, ma occorre una pace vera e duratura. Israele non ha bloccato il Canale e non ha attaccato né distrutto città egiziane né alcun centro cittadino e si augura che Mosca abbandoni la sua attuale politica e contribuisca a creare condizioni di convivenza fra arabi e israeliani e operi per la pacificazione dell'intera regione. Al contrario, osserva Ben Gurion, i più recenti comportamenti moscoviti «non sono tali da incoraggiare i dirigenti arabi a riportare la pace nel nostro settore».

Anche i rappresentanti degli Stati aderenti al patto di Baghdad (Iraq, Iran, Pakistan e Turchia) s'incontrano (novembre 1956) per esaminare la situazione mediorientale. Essi, in evidente difficoltà dopo le iniziative militari israeliano-franco-inglesi, dichiarano di concordare «in linea di massima» con le dichiarazioni dei Paesi arabi riuniti a Beirut nei giorni precedenti, denunciano «l'ondata crescente delle attività sovversive in Medio Oriente, confermano le reciproche solidarietà politiche e la volontà di contribuire alla soluzione della crisi in atto» in armonia con le disposizioni della Carta delle Nazioni Unite. Questa apertura non impedisce la dura condanna della Siria nei loro confronti per la disponibilità dimostrata verso gli occidentali e la tiepidezza sul problema palestinese. Anche in Giordania hanno prevalso le correnti antinglesi (è stato denunciato il patto anglo-giordano di difesa); in Iraq si estende la protesta antigovernativa favorevole alla causa araba e ostile ad Israele. Washington è dovuta intervenire per prevenire azioni ostili da parte di altri Paesi musulmani contro gli aderenti al patto di Baghdad. Anche Londra, al di là dalle vicende militari, ha dovuto prendere atto della debolezza politica del Commonwealth al cui interno Canada, India e Sud Africa hanno assunto, di fronte all'emergenza egiziana, posizioni molto diverse. Inoltre, ora deve fronteggiare anche le difficoltà economiche in Egitto dopo che Nasser ha disposto il sequestro di tutte le proprietà anglo-francesi (i principali interessi inglesi sono nel settore petrolifero e bancario). Questi timori sono fondati in quanto già nel gennaio (1957) l'Egitto nazionalizza gli istituti creditizi, le banche, le compagnie di assicurazione e le società straniere d'importazione ed esportazione e ne dispone l'immediata esecuzione per gli enti anglo-francesi. Dopo ulteriori trattative diplomatiche e le formali decisioni dell'Assemblea Generale e del Consiglio di Sicurezza dell'ONU, in dicembre (1956) si completa il ritiro delle forze armate anglo-franco-israeliane dal territorio egiziano. Le maggiori difficoltà dei mesi seguenti riguardano lo sgombero israeliano dalla zona di Gaza e dalle coste del golfo di Aqaba.

A proposito di Gaza è bene precisare che questo piccolo territorio (lungo circa 40 chilometri e largo 10) è palestinese d'origine, essendo stato occupato dall'Egitto durante il conflitto del 1949 e in esso sono confluiti molti profughi palestinesi. Da qui, negli ultimi anni, sono partite numerose azioni di sabotaggio e terroristiche contro i vicini insediamenti israeliani. Israele non pensa ad una annessione, ma non vuole che si ripeta il pericolo degli anni precedenti, durante i quali gli occupanti egiziani non hanno preso provvedimenti adeguati per impedire queste azioni aggressive. In queste aree il governo israeliano pretende di avere precise garanzie prima di riconsegnarle agli egiziani (smilitarizzazione di Gaza e del Sinai, libertà di transito negli stretti di Eilat e di Tiran). Lamenta inoltre che l'ONU, mentre si occupa della cessazione delle ostilità e della ripresa della navigazione, ignora i pericoli che incombono su Israele per il rifiuto egiziano e degli altri Paesi arabi a firmare la pace e ad accettarne l'esistenza. A seguito delle successive decisioni dell'ONU, Ben Gurion (marzo 1957) decide il ritiro completo dalle due zone, nonostante le violente proteste di larghi strati della popolazione ebraica. Esercita un ruolo importante anche Washington che preme per il ritiro incondizionato e il ritorno ai confini armistiziali del 1949 che, in futuro, devono essere presidiati dalla "forza internazionale" dell'ONU; quest'ultima deve, inoltre, inviare un commissario a Gaza per garantire l'amministrazione civile. In realtà, dopo il ritiro israeliano, l'insediamento dei rappresentanti dell'ONU a Gaza è contestato da violente manifestazioni arabo-palestinesi. I lavori di sgombero del Canale danno, già nel mese di aprile, i primi positivi risultati: riprende il traffico ordinario e il governo egiziano formalizza una proposta per regolare in futuro la libera navigazione. Alla fine di marzo, in un *memorandum* (29 marzo 1957) sulla questione di Suez inviato ad alcuni Paesi, afferma:

1) di voler rispettare, senza riserve, la convenzione di Costantinopoli del 1888 che proclama il principio della libertà di navigazione;

2) l'assoluta sovranità egiziana sulla via d'acqua marittima;

3) l'opposizione a qualsiasi forma di controllo internazionale sulla gestione, a parte il diritto di transito per tutte le bandiere, a ogni interferenza straniera e la sua esclusiva competenza su ogni problema attinente al Canale.

La reazione di molte potenze è negativa anche se la navigazione, sotto controllo e gestione egiziana, riprende il suo ritmo normale. Molte capitali ritengono opportuno attendere una verifica del funzionamento delle garanzie egiziane ed evitare nuove prove di forza, ma restano in vigore le disposizioni ostative per le navi israeliane. Non mancano coloro che vorrebbero la costituzione di un comitato consultivo degli utenti e l'utilizzo vincolante di una parte dei pedaggi di transito (circa il 50%) per i lavori di manutenzione e di miglioramento del Canale. Il Cairo si oppone a queste proposte perché le ritiene lesive della sua sovranità esclusiva sulla via d'acqua. Un successivo *memorandum* egiziano (aprile 1957) indirizzato al segretario delle Nazioni Unite, Dag Hammarskjöld, conferma l'esclusione di ogni interferenza o presenza straniera nella gestione del Canale e la volontà de Il Cairo di permettere la libera navigazione secondo i dettami della convenzione del 1888 e le disposizioni dello Statuto dell'ONU. Sono confermate le funzioni dell'Ente governativo del Canale di Suez (creato nel 1956 dopo la nazionalizzazione della Compagnia) e date precise garanzie che un apposito «Codice del Canale» garantirà trattamenti tariffari di transito uguali per «tutte le bandiere». Il governo egiziano s'impegna a sottomettere ad un arbitrato internazionale le richieste di risarcimenti derivanti dal precedente provvedimento di nazionalizzazione. L'Egitto precisa che la dichiarazione unilaterale, così formulata, è un «impegno internazionale» che verrà depositato e registrato presso la segreteria delle Nazioni Unite. Anche se non costituisce, da un punto di vista formale, un trattato bilaterale o multilaterale, un atto di questa natura vincola «di fronte al mondo» la potenza che lo emana e costituisce, benché unilaterale, un impegno pubblico e solenne per futuri comportamenti. Il *memorandum* tuttavia non è in linea con le decisioni del Consiglio di Sicurezza (ottobre 1956) su alcuni punti di rilievo:

1) si appella alla convenzione del 1888 che prevede la libera navigazione, ma non autorizza la potenza territoriale a impedire il transito delle navi dei Paesi con cui si trova «in stato di belligeranza», cioè Israele;

2) non accetta il principio che «il funzionamento del Canale dovrà essere sottratto all'influenza politica di qualsiasi Paese»;

3) ignora la «collaborazione organizzata» fra l'Egitto e gli utenti.

Nonostante queste evidenti carenze e i pericoli insiti nell'esclusivo controllo egiziano, si preferisce dare fiducia al governo egiziano, verificare *de facto* le sue intenzioni e il suo comportamento pratico, offrirgli un periodo di prova sulla base delle sue stesse assicurazioni. Prevale in sostanza, al di sopra di ogni aspetto giuridico, militare e politico, l'esigenza economica di poter transitare senza particolari limiti e restrizioni. Ogni azione egiziana può essere accettata e giustificata purché essa non precluda, con tariffe eque, il libero transito nel Canale. Lo stesso problema israeliano resta sullo sfondo: esso non condiziona la tacita accettazione della proposta egiziana alla quale vengono rivolte critiche e proteste in quanto unilaterale, ma di fatto accettata a titolo "sperimentale". Subito dopo Washington e altre capitali (fra cui Londra e Parigi) autorizzano le proprie navi a riprendere l'utilizzo del Canale.

In questo contesto il presidente Eisenhower presenta alcune proposte per la soluzione della crisi; esse, definite la dottrina Eisenhower per il Medio Oriente (gennaio 1957), partono dal presupposto che le nazioni libere della regione necessitano (e per la maggior parte desiderano) di più forza per garantire la propria indipendenza. L'URSS minaccia quest'area: «ciò che non si è verificato al tempo degli zar si verifica in quello dei bolscevichi»; ciò non ha giustificazioni accettabili: gli USA non minacciano queste nazioni, Mosca non utilizza il Canale di Suez, non ha bisogno di forniture petrolifere delle quali è esportatrice. Al fondo dell'azione moscovita c'è soltanto «politica di potenza»; al contrario, osserva Eisenhower, per l'Europa, per l'Asia e per l'Africa, questa regione è strategica per le forniture energetiche. La sua caduta in mani ostili avrebbe conseguenze disastrose. Washington, anche in questa realtà, crede nel ruolo protettivo dell'ONU, ma teme che, di fronte alla prepotenza sovietica (com'è avvenuto in Ungheria), la sua forza sia insufficiente. Occorre pertanto un preciso impegno statunitense per prevenire eventuali aggressioni e, se necessario, per fermarle. Ciò è già stato fatto a difesa dell'Arabia Saudiana (1951) e nel 1956 a favore dei firmatari del Patto di Baghdad (Pakistan, Turchia, Iraq e Iran); Washington ha attivato patti difensivi con 42 Stati che sono in tal modo tutelati nel quadro del sistema di sicurezza collettiva previsto dallo Statuto dell'ONU; ciò ha permesso d'intervenire rapidamente in Grecia, Turchia e Formosa. Occorre, precisa il presidente, fare una politica analoga per l'area mediorientale per:

1) assicurare collaborazione e assistenza ad ogni nazione o gruppi di nazioni per garantirne l'indipendenza o lo sviluppo economico;

2) avviare, a favore di chi lo desidera, programmi di assistenza e collaborazione militare;

3) non escludere l'impiego di forze armate statunitensi per garantire e proteggere l'integrità e l'indipendenza delle nazioni interessate a questo aiuto contro «un'aperta aggressione armata da parte di qualsiasi nazione controllata dal comunismo internazionale». Questo eventuale intervento

dovrebbe avvenire nel pieno rispetto degli obblighi assunti con i trattati già sottoscritti, fra i quali lo Statuto dell'ONU;

4) confermare l'utilizzo dei mezzi finanziari, già stanziati per l'esercizio in corso, sulla base della «legge per la sicurezza reciproca del 1954». Queste proposte, sottolinea il presidente, non sono destinate a risolvere i problemi che dividono ora gli arabi-palestinesi dagli israeliani: le difficoltà saranno affrontate dall'ONU, al quale Washington darà tutta la collaborazione possibile. Queste proposte hanno un altro obiettivo: fermare «ogni possibilità di un'aggressione comunista diretta o indiretta». La "dottrina" è criticata dalla opposizione democratica statunitense; si rimprovera ad Eisenhower un esame settoriale e improvvisato della crisi in atto, la conduzione di una politica incerta e contraddittoria, l'aver creato, proprio a Mosca, un'impressione di debolezza e di rinuncia: «l'aver maltrattato i nostri alleati e l'aver placato i nostri nemici hanno minato la nostra posizione, finché ci siamo affiancati alla Russia comunista contro la libera Gran Bretagna e la libera Francia e ci siamo messi dalla parte di un Egitto controllato da un dittatore contro il libero Stato di Israele» (documento del Comitato consultivo del partito democratico, gennaio 1957). Eisenhower, in realtà, riconduce l'intera questione mediorientale all'interno della contrapposizione Est-Ovest in termini di contenimento dell'espansionismo sovietico. La lettura della crisi in atto è inadeguata perché non si deve ritenere alcun partito comunista responsabile della crisi in atto e tanto meno dei conflitti (com'è avvenuto in Corea, in Indocina, in Vietnam, ecc.). Lo scontro con Israele ha spinto gli arabi a cercare il sostegno finanziario e militare moscovita nella speranza di poter prevalere. Il problema principale non è il contenimento del comunismo ma la soluzione del contrasto arabo-israeliano e in particolare il rifiuto della nuova realtà statuale ebraica. Questa dottrina esprime una posizione di principio apprezzabile, come quella di Truman nel 1947. Ma quest'ultima, elaborata a fronte di una strategia mondiale, prevedeva il piano Marshall e l'avvio di una rete mondiale di alleanze. Essa presupponeva Paesi già in fase di coordinamento e desiderosi di attivare comuni difese anticomuniste e antisovietiche; in Medio Oriente, al contrario, non esiste un quadro analogo. Washington può associare i Paesi del Patto di Baghdad al quale, fra l'altro, presta già i suoi aiuti, mentre gli altri Stati ondeggiano fra posizioni neutralistiche, terzomondiste e spesso antioccidentali (cioè anticolonialiste). La dottrina ha, al contrario, il merito di costituire un

avvertimento esplicito a Mosca sui limiti delle sue possibili azioni; Washington intende garantire militarmente la regione (anche per coprire il Sud-Est della NATO). Alla luce di queste valutazioni non sorprende la negativa reazione di gran parte del mondo arabo: la dottrina è giudicata «strumentale e ingannevole», uno strumento per consolidare lo *status quo* territoriale dopo i precedenti conflitti (1948, 1956) e per garantire, con la promessa d'aiuti, la sopravvivenza dello Stato ebraico. Da questo punto di vista Il Cairo la considera una forma più evoluta del vecchio colonialismo europeo; in realtà l'ipotesi di un'aggressione armata da parte di Stati controllati dal comunismo internazionale «è un'ipotesi al momento non realistica». Israele non esita ad accogliere la nuova dottrina. Dà a essa però un'interpretazione estensiva: la considera, di fatto, una tutela contro tutte le aggressioni e dunque una garanzia di stabilità per lo *status quo.*

Nasser attribuisce alla nazionalizzazione del Canale un ruolo decisivo nel cammino della rivoluzione egiziana. Nel quinto anniversario dell'abdicazione di re Farouk (luglio 1957) ricorda l'aggressione del 1956: Israele non avrebbe potuto occupare un solo metro del territorio egiziano senza l'aiuto aereo-navale anglo-francese a Porto Said e senza la copertura aerea francese sul suo territorio. La reazione egiziana e «l'avvertimento sovietico» «seminarono il panico» nelle capitali aggressive e le spinse alla ritirata. Washington ha appoggiato alle Nazioni Unite le richieste egiziane, ma con altri e non accettabili scopi. Si è cercato, osserva Nasser, di piegare l'Egitto con offerte economiche secondo la dottrina Eisenhower e la sua accettazione avrebbe portato Il Cairo fuori dal neutralismo e dallo spirito della conferenza di Bandung. Di fatto si sarebbero traditi gli impegni con i Paesi arabi e rinnegato l'arabismo. Di fronte al fallimento di questa politica, Washington ha cercato alleati all'interno del mondo arabo per garantire lo *status quo* regionale sulla base del tradimento che nel 1948 alcuni di essi compirono, non conducendo fino in fondo la guerra contro Israele. «Non saremo mai – continua Nasser – solidali con i traditori e con coloro che vendono la loro patria agli imperialisti». Non è vero che l'Egitto sobilla le ribellioni arabe; esse sono spontanee e giustificate come avviene in Algeria e anche in altri territori come l'Oman. In realtà, non esita a condurre una lotta aperta contro i governi "arabi moderati" con inviti ai popoli arabi a rovesciarli anche, ove sono presenti, con l'aiuto dei profughi palestinesi.

La posizione antistatunitense s'inasprisce nei mesi seguenti: Nasser (settembre 1957) denuncia la politica di Eisenhower ostile all'arabismo e sostenitrice d'Israele. Washington, con la tutela dello *status quo* mediorientale, ha cercato di "nascondere" il problema israeliano. Le linee armistiziali dovevano diventare confini permanenti: in tal modo gli arabi palestinesi avrebbero perso ogni diritto di proprietà e nazionalità. Il patto di Baghdad è un altro tentativo di spezzare l'unità araba e di propagandare il falso problema «della minaccia comunista e sovietica», ma è fallito ed «è degenerato in un'alleanza statica e senza vita». Né migliori sono le intenzioni della "dottrina Eisenhower", che vuole inserire Israele in un patto politico militare con i Paesi arabi in cambio di forniture militari e sussidi economico-finanziari. Le più recenti polemiche americane contro l'Egitto e la Siria per il loro accostamento al blocco comunista sono «ridicole più che serie». In realtà, i due Paesi, osserva Nasser, respingono i progetti americani e rifiutano l'idea di una Palestina ebraica. Ciò che rende impossibile l'intesa egizio-statunitense non sono il nazionalismo arabo, la formazione del patto di Baghdad e l'anticolonialismo, ma l'esistenza dello Stato d'Israele. In sostanza, Nasser non vuole condividere i risultati conseguiti dopo la nazionalizzazione con altri: riconosce l'importanza del sostegno sovietico ma tende a minimizzarlo rispetto alla determinazione egiziana. Non può negare l'azione favorevole svolta da Washington per piegare le resistenze anglo-francesi e d'Israele, ma ne denuncia l'equivocità e ne mette a nudo i presunti obiettivi antiarabi. In realtà, Nasser appare agli occhi del mondo arabo come il vincitore della prova di forza del 1956-1957. Egli ha osato sfidare le potenze coloniali e la Compagnia del Canale, ha affermato i diritti esclusivi egiziani su Suez, ha affrontato una prova militare su più fronti, ha superato la crisi politica interna (anche se è stato sconfitto nel Sinai), non ha esitato a bloccare il Canale e ha tenuto testa agli organi delle Nazioni Unite; ha concluso l'intera operazione assicurando all'Egitto il controllo della via d'acqua e la sua gestione esclusiva e ha riaffermato la precedente politica di non allineamento, l'ostilità verso il colonialismo e la netta avversione per Israele. L'Egitto rappresenta in questo momento la potenza più significativa del mondo arabo e della Lega e ha acquisito di fatto un ruolo di guida nel mondo islamico mediorientale. Il Marocco e la Tunisia però guardano con sospetto l'attivismo egiziano e preferiscono mantenere buoni rapporti con l'Occidente. Anche la monarchia libica, dopo un periodo di collaborazione con Il Cairo, è ora più prudente pur rimanendo all'interno della Lega Araba. Simile è la nuova politica del Sudan: dopo il periodo dell'autogoverno e il raggiungimento dell'indipendenza, ha abbandonato qualsiasi ipotesi "unionista" e accentuato una politica estera più autonoma, a causa della destituzione del generale Naguib (nato in Sudan a Khartoum) e i più recenti contratti per l'utilizzo dell'acqua del Nilo.

Mosca ha giocato con abilità ed è riuscita ad assumere un ruolo di protezione di parte degli Stati arabi prima sconosciuto. In sostanza, ha pagato il prezzo della rottura con Israele, ma pensando di poter ottenere maggiori vantaggi dal dialogo e dalla collaborazione con queste entità. Non esita a fornire collaborazioni economiche, finanziarie e militari (fra l'altro deve consegnare all'Egitto tre sommergibili) e anche a sviluppare i commerci (in questo senso è attiva anche Pechino che, con specifici contratti, vende materie prime in cambio di cotone egiziano).

L'URSS è diventata il più importante mercato di sbocco dei prodotti egiziani (cotone e riso), mentre esporta cereali e prodotti petroliferi. Mosca ha anche concesso un rilevante prestito (il maggiore ad un Paese non comunista) per l'acquisto di macchinari dall'Europa orientale e dall'URSS nel quadro degli obiettivi del nuovo piano quinquennale di sviluppo egiziano (produzione siderurgica, ampliamento attività petrolifere, estrazione, oleodotti, raffinazione, fabbrica di automobili e di apparecchi telefonici, impianti per filatura e tessitura, nuova darsena ad Alessandria). Dal prestito pare escluso il finanziamento per la diga di Assuan, al quale dovranno provvedere il gettito dei pedaggi dei trasporti nel Canale di Suez e altri eventuali prestiti esteri. La politica sovietica ha superato i veti americani, provocato Washington, acceso il nazionalismo arabo e contribuito a peggiorare i rapporti fra quest'ultimo e Israele. In Medio Oriente dopo il 1956 Mosca ha attivato la «diplomazia del rublo».

Nonostante questi aiuti l'Egitto resta "non allineato" e ostile ai blocchi. Inoltre, l'azione di Nasser "fa scuola": molti Paesi non allineati e del terzo mondo ne approvano i contenuti e ne sognano i successi. Da questo punto di vista la politica egiziana indebolisce l'egemonia delle grandi potenze e mette in luce spazi operativi nuovi.

In molte occasioni l'URSS ha seguito le proposte dell'India e ha rinunciato a posizioni autonome; la prudenza ha consigliato di "fiancheggiare", con la sua importanza, la politica dei non allineati, piuttosto che imporsi come "capo cordata". I vertici moscoviti non dimenticano che nei Paesi arabi la presenza dei partiti comunisti è minima e spesso la loro dirigenza è perseguitata per motivi religiosi e politici. Fra l'altro nessuno di questi Paesi ha aderito alle dottrine marx-leniniste e ancor meno ha intenzione di aderire ai sistemi di alleanza (o ai blocchi) dell'Est. Tuttavia, ora c'è una presenza attiva della diplomazia sovietica in Medio Oriente che è accolta e apprezzata anche se viene utilizzata in prevalenza a favore degli esclusivi interessi degli arabi. Né questi ultimi hanno dimenticato l'iniziale aiuto militare dato ad Israele, il suo riconoscimento e l'appoggio per l'ingresso all'ONU. Mosca, tuttavia, di fronte alla forte saldatura fra Washington e Israele ha preferito puntare sugli arabi e aprirsi una strada per il Medio Oriente, anche senza ottenere subito risultati di particolare rilievo. Washington esce da questo confronto mediorientale con la soddisfazione di aver avuto un ruolo di primo piano nelle decisioni dell'ONU, di avere distinto le proprie posizioni da quella israeliana prima e da quella franco-inglese poi, di avere mantenuto in piedi il vacillante patto di Baghdad (Turchia, Iran, Iraq e Pakistan) e di aver difeso l'esistenza di Israele. Ha anche assunto in alcuni momenti un ruolo decisivo, insieme all'URSS, per determinare la fine delle ostilità e il ritorno alle precedenti linee armistiziali, ma questi risultati non hanno messo in ombra presso gli arabi il suo filoisraelismo. La diplomazia statunitense, con la condanna delle azioni militari anglo-francesi, ha evidenziato il suo distacco dal colonialismo europeo più classico, nonostante l'anticolonialismo americano, pur noto a Londra e a Parigi, non lasciasse prevedere una reazione tanto decisa. La stessa decisione di operare "da sole" (con Israele) lascia intravedere questa certezza. Washington sacrifica i rapporti con gli alleati sull'altare dei propri valori morali. Tale scelta, così radicale, è mal interpretata da Mosca ove viene considerata una prova di debolezza di fronte alle minacce sovietiche d'intervento militare. Ma questa decisione agli occhi dei Paesi arabi e dei palestinesi sembra un passo piccolo e insignificante. Washington ha infatti proposto, con la dottrina Eisenhower, la pacificazione dell'area sulla base dello *status quo*, cioè con l'accettazione di Israele. Per questo ha offerto a tutti dollari e armamenti moderni; ma Israele rappresenta per molti Stati arabi la forma più crudele e antistorica del colonialismo moderno e quindi l'azione americana è stata giudicata, sulla base di questa decisione strategica, inaccettabile e oltraggiosa per la nazione araba.

Uno degli obiettivi principali dell'azione statunitense è impedire la diffusione del "nasserismo" sia nei Paesi arabi più moderati sia nei territori africani soggetti alla dominazione coloniale europea o di recente indipendenza. Il vicepresidente americano Nixon compirà, in questo periodo, un lungo viaggio in Africa (1957) per rafforzare precedenti vincoli economici e politici e per confermare l'attenzione del suo Paese verso questo continente. Washington non è trascinata in Medio Oriente soltanto dalla dottrina del "contenimento del comunismo", ma si affaccia negli anni di Truman, di fronte al fallimento anglo-francese, con lo scopo di evitare lo scontro ebraico-arabo. Immagina un "piano Marshall" mediorientale, un patto di difesa per la regione sul modello della NATO, una pacificazione garantita dalla sua autorità. Di fatto sostituisce la presenza anglo-francese, ma nel nome di altri valori e con altri obiettivi; è improprio parlare, a questo proposito, di presidenze con vocazione imperiale, ma pare più adeguato rilevare la conferma di "vocazione mondiale".

Neppure Israele ha tratto particolari giovamenti dalla crisi: non ha ottenuto gli auspicati trattati di pace, non può utilizzare il Canale (né navigare liberamente nel Golfo di Aqaba) e ha dovuto retrocedere sulle linee armistiziali. Ha, tuttavia, ottenuto due risultati non trascurabili: ha dimostrato di disporre, dopo pochi anni dalla guerra del 1949, di un esercito moderno, ben guidato e capace di arrivare in pochi giorni alla periferia de Il Cairo. Inoltre, a parte le critiche e le riserve di tanti Stati sul suo comportamento, la gran parte della comunità internazionale ha confermato la propria fiducia nel nuovo Stato e la speranza che essa possa continuare ad esistere in terra palestinese. Questi elementi spiegano in parte la prudenza e il realismo di Ben Gurion che, nonostante la vittoria militare, cede alle pressioni esterne e decide di abbandonare sia la striscia di Gaza sia le coste occidentali del golfo di Aqaba, pur consapevole della contrarietà dei cittadini israeliani giustamente preoccupati per una futura ripresa delle azioni dei fedayn (sabotaggio e terrorismo). Gerusalemme ha, tuttavia, perduto un vantaggio politico con l'avvio delle operazioni militari e dopo l'attacco agli egiziani non può più rinfacciare all'Egitto la mancata sottoscrizione di un trattato di pace. Oltre a ciò nel mondo arabo la sua azione appare legata a quella di potenze coloniali europee (Francia e Inghilterra).

Più difficile la posizione anglo-francese in quanto finisce per subire gli effetti della crisi, pur non avendola originata direttamente. Londra e Parigi sono nell'impossibilità di garantire all'Egitto armamenti e finanziamenti adeguati e non sono in grado di assicurare la sopravvivenza dello Stato ebraico. Solo gli USA possono gestire queste operazioni, mentre Londra e Parigi appaiono in una prima fase i difensori del diritto internazionale di fronte alla nazionalizzazione della Compagnia anticipata di dodici anni (1956 anziché 1968) e i promotori di un fronte di utenti non molto omogeneo. Non è, nel complesso, un ruolo di rilievo per le due capitali europee che pure non esitano ad impugnare le armi per ottenere quanto Il Cairo fin dall'inizio ha promesso di garantire: la libertà di navigazione. L'azione anglo-francese deve essere distinta da quella israeliana non tanto sul piano militare quanto su quello politico, poiché pretende di tutelare con la forza posizioni giuridiche legate a vecchie concezioni coloniali che lo sviluppo delle vicende egiziane e la decolonizzazione hanno in gran parte nullificato. C'è sproporzione fra l'azione egiziana e la loro reazione. Infatti, il loro fallimento non è militare, ma nasce dall'opposizione sovietico-americana e dal disimpegno degli altri Paesi (al di là di formali sostegni). Un senso profondo d'isolamento circonda i vertici franco-inglesi dopo le operazioni militari e la decisione egiziana di bloccare il Canale. Nonostante ciò, i rapporti con Il Cairo miglioreranno in seguito con l'avvio dei provvedimenti d'indennizzo, la ripresa dei rapporti commerciali e di quelli diplomatici, le dichiarazioni unilaterali egiziane del 1957 e il conseguente libero transito nel Canale. Le potenze occidentali hanno sottovalutato il nazionalismo egiziano e la determinazione del gruppo dirigente della nuova repubblica, ma l'errore principale, in particolare di Washington, è di non aver compreso le conseguenze della nascita di Israele presso il mondo arabo e palestinese. Da questo punto di vista le vicende egiziane e mediorientali rappresentano un tornante conclusivo della colonizzazione europea, ma sono pure indicative del fatto che per alcune di quelle popolazioni e governi la nascita di Israele è una forma nuova di colonizzazione alla quale è necessario resistere e opporsi con mezzi pacifici, bellici ed estremi (terrorismo e sabotaggio). Nel 1958 l'Egitto decide di unirsi alla Siria (più tardi aderisce anche lo Yemen): nasce in tal modo un nuovo Stato arabo, denominato Repubblica Araba Unita (RAU), di cui assume la presidenza Nasser. Nello stesso periodo si verifica un colpo di Stato in Iraq ad opera di un gruppo di militari e un Comitato di "Ufficiali Liberi" guidati dal generale Abdul Karim Kassem proclama la repubblica e giustizia l'intera famiglia reale e i rappresentanti più autorevoli del precedente governo. Un successivo colpo di Stato (1963) porta al potere, dopo l'eliminazione di Kassem, esponenti del partito Baath, insieme a filonasseriani, sostenitori della causa panaraba e socialisti filosovietici; godono del sostegno egiziano di cui approvano l'azione politica. L'Iraq conoscerà, anche nel periodo successivo, altri e violenti colpi di Stato fino all'affermazione di Saddam Hussein (1979) che però darà alla politica estera irachena altri indirizzi.

Gravi sommosse antigovernative scoppiano in Giordania animate da analoghi sentimenti. Londra decide l'invio di reparti militari per sostenere il governo in carica. In Libano, su richiesta di quel governo che teme analoghe rivolte, vengono trasferiti reparti americani su ordine del presidente Eisenhower. La sua dottrina ha in questo caso un'applicazione estensiva perché non è in atto alcuna aggressione, ma c'è solo il timore che la crisi interna possa portare una svolta filonasseriana e filosovietica. Le decisioni di Londra e di Washington sono contestate e condannate da Il Cairo, Mosca e Pechino.

9. *Nasser precisa gli obiettivi dell'arabismo. La terza guerra arabo-palestinese-israeliana (1967). Il decesso di Nasser (1970)*

Nonostante la dichiarazione unilaterale egiziana sulla libera circolazione nel Canale marittimo, il transito del naviglio israeliano o diretto nei suoi porti è impedito e la protesta dello Stato ebraico è ribadita con fermezza in più occasioni. Il ministro degli Esteri, Golda Meir, all'Assemblea dell'ONU (1959) denuncia il blocco attuato dall'Egitto (ora Repubblica Araba Unita) dal 1948. Il divieto di transito si è esteso anche alle navi «provenienti da Israele dirette a Sud verso i porti dell'Asia e dell'Africa», ma poiché la libertà di transito «è indivisibile» e deve essere garantita a tutti («oltre 300 navi appartenenti a 21 paesi diversi» sono state colpite dai recenti provvedimenti) l'ONU deve intervenire e non può accettare «compromessi su questioni di principio», a scapito della sua autorità morale. Nella stessa occasione il viceministro degli Esteri della Repubblica Araba Unita, Farid Zeined-Din, ribatte alle accuse; Israele non ha alcun diritto da rivendicare: questo Stato è nato dalla violenza, non ha rispettato precedenti decisioni dell'ONU, promuove l'immigrazione in Palestina che era ed è terra araba, non ha concesso l'esercizio del diritto di autodecisione alle popolazioni arabo-palestinesi, non permette il rimpatrio dei rifugiati arabi, viola in modo sistematico le frontiere armistiziali (come ha fatto nel 1956) con azioni militari aggressive. Nessuno può ignorare questi comportamenti che giustificano il blocco della navigazione e neppure si può pensare che gli attuali lavori per ampliare e rendere più profondo il Canale possano essere goduti da chi, come Israele, ha alle spalle aggressioni e ne prepara altre per il futuro. Nasser conferma i precedenti indirizzi della sua azione politica e definisce gli obiettivi «dell'arabismo» in politica interna ed estera: costruire una «società democratica, socialista e cooperativistica», mantenere un equilibrio fra il sistema comunista e il sistema capitalista, mettere in moto tutte le forze nazionali per far progredire, «in modo rigido ed energico», il mondo arabo sottosviluppato perché dominato dall'imperialismo, il cui scopo è stato «lo sfruttamento non lo sviluppo». Una minoranza (con alleati e complici) si è imposta sulla maggioranza della popolazione e ha determinato «la ricchezza e la povertà, la salute e la malattia, l'educazione e l'ignoranza». Per superare questo stato di arretratezza è stato necessario, da parte araba, sconfiggere l'imperialismo, il feudalesimo, la monarchia e il capitalismo: la nostra rivoluzione, osserva Nasser (1960), ha affrontato tutte queste questioni per aprire nuovi orizzonti di progresso e di giustizia per il popolo arabo, che ha ripreso la guida del proprio destino con metodi democratici e con unità politica. Il neutralismo attivo, precisa Nasser, non è un compromesso fra l'Occidente e l'Oriente, ma il rifiuto di schierarci per una delle parti ora in contrasto fra loro: «c'è bisogno di mantenere un punto di vista internazionale libero da ogni allineamento» e dare di volta in volta l'appoggio «a ciò che è giusto». Alla base dell'azione governativa all'interno devono essere poste la riforma agraria (cioè la distribuzione della terra per aumentare la superficie coltivata), la costruzione della grande diga e di pozzi artesiani. Gli indirizzi ispirati al socialismo non impediscono tuttavia azioni repressive condotte dal governo nei confronti dei partiti comunisti all'interno della Repubblica Araba Unita. Quest'ultima termina la sua esistenza nel 1961 a causa di un colpo di Stato militare in Siria, in seguito al quale Damasco rivendica la propria indipendenza adducendo motivazioni politiche ed economiche. Nasser, di fronte alla secessione siriana sostenuta dai più influenti ambienti politici e militari locali, ne prende atto, ne condanna le giustificazioni, ma non adotta misure militari per fermarla. Ha così termine la breve esistenza della Repubblica Araba Unita (1958-1961), nata in un clima di grande entusiasmo, e tornano sulla scena come realtà statuali indipendenti la Siria e l'Egitto (che però mantiene la denominazione di Repubblica Araba Unita). Nel decennale della rivoluzione Nasser riafferma l'importanza dell'unità della nazione araba che costituisce il vero obiettivo dell'arabismo più maturo; «l'unità che lega gli arabi è l'unità del sangue», non quello delle costituzioni, dei referendum o degli uomini politici; gli imperialisti, i reazionari e gli opportunisti (sia interni al mondo arabo che esterni) non possono prevalere come non hanno prevalso durante l'aggressione del 1956. La decisione dei governanti siriani è errata e senz'altro non è condivisa da quel popolo, l'esperienza unionista è «pionieristica ed utile» ed è destinata a continuare anche in futuro. L'unità e la fratellanza della nazione araba – continua Nasser – costituiscono un patrimonio di grande valore che spetta a questa generazione consolidare. Ora l'Egitto è più forte del 1956 ed è in grado di impedire ciò che è accaduto nel 1948. Nel 1963 cambiamenti politici ai vertici siriani portano ad una riedizione del patto unitario con l'Egitto e a un rilancio della Repubblica Araba Unita (cui aderisce anche lo Yemen) come Stato federale, che già alla sua formazione conferma di volere la distruzione di Israele e la «liberazione della Palestina». Anche questa rinascita della Repubblica Araba Unita non ha successo e tramonta nel giro di pochi mesi. Nonostante le divisioni, Egitto e Siria mantengono la bandiera originaria della Repubblica Araba Unita fino al 1971 (Damasco utilizza quella siriana storica dal 1961 al 1963). Nel 1972 l'Egitto abbandona la precedente denominazione e assume quella di Repubblica Araba d'Egitto (con una nuova bandiera e stemma statale), mentre la Siria mantiene la precedente bandiera come stendardo nazionale.

Le nuove minacce allarmano Gerusalemme. Il primo ministro Ben Gurion precisa che la posizione attuale degli ebrei non corrisponde a quella che essi avevano nei territori occupati dai nazisti e Israele è in grado di difendersi dagli attacchi di ciascuno dei Paesi federati, come da quelli di tutti e tre. Anche la situazione militare è molto cambiata dal 1948: gli Stati arabi sono ora ben armati, ma non in grado di schiacciare le forze israeliane. Gerusalemme vuole prevenire un futuro conflitto (dopo quelli del 1948 e del 1956), sapendo che «ciò che unisce i governanti arabi è il desiderio di distruggere Israele ma ciò è una follia», e ritiene necessario trovare un accordo complessivo per la pace nel Medio Oriente che ponga fine all'assedio allo Stato ebraico che dura da ben 15 anni. Golda Meir, ministro degli Esteri israeliano, affronta all'ONU (ottobre 1963) la questione della sicurezza. Ribadisce che il Medio Oriente non è travagliato soltanto dallo strisciante conflitto arabo-israeliano, ma anche dalle profonde lacerazioni esistenti fra gli stessi Stati arabi, che continuano ad armarsi e «Israele è stato ed è il principale bersaglio della loro bellicosità». Gli armistizi del 1949 con i Paesi confinanti sono rimasti tali e non hanno portato a trattati di pace. Gerusalemme vuole la pace, osserva il ministro, ma non può concluderla da sola; pertanto non è accettabile che i Paesi arabi membri dell'ONU non ne rispettino la Carta costitutiva. L'obiettivo primario dell'Organizzazione è la tutela della pace e dunque tutti gli aderenti devono muoversi in questa direzione e non fomentare il terrorismo, la violazione degli armistizi e rifiutare serie trattative per porre termine a conflitti non conclusi. In quest'ottica potrebbe essere risolto anche il problema dei rifugiati arabi.

In questo periodo continuano gli incidenti confinari in particolare con la Repubblica Araba Unita. Nel 1963 Ben Gurion lascia la guida del governo al suo attivo collaboratore Levi Eshkol, esponente di rilievo del Mapai ed esperto di problemi agrari ed economici, considerato un abile e paziente negoziatore.

Le speranze israeliane non trovano soddisfazione. Al contrario un importante vertice della Lega Araba (1964) conferma la precedente politica di netto rifiuto dell'esistenza stessa dello Stato ebraico. Ancora una volta «il Consiglio dei re e dei capi di Stato della Lega araba ricorda che Israele ha cacciato il popolo arabo dalla Palestina [...] praticando la segregazione razziale contro la minoranza araba», ha ignorato le risoluzioni dell'ONU e ha impedito alla popolazione residente di esprimersi sull'autodeterminazione. Contro la minaccia dell'imperialismo sionista è un dovere di tutto il mondo arabo reagire per la tutela dei legittimi interessi comuni e la Lega spera in un'attiva solidarietà dei Paesi non allineati che hanno sottoscritto i principi di Bandung e conosciuto la brutalità delle aggressioni imperialiste.

Pochi mesi più tardi si riunisce nella parte giordana di Gerusalemme (maggio-giugno 1964) un Congresso nazionale palestinese che decide di creare un movimento per la liberazione della Palestina con il sostegno anche della Giordania. Nasce l'Organizzazione per la liberazione della Palestina (OLP) di cui sono definite le strutture politiche e militari. Nell'atto istitutivo si precisa che «la Palestina è la patria del popolo arabo palestinese, essa è parte indivisibile della patria araba e il popolo palestinese è parte integrante della nazione araba». I suoi confini sono quelli del mandato britannico. «Sono cittadini palestinesi gli arabi che hanno abitato in Palestina prima del 1947 e gli ebrei che lì risiedevano prima dell'invasione sionista. [...] la lotta è l'unico mezzo per liberare la Palestina» («le azioni di commando sono il nucleo della guerra di liberazione popolare»). Tutto il mondo arabo deve collaborare per questo scopo contro «l'aggressore sionista ed imperialista» e sul piano internazionale questa lotta di liberazione «è un atto difensivo, reso necessario dall'obbligo dell'autodifesa». La divisione della Palestina nel 1947 e la nascita d'Israele «sono atti del tutto illegali» compiuti contro la volontà del popolo palestinese e il suo diritto all'autodeterminazione; l'ebraismo, in quanto religione, non può costituire una nazionalità autonoma, gli ebrei non formano una nazione: essi sono cittadini degli Stati a cui appartengono. Il sionismo, si legge ancora nel documento costitutivo, ha «legami profondi con l'imperialismo», è «fanatico, aggressivo, espansionistico e coloniale nei suoi scopi e fascista nei suoi metodi. [...] Israele è lo strumento del movimento sionista e base geografica dell'imperialismo mondiale» al centro della patria araba; obiettivo della lotta di liberazione palestinese è la distruzione del sionismo.

Gli esponenti dei diversi movimenti palestinesi condannano ogni forma d'attendismo arabo, chiedono interventi rapidi e risolutivi antiebraici, si dicono convinti che il dramma palestinese possa essere risolto solo «con la forza delle armi». Contribuisce ad inasprire i rapporti arabo-israeliani anche la visita del primo ministro sovietico Krusciov, in occasione dell'inaugurazione della diga di Assuan con le sue dichiarazioni a favore della politica mediorientale di Nasser. In un successivo vertice della Lega Araba (Alessandria, settembre 1964), i tredici Paesi partecipanti (Giordania, Tunisia, Algeria, Sudan, Iraq, Arabia Saudita, Repubblica Araba Unita, Siria, Yemen, Kuwait, Libia, Libano, Marocco e OLP) dichiarano di voler procedere alla concreta liberazione della

Palestina e di aver avviato i necessari preparativi militari e tecnici per rendere possibile l'operazione. In questo senso sarà creata «un'apposita organizzazione ed un esercito palestinese per risolvere il primo e più urgente problema del mondo arabo». Immediata la reazione israeliana: si denuncia l'intenzione di tredici Stati, membri dell'ONU, di distruggere un altro Stato, «anch'esso membro dell'ONU e di progettare un massiccio attacco armato contro Israele», progetti che devono essere condannati dall'Organizzazione e da tutti i governi «amanti della pace». In occasione di un successivo Congresso nazionale palestinese (Il Cairo, 1965) Nasser ammette che il mondo arabo non è ancora pronto, a causa delle divisioni interne e degli armamenti inadeguati di cui dispone, ad affrontare Israele. Occorre rafforzare «la forza rivoluzionaria» politica e militare araba per raggiungere il comune obiettivo: la liberazione della Palestina. Non si deve permettere che il momento del confronto militare sia scelto da Gerusalemme, ma «la data della battaglia» deve essere decisa dalla Lega Araba. La Palestina ci è stata usurpata con la violenza; essa non potrà essere «recuperata che con la forza delle armi». Nei mesi successivi continuano e verificarsi continui e gravi incidenti confinari, in particolare lungo le linee armistiziali siriane e giordane e la tensione politica resta alta anche a causa delle frequenti contrapposizioni che si manifestano all'interno dei numerosi Paesi arabi e fra alcuni di essi; Nasser stesso, stanco di queste continue divergenze, denuncia l'esistenza di un «fronte arabo rivoluzionario», al quale appartiene la Repubblica Araba Unita, e uno «reazionario» (guidato dall'Arabia Saudita con Tunisia, Giordania, Iran), poco solidale con la causa araba e palestinese. Minaccia il ritiro del suo Paese dalla Lega Araba e dai vertici interarabi se non saranno definiti con chiarezza gli obiettivi futuri; anche gli accordi fra Il Cairo e Riyadh, firmati a Gedda (agosto 1965) per porre fine al conflitto nello Yemen fra le forze repubblicane e quelle monarchiche sostenute rispettivamente da Il Cairo e dai sauditi, non portano né alla pacificazione né alla collaborazione. Inoltre, l'integrazione militare delle forze armate arabe non approda a risultati apprezzabili e la diffidenza reciproca impedisce al Comando unificato di mettere a punto progetti operativi precisi e di poter stabilire eventuali movimenti di forze terrestri da un Paese all'altro. Nasser, in più occasioni, denuncia la politica della Giordania, dell'Arabia Saudita e della Tunisia, che, al di là di generiche assicurazioni, hanno tradito la causa palestinese e tramano con

Londra e gli imperialisti contro il mondo arabo. Ad accrescere la tensione contribuisce il ritiro delle forze armate dell'ONU (presenti dal 1957) sulla frontiera fra la Repubblica Araba Unita e Israele dopo la richiesta egiziana (maggio 1967) e al loro posto subentrano reparti egiziani e militanti dell'Organizzazione per la liberazione della Palestina (rifugiati palestinesi). A seguito della decisione dell'ONU, le truppe egiziane tornano nel Sinai e si riapre il problema della libera navigazione nel Golfo di Aqaba. Nel 1957 Israele si era ritirata dal Sinai con l'impegno che il transito per le sue navi sarebbe tornato libero, come in realtà è stato nel decennio successivo. In tal modo il porto di Eilat ha potuto accogliere senza problemi tutte le navi provenienti o in partenza per l'Africa e l'Asia (è rimasto al contrario impedito il transito nel Canale di Suez) e cioè l'unica via per il Mar Rosso e l'Oceano Indiano. Senza l'utilizzo di questo scalo, restano disponibili soltanto i porti sul Mediterraneo (Haifa, Ashod, Tel Aviv, Giaffa), mentre Eilat risulta strategico per i collegamenti d'Israele: Bombay dista da Haifa circa 12.000 miglia (via Capo di Buona Speranza), mentre è ben più vicina ad Eilat (2.500 miglia).

Nasser (22 maggio 1967), dopo aver ricomposto i rapporti con la Giordania (trattato di difesa comune, 30 maggio 1967), annuncia la chiusura anche del golfo di Aqaba alle navi israeliane e precisa che eventuali azioni di rappresaglia da parte di Gerusalemme saranno considerate aggressioni e determineranno la reazione militare del mondo arabo. Nasser denuncia le più recenti provocazioni israeliane contro la Giordania e la Siria e critica tutti coloro che parlano di pace quando è in pericolo Israele, ma nulla hanno fatto a favore dei palestinesi dal 1948 in poi. L'Egitto non ha mai promesso libertà di navigazione nel golfo di Aqaba neppure dopo il 1957, considerandolo parte delle acque territoriali della Repubblica Araba Unita e «noi non permetteremo mai ad una nave che batte bandiera israeliana di transitarvi. Gli ebrei minacciano la guerra contro di noi. Noi rispondiamo: "benvenuta la guerra"». Chiede inoltre ai Paesi promotori di una nuova alleanza islamica, Arabia Saudita, Iran e Giordania, di essere solidali in questa lotta. Ricorda che le forniture petrolifere che arrivano a Eilat provengono dall'Iran e che è necessario che Teheran interrompa questo commercio e ogni rapporto con l'imperialismo che era e rimane nemico della causa araba. Immediata la reazione di Gerusalemme: non sarà tollerato alcun blocco al transito di «navi battenti altre bandiere con carichi di materiale strategico attraverso la via d'acqua internazionale che passa per lo Stretto di Tiran ed unisce il golfo di Eilat con il Mar Rosso». Washington e Londra sostengono le posizioni israeliane, mentre Mosca e Pechino quelle de Il Cairo. Parigi propone consultazioni preventive con USA, URSS e Londra e tende ad assumere un ruolo *super partes* pacificatore e di mediazione che mette in luce anche una sostanziale sfiducia nei confronti dell'ONU, alla quale è imputato l'affrettato ritiro dei contingenti di garanzia collocati nel Sinai. La tensione degli anni precedenti e gli avvenimenti degli ultimi mesi portano al terzo conflitto arabo-palestinese israeliano. D'altra parte Israele, allarmata dalle continue minacce contro la sua esistenza, messa di fronte all'accordo egiziano-giordano, al quale accede anche l'Iraq, provocata dalla chiusura del golfo di Aqaba, si trova di fatto oggetto di un completo accerchiamento terrestre che lascia poche possibilità di scelta. In questo contesto a Gerusalemme è formato un governo d'emergenza nazionale con la convergenza di tutte le forze politiche (con l'eccezione dei comunisti). Dopo i primi incidenti scoppia un conflitto generale (5 maggio 1967); in una settimana (guerra dei sei giorni) di combattimenti Israele prevale nettamente sul fronte siriano, in quello giordano e in Egitto, dove conquista Gaza, l'intera penisola del Sinai e raggiunge la sponda occidentale del Canale di Suez. Sul fronte giordano viene occupata la Cisgiordania e tutta Gerusalemme; sul confine siriano sono occupate le colline del Golan che dominano l'alta Galilea. Da parte israeliana non si nasconde l'intenzione di rimanere in questi territori finché specifici trattati di pace non offriranno adeguate garanzie che essi non saranno di nuovo utilizzati né come base per le azioni di sabotaggio o terroristiche né come avamposti di nuove azioni aggressive arabe. Eshkol precisa che Israele ha il diritto, dopo aver combattuto per la sopravvivenza, di stabilire i suoi «interessi vitali»: «I confini d'Israele non debbono più essere una terra di nessuno aperta all'assassinio ed ai sabotaggi di chicchessia». Il Consiglio di Sicurezza (7 maggio), con voto unanime, invita i contendenti a sospendere le ostilità (senza intimare il ritorno delle rispettive forze armate sulle posizioni di partenza). Mentre Israele accetta la richiesta, essa è rifiutata dai Paesi arabi (soltanto la Giordania decide di dissociarsi e accetta «sul suo fronte» il cessate il fuoco).

Da parte araba non si nega la sconfitta militare, ma si cerca di attribuire il successo di Gerusalemme al sostegno anglo-americano, volendo in tal modo ottenere un più incisivo aiuto sovietico, che, tuttavia, non si verificherà.

Mosca, solidale con gli arabi, denuncia l'aggressione israeliana, chiede il ritorno ai confini armistiziali prebellici, rompe le relazioni diplomatiche con Israele, insiste per una risoluzione di condanna dell'ONU. Ciò nonostante, non prende alcuna decisione concreta per rimuovere il quadro postbellico e conferma la sua politica di pace e di distensione e la necessità che il dialogo Est-Ovest non sia interrotto. Invia comunque una flotta nel Mediterraneo per sottolineare la sua volontà di sostenere la causa araba. Pechino denuncia l'equivoca politica moscovita e incita gli arabi a continuare nella lotta contro l'imperialismo sionista-statunitense. Washington conferma che non si può avere la pace in Medio Oriente senza l'accettazione dell'esistenza di Israele e che occorrono negoziati diretti fra quest'ultima e i singoli Stati arabi della regione.

I lavori dell'Assemblea Generale delle Nazioni Unite si concludono (luglio 1967) senza specifici accordi. Nessuna delle risoluzioni presentate viene approvata con le necessarie maggioranze, neppure quella che prevede il ritiro israeliano dai territori occupati e il contemporaneo riconoscimento da parte dei Paesi arabi dello Stato ebraico. Soltanto più tardi (novembre 1967) il Consiglio di Sicurezza approva all'unanimità la Risoluzione n. 242, che è destinata a rimanere alla base del confronto politico anche in seguito. Essa prevede la pacificazione della regione, con il riconoscimento «della sovranità, dell'integrità territoriale e dell'indipendenza politica di tutti gli Stati dell'area», ai quali devono essere garantiti confini «sicuri e riconosciuti»; precisa inoltre che le forze armate israeliane devono ritirarsi «dai territori occupati». Questa decisione, in seguito oggetto di diverse e contrapposte traduzioni, sarà interpretata da Gerusalemme come ritiro non «dai territori», ma «da territori occupati», cioè non da tutti; la risoluzione afferma, inoltre, la necessità di garantire la libertà di navigazione lungo le vie marittime internazionali della zona, di raggiungere «un giusto accomodamento» dei problemi dei rifugiati e di assicurare l'inviolabilità dei territori e l'indipendenza politica di ogni Stato della regione con la creazione di «zone smilitarizzate».

Le posizioni dei contendenti sono troppo lontane e inconciliabili risultano quelle dell'URSS e degli USA. Resta molto tesa la situazione lungo il Canale. Israele, che ora controlla la sponda occidentale, ne pretende l'immediato utilizzo anche per il suo naviglio. In caso contrario minaccia un analogo blocco per le navi egiziane. Poco dopo i due Paesi concordano di riaprire il Canale alla libera navigazione per «tutte le bandiere» e s'impegnano a non far transitare sulla via d'acqua le proprie navi (luglio-agosto 1967) in attesa di successive intese bilaterali. Un nuovo momento di tensione si verifica dopo l'affondamento del cacciatorpediniere israeliano Eilat e la ritorsione di Gerusalemme che distrugge le raffinerie egiziane di Suez, ciononostante la guerra non riprende. Restano in tal modo sul tappeto, irrisolti, tutti i problemi:

1) il riconoscimento dello Stato d'Israele;
2) la sistemazione dei profughi palestinesi;
3) la chiusura del Canale di Suez alle navi israeliane;
4) la libera navigazione nel golfo di Aqaba;
5) l'internazionalizzazione di Gerusalemme;
6) lo sfruttamento delle acque del Giordano per attività agricole;
7) il ritiro israeliano dai territori occupati.

Questa situazione fa crescere l'attività terroristica da parte di diverse organizzazioni palestinesi che, collocate nei Paesi confinanti con Israele, compiono continue incursioni (OLP, Fronte popolare per la liberazione della Palestina, Fondo nazionale palestinese, Ufficio permanente per la liberazione della Palestina, Esercito di liberazione palestinese, ecc.). Di fronte all'emergenza postbellica esse decidono di associarsi e danno vita ad un Consiglio nazionale palestinese (100 membri) che funzionerà come parlamento del popolo palestinese. Quest'organo ribadisce che «la lotta armata» è l'unico mezzo per liberare i territori occupati e la patria araba e respinge le proposte del Consiglio di Sicurezza del novembre 1967: la restituzione delle aree occupate durante il precedente conflitto non può «essere scambiata» con il riconoscimento d'Israele. Quest'ultimo, da parte sua, risponde con azioni di rappresaglia contro le strutture paramilitari e i territori nei quali esse sono insediate. Gerusalemme conferma l'intenzione di mantenere il controllo dei territori occupati che sottrae all'amministrazione militare e ne affida la gestione ad una specifica Commissione interministeriale. Il provvedimento, mentre lascia intravedere una conduzione meno rigida, sembra preludere ad una occupazione durevole. D'altra parte a quasi due anni dal "conflitto dei sei giorni" né i diversi piani presentati né l'intervento mediatore dell'ONU né le pressioni dei Paesi non allineati permettono di trasformare la tregua militare in pace durevole. In ottobre (1968) si registrano nuovi violenti combattimenti fra i due eserciti nella zona del Canale di Suez; in dicembre gravi scontri avvengono anche con la Giordania e in seguito con il Libano. Anche la costruzione, ormai quasi ultimata, dell'oleodotto Eilat (Mar Rosso)-Askelon (Mar Mediterraneo) suscita le proteste del Consiglio economico arabo e viene deciso di boicottare le compagnie petrolifere internazionali che ne faranno uso. Nel 1969 il capo di Al-Fatah, Yasser Arafat, assume la presidenza del Comitato esecutivo dell'Organizzazione per la liberazione della Palestina, che vuole la costituzione di uno Stato nelle aree occupate dai profughi palestinesi per potersi in seguito espandere in tutta la Palestina. Il diffuso convincimento che soltanto «con la forza sarà possibile riprendere ciò che è stato tolto con la forza» fa dei vertici del Comitato una delle espressioni più radicali del nazionalismo arabo palestinese. Dopo il decesso di Eshkol, assume (1969) la guida del governo Golda Meir. La sua designazione incontra all'inizio resistenze di carattere politico e religioso: alcuni ambienti del rabbinato l'avversano ricordando che «in nessuna parte della Bibbia si parla mai di una regina!» Nel presentare il suo programma alla Knesset ricorda che la presenza ebraica in Palestina «non è un fenomeno transitorio», ma che occorre prendere atto che, dopo tre guerre, Gerusalemme vuole con i vicini una pace sicura e non fragili confini armistiziali e occorre una soluzione che garantisca che «la guerra dei sei giorni è stata l'ultima». La responsabilità di azioni criminose o di sabotaggio condotte dalle organizzazioni terroristiche ricade sui governi e sugli Stati dove esse sono collocate. Israele non può rinunciare all'autodifesa, ma soltanto una pace vera con i Paesi arabi può risolvere questa contrapposizione e ciò può e deve avvenire con negoziati diretti arabo-palestinesi-israeliani. Finché gli Stati arabi rifiutano questa condizione e insistono nel negare il diritto all'esistenza di Israele, rimarrà lo *status quo* territoriale stabilito dalla tregua del 1967. Nessuno può, meglio degli ebrei, popolo di profughi, capire le condizioni di quelli palestinesi, ma «essi non devono essere usati come arma contro di noi, né tramutati in ostaggio in condizioni miserabili dai governi arabi». Gerusalemme è pronta a fare la sua parte nel quadro di una soluzione regionale con aiuti degli «Stati petroliferi arabi» e della solidarietà internazionale. La crescente attività terroristica, il mancato avvio di negoziati, l'aumento degli scontri militari lungo il Canale radicalizzano le rispettive posizioni. Da parte israeliana viene varato un nuovo Statuto per Gerusalemme e si procede a consolidare la posizione raggiunta nei territori occupati (Sinai, Gaza, Cisgiordania, alture del Golan) «in conformità con le esigenze vitali della sicurezza e dello sviluppo». Le posizioni egiziane restano immutate: Nasser (novembre 1969) ribadisce che si può parlare della pace soltanto dopo «il ritiro totale delle forze di aggressione» da tutti i territori occupati, ma ciò non pare possibile: «in realtà l'unica via d'uscita è quella di aprirci la strada con la forza su un mare di sangue e sotto un orizzonte di fuoco». Per questo occorre preparare adeguati strumenti bellici, spiegare alla nazione araba l'importanza della prova futura, rafforzare l'unità degli Stati arabi che possono ora contare sull'aiuto militare sovietico. Va difesa senza riserve la resistenza palestinese: i profughi rappresentano «la causa di un popolo che attende la patria, o la causa di una patria che attende il suo popolo». Le radicali espressioni nasseriane escludono ogni possibilità d'intesa; mentre mantengono alta la tensione mediorientale lasciano trasparire la consapevolezza di una sostanziale impreparazione ad uno scontro militare su larga scala, per il quale occorrono tempo, armamenti, coordinamento logistico e una volontà politica comune dei Paesi arabi.

Nel complesso il quadro mediorientale resta confuso e conflittuale anche al suo interno e in Libia (1969) e in Sudan (1969) si verificano colpi di Stato che determinano forti cambiamenti nei vertici politici. A Tripoli il re Idris è deposto da un gruppo di ufficiali filonasseriani; è proclamata la Repubblica Araba di Libia di cui assume la presidenza Muammar Gheddafi. A Khartoum Mohammed Nimeiri, con altri esponenti militari con orientamenti socialisti e panarabi, assume il potere. Sono nazionalizzati gli istituti creditizi, le industrie più importanti e viene avviata una riforma agraria. Nello Yemen del Sud prevalgono le forze più radicali dell'arabismo; in Libano e nelle aree vicine le organizzazioni della «resistenza palestinese» si rafforzano ed entrano in aperta contrapposizione anche con i vertici politici dei diversi Stati ospitanti, accusati di eccessiva «prudenza e debolezza».

La situazione più critica si registra in Giordania, dove si verifica una notevole affluenza di profughi palestinesi in gran parte provenienti dalla Cisgiordania occupata. L'OLP stabilisce il suo quartiere generale ad Amman, dove i suoi miliziani rappresentano una seria minaccia per la stabilità politica del Paese. Dopo un fallito attentato alla vita del monarca e il sequestro ad opera dei fedayn di tre aerei di compagnie occidentali il governo giordano reagisce con la forza: le sue truppe attaccano i palestinesi e i loro campi. Arafat deve fuggire in Egitto, mentre le forze dell'OLP sono sconfitte, si parla a proposito di circa 10.000 deceduti negli scontri del "settembre nero" del 1970. Con la mediazione egiziana il re di Giordania e Arafat trovano un accordo: l'OLP lascia la Giordania e si trasferisce nel sud del Libano da dove continuerà ad operare contro Israele. Anche il terrorismo antiebraico non si ferma con attacchi a mezzi di trasporto terrestri e aerei, a pattuglie lungo le linee armistiziali e agli sportivi israeliani alle Olimpiadi di Monaco (1972). Gerusalemme reagisce con azioni continue di rappresaglia contro le basi di partenza dei fedayn e con la ricerca e l'eliminazione dei dirigenti dell'OLP e delle organizzazioni palestinesi ritenuti mandanti o esecutori degli atti terroristici. Neppure i numerosi tentativi di Washington, di Mosca e delle Nazioni Unite riescono a far riprendere le trattative arabo-israeliane, che restano bloccate per le rispettive rigidità in merito al ritiro preventivo dai territori occupati nel 1967 e dall'opposta richiesta della contemporanea sottoscrizione dei trattati di pace. L'improvviso decesso di Nasser per collasso cardiaco (settembre 1970), poche ore dopo la firma dell'accordo fra l'OLP e i giordani, apre nuovi interrogativi sulla stabilità interna della Repubblica Araba Unita e sulla continuità della sua azione all'esterno. Nasser è stato un combattente coerente e rigoroso della causa araba e del progetto dell'unificazione politica degli arabi; ha dato all'Egitto un ruolo centrale per compiere questo cammino percorrendo ogni strada per favorire l'aggregazione dei movimenti, dei governi, degli Stati e delle popolazioni arabe. Questa continua pressione ha provocato reazioni e repressioni nei confronti delle forze filonasseriane esterne all'Egitto, nulla togliendo alla forza con cui ha perseguito il progetto originario fino al suo decesso. Sotto la sua guida è stato chiuso il periodo coloniale con il ritiro delle forze armate britanniche e con la nazionalizzazione del Canale di Suez; né importanza minore ha l'avvio della riforma agraria, dell'industrializzazione, dell'elettrificazione e la costruzione della diga di Assuan di cui proprio nel 1970 vi è stata l'inaugurazione. Ha sostenuto con coerenza anche il non allineamento fra i blocchi postbellici, sebbene le vicende palestinesi lo abbiano portato ad accettare l'appoggio militare, politico e finanziario dei Paesi comunisti. L'aspetto più problematico della sua politica resta l'identificazione della causa araba con la distruzione dello Stato d'Israele: il perseguimento tenace di questo obiettivo è servito, sul piano propagandistico, a far crescere la sua popolarità presso gli arabi (e il mondo musulmano), ma ha anche creato ostacoli non superabili. Questo obiettivo è stato respinto da gran parte degli Stati della comunità internazionale, non ha comportato azioni solidali di alcuni governi arabi e non ha mai ottenuto neppure il sostegno di Mosca. Ai più è apparsa un'esagerazione radicale e pericolosa capace di aprire le porte ad un nuovo olocausto e forse anche di spingere le grandi potenze ad un pericoloso confronto militare. È prevalsa in tal modo l'accettazione di Israele anche se costituita con la forza e con le ben note conseguenze negative per gli arabi palestinesi. Nasser al contrario ha legato l'arabismo alla distruzione dello Stato ebraico: da questo punto di vista ha dovuto prendere atto di una triplice sconfitta militare (1948, 1956, 1967) e, nel triennio (1967-1970) precedente al suo decesso, dell'estensione territoriale israeliana anche nei cosiddetti "territori occupati".

10. *Sadat alla guida dell'Egitto. Trattato di amicizia e collaborazione sovietico-egiziano (1971). La quarta guerra arabo-palestinese-israeliana (1973). Arafat all'Assemblea Generale dell'ONU (1974); la replica del rappresentante israeliano Tekoah*

La guida della Repubblica Araba Unita è assunta dal vicepresidente Anwar al-Sadat, già indicato da Nasser come suo eventuale successore. È uno degli «ufficiali liberi nazionalisti» che hanno condotto il colpo di Stato contro Farouk nel 1952 e in seguito attivo esponente del Consiglio della Rivoluzione. Nei mesi successivi la politica egiziana non si allontana dagli obiettivi nasseriani: «la nostra lotta di liberazione continua [...] fra gli Stati del non allineamento e nella rivoluzione sociale dei tre continenti: in Africa, in Asia e nell'America Latina. Siamo attaccati alla nostra indipendenza, al nostro nazionalismo arabo [...] nelle file di coloro che combattono l'imperialismo. [...] La nostra ostilità per Israele non deriva da fanatismo razziale. Costituisce uno degli aspetti della nostra guerra contro l'imperialismo» (novembre 1970). In questo periodo prendono corpo nuove aggregazioni panarabe: è sottoscritto un patto federativo fra Egitto, Libia e Sudan, al quale aderisce, poco tempo dopo, anche la Siria. Al tempo stesso i due Yemen (Nord e Sud), superate le precedenti contrapposizioni, avviano un analogo processo federativo. Nel febbraio del 1971 sembra aprirsi uno spiraglio: Sadat propone un accordo per la riapertura del Canale di Suez nel contesto di nuovi negoziati. Secondo questo piano la ripresa delle trattative nell'ambito delle Nazioni Unite dovrebbe essere affiancato dal ritiro graduale israeliano dai territori occupati iniziando dalla riva occidentale del Canale di Suez, che permetterebbe di riattivare la navigazione (preclusa dal 1967) con opportuni rapidi lavori di drenaggio da parte egiziana e di rimettere la via d'acqua nelle condizioni di servire, come in passato, all'economia mondiale. Il Cairo ha bisogno di liberare almeno il Sinai: c'è un problema di prestigio evidente e l'urgenza di riaprire il Canale anche per tornare in possesso dei ricavi del suo utilizzo.

La risposta di Gerusalemme è negativa perché la proposta egiziana appare equivoca. Meir, primo ministro, precisa che il suo Paese vuole la pace garantita da espliciti trattati. E ora Sadat propone l'avvio di trattative con il contemporaneo ritiro delle forze armate d'Israele dalla sponda Est del Canale, che permetterebbe di riaprirlo. Non precisa, tuttavia, se anche le navi ebraiche possano o meno attraversarlo; fra l'altro Gerusalemme ha più volte proposto di riaprire il Canale con l'ovvia conseguenza dell'utilizzo anche da parte israeliana. Senza questa condizione, il ritiro militare darebbe all'Egitto «un vantaggio strategico importante» senza nessun vero progresso verso la pace. Meir denuncia, inoltre, l'accresciuto aiuto militare sovietico con materiale offensivo (aerei, artiglieria pesante, missili terra-terra e terra-aria). In questo contesto Israele non può accogliere la proposta di Sadat, ma è pronto a proseguire nelle trattative.

Sadat ritiene opportuno intensificare i rapporti con l'URSS e nel maggio 1971 è sottoscritto un trattato di amicizia e di collaborazione (economica e militare) fra i due Paesi. Israele denuncia i pericoli di questa nuova situazione, che offre agli egiziani armamenti più moderni e aggressivi, li subordina a Mosca; l'Egitto diventa il più forte punto d'appoggio sovietico nel Mediterraneo e nel Nord Africa. Ciò, osserva Israele, è in contrasto con gli stessi storici indirizzi neutralisti propugnati prima da Nasser e poi da Sadat. Con questo accordo, secondo Golda Meir, «cade la maschera neutralista egiziana». Gerusalemme lamenta un rallentamento nelle forniture militari americane, mentre sempre più probabile appare l'intenzione egiziana e araba di aprire un nuovo conflitto generale. Lo stesso Sadat (novembre 1971) conferma l'intenzione, in mancanza di altre soluzioni, di riprendere le ostilità entro breve tempo: «non abbiamo altra scelta che la battaglia per difendere la nostra patria [...]. La battaglia sarà diversa da tutte quelle che l'hanno preceduta. Israele non è più un'utopia o un fantasma, come ha cercato di farsi raffigurare». Nell'anno successivo i solidi rapporti sovietico-egiziani s'indeboliscono: Sadat non nasconde i dissidi «sugli armamenti, sulla loro composizione e sui tempi di consegna» e precisa che non possono essere accettate restrizioni nell'uso di questi strumenti militari «qualunque ne sia la natura», e cioè che il loro utilizzo deve essere deciso dalle autorità egiziane «senza bisogno di permessi di nessun'altra autorità».

L'Egitto non può accettare alcuna limitazione preventiva degli armamenti, non può restare in una condizione di *status quo*, di «né guerra né pace» e ancor meno può rinunciare «a un metro quadrato di terra araba». Sadat reprime un tentativo di colpo di Stato organizzato da alcuni esponenti delle forze armate legati ai sovietici. Alla luce di «queste divergenze fra amici» prende alcune decisioni: pone fine alle missioni dei consiglieri e degli esperti militari sovietici, conferma la proprietà su tutti gli impianti e le attrezzature militari istallate sul proprio territorio. Mentre auspica future collaborazioni con Mosca, annuncia che personale egiziano è pronto a sostituire quello sovietico. Sadat precisa che la battaglia con Israele è egiziana e che sarà combattuta «solo con i nostri soldati e i nostri uomini» e che non si vuole uno «scontro fra l'URSS e l'America».

Da queste e da altre dichiarazioni successive emerge con chiarezza la ragione della polemica egiziana: si rimprovera a Mosca un'eccessiva cautela nella fornitura di «armi moderne e risolutive», di non aver convinto il presidente Nixon, durante il suo soggiorno a Mosca, a porre un freno alla politica israeliana e all'occupazione dei territori (conseguente alla guerra dei sei giorni del 1967) e di non attribuire alla questione mediorientale il peso che dovrebbe avere, giovando ad Israele, «un nemico che occupa parte del nostro territorio». Non si può accettare il fatto compiuto: «ci ergeremo da soli, precisa Sadat, e non ci arrenderemo mai. [...] se le circostanze lo esigono, non temeremo di combattere sino alla distruzione totale» (settembre 1972); invita inoltre i palestinesi a dar vita ad un governo in esilio per difendere con più forza i loro diritti: l'Egitto riconoscerà subito questa nuova entità. La decisione egiziana di allontanare gli assistenti sovietici e le motivazioni di questa svolta mettono in allarme Israele. Da un lato c'è la soddisfazione per i vincoli arabo-sovietici che si allentano e per la riduzione e la lentezza nella fornitura di nuovi e più moderni armamenti, dall'altro si teme che questo decondizionamento possa portare, in tempi brevi, a nuove azioni belliche forse già anticipate ai vertici moscoviti. Mosca potrebbe averle rifiutate per la scarsa preparazione delle forze armate arabe, per gli incerti sviluppi nell'area mediorientale e per il timore di compromettere il dialogo con Washington rafforzato dopo il recente viaggio di Nixon in URSS. C'è anche preoccupazione per la riorganizzazione di un comando militare arabo unificato. Il ministro degli Esteri, Abba Eban (febbraio 1973), condanna la violenza terroristica che persegue «l'assassinio di uno Stato, Israele, che deve essere sostituita dal diciannovesimo Stato arabo». Ciò costituisce un'applicazione collettiva dell'antisemitismo classico, che concede a tutti la libertà nazionale «ad eccezione del popolo ebraico che, non avendo patria, non ha il diritto di costruire il proprio Stato. [...] per noi – osserva Abba Eban – gli scopi di questo tipo di terrorismo sono ancora peggiori dei mezzi» ed è necessario «illuminare» a proposito l'opinione pubblica europea e mondiale. Tuttavia, mentre i negoziati non fanno passi avanti, gli insediamenti ebraici nei territori occupati si rafforzano e si estendono. Il mondo arabo teme che l'occupazione in atto (dal Canale di Suez al Giordano, fino al monte Hermon) possa diventare definitiva, cioè una vera e propria annessione. Nel corso del 1973 gli incidenti lungo le linee armistiziali si moltiplicano (alture di Golan, Canale di Suez) e a volte degenerano in confronti militari più impegnativi (combattimenti aerei siriano-israeliani). Nel mese di ottobre (1973) Egitto e Siria avviano operazioni militari contro Israele. C'è anche un "terzo fronte" lungo la frontiera libanese, ove formazioni di guerriglieri palestinesi si scontrano con reparti israeliani. Ha inizio la quarta guerra arabo-israeliana. Il fattore sorpresa agevola gli attaccanti arabi che godono ora di una maggiore preparazione militare e del fatto che l'inizio delle operazioni coincide con una solennità ebraica (Yom Kippur). È evidente che Il Cairo e Damasco hanno ben preparato questa offensiva anche alla luce delle precedenti sconfitte. Dopo una fase iniziale favorevole alle forze arabe il fronte tende a stabilizzarsi. Il Consiglio di Sicurezza approva (22 ottobre) una risoluzione a voti unanimi (astensione della Cina) per l'interruzione dei combattimenti, l'avvio di trattative sulla base della Risoluzione n. 242 del 1967 che Gerusalemme e Il Cairo (Damasco) accettano. In alcuni settori le ostilità continuano e si registrano controffensive israeliane concluse con successo anche ad Ovest del Canale di Suez. Successive Risoluzioni (23 e 25 ottobre) dispongono l'invio di osservatori lungo la linea della tregua e la costituzione di una «forza d'emergenza» (caschi blu) per garantire il rispetto del «cessate il fuoco» e il ritorno delle parti in conflitto sulle posizioni occupate il 22 ottobre.

I Paesi arabi produttori di petrolio utilizzano anche l'arma petrolifera contro Israele. Essi, aderenti in gran parte all'OPEC (Organization of the Petroleum Exporting Countries), decidono nel 1973 un inasprimento dei prezzi del petrolio e i suoi costi passano da tre a dodici dollari al barile (salirà ulteriormente fino a raggiungere i 35 dollari nel 1979-1980). Con questa iniziativa, oltre agli evidenti vantaggi economici immediati, si vuole mettere sotto pressione il mondo industrializzato occidentale e renderlo in tal modo cosciente di due realtà: l'importanza, per il suo sviluppo, delle forniture energetiche del mondo arabo e la necessità di sostenerne l'azione nella lotta contro lo Stato ebraico. Viene utilizzato anche l'embargo, con misure restrittive nelle forniture (nei confronti degli Stati Uniti e dell'Olanda). Al tempo stesso per tutelare i nuovi livelli dei prezzi è decisa la riduzione percentuale delle estrazioni di petrolio dei singoli Paesi produttori, offrendo quantità minori o prestabilite a prezzi molto più elevati. Una lievitazione tanto rapida quanto imprevista dei prezzi determina conseguenze di rilievo nelle economie dei maggiori Paesi industrializzati e crea altresì difficoltà enormi per i Paesi in via di sviluppo che devono far fronte a deficit crescenti per le importazioni petrolifere. La politica perseguita darà alla fine modesti risultati in ordine al principale problema che l'aveva generata. La protezione americana nei confronti d'Israele non è scalfita. Le altre potenze importatrici assumono atteggiamenti più prudenti sui problemi mediorientali, cercano soluzioni bilaterali per definire quantità e prezzi petroliferi e si rendono più disponibili al dialogo con l'OLP. D'altra parte l'afflusso di valuta pregiata (dollari) nelle casse dei Paesi produttori crea disponibilità enormi alle quali non risponde un'analoga capacità o volontà di spesa all'interno dei rispettivi Paesi (con l'eccezione di acquisto di armamenti). A causa di ciò essi devono investire queste risorse finanziarie o nei circuiti bancari occidentali o in quelli degli investimenti esteri immobiliari. Ciò alla fine accentua i legami con le stesse potenze (americane, europee e asiatiche) che si volevano danneggiare e i Paesi industrializzati vedono ritornare nelle proprie casse gran parte dei proventi derivanti dagli aumenti del prezzo del petrolio. La politica dell'OPEC dovrà essere rivista negli anni seguenti: la crisi economica mondiale rallenta le forniture, i singoli Paesi arabi cercano soluzioni nazionali, si affacciano nuovi fornitori d'idrocarburi. La ricerca scientifica offre nuove soluzioni alla domanda energetica (energia atomica, solare, eolica, ecc.). Si assiste ad una costante riduzione dei prezzi già negli anni Ottanta e in seguito, negli anni Novanta, si assesta intorno ai 12 dollari al barile. In seguito esso subirà, per cause diverse, nuovi e continui rialzi senza tuttavia condizionare in modo determinante né l'economia né la politica dei Paesi importatori.

Molto attiva risulta l'attività diplomatica sovietico-americana per fermare le ostilità e avviare nuove trattative. La convergenza della loro azione nella fase conclusiva non ha escluso, nei giorni precedenti, momenti di grave tensione con reciproche minacce d'intervento militare nel settore per tutelare «i rispettivi amici». L'equilibrio fra Washington e Mosca è raggiunto sul piano politico: il segretario di Stato Kissinger non esita ad affermare che Washington difende «Israele e non le sue conquiste», mentre Brezhnev e Kosygin confermano l'aiuto agli arabi, ma anche il diritto di esistere dello Stato ebraico. Questo successo delle grandi potenze lascia, tuttavia, inalterati i termini della contrapposizione arabo-israeliana: gli uni sottolineano che la Risoluzione 242 dispone il ritiro dai territori occupati, gli altri «frontiere sicure» per Israele (cioè trattati di pace). Per definire la complessa situazione postbellica si decide di convocare a Ginevra (dicembre 1973) una conferenza per la pace in Medio Oriente (USA, URSS, Egitto, Giordania, Israele), alla quale partecipa anche Kurt Waldheim, segretario generale dell'ONU. La Siria declina l'invito. In tal modo emerge evidente l'impegno delle due maggiori potenze per comporre, in modo definitivo, l'annoso conflitto. Un segnale positivo si registra con un accordo egiziano-israeliano, detto del «km 101» per indicare la località all'interno del deserto del Sinai ove esso è sottoscritto (gennaio 1974). Esso prevede il ritiro delle forze ebraiche dalla sponda Ovest del Canale (quelle egiziane rimangono sulla parte orientale che hanno occupato durante il conflitto), la creazione di una fascia smilitarizzata presidiata dai caschi blu, la riduzione delle forze dislocate dai due Paesi, il ritiro israeliano all'interno del Sinai.

Con queste disposizioni si riduce il rischio della ripresa della guerra, non si pregiudica la sicurezza di nessuno dei contendenti, si pone fine al curioso «reciproco accerchiamento» nella zona del Canale (gli uni sono passati ad Ovest della via d'acqua, gli altri sulla sponda Est). L'accordo non è considerato «di pace definitiva», ma un primo passo verso «una pace giusta e duratura», in conformità con le risoluzioni dell'ONU e nel quadro della conferenza di Ginevra. Un analogo accordo con la Siria a proposito del Golan procede con difficoltà: continuano ad essere frequenti gli scontri locali, mentre le azioni terroristiche all'interno dello Stato ebraico mietono nuove vittime e producono, a loro volta, violente rappresaglie da parte di Gerusalemme. Quest'ultima e Damasco raggiungono un accordo più tardi (maggio-giugno 1974) a Ginevra: Israele si ritira dalla zona occupata durante la guerra del Kippur e mantiene quella conquistata nel 1967 con la rinuncia della città di Kuneitra. Anche qui si crea una zona smilitarizzata presidiata dai caschi blu della forza d'emergenza dell'ONU e lunghe trattative consentono un rafforzamento della presenza di Washington nel settore (in particolare con le autorità egiziane) ed evidenziano una maggiore apertura israeliana a nuove trattative. Da parte araba i parziali successi militari, nella misura in cui allontanano le pesanti frustrazioni dei precedenti confronti, inducono ad un maggiore realismo; si crede possibile l'avvio di negoziati «in condizioni di parità» su tutte le questioni più importanti che restano al momento senza soluzione. I sussulti interni postbellici portano a cambiamenti nei vertici politici israeliani: la guida del governo viene assunta da Yitzhak Rabin. Nel presentare il programma del nuovo esecutivo (giugno 1974), ricorda che Israele è stata impegnata per più di ventisei anni in una guerra lunga e ininterrotta; ciò nonostante Gerusalemme vuole la pace, «esistere» e costruire «una nazione ed una società ebraica fondata sui valori storici e le tradizioni del popolo ebraico». L'Egitto ha avuto un ruolo determinante sul fronte dei Paesi arabi negli ultimi decenni, ma la via della pace deve essere decisa da Il Cairo e da Gerusalemme. Israele, anche con un trattato di pace, non può tornare ai confini del 1967, perché essi non sono difendibili e costituiscono «una tentazione per l'aggressione» come è successo in passato. Si rende possibile la rinuncia a gran parte dei territori occupati, ma non di tutta la loro estensione; Gerusalemme «deve rimanere israeliana», mentre in Cisgiordania può tornare uno Stato arabo. Per quanto riguarda i lavori della conferenza di Ginevra non può essere accolta la richiesta di far partecipare, neppure con osservatori, «le organizzazioni terroristiche palestinesi il cui obiettivo dichiarato è la distruzione dello Stato d'Israele». Con il Libano non ci sono problemi territoriali, ma il governo deve impedire che dal suo territorio partano azioni terroristiche perché, in caso contrario, ne subirà (come in passato) le conseguenze. Begin si augura che anche l'URSS riveda la sua politica mediorientale, riducendo gli aiuti militari, non incoraggiando i Paesi arabi più estremisti e affermando il diritto israeliano di avere «frontiere difendibili».

Si registra, in questo periodo, un'intensa attività statunitense per riprendere il dialogo con i Paesi arabi: il presidente Nixon visita il Medio Oriente ove incontra fra gli altri i vertici politici israeliani, egiziani, sauditi, siriani e giordani. Di particolare rilievo è la distensione con Il Cairo, che permette a Washington di riprendere, dopo diversi anni, un dialogo necessario per il futuro della regione. Le successive dimissioni di Nixon portano alla guida del governo americano Gerald Ford che tenterà di portare avanti il processo di pacificazione. Ciò nonostante, sia Mosca sia Washington continuano a fornire aiuti militari ai contendenti.

È stato spesso esagerato il ruolo delle grandi potenze nel contesto mediorientale, valutazione che nasce da interpretazioni estensive del bipolarismo e della distensione fra i grandi. Non c'è alcun dubbio che le due superpotenze abbiano influenzato gli avvenimenti: sostegno ai contendenti, apertura e chiusura dei "rubinetti militari", pressioni all'ONU per favorire tregue e armistizi, precisa volontà d'impedire di essere trascinate in un confronto diretto, circoscrizione del conflitto a livello regionale. Queste osservazioni valgono per una lettura di carattere strategico, ma non aiutano a capire la reale dinamica degli avvenimenti locali e le loro radici. Washington e Mosca non riescono a risolvere nessuno dei veri problemi che dividono israeliani e arabo-palestinesi (accettazione di Israele, trattati di pace, sistemazione dei profughi, ecc.); anzi, per alcuni aspetti, il contrapposto aiuto militare oltre che inutile è dannoso. Non è dunque nella politica delle grandi potenze che può essere ricercata la spiegazione delle vicende mediorientali, bensì nella logica dei governi e dei popoli coinvolti, per i quali è assolutamente prioritaria la questione regionale alla quale viene subordinato tutto il resto.

I lavori della conferenza di Ginevra proseguono con lentezza senza risultati apprezzabili e l'ostacolo maggiore resta la rappresentanza del popolo palestinese. Hussein di Giordania pretende di parlare a nome di quelli cisgiordani, l'OLP (avversata da Israele) di tutto il popolo palestinese. La posizione dell'OLP è esposta dal suo presidente Arafat (novembre 1974) di fronte all'Assemblea dell'ONU. Offre agli ebrei di vivere in un futuro «Stato democratico di Palestina» e di «rifiutare le promesse illusorie fatte dall'ideologia sionista e dai dirigenti israeliani» e precisa che la rivoluzione palestinese non è nata «contro l'ebreo come individuo», ma contro l'immigrazione e il «sionismo razzista» e colonialista. L'OLP combatte per la giusta causa dei diritti dei palestinesi che non sono terroristi ma rivoluzionari. Gli arabi-palestinesi sono in parte stati cacciati dalla loro terra e in parte ridotti a cittadini di seconda classe, di fatto «dei rifugiati nella loro stessa patria». Gli USA devono farsi difensori di questi diritti per la loro tradizione politica dalla parte del diritto e della giustizia, ma la spartizione del 1947, appoggiata dalla stessa Assemblea Generale, ha diviso «una patria che non doveva e non poteva essere divisa». Arafat ricorda l'opposizione dei palestinesi a questa separazione con un esempio storico: anche la madre naturale si oppose di tagliare in due il bambino, come aveva proposto re Salomone, mentre la «falsa madre» ne aveva accettato lo smembramento. Arafat si dice certo che i sionisti stanno preparando «la quinta guerra arabo-palestinese», ma dovranno affrontare prove più impegnative di quelle passate. Nella stessa sede replica Tekoah, rappresentante d'Israele. L'OLP non può essere imposta agli arabi palestinesi e non ha alcun diritto a rappresentarli perché ha «natura omicida», rappresenta soltanto «alcune migliaia di anonimi», non ha base territoriale: «è fuori della legge e della Palestina». L'OLP e gli estremisti del mondo arabo non vogliono la tutela dei palestinesi, ma distruggere lo Stato ebraico e annullare i diritti dei suoi cittadini. I palestinesi non sono stati privati di uno Stato: esso è la Giordania sul piano geografico, etnico e storico, costituendone la maggioranza della popolazione. Tekoah attacca anche l'Assemblea Generale che ha dato voce e fiducia «al terrorismo e all'efferatezza», avviando una politica che non porterà la pace. Lo stesso Rabin (gennaio 1975) conferma questa impostazione, riconoscendo che sul territorio dell'entità palestinese devono «esistere due Stati e non tre», vale a dire Israele e la Giordania, che ha un'alta percentuale di palestinesi al suo interno ed è l'unico Paese arabo che ha proceduto, seppur con contrasti e difficoltà, ad integrarli. Non si può chiedere a Gerusalemme di trattare con l'OLP. Arafat ha negato il diritto ad esistere allo Stato ebraico e «per lui – osserva Rabin – gli ebrei non sono altro che una minoranza religiosa in Palestina». Questa organizzazione non ammette la nazionalità ebraica, e questo problema è fondamentale e «va ben al di là dei metodi barbari impiegati dall'OLP». È necessario trovare un accordo per la non belligeranza o per la pace con l'Egitto, che in tutte le passate vicende belliche si è sempre dimostrato il più disponibile ad accogliere le tregue armistiziali. Occorrono colloqui preparatori bilaterali egiziano-israeliani anche per far progredire i lavori a Ginevra. L'Egitto non respinge l'ipotesi di un confronto bilaterale, anche se conferma che a Ginevra è necessaria la presenza di tutto il mondo arabo e dell'OLP.

11. *La nuova politica egiziana. Gli accordi di Camp David (1978). Il trattato di pace egiziano-israeliano (1979). Il* memorandum *statunitense-israeliano (1979). Le reazioni del mondo arabo. L'assassinio di Sadat (1981)*

Il ministro degli Esteri egiziano Ismail Fahmi effettua una prima importante apertura nei confronti di Israele (aprile 1975): se quest'ultimo rinuncia ad ambizioni espansioniste e se accetta di vivere «come un Paese mediorientale e non come paese europeo o come Stato federato degli USA», Il Cairo e anche gli altri Paesi arabi ne possono accettare l'esistenza. Mentre il riconoscimento da parte di più di ottanta Stati non ha garantito la pace, questa può realizzarsi con l'accordo «di cinque o di quattro dei suoi vicini». Lo stesso embargo petrolifero è stato adottato per determinare un cambio d'indirizzo politico di alcuni Paesi «fiancheggiatori acritici di Gerusalemme», ma nessuno può lamentarsi per questa politica perché essa è stata adottata anche da altri contro la Cina comunista per vent'anni e anche di recente contro Cuba. Nel giugno del 1975, dopo otto anni di chiusura, è riaperto il Canale di Suez (liberato da oltre 60 navi affondate, da 50.000 ordigni esplosivi e da insidiosi relitti bellici). In questo periodo è cambiato il sistema dei trasporti che ha cercato, con la costruzione delle superpetroliere e delle navi portacontainer, soluzioni alternative all'uso del Canale. È previsto pertanto un volume di traffico ridotto e il passaggio di navi di piccolo o medio tonnellaggio.

Nel settembre (1975) è siglato un accordo egiziano-israeliano dopo un'ulteriore mediazione del segretario di Stato statunitense Henry Kissinger, in seguito alla quale le truppe di Gerusalemme si ritirano da alcune aree del Sinai (lasciano anche i pozzi petroliferi di Abu Rudeis). Il Cairo promette la non belligeranza per almeno un triennio, la riduzione del boicottaggio petrolifero condotto dalla Lega Araba, l'attenuazione della campagna culturale-ideologica antisraeliana e il transito di «carichi non militari» «da e per» Israele nel Canale di Suez. Questi piccoli passi distensivi attivati da Sadat sono contestati dall'OLP (si verificano gravi attentati in Israele), dai siriani, dagli iracheni e dai libici, che attivano il cosiddetto "fronte del rifiuto". D'altra parte, i vertici egiziani non nascondono di aver avviato una profonda revisione della loro politica precedente, dichiarando apertamente di non credere più che l'unica soluzione per la pace sia la distruzione di Israele, «diventata inammissibile», ma la creazione di «uno Stato palestinese che può coesistere in pace con quello ebraico».

La questione palestinese è prioritaria e si riconosce la necessità di assicurare l'autodeterminazione di questo popolo. In seguito, gli stessi palestinesi decideranno se unirsi all'Egitto, alla Siria o alla Giordania. Anche la Siria raggiunge un accordo con Israele sul Golan: le forze armate di quest'ultimo si ritirano di alcuni chilometri, occupati dai caschi blu dell'ONU. Nel complesso questi risultati parziali sono conseguiti grazie alla disponibilità egiziana e all'impegno degli Stati Uniti, in particolare di Kissinger. La "piccola distensione" attuata con la cessazione delle ostilità e questi accordi, ancora parziali e provvisori, non risolvono tuttavia il problema dei palestinesi, di Gerusalemme e la costituzione di uno o più Stati nella vecchia Palestina. Emerge comunque l'intenzione egiziana di procedere sulla strada della normalizzazione con Israele e di rafforzare i legami con Washington con cui ha ripreso le relazioni diplomatiche (1974).

Il divario sovietico-egiziano si estende a causa delle ritardate forniture militari e per il rifiuto di rinegoziare i crediti concessi. Mosca non può assistere passivamente alla nuova politica di Sadat, che, dopo una pausa d'attesa (c'è anche la richiesta di ottenere armamenti offensivi), denuncia (marzo 1976) il trattato di amicizia e cooperazione, che definisce «un'anticaglia», un «pezzo di carta» ormai inutile. Mosca, da parte sua, pur ridotta ad un ruolo marginale, rafforza i propri legami con l'OLP e con i governi arabi più intransigenti e ostili. In questo delicato contesto Washington e Mosca (1977) riconoscono i diritti del popolo palestinese, l'OLP come suo rappresentante e insieme ne accettano la presenza alla conferenza di Ginevra, che, bloccata dal 1974, può riprendere i lavori alla fine del 1977. Nello stesso periodo i rapporti egiziano-israeliani migliorano al punto che è possibile uno scambio di visite fra Sadat e Begin. Quest'ultimo, esponente della destra (Likud), già dirigente dell'organizzazione Irgun, ha assunto la guida del governo dopo la sconfitta dei laburisti che l'avevano dalla fondazione dello Stato ebraico (1948).

Le visite, rispettivamente in Israele (novembre 1977) e in Egitto (dicembre 1977), lasciano intendere la volontà dei due Paesi di porre termine alla trentennale contrapposizione (ben quattro conflitti) e di definire i termini di una pace stabile. Sadat, nel suo discorso alla Knesset, sottolinea la volontà di pace del suo Paese, ma avverte tuttavia che l'Egitto non può accettare un accordo separato, non può abbandonare i palestinesi e che Gerusalemme deve rinunciare ai territori conquistati nel 1967. La visita in Israele, insiste Sadat, non nasconde secondi fini, ma persegue l'obiettivo di una «pace onesta, giusta e duratura» considerando che il conflitto del passato «ci ha trascinato da una guerra all'altra col risultato che voi e noi ci troviamo sull'orlo di un abisso spaventoso, minacciati da un'orribile catastrofe». Occorre che Israele affronti con coraggio la situazione come «ho fatto io». La risposta di Begin è anch'essa chiara, riprende la parole di Sadat in merito all'occupazione ebraica di parte della Palestina che è «terra araba», spiega con singolare forza e con passione il legame storico che lega il suo popolo e questo territorio: «No, signore, non abbiamo preso nessuna terra straniera. Noi siamo tornati nella nostra patria. Il legame tra il nostro popolo e questa terra è eterno. Questo legame è stato stretto agli albori della storia dell'uomo e non è stato mai sciolto. Su questa terra, ed in questo Paese, abbiamo creato la nostra cultura e la nostra civiltà. È qui che i nostri profeti hanno pronunciato le loro parole sante, è qui che hanno regnato i re di Giudea e d'Israele. È qui che siamo diventati un popolo. È qui che abbiamo fondato il nostro regno e quando abbiamo preso la via dell'esilio, spinti con la forza, quando ci siamo allontanati dalla nostra terra, non l'abbiamo dimenticata neppure per un sol giorno. Abbiamo pregato, sentito nostalgia ed abbiamo creduto nel nostro ritorno. La mancanza di una patria ha portato molte sofferenze al popolo ebraico di cui l'ultima, la più terribile, ne ha provocato lo sterminio di sei milioni». Ora Israele vuole esistere e desidera la pace; «esistono posizioni diverse – osserva Begin – rispetto alle richieste arabe ma occorre procedere nelle trattative senza pregiudiziali: tutto, anche da parte nostra, può essere negoziabile».

Successive trattative, non prive di ostacoli, portano agli incontri di Camp David (1978), ai quali prendono parte il nuovo presidente americano, Jimmy Carter, Begin e Sadat. Si tratta di due accordi: uno prevede il ritiro israeliano dal Sinai e la conseguente firma di un trattato di pace fra Il Cairo e Gerusalemme, escludendo per il futuro una ripresa delle ostilità fra i due Paesi grazie all'annullamento delle conseguenze delle più recenti operazioni militari. Si tratta però di una pace separata, che al momento non include gli altri Paesi arabi e non risolve la questione dei palestinesi. L'altro documento sottoscritto definisce le basi per la pace in Medio Oriente per gli abitanti della Striscia di Gaza e della Cisgiordania: è prevista la piena autonomia amministrativa (entro 5 anni) con polizia locale e una presenza limitata delle forze armate di Gerusalemme, in un arco di tempo durante il quale le trattative fra Giordania, Egitto, Israele e i rappresentanti dei palestinesi ivi residenti definiranno uno Statuto per i due territori. Molto negativa è la reazione dell'OLP e anche del governo giordano. Nonostante queste reazioni ostili, gran parte della comunità internazionale approva gli sforzi ebraico-egiziani e l'impegno dei loro rappresentanti più autorevoli. Sadat e Begin ricevono dal Comitato di Oslo il premio Nobel per la pace (1978) con una motivazione che elogia gli sforzi compiuti per superare le divergenze che sono il prezzo di quattro guerre scoppiate in Medio Oriente negli ultimi trent'anni. Il presidente Carter, di fronte al Congresso, alla presenza di Sadat e di Begin, sottolinea l'importanza degli accordi sottoscritti per il Medio Oriente e per la pace del mondo: «in poche regioni del mondo esiste un maggior rischio che un conflitto locale possa estendersi ad altre nazioni vicine e quindi arrivare a sfociare in un tragico conflitto tra le stesse superpotenze».

Nell'anno seguente (1979) è firmato a Washington il trattato di pace fra i due Stati. Egitto e Israele confermano nel preambolo la necessità di stabilire nel Medio Oriente «una pace giusta e durevole» non circoscritta soltanto ai loro due Paesi. Quest'accordo deve essere la premessa per altre intese analoghe con tutti gli altri Paesi arabi vicini e per sviluppare nuove pacifiche relazioni sulla base della Carta dell'ONU. Gerusalemme s'impegna a ritirare le sue forze armate dal Sinai, mentre la frontiera fra i due Stati ritornerà ad essere quella «fra l'Egitto e l'ex territorio della Palestina mandataria [...] senza pregiudizio per la questione dello status della striscia di Gaza». Le parti si atterranno, in tempo di pace, nei reciproci rapporti, alle norme della Carta delle Nazioni Unite e ai principi del diritto internazionale. Le navi israeliane e i carichi destinati o provenienti da Israele potranno transitare liberamente attraverso il Canale di Suez secondo la convenzione di Costantinopoli (1888). Lo stretto di Tiran e il golfo di Aqaba sono vie d'acqua internazionali aperte a tutte le nazioni: esse dispongono di diritti non limitabili né sospendibili alla navigazione e al sorvolo. Oltre al trattato sono sottoscritti alcuni allegati e vengono scambiate alcune lettere fra Sadat, Begin e Carter; negli allegati le parti si accordano per stabilire relazioni consolari e diplomatiche, economiche, commerciali e culturali (le due ambasciate saranno inaugurate a Il Cairo e a Tel Aviv nel febbraio del 1980; quella israeliana in Egitto è la prima ad essere insediata in un Paese arabo). È prevista la libertà di circolazione dei rispettivi cittadini e dei veicoli fra i due Stati, l'applicazione di norme analoghe per i trasporti, le telecomunicazioni, il rispetto dei diritti umani e il libero transito delle navi delle due parti nelle acque territoriali «in conformità delle norme internazionali». L'Egitto s'impegna inoltre ad eseguire vendite di petrolio ad Israele, che avrà il diritto «di fare offerte per il petrolio di origine egiziana» e di essere trattato alle stesse condizioni degli altri acquirenti dello stesso prodotto. Negli stessi giorni (marzo 1979) a Washington il segretario di Stato, Cyrus Vance, e il ministro degli Esteri israeliano, Moshe Dayan, firmano un importante *memorandum*, dal quale si evincono le preoccupazioni e le garanzie ulteriori richieste da Gerusalemme e il ruolo determinante svolto dagli USA per garantire la pacificazione egiziano-israeliana e confermare la volontà di difendere lo Stato ebraico. Gli USA s'impegnano ad adottare ogni misura necessaria «per promuovere l'applicazione del trattato di pace», mentre in caso di inadempienza attiveranno i necessari provvedimenti (diplomatici, economici e militari) per fronteggiare eventuali violazioni. Se queste ultime dovessero mettere in pericolo la sicurezza israeliana, interverranno «con forniture d'approvvigionamenti d'urgenza» e in generale si opporranno ad ogni azione o risoluzione dell'ONU non rispettosa, a loro giudizio, del trattato di pace. Se necessario, con l'autorizzazione e i crediti del Congresso, risponderanno alle richieste di aiuto militare ed economico d'Israele (al tempo stesso non forniranno né autorizzeranno trasferimenti di armi a Paesi che potrebbero utilizzarle contro lo Stato ebraico). Gerusalemme ottiene garanzie da Washington anche per le forniture petrolifere: le parti confermano il precedente accordo del 1975 e ne prevedono la proroga per altri 15 anni, in base al quale il petrolio sarà fornito «ai prezzi correnti del mercato mondiale al momento del transfert». Il governo israeliano ottiene, in tal modo, grazie al trattato di pace, una doppia garanzia (da parte egiziana e statunitense) per i rifornimenti petroliferi; questa insistenza rivela le conseguenze causate in precedenza dai blocchi navali operati lungo il Canale di Suez e gli stretti e al tempo stesso la necessità di forniture energetiche. Resta senza soluzione il problema degli arabi palestinesi, in parte residenti all'interno d'Israele, in parte nei residui territori occupati, cioè Gaza e Cisgiordania, e in parte distribuiti negli altri Paesi arabi. Gli accordi di Camp David prevedono la creazione di «un'autorità autonoma palestinese» i cui poteri devono essere definiti di comune accordo da Gerusalemme, da Il Cairo e da Amman.

Begin osserva in più occasioni che il governo giordano ha respinto la proposta, benché sia possibile procedere al più presto all'elezione di un «consiglio amministrativo» autonomo da parte degli abitanti arabi della Giudea, della Samaria e del distretto di Gaza. Israele si riserva soltanto, precisa Begin (maggio 1979), il controllo delle forze di sicurezza a causa «dell'imperversare distruttivo, inumano, sanguinoso, genocida» dell'OLP. Israele, insiste Begin, non ha sottoscritto un trattato separato con l'Egitto, ma ha voluto compiere un primo passo sulla strada della completa pacificazione con tutti gli altri Paesi arabi confinanti. Questi ultimi rifiutano gli accordi raggiunti a Camp David e il trattato di pace; denunciano la mancata soluzione del problema palestinese e la sovranità su Gerusalemme; l'OLP propone ritorsioni contro gli egiziani e contro Washington, organizza manifestazioni, scioperi, attentati in diverse regioni. Il governo siriano lamenta l'assenza di riferimenti alle colline del Golan, Amman denuncia la costituzione di nuovi insediamenti ebraici in Cisgiordania, i palestinesi insediati nel Libano sono in rivolta. Ancora una volta il radicalismo antisionista favorisce la convergenza di molte componenti del mondo arabo e palestinese. Tuttavia, non tutti assumono posizioni di netta contrapposizione nei confronti de Il Cairo o di Washington: l'Arabia Saudita e la Giordania restano più caute anche se condannano il trattato di pace; il fronte arabo più "moderato" teme anche sviluppi interni di carattere eversivo e rivoluzionario; le vicende iraniane di questo periodo, con la cacciata dello scià e la nascita del nuovo governo islamico (1979), sotto la guida di Ruhollah Khomeini, consigliano cautela nei confronti dei movimenti palestinesi più radicali e controlli sui campi profughi all'interno dei rispettivi confini. In sostanza, la svolta egiziana è respinta sia dai governi moderati che da quelli del "fronte del rifiuto" (Algeria, Libia, Iraq, Yemen del Sud e OLP). Sadat è accusato di aver infranto il fronte arabo e di aver ceduto alle pressioni di Washington. Inoltre, la pace separata rende più difficile la tutela dei palestinesi e compromette le speranze della pacificazione dell'intera regione. Sadat, contro il quale è avviata una violenta campagna propagandistica, è considerato «un traditore del nasserismo, dell'arabismo e della causa palestinese».

Il Consiglio dei Ministri della CEE esprime il punto di vista dei nove governi membri della Comunità, che in un comunicato (marzo 1979) apprezzano l'opera pacificatrice di Carter, Sadat e Begin, ma ricorda che c'è ancora «un arduo cammino da compiere» per attuare le Risoluzioni del Consiglio di Sicurezza (nn. 242 e 348) atte a promuovere «un regolamento globale». Quest'ultimo dovrà tradurre in pratica «il diritto del popolo palestinese ad una patria»; i ministri, mentre plaudono a questo primo passo, sollecitano ulteriori trattative «fra tutte le parti interessate compresi i rappresentanti del popolo palestinese». Il riferimento indiretto all'OLP e al suo *leader* Arafat provoca la reazione di Gerusalemme e de Il Cairo che deplorano l'assenza dell'Europa "libera" dal tavolo delle trattative e l'eccessiva disponibilità nei confronti di organizzazioni terroristiche. Nei mesi successivi i negoziati egiziano-israeliani proseguono con difficoltà per dare piena attuazione agli accordi di Camp David e al trattato di pace. I punti critici restano la definizione dell'autonomia dei palestinesi, il futuro della città di Gerusalemme e del Golan, le azioni militari «di rappresaglie israeliane» in Libano. Ciononostante il dialogo prosegue con una partecipazione assidua degli USA. In mezzo a tante difficoltà politiche e alla crisi economica e finanziaria che travaglia tanti Paesi mediorientali Sadat inaugura (ottobre 1980) la galleria, via terra, di collegamento fra Asia e Africa che passa sotto il Canale di Suez (lunghezza 4,5 Km) e unisce la parte occidentale dell'Egitto con la sua penisola orientale. Si pensa di portare le acque del Nilo con grosse tubature che scorrono sotto alla galleria, per irrigare parte di quell'arida regione a giovamento dell'agricoltura locale ancora molto arretrata.

Nel luglio 1980 è approvata alla Knesset una «legge fondamentale» che proclama Gerusalemme «integra ed unita» capitale d'Israele, la protezione di Luoghi Santi e il libero accesso ai fedeli di tutte le religioni. Questa decisione accentua l'opposizione dei Paesi arabi: esponenti autorevoli sauditi parlano di «guerra santa» che tutti i musulmani dovrebbero condurre contro l'arroganza d'Israele, sono minacciate ritorsioni politiche e di boicottaggio economico nei confronti degli Stati che accettano questa decisione israeliana. Arafat precisa, in quest'occasione, la strategia palestinese contro Israele, in base alla quale le nazioni arabe e musulmane non possono accettare «l'aggressività ebraica». Anche Washington deve prendere atto del fallimento degli accordi di Camp David e dell'inconsistenza della «cosiddetta moderazione araba»: «useremo tutte le armi che abbiamo – dichiara Arafat (settembre 1980) – contro questa aggressione, oppressione e occupazione». Deplora la politica statunitense, prende atto delle condanne emesse da Mosca contro Israele ma ne denuncia l'inattività, mentre Washington «fornisce ogni genere di armi sofisticate ai sionisti» per attaccare gli arabi e anche la CEE e la NATO «stanno alla finestra», succubi delle pressioni di Carter. La situazione mediorientale è resa ancora più difficile dalle rinnovate azioni militari israeliane in Libano e dalla distruzione della centrale atomica irachena di Tamuz (giugno 1981) presso Baghdad. Si tratta dell'unico caso di uso della forza per impedire la presunta costruzione di ordigni nucleari. Begin dichiara che erano in preparazione bombe atomiche per colpire Israele, come affermato in più occasioni, dai dirigenti di quel Paese. L'azione è condannata da molti governi (Mosca, Washington, Parigi, ecc.) e dal Consiglio di Sicurezza. Anche le trattative egiziano-israeliane per i palestinesi non approdano ad alcun risultato apprezzabile. La nuova amministrazione Reagan (costituita agli inizi del 1981) non è nelle condizioni di rimuovere gli ostacoli: da parte egiziana rimane la richiesta della piena autonomia per i palestinesi di Gaza e della Cisgiordania come preludio della nascita dello Stato palestinese indipendente. Al contrario Begin accetta l'autonomia per i cittadini ma non per i territori e rifiuta la nascita di una nuova realtà statuale. Nel mese di ottobre (1981) Sadat cade vittima di un attentato terroristico rivendicato dal "Fronte di Liberazione dell'Egitto arabo". Gli succede, alla guida della Repubblica egiziana, Hosni Mubarak, già vicepresidente, che conferma piena adesione alla politica del periodo precedente e rassicura Israele e gli USA in merito all'osservanza degli accordi di Camp David e delle clausole del trattato di pace. Queste ultime intese rappresentano la fase conclusiva della politica di Sadat e di fatto esprimono la sintesi delle scelte del gruppo dirigente egiziano del periodo postnasseriano.

La conduzione "a tre" (Washington, Gerusalemme, Il Cairo) non è stata né casuale né imposta, ma nasce da valutazioni realistiche e dalla consapevole esclusione di altre eventualità. L'Egitto dopo avere, negli anni precedenti, impugnato la bandiera dell'arabismo, della causa palestinese e della distruzione dello Stato ebraico non ha ottenuto alcun risultato apprezzabile. Ha dovuto fronteggiare, con il ruolo di "capofila" dei Paesi arabi, ben tre conflitti (1948, 1956, 1967), al termine dei quali gli israeliani non soltanto hanno occupato il Sinai, ma ottenuto il presidio della sponda orientale del Canale di Suez. Lo stesso mondo arabo non ha dimostrato entusiasmo, solidarietà e partecipazione allo sforzo egiziano e ai suoi appelli per l'unità panaraba. Sadat ed i suoi collaboratori hanno preparato la rivincita militare con l'aiuto di Mosca, ma il "soccorso sovietico" presenta due limiti onerosi: alla concessione di armamenti rilevanti (ma non strategici) si affianca una penetrazione politica pericolosa nei vertici militari e governativi egiziani. In tal modo Sadat rischia di vedere il Paese scivolare nelle mani dei filosovietici, mentre non è nelle condizioni di prevalere militarmente sugli israeliani sostenuti e armati dagli USA. Poiché Mosca non vuole e non può rischiare una guerra contro gli statunitensi, la situazione è di fatto congelata, mentre il condizionamento sovietico all'interno indebolisce la posizione di Sadat. Quest'ultimo decide, dopo aver ricevuto adeguate forniture di armi e di tecnologie militari, di espellere i consiglieri sovietici (1972), "denuncia" il trattato di collaborazione con Mosca (1976), sottoscrive un'alleanza antilibica e antisovietica con il Sudan (1981), rimanda in patria l'ambasciatore sovietico ed elimina dal governo e dal partito gli esponenti della sinistra filomoscovita. Al tempo stesso, forte degli armamenti ricevuti, attacca Israele (1973). Non c'è la sicurezza di poter schiacciare lo Stato ebraico, ma di ottenere almeno un risultato militare apprezzabile per poter poi trattare "alla pari" con Gerusalemme. L'operazione riesce, anche se non si può parlare di "vittoria egiziana". È fuor di dubbio che per la prima volta dal 1948 le forze armate egiziane (assai meno quelle siriane sul Golan) dimostrano di essere in grado di fronteggiare quelle israeliane. Dopo la prova militare, Il Cairo attiva una politica nuova, accetta la trattativa a due con Israele, ma pretende garanzie statunitensi, entrando in tal modo nella logica di un trattato di pace bilaterale garantito da Washington. In quest'ottica ritorna in possesso del Sinai, del Canale di Suez ed esce dal contesto dei Paesi in «stato permanente di tregua o armistiziale con Israele». Non ha abbandonato la causa palestinese né la difesa di una Gerusalemme araba, ma ne rinvia la soluzione a trattative successive. Di fatto la scelta di Sadat, dettata da esigenze egiziane, lascia in ombra le emergenze palestinesi e ancor più le attese dell'arabismo il cui fine ultimo è la costituzione di uno Stato arabo federale capace di comprendere tutta la nazione araba, obiettivo perseguito con tenacia ma senza successo da Nasser. D'altra parte non può negare che la politica del periodo precedente abbia dato ben pochi risultati e a causa di questo indirizzo i rapporti con Washington si rafforzano e finiscono per consolidarsi.

Da parte loro i vertici israeliani, sorpresi dall'attacco del 1973, non esitano a trovare un'intesa definitiva con l'Egitto che pretende la restituzione del Sinai e le frontiere della Palestina ex mandataria, ma ottengono la libertà di transito nel Canale di Suez, nel golfo di Aqaba e nello stretto di Tiran. La firma del trattato di pace con il più importante Stato arabo (anche confinante) è un successo di rilievo per Gerusalemme che, di fatto, spezza il precedente accerchiamento terrestre. Sotto questo profilo mentre Israele si libera da questo pericolo, l'Egitto finisce per essere "assediato" dagli altri Paesi arabi. Evolve invece, in modo diverso, la trattativa successiva sui territori occupati e sul futuro di Gerusalemme. Durante gli anni precedenti la posizione prevalente degli esponenti israeliani laburisti è riassunta nello slogan «terra per la pace». Ora si assiste ad un graduale cambiamento: il nuovo governo, guidato da Begin (Likud), è contrario alla restituzione dei territori occupati nel 1967 (Gaza, Cisgiordania, Golan, Gerusalemme, ecc.); si oppone sia alle pressioni di Washington che de Il Cairo; l'intera Gerusalemme è proclamata capitale d'Israele, sul Golan resta una sistemazione armistiziale, mentre per la Cisgiordania e Gaza si propone l'autogoverno ma sotto il controllo dello Stato ebraico (prima con il controllo militare e in seguito con quello statale). C'è una netta opposizione a dar vita ad un'entità statale autonoma palestinese (Gaza e Cisgiordania). Gerusalemme invoca problemi di sicurezza e a sostegno di questa tesi denuncia i perduranti attentati contro la sua popolazione e la propaganda antisionista dell'OLP e degli altri Paesi arabi. Si assiste ad una evoluzione di linea politica: in precedenza i vertici israeliani sono favorevoli a lasciare i territori occupati in cambio di trattati di pace con i confinanti per avere più sicurezza; ora quest'ultima pare più garantita dall'annessione dei territori stessi all'interno della compagine statuale ebraica e ne sono un sintomo rivelatore anche gli insediamenti dei coloni ebrei in queste aree. Questa evoluzione, poco coerente con gli accordi di Camp David, non agevola le trattative con il mondo arabo, che, nelle sue espressioni più radicali e moderate, insiste sulla restituzione dei territori occupati (e di Gerusalemme Est). Alcuni Paesi, tuttavia, e l'OLP in particolare non chiariscono la loro posizione con esattezza: da un lato pretendono il rilascio di queste aree e dall'altro non garantiscono l'accettazione dello Stato ebraico. La contrapposizione si radicalizza. Neppure Washington è nelle condizioni di superare queste difficoltà; ha difeso fin dall'inizio Israele, ne ha garantito l'esistenza, ha temuto per lo scivolamento del mondo arabo nell'orbita moscovita, ha dimostrato che, con il suo sostegno militare, non è possibile cancellarne la presenza in Medio Oriente, è riuscita a portare al tavolo della pace Gerusalemme e Il Cairo. Ora, tuttavia, non è nelle condizioni di concludere il progetto originario con la sottoscrizione anche degli altri trattati di pace. Si ergono due ostacoli non sormontabili: l'integrazione del territorio occupato da parte israeliana e il rifiuto dello Stato ebraico da parte del mondo palestinese e arabo.

I presidenti statunitensi cercano, in questi anni, di garantire la pace con l'accettazione dello *status quo* scaturito dalla guerra del 1948. Nixon riassume la differenza della politica di Washington con quella sovietica con una espressione efficace: «noi vogliamo la pace nel Medio Oriente, i sovietici vogliono il Medio Oriente».

Assai ridotta risulta l'influenza sovietica dopo gli iniziali successi: ha sperato di poter ottenere un duraturo inserimento nel mondo arabo con aiuti militari, economici e finanziari. Alla base dei suoi progetti c'è il convincimento che il legame fra Washington e Israele non possa che spingere il mondo arabo «nelle sue braccia», ma deve prendere atto della determinazione americana di difendere Israele «fino alle estreme conseguenze». È un rischio troppo elevato sia per Krusciov che per Brezhnev; questa prudenza strategica, che si registra anche in altri settori (Berlino, Corea, Vietnam, Cuba, ecc.), è d'altra parte l'evidente dimostrazione di voler evitare di rompere i rapporti con gli USA e di correre il rischio di confronto militare diretto. Con la perdita dell'Egitto restano all'URSS i rapporti con il mondo arabo del "rifiuto" e della "fermezza" (Libia, Siria, Algeria, Yemen del Sud e OLP). Si tratta di un risultato molto modesto rispetto agli obiettivi iniziali e fra l'altro questa solidarietà e questo sostegno sono sempre insidiati da una divergenza di fondo. Mosca, pur ostile alla politica ebraica e al «sostegno incondizionato americano», non vuole la scomparsa d'Israele di cui ha riconosciuto la nascita e ha contribuito al suo immediato ingresso nell'ONU.

Mosca nei suoi rapporti con il mondo arabo è in realtà in una situazione difficile. In altre parole, per gli arabi la questione dei territori occupati (e di Gerusalemme) è importante, ma non sostitutiva della distruzione dello Stato ebraico: ha dimostrato questa realtà la ripresa delle ostilità dopo la guerra del 1956 nonostante il ritiro israeliano dalle aree occupate. Al contrario, per Israele, primeggia la necessità dei trattati di pace e la questione di restituire i territori occupati è di rilevanza secondaria se la sicurezza nazionale è garantita. In seguito a questo intreccio di posizioni è più facile la posizione statunitense rispetto a quella sovietica: Washington deve difendere lo *status quo* nato dopo la proclamazione d'Israele e fare pressioni su Gerusalemme per indurla a cedere «conquiste successive». Al contrario Mosca deve convincere «i suoi amici» a rinunciare al loro obiettivo primario che essa stessa non condivide. Nonostante il dissidio di fondo delle due strategie, Mosca, prima e dopo la nascita d'Israele, mostra un interesse particolare per l'area mediorientale; cerca di essere presente sul fronte della decolonizzazione (Libia), opera per migliorare le relazioni con i diversi Stati, approva le iniziative ebraiche del 1948. In seguito si accosta all'Egitto e al mondo arabo del rifiuto, perseguendo due obiettivi principali: la penetrazione nel Mediterraneo con l'utilizzo di basi navali per le sue flotte e nell'area arabico-mediorientale, prefigurandosi l'accerchiamento della Turchia e l'arrivo sulle sponde del Mar Rosso e del Mar Arabico. Anche se Mosca non ha «fame d'energia», i rapporti di amicizia o di alleanza con questi Paesi la metterebbero nelle condizioni d'influire sulla politica energetica europea e sulla stessa stabilità nordatlantica. L'azione sovietica risulta molto rilevante sul piano militare, economico e finanziario; essa è superiore a quella esercitata anche in Cina negli anni della rivoluzione e più tardi a favore della Corea del Nord e dello stesso Vietnam del Nord. Ciò evidenzia l'importanza di quest'area nei progetti sovietici per espandere la sua area d'influenza. Non ci sono progetti aggressivi, ma la volontà di creare rapporti di amicizia e di collaborazione solidi con questi governi; si tenta d'impedire che la fine del periodo coloniale riattivi su basi nuove i rapporti privilegiati con gli euro-americani, ma essi, come già si è osservato, andranno delusi.

Oltre a ciò il mondo arabo resta ancorato alle sue tradizioni culturali e religiose e ad un forte tradizionalismo; al contrario non ottengono significative adesioni le dottrine marx-leniniste né il modello della società sovietica.

12. *Mubarak alla guida dell'Egitto*

Mubarak è nominato presidente della Repubblica egiziana dal Parlamento e subito dopo ottiene l'approvazione popolare con un referendum (ottobre 1981), disponendo di una solida maggioranza tramite il Partito democratico nazionale e godendo dell'appoggio dei vertici militari. Restano, al contrario, ostili il mondo islamico più integralista e l'organizzazione dei Fratelli musulmani, che, dopo anni di clandestinità, ha ripreso a operare negli anni Sessanta. I responsabili dell'assassinio di Sadat sono ritenuti suoi aderenti; cinque fra gli arrestati e processati sono condannati a morte e giustiziati nell'aprile del 1982. Nel mondo arabo non si registrano manifestazioni di solidarietà nei confronti del *leader* assassinato analoghe a quelle che avvengono in Egitto; nel "fronte del rifiuto" si sottolinea l'inadeguatezza della sua politica e la necessità di una svolta da parte di Mubarak.

Washington conferma la validità del "dialogo a tre" (USA, Egitto, Israele) sulla base degli accordi di Camp David. Reagan non esita ad accrescere gli aiuti militari e la protezione aerea per Il Cairo e per il Sudan, che si trova impegnato alle frontiere libiche da continue azioni di guerriglia. Mubarak conferma la precedente politica di Sadat e preme perché, secondo gli accordi, l'intero Sinai sia sgombrato dalle forze armate israeliane, che sarà riconsegnato all'Egitto nell'aprile 1982. In questo senso si esprime il ministro degli Esteri egiziano Boutros-Ghali (novembre 1981): il ritiro totale d'Israele dal Sinai è l'obiettivo prioritario. Esso è necessario per gli egiziani, ma è anche un segnale importante per tutto il mondo arabo. Occorre creare un clima nuovo di fiducia, sollecitare i palestinesi di Cisgiordania a favore dell'autonomia, spingere i "moderati" ad accettare trattative "dirette e indirette" con Washington, con Il Cairo e con Israele. Non agevola il miglioramento dei rapporti la decisione di Begin di annettere le alture del Golan (dicembre 1981); il passaggio di competenze dal potere militare a quello governativo-civile lascia intendere l'intenzione di rendere permanente l'occupazione. Questo segue di pochi giorni la dichiarazione del presidente Hafez al-Assad che la Siria «non riconoscerà mai Israele». Negative reazioni si registrano anche a Washington, nelle capitali europee e a Il Cairo. Mubarak (1982) sollecita una nuova fase di trattative: denuncia i bombardamenti e l'invasione israeliana del Libano e ripropone gli accordi Camp David. Alle autorità palestinesi di Gaza e della Cisgiordania devono essere trasferiti i poteri del governo israeliano, si deve porre fine agli insediamenti israeliani e si deve operare per dar vita all'entità statale dei palestinesi. Gerusalemme, osserva il presidente egiziano, sbaglia quando pensa che questi ultimi possano confluire in Giordania o in Libano. Al contrario ad essi deve essere garantita «una propria patria in Palestina», l'obiettivo della politica egiziana resta «la pace giusta e globale iniziata con il trattato di Camp David». Esprime inoltre un apprezzamento per l'attività di Reagan e per il suo "piano" che prevede la formazione di una federazione palestinese-giordana; auspica inoltre, per sbloccare la situazione, il reciproco riconoscimento fra Israele e l'OLP. Mubarak insiste, in più occasioni, sulla necessità di un accordo fra Hussein, re di Giordania, Arafat e i palestinesi per potersi, in un secondo momento, confrontare con Gerusalemme e Washington. L'Egitto, che persegue la piena applicazione degli accordi di Camp David, non ha «alcuna intenzione» di compromettere le relazioni con Israele dopo la firma del trattato di pace del 1979.

13. *La crisi libanese*

Agli inizi degli anni Ottanta i palestinesi sono circa 3.600.000; di essi 400.000 sono in Libano, 1.000.000 in Giordania, 800.000 in Cisgiordania, 500.000 nella striscia di Gaza, 400.000 all'interno d'Israele e 500.000 sono dispersi in vari altri Paesi. Si tratta di stime che danno una misura dell'evoluzione demografica della realtà palestinese e della sua sistemazione geopolitica dopo il 1948. Secondo calcoli recenti (2009) delle Nazioni Unite, i profughi, dai circa 750.000 originari (1950), sono diventati oltre 4.000.000; essi sono sistemati a Gaza, in Cisgiordania, in Libano e in Siria. Appare evidente la necessità di dare una soluzione al problema con l'individuazione di un territorio su cui costruire un loro Stato. Restano, al contrario, progetti divergenti, a causa di ciò, nel complesso, la situazione di questo popolo rimane molto precaria. L'OLP dichiara di rappresentarli, nega il diritto di esistenza dello Stato ebraico e auspica la formazione in Palestina di uno Stato indipendente (rifiuta anche l'ipotesi di una soluzione federale giordano-palestinese). Il problema non trova soluzione né con accordi locali né con l'aiuto delle grandi potenze né all'ONU. Dopo l'espulsione dei palestinesi dalla Giordania e il rifiuto siriano di accoglierne altri, si registra un forte afflusso di rifugiati in Libano. La costruzione nel Sud libanese di campi di raccolta di notevoli dimensioni e la formazione di reparti armati aderenti all'OLP sono all'origine della grave crisi interna di questo Paese che scoppia nel 1975 e si protrae per alcuni anni con fasi alterne. Essa vede la contrapposizione fra le forze cristiane falangiste libanesi e altre milizie contro quelle palestinesi che degenera in una spietata guerra civile al cui interno alleanze e contrapposizioni si succedono in un crescendo di violenze. In Libano è molto elevata la percentuale di arabi cristiani i quali hanno trovato un equilibrio socioistituzionale con i musulmani (arabi). Già nel 1943 quando il Paese raggiunge l'indipendenza, è siglato informalmente un accordo fra le diverse componenti religiose e politiche. Secondo questo patto, tuttora accettato, le più alte cariche dello Stato sono assegnate ai tre gruppi più rappresentativi: la presidenza della repubblica ai maroniti (cristiani), la presidenza del governo ai sunniti (musulmani) e la presidenza del Parlamento agli sciiti (musulmani). L'ingresso dei palestinesi e l'invadenza dei loro reparti armati e dell'OLP rompono la collaborazione e aprono le porte a un annoso e sanguinoso conflitto. Le diverse fazioni in lotta si appellano alle potenze confinanti (Siria, Israele, Giordania) e ad altri Stati della regione, nonché a Washington e a Mosca.

Nel 1977 la Siria decide d'intervenire e, poco dopo, sotto la guida del presidente Assad, stringe solidi legami con l'OLP in contrasto con l'indirizzo pacifista egiziano. La presenza delle forze armate di Damasco è avversata da una parte del popolo libanese. Si parla d'invasione e occupazione, si denunciano i progetti siriani dei decenni precedenti per la creazione della Grande Siria e per l'unificazione del «popolo siriolibanese».

Anche Gerusalemme, dopo una serie di operazioni preventive, penetra, con ingenti mezzi militari, nel Libano meridionale (1982). In questo torbido contesto le «milizie cristiane libanesi», non fermate dalle forze israeliane, si rendono responsabili di massacri di civili palestinesi nei campi di Sabra e Chatila (circa 1.000 morti). Le forze israeliane sono accusate di complicità per aver illuminato con razzi bengala la zona dei massacri, per aver demolito, poco dopo, le abitazioni dei campi profughi e per aver fatto scavare da bulldozer fosse comuni per le vittime. Israele, chiamata in causa, costituisce una Commissione parlamentare d'inchiesta e allontana Ariel Sharon dal ministero della Difesa (resta nell'esecutivo senza portafoglio). Anche gran parte della società israeliana, scossa dalle conseguenze del conflitto in Libano, condanna l'accaduto con grandi manifestazioni popolari. Begin decide di ritirarsi dalla vita politica (1983), ma al suo attivo rimane il trattato di pace con l'Egitto grazie anche alla disponibilità di Sadat. Non riesce tuttavia a completare l'opera di Camp David: sarebbe stato necessario un "Sadat palestinese". L'ingresso in Libano risulta un errore, fra l'altro Begin ha ritenuto che Arafat potesse essere «un Hitler mediorientale» preparatore di un nuovo olocausto.

Successivi tentativi di pacificazione incontrano le opposte resistenze di Gerusalemme e di Damasco e lasciano il Paese diviso fra fazioni armate in lotta fra loro. Anche l'ONU non riesce a dividere i contendenti né a garantire una mediazione risolutrice e neppure la presenza delle sue forze militari d'intermediazione pone fine alla guerriglia. Esse, oggetto di gravi azioni terroristiche, escono dal Paese nel 1984. Di fatto si consolida, con il passare del tempo, l'influenza siriana anche dopo la ricostituzione di organi costituzionali libanesi. Il presidente siriano Assad (1984) denuncia il crescente aiuto americano ad Israele a causa delle pressioni della «lobby sionista degli USA». La forza araba (per la perdita dell'Egitto) si è ridotta della metà. Ciononostante Washington aumenta le forniture militari per Israele e così non agevola la pace, ma l'aggressività ebraica. Di fatto Damasco, dopo essere stata accolta come liberatrice e pacificatrice, è diventata occupante; la sua presenza, più o meno influente, si protrae fino al 2005. In questo periodo si assiste all'insediamento nel Sud del Libano delle milizie sciite di Hezbollah, organizzazione che, dopo l'espulsione dell'OLP da Beirut, diventa la più forte presenza politica e militare antisraeliana. Essa gode, oltre all'appoggio siriano, anche degli aiuti finanziari e militari dell'Iran. In questo Paese, dopo la cacciata dello scià si è affermata, sotto la guida di Khomeini, la Rivoluzione islamica coranica, anch'essa ostile all'Occidente e allo Stato ebraico. A Teheran, che diventa un nemico radicale di Gerusalemme, si parla del «grande Satana» per indicare gli Stati Uniti e del «piccolo Satana» a proposito d'Israele; è ricordata la collaborazione dello scià con Washington, con Gerusalemme, con l'Etiopia del negus, con il Sudan, con il Marocco e in genere con i Paesi arabi moderati; è respinta la politica egiziana verso Israele e condannata l'ospitalità offerta allo "scià fuggiasco" nel 1979 (egli stesso, in esilio, morirà in terra egiziana nel 1980). L'energica e radicale politica iraniana (benché ispirata da un Paese non arabo e musulmano sciita) riprende tematiche nasseriane sul futuro dell'arabismo (islamico). L'azione ostile all'Occidente è, tuttavia, un fattore destabilizzante all'interno di molti Paesi arabi: la propaganda iraniana denuncia la corruzione delle classi dirigenti al potere, la debolezza verso Israele, l'incapacità di difendere le ragioni del mondo arabo e di diffondere l'islam. La rivoluzione iraniana punta ad una destabilizzazione del quadro socio-politico arabo come quella francese aveva spezzato quello europeo alla fine del Settecento. Nell'assumere la guida di una rinascita islamica coranica (per tutti i musulmani) radicale e rigorosa, l'Iran sostiene l'OLP, Hezbollah in Libano e l'organizzazione di Hamas nei territori occupati (Gaza, Cisgiordania e Gerusalemme Est).

L'azione risulta indebolita dall'attacco militare iracheno (1980) che inaugura il conflitto fra l'Iran e l'Iraq, che, sotto la guida di Saddam Hussein, è gradito in Occidente benché abbia al suo interno un sistema semidittatoriale; si professa laico, rifiuta l'integralismo religioso e ha buoni rapporti con Washington e con le principali capitali europee. La guerra fra i due potenti Paesi apre scenari nuovi in tutta la regione: c'è lo scontro fra iraniani e arabi, fra laici e fondamentalisti coranici, fra sciiti e sunniti. Qual è la politica di Israele di fronte a questi cambiamenti? In un primo periodo Gerusalemme, che non ha alle spalle conflitti con l'Iran dello scià, è ostile all'Iraq che ha preso parte alle precedenti guerre arabe. Teme che possa realizzarsi una solida alleanza siriana, giordana e irachena. In questa luce sostiene i curdi in lotta contro Baghdad (invio di armi, d'istruttori militari, di aiuti finanziari, ecc.). La politica cambia in seguito al conflitto iraniano-iracheno e Israele non può che augurarsi che la guerra porti all'indebolimento dei due contendenti, che risultano ostili alla sua esistenza. Non bisogna dimenticare che la guerra iraniano-irachena è considerata, nel mondo arabo, un «conflitto civile islamico», mentre quella arabo-palestinese-israeliana è vista in ottica anticoloniale.

La pacificazione mediorientale è bloccata dai contrapposti timori (dopo ben quattro conflitti in trent'anni) e dalle proposte non convergenti fornite dalle parti in contrasto. In Israele si assiste ad un serrato confronto fra i più autorevoli rappresentanti dei laburisti e del Likud (partito di centro-destra che nasce nel 1973 sotto la guida di Begin e Sharon). Si riscontrano divergenze sostanziali in merito all'eventuale riconsegna dei territori occupati con la guerra del 1967 (ad eccezione del Sinai già tornato in mani egiziane), alla costituzione di un'entità statale in Cisgiordania (Samaria e Giudea) a Gaza e alla restituzione delle alture del Golan (alta Galilea). A ciò si deve aggiungere la progressiva estensione degli insediamenti ebraici in queste aree e in particolare nei fertili territori a Ovest del Giordano. Si rafforza il convincimento che la sicurezza israeliana possa essere meglio garantita da una presenza ebraica stabile e consistente in Cisgiordania (Gaza, Golan, Gerusalemme Est). Ciò rileva la mancanza di fiducia nell'esito delle trattative con il mondo arabo del "rifiuto" e con i palestinesi e rende altresì improbabile un ritiro futuro dai territori occupati dal 1967. Tale orientamento, prevalente nei vertici israeliani, non facilita gli sforzi egiziani per la soluzione del problema palestinese e rende più critica la sua posizione all'interno del mondo arabo. Non si deve dimenticare che, dopo la firma del trattato di pace (1979), l'Egitto è stato escluso dalla Lega araba, gli è stato impedito di partecipare alla Conferenza islamica, e ne è stata chiesta, da alcuni Paesi, l'espulsione dall'Organizzazione dell'Unità africana e dal Movimento dei Paesi non allineati (MNA).

I laburisti e gli uomini del Likud si alternano in questi anni alla guida del governo, ove prendono piede, in numero crescente, esponenti del mondo militare (generali in congedo) e rappresentanti dei partiti religiosi che vedono crescere i propri consensi elettorali. Di fatto questa continua alternanza non giova ad una trattativa né con il mondo arabo né con quello palestinese e facilita il mantenimento dello *status quo* e il congelamento degli accordi di Camp David.

Nel 1987 assume la guida del governo Shimon Peres sostenuto da una "grande coalizione nazionale"; l'anno seguente la Knesset vota una legge contro l'OLP responsabile dei ricorrenti attentati, nella quale è condannato il terrorismo palestinese (e arabo) che colpisce con analoga violenza i militari e i civili (scuole, autobus, ospedali, cinema, bar, discoteche, ecc.). Esso non limita le sue azioni al solo territorio israeliano, ma attacca anche obiettivi ebraici all'estero (ambasciate, hotels, congressi, ecc). L'OLP risponde che anche le organizzazioni israeliane (Haganah, Irgun, Stern, Palmach) non hanno esitato in passato ad adottare metodi terroristici, a ricorrere agli attentati e agli omicidi politici pur di raggiungere i loro obiettivi contro gli inglesi e i palestinesi; aggiungono che le rappresaglie provocano vittime ben più numerose nella popolazione palestinese di quante ne fanno gli atti terroristici.

14. *L'intifada, "la rivolta delle pietre" (1989)*

Non può meravigliare la reazione violenta dei palestinesi residenti in Cisgiordania e a Gaza con l'avvio dell'intifada o "rivolta delle pietre" contro il potere militare-civile israeliano. Il ricorso a questo sistema sottolinea la volontà di lotta della popolazione araba, priva di altri mezzi per protestare, dopo anni di patimenti. Denuncia altresì «con l'uso delle pietre» di essere vittima di una perdurante repressione i cui responsabili meritano la lapidazione. Il governo di Yitzhak Shamir interviene però con determinazione per arrestare l'ondata di violenze, di scioperi e di proteste (1990). Propone un piano in quattro punti (che sarà subito dopo accettato dagli USA), che prevede che i palestinesi dei territori possano decidere del loro futuro, ma questa proposta non trova consenso.

La rivolta dei palestinesi, a Gaza e in Cisgiordania, nasce da oggettive condizioni di frustrazione per la mancata soluzione dei loro problemi. Ci sono la disoccupazione dilagante, la scarsità di risorse idriche per uso domestico e agricolo, la discriminazione sociale (perquisizioni, coprifuoco, controlli d'identità, ecc.), la repressione militare e l'aggressività dei coloni dei nuovi insediamenti. La situazione più critica si registra a Gaza ove c'è una densità di popolazione molto elevata (circa un milione di palestinesi concentrati nella stretta "striscia"). Gli stessi arabi-palestinesi residenti in Israele danno segni d'inquietudine e solidarizzano con i fratelli in rivolta. I primi segnali della sommossa si hanno già nel 1987 ed esplodono due anni più tardi (1989). Gaza è una polveriera, dove miseria e terrorismo si alimentano a vicenda. Mentre le azioni terroristiche si fanno sempre più feroci, la repressione israeliana diventa via via più violenta (eliminazioni mirate, torture leggere, distruzioni di abitazioni, incarcerazioni, ecc.). Gerusalemme fatica a controllare questo movimento popolare spontaneo: non ci sono interlocutori con cui trattare, la stessa OLP è stata "scavalcata".

Si pensa di poter procedere con la tecnica dei "piccoli passi" secondo le precedenti esperienze di Kissinger e i palestinesi possono, in questa prospettiva, accedere all'autogoverno. La più importante organizzazione palestinese Hamas (religiosa e fondamentalista), nata nel 1987 con l'appoggio iraniano, ha delegittimato l'OLP di cui denuncia il verticismo e l'inconcludenza. Conduce anche una spietata azione contro i palestinesi che sono accusati di collaborazionismo. I vertici di questa organizzazione sostengono che la responsabilità del terrorismo è anzitutto israeliana, ma essa risale anche alla compiacenza degli occidentali, alla debolezza delle forze arabe laico-moderate e alla corruzione morale ed economica delle classi politiche islamiche. Questa impostazione riconduce Hamas alle radici dei movimenti fondamentalisti ricorrenti spesso nella storia dell'islam. Per quanto riguarda lo specifico contesto mediorientale di questo periodo la sua origine può essere individuata nell'organizzazione egiziana dei Fratelli musulmani. Al contrario, Israele respinge con fermezza questa lettura: conferma in più occasioni che all'origine delle tensioni in atto ci sono i "tre no" espressi dal mondo arabo alla conferenza di Khartoum del 1967 (riconoscimento, trattati di pace, palestinesi "senza patria"). In quel periodo Gerusalemme aveva, di fatto, accettato l'ipotesi della nascita di uno Stato palestinese (Gaza e Cisgiordania), ma il percorso era stato impedito dal radicalismo arabo, anche se le proposte più estremiste erano state respinte (embargo sul petrolio destinato agli Stati Uniti e alla Gran Bretagna, ritiro dei fondi arabi dalle banche di alcuni Paesi, nazionalizzazione di enti e società, ecc.).

Arafat avverte il pericolo della delegittimazione e "salta sul treno" dell'intifada e con alcune audaci iniziative cerca di confermarsi come riferimento della popolazione palestinese e unico e autorevole interlocutore di Gerusalemme. Nel 1988 ad Algeri, durante i lavori del Consiglio nazionale palestinese, proclama la nascita dello Stato dei palestinesi, con capitale Gerusalemme (ripropone di fatto una soluzione simile a quella proposta dall'ONU nel 1947) e afferma altresì di operare per una soluzione globale che permetta la pacifica convivenza arabo-israeliana. Nello stesso anno annuncia, da Ginevra, la rinuncia ai metodi terroristici e l'accettazione delle precedenti Risoluzioni dell'ONU (nn. 242 e 338). Da parte israeliana queste impreviste aperture sono accolte con freddezza e sospetto: Arafat è considerato poco credibile, si teme un'azione propagandistica, si diffida dell'OLP all'interno del quale convivono troppi gruppi eterogenei. Nel contesto che si è determinato si temono pure le conseguenze negative di una concessione affrettata dell'autonomia amministrativa alle regioni occupate e ancor più i pericoli della nascita di uno Stato palestinese (Gaza e Cisgiordania) collocato ad Ovest e a Est d'Israele.

15. *La conferenza di Madrid (1991). La "dichiarazione di principi" (Oslo 1993)*

La crisi mediorientale risulta di tale gravità che il presidente G.H.W. Bush e quello dell'URSS Mikhail Gorbaciov (salito al potere nel 1985) propongono un incontro a Madrid fra le parti interessate. Gli stessi presidenti delle due superpotenze presiedono la conferenza (1991), alla quale partecipano Israele, Siria, Giordania e Libano e all'interno della delegazione giordana vi è una rappresentanza palestinese della Cisgiordania e della striscia di Gaza. L'atmosfera degli incontri registra ostilità e sospetti reciproci. I lavori, nonostante l'autorevolezza dei presenti, non portano a risultati significativi, ma lasciano trapelare la volontà di trattare e anche la consapevolezza che il "muro contro muro" finora non ha dato frutti.

Durante la conferenza iberica e nei mesi successivi, grazie all'interessamento di esponenti norvegesi, sono avviate trattative segrete ad Oslo fra israeliani e palestinesi che approdano ad un accordo noto come "dichiarazione di principi" (1993). Alla base dell'intesa c'è il reciproco riconoscimento dell'OLP e dello Stato d'Israele che viene formalizzato con uno scambio di lettere fra le due parti. Gli accordi prevedono il ritiro delle forze israeliane dalla Cisgiordania e da alcune zone della striscia di Gaza, che devono passare sotto il controllo dell'Autorità nazionale palestinese per un quinquennio. Durante questo arco di tempo deve essere definita un'intesa generale fra le parti su tutti i problemi che dividono gli israeliani e i palestinesi. Al momento le altre aree rimangono nelle precedenti condizioni (non sono definiti né il futuro di Gerusalemme né quello degli insediamenti ebraici).

Se è vero che i lavori si svolgono con la mediazione norvegese, è indubbia la continua presenza della diplomazia americana. Non senza motivo il documento concordato è sottoscritto poco più tardi (settembre 1993) a Washington fra Shimon Peres, ministro degli Esteri israeliano, e Mahmoud Abbas (OLP). Un accordo di pace, su questa base, è sottoscritto due anni dopo da Begin e da Arafat (1995) alla presenza del presidente americano Clinton. La pacificazione pare alle porte: i firmatari accettano la formazione di una «realtà statale palestinese» e l'OLP rinuncia a distruggere Israele, ne rispetta e riconosce l'esistenza. Queste intese prevedono il graduale ritiro delle forze armate israeliane da Gaza e da una parte della Cisgiordania da attuarsi nel biennio successivo alla sottoscrizione della «pace palestinese-israeliana».

L'accordo raggiunto è di tale importanza che nell'ottobre 1993 Rabin e Arafat ricevono il premio Nobel per la pace. L'Autorità nazionale palestinese si trasferisce da Tunisi a Gaza nel 1994. Arafat torna così in Palestina da dove si era allontanato dopo il conflitto del 1967, dove sarà accolto con entusiastiche manifestazioni da parte della popolazione ed eletto presidente con l'87% dei suffragi. I rapporti con Hamas restano molto difficili. Washington, che dal 1987 considera l'OLP una organizzazione terroristica, con la conclusione di questi accordi, considera *de facto* superata quella valutazione.

L'accordo di Oslo appare come la naturale continuazione di quello di Camp David e, più in generale, del trattato di pace fra l'Egitto e Israele; ma, mentre quest'ultimo ha trovato adeguata applicazione, gli accordi di Washington (1993) non producono i medesimi effetti. La loro parzialità territoriale non soddisfa le aspirazioni di tutto il mondo palestinese né quelle di altri Paesi confinanti; al tempo stesso essi appaiono, agli occhi di gran parte della popolazione ebraica, una pericolosa concessione sul piano politico e militare.

L'intesa raggiunta deve fare i conti con le opposte reazioni del mondo arabo-palestinese ed ebraico. Hamas condanna il comportamento arrendevole e rinunciatario di Arafat che cancella i sacrifici e le lotte dei decenni precedenti. Riprendono le violenze e gli attentati terroristici di cui alcuni di particolare gravità e ferocia (autobus, discoteche, ecc.) e sono sistematicamente boicottate le elezioni nei territori occupati previste dagli accordi di Oslo che molti Paesi arabi condannano (Iran, Iraq, Libia, Sudan, Siria). In Israele le reazioni non sono tutte positive. Molti esponenti del Likud, fra i quali lo stesso Benjamin Netanyahu, evidenziano i rischi di un accordo con una controparte che non è in grado di garantire il comportamento di tutto il popolo palestinese, la debolezza di Arafat nei confronti del terrorismo, il pericolo del ritiro delle forze armate israeliane da Gaza e da una parte della Cisgiordania, l'assoluta necessità, per motivi di sicurezza, di mantenere rigorosi controlli sulle "frontiere interne", i rischi della liberazione dei detenuti politici appartenenti all'OLP e ad altre organizzazioni e l'esigenza che l'Autorità palestinese consegni tutti i responsabili di gravi crimini terroristici presenti a Gaza o in Cisgiordania. Si attiva anche l'estremismo ebraico che nel 1994 promuove un grave attentato in una moschea durante la preghiera. In questo contesto si rafforzano i partiti nazionalisti e quelli d'ispirazione religiosa. Il primo ministro Rabin, uno dei capi militari più autorevoli, molto apprezzato per le vittorie militari del 1967, è ora deriso e oltraggiato dalla propaganda avversaria. Nonostante ciò, con l'aiuto di Shimon Peres, si muove per rispettare e applicare gli accordi di Oslo: si procede al ritiro di contingenti militari da alcune aree occupate. Lo stesso Rabin resta vittima poco dopo del clima di tensione creatosi in Israele: è ucciso da un estremista israeliano nel novembre del 1995. Il suo decesso ricorda quello di Sadat: sono ambedue obiettivi del radicalismo del proprio Paese.

L'accordo di Oslo apre le porte anche ad altre iniziative; migliorano i rapporti fra Israele e Giordania che sottoscrivono un trattato di pace (1994). Re Hussein mantiene la custodia dei Luoghi Santi arabi e ottiene qualche favorevole modifica territoriale e un uso più vantaggioso delle risorse idriche (1994). In questo contesto prendono corpo le conferenze economiche per lo sviluppo del Medio Oriente e del Nord Africa (Casablanca 1994; Assuan 1995; Il Cairo 1996).

Hezbollah conduce nuove azioni offensive contro i villaggi del Nord di Israele lungo le fragili linee armistiziali. A causa di ciò Gerusalemme (1996) promuove una rappresaglia di particolare violenza ("operazione furore") nel corso della quale è colpita una base dell'ONU ove sono rifugiati civili libanesi (si contano oltre cento morti). In questa fase Arafat, in applicazione degli accordi di Oslo, modifica la Carta costitutiva dell'OLP: sono cancellati gli articoli contro Israele, ma il testo modificato, pur approvato, non viene diffuso nel mondo arabo. Gerusalemme mantiene un atteggiamento scettico di fronte a queste decisioni e sottolinea la doppiezza di Arafat che non affronta con determinazione il terrorismo di Hamas e di Hezbollah: è considerato "uno spettatore". Continuano gli insediamenti dei coloni in Cisgiordania e la costruzione di nuovi quartieri ebraici a Gerusalemme Est. Il *leader* del Likud Netanyahu, dopo aver osteggiato gli accordi di Oslo, il governo Rabin e quello di Peres, vince le elezioni (1996) e assume la guida del Governo: ritiene che sia possibile procedere negli accordi conclusi ad Oslo soltanto da posizioni di assoluta sicurezza e senza rinunciare ai vantaggi acquisiti nei decenni precedenti. Il nuovo governo deve affrontare una recrudescenza del terrorismo e, mentre procede ad alcuni ritiri di contingenti israeliani da aree occupate (Hebron), autorizza nuovi insediamenti urbani a Gerusalemme Sud. Arafat prende posizione contro Hamas e si registrano aspri scontri armati fra le opposte organizzazioni: è tuttavia troppo tardi perché di fatto il processo di pace è bloccato.

Nonostante gli accordi di vertice, sottoscritti con la "collaborazione americana", le due comunità rimangono prive di fiducia vicendevole e ostili. Le difficoltà rendono difficile l'applicazione degli accordi precedenti e, di fatto, ne determinano il blocco. Già in questo periodo l'OLP, insediata con compiti di governo nelle aree previste, denuncia il ritardo nel ritiro delle truppe di Gerusalemme e il progressivo sviluppo degli insediamenti ebraici in Cisgiordania e in alcune aree della striscia di Gaza. Neppure Netanyahu dimostra di possedere la forza per la rapida applicazione degli accordi di Washington, anche se essi non sono denunciati da nessuna delle parti. Le tensioni politiche interne alla coalizione di maggioranza guidata dal Likud portano alla caduta del suo governo e a nuove elezioni (1999).

16. *Clinton, Barak, Arafat (Camp David 2000). Colloqui di Taba (Sinai, 2001). La "Road Map" (2002). Decesso di Arafat (2004)*

In questa consultazione prevalgono i laburisti, che portano alla guida del governo Ehud Barak (è il generale più decorato della storia d'Israele). Ancora una volta la dirigenza israeliana tenta di dar vita ad una soluzione che prenda in considerazione le esigenze della popolazione palestinese, i territori occupati e la contestata sistemazione della città di Gerusalemme. Anche in questi mesi gli insediamenti si sviluppano; il nuovo governo cerca l'accordo con Damasco e ritira le forze militari israeliane dal Sud del Libano (2000). Nello stesso anno il presidente siriano Hafez al-Assad decede e gli succede il figlio Bashār al-Assad. La permanente opposizione siriana a tutela della causa palestinese e per il recupero del Golan rende profetica la previsione di Kissinger: «Senza l'Egitto non ci sarà più la guerra, ma senza la Siria, non ci potrà mai essere la pace». Nel 2000 è convocato un nuovo vertice a Camp David, vi prendono parte il presidente William (Bill) J. Clinton, Barak e Arafat. Ancora una volta le parti in causa non trovano un accordo e di fatto l'incontro si conclude con un nulla di fatto. Il fallimento di questo tentativo conferma la conflittualità esistente fra i due maggiori antagonisti e le perduranti contrapposizioni all'interno delle due collettività, vale a dire la natura assolutamente regionale del conflitto arabo-israeliano e le sue radici mediorientali. Non hanno permesso di trovare soluzioni neppure le mediazioni delle grandi potenze o il loro diretto intervento.

Nel 2000 prende corpo una nuova violenta protesta palestinese, alla quale segue una spirale crescente di propaganda antisionista e antisemita in tutto il mondo. All'origine di questa intifada c'è la visita del *leader* del Likud, Ariel Sharon, sulla spianata delle Moschee a Gerusalemme accompagnato da altri esponenti politici e dalle sue guardie del corpo. L'iniziativa pare dettata dal desiderio di affermare, di fronte alla popolazione ebraica, la «piena libertà di movimento» nella capitale di Israele. Da parte arabo-palestinese la lettura è molto diversa: Sharon appare un "provocatore", di fatto un profanatore della sacralità della spianata, un dispregiatore dei sentimenti più profondi dell'islam. Anche l'Egitto, sorpreso dall'iniziativa, la condanna senza riserve e ritira il proprio ambasciatore da Gerusalemme, ma non rompe le relazioni diplomatiche, né mette in discussione il trattato di pace del 1979. Di fronte ad una tale emergenza Clinton presenta un piano di pace in occasione di nuovi negoziati palestinesi-israeliani a Taba (Sinai, 2001): fra le varie proposte è prevista la cessione di circa il 95% della Cisgiordania al controllo dell'Autorità nazionale palestinese, ma le parti non raggiungono un accordo. Arafat, premuto dal mondo arabo e poco fiducioso delle intenzioni israeliane, non accetta queste proposte, risultando ancora un nulla di fatto, nonostante le pressioni di Washington e il diretto coinvolgimento dei vertici politici statunitensi. Nel 2001 il Likud trionfa alle elezioni (62%) e Sharon assume la guida del governo, trovandosi a fronteggiare una nuova intifada. Il presidente Sharon attua il ritiro israeliano da Gaza che è diventata «un'autentica polveriera sociale», ove risiedono circa un milione di palestinesi (gli israeliani non raggiungono le 10.000 unità). La decisione di Sharon è dettata, oltre che dal rispetto dei patti, anche dalla necessità di liberarsi dal peso di Gaza («zavorra onerosa e pericolosa»), dove, a tutela dei circa 10.000 coloni ebrei, devono essere impegnati ben 20.000 soldati israeliani in un clima di forte tensione. Non esclude inoltre la rinuncia a gran parte della Cisgiordania, ma il problema è rinviato. Mentre per i palestinesi Gaza è prima di tutto, per la gran parte del mondo politico israeliano c'è «Gaza e basta».

Inizia in questo periodo la costruzione di una barriera per impedire il passaggio clandestino dei palestinesi in Israele a tutela delle colonie ebraiche insediate in Cisgiordania e nella periferia di Gerusalemme. L'opera, da realizzarsi in più anni, dovrebbe estendersi per circa 800Km con diversi strumenti protettivi (muro, reti, filo spinato, ecc). Questo sbarramento è definito dagli arabi «il muro della vergogna».

Anche in questi anni si estendono gli insediamenti israeliani in Cisgiordania e a Gerusalemme Est. Nel 2002 un "quartetto di enti internazionali (USA, Russia, ONU e UE)" mette a punto una "tabella di marcia per la pace" (Road Map for Peace) da realizzarsi entro il 2005, articolata in tre fasi:

1) fine del terrorismo palestinese, ritiro israeliano, blocco delle colonie ed elezioni palestinesi;

2) conferenza per la ripresa economica palestinese, avvio della costituzione di uno Stato indipendente palestinese, impegno multilaterale su questioni regionali (risorse idriche, ambiente, profughi, controllo armamenti);

3) *status* permanente, fine del conflitto, accordi per i confini definitivi, Gerusalemme, colonie, profughi, sottoscrizione dei trattati di pace dei Paesi arabi con Israele.

Il progetto, non privo di concretezza e di realismo, non riuscirà nel suo intento, nonostante l'impegno di autorevoli personalità, fra le quali lo stesso Tony Blair, incaricato, negli ultimi tempi, di continuare nella mediazione per portare in porto la "pace globale".

Nel 2004 muore Arafat, considerato dai palestinesi un autentico patriota, un abile uomo politico, un infaticabile animatore della resistenza di quel popolo che ha saputo tenere unita un'articolata coalizione di milizie, ha proclamato la nascita dello Stato palestinese e, alla fine, ha avviato il dialogo con Israele e ha rifiutato il terrorismo. Ad Oslo ha accettato i confini del 1967 superando l'originaria impostazione dell'ONU del 1947. I suoi metodi, le sue tattiche, i frequenti cambiamenti di strategia, ben comprensibili nel contesto arabo-palestinese, non hanno tuttavia convinto né gli israeliani né il radicalismo palestinese. Sospetti e contrapposizioni sono ancora presenti al momento del suo decesso, nonotsante il popolo palestinese gli manifesti un affetto profondo ben testimoniato dalla straordinaria partecipazione alle sue esequie.

Alla guida dell'Autorità nazionale palestinese gli succede Mahmoud Abbas (conosciuto come Abu Mazen) che, oltre al controllo pieno di Gaza, vuole la restituzione della Cisgiordania e il blocco immediato degli insediamenti dei coloni israeliani. È dunque favorevole al processo di pace con Gerusalemme, ma a precise condizioni. Non può pertanto sorprendere l'ostilità di Hamas nei suoi confronti. A parte la questione di Gerusalemme (cui il mondo arabo non accetta di rinunciare), resta sul tappeto anche il problema irrisolto dei profughi palestinesi residenti nei campi. Si tratta ormai, a seguito dello sviluppo demografico, di circa tre milioni di persone che chiedono di poter rientrare in Israele, invocando i diritti previsti dalla Dichiarazione universale dei diritti dell'uomo e dalla Risoluzione n. 194 del 1947. Gerusalemme è contraria a questa richiesta per diverse ragioni. Osserva che questa invasione metterebbe in dubbio l'ebraicità dello Stato e la sua sicurezza interna (ignorare la «bomba atomica demografica» sarebbe un vero e proprio suicidio). Secondo studi recenti, la crescita della popolazione palestinese è molto più rapida di quella israeliana. Nel 2009 risultano residenti in Israele 7,5 milioni di abitanti di cui 5,6 ebrei (75%) e 1,5 arabi palestinesi (20,2) e altre minoranze. La popolazione ebraica presente in Israele rappresenta però soltanto un terzo della sua consistenza nel mondo calcolata in circa sedici milioni di persone. Ciò ha indotto alcuni osservatori a parlare di fallimento del "progetto sionista" perché la maggioranza ha preferito risiedere negli USA e in altri Stati (circa 150.000 sono tornati in Germania). La critica è discutibile: in realtà i "profeti del sionismo" non hanno mai considerato la rinata Israele come la necessaria sede di un insediamento ebraico totale, ma come un'opportunità offerta a tutti quelli che ne avessero voluto approfittare. Fra l'altro, alla luce dell'attuale situazione politica, l'ipotesi di un assorbimento di altri 10 milioni di ebrei in Israele sarebbe impossibile sul piano sociale ed economico. Gerusalemme rileva che i Paesi arabi hanno allontanato la quasi totalità degli ebrei residenti presso di loro e che questi ultimi hanno trovato in gran parte rifugio in Israele. Aggiunge che, al contrario, i Paesi arabi non hanno accolto al loro interno i rifugiati (o profughi) palestinesi, ma che essi potranno essere accolti in una futura entità palestinese in Cisgiordania. Il governo israeliano ricorda che dopo la guerra del 1956 ha restituito tutti i territori occupati in cambio della promessa di pace ma che, nonostante ciò, il mondo arabo-palestinese ha ripreso, dopo pochi anni, le armi: non si può ripetere l'errore di quel periodo né tanto meno correre rischi tanto elevati.

17. *La conferenza di Annapolis (Maryland, 2007). Gaza: la lotta fra Hamas e l'Autorità nazionale palestinese. L'intervento israeliano (operazione "inverno caldo", marzo 2008; operazione "piombo fuso", dicembre 2008, gennaio 2009)*

Il presidente G. W. Bush cerca di riprendere il dialogo dei precedenti vertici israeliano-palestinesi: convoca la conferenza di Annapolis (Maryland, 2007), alla quale partecipano Ehud Olmert per Israele e Abu Mazen presidente dell'Autorità palestinese. In questa occasione è approvata la costituzione di due Stati per porre fine al decennale conflitto e, nonostante le precedenti e perduranti difficoltà, si pensa di poter mantenere la "Road Map for Peace" come riferimento di base per il lavoro successivo.

Nonostante questi ripetuti tentativi, locali e internazionali, la situazione resta difficile, anzi si aprono nuovi e più inquietanti scenari. Una grave crisi politico-militare scoppia a Gaza, che appartiene alla Palestina del mandato, è gestita dall'Egitto dal 1948 al 1967 e, in seguito, dopo il conflitto del 1967, occupata dagli Israeliani. Sulla base degli accordi di Oslo, Gerusalemme anche dopo il ritiro delle sue forze armate mantiene il controllo del suo spazio aereo, delle sue acque territoriali e delle sue frontiere terrestri (ad eccezione di quella con l'Egitto). Ora, dopo il ritiro israeliano promosso da Sharon (2005), il controllo è stato assunto per due anni da Al Fatah; nel 2007, in occasione delle elezioni svoltesi sotto il controllo dell'ONU, prevale Hamas nei confronti dell'Autorità nazionale palestinese: il contesto diventa critico per lo scontro, anche militare, fra le due componenti palestinesi e per la reazione statunitense ed europea (Hamas è considerata un'organizzazione terroristica). I miliziani di Hamas non esitano ad avviare azioni antisraeliane (lancio di missili a breve raggio, colpi di mortaio, ecc.). Gerusalemme reagisce con estrema energia (forze aeree e corazzate) e invade l'area di Gaza (operazione "inverno caldo", marzo 2008). Prende corpo, subito dopo, una tregua insidiata da continui incidenti, provocazioni e ritorsioni; Hamas denuncia il clima di assedio umanitario in atto per i controlli israeliani, per la riduzione delle forniture alimentari e per i controlli lungo le linee di accesso al territorio. Nel dicembre del 2008 si riaccendono gli scontri. Ancora una volta la reazione israeliana è rapida e radicale: è avviata l'operazione "piombo fuso" (dicembre 2008, gennaio 2009) che porta le forze armate d'Israele per la prima volta nella stessa città di Gaza. Secondo le stime più recenti si contano circa mille morti per i bombardamenti e i combattimenti e oltre tremila feriti. L'impegno della diplomazia internazionale porta ad una nuova tregua; Gerusalemme tuttavia mantiene il controllo dei valichi di accesso. Ancora una volta il governo israeliano conferma di non poter tollerare nessuna azione di Hamas contro il suo territorio e di essere pronto, in caso di necessità, a «usare il pugno di ferro».

La grave tensione nella zona di Gaza, con il sistematico ricorso all'uso dei mezzi militari, riaccende le polemiche di gran parte del mondo arabo nei confronti di Israele per la convinzione che le reazioni siano sproporzionate alla gravità degli atti compiuti da Hamas.

18. *La presenza iraniana*

C'è da registrare anche una violenta campagna antisionista promossa dall'Iran negli ultimi anni; questo Stato, già all'indomani della cacciata dello scià (1979), ha assunto una posizione di tutela della causa palestinese, ma negli ultimi anni ha radicalizzato questa politica per la mancata soluzione del problema. È apparso sempre più chiaro che Teheran ha assunto, a questo proposito, il ruolo di capofila dei Paesi e dei movimenti antiebraici, di fatto finendo per sostituire in questa posizione l'Egitto. Di recente si sono registrate numerose iniziative iraniane a conferma dei suoi indirizzi politici antisraeliani.

Dopo le conferenze mondiali contro il razzismo promosse dall'ONU (Ginevra 1978 e 1983) si tiene quella di Durban in Sudafrica (2001); la proposta araba di definire "razzista" il sionismo provoca la reazione degli USA e di Israele che abbandonano i lavori. Nel 2009 si celebra la quarta conferenza a Ginevra, alla quale non partecipano molti Paesi per protestare contro la prevalente impostazione antisraeliana. In apertura dei lavori, il presidente iraniano Mahmoud Ahmadinejad attacca con veemenza Israele: «Gli alleati, dopo la seconda guerra mondiale, hanno mandato emigranti per istituire un governo totalmente razzista nella Palestina occupata. Con il pretesto delle sofferenze degli ebrei e per le conseguenze del razzismo in Europa, hanno installato al potere uno dei più crudeli e repressivi regimi razzisti. [...] Il Consiglio di Sicurezza ha sostenuto, negli ultimi 60 anni, l'occupazione del regime sionista e gli ha dato piena libertà di commettere qualsiasi crimine. Questi abusi devono terminare».

Anche in occasione dell'Assemblea Generale dell'ONU (2009) il presidente iraniano attacca i «circoli ebraici» che pretendono «d'imporre un clima d'intimidazione e d'ingiustizia» grazie alle ricchezze di cui dispongono e alle loro «enormi risorse mediatiche». Denuncia, inoltre, l'arsenale nucleare israeliano che ha beneficiato della complicità americana, rileva le grandi ingiustizie subite dal popolo palestinese e condanna «il regime sionista d'occupazione». Non nega, in questa sede, il suo diritto ad esistere e neppure la Shoah e dichiara di essere pronto a negoziare. Di fatto lascia cadere, in questa circostanza, il proposito di distruggere Israele per descrivere un «complotto giudaico mondiale» e l'inaccettabile politica di discriminazione messa in atto dai vertici sionisti.

Nell'ottobre del 2010, in visita in Libano, incontra gli esponenti di Hezbollah e riprende le consuete tematiche antisraeliane: «Noi e il Libano abbiamo interessi e nemici comuni. E i nostri nemici si terrorizzano quando ci vedono insieme. Vi aiuteremo a difendervi dall'ostilità del regime sionista. La vostra resistenza nella guerra del 2006 ha cambiato l'equilibrio delle forze. Ora bisogna liberare la Palestina. Israele deve cessare d'esistere». Il presidente iraniano allude allo scontro militare fra le milizie di Hezbollah e le forze armate israeliane durato oltre un mese, ma il quadro politico libanese è comunque mutato: dopo il ritiro siriano (2005) nelle elezioni del 2009 hanno prevalso i "moderati", poco sensibili alla propaganda del radicalismo siriano e iraniano, non impedendo l'attiva presenza della milizia di Hezbollah e il loro collegamento con altri movimenti palestinesi e con Teheran. La politica di Teheran rafforza la resistenza dei movimenti palestinesi e il fronte dei Paesi arabi del "rifiuto", ma è indubbio che la sua presenza, per le risorse di cui dispone, rappresenta un elemento centrale della nuova situazione in Medio Oriente e la minaccia più grave per lo Stato ebraico.

19. *Vertice Obama, Netanyahu, Abu Mazen (Washington 2010). Il problema delle "colonie israeliane". Nuovi incidenti*

Anche il nuovo presidente degli USA Barack Obama affronta la questione palestinese. Già durante la campagna elettorale del 2008 sottolinea la necessità di difendere l'esistenza dello Stato d'Israele, l'urgenza di risolvere il problema umanitario dei profughi, l'esigenza di garantire «la pace nella stabilità» all'intera regione mediorientale. Non esita tuttavia ad affermare che Gerusalemme può rimanere la «capitale indivisibile d'Israele» e da questo punto di vista pare convinto che il riconoscimento di questa aspirazione possa essere controbilanciata da altre concessioni da parte israeliana (restituzione della Cisgiordania, blocco delle colonie, rallentamenti nella costruzione di alloggi a Gerusalemme Est, ecc.). Agli inizi del 2010 promuove a Washington un vertice con Netanyahu, tornato alla guida del governo israeliano, e Abu Mazen, presidente dell'Autorità nazionale palestinese. Quest'ultimo, dopo l'avvio dei colloqui, pone una condizione preliminare per la loro prosecuzione: il governo israeliano deve fermare gli insediamenti in Cisgiordania e i piani edilizi a Gerusalemme Est. Netanyahu non è nelle condizioni di accettare queste richieste, ma propone un "rallentamento" della colonizzazione che viene definito come "sviluppo naturale" del quadro che si è costituito dopo la guerra del 1967. Non è più invocata la tesi della sicurezza, ma è evidenziato che, dopo tanti anni, in assenza dei trattati di pace, è "naturale" che la società israeliana si consolidi con l'espansione degli insediamenti in queste aree. Si allude alla Cisgiordania (che tuttavia il governo israeliano definisce come Samaria e Giudea) e a Gerusalemme Est. Netanyahu non esclude tuttavia che l'occupazione dei territori possa avere termine; ciò sarebbe agevolato dal riconoscimento, da parte arabo-palestinese, d'Israele come "Stato ebraico", cioè con l'essenza stessa del sionismo più ortodosso e radicale: l'identificazione del cittadino israeliano con lo *status* dichiarato di appartenenza al popolo ebraico (non necessariamente di fede mosaica). Si tratta di una tesi nuova non precisata nei dettagli. Questa proposta sembra essere in contraddizione con la proclamata laicità dello Stato ebraico e con la sostanziale uguaglianza di tutti i cittadini (anche quelli arabi che oggi sono il 22% della popolazione). Alla luce di questa ipotesi potrebbero prendere corpo due nuovi Stati: "Israele ebraica" e una entità palestinese-araba. L'ipotesi anziché risolvere i problemi li rende ancor più complessi, poiché appare infatti evidente che l'ebraicità d'Israele è in palese contraddizione con la politica espansiva degli insediamenti ebraici in aree con prevalente popolazione palestinese. Le trattative in essere (i colloqui, sospesi a Washington, sono ripresi in Egitto a Sharm el-Sheikh nell'autunno 2010) sono bloccate da opposti radicalismi. Netanyahu non può fare chiare concessioni territoriali perché la sua maggioranza è condizionata dalle forze ebraiche più radicali e religiose. La forte immigrazione russa e l'irredentismo biblico giocano un ruolo importante; di contro il moderatismo ebraico non può rimuovere questi ostacoli. Il premier non può rompere con Obama, ma neppure far cadere il proprio governo. D'altra parte è bene ricordare che dal 1967 nessuna autorità israeliana ha bloccato gli insediamenti nei territori occupati e a Gerusalemme Est (c'è soltanto l'eccezione del ritiro da Gaza dei coloni israeliani nel 2005 per opera di Sharon, ma questa resta una realtà molto specifica e circoscritta). D'altra parte nell'attuale situazione Israele potrebbe trovarsi esposta alla nascita di due diverse "entità palestinesi": quella di Gaza nelle mani di Hamas e quella della Cisgiordania gestita da Al Fatah. In generale il problema dei due Stati resta confuso e indefinito sia nei suoi aspetti istituzionali che confinari; in pratica uno non esiste e l'altro, nato nel 1948, attraversa uno dei suoi momenti più critici. Il problema più complesso resta quello delle colonie in Samaria e Giudea (Cisgiordania), nel Golan e a Gerusalemme Est: esse sono circa 120, costituite con i finanziamenti e il sostegno statale (si tratta di città, villaggi, centri agricoli), alle quali si devono aggiungere altri 100 insediamenti "spontanei o abusivi". Questi ultimi, pur non autorizzati, non sono stati impediti né sgomberati, e in totale vi risiedono circa 500.000 coloni israeliani.

L'ONU, la Corte internazionale dell'Aja, l'Unione europea, la Croce Rossa e altri enti hanno in più occasioni denunciato questa "invasione", perché non rispetta gli accordi di Oslo (1993), della Road Map e della conferenza di Annapolis (2002). La stessa Corte suprema d'Israele (2007) ha escluso che questi territori facciano parte dello Stato con la sola eccezione di Gerusalemme Est, annessa nel 1980. I coloni si oppongono a qualsiasi progetto di trasferimento volontario: alcuni ricordano il lavoro svolto, il pagamento dei terreni agli ex proprietari arabi e ragioni di carattere storico religioso. È pure evidenziato che il ritiro da Gaza non ha portato la pacificazione ma l'affermazione di Hamas. Netanyahu, come i *leaders* israeliani del periodo precedente, non è nelle condizioni di risolvere all'interno del suo Paese questa realtà e si teme che, in caso di azioni di forza contro i coloni, i partiti e i movimenti religiosi che li sostengono, in Israele possa scoppiare una guerra civile.

Anche Abu Mazen è con le spalle al muro: chiede l'applicazione degli accordi internazionali e delle risoluzioni dell'ONU, il ritiro integrale dei coloni (anche se attuato con gradualità), l'inclusione di Gerusalemme Est nella trattativa, la rinuncia alla proclamazione della "ebraicità" d'Israele per tutelare i palestinesi cittadini israeliani e il diritto al ritorno dei profughi (e dei loro discendenti) della guerra del 1948 (circa 4 milioni di persone in gran parte sistemati in Libano e in Giordania). Alle spalle di Abu Mazen premono Hamas e Hezbollah, che denunciano l'aggressività israeliana, la malafede dei suoi governi e confermano la necessità dell'uso della forza per liberare i territori occupati e la stessa Palestina. C'è ormai il radicato convincimento che Israele non possa più abbandonare la Cisgiordania e che il passare del tempo, con la progressiva estensione delle colonie ebraiche, prepari l'annessione anche di questo territorio, com'è avvenuto per la città di Gerusalemme. Anche Al Qaeda (organizzazione islamica radicale) ha cercato di inserirsi nel mondo palestinese ma, ad oggi, ha incontrato l'opposizione sia delle componenti laiche che di quelle fondamentaliste.

Abu Mazen deve dunque fare i conti con il governo israeliano, ma non può ignorare la forza della sua opposizione interna e l'efficacia della propaganda del radicalismo nazionale e islamico sulla popolazione palestinese. In questa situazione non è facile fare progressi nel negoziato e neppure procedere secondo la vecchia strategia dei "piccoli passi". La situazione, già grave, ha dovuto registrare ancora, durante il 2010, nuovi attentati, azioni terroristiche, attacchi a moschee, ecc. e un grave incidente alla fine di maggio. Le forze israeliane, che controllano le acque territoriali di Gaza, hanno bloccato alcune navi dirette nella striscia ("flottiglia della libertà e dell'umanità"). Gerusalemme ha temuto una forzatura del blocco per fare arrivare armi ed esplosivi, nonostante i partecipanti alla spedizione avessero dichiarato di essere portatori di generi alimentari e di medicinali. Ciò nonostante le navi, dopo essere state inutilmente invitate a rispettare il blocco, sono state abbordate, provocando nel corso dell'operazione morti e feriti. In questa occasione, oltre alle proteste del mondo arabo-palestinese e di altri Stati, si è levata anche la voce della Turchia, che ha condannato l'azione militare, denunciato il blocco disumano di Gaza e il perdurare dell'occupazione dei Territori. È in tal modo scesa in campo, con autorevolezza e determinazione, anche Ankara a rafforzare il fronte antisraeliano. Il presidente Recep Tayyip Erdoğan ha parlato di un «attacco contro la coscienza dell'umanità». Non mancano le preoccupazioni per i futuri orientamenti della Turchia, che legata da decenni all'Occidente e alla NATO, resta insofferente per i rinvii del suo ingresso nell'Unione europea. In questa fase, mentre si rafforza il suo sistema economico, mostra un'attenzione crescente per la realtà regionale in cui è inserita, consolida i legami con le repubbliche (turcofone) centroasiatiche nate dalla decomposizione dell'URSS e dà vita a nuovi e positivi rapporti con la Siria, con l'Iraq e anche con le autorità di Teheran.

In questo quadro le trattative avviate da Obama sono bloccate, sebbene né Netanyahu né Abu Mazen possano rompere i rapporti con Washington: sospensioni e rinvii non garantiscono risultati concreti e sembrano celare finzioni e ipocrisie negative, ma necessarie. I due contraenti sono ostaggio di parte delle rispettive società nazionali, non avendo una delega adeguata al rilievo della trattativa, né la forza d'imporre soluzioni a coloro di cui pretendono di essere i rappresentanti. C'è un potere di veto di una parte importante del popolo israeliano e di quello palestinese che congela la situazione. C'è il gioco perverso delle mani incrociate: gli israeliani denunciano Abu Mazen che, mentre stringe in segno di pace la loro mano, con l'altra non ferma il terrorismo. Il *leader* palestinese, a sua volta, condanna Netanyahu che, mentre porge una mano in segno di pace, con l'altra continua a rubare "terra palestinese". L'unica certezza, al di là dei rinvii e delle sospensioni nelle trattative, è che nessuno vuole una "quinta guerra" arabo-palestinese-israeliana, anche se nessuno è in grado, al momento, di trovare soluzioni adeguate. Mubarak (ottobre 2010), per trent'anni alla guida di un Egitto pacificato dal 1979 con Israele, ha però lanciato un avvertimento: senza una rapida soluzione del problema delle colonie e dei rifugiati, «un altro conflitto è inevitabile».

20. *La "primavera araba" (2010). La caduta di Mubarak; il Consiglio supremo delle forze armate egiziane (2011). Il riconoscimento dello Stato palestinese all'ONU (2011). L'azione mediatrice del "quartetto" (ONU, UE, USA, Russia). La Palestina entra nell'UNESCO (2011). Il rapporto dell'AIEA sull'attività nucleare iraniana (2011)*

Alla fine del 2010 si manifesta in molti Paesi, in prevalenza nell'area nordafricana e mediorientale, una rivolta popolare contro le autorità governative (civili e militari) siano esse monarchiche o repubblicane. Il fenomeno interessa il Marocco, l'Algeria, la Tunisia, la Libia, l'Egitto, la Siria, l'Arabia Saudita, la Giordania, Lo Yemen, l'Oman, il Bahrein e l'Iran. La protesta, che assume a seconda dei Paesi il carattere di rivolta o di vera e propria rivoluzione, è definita dagli osservatori internazionali "la primavera araba". Il nome sintetizza la spinta al cambiamento contro i vertici del potere. In realtà, questa lettura è superficiale perché non analizza le diverse componenti del "movimento" nei loro aspetti generali e neppure nel contesto specifico dei singoli Stati. A conferma di ciò, risulta evidente la diversa evoluzione dell'onda contestatrice nelle varie realtà statuali. In alcune di queste ultime i gruppi dirigenti ottengono la conferma della fiducia popolare con la promessa di riforme, in altre c'è l'abbandono del potere da parte dei governi in carica, la fuga o l'incarcerazione degli esponenti più autorevoli, in altre esplode la violenza rivoluzionaria che porta alla formazione di governi provvisori, ad azioni belliche e anche alla eliminazione fisica dei precedenti governanti. Un giudizio complessivo su questi avvenimenti è prematuro perché solo all'interno di pochi Stati la situazione sembra normalizzata e i nuovi equilibri politici e istituzionali sono ancora molto precari. Le stesse componenti più attive della cosiddetta "primavera araba" sono in realtà animate da progetti politici e sociali spesso divergenti e sono sostenute da forze sociali e comunità religiose diverse. In questa confusa e complessa realtà si possono distinguere alcune forze più importanti: ci sono sostenitori di modelli istituzionali di tipo liberaldemocratico che auspicano lo svolgimento di libere elezioni con la presenza di partiti antagonisti senza la preventiva censura governativa sui candidati e fautori di un maggiore rigore religioso e di un ritorno all'ortodossia più integrale islamica come premessa della moralizzazione e dello sviluppo della società. Ma non mancano gruppi di notabili (pubblici dirigenti, industriali, commercianti, insegnanti, professionisti, ecc.)

che, senza arrivare a chiedere profonde riforme istituzionali o "rigenerazioni coraniche", si limitano ad invocare maggiore libertà, più apertura economica, più considerazione per i ceti emergenti in campo economico e culturale. Queste forze hanno peso diverso nelle varie realtà statali e godono di simpatie e appoggi da parte di Paesi stranieri in maniera differenziata fra loro. Un ruolo importante nell'animazione di queste "rivolte popolari" è stato esercitato dal mondo giovanile che ha utilizzato i più moderni sistemi di comunicazione telematica. Ciò è servito ad esternare le più evidenti carenze dei governi, a diffondere programmi e a dare precise indicazioni sui luoghi e le date delle grandi assemblee pubbliche. Questo sistema ha permesso di eludere la censura in atto e i controlli polizieschi. La forza della componente giovanile risulta anche dalla forte natalità che caratterizza, per il momento, queste aree geografiche. A ciò si deve aggiungere la diffusa insoddisfazione per la mancanza di lavoro che induce molti delle nuove generazioni a dover scegliere fra la sottoccupazione, la disoccupazione o l'emigrazione.

Alla fine del 2012 la situazione di questi Paesi è ancora instabile e non appare chiaro l'approdo dei movimenti "rivoluzionari" e "ribellisti", i primi caratterizzati dalla presenza di partiti con programmi, *leaders* e strutture, i secondi da agitazioni popolari spontanee guidate da esponenti politici, sociali e religiosi senza precisi obiettivi e la capacità di indicare soluzioni alternative di governo.

In Marocco la contestazione popolare è stata affrontata dal re Mohammed VI, che ha promesso rapide e incisive riforme socio-economiche per soddisfare le esigenze popolari. La dinastia alawita (discedenti di Alì), cui appartiene il sovrano, è originaria del Sud e vanta una discendenza diretta da Maometto. Mohammed VI è capo religioso dei credenti ("difensore della fede"), capo politico e comandante delle forze armate.

Nella Repubblica d'Algeria il presidente Abdelaziz Bouteflika per fronteggiare la crescente protesta popolare ha revocato lo stato d'emergenza in atto dal 1992 e ha avviato un'azione riformatrice a favore dei giovani, dei lavoratori agricoli e un nuovo piano d'investimenti pubblici nel settore delle infrastrutture.

Le autorità dell'Arabia Saudita hanno fronteggiato con fermezza le manifestazioni popolari nel corso del 2011. Il re Abdullah (reggente dal 1995 e salito al trono dopo il decesso di Fahd nel 2005) ha dato vita ad un piano d'interventi a favore dell'occupazione, ad una maggiore liberalizzazione economica e ha annunciato riforme a favore del mondo femminile. A questo riguardo nelle prossime elezioni amministrative sarà possibile la presentazione di candidate.

Nel Bahrein la dinastia sunnita al potere dei Khalifa ha represso le manifestazioni con l'impiego delle forze armate e denunciato i legami dei "ribelli" con l'organizzazione terroristica di Al Qaeda.

Anche il sultano dell'Oman Qaboos, al potere dal 1970, ha affrontato con determinazione repressiva le manifestazioni nell'emirato e non ha esitato a bloccarle denunciandone le radici terroristiche.

In Iran le manifestazioni di sostegno alla "primavera araba" e contro il governo in carica sono state represse dalle forze di sicurezza e le rivolte non hanno fino ad ora contagiato il Paese, ma sono rimaste limitate alla capitale e ad alcune altre città.

Nella Repubblica unita dello Yemen la rivolta popolare contro il governo assolutista del presidente Ali Abdullah Saleh inizia già nel febbraio 2011. Quest'ultimo salito al potere nel 1978 nel Nord del Paese ha aggregato più tardi anche il Sud (1990). Anche qui la repressione risulta di particolare violenza, mentre le manifestazioni antigovernative si estendono in gran parte dello Yemen. Ormai da alcuni mesi si contrappongono alle forze governative i guerriglieri dei gruppi tribali ostili a Saleh. Gli scontri hanno determinato il decesso di centinaia di persone e il ferimento di alcune migliaia: si parla ormai di guerra civile. Di fronte all'aggravarsi della situazione il presidente Saleh, al potere ormai da oltre trent'anni, decide di ritirarsi; assume la guida dello Yemen il suo ex vicepresidente Abem Habi. Il Paese resta in una situazione di estrema gravità. Lo Yemen è uno degli Stati arabi più poveri ove l'agricoltura (cotone, caffè, ecc.) occupa ancor più del 50% della popolazione.

La rivolta popolare in Siria scoppiata nel 2011 ha assunto il carattere di guerra civile e si parla ormai di migliaia di vittime. Il governo non ha esitato ad utilizzare le forze armate per domare la ribellione. Dopo l'indipendenza (1946), il Paese attraversa una fase d'instabilità caratterizzata da frequenti colpi di Stato; la Siria partecipa attivamente alle guerre contro Israele di cui diventa un avversario irriducibile. Dopo la breve parentesi dell'unione con l'Egitto nella Repubblica araba unita (1958-1961) assume la guida del governo il partito panarabo Baaht d'ispirazione socialista e influenzato dalla politica moscovita. Nel 1970 prende la presidenza, dopo un ennesimo colpo di Stato, Hafez al-Assad, anch'egli esponente dello stesso movimento. Alla sua morte (2000) gli succede il figlio, attuale capo dello Stato, Bashār al-Assad. Dal 1963 è in vigore la legge marziale che prevede la sospensione delle garanzie costituzionali e ha ampliato i poteri presidenziali, motivata dallo stato di guerra con Israele e dalla minaccia del terrorismo. Damasco mantiene rivendicazioni territoriali nei confronti d'Israele (le alture del Golan perdute nel 1967 e annesse da Gerusalemme nel 1982) e della Turchia (la provincia di Hatay con la capitale Antiochia). Dopo mesi di guerriglia la situazione non si è normalizzata benché siano stati impegnati imponenti mezzi per dare una soluzione militare alla crisi. La repressione governativa attuale ricorda quella messa in atto nel 1982 dal padre Hafez al-Assad che costò la vita a migliaia di persone e colpì in modo particolare la città di Hama. Anche nella comunità internazionale si sono levate voci a difesa dei rivoltosi e di condanna per la brutale repressione governativa. Washington, Londra, Parigi e Berlino hanno in più occasioni invitato Bashār al-Assad a lasciare il potere. Il Consiglio per i diritti umani ha presentato un rapporto al Consiglio di Sicurezza e non si esclude un'incriminazione di Assad per crimini contro l'umanità e il suo deferimento alla Corte penale internazionale. È tuttavia improbabile l'emissione di una risoluzione analoga a quella adottata per la Libia, poiché la Siria gode del sostegno della Russia, della Cina, dell'India e del Sudafrica. Anche nel mondo arabo cresce la protesta contro Damasco sotto la guida della Turchia, dell'Arabia Saudita, del Qatar, della Giordania e del Kuwait. Si è costituito un Consiglio nazionale siriano (CNS) come organismo unitario dell'opposizione (settembre 2011) che ha fissato la sua sede a Istanbul. Anche la Lega Araba ha deciso la sospensione di Damasco dall'organizzazione se la repressione non avrà termine al più presto.

L'esame della crisi siriana approda alle Nazioni Unite (ottobre 2011): una risoluzione di condanna del governo siriano che prevede il passaggio dalle precedenti sanzioni di natura economica e commerciale a misure d'intervento è bloccata dal veto della Russia e della Cina (India, Brasile, Sudafrica e Libano si astengono); i russi temono la ripetizione della "vicenda libica", mentre i cinesi fanno appello alla "non ingerenza". Nel febbraio del 2012, con il sostegno di molti Paesi arabi, l'Assemblea Generale vota a grande maggioranza una risoluzione di condanna di Damasco e di auspicio per un cambio di governo. L'estensione e la violenza della guerra civile sono di tale intensità che la stessa Lega Araba chiede che l'ONU dia vita ad un contingente militare per porre fine agli scontri; cresce la protesta del mondo contro le azioni repressive messe in atto da Damasco. Le parti in lotta si accusano vicendevolmente di esecuzioni sommarie, di uccisioni e di massacri di civili fra i quali anche donne e bambini, mentre aumenta il numero dei profughi verso gli Stati confinanti, in particolare la Turchia.

Da parte loro le "forze ribelli" dimostrano una crescente capacità operativa e controllano alcune aree del Paese. D'altra parte è bene non dimenticare che il regime di Bashār al-Assad ha basato il suo potere su gruppi minoritari ma influenti (sciiti, alawiti, cristiani, borghesia industriale e commerciale, forze armate e struttura del partito Baath). Damasco gode inoltre di forti sostegni internazionali (Russia, Cina, Iran, ecc.) dovuti in parte al suo sistema politico interno di tipo socialista, alle forniture petrolifere e al consistente volume del suo import-export.

L'attuale guerra civile presenta diversi aspetti. C'è una parte della società in rivolta contro la dittatura per ottenere la libertà di parola e di organizzazione politica, maggiore rispetto delle minoranze, dei diritti umani e politici, cioè più "democrazia", c'è anche il confronto religioso all'interno del mondo islamico fra i sunniti e gli sciiti, di cui gli alawiti sono una componente "anomala" (questi ultimi sono una minoranza della popolazione: circa il 20%). I Paesi arabi di questa regione sono in prevalenza sunniti e non hanno particolari legami con il gruppo dirigente di Damasco. L'Arabia Saudita e la Turchia temono il rafforzamento dei legami fra la Siria e l'Iran (il "fronte sciita"), mentre la Russia, presente da decenni nel Paese, vede nella caduta di Assad nuove possibili ingerenze statunitensi ed europee. Lo stesso presidente egiziano Mohamed Morsi, al summit dei "non allineati", ha condannato (agosto 2012) il governo di Damasco per la sua azione repressiva e ha paragonato il calvario del popolo siriano a quello dei palestinesi. «La rivoluzione in Siria – ha detto – contro il regime oppressivo è parte della Primavera araba che ha nell'Egitto la sua pietra miliare». All'Assemblea Generale dell'ONU (settembre 2012) il presidente egiziano precisa che «il massacro e la crisi umanitaria in Siria vanno fermati» senza ricorrere ad un intervento militare internazionale; al contrario è necessario «arrivare ad una transizione democratica del potere».

Gli sforzi di molte capitali e dell'ONU si sono orientati, negli ultimi mesi, a favorire l'uscita di scena di Assad e del suo gruppo dirigente e il loro trasferimento all'estero. Ma questa eventuale soluzione presuppone, oltre all'assenso dei vertici siriani, anche la collaborazione di Mosca e Pechino.

In Tunisia il quadro politico appare più definito dopo le elezioni (ottobre 2011). La "primavera araba" ha inizio da qui, con il sacrificio di un giovane nel dicembre del 2010, il quale per protesta contro restrizioni alla sua attività commerciale di vendita di verdure come ambulante, si dà fuoco; questo grave fatto innesca una violenta protesta popolare contro la povertà, la corruzione e la repressione messa in atto dal governo. Il presidente Ben Ali, al potere da 23 anni, già nel gennaio 2011 è costretto a fuggire in Arabia Saudita e anche il capo del governo Mohamed Ghannouchi si dimette nel mese successivo. Si costituisce subito un governo provvisorio rappresentativo delle componenti più autorevoli dei rivoluzionari. Nel mese di ottobre (2011), dopo una tormentata preparazione, si svolgono le elezioni per eleggere i membri dell'Assemblea costituente che, entro un anno, dovrà mettere a punto la nuova costituzione e nominare un governo e un presidente della repubblica *pro tempore*. Le urne sanciscono la netta affermazione del Partito islamico moderato Ennahda che dichiara di ispirarsi al modello turco del presidente Erdoğan. Ennahda (in italiano "La Rinascita") rappresenta per gli arabi un movimento culturale, religioso e politico attivo già nell'Ottocento, avendo dato dal 1989 il nome al partito tunisino d'opposizione costretto per anni alla clandestinità. Dopo la caduta di Ben Ali è tornato alla legalità e ha prevalso nella consultazione elettorale. Ennahda non ha ottenuto, con 90 seggi su 218, la maggioranza assoluta; per gestire la fase transitoria è orientato a dar vita ad una maggioranza con due formazioni laiche che hanno ottenuto il secondo e il terzo posto nei suffragi ("Congresso per la repubblica" e "Ettakatol"), rispettivamente con 30 e 21 seggi. Le elezioni hanno evidenziato la sconfitta delle componenti islamiche più ortodosse e radicali (salafiti) e di quelle legate ad esponenti del precedente regime del presidente Ben Ali.

La "primavera araba" contagia anche la Libia. In questo Paese dopo la proclamazione dell'indipendenza (1951) con il re Idris nasce una monarchia ereditaria costituzionale e il Paese entra a far parte della Lega Araba (1953) e dell'ONU (1955). Nel 1969 un gruppo di ufficiali d'ispirazione nasseriana depone il monarca e pone alla guida di un governo provvisorio Muammar Gheddafi. Nel 1970 sono confiscati i beni degli italo-libici che poco dopo sono costretti ad abbandonare la Libia. Nasce in questo contesto la Repubblica araba di Libia, trasformata più tardi (1977) nella Jamahiriya (Repubblica delle masse). Il nuovo regime, di natura populista-autoritaria, tende a unificare i precetti islamici con le teorie dell'arabismo e del socialismo e questa concezione della vita politica e sociale è decritta nel *Libro verde* pubblicato (1976) dallo stesso Gheddafi. In questo contesto i partiti politici e i sindacati sono vietati; si vuole creare un'esperienza nuova di "democrazia diretta" che prevede la partecipazione popolare con assemblee locali (Congressi e Comitati popolari di base). La politica estera libica è soggetta con il passare degli anni a significativi cambiamenti; in un primo periodo c'è il tentativo di unire diversi Stati arabi in un'unica entità statuale (Libia, Egitto, Tunisia, Ciad, Marocco) e Tripoli vuole al tempo stesso accreditarsi come naturale erede di Nasser e propugnatore della causa palestinese contro Israele. Quest'azione internazionale allontana la Libia da Washington e dalla NATO, che condannano le posizioni assunte da Gheddafi a favore del movimento palestinese di "Settembre nero", di quello irlandese dell'Ira, le responsabilità dirette di azioni terroristiche. La Libia sarà dichiarata da parte degli Stati Uniti d'America "Stato canaglia". Anche l'ONU, dopo l'attentato contro il volo della Pan Am 103, nel quale periscono 270 persone, dispone misure d'embargo destinate a durare fino alla consegna dei responsabili (1999) e all'accettazione del risarcimento dei danni (2003). Gheddafi, dopo aver subito anche una pericolosa incursione aerea statunitense, modifica i propri indirizzi: non esita a denunciare l'aggressione irachena del 1990 e condanna i progetti terroristici di bin Laden e della sua organizzazione Al Qaeda. Nel 2006, dopo questa svolta, si normalizzano le relazioni con Washington.

Nel febbraio del 2011 anche in questo Paese inizia la rivolta popolare che ben presto assume i caratteri di guerra civile. Essa trae forza dalle diverse condizioni di vita delle regioni libiche, dalle divisioni tribali mai ricomposte, dal rifiuto del regime poliziesco e dalla feroce repressione messa in atto nei confronti dei manifestanti. L'azione repressiva di Tripoli è condannata da gran parte della comunità internazionale; l'Unione Europea e gli Stati Uniti adottano misure commerciali restrittive e di congelamento dei beni di Gheddafi e dei suoi familiari. L'impiego dell'esercito e dell'aviazione contro i "ribelli" determina l'intervento del Consiglio di Sicurezza delle Nazioni Unite, che, nel marzo 2011, con la Risoluzione n. 1973 dà vita a una *no fly zone* per proteggere la popolazione civile e autorizza l'utilizzo di tutti i mezzi necessari per proteggere i cittadini libici, escludendo la formazione di "forze occupanti" sul territorio libico. Alla luce di queste decisioni diversi Paesi (Francia, Inghilterra, USA, Italia, Norvegia, Oman, Danimarca e Spagna) intervengono a sostegno degli insorti con operazioni aereo-navali contro le forze lealiste. Alla fine di marzo il coordinamento degli interventi è assicurato dalla NATO nell'ambito dell'operazione "Unified protector". Già in ottobre gran parte della Libia è sotto il controllo dei ribelli che hanno dato vita ad un Consiglio nazionale di transizione con presidente Mustafa 'Abd al-Jalil; cadute le ultime zone di resistenza lealiste lo stesso Gheddafi è catturato e giustiziato (20 ottobre 2011). Il capo del Consiglio di transizione annuncia la fine della guerra civile e la formazione di un governo provvisorio. Quest'ultimo dovrebbe (entro otto mesi) preparare le elezioni politiche per eleggere il nuovo Parlamento. Secondo Jalil, la nuova costituzione dovrà avere come fonte d'ispirazione fondamentale «la legge islamica, cioè la sharia» e ribadisce che sarà riproposta anche la poligamia, già indicata da Maometto ma resa ancor più urgente dal decesso di tanti combattenti durante la guerra civile. È necessario dare la possibilità agli uomini di avere più mogli per ripopolare il Paese. La sharia è un insieme di norme che devono regolare la vita di un musulmano: pratiche religiose, vita privata, relazioni sociali, politiche e economiche. Essa ha come fonti principali il Corano, le dichiarazioni ed i fatti più importanti della vita di Maometto. Non esistono norme o codici scritti ma la sharia è definita e applicata con criteri non omogenei dai Paesi a maggioranza musulmana. Per conoscerne in Libia l'esatto contenuto è necessario attendere il testo della futura Costituzione e la legislazione governativa successiva.

Dal gennaio 2011 anche l'Egitto è investito dalle manifestazioni di protesta popolare. Alla base della ribellione ci sono l'aumento dei prezzi dei generi alimentari, la disoccupazione giovanile, la diffusa povertà di circa il 50% della popolazione e la volontà di porre fine al regime autoritario dei militari rappresentato da Mubarak. Dal 1981 è in vigore lo "stato d'emergenza" che conferisce al governo poteri speciali: arresti per periodi illimitati, ricorso a tribunali speciali, pene detentive di lunga durata pur in assenza di condanne. Le manifestazioni di protesta si diffondono rapidamente in tutto il territorio egiziano: si registrano decine di morti e migliaia di feriti. Di fronte all'estendersi della rivolta

Mubarak è costretto alle dimissioni (11 febbraio 2011) dopo il rifiuto dei vertici dell'esercito d'impiegare le forze armate contro il popolo egiziano. Il Consiglio supremo delle forze armate (18 componenti) presieduto dal generale Mohamed Hussein Tantawi assume di fatto i pieni poteri, viene sciolto il parlamento e sospesa la costituzione. Tantawi assicura che la giunta militare resterà al potere per il tempo necessario a preparare le elezioni legislative e presidenziali e comunque non oltre sei mesi e precisa che l'Egitto rispetterà i trattati internazionali sottoscritti in precedenza, in particolare quello di pace con Israele voluto da Sadat nel 1979. L'evoluzione del quadro politico egiziano è seguito con attenzione e preoccupazione da Washington e dalle altre capitali che hanno considerato Mubarak un elemento di equilibrio nel decennale confronto politico militare fra il nuovo mondo arabo e Israele. Si teme che la rivoluzione sul Nilo possa portare ad una deriva fondamentalista antiebraica destabilizzatrice dell'intera regione. Il quadro appare al momento più rassicurante anche se l'esito delle elezioni non è prevedibile e non bisogna dimenticare che la protesta popolare ha accomunato forze diverse fra loro con obiettivi finali divergenti anche se accomunati dall'opposizione alla "tirannide di Mubarak". Washington ha operato per un passaggio non cruento da Mubarak alla democrazia e non ignora i pericoli dell'estremismo religioso antisraeliano sostenuto da Teheran e da altri movimenti arabo-palestinesi. Mubarak ha rifiutato di lasciare l'Egitto nella convinzione di non dover rispondere delle azioni compiute durante l'esercizio del suo trentennale potere, ma al contrario, benché le sue condizioni di salute siano molto precarie, è stato incarcerato e sottoposto a processo con le accuse di corruzione e di appropriazione indebita.

L'equilibrio politico egiziano rimane molto delicato: la rivoluzione ha rimosso Mubarak, ma ai vertici rimangono i militari. Per quanto attiene ai rapporti con i palestinesi, la giunta militare egiziana adotta (maggio 2011) un importante provvedimento: è riaperta la frontiera con Gaza, cioè il valico di Rafah chiusa da quattro anni. Nel 2007, dopo gli scontri fra Hamas e Al Fatah, Mubarak ne aveva impedito l'utilizzo. Gerusalemme segue l'avvenimento con preoccupazione: ora, si osserva da parte governativa, arriveranno a Gaza «più razzi, più qaedisti e più spie e agitatori iraniani». In tal modo le responsabilità di eventuali future azioni offensive provenienti dalla striscia di Gaza contro Israele saranno attribuite ai palestinesi ivi residenti ma anche agli egiziani. In sostanza nella rivoluzione del Nilo si fronteggiano tre forze: i militari al potere, le componenti laiche d'ispirazione liberal-democratica e la Fratellanza musulmana. È in atto un confronto sui temi più importanti (Costituente, Costituzione, elezione del Capo dello Stato, poteri della giunta militare, provvedimenti socio-economici, rapporti con Israele, con la Turchia, con l'Iran, ecc.). Anche i movimenti islamici più ortodossi denunciano l'immobilismo dei vertici militari e auspicano l'approdo ad un sistema istituzionale basato sulla sharia. Sia i dirigenti della Fratellanza musulmana che i salafiti (predicano il ritorno all'islam degli antenati, cioè dei "predecessori") non nascondono la loro avversità nei confronti dello Stato ebraico e auspicano la liberazione di Gerusalemme. L'odio contro Israele sconfina sempre più spesso nell'antisemitismo. A Il Cairo gruppi di estremisti islamici hanno attaccato l'ambasciata israeliana che è stata difesa a fatica dalle forze dell'ordine. Gli esponenti più autorevoli del mondo laico liberal-democratico vogliono dar vita al più presto ad un «polo di potere civile» e si dicono certi che le forze più radicali dell'islamismo non possono prevalere in una consultazione elettorale. È però necessario, a loro giudizio, inserire gli "islamici" nel processo di democratizzazione egiziano. In questo contesto si inseriscono le azioni (ottobre 2011) contro alcuni edifici di culto dei cristiani copti (Chiesa dei Santi di Alessandria, di Assuan, ospedale copto de Il Cairo, cattedrale di Abassiya, quartiere Shubra, piazza Maspero, piazza Taharir, ecc.). In occasione di questi avvenimenti si sono registrati numerosi morti e feriti. La comunità cristiana copta (ortodossa e cattolica) denuncia il tardivo intervento delle forze dell'ordine e il mancato arresto dei responsabili delle violenze e ricordano che durante gli anni del potere di Mubarak le minoranze religiose hanno goduto di maggiore rispetto e protezione. I copti sono stati considerati nei secoli cittadini di seconda classe rispetto ai musulmani. Nel corso dell'Ottocento e del Novecento le loro condizioni sono migliorate, ma permangono severe limitazioni in particolare per la costruzione e il restauro degli edifici di culto. Essi rappresentano la minoranza religiosa più numerosa nel Medio Oriente e si calcola che in Egitto, su una popolazione di circa 80 milioni di persone, essi siano circa il 10%. Gran parte dei copti egiziani appartiene alla Chiesa ortodossa di Alessandria d'Egitto il cui patriarca è Shenouda III.

Nel maggio 2011 nuovi colloqui fra Obama e Nethanyau non portano ad alcun risultato. Ancora una volta le autorità israeliane rifiutano il ritorno ai confini del '67 («non difendibili»), escludono il blocco delle colonie in Cisgiordania, non accettano la restituzione di Gerusalemme e la sospensione dei piani edilizi nella sua parte orientale e infine non accolgono l'ipotesi di trattare con Hamas che considerano «un'organizzazione terroristica che nega il diritto di esistere di Israele». Washington, anche in quest'occasione, conferma la necessità che il dialogo israeliano-palestinese prosegua «per creare due Stati che convivano nella pace e nella sicurezza». Il presidente dell'Autorità palestinese Abu Mazen «per sbloccare la situazione e riportare Israele al tavolo delle trattative» chiede all'Assemblea delle Nazioni Unite il riconoscimento dello Stato palestinese (sarebbe il 194° membro dell'Organizzazione) entro i confini del 1967 con capitale Gerusalemme Est. Se la richiesta fosse accolta da parte dell'Assemblea sarebbe necessaria l'approvazione del Consiglio di Sicurezza (8 voti favorevoli su 15), ove è prevedibile il voto contrario di Washington. Gli Stati Uniti, pur favorevoli al progetto, sostengono che esso debba essere approvato anche da Israele e non possa essere imposto dall'esterno, neppure dall'ONU. Il parere favorevole dell'Assemblea renderebbe lo Stato palestinese un "osservatore", ma non un membro. D'altra parte questo successo escluderebbe l'OLP dalla sua posizione storica di "osservatore permanente" ottenuta già dal 1964 a tutela di tutto il popolo palestinese nelle sue attuali cinque componenti. In realtà, oggi, la Palestina araba è frantumata in cinque diverse entità: Gaza, Cisgiordania, Gerusalemme Est, i profughi sistemati in Giordania, Siria, Libano e i palestinesi con nazionalità israeliana. Lo *status* di "osservatore" è pur sempre importante perché è in genere un primo passo per diventare membro effettivo. Anche altri Paesi hanno in precedenza percorso questa strada (Svizzera, Austria, Italia, Finlandia e Giappone). Il nuovo Stato rappresenterebbe soltanto i palestinesi residenti nella striscia di Gaza e in Cisgiordania. Questa condizione permetterebbe tuttavia di accedere alla Corte penale internazionale, all'UNESCO e ad altre istituzioni mondiali. L'Unione Europea appare divisa in merito alla questione. Mosca e Pechino sostengono le richieste dell'Autorità palestinese. Abu Mazen presenta (23 settembre) la richiesta d'ammissione della Palestina all'ONU; precisa che «dopo la primavera araba è arrivata quella palestinese. [...] è ora che i palestinesi ottengano libertà e indipendenza» e aggiunge: «occorre fermare gli insediamenti che sono il nucleo della politica d'occupazione coloniale, della brutalità, della discriminazione razziale contro il nostro popolo. [...] Le occupazioni in atto sono una violazione delle leggi internazionali e delle risoluzioni dell'ONU».

Il presidente israeliano Netanyahu, pur senza prendere impegni precisi, dichiara di essere pronto a riprendere le trattative, denuncia le intenzioni aggressive di gran parte del mondo arabo, rivendica il diritto di Israele alla pace nella sicurezza, lamenta che dall'ONU «sono partite più risoluzioni contro Israele che contro tutti i Paesi messi insieme. [...] Qui c'è un teatro dell'assurdo!» Entra in aperta polemica con Abu Mazen, che ha affermato che «i palestinesi sono armati solo di sogni e di speranze»: «Sì: sogni, speranze ed i 10.000 missili forniti dall'Iran». Abu Mazen precisa, tuttavia, che i palestinesi non intendono affrontare subito il voto dell'Assemblea, ma preferiscono seguire «la strada maestra» senza ricercare «inutili scorciatoie». L'ANP (Autorità nazionale palestinese) intende sottoporre la sua richiesta all'esame dei quindici membri del Consiglio di Sicurezza e a non cercarne l'approvazione nell'Assemblea Generale.

Questo percorso evita un'immediata contrapposizione all'interno del Consiglio di Sicurezza ove Washington avrebbe in ogni modo gli strumenti per fermare ogni decisione. Fra l'altro un isolamento degli Stati Uniti e d'Israele (in presenza di un'eventuale consistente maggioranza a favore dello Stato Palestinese) nell'Assemblea Generale avrebbe resa ancor più ardua ogni successiva trattativa. Al di là degli aspetti procedurali e delle scelte operate dall'Autorità palestinese, è indubbio che una votazione all'interno dell'Assemblea avrebbe consentito il raggiungimento della maggioranza dei 2/3 dei membri (128 su 193). Il confronto avviato dalla richiesta di Abu Mazen trova uno sbocco con l'accettazione delle parti di riprendere le trattative sulla base delle proposte formulate dal cosiddetto "quartetto" (ONU, UE, Russia e USA) presieduto da Tony Blair. Si spera di concludere un accordo entro il 2013. Il contesto, così definito, per quanto attiene all'ammissione della Palestina all'ONU è oggetto di una successiva iniziativa palestinese. Su richiesta dell'ANP, l'UNESCO (Agenzia delle Nazioni Unite) ammette la Palestina fra gli Stati membri: la votazione registra 107 voti favorevoli (fra i quali Cina, India, Brasile, Russia e Paesi arabi), 52 astenuti (fra i quali Italia e Gran Bretagna) e 14 contrari (fra i quali gli Stati Uniti, Israele e la Germania).

La Palestina senza essere uno Stato e senza essere membro dell'ONU o "entità osservatrice" entra in tal modo a far parte dell'Agenzia dell'ONU per l'educazione, la scienza e la cultura. Questa decisione mette in luce, al di là degli aspetti statutari e formali, quale sia l'atteggiamento di gran parte della comunità internazionale a proposito dell'esistenza dei due Stati (Israele e la Palestina). L'Agenzia, nata nel 1945, è composta al momento da 194 Stati membri (la Palestina sarà il 195°), da otto membri associati ed è collocata a Parigi. Fra gli obiettivi principali dell'UNESCO ci sono l'individuazione e la protezione dei luoghi più importanti nel mondo dal punto di vista culturale e naturalistico. Nel 2011 quelli indicati dall'Agenzia sono circa 1.000 in oltre 150 Stati; l'Italia ha il maggior numero di questi siti (48), insieme alla Spagna (43) e alla Cina (41). La decisione dell'UNESCO è stata criticata da Washington che ne ha denunciato il significato politico antisraeliano e ha minacciato di interrompere i versamenti dei contributi all'Agenzia di cui è, con il 22% del totale (80 milioni di dollari per il 2011), il maggiore finanziatore. Molto negative anche le reazioni del governo israeliano che ha minacciato ritorsioni contro Hamas e contro l'Autorità Nazionale palestinese. Al contrario queste ultime sono soddisfatte dell'importante risultato. Ciò permetterà di tutelare i siti archeologici e naturali collocati nelle aree sotto la loro influenza (i mosaici di Sebaste, il pozzo di Giacobbe a Nablus, la spianata delle Moschee a Gerusalemme Est, la tomba di Lazzaro a Betania, il palazzo di Hisham e la tomba di Nabi Musa a Gerico, le grotte di Qumran dove sono stati rinvenuti i rotoli del Mar Morto, la Moschea di Hebron, la Basilica della Natività a Betlemme). Mentre il quadro complessivo dei rapporti arabo-palestinesi-israeliani resta complesso e confuso giungono notizie poco rassicuranti sugli scopi dell'industria nucleare iraniana. A questo proposito l'Agenzia internazionale per l'energia atomica delle Nazioni Unite (AIEA), incaricata di controllare l'attività nucleare di Teheran, rende nota l'esistenza di un progetto per la costruzione di ordigni atomici. Si tratta di un dossier arricchito da alcuni allegati dai quali si evincono molti "elementi convergenti" a sostegno di questa ipotesi. Non ci sarebbe il possesso della nuova arma ma nel corso degli ultimi anni, a partire dal 2003, sono state intraprese molte iniziative a questo scopo (acquisto di elementi d'innesco e detonatori per ordigni nucleari, studio di modelli informatici per esplosioni nucleari, pianificazione di esperimenti nucleari per testare ordigni di questa natura, costruzione a Parchin, nel Sud-Est di Teheran, di strutture di contenimento per esplosivi, tentativi di acquisto di strumenti e materiali per lo sviluppo di armi nucleari, esecuzione di test attinenti alla costruzione di bombe nucleari, produzione di notevole quantità di uranio arricchito, ecc.). Teheran nega l'esistenza di questo progetto e conferma di perseguire esclusivamente l'utilizzo pacifico dell'energia nucleare.

A Gerusalemme queste notizie hanno aumentato le preoccupazioni e il governo ha invitato la comunità internazionale a «fermare la corsa iraniana». Israele non può sottovalutare il pericolo della disponibilità di armi nucleari e dei vettori atti al loro trasporto nelle mani dei vertici iraniani, che in più occasioni hanno ribadito la volontà di «distruggere lo Stato ebraico». Fra l'altro in quest'ultimo c'è preoccupazione per lo sviluppo della "primavera araba", per la caduta di Mubarak (possibili conseguenze sul trattato di pace egizio-israeliano del 1979) e per le peggiorate relazioni con la Turchia.

Washington, Londra, Parigi e Berlino non nascondono l'intenzione di attivare misure d'embargo nei confronti di Teheran, che è già stata oggetto di numerose sanzioni, a questo riguardo, da parte dell'ONU dal 2006. Mosca e Pechino restano caute, rilevano che Teheran non dispone comunque di quest'ordigno ed ha una capacità offensiva ancora limitata e suggeriscono l'avvio di nuove trattative e uno studio più approfondito del rapporto dell'AIEA. Vogliono in ogni modo evitare una rottura dei rapporti politico-commerciali con Teheran e allontanare l'ipotesi di un intervento militare contro i siti nucleari iraniani non escluso dai vertici israeliani, che dispongono di armamenti atomici e vettori idonei al loro utilizzo.

Il possesso di questi strumenti bellici non è mai stato smentito da Gerusalemme, anche se non è stato ammesso ufficialmente. È certo, al contrario, l'esistenza d'impianti per l'uso pacifico dell'energia nucleare situati a Dimona e in altre località del Paese. La disponibilità di armi atomiche rappresenta per Israele una risorsa estrema per la propria sicurezza, che per essere garantita ha bisogno di strumenti dissuasivi efficaci che la pongano in una posizione di netto vantaggio rispetto al mondo arabo e islamico che nega in suo diritto ad esistere. Nel contesto regionale in cui si trova Gerusalemme non può disporre soltanto della supremazia. Ciò può essere accettato nel campo degli armamenti convenzionali ma non in quello nucleare, nel quale la sicurezza è garantita non dalla supremazia ma dalla esclusività del possesso dell'arma atomica. La ridotta dimensione territoriale dello Stato ebraico e la sua collocazione ne fanno un bersaglio agevole nel caso di un attacco missilistico o aereo con ordigni nucleari. La deterrenza non è quindi garantita dalla supremazia, ma dall'esclusione dei Paesi ostili dal club atomico. Fino ad oggi questo "squilibrio" ha retto ed è stato tacitamente accolto da Washington e da Mosca alla luce di una realistica considerazione: il probabile possesso di questi mezzi bellici nucleari e di vettori idonei al loro utilizzo non costituisce un pericolo immediato per la pace nella regione perché Gerusalemme non ha alcuna intenzione di attaccare e di distruggere altri Paesi arabi, né l'Iran. L'equilibrio politico e militare è dunque garantito da uno squilibrio nel possesso degli armamenti nucleari. Israele teme che i Paesi ostili, sotto un'eventuale copertura nucleare iraniana, possano prevalere in un futuro confronto con armamenti convenzionali o aprire la strada all'"olocausto atomico".

21. *Mohamed Morsi alla guida dell'Egitto (2012). Il Movimento dei Paesi non allineati (MNA). L'Assemblea Generale dell'ONU (2012). Nuove tensioni fra Gerusalemme e Teheran*

Il capo della giunta militare Tantawi, che controlla l'Egitto dopo la caduta di Mubarak, decide (giugno 2012), con il sostegno della Corte Costituzionale, di sciogliere il Parlamento e di sospendere la Costituzione. Si scatenano nuovi disordini; i manifestanti chiedono il ritiro della giunta militare, il passaggio dei poteri ai civili e la pena capitale per Mubarak (sarà condannato all'ergastolo per la morte di circa 1.000 persone durante i disordini dei mesi precedenti al suo ritiro). Nel giugno 2012 si tengono le previste elezioni presidenziali e al ballottaggio trionfa il candidato dei Fratelli musulmani Mohamed Morsi, *leader* del partito "Libertà e giustizia". A seguito di gravi incidenti scoppiati nel Sinai fra gruppi di terroristi, soldati egiziani e israeliani lungo la frontiera fra i due Stati, Morsi destituisce (agosto 2012) il generale Tantawi da capo delle forze armate e ministro della Difesa e gran parte dei suoi più stretti collaboratori. Nomina poco dopo vicepresidente d'Egitto Mahmoud Mekki, il magistrato che nel 2005 ha guidato la protesta contro i brogli elettorali di Mubarak. Mentre si completa il passaggio dei poteri ai civili, Morsi avvia la "riconquista del Sinai" impegnando con determinazione le forze armate contro i ribelli beduini, i terroristi stranieri e i gruppi armati del contrabbando. Assicura altresì che rispetterà il trattato di pace del 1979 con Israele e che opererà per una soluzione del problema palestinese. Il Cairo ha mantenuto i buoni rapporti precedenti con Washington che contribuisce in modo rilevante alle spese per la sua sicurezza interna e per la difesa. Senza dubbio Israele e gli USA hanno visto aprirsi un periodo nuovo carico di incognite e l'assunzione del potere da parte di esponenti islamici considerati "moderati" è senz'altro valutato in modo positivo dopo una prova elettorale che ha permesso al popolo egiziano di esprimersi sul piano politico. Resta il fatto che l'ambiente militare egiziano è stato considerato per anni laico e filoccidentale e quindi affidabile. Si tratta di due elementi che fino ad ora hanno garantito una politica di stabilità nella regione e che di conseguenza non possono essere trascurati dalle forze occidentali.

La tensione fra Israele e Iran cresce di nuovo in seguito al lancio di missili iraniani capaci di raggiungere obiettivi ad oltre 2.000 km di distanza, potendo colpire dall'Egitto alla Cina, dall'India alla Russia. Israele mentre denuncia il rafforzamento dell'apparato missilistico iraniano, lamenta l'inefficacia delle sanzioni economiche precedenti ed evidenzia l'urgenza d'interventi più incisivi per fermare la corsa iraniana all'armamento nucleare. Ritiene che la soglia di pericolo non sia la disponibilità di questi ordigni, ma l'acquisizione delle conoscenze teoriche e materiali per costruirli e renderli operativi. Netanyahu evidenzia (aprile 2012) i rischi di questa situazione e la necessità di prevenirla: «Un Iran dotato di armi nucleari rappresenta un pericolo per Israele e per il mondo intero. È innanzi tutto un pericolo per noi perché afferma apertamente di voler cancellare Israele dalla faccia della terra, aiuta i terroristi e li rifornisce di migliaia e migliaia di razzi che vengono sparati contro di noi. La minaccia militare convenzionale diventa molto più grave se potranno contare sulla protezione di un ombrello nucleare. Per non parlare del fatto che Israele per la prima volta dovrà fronteggiare una minaccia nucleare. Nessuna persona sana di mente può volersi trovare a fare i conti con una doppia minaccia di questo genere. Dobbiamo fare tutto quello che è in nostro potere per impedire all'Iran di dotarsi di armi nucleari».

Gli USA, pur attenti all'evoluzione della politica iraniana, insistono nelle azioni diplomatiche e ritengono che la soglia di sicurezza possa essere superata soltanto dal reale possesso degli armamenti nucleari e dei vettori atti al loro trasporto, volendo evitare di essere trascinati in un conflitto e non desiderando fare dell'Iran "una vittima". Non pare, ad oggi, aver rassicurato il governo israeliano la promessa di Barack Obama che non sarà tollerato il possesso di armamenti atomici da parte di Teheran. Gerusalemme esita ad intraprendere un'azione militare contro i siti nucleari iraniani senza la copertura politica e militare statunitense; Washington, da parte sua, vuole decidere se e quando intervenire in una operazione carica di rischi e complicazioni.

In questo contesto si tiene (agosto 2012) a Teheran l'assemblea degli Stati aderenti al Movimento dei non allineati (MNA) di cui l'Iran ha la presidenza di turno. Nel suo intervento introduttivo la guida suprema della Repubblica Islamica, Khamenei, denuncia "l'ordine mondiale imposto dall'Occidente", "il sistema dell'ONU ingiusto e dittatoriale", ribadisce che la Palestina deve essere liberata dai sionisti e che esiste un diritto di tutti i popoli ad accedere al nucleare pacifico. Ban Ki-moon, segretario generale dell'ONU, prende parte ai lavori nonostante la polemica assenza degli USA, di Israele e di altri Stati. Condanna le minacce «di qualsiasi Stato di distruggerne un altro, o i vergognosi tentativi di negare fatti storici come l'olocausto». «Sostenere che Israele non ha diritto ad esistere o descriverlo in termini razzisti, mina i principi che ci siamo impegnati a seguire». Occorre che ogni nazione aderente all'ONU e al MNA «rispetti i diritti umani, d'espressione ed associazione»; è necessario inoltre che tutti offrano «trasparenza totale sul nucleare».

Questa delicata questione torna all'attenzione internazionale nel dibattito all'Assemblea Generale dell'ONU (settembre 2012). Il presidente iraniano Mahmoud Ahmadinejad contesta la nascita di Israele: «L'Iran esiste da sette, diecimila anni. Loro occupano quel territorio da 60, 70 anni e nella storia non hanno radici in quel luogo»; denuncia altresì la doppiezza del Consiglio di Sicurezza che, mentre tace sugli armamenti nucleari dei "sionisti", impedisce il progresso scientifico di altri Paesi.

Il presidente egiziano Morsi non esita a polemizzare con lo Stato ebraico, definisce "vergognosi" gli insediamenti israeliani nei territori palestinesi, chiede la "fine immediata della colonizzazione in atto", la costruzione di uno Stato palestinese indipendente con capitale Gerusalemme e rapide, giuste e dignitose soluzioni per il problema palestinese.

Il presidente dell'Autorità nazionale palestinese Abu Mazen chiede il riconoscimento dello "*status* di Stato non membro" della Palestina alle Nazioni Unite, ripropone la soluzione dei due Stati per salvare la pace della regione, ammonisce che «la politica di colonizzazione razzista di Israele di pulizia etnica» può spingere le popolazioni dei territori occupati verso la catastrofe di un nuovo conflitto.

Netanyahu, nella stessa occasione, contesta le accuse e pone sul banco degli imputati Teheran: «Tremila anni fa, re Davide regnava sullo Stato ebraico e sulla nostra capitale eterna Gerusalemme». Gli ebrei sono tornati nella loro dimora «dopo millenni di diaspore e persecuzioni e non saranno mai più sradicati». Denuncia il programma iraniano per l'arricchimento dell'uranio. Teheran ormai è prossima al possesso dell'arma atomica e ciò costituisce un grave pericolo per Israele e per tutta la regione; occorre fermare questa cosa al più presto: «L'Iran in possesso di armi nucleari è come Al Quaeda col nucleare».

Queste dichiarazioni da parte dei rappresentanti degli Stati più autorevoli della regione evidenziano il quadro difficile che ancora la caratterizza dal momento che nessuno dei gravi problemi sul tappeto ha trovato concreta soluzione (*status* di Gerusalemme, liberazione dei territori, Gaza, formazione dello Stato palestinese, sistemazione dei profughi, ecc.). Purtroppo alle precedenti questioni si sono aggiunti nuovi contrasti: il possibile accesso iraniano agli armamenti nucleari, la crisi siriana e la tensione sul confine egiziano-israeliano del Sinai e lungo la frontiera di Gaza.

Le autorità israeliane, oltre al muro in costruzione lungo i confini dei territori occupati dopo il conflitto del 1967, decidono di costruire un'altra barriera lungo il confine con l'Egitto, volendo creare una struttura in cemento, acciaio e reticolati lunga 240 km (da Gaza sul Mediterraneo, fino a Eilat sul Mar Rosso). Essa, già in avanzato stato di costruzione, dovrebbe essere ultimata nei primi mesi del 2013. Questa barriera che divide il deserto del Sinai da Israele deve impedire l'immigrazione clandestina (sudanesi, eritrei, nordafricani, ecc.), arrestare le tribù beduine che svolgono attività illecite lungo la frontiera egiziana-israeliana (droga, armi, terrorismo, contrabbando, ecc.). Dopo la caduta di Mubarak i controlli su quest'area si sono allentati e non sono mancate azioni offensive e infiltrazioni di gruppi armati lungo la linea confinaria e all'interno dello Stato ebraico. A causa di queste azioni terroristiche Gerusalemme considera il Sinai un territorio di fatto "fuori controllo" e la costruzione del muro è ritenuta un'opera urgente "di carattere nazionale e strategico". Anche Eilat, noto porto e centro balneare sul Mar Rosso, sarà protetta da una barriera d'acciaio e di cemento lunga ben 15 km.

In questo contesto occupa un posto particolare il confine fra l'Egitto e la striscia di Gaza. Quest'ultima è sotto il controllo di Hamas dal 2007 mentre, com'è noto, la penisola del Sinai, perduta durante la guerra dei sei giorni (1967), è tornata in mani egiziane nel 1978 con gli accordi di Camp David. Sotto questa frontiera egiziano-palestinese (israeliana) corrono chilometri di gallerie che permettono di trasportare a Gaza ogni genere di merci (armi, automobili, medicine, droga, elettrodomestici, motocicli, ecc.). Fra l'altro lungo il Sinai si snoda il gasdotto egiziano che va verso Israele (trasferisce circa 10 miliardi di metri cubi l'anno). Questa condotta, strategica sul piano energetico, ha subito negli ultimi anni diversi attacchi sia ad opera del terrorismo arabo-palestinese ostile alle forniture agli israeliani sia da parte di gruppi di beduini che protestano contro Il Cairo per l'abbandono in cui versa la penisola e per gli espropri subiti lungo la costa del Mar Rosso a favore degli insediamenti turistici.

A causa di queste vicende Israele ha intensificato i controlli e ha avviato la costruzione del "muro". Da parte sua l'Egitto ha iniziato rilevanti operazioni militari per assicurare il controllo governativo sull'intera penisola del Sinai. Queste azioni militari su larga scala per contrastare le azioni dei beduini e dei guerriglieri arabi e islamici mettono in discussione le clausole del trattato di pace del 1979 fra Israele e gli egiziani, che prevedono la smilitarizzazione dell'intera penisola come garanzia della sicurezza d'Israele. Non sono mancate, negli ultimi mesi, proteste da parte egiziana per questa sistemazione e proposte per rivederla alla luce della guerriglia in atto.

22. *Nuovo confronto fra Israele ed Hamas; operazione "colonna di fumo" (novembre 2012). La Palestina entra all'ONU come "Stato osservatore non membro" (novembre 2012); reazioni di Gerusalemme e di Washington. Tensione a Il Cairo: il presidente Morsi contestato dalle opposizioni (dicembre 2012). I colloqui egiziano-iraniani (febbraio 2013)*

Nei primi giorni di novembre (2012) si riaccende il confronto fra Israele ed Hamas; centinaia di missili sono lanciati da Gaza contro i territori israeliani confinanti e contro alcune città israeliane (Tel Aviv e Gerusalemme). Netanyahu risponde con determinazione (operazione "colonna di fumo"): vengono effettuate numerose incursioni aeree sulla "striscia" per colpire i depositi dei missili, le strutture militari e politiche di Hamas e viene preparata una poderosa offensiva terrestre analoga a quella dell'operazione "piombo fuso" del 2008-2009; è, al tempo stesso, attivata la rete protettiva antimissile che intercetta in volo molti dei razzi provenienti da Gaza. L'iniziativa di Hamas e la reazione israeliana s'inseriscono nel tormentato contesto regionale del Medio Oriente nel quale ai precedenti contrasti si sono affiancati nuovi elementi. Alla guida dell'Egitto c'è Morsi, *leader* dei Fratelli musulmani. I legami fra i gruppi islamici sunniti di Gaza con l'Hezbollah libanese e sciita, con gli alawiti (sciiti) siriani di Assad e con Teheran si sono rafforzati e rappresentano il fronte dell'intransigenza antisionista. C'è da aggiungere che le trattative fra Gerusalemme e l'Autorità palestinese guidata da Abu Mazen sono ferme da mesi sulla pregiudiziale posta da quest'ultimo della sospensione degli insediamenti ebraici nei "territori" e a Gerusalemme Est. Il timore di un'invasione delle forze armate israeliane nella striscia di Gaza, di un possibile allargamento del conflitto con altri Paesi dà vita ad un'intensa attività diplomatica per raggiungere una tregua che di fatto è raggiunta (21 novembre 2012) dopo una settimana di "sangue e di morte". Il bilancio fa registrare il decesso di circa centocinquanta palestinesi e di sei israeliani, mentre i feriti sono nel complesso oltre 2.000. Svolgono un ruolo di primo piano in questo contesto l'Egitto, la Turchia, gli Stati Uniti, la Lega Araba, i vertici israeliani e quelli di Hamas e dell'Autorità nazionale palestinese. Quale bilancio si può trarre da questo drammatico confronto militare e politico? L'Egitto di Morsi conferma un ruolo di rilievo come fattore d'equilibrio e di mediazione fra sunniti e sciti e fra i palestinesi, gli israeliani e gli statunitensi.

Gerusalemme dimostra capacità difensiva, distrugge gran parte degli arsenali di Hamas, dei suoi depositi di carburante, elimina molti dei suoi principali esponenti ed evita la "strage" dei civili che un'operazione terrestre avrebbe determinato, tiene aperto il dialogo con l'Egitto di Morsi, cioè con il dopo Mubarak salvando in tal modo gli accordi di Camp David e non pregiudicando le forniture energetiche egiziane (gas e petrolio).

Hamas dimostra vitalità militare e politica, osa attaccare città lontane da Gaza e si conferma come l'espressione più intransigente degli interessi del popolo palestinese. Resta una domanda: per quali motivi nel mese di novembre 2012 Hamas ha deciso l'attacco "missilistico" ad Israele? In assenza di adeguata documentazione è possibile soltanto la formulazione di alcune ipotesi. È probabile che i responsabili di Hamas abbiano voluto riproporre il problema insoluto del popolo palestinese sottraendolo all'indifferenza della comunità internazionale, all'inconcludenza delle trattative fra Abu Mazen, Netanyahu e Obama e alla inoperosa solidarietà dei "fratelli arabi e musulmani". Non c'è dubbio che il risultato sia stato conseguito anche se esso non pare abbia assicurato alcun reale vantaggio alla causa palestinese. Ma c'è anche un ulteriore elemento che deve essere valutato: nei giorni precedenti all'azione contro Israele, l'Autorità nazionale palestinese ha presentato all'ONU la proposta del riconoscimento della Palestina come Stato osservatore presso la stessa organizzazione. Non si può escludere che la rivalità storica fra i due gruppi palestinesi, gli uni insediati a Gaza, gli altri in Cisgiordania, abbia avuto un ruolo rilevante in questo frangente; Hamas ha voluto riaffermare la propria presenza e le proprie tesi nel momento in cui Abu Mazen si appresta ad ottenere un importante riconoscimento in sede internazionale. Il successore di Arafat conferma di volere una «pace giusta e durevole basata sulla legittimazione internazionale di uno Stato palestinese indipendente con Gerusalemme capitale». Il giorno scelto (29 novembre) per il riconoscimento da parte dell'Assemblea Generale dell'ONU non è casuale: in quella data nel 1947 le Nazioni Unite votarono (33 sì e 13 no) la spartizione della Palestina e riconobbero il diritto di esistere dello Stato ebraico.

L'Assemblea Generale, com'era previsto, approva (29.11.2012) con 138 voti favorevoli, 9 contrari e 41 astensioni l'adesione della Palestina come "Stato osservatore non membro"; fino ad ora l'ONU ha riconosciuto l'Organizzazione per la liberazione della Palestina (OLP) in qualità di "Ente competente" sulle questioni della Palestina. Nella nuova condizione la Palestina può partecipare ai dibattiti dell'Assemblea Generale, promuovere e sottoscrivere risoluzioni, può aderire alle Agenzie delle Nazioni Unite e può chiedere il ricorso alla Corte penale internazionale. Questo nuovo *status* è senz'altro un passo avanti verso il pieno riconoscimento di "Stato membro" delle Nazioni Unite. È bene tuttavia ricordare che è possibile compierlo soltanto con il consenso del Consiglio di Sicurezza, mentre per quello di "Stato osservatore" è stato sufficiente quello dell'Assemblea Generale (all'interno di quest'ultima tuttavia lo "Stato osservatore" non ha il diritto di voto). L'Assemblea Generale è composta da "Stati Membri" e da "osservatori permanenti"; questi ultimi sono a loro volta divisi fra le organizzazioni osservatrici intergovernative (Unione Europea, Lega Araba, ecc.), entità osservatrici (Sovrano ordine militare di Malta, Comitato internazionale e della Croce Rossa, Comitato Olimpico internazionale, ecc.) e Stati osservatori non membri (Città del Vaticano, Palestina, ecc.).

Il dibattito all'Assemblea Generale e nei giorni successivi ha evidenziato, ancora una volta, le divergenti posizioni dei principali attori. Abu Mazen ha ricordato la fuga dei palestinesi dopo la nascita di Israele e la creazione di un sistema discriminatorio razziale (apartheid), che ha messo in atto una delle "più terribili operazioni di pulizia etnica della storia". Ha precisato di credere nella pace fra i due popoli, di non voler "delegittimare Israele", ma di voler "legittimare la Palestina" con la certificazione della sua nascita da parte dell'ONU, denunciando il blocco delle trattative con Netanyahu, l'espansione degli insediamenti ebraici nei "territori" e l'aggressione contro Gaza. Gli Israeliani respingono con fermezza queste accuse e ritengono che questa forzatura presso le Nazioni Unite "allontani ancor più la nascita di uno Stato palestinese". Ribadiscono la necessità che venga assicurata la sicurezza dello Stato ebraico con il suo riconoscimento da parte di tutti i movimenti palestinesi, che sia assicurata la sua sicurezza con trattati di pace e che venga accettata Gerusalemme come capitale d'Israele. Netanyahu ricorda il rifiuto palestinese alle decisioni dell'ONU del 1947 a dar vita ai due Stati, la mancata condanna del terrorismo palestinese e la tolleranza nei confronti di Hamas responsabile anche della più recente "aggressione missilistica". Gli USA, che hanno espresso voto contrario all'Assemblea Generale con altri Stati (Israele, Canada, Repubblica Ceca, Panama, Palau, Isole Marshall, Nauru, Stati federati di Micronesia), criticano la scelta di Abu Mazen, "infelice e controproducente" in quanto pone "nuovi ostacoli sul cammino della pace". L'Unione Europea non ha trovato una linea unitaria sul voto: si sono espressi a favore Spagna, Francia e Italia, mentre Regno Unito e Germania hanno scelto l'astensione. Hamas, dopo aver contrastato per anni le iniziative dell'ANP presso le Nazioni Unite, ha espresso "apprezzamento" per il risultato ottenuto da Abu Mazen; anche uno dei suoi *leader* più prestigiosi, Khaled Meshaal, si è espresso a favore dell' iniziativa promossa dai vertici di Ramallah. La reazione israeliana alla "sconfitta" subita con il voto all'Assemblea Generale non si è fermata alle dichiarazioni di condanna. Gerusalemme ha denunciato la violazione degli accordi di Oslo da parte palestinese, confermato la realizzazione di nuovi insediamenti nei "territori" e ha minacciato di trattenere le tasse doganali pagate dagli arabi che vengono da anni versate a Ramallah e di limitare i permessi di transito per gli esponenti dell'ANP. Netanyahu ha dichiarato (2 dicembre 2012) in aperta sfida con i vertici palestinesi: «Oggi continuiamo e continueremo a costruire a Gerusalemme e in tutti i posti che figurano sulla mappa degli interessi strategici dello Stato d'Israele».

In questo periodo, dopo la conclusione della mediazione per la tregua a Gaza fra i palestinesi e gli israeliani, Il Cairo è scosso da nuove tensioni che contrappongono il mondo laico egiziano e quello cristiano ai Fratelli musulmani e al presidente Morsi. Le opposizioni hanno denunciato l'impostazione integralista islamica della nuova Carta costituzionale, la mancanza di espliciti riferimenti ai diritti delle donne, la deriva autoritaria del governo, il "tradimento dei principali pilastri" della primavera araba egiziana.

Questi avvenimenti confermano le difficoltà e le incertezze che accompagnano il cammino del mondo arabo dopo i fatti rivoluzionari degli ultimi anni e l'instabilità politica che caratterizza l'area mediorientale. La perdurante tensione con Gerusalemme evidenzia l'equivoca situazione in atto che mette in luce l'esistenza di fragili equilibri basati su una realtà di "non guerra e non pace".

In questo contesto, in occasione del vertice dell'Organizzazione e della cooperazione islamica, si registra (febbraio 2013) l'arrivo del presidente iraniano Mahmoud Ahmadinejad a Il Cairo ove incontra quello egiziano; è la prima visita ufficiale di un esponente di Teheran dopo la rottura dei rapporti diplomatici avvenuta nel 1979 per la firma del trattato di pace fra l'Egitto e Israele e per l'ospitalità concessa al deposto scià di Persia da parte di Sadat. L'incontro, pur significativo, non può mettere in ombra le divergenze esistenti fra le due capitali. C'è una diversa valutazione della crisi siriana: mentre gli iraniani sostengono il regime di Bahsār al-Assad, gli egiziani ne propongono l'allontanamento dal potere. C'è la storica divisione religiosa fra lo sciismo (Iran) e il sunnismo di cui l'Egitto è uno dei più autorevoli rappresentanti: il grande imam di Al Azhar Ahmed al-Tayyeh ha ricordato all'esponente iraniano che non sarà consentito alcuno inserimento dello sciismo nei Paesi musulmani sunniti e ha denunciato la "persecuzione" dei sunniti in atto in Iran. C'è la contrapposizione fra i Paesi arabi sunniti del Golfo Persico sostenitori dell'Egitto e l'Iran: la corsa iraniana per disporre di vettori a lungo raggio e armamenti nucleari minaccia non solo Israele, ma anche gli equilibri di potenza in atto nel Medio Oriente. C'è anche la contrapposta posizione a proposito dello Stato ebraico: mentre Il Cairo è firmatario dal 1979 del trattato di pace, Teheran non perde occasione per riaffermare che tutta la Palestina è araba e che Israele deve cessare d'esistere. Si tratta nel complesso di problemi di fondo per i due Paesi che non sarà facile risolvere; è dunque prematura ogni previsione sul futuro dei loro rapporti e sull'evoluzione della loro politica estera. Resta però un fatto emblematico: dopo oltre trent'anni i vertici iraniani ed egiziani hanno deciso di incontrarsi.

Abu Mazen conferma che le posizioni contrarie alla politica israeliana non devono essere confuse con l'antisemitismo. D'altra parte decenni di propaganda antiebraica hanno finito per influenzare la popolazione di tutto il mondo arabo. Non esiste soltanto un'opposizione più o meno radicale dei vertici, ma anche quella diffusa e radicata nelle comunità arabo-palestinesi in tutti i Paesi dell'area mediorientale.

Gerusalemme deve prendere atto del perdurare del radicalismo terrorista di Hamas e di Hezbollah e s'interroga inoltre sul futuro politico della Cisgiordania qualora questo territorio dovesse essere abbandonato in mani palestinesi. Ancora più difficile è la definizione di una futura entità statale arabo-palestinese che dovrebbe comprendere sia Gaza sia la Cisgiordania (ed eventualmente Gerusalemme Est). Sorgono, a questo proposito, molti interrogativi: i futuri confini, il potere politico interno, lo *status* dei coloni, gli armamenti, i collegamenti terrestri e la collocazione internazionale. La nuova realtà suscita in Israele inquietudine e reazioni. Anche se il governo palestinese proclamato da Arafat ad Algeri (1988) ha ottenuto il riconoscimento da parte di circa 100 Stati, esso resta un "fenomeno virtuale". Al contrario l'ingresso della Palestina nell'UNESCO (2011) e nell'ONU (2012) come Stato osservatore non membro sono senz'altro successi dell'Autorità nazionale palestinese che evidenziano consensi crescenti nella comunità internazionale. La copertura militare americana a favore d'Israele è certo una garanzia che non è mancata negli ultimi decenni; ciononostante gli israeliani sono consapevoli che questo contesto potrebbe mutare nel tempo e che potrebbero trovarsi nelle condizioni di doversi difendere da soli. Israele non ha superato la psicosi dell'accerchiamento: premono quattro milioni di profughi, 250 milioni di arabi ostili, quasi due miliardi di musulmani e la nascita di un nuovo antisemitismo a livello mondiale. Gli arabo-palestinesi si considerano vittime di passate e presenti colonizzazioni (ottomani, inglesi, ebrei), non tutelati dall'ONU (che fin dall'inizio ha proposto la spartizione della Palestina), oggetto di aggressione, d'occupazione e d'espulsione e sconfitti in quattro prove belliche per l'aiuto straniero (USA e altre potenze) dato ad Israele. Si scontrano, alla luce di queste valutazioni, due immaginari collettivi, opposti e ad oggi non conciliati che vivono nella perdurante influenza del rispettivo passato, cioè "nella propria storia". C'è un passato che non passa; l'arabismo è considerato retrogrado, intollerante, antisemita e antisionista; l'ebraismo, di contro, razzista, aggressore e colonizzatore.

Al di là delle buone intenzioni delle minoranze che credono nella pace, dei rappresentanti politici che continuano nelle trattative, si confrontano ancora oggi due comunità che non sono riuscite ad imboccare la strada della collaborazione, né quella della convivenza. Un piccolo territorio decolonizzato, ex mandato della Società delle Nazioni, è al centro di un contrasto che coinvolge Paesi importanti e grandi potenze e rappresenta, a tutt'oggi, una delle aree in cui la pace è minacciata. In realtà ciò è dovuto a fattori locali ed esterni. È evidente che alla base di un contrasto tanto radicale quanto tragico vi sono opposti diritti e rivendicazioni storiche, che hanno valide e comprensibili ragioni per ambedue le parti in conflitto. Alle loro spalle si ergono sostenitori e protettori autorevoli. Il popolo ebraico, composto oggi da circa sedici milioni di persone, ha la sua comunità più consistente (circa dieci milioni) negli USA, dove esercita un'influenza di rilievo sulla vita economica e finanziaria e presso i vertici politici. Non può sorprendere la protezione accordata da Washington ad Israele e ancor meno gli sforzi costanti dei suoi presidenti per trovare un accordo fra arabi e israeliani onde pacificare la regione. I palestinesi godono a loro volta del sostegno di gran parte del mondo arabo e della solidarietà iraniana (e anche turca). Si tratta di una realtà importante nello scenario internazionale che vive una fase di rinascita e vuole affermare la propria presenza dopo il declino del periodo coloniale e l'arretratezza sul piano economico, scientifico e tecnologico. La questione palestinese è vissuta da molti con sofferenza in quanto prova evidente di un'ulteriore ingiustizia imposta agli arabi e all'islam. Essa diventa, in tale visione, un pericoloso insieme di questioni politiche e religiose di cui appare difficile individuare gli sbocchi.

VII. L'INDIPENDENZA DELL'INDIA E DEL PAKISTAN

Prima del conflitto mondiale, il mondo politico britannico resta convinto della possibilità di mantenere l'unità imperiale, pur accettandone la graduale evoluzione. Ora, di fronte all'emergere dei movimenti nazionalisti anticoloniali, si assiste ad una evoluzione che genera una sostanziale disponibilità ad accettare questa rapida evoluzione. Le differenze che si riscontrano fra le più importanti forze politiche (conservatori e laburisti) vertono in genere sui tempi e sui modi con cui deve essere guidato questo processo da tutti considerato ineluttabile. Il primo e più impegnativo confronto avviene in India considerata "la perla dell'Impero" per la sua estensione, le sue ricchezze e gli straordinari legami creati in oltre tre secoli dai colonizzatori britannici.

1. *Le premesse*

La storia dell'India è molto antica (le fonti più remote risalgono a 8.000 anni fa) ed essa non può essere studiata alla luce della "breve presenza" coloniale inglese (e delle altre potenze europee). Al contrario, è più utile collocare questa parentesi (1500-1947) nel contesto della millenaria civiltà di questo vasto territorio. Nell'antichità popolazioni stanziali hanno creato insediamenti urbani e promosso attività agricole nella valle dell'Indo, alle quali si devono reti commerciali estese fino all'Africa, alla Mesopotamia e alla penisola arabica. Già nel 2000 a.C.

questi territori sono invasi da tribù provenienti dall'Afghanistan, più tardi lungo il Gange si formano nuove città che danno vita a potentati autonomi (500 a.C.) e nei secoli successivi si costituiscono due importanti regni nel Nord e nella parte più meridionale dell'India. Essi saranno oggetto di continue pressioni migratorie e militari da parte di popolazioni provenienti dall'Asia centrale. Questo periodo ("antichità classica indiana") termina con le invasioni degli unni, che occupano gran parte dell'India nordoccidentale (500-600 d.C.). La successiva cacciata degli unni apre le porte al medioevo indiano, con la nascita di numerosi regni locali in tutte le regioni del subcontinente, compreso il Sud ancora poco abitato e sviluppato. Si crea anche un legame fra i reami più estesi e potenti e quelli più deboli (una sorta di "vassallaggio" simile a quello europeo). In genere i rapporti fra i regni sono conflittuali. Per tutto il periodo medioevale manca un senso unitario. Le spedizioni militari e le campagne di conquista sono frequenti nell'India settentrionale, nell'altopiano meridionale e lungo la costa sudorientale con alterne affermazioni dei diversi potentati.

Le religioni più diffuse sono il buddhismo e soprattutto l'induismo; quest'ultimo nasce da un insieme di credenze religiose, di mitologie, di leggende, di culti molto antichi che provengono dalla fusione di popoli e di tradizioni dei primi millenni a.C. ed hanno dato vita ad una tradizione millenaria. Questa non ha un unico fondatore né una dogmatica esclusiva e si è mantenuta in un lungo arco di tempo con proprie caratteristiche pur soggette a significativi mutamenti. Al centro dell'esperienza spirituale induista vi è la fede in un Assoluto (realtà non creata, finalità autentica di tutto il cosmo) che è anche un "dio supremo" di carattere personale (esso è uno ma anche tutto) e in ogni manifestazione dell'esistenza si cela quest'aspetto d'eternità al di là delle apparenze empiriche delle cose e delle persone. Le vite, le morti e le rinascite si saldano fra loro e si susseguono all'interno di questa realtà che permane. L'uomo deve prendere atto di questa realtà, uscire dai condizionamenti che lo circondano e percorrere le "strade" della spiritualità sotto la guida dei "maestri" che per secoli le hanno indicate: vie di rinuncia, di meditazione e di devozione. Grazie a ciò potrà comprendere l'unità esistente fra la "scintilla d'infinito" che è in lui e l'Assoluto e trovare così il senso autentico della propria esistenza. La sapienza induista fa riferimento ai testi sacri del Veda (1500 a.C.), cosiddetti "eterni ed impersonali". Nel corso dei secoli si sono costituite diverse scuole interpretative che, nel rispetto delle tradizioni, hanno portato a rinnovamenti significativi (sacerdoti, mistica, speculazioni, riti, natura, coscienza, ascetismo, meditazioni, ecc.). Questo complesso e originale percorso religioso ha subito forti cambiamenti nel periodo della colonizzazione dell'India, durante la quale la religione e il pensiero occidentale hanno determinato una maggiore attenzione per i problemi sociali e politici. In questa direzione si è aperto il dialogo con le religioni rivelate (ebraismo, cristianesimo, islamismo) e si è sviluppata una visione universale di fraternità umana (rifiuto delle caste, non violenza, abolizione dei culti idolatri, servizio sociale, valori nazionali e democratici, impegno per l'indipendenza indiana, tolleranza religiosa, ecc.). A questo processo hanno contribuito "maestri", "asceti", pensatori indiani. Fra loro è bene ricordare lo stesso Mohandas Karamchand Gandhi, il mahatma ("la grande anima") apostolo dell'impegno morale come base dell'attività politica, propugnatore incrollabile della non violenza, della solidarietà, della tolleranza religiosa e dell'eguaglianza di tutti i popoli. In India nasce anche il buddhismo (VI secolo a.C.) in un periodo di ripensamento religioso e di critica alla tradizione basata sul "Veda" (principio assoluto, dio personale, ecc.). Gautama Buddha "l'illuminato" (il vero nome è Siddhartha), originario della pianura ai piedi dell'Himalaya nepalese, predica una nuova via per la salvezza basata sulla coscienza del dolore dell'esistenza, della necessità del distacco dalle illusioni delle cose umane e dell'illuminazione (coscienza dei propri limiti, concentrazione, controllo della mente, distacco), al termine del quale si può raggiungere una condizione di pace, di saggezza, di sapienza: il "nirvana", cioè la condizione ottimale della "mente illuminata". Anche nel mondo buddhista, nei secoli successivi, si formano diverse scuole interpretative del pensiero del maestro. La sua dottrina ha una straordinaria diffusione in tutta l'Asia centrale e in seguito in quella orientale, dove nasceranno esperienze dissimili (buddhismo cinese, giapponese, tibetano, bon, ecc.) che segneranno in modo profondo la vita d'intere popolazioni e influiranno sui rapporti politico-sociali e nelle stesse relazioni internazionali dei diversi periodi. Nei decenni più recenti il credo buddhista si è diffuso anche in Occidente, sia in Europa che nell'America del Nord. Durante il Medioevo si rafforza la religione induista e si assiste a un progressivo indebolimento del buddhismo.

Le successive invasioni da parte dei sultani musulmani trasformano in profondità il vecchio ordine. Nei primi secoli del secondo millennio si forma il sultanato di Delhi (1206) che impone il predominio militare dei "guerrieri musulmani a cavallo" alle popolazioni indù e conduce una duratura lotta per contrastare le frequenti invasioni dei mongoli. Ai margini di questo esteso sultanato si formano anche Stati "cavallereschi" indù espressione di una nuova aristocrazia indigena. Il grande sultanato di Delhi sarà sconfitto da Tamerlano che nel XIV secolo invade e conquista gran parte dell'India: un suo discendente, il Gran Moghul Babur, invaderà a sua volta l'India settentrionale (XVI secolo). In questi secoli di conflitti, d'invasioni, di conquiste nascono e si decompongono molti sultanati e principati indiani alcuni dei quali molto estesi sul piano territoriale. Il Gran Moghul Babur, dopo aver sottomesso i sultanati di Delhi e del Bengala, estende il suo potere sull'India settentrionale. I successori consolidano la dinastia Moghul, rafforzano ulteriormente il loro dominio (Gujarat nel 1574 e il Bengala nel 1576) sia in India che in Paesi circostanti (confini persiani) e al tempo stesso dedicano particolare importanza all'organizzazione interna del vasto impero (sistema fiscale, monetario, amministrativo, agricoltura, irrigazione, ecc.). Dopo la morte di uno dei più importanti sovrani Moghul, Akbar (1605), si apre una fase di lotte interne per la successione che indeboliscono l'aristocrazia e il potere imperiale. Più tardi, nel XVII secolo, i Moghul, ormai signori dell'India centrale e in parte di quella meridionale, devono affrontare ribellioni e conflitti con diverse tribù che dispongono di forze armate ben organizzate e con movimenti popolari d'origine contadina. Il potere dei Moghul declina e, già alla fine del XVIII secolo, si affacciano ai confini dell'impero gli afghani che conducono continue azioni militari mentre l'autorità centrale è sempre più indebolita dalle divisioni interne. Molti rappresentanti dell'aristocrazia creano potentati autonomi (province, principati, governatorati indipendenti). Anche se la supremazia simbolica del Gran Moghul è confermata, di fatto si crea una diaspora che origina centinaia di realtà autonome più o meno estese. Spesso i principi e le altre autorità locali professano fedi religiose diverse da quelle delle popolazioni a loro sottomesse e in alcuni casi i rappresentanti del potere guidano Paesi con maggioranze (musulmane o induiste) analoghe alle proprie, in altri casi avviene il contrario. Si tratta di un quadro molto variegato che presenta una singolare mescolanza di credenze religiose, di autorità con genesi storiche diverse (indù, mongoli, afghani, persiani, ecc.) e di strutture organizzative disuguali anche se formalmente inserite nell'Impero Moghul. Anzi, con il passare degli anni, essi contribuiscono sempre meno al suo sostentamento riducendo i pagamenti delle imposte. Delhi appare sempre più lontana e impotente.

2. *La presenza inglese e la resistenza indiana. Gandhi*

In questo contesto s'inserisce la Compagnia delle Indie agli inizi del 1600, che non ha difficoltà ad imporsi, con politiche attente e lungimiranti, fra i diversi potentati per ottenere concessioni, favori, facilitazioni di transito in cambio di erogazioni finanziarie a favore dei governanti. Gli inglesi, dopo aver piegato le resistenze di alcuni principi reattivi a presenze straniere, sconfiggono anche le forze armate del Gran Moghul (aiutato da diversi altri potentati indiani) nel 1764. In tal modo la rete commerciale della Compagnia si rafforza e si estende in un primo tempo nel Nord e in seguito anche nelle aree centrali e meridionali; in alcuni casi la Compagnia impegna contingenti inglesi e mercenari locali, in altri stipula accordi con le autorità costituite. La resistenza più duratura è condotta dai sikh del Punjab che saranno sottomessi soltanto nella seconda metà del XIX secolo. I sikh sono i discepoli di Guru (maestro) Nanak Dev (1469-1539), che propone un percorso di liberazione spirituale ispirato da fonti indù e islamiche. Nonostante le azioni ostili dei vicini Paesi musulmani e le campagne condotte dal Gran Moghul, gli aderenti a questa fede non sono dispersi ma mantengono la loro unità e identità senza essere assorbiti dall'induismo. Al suo interno esiste una casta militare (Khalsa) che per lungo tempo ne ha assunto la guida e determinato le scelte più importanti: i membri di questa aristocrazia politico-militare si chiamano singh (leoni). I sikh sono, in realtà, i seguaci di una setta indù di "eretici" che hanno rifiutato il sistema delle caste e di fatto sono al di fuori della struttura sociale degli indù (anche se appartengono alla stessa razza e nazionalità).

Il ruolo esercitato dalla Compagnia delle Indie è prioritario nella formazione di una realtà "semistatuale" che si impone su una gran parte del territorio indiano e tutto questo avviene con il consenso del governo inglese che preferisce restare, per il momento, in secondo piano.

A metà del 1700 la popolazione dell'Impero Moghul raggiunge i 150 milioni (quella inglese è di circa 6). La lucrosa attività della Compagnia delle Indie dagli originari insediamenti costieri (Calcutta, Bombay, Madras) si espande verso l'interno, mentre si rafforzano la presenza amministrativa inglese, il prelievo fiscale e prende corpo anche una struttura giudiziaria "mista" ispirata dalle norme inglesi e dalle consuetudini locali. Anche nel settore educativo si estende l'uso della lingua inglese e non pochi giovani indiani, con adeguate possibilità economiche, si recano a studiare in Gran Bretagna. Le prime serie difficoltà sorgono per gli inglesi a metà del XIX secolo e la Compagnia utilizza mercenari per condurre azioni militari nei territori ove la sua presenza incontra resistenze e opposizioni: questo esercito di "mercenari" è guidato da ufficiali britannici. Alcuni pesanti provvedimenti punitivi adottati da questi ultimi nei confronti della truppa provocano una sanguinosa rivolta, prima contro i comandanti e in seguito, con l'appoggio della popolazione (India settentrionale), contro la presenza britannica. Anche il Gran Moghul appoggia l'insurrezione (1857), domata a fatica, con l'impiego di ingenti mezzi militari ma a prezzo di pesanti perdite. Questa rivolta, la più grande dalla presenza inglese in questo territorio, segna di fatto la fine della Compagnia delle Indie e l'assunzione dell'amministrazione diretta da parte di Londra (1858). La regina Vittoria assume successivamente il titolo di regina dell'India e il governatore generale del territorio, sottoposto al controllo inglese, prende il titolo di "viceré". Il Gran Moghul, compromesso nella rivolta, è messo da parte: molti dei principi indiani accettano la nuova realtà e rendono omaggio alla corona britannica. Nelle classi più colte e benestanti indiane si fa strada l'aspirazione di poter arrivare ai gradini più alti delle amministrazioni indo-britanniche, mentre molti esponenti della cultura locale (anche di formazione inglese) criticano apertamente il sistema coloniale in atto ("razzista e predatore"). Le diverse correnti del nazionalismo indiano, ancora poco organizzate e rappresentate da autorevoli ma isolate personalità, danno vita al Congresso Nazionale (All India National Congress) a Bombay (1885). Questo diventa l'espressione più autorevole della "società indiana" e l'interlocutore più rappresentativo per le autorità inglesi. Al suo interno si accende un confronto aspro fra i riformisti (favorevoli a un'evoluzione del processo indipendentistico in collaborazione con Londra) e i "rivoluzionari" (convinti della necessità di allontanare senza indugi i britannici dall'India). Successive riforme costituzionali, proposte dagli inglesi, saranno respinte (1909). Già in questo periodo il problema della rappresentanza negli organi elettivi locali e regionali provoca incidenti e dissidi fra indù, musulmani e altre minoranze. In questi anni le autorità britanniche adottano provvedimenti disciplinari e carcerari nei confronti dei dirigenti nazionalisti più estremisti o rivoluzionari. Bal Gangadhar Tilak, esponente di primo piano del movimento indipendentista, sarà condannato a sei anni di carcere. Il confronto anglo-indiano si scatena durante la prima guerra mondiale perché Londra, con severi provvedimenti d'emergenza (Defence of India Act), vieta ogni attività politica. Si registrano, al contrario, crescenti iniziative del Congresso e della Lega Musulmana. L'organizzazione è nata a Dacca nel 1909 per tutelare i diritti della comunità musulmana indiana, la principale minoranza del subcontinente e combatte il colonialismo inglese e persegue l'indipendenza del Paese. In questi anni si affaccia nella scena politica indiana il mahatma Gandhi, che aderisce al Congresso, ed è un acceso nazionalista come Tilak, ma porterà avanti la lotta per l'indipendenza indiana con metodi diversi dai suoi predecessori. Dopo aver studiato a Londra, è rimasto per diversi anni in Sudafrica dove ha difeso la minoranza indiana in particolare con il ricorso alla resistenza passiva, cioè "non violenta". Gandhi torna in India nel 1915, ha 46 anni ed è già conosciuto e stimato per le battaglie condotte in Sudafrica; ha già pubblicato diverse opere per propagandare le tesi della "non violenza" e della "non cooperazione" con i colonialisti; conduce una fiera opposizione ai Rowlatt Acts (tentativo di mantenere in vigore anche in tempo di pace i precedenti provvedimenti restrittivi) con il ricorso a scioperi generali dei commercianti. Di fronte alle manifestazioni di protesta la reazione inglese è senza mezze misure (ad Amritsar vengono uccisi dalla polizia circa 400 manifestanti disarmati). Nasce da questa repressione la stagione della "non cooperazione" promossa da Gandhi. I notabili sono invitati a restituire decorazioni e onorificenze inglesi, gli elettori a non prendere parte alla formazione dei nuovi organi costituzionali, gli avvocati a lasciare i tribunali e gli studenti a disertare le università. Al tempo stesso tutti sono incitati a boicottare i prodotti inglesi, in particolare i tessuti. Il Congresso (1920) approva questa linea d'azione che, tuttavia, ottiene risultati modesti. In seguito è condotta una campagna di disobbedienza civile contro le tasse fondiarie. Azioni violente, pur non ispirate, anzi condannate da Gandhi, portano a reazioni inglesi: il mahatma è arrestato e condannato a sei anni di prigione (1922) e sarà liberato due anni dopo per motivi di salute. Nel 1928 prende corpo una nuova campagna di disobbedienza civile per sostenere l'indipendenza del Paese e rifiutare nuove proposte inglesi favorevoli ad una graduale evoluzione dello *status* in essere analogo a quello già ottenuto dall'Australia e dal Canada. In questo quadro inizia la battaglia contro l'iniqua tassa sul sale, che non può essere prodotto direttamente per evaporazione né essere raccolto sulle spiagge. Gandhi indice una "marcia simbolica" dei suoi seguaci verso il mare; sulla spiaggia raccoglie un "granello di sale"; molti lo imitano: le prigioni si riempiono, mentre anche in altri settori si allarga il rifiuto ai prelievi fiscali. La protesta si estende e la situazione economica si aggrava, anche in India, per la "grande depressione" del 1929, mentre successivi tentativi di accordi con Londra falliscono e Gandhi torna di nuovo in carcere (1932). Neppure la nuova Costituzione (1935) pone fine al confronto fra Londra e le tre principali componenti indiane (Congresso, Lega Musulmana e i principi). Con questo progetto è proposta una federazione fra i principati indiani e le ex province britanniche, ma viene respinta da tutti: il Congresso non accetta la permanenza di «regimi autocratici e reazionari», i musulmani temono la prevalenza indù nell'Assemblea federale ed i principi non vogliono perdere «i privilegi e le prerogative ottenuti con i trattati bilaterali che hanno, in passato, sottoscritto con gli inglesi». A causa di queste resistenze Londra attiva solo parzialmente il nuovo strumento costituzionale (1937), mentre permane una situazione politica confusa: l'unificazione su base federale non può essere fatta.

Allo scoppio del secondo conflitto mondiale l'India è trascinata in guerra dal viceré, senza alcuna consultazione dei dirigenti politici indiani. Mentre alcuni come Gandhi giustificano questo comportamento per motivi d'emergenza, altri, fra i quali l'emergente Jawaharlal Nehru, sono contrari ad ogni collaborazione bellica con i colonialisti. Ciò non significa adesione alle forze del Tripartito ma il rifiuto della collaborazione con Londra, che tuttavia sarà in grado di reclutare un consistente esercito indiano da impegnare contro i nipponici (quasi tre milioni di combattenti). Di fronte alla passività del Congresso e alla strisciante propaganda antibritannica dei suoi maggiori esponenti gli inglesi incarcereranno molti di loro fra i quali lo stesso Gandhi. Per reazione Nehru attiva la cosiddetta "rivoluzione d'agosto" per protesta e per indebolire le forze degli occupanti: interruzione delle linee telegrafiche e telefoniche, blocco delle comunicazioni ferroviarie con la rimozione dei binari, assalti a stazioni di polizia, ecc. In questo periodo Londra propone la concessione dello *status* di *dominion* (1942), senza tuttavia ottenere le auspicate adesioni indiane.

Anche nel mondo politico indiano si manifestano simpatie nei confronti delle potenze dell'Asse. È il caso di Subhas Chandra Bose, già presidente del Congresso indiano, sostenitore di Gandhi, ma ostile alla pratica della non violenza. A causa delle sue relazioni con i *leaders* di Berlino, di Tokyo e di Roma di cui approva il progetto dell'"ordine nuovo" mondiale è incarcerato dalle autorità britanniche. In seguito, liberato dai nipponici, forma un "governo dell'India Libera" insediato a Singapore, promuove la formazione di unità di combattenti indiani (in gran parte disertori dell'esercito britannico) inquadrati nella Legione SS "India libera" e muore (1945), alla fine del conflitto, in circostanze misteriose, in un incidente aereo a Formosa.

Dopo la conclusione del conflitto con la disfatta del Giappone torna al centro del dibattito politico inglese il futuro dell'India: si tratta di decidere la sorte dell'esercito indiano, la politica da adottare nei confronti del Congresso, l'eventualità di una nuova proposta costituzionale, l'ipotesi di costituire un governo provvisorio indiano per anticipare l'indipendenza. La concessione di quest'ultima è stata sollecitata in più occasioni anche da Washington: sia Roosevelt che Truman hanno sottolineato l'importanza della decolonizzazione e di quella indiana in particolare.

3. *Nehru. Il governo provvisorio. La nuova politica britannica*

Dopo successive consultazioni elettorali, la costituzione di diverse commissioni d'inchiesta e tentativi di mediazione con gli indù e i musulmani (sempre più divisi) le autorità inglesi danno il via libera a Nehru per la formazione di un governo provvisorio. Il governo laburista apre le porte all'indipendenza indiana (1946) per superare le difficoltà del dopoguerra in India e in Gran Bretagna, ma l'avvio di questo processo non è semplice. Esistono forti tensioni fra Londra e il mondo politico indiano, ma ci sono anche valutazioni diverse sull'evoluzione dell'impero fra le forze politiche inglesi. Queste ultime erano, prima del confitto mondiale, poco disponibili all'interruzione dei vincoli imperiali. Anche se i laburisti sono più aperti e disponibili dei conservatori, nessuno è favorevole ad un rapido tramonto dell'esperienza coloniale, ma ad una sua graduale evoluzione. Il quadro muta in seguito: c'è piena consapevolezza che il mondo è cambiato e che il rapporto con i popoli colonizzati è destinato a rapidi e decisivi mutamenti. Il confronto fra le maggiori forze politiche inglesi si sposta sul terreno dei modi e dei tempi di questo processo di cui tutti avvertono la necessità. L'evoluzione si compie in pochi anni, mette in luce momenti di scontro nel parlamento britannico, anche se, nelle fasi conclusive, le decisioni sono prese con adesioni unanimi. L'idea di costituire un governo provvisorio indiano, mentre spalanca le porte all'indipendenza, acuisce la conflittualità interna fra indù e musulmani ed accresce le resistenze dei principati. C'è il timore che l'uscita di scena degli inglesi possa determinare un vuoto di potere e una conseguente dittatura della maggioranza indù del Congresso.

Il primo ministro Attlee mette in guardia il popolo indiano dal pericolo di uno scontro fra le due componenti nazional-religiose più importanti (indù e musulmani). A tal fine la Gran Bretagna, mentre propone la formazione di un governo provvisorio, sollecita l'elezione di un'Assemblea costituente. La crescente tensione fra indù e musulmani rende sempre più ardua la convivenza fra le due comunità all'interno della stessa realtà statuale; da parte musulmana si auspica la secessione di cinque province del Nord (Punjab, Bengala, Sind, Assam e quella di frontiera del Nord Ovest) per dar vita allo Stato del Pakistan autonomo e sovrano. Questa ipotesi, fortemente avversata dal Congresso, è respinta anche da Londra. Quest'ultima (Libro bianco, maggio 1946) formula un nuovo progetto di Costituzione, nel quale viene proposta un'Unione panindiana (province ex britanniche e principati) con ampie autonomie alle province, con organi legislativi ed esecutivi propri, con specifiche e totali competenze in politica estera, di difesa, economica e fiscale. È previsto l'immediato insediamento di un governo provvisorio composto da ministri indiani sotto la presidenza del Governatore generale inglese, che dovrebbe convocare la costituente e stipulare un trattato d'amicizia e di collaborazione con Londra. Quest'ultima auspica un'adesione dell'India indipendente al sistema di cooperazione e di sicurezza del Commonwealth ma ancora una volta le proposte inglesi incontrano riserve, opposizioni e solo parziali disponibilità. Ciononostante nell'agosto (1946) Nehru costituisce il primo "governo indiano provvisorio indipendente" di coalizione (al suo interno vi sono cinque ministri congressisti, uno degli intoccabili, uno parsi, uno sikh, uno cristiano indipendente, cinque musulmani). Nehru, nel presentare il programma (settembre 1946), precisa che il suo obiettivo più importante è portare l'India alla libertà e all'indipendenza e renderla capace di partecipare alle conferenze internazionali come «libera nazione» con una propria politica «e non come satellite di un'altra nazione». Inoltre, auspica la collaborazione «in amicizia con tutte le nazioni» e una stretta intesa con Londra e con il Commonwealth. L'India vuole mantenere buoni rapporti con l'URSS, «nostra vicina in Asia»: «noi siamo asiatici ed i popoli dell'Asia ci sono più vicini degli altri». In questo quadro dovranno nascere legami più solidi anche con l'Asia meridionale, con l'Afghanistan, l'Iran e il mondo arabo. Sul piano sociale precisa che «occorre occuparsi anche dell'uomo più oscuro e dimenticato» per dargli assistenza ed elevare il suo tenore di vita; l'India «è in movimento [...]. Noi stiamo andando verso il progresso, l'indipendenza, la libertà ed il benessere di 400 milioni di indiani». La Lega Musulmana tuttavia non entra nel governo, confermando di volere o la costituzione dello Stato autonomo del Pakistan o la possibilità per le province del Nord di costituire unità autonome nell'ambito della federazione panindiana. Già nei mesi precedenti la Lega ha proclamato scioperi generali di protesta e manifestazioni popolari, che sono degenerate in più occasioni in scontri fra indù e musulmani con numerosi morti e feriti (a Calcutta si sono registrate circa 2.000 vittime). Violenti scontri, saccheggi, massacri, distruzioni di templi si registrano anche nel Bengala e in altri distretti (le vittime accertate sono oltre 30.000).

La contrapposizione indo-musulmana non ha radici soltanto religiose, ma anche di carattere socioeconomico. È noto che la componente musulmana abita nelle zone meno ricche del Paese, svolge in genere funzioni più umili e non ha avuto un ruolo significativo nel processo di industrializzazione, né sul piano finanziario, né su quello imprenditoriale. Questa situazione di disparità si è accentuata con la crescente urbanizzazione e con la rapida industrializzazione indiana imposta dal conflitto mondiale. In realtà, per comprendere meglio questa accentuata conflittualità socio-economico-religiosa occorre guardare ai secoli precedenti: l'India dall'VIII al XVIII secolo ha subito numerose invasioni ad opera dei musulmani (arabi, turchi, afghani, mongoli) che hanno creato propri potentati e dinastie. Nonostante queste conquiste, le "due civiltà" sono rimaste "distinte e distanti", pur convivendo nello stesso territorio. Il ruolo delle classi dominanti musulmane è stato messo in secondo piano dopo l'arrivo degli inglesi. Da qui profondi risentimenti antibritannici e una scarsa sensibilità per la causa nazionale indiana, mentre il partito del Congresso (in gran parte formato da indù) si è formato nel 1885, la Lega Musulmana (All India Muslim League) nasce vent'anni dopo nel 1906 con lo scopo prioritario di tutelare i musulmani. Questi ultimi, di fronte all'ipotesi dell'autonomia prima e dell'indipendenza poi dell'India, temono di restare una minoranza "impotente ed indifesa". In realtà, non esiste un "sistema politico indù" e le stesse forze prevalenti nel Congresso credono nella possibilità di una pacifica convivenza all'interno dell'India unita. Ma, di là di queste assicurazioni e aspettative, troppe sono le divisioni locali, le paure, i ricordi delle tensioni passate. Fra l'altro, a favore dell'unità, dovrebbe essere considerato il fatto che il mondo indù non è monolitico al suo interno, come non lo è quello musulmano (sciti, sunniti, altre sette, ecc.). Ciononostante Muhammad Jinnah e gli esponenti della Lega Musulmana, anche se conoscono l'indirizzo laico di Nehru e del Congresso, preferiscono la separazione che, di fatto, è su base religiosa anche se ha obiettivi statuali. Ciò non impedirà che milioni di musulmani rimangano all'interno dei confini indiani (e molti indù in Pakistan). C'è nella classe politica musulmana anche il ricordo nostalgico, ma mai sopito, di poter contribuire alla rinascita dell'impero Moghul ormai estinto da secoli. Questa rivalità non è certo imputabile agli inglesi, perché esisteva già nei secoli precedenti al loro arrivo con identità "distinte e ostili". Il mondo islamico di fronte all'ipotesi del ritiro britannico e alla prospettiva della piena indipendenza invoca la secessione e propone la nascita del Pakistan. Questo nome di provenienza urdu-persiano risulta da toponimi di queste aree (Punjab, Afghania, Kashmir, Iran, Sindh, Tukharistan, Balochistan) e indica inoltre la terra dei pak ("i puri, i puliti"). La spartizione, oltre che dal Congresso, è osteggiata da Londra: si teme che questa politica secessionista possa rendere ancora più difficili i rapporti fra le due collettività. Ma c'è anche un'altra preoccupazione: la Gran Bretagna s'interroga sulla collocazione internazionale del Pakistan. C'è il timore che esso possa subire l'influenza delle confinanti repubbliche sovietiche (anch'esse musulmane) e finire nell'orbita politica di Mosca. Oltre a questi problemi ci sono quelli più strettamente religiosi: l'induismo, sentimentale e fantasioso, è molto diverso dal monoteismo islamico per sua natura esclusivista, integralista e intransigente. Anche i culti con le loro pratiche religiose presentano forti divergenze: per gli indù la vacca è sacra (simbolo del creato subumano) ed è rispettata, tutelata e venerata. Per i musulmani essa è sacrificata in occasione di alcune festività. Nella liturgia indù il ricorso alla musica è abituale, mentre in quella musulmana essa non è ammessa. Succede inoltre che festività indù o musulmane coincidano con analoghi periodi di lutto dell'altra confessione. Questo intreccio di credenze, di fedi, di riti è all'origine di disordini, proteste e violenze. Ciò è più frequente nelle aree ad insediamenti misti e comunque dove le minoranze non si attengono a comportamenti prudenti o riservati. Neppure l'avvio del governo provvisorio e le successive mediazioni inglesi (conferenza di Londra, dicembre 1946) riescono a portare ordine e collaborazione a livello istituzionale e ancor meno la pace sociale fra le due comunità. Da parte del governo laburista, ancora alla fine del 1946, è ribadita la ferma volontà di trasferire tutti i poteri ad un governo indiano, ma non si vuole neppure "per ragioni di equità" che una fazione maggioritaria domini sulle minoranze. Occorre applicare due principi ispirati entrambi a una sana democrazia: «Il primo è il diritto della maggioranza a decidere del suo avvenire senza l'impaccio di un veto o di una proibizione da parte di qualsiasi minoranza; il secondo è il diritto delle minoranze a godere della libertà e ad aver voce nel decidere il proprio futuro senza essere soverchiate dalla maggioranza». Nehru in più occasioni ribadisce che i musulmani potrebbero vivere in un'India laica senza timore e che le "due nazioni" possono coesistere pacificamente in un solo Stato. Ma questo non è certo un obiettivo facile nel contesto specifico della contrapposizione delle due comunità (quella indù di circa 320 milioni e quella musulmana di circa 80 milioni). Anche il mondo politico inglese è scosso dagli avvenimenti indiani che mettono in discussione il futuro del dominio britannico in Asia. Nel dicembre del 1946 ha luogo alla Camera dei Comuni un importante dibattito sul futuro dell'India, dal quale traspare con chiarezza anche la diversa valutazione sul futuro dell'India dei laburisti e dei conservatori. Da parte del governo laburista si ricorda che scopo centrale della politica estera del Paese "per più generazioni" è stato l'indipendenza per il popolo indiano. Ora di fronte al trapasso reale dei poteri le difficoltà sono cresciute (violenze a Calcutta, nel Bengala, nel Bihar, a Bombay) e si rendono necessari la ricomposizione fra le due parti per portare a compimento il processo d'unità e d'indipendenza avviato e definire la nuova Costituzione e il coinvolgimento in questa fase di fondazione anche delle altre minoranze, non solo di quella musulmana (40 milioni di indù senza casta, 4 milioni di sikh, 3 milioni di indiani cristiani, 150.000 anglo-indiani). Tutto questo è possibile soltanto con vicendevole tolleranza e «un minimo di fiducia reciproca» per evitare il disastro di una guerra civile. L'auspicata evoluzione permetterà, osserva il rappresentante dei laburisti Stafford Cripps, «al popolo britannico di cedere al popolo indiano, con dignità e senza riserve, il potere per tanto tempo esercitato sull'India». Churchill espone le critiche e le proteste dell'opposizione conservatrice; non si può pensare che l'approvazione di «una legge solenne» per l'India possa risolvere i problemi di quel territorio, soprattutto perché il governo non ha dato prova di continuità e di tempestività di fronte alla crisi indiana: «sarebbe un peccato se l'Impero trapassasse dalla vita alla storia» senza un preciso interessamento della Camera dei Comuni, cioè della maggioranza e dell'opposizione. Da quando la regina Vittoria ha assunto la corona imperiale, Londra ha cercato di garantire ordine e sviluppo all'India. Il previsto trasferimento dei pieni poteri agli indiani presuppone un accordo fra le masse e le forze politico-religiose predominanti. Ma oggi, contro queste aspettative, si assiste allo scontro violento e sanguinario fra queste componenti rimaste pacifiche «sotto il dominio britannico». Neppure l'ipotesi di un rapido ritiro inglese, osserva ancora Churchill, è servito come catalizzatore popolare. Non ci sono garanzie per il futuro che possano scagionare Londra dalla responsabilità di un crollo e di una «catastrofe orrenda» fra razze, religioni, partiti indiani. È stato un errore dei laburisti accettare il governo provvisorio, guidato da Nehru, senza l'approvazione della Lega Musulmana, provocando più morti violente e ferimenti in questi quattro mesi che «non nei precedenti novant'anni»: queste, fra l'altro, potrebbero essere «le prime grosse gocce che precedono il temporale». Nehru incontra serie difficoltà a fermare i massacri in atto (si parla di altre 10.000 vittime soltanto nel Bihar) e nessuno può imporre una maggioranza indù se non la conclusione vittoriosa di una terribile guerra civile «in migliaia di località separate ed isolate», ove «passioni ed odi» sono radicati e «durano da migliaia di anni». Nel dicembre 1946 Churchill ricorda le parole del padre segretario di Stato per l'India nel 1875: «Il nostro dominio in India è come una grande macchia d'olio distesa alla superficie, che mantiene calmo un immenso e profondo oceano d'umanità. Al di sotto si agitano nascoste le memorie delle dinastie decadute, le tradizioni delle razze vinte e l'orgoglio delle fedi calpestate. È nostro difficile compito garantire la pace, la sicurezza individuale e la prosperità generale a 250 milioni di persone agitate da queste forze possenti». Churchill critica anche la prevista Assemblea costituente che dovrebbe trasformare l'India in una moderna repubblica parlamentare. Il corpo elettorale è troppo scarso (30 milioni di elettori), vaste regioni non sono rappresentate e c'è poca esperienza dei moderni sistemi politici. Occorre dare rappresentanza più adeguata a chi pretende di parlare a nome di vaste maggioranze e non si può credere a soluzioni nazionali senza la partecipazione della Lega Musulmana né ci può essere «un matrimonio unilaterale» se lo sposo o la sposa non vanno in chiesa: perché sia celebrato «è essenziale che entrambe le parti siano presenti». In questa situazione il governo inglese deve definire la sua politica futura e scegliere fra tre alternative:

1) abbandonare l'India, senza curarsi delle conseguenze; «radunare le nostre donne, i nostri fanciulli ed i civili disarmati e ripiegare, protetti da una retroguardia possente, fino al mare»;

2) riaffermare che il re non vuole sudditi per forza e che il Commonwealth non contempla unioni obbligatorie. Senza un vero accordo si deve considerare l'ipotesi di una divisione dell'India «fra le due diverse razze e religioni», permettendo ad ognuno di vivere a modo proprio e che «gli dei lo accompagnino». Al tempo stesso occorre tenere le porte aperte a coloro che desiderano «in un modo o nell'altro unirsi al nostro grande e libero Commonwealth»;

3) è importante fare ogni sforzo, alla luce della precedente ipotesi, «per impedire il massacro e l'anarchia» e comunque costituire un'amministrazione imparziale per garantire la vita, la libertà e il benessere a milioni di indiani che ora vivono nel terrore. La realizzazione potrebbe necessitare di un controllo inglese che al momento, tuttavia, è impossibile precisare «per le esauste risorse di cui disponiamo».

Churchill conclude con un preciso e categorico avvertimento: qualunque cosa accada non dobbiamo permettere che truppe britanniche o ufficiali britannici dell'esercito indiano diventino lo strumento per imporre a 90 milioni di musulmani e a 60 milioni di intoccabili la dominazione degli indù di casta. Né il prestigio o l'autorità della potenza britannica in

India, sia pure essa al tramonto, devono essere usati per scopi partigiani dall'una o dall'altra parte della barricata. Una condotta diversa, ammonisce Churchill, ci può trascinare nel cuore della tragedia senza toglierci alcun peso attuale né alcuna responsabilità. Questo energico richiamo dell'opposizione non può che rafforzare un convincimento che già si è fatto strada nel governo laburista: l'impossibilità di imporre una Costituzione elaborata da un'Assemblea poco rappresentativa della popolazione indiana. Già alla fine di gennaio (1947), l'Assemblea costituente, pur di fronte alla perdurante riserva della Lega Musulmana, dichiara di voler procedere alla rapida proclamazione della Repubblica indiana indipendente. Di fronte a questa situazione conflittuale Londra annuncia l'intenzione di uscire dall'India trasferendo i pieni poteri o ad un governo centrale o a quelli di alcune regioni entro il giugno del 1948. Con questa mossa si vuole fare pressione su un accordo fra indù e musulmani e anche vanificare le critiche di chi ritiene che la Gran Bretagna approfitti dei dissidi per rimanere nel Paese. Di fatto questa dichiarazione del governo inglese annuncia (20 febbraio 1947) il ritiro definitivo dall'India, la «gemma più preziosa» del suo secolare impero. In questa convulsa fase i rapporti indù-musulmani segnano continui mutamenti: in alcuni frangenti pare possibile raggiungere un accordo con la concessione di autonomia legislativa ed esecutiva alle province del Nord nel quadro di una Unione panindiana. In altri momenti prevale il reciproco sospetto che alimenta le tensioni popolari e la richiesta musulmana d'indipendenza. Ora la decisione di Londra definisce una procedura e una data precisa di scadenza. Gli inglesi non possono dimenticare i difficili rapporti degli ultimi decenni con il Congresso e con la Lega Musulmana, dal momento che in molte occasioni essi hanno assunto atteggiamenti tattici divergenti e non hanno esitato a porre in essere cambiamenti di posizione incoerenti o contraddittori. Tutto questo non ha contribuito al dialogo con la potenza occupante e ha reso più tesi i rapporti fra le stesse popolazioni indiane.

Per il governo laburista non è più tempo di dilazioni e d'indugi, non ricorrendo alla tattica del *divide et impera*, ma di affermare con forza e chiarezza l'irrevocabile decisione di porre fine alla permanenza inglese in India. Questa scelta ad Attlee pare conseguente alle dichiarazioni britanniche nel lontano 1917 (dichiarazione del Segretario di Stato Montagu) e alle proposte del Libro bianco del 1946. La scelta governativa è criticata dall'opposizione conservatrice e in uno dei suoi più efficaci discorsi parlamentari (6-7 marzo 1947) Churchill respinge questa impostazione non per l'obiettivo finale ma per i metodi e i tempi adottati. È stato un grave errore, a suo giudizio, abbandonare l'offerta del 1942 formulata da Cripps che prevedeva per l'India lo *status* di *dominion*, dal momento che essa avrebbe potuto in seguito uscire anche dal Commonwealth e prendere così la strada dell'indipendenza più completa dopo una fase di autogoverno "educativo". L'altro errore è stato quello di credere alla rappresentatività e unità del Congresso e della Lega Musulmana escludendo le altre minoranze. In tal modo non soltanto si è sottovalutata la radicale opposizione indù-musulmana, ma si è anche accentuato il risentimento degli esclusi contro Londra. Queste minoranze confessionali o sociali e i principi di ampi territori (spesso legati con trattati bilaterali alla Gran Bretagna) non compresi nell'India britannica avrebbero favorito il mantenimento di legami, almeno temporanei, di natura costituzionale nel Commonwealth. Era preferibile inserire nella nuova Costituzione di *dominion* queste salvaguardie per le minoranze soprattutto a favore dei "senza casta". Tutto ciò era possibile, insiste Churchill, con un accordo esplicito fra l'Unione indiana e la Gran Bretagna «sulle linee del British North America Act al quale il libero *dominion* del Canada ha sempre attribuito una grande importanza». A seguito di questi errori, che in realtà sono "colpe gravi", ora tutto il mondo indiano è, per diversi motivi, antibritannico. Al tempo stesso sono esplose in tutta l'India le più tremende violenze (si parla ormai di 30 o 40 mila vittime, senza contare le centinaia di migliaia di feriti e di fuggiaschi) dopo quelle memorabili della "grande rivolta" del 1857. Non si doveva in alcun modo permettere la nascita del governo provvisorio di Nehru, scelta che si è rivelata «un vero disastro», perché ha distrutto la macchina amministrativa, aperto le porte alla corruzione e limitato le libertà personali e politiche. A causa di ciò il comunismo si diffonde tanto rapidamente che Nehru ha dovuto «invadere e sopprimere uffici ed organizzazioni comuniste, il che noi, nella nostra grande tolleranza britannica, non facciamo qui e non abbiamo mai fatto in India». La decisione laburista di abbandonare entro 14 mesi l'India (giugno 1948) ha escluso di fatto ogni possibile soluzione unitaria per il Paese. La millenaria divisione fra indù e musulmani non potrà essere superata in un così breve lasso di tempo: ci sarà al contrario "una corsa" per garantirsi la tutela di interessi e di presunti diritti.

Il limite di tempo previsto dal governo è "una specie di ghigliottina" che può portare non soltanto alla spartizione, ma alla "polverizzazione" in un contesto di guerra civile com'è quello che possiamo vedere in questi terribili giorni (scontri e massacri di Lahore). Churchill ricorda anche il periodo bellico e il rifiuto del Congresso e della Lega Musulmana di cooperare nella lotta contro il Giappone. Nonostante ciò in India fu reclutato il più grande esercito di volontari che abbia combattuto dall'una o dall'altra parte. Ciò dimostra che le classi politiche e le caste dominanti «non rappresentano le masse indiane» e non si può affidare loro le «redini del governo». «Si tratta – esclama Churchill – di uomini di paglia di cui fra qualche anno non rimarrà alcuna traccia». Le comunità minoritarie più importanti cui allude Churchill sono quella sikh e degli intoccabili. In occasione delle due guerre mondiali i sikh hanno fornito un gran numero di combattenti per l'esercito indiano. Essi risiedono in prevalenza nel Punjab ove sono una netta minoranza rispetto ai musulmani, ma poiché questa regione dovrebbe essere parte del Pakistan sono contrari all'indipendenza indiana senza precise garanzie per il futuro della propria comunità. In caso contrario, si sentirebbero abbandonati, anzi "traditi" da Londra che pure ha ottenuto da loro sostegno in momenti difficili. L'altra comunità è quella degli intoccabili (circa 50 milioni) che, per ragioni di nascita e per fanatismo religioso, sono stati messi al bando dalla struttura sociale indù. Essi, discriminati e isolati, hanno goduto di notevoli benefici dalle autorità britanniche (elettorato separato, seggi riservati nelle assemblee locali e centrali). Ora anche questa comunità teme, con l'uscita di scena degli inglesi, di perdere le modeste ma significative prerogative e di essere ricacciata dalla nuova Costituzione approvata dal Congresso nella marginalizzazione e nel disprezzo precedenti. Anche per loro la data indicata da Attlee (giugno 1948) crea paure e risentimenti. Meno drammatica, ma non per questo priva di preoccupazioni e di rancore, la posizione di molti principi indiani che, temendo il peggio, hanno stipulato accordi con il Congresso e si sono assicurati una rappresentanza nella futura Costituente (alla quale hanno deciso di partecipare). Anch'essi vantano crediti nei confronti di Londra e ora cercano, con questa azione, di garantirsi il futuro. Essi avevano ottenuto da parte di Londra riconoscimenti e tutela nei propri territori sui quali garantivano l'ordine, l'amministrazione e la legalità. La loro collaborazione era risultata preziosa agli inglesi dopo la rivolta del 1857, in quanto i principi avevano garantito il controllo di gran parte del Paese mentre l'altra parte (circa il 60%) era sotto controllo delle forze armate britanniche. Con gli accordi stipulati nel periodo successivo Londra poteva guardare con maggiore tranquillità al futuro di tutto il possedimento indiano, mentre i principi vedevano garantito il possesso delle vaste zone acquisite (principati) e la continuità delle loro dinastie. Questi regimi, particolaristici e autoritari, non vedono di buon occhio i movimenti nazionalisti democratici e indipendentisti indù e cercano il sostegno inglese per mantenere le loro prerogative e privilegi. Ora, di fronte alle decisioni britanniche di "sgomberare" l'India entro il giugno 1948, anch'essi, delusi e preoccupati, cercano una via di salvezza e un accordo con il Congresso sembra la strada più facile da percorrere: una soluzione non auspicata ma necessaria. Attlee ha fatto propria, secondo Churchill, «una di quelle balzane osservazioni del signor Gandhi» formulata nel 1942: «Lasciate l'India nelle mani di Dio, o, per dirla in termini moderni, in preda all'anarchia e quell'anarchia potrà portare, per qualche tempo, ad una lotta intestina e ad atti sfrenati di brigantaggio; da questa emergerà la vera India al posto di quella falsa che noi vediamo oggi». Anche in passato (1931) Churchill aveva espresso giudizi molto negativi su Gandhi e sul suo impegno politico: «un fachiro seminudo che osa salire le scale del palazzo di Sua Maestà». Dopo queste valutazioni il *leader* dei conservatori confronta la politica governativa in Palestina con quella in India e la trova incomprensibile: dove occorre mettere un termine non è stato fissato, mentre ciò è avvenuto dove farlo è dannoso. Egli afferma che nessun «cervello umano coerente» può aver formulato queste proposte e neppure potrebbe averlo fatto un «governo incoerente» come quello in carica, non potendosi pensare di mantenere «nella piccola ed insolente Palestina tre o quattro volte tante truppe che non nella possente India». «Si son preparate due bottiglie di possente medicinale ma si sono inviate al paziente sbagliato». Mentre si sostiene, in questa stessa aula, da parte governativa di non poter abbandonare quel territorio alla guerra fra 600.000 ebrei e 1.200.000 arabi, si può lasciare l'India in un conflitto fra 90 milioni di musulmani, 200 milioni di indù su un totale di 400 milioni. Ciò sarebbe «un crimine mondiale, che resterebbe come una macchia sul nostro buon nome per l'eternità». Se manca la forza per mantenere gli «impegni presi verso immense e numerose comunità» è possibile invocare l'aiuto di strumenti ed «autorità più grandi» come la «nuova organizzazione mondiale sorta dalle sofferenze di due guerre devastatrici». È in atto lo sgretolamento dell'Impero britannico che pure ha reso importanti servizi all'umanità, ma la scomparsa della Gran Bretagna come potenza in Oriente non può concludersi «con una fuga vergognosa, con una affrettata e prematura rinuncia» che aggiungerebbe «il marchio della vergogna al dolore che tutti proviamo».

L'attacco alla politica governativa è netto e prelude ad un voto conclusivo insolito nella procedura parlamentare inglese in materia coloniale e di politica estera. Il presidente Attlee ne coglie il significato e l'importanza; rileva (6-7 marzo 1947) che il quadro indiano è in continua evoluzione: non si sente pertanto di assumere un "tono dogmatico o profetico". Churchill, a suo giudizio, è vittima di pregiudizi, ma la sua ostentata, pluridecennale coerenza ignora completamente «la marcia degli avvenimenti» e ne ricava l'impressione che egli «non abbia mai creduto, in realtà, all'autonomia dell'India», dimenticando che gli esponenti indiani, ora da lui criticati, erano al potere anche nel 1942. Ma neppure denunciò «i limiti della ridotta partecipazione elettorale del popolo indiano in passato ed ancor meno fu sensibile alla perdita del Sudafrica o alla dichiarazione di Balfour indifferente alle esigenze di qualsiasi elettorato». La decisione di lasciare l'India, entro il giugno 1948, è stata determinata anche dalle insistenti richieste indiane di fissare una data. Se fosse stato possibile era senz'altro da preferire un governo provvisorio unitario e in questo senso sono state fatte pressioni e proposte, ma ciò non è avvenuto: la minoranza conservatrice in realtà formula «un invito alla dilazione ed all'inazione». Al contrario Attlee è convinto che «al punto in cui si è giunti non sia possibile retrocedere e neppure arrestarsi. [...] è giunta l'ora in cui gli indiani devono addossarsi le loro responsabilità. Possiamo aiutarli ma non possiamo portare noi il loro carico», ma auspica che ritrovino, in un momento tanto cruciale per la loro storia, la loro unità e pongano gli interessi del Paese al di sopra di ogni altro fattore. Da parte inglese «il trasferimento nelle mani degli indiani delle responsabilità per la loro stessa vita» è il naturale coronamento della missione compiuta in India con una secolare presenza. Al termine del dibattito è posto in votazione l'emendamento dei conservatori (unanime volontà inglese di favorire l'autogoverno, censura sulla politica indiana del governo, condanna per il limite di tempo previsto per il ritiro britannico). Il testo è respinto dalla Camera dei Comuni che confermano il pieno appoggio all'azione di Attlee e del suo governo (337 a favore, 185 contrari).

Nonostante gli auspici del governo inglese e la fermezza di quello provvisorio indiano, l'intransigenza della Lega Musulmana prevale. Prende corpo l'idea della spartizione anche per evitare che i gravi incidenti che insanguinano il Paese possano degenerare in una vera e propria guerra civile. Questa ipotesi non è tuttavia di facile realizzazione. La Lega vorrebbe costituire lo Stato pakistano con le cinque province (Punjab, Sind, Province di frontiera del Nord Ovest, Bengala e Assam) a prevalenza musulmana del Nord (sulle 11 province dell'India britannica), ma esse non sono contigue perché collocate rispettivamente nel Nord-Est e nel Nord-Ovest. Fra queste ci sono il Bihar e le Province Unite ambedue a maggioranza indù. Oltre a ciò, nelle province musulmane rimane comunque elevata la popolazione indù e al tempo stesso alcune grandi aree urbane destinate a rimanere in India e sono abitate da consistenti comunità islamiche. Anche nei principati si pongono analoghi problemi di difficile, e certo non rapida, soluzione. Il rappresentante della Lega Musulmana Jinnah (maggio 1946) è contrario alla divisione di alcune province con forti minoranze indù o di sikh (Bengala e Punjab). Osserva che per impedirla gli islamici sono pronti «a combattere fino all'ultimo» e avanza la richiesta di un corridoio territoriale per congiungere le province orientali con quelle occidentali. La separazione fra Pakistan e Hindustan (India) nella misura in cui avviene in via amichevole produrrà «amicizia e pace» fra i due nuovi Stati e il nuovo governo tutelerà le minoranze nella fase transitoria costituente e in seguito anche con esplicite disposizioni costituzionali. Nuove trattative condotte da Londra fra le parti in causa portano ad un accordo basato sulla spartizione del territorio indiano secondo le originarie richieste della Lega inizialmente respinte dal Congresso. Attlee annuncia (giugno 1947) il nuovo piano inglese secondo il quale all'India (e al Pakistan in caso di recessione musulmana) sarà concesso lo stato di *dominion* senza attendere il giugno 1948 e i due nuovi *dominions* decideranno liberamente se restare o uscire dal Commonwealth. La Lega Musulmana potrà accettare la costituente indiana o promuoverne una propria per fondare lo Stato pakistano. Per le regioni "miste", di più difficile attribuzione fra i due Stati, sono previste consultazioni popolari (referendum) sulla base delle quali definire il loro futuro, ottenendo l'approvazione (se pure con alcune riserve) delle tre comunità indiane più rappresentative (indù, musulmana e sikh). Anche i conservatori approvano la nuova proposta del governo che racchiude molte delle loro precedenti richieste. Churchill (giugno 1947) rileva con soddisfazione che dovrebbero nascere due *dominions*, che esiste l'adesione dei principali partiti indiani al progetto e un pieno accordo fra di loro per la spartizione dell'India. L'unità del Paese sarebbe comunque mantenuta «in modo indiretto» nella comune e libera adesione al Commonwealth come «hanno fatto per tanti anni i *dominions* autonomi». Oltre a ciò, osserva il *leader* dei conservatori, non vi è al momento una via migliore «per salvare l'India dal bagno di sangue a cui va incontro», offrendo «qualche possibilità di sfuggire ad una delle più terribili calamità che abbiano mai devastato le vaste regioni dell'Asia». Sulla base di queste premesse, alla luce delle dichiarazioni del primo ministro Attlee, i conservatori, conclude Churchill, non si opporranno alle leggi proposte dal governo per la nascita dei nuovi *dominions*.

Il processo così avviato si conclude in poche settimane. L'Indian Independence Act è approvato all'unanimità dalla Camera dei Comuni nel luglio 1947 e prevede la costituzione di due nuovi *dominions* (India e Pakistan) dal 15 agosto 1947. A partire da questa data le parole "Indiae imperator" ("imperatore dell'India") dovranno essere omesse dai titoli reali e dall'etichetta di corte, mentre il governo di Sua Maestà nel Regno Unito non avrà più alcuna responsabilità nei territori dell'India britannica. I *dominions* del Commonwealth, che godono dell'autogoverno, sono nazioni indipendenti non soggette ad alcuna restrizione da parte inglese o di altri Stati membri e sono uniti fra loro «solo dalla comune fedeltà alla corona». Attlee ricorda con orgoglio i meriti inglesi, per aver tenuto le redini di «un popolo con natura tanto diversa» e di averlo condotto all'autonomia e a forme di governo democratiche; la spartizione, pur non prevista né auspicata, è parsa necessaria per evitare un drammatico trapasso dei poteri e per avviare il futuro delle diverse comunità verso la collaborazione. Tuttavia, questa scelta non costituisce "un'abdicazione" perché ai due nuovi *dominions* sono aperte le porte del Commonwealth: «essi sono liberi, indipendenti, uguali con una situazione giuridica non inferiore a quella del Regno Unito». Senza dubbio questa legge riveste una particolare importanza nella storia dell'India e dell'Impero britannico, poiché dopo oltre tre secoli dai primi insediamenti della Compagnia delle Indie e circa due di sudditanza alla corona britannica, gli indiani raggiungono l'indipendenza reclamata da decenni senza distinzioni di razza, di casta o di religione. La classe politica dà una prova di saggezza nel momento in cui accetta la spartizione pur di evitare una probabile guerra civile. Questa soluzione che non risolve tutti i contrasti fra le diverse comunità impedisce che essi possano avere conseguenze più gravi e precipitare il Paese nel caos e nel terrore; né minore importanza riveste l'intenzione di dar vita ad istituzioni parlamentari democratiche e di mantenere solidi rapporti con Londra accettando lo status di *dominion* del Commonwealth.

4. *India e Pakistan indipendenti. Nuovi contrasti*

Questa positiva e storica conclusione non pone la parola fine alle tensioni esistenti nel Paese, in particolare nelle regioni collocate lungo le frontiere dei due nuovi Stati o dove ci sono consistenti minoranze all'interno di regioni di diversa maggioranza. Il Bengala e il Punjab, regioni dove i musulmani prevalgono, sono fra le zone più "calde". La decisione di dividerle, dopo consultazioni popolari, fra i due nuovi Stati scatena proteste e tumulti e a stento le truppe britanniche e indiane riescono a controllare la situazione. Scende in campo, per evitare ulteriori massacri, lo stesso Gandhi. Il mahatma già da tempo ha abbandonato l'impegno politico diretto in contrasto con la politica della maggioranza del Congresso e di Nehru: non condivide la divisione dell'India in due Stati e insiste sulla radicale applicazione della non violenza e della tolleranza socio-religiosa. Per sottolineare l'amicizia e la fratellanza indù-musulmana, lascia l'eremo di Sabarmati, dove vive da anni, e si trasferisce nella casa del primo ministro musulmano del Bengala. Dopo aver visitato le zone dei più sanguinosi disordini dà inizio ad un rigoroso digiuno, un'arma con la quale ha spesso in passato manifestato la sua protesta anche contro l'occupazione britannica. Nel Punjab la situazione creata dallo scontro fra i sikh e i musulmani è di tale gravità che neppure Gandhi vi si può recare. Questi fatti evidenziano quale sarebbe stato il futuro dell'India se la saggezza non avesse consigliato la strada della spartizione e la separazione statuale delle due maggiori comunità. Ciò non impedisce tuttavia il verificarsi di gravi incidenti e di dolorose e insanabili lacerazioni; al di là dei dati forniti dalle autorità inglesi, indiane e pachistane, più recenti studi parlano di alcune centinaia di migliaia di morti, di un numero assai superiore di feriti e del trasferimento volontario o forzato di circa 15 milioni di persone. L'accordo intergovernativo evita la temuta guerra civile, ma non impedisce questa drammatica realtà. Lo stesso Gandhi, colpito a morte da un estremista indù (gennaio 1948), sarà vittima di questa contrapposizione.

Esiste un'altra questione che deve essere risolta: la sorte dei maggiori principati indiani. Prima della concessione dell'indipendenza circa la metà del territorio indiano era sotto il controllo inglese con i 4/5 della popolazione totale; l'altra metà comprendeva numerosi Stati grandi e piccoli (circa 500) che avevano trovato un *modus vivendi* prima con la Compagnia della Indie e più tardi con il governo inglese subentrato dopo la "grande rivolta" (1857). In genere Londra, pur in presenza di trattati difformi fra loro, si era riservata competenze esclusive in materia di politica estera e di difesa per tutti i principati. Ora l'Indian Independence Act ha permesso ai diversi principati di aderire liberamente ai due nuovi *dominions*, oppure di proclamare la propria indipendenza. Ciò in linea di principio, ma in realtà la collocazione geografica e la consistenza territoriale spingono i singoli principati ad aderire ai nuovi Stati o singolarmente o associandosi per ottenere maggiori vantaggi o garanzie. Alcuni però preferiscono rinviare l'adesione in attesa di un miglioramento dei rapporti indù-musulmani. Il futuro di alcuni principati particolarmente estesi e popolati è incerto e di difficile composizione. Hyderabad, situato al centro della penisola indiana (circa 18 milioni di abitanti), si è proclamato indipendente. Benché la popolazione sia all'85% indù (16 milioni contro 2 di musulmani), esso è retto da una dinastia musulmana di origine turca. Il principe (o nizam) Asaf Jah VII che lo governa (agosto 1947), preso atto del ritiro inglese, conferma i legami di amicizia e di collaborazione con Londra e l'intenzione di rimanere «in qualche modo associato col Commonwealth». Il principe rivendica al tempo stesso il diritto dell'Hyderabad di ottenere l'indipendenza: «Quando gli inglesi si ritireranno dall'India, io diventerò un sovrano indipendente. [...] propongo di designare dei rappresentanti autorizzati ad agire in nome del mio governo a Delhi ed a Karachi». Auspica inoltre la costituzione di «un unico Commonwealth indiano» per la tutela «del comune benessere» di tutte le popolazioni del subcontinente. Le autorità indiane guardano a questa decisione con malcelata avversità e auspicano una rapida adesione del principato all'India per la sua collocazione geografica e per il rispetto della stragrande maggioranza indù al suo interno. Da un punto di vista territoriale, questo principato, molto esteso, popoloso e ricco, costituisce un'isola nel mezzo dell'India, che, pur disposta a numerose concessioni, non può accettare l'indipendenza ed è pronta ad adottare severe misure di blocco economico e militare per piegare la resistenza del nizam (linee aeree, collegamenti ferroviari e stradali, crediti, ecc.). Questo quadro tanto precario quanto pericoloso trova soluzione quando Delhi (settembre 1948) decide l'invasione militare del principato. Dopo una breve resistenza le sue forze armate si arrendono e si apre in tal modo l'adesione anche di questo territorio all'Unione indiana, come è avvenuto per la stragrande maggioranza degli ex principati indipendenti.

Al contrario, il sovrano musulmano dello Junagadh, situato nella penisola del Kathiawar (India Occidentale), ha deciso di aderire al Pakistan. Il principato tuttavia dista centinaia di chilometri dalle frontiere di quest'ultimo e ha, di fronte all'immediata protesta indiana che ha inviato truppe ai confini del principato, chiesto un plebiscito popolare; il governo pakistano ha sostenuto la scelta del sovrano e ribadito la libertà di decisione spettante ai principati, entrando nell'Unione indiana.

Una situazione di particolare gravità si registra nel Kashmir, regione guidata da un principe indù ma con popolazione in prevalenza musulmana, dove la probabile adesione dell'autorità locale all'India scatena la rivolta armata degli islamici. Si apre un serio conflitto locale nel quale intervengono reparti indiani chiamati dal principe indù e gruppi di volontari musulmani dalle regioni vicine per favorire l'adesione al Pakistan (occidentale). La regione ha per tutti i contendenti un valore strategico di rilievo poiché è prossima alle frontiere cinesi (tibetane), a quelle afghane e confina per centinaia di chilometri con la provincia del Nord-Ovest pakistana.

La tensione non scende nei mesi successivi, anzi i combattimenti fra le forze regolari indiane e le bande musulmane si intensificano. L'India porta il problema alle Nazioni Unite e sostiene di essere oggetto di un'aggressione in quanto le forze irregolari musulmane sono armate, protette e sostenute dal Pakistan. Quest'ultimo nel luglio (1948) non fa mistero di questi collegamenti e avanza esplicite richieste sul Kashmir. Anche se si tratta di un conflitto non dichiarato nella regione si combattono forze armate dei due *dominions*, e all'inizio del 1949 viene sottoscritta una tregua militare sulla base delle raccomandazioni della Commissione dell'ONU per la pacificazione. Da parte indiana si riafferma l'appartenenza del Kashmir all'Unione poiché la scelta del maharaja è stata in questo senso e le successive proposte per lo svolgimento di un plebiscito nella regione o di una sua spartizione non ottengono l'approvazione delle due parti in causa. Di fatto la maggior parte del territorio, dopo la tregua, è sotto il controllo dell'esercito indiano, mentre la rimanente ("Kashmir libero") è rimasto nelle mani dei pakistani e delle forze paramilitari musulmane. Questa "frontiera militare" rischia in tal modo di diventare definitiva e di segnare "la spartizione di fatto" del Kashmir. In realtà, negli anni successivi, il confronto militare indo-pakistano si riaccende in diverse occasioni con scontri che impegnano le forze armate dei due Paesi. Non si tratta di guerre di decolonizzazione, ma fra nuovi Stati "decolonizzati" per estendere le proprie frontiere o affermarsi in specifici contesti regionali.

Colpisce la contraddittorietà della politica di Delhi nel Kashmir e nell'Hyderabad. Nel primo si appella alla decisione del governo locale per sostenere la validità dell'adesione all'Unione; nel secondo rifiuta la scelta del principato a favore dell'indipendenza. Ma è evidente che, al di là dei proclamati principi di libertà di adesione dei principati, prevalgono necessità di sicurezza strategica, di omogeneità territoriale e in alcuni casi di solidarietà religiosa e castale.

La nascita dei due nuovi *dominions* pone anche delicati problemi economici, poiché l'occupazione plurisecolare inglese, con le sue luci e le sue ombre, ha dato all'India un grado rilevante di unità economica che ora non potrà essere mantenuta. Si creano complessi e delicati problemi: rottura dell'unità monetaria, fissazione di dazi e di barriere doganali, separazione delle reti ferroviarie, stradali, telefoniche, elettriche, modifica del complesso sistema delle irrigazioni agricole, squilibrio del gettito fiscale fra le diverse regioni, raccolta dei capitali finanziari e loro collocazione. Su un piano generale è indubbio che le province pakistane siano le meno progredite e meno ricche. Maggiori saranno, di conseguenza, le difficoltà per questo Paese che in molti settori industriali e agricoli dovrà partire "da zero" e di fatto avviare una duplicazione produttiva rispetto all'impiantistica indiana. Sul piano istituzionale la nuova Costituzione indiana s'ispira a quella americana e al sistema giuridico consuetudinario inglese e prevede due Camere (Camera del Popolo e Consiglio degli Stati), ma anche sul piano politico-partitico si verificano importanti cambiamenti. In questo contesto sono abolite ufficialmente anche le caste, oltre che la "intoccabilità", e vengono previste quote *ad hoc* da riservare ai membri di questi gruppi "discriminati" (pubblico impiego, istituzioni scolastiche, ecc.). Le decisioni, senza risolvere il problema, lo evidenziano e pongono le premesse di successivi interventi nella stessa direzione. Ma cosa sono le caste? Con questo termine s'indicano le comunità organizzate all'interno della società indiana in modo gerarchico. Questo sistema risale ai tempi più antichi della tradizione indù ed è stato accolto anche dalle altre culture e religioni. Sono previste quattro caste:

1) i sacerdoti (custodia della conoscenza, riti e didattica);
2) i guerrieri (i combattenti, i politici, gli amministratori);
3) i commercianti, gli agricoltori, gli allevatori;
4) gli esecutori di attività manuali (artigianato, lavoro agricolo, ecc.).

Sono invece collocati al di fuori della "scala" delle caste "gli intoccabili", che svolgono attività impure, collegate con i rituali funebri (morte) o di pulizia (sporcizia, rifiuti, ecc.). In genere la casta è un "gruppo chiuso", con appartenenza ereditaria, spesso legata a specifiche funzioni social-professionali, con precise disposizioni di comportamenti interni per le occasioni più importanti della vita dei membri stessi (nascite, matrimoni, commensalità, riposo, funerali, ecc.). Ora, da parte del governo indiano, si vuole mettere fuorilegge questo sistema e aprire le porte a una società libera formata da cittadini con uguali diritti e doveri garantiti dalla legge.

Il Congresso Nazionale indiano non è mai stato un partito in senso stretto, ma una forza propulsiva e di coordinamento di tutte le componenti indipendentiste. Di fatto il raggiungimento del loro obiettivo principale fa mutare la ragione stessa del Congresso, che sarà costretto a definire nuovi programmi, ad indicare scadenze, a selezionare classi dirigenti. In questo senso non può che trasformarsi in partito politico sempre più distinto da altre formazioni che, pur presenti all'inizio al suo interno, ora se ne sono distaccate (socialisti, comunisti, organizzazioni sindacali). Si tratta di un fenomeno analogo a quello del Kuomintang dopo la morte di Sun Yat-sen. Lo stesso Nehru, che in più occasioni ha professato ideali e progetti socialisti, rimane alla guida del Congresso, al quale desidera dare un indirizzo liberal-democratico, laico e socialmente avanzato.

5. *La politica estera dell'India. Possedimenti francesi e portoghesi. Orientamenti del Pakistan*

Al tempo stesso Nehru è ben consapevole delle sfide che lo attendono e delle difficoltà che l'India deve superare. All'ONU (novembre 1948) espone con singolare forza il dramma del colonialismo vissuto da tanti popoli asiatici, spiega le basi della futura politica estera indiana e rivolge un monito, precisando di voler parlare a nome dell'Asia, la quale «onora l'Europa per la sua grande cultura e per il grande progresso che rappresenta nell'umana civiltà». Ammonisce tuttavia gli europei a non pensare che alla soluzione dei problemi del loro continente corrisponda quella di tutti i popoli. Intere regioni del mondo «si sono destate» e «l'Asia conta ora negli affari mondiali. Domani conterà più di oggi». Questo continente è stato «in gran parte preda del colonialismo e dello sfruttamento imperialista». Ora molti di questi territori sono liberi, altri lo saranno presto. L'India appoggia senza riserve la loro lotta per eliminare «il giogo coloniale». Anche l'ONU deve mettere da parte i problemi politici «e affrontare altre questioni più urgenti (alimentazione, fame, prodotti di prima necessità)». Purtroppo i grandi Paesi sono dominati da reciproci sospetti: «la paura – avverte Nehru – non è una buona compagna». Occorre respingere questa atmosfera avvelenata dal timore delle sopraffazioni, delle guerre, delle aggressioni e la contrapposizione fra le grandi potenze non risolve i problemi, anzi li complica. Questi ultimi non possono essere superati «con gli occhi iniettati di sangue e le menti oscurate dalle passioni»; l'India vuole diventare «una potenza per la pace ed il bene del mondo» e desidera rimanere «all'altezza degli insegnamenti del grande uomo che guidò la nostra nazione alla libertà, cioè Gandhi. Egli c'è di guida, finché non lo dimenticheremo saremo sulla via giusta [...]. Io non ho paura dell'avvenire. Non ho paura – conclude Nehru – anche se l'India, dal punto di vista militare, non conta molto. Gli eserciti, le flotte, le bombe atomiche delle grandi potenze non mi fanno paura. Questa è la lezione che mi ha insegnato il mio maestro [Gandhi]». Già in questo intervento l'India decolonizzata rifiuta la logica dei blocchi conseguente al fallimento degli accordi di Yalta-Potsdam, non accetta il sistema della sicurezza proposta dalle grandi potenze, si prepara ad aderire al fronte dei Paesi non allineati e lancia con forza il messaggio disperato dei "popoli senza cibo". È una protesta vigorosa carica d'idealità che pone all'attenzione dei vertici politici mondiali una sensibilità spirituale inusuale, un approccio nuovo ai problemi internazionali ed impone comunque riflessioni e ripensamenti sulla politica adottata fino ad allora per affrontare le emergenze del pianeta.

Al termine della conferenza del Commonwealth (Londra, aprile 1949), la Repubblica Indiana indipendente è accolta nel suo nuovo *status* all'interno di questo sodalizio dagli altri aderenti (Gran Bretagna, Australia, Canada, Nuova Zelanda, Pakistan, Sudafrica, Ceylon). Tutti confermano di accettare «il re quale simbolo della libera associazione fra le nazioni indipendenti che ne sono i membri e quale capo del Commonwealth [...] per cooperare liberamente nel perseguire la pace, la libertà ed il progresso». Eguaglianza e autonomia fra i membri (*dominions*) è di fatto la conferma di una realtà già affermata da decenni. L'adesione della Repubblica Indiana pone una modifica costituzionale all'interno di questo sodalizio. Mentre in precedenza il re d'Inghilterra era anche re dei diversi *dominions*, ora è considerato da Delhi soltanto un simbolo dell'unità ed una garanzia per i comuni impegni sottoscritti fra gli aderenti al Commonwealth. È un adeguamento significativo alla realtà della decolonizzazione asiatica che potrebbe in futuro essere modello anche per altri Paesi. Il Congresso nazionale indiano (dicembre 1948) precisa gli obiettivi della politica estera del Paese, in base ai quali i traguardi perseguiti dal movimento negli anni precedenti devono essere confermati: «la pace nel mondo, la libertà delle nazioni, l'eguaglianza razziale e la fine del colonialismo e dell'imperialismo». L'India accetta i principi che sono alla base della Carta delle Nazioni Unite e si oppone «alla cristallizzazione delle alleanze militari» o di tipo simile, che tendono a dividere il mondo in "gruppi rivali". Gli ultimi duecento anni, continua il documento del Congresso, hanno lasciato possedimenti stranieri nel Paese, ma questa situazione non può essere tollerata: essi devono essere incorporati al più presto. Ciò potrà avvenire «con mezzi pacifici e l'amichevole collaborazione dei governi interessati». Questo processo dovrà essere graduale e non portare «nocumento ai popoli delle zone interessate».

Il Congresso si sofferma su alcuni di questi problemi in occasione del primo anniversario della morte di Gandhi; in una risoluzione (gennaio 1949), in omaggio alla memoria del "maestro", è rievocata la sua ferma battaglia per la libertà dell'India, «l'amarezza per la madre patria divisa in due», l'incoraggiamento del mahatma a superare anche questa difficoltà, a non abbandonare mai «la politica della non violenza» e a procedere sulla strada della piena libertà politica ed economica. Occorre, precisa inoltre il documento del Congresso, rendere il progresso accessibile a tutti «senza distinzione di razza o di religione». Gandhi ha insegnato l'unità e la collaborazione nazionale, ma è importante, alla luce del suo esempio, abolire «le distinzioni di classe, insieme a quelle di nascita, casta o religione ed edificare, con mezzi pacifici, una società democratica e senza classi; egli ha insegnato prima di tutto a restare fedeli a qualsiasi costo e in qualunque circostanza ai valori morali che danno un significato alla vita».

Lo stesso primo ministro Nehru, in visita negli Stati Uniti (ottobre 1949), sottolinea alcuni aspetti prioritari della politica estera indiana: le forze morali prevalgono sempre su quelle materiali e la rivoluzione della libertà in India ne è una prova eloquente. Il secolo XX può distinguersi «dalla barbarie primitiva» soltanto per un enorme potere distruttivo, ma Gandhi ha indicato al mondo un'altra strada fatta di cooperazione e di pace con tutte le nazioni: l'India vuole muoversi in questa direzione alla luce dei propri ideali e dei propri interessi nazionali, ma mantenendo un punto di vista indipendente e lottando per la libertà dei popoli e «l'eliminazione della miseria, delle malattie e dell'ignoranza che affliggono la maggior parte della popolazione del mondo». La scelta neutralista non è, come molti sostengono, «irrazionale, meschina, negativa, irreale ed anche inumana». Al contrario essa risponde all'insegnamento del mahatma Gandhi nella lotta «positiva e vitale» per la pace e la libertà, in base al quale non si garantisce la pace con la resa alle aggressioni o con compromessi «con il male e l'ingiustizia», ma «neppure parlando di guerra o preparandola». Occorre ricordare l'esperienza delle due ultime guerre mondiali e non ripercorrere il cammino che le ha generate, dal momento che «lo schieramento del mondo in due campi nemici accelera il conflitto che cerca di evitare». Occorre uscire dalla logica della paura reciproca ed evitare una divisione netta fra i popoli e gli Stati perché, con questa contrapposizione, «la guerra diventa quasi sicura». Nehru conferma la scelta democratico-parlamentare indiana, ma ricorda che «nessuna democrazia può resistere a lungo in condizioni di miseria, povertà ed ineguaglianza» e per questo occorre allargare i "confini democratici" dall'area politica a quella economica. La fine del colonialismo in Asia favorirà la pace nella regione e in tutto il mondo. Purtroppo Francia, Olanda e Portogallo hanno ancora territori sotto il loro dominio: è necessario che l'Indonesia e l'Indocina approdino presto all'indipendenza. Anche numerosi popoli africani conoscono ancora il giogo coloniale e imperiale: questa inaccettabile situazione deve anch'essa terminare. Nehru affronta la questione razziale: il progresso scientifico, le invenzioni, le conquiste e il successo bellico hanno indotto alcuni a ritenersi una "razza superiore" e a trattare le altre nazioni con disprezzo. «Un recente esempio di questo è stato dato dall'orribile tentativo, che in gran parte è riuscito, di sterminare gli ebrei». Anche in Asia e in Africa è stata ostentata la superiorità razziale, ma ci si dimentica che le grandi religioni dell'umanità sono nate in Oriente e che qui si sono sviluppate «meravigliose civiltà quando ancora l'Europa e l'America erano ignorate dalla storia». Troppo spesso l'Occidente ha disprezzato gli asiatici e gli africani, ha negato loro parità di diritti e li tratta senza benevolenza o umanità. Tutto questo deve finire perché, in caso contrario, il risveglio dei popoli di questi continenti può portare gravissime conseguenze. Non ci può essere pace nel mondo «se metà di esso è asservito o disprezzato». L'Oriente ha bisogno di soddisfare esigenze elementari (cibo, vestiario, abitazioni): la loro mancanza crea «l'apatia della disperazione o il furore distruttore dei rivoluzionari»; l'Asia vuole progredire ed «innalzare il livello di vita delle sue masse». Questa rinascita non potrà avere successo senza amicizia e comprensione da parte di tute le nazioni; gli stessi crescenti arsenali militari sono un pericolo per tutti ed una spesa enorme ed inutile perché non si può risolvere con questi strumenti il problema della pace. Al contrario l'uso «anche di una piccola parte di queste energie e risorse» per scopi diversi darebbe un contributo importante «per la pace e per la felicità umana».

La proposta indiana per ottenere «una pace sicura e durevole» nel mondo ha una sua originalità. Non si tratta di riprendere gli accordi di Yalta-Potsdam per evitare la guerra fra le grandi potenze, né di riaffermare la coesistenza più o meno competitiva, né di elogiare la distensione ed ancor meno di accettare un equilibrio fra i due blocchi ideologici (con armamenti nucleari). La logica indiana rifiuta e supera queste impostazioni, poiché pone in modo provocatorio l'ipotesi di una convivenza basata sull'amicizia fra le persone, i popoli e gli Stati. Senza questa premessa, che è l'eredità spirituale di Gandhi, ogni altro tipo di accordo, di alleanza e di equilibrio è fragile. Questa soluzione deve essere ricercata non soltanto per Nehru e per la nuova dirigenza indiana, ma è possibile perché gli uomini sono tutti uguali, tutti perseguono i medesimi fini (libertà, benessere, ordine, ecc.) e tutti vorrebbero raggiungerli senza contrapporsi con la violenza interna o la guerra agli altri. Alla base della futura pacificazione mondiale non ci può essere l'affermazione di un'ideologia o di una dottrina politica o di un futuro vincitore militare, ma la nascita di una "fraterna amicizia umana" da riaffermare e realizzare.

Alla luce di questi indirizzi e di queste proposte, si affaccia sulla scena internazionale l'India decolonizzata. Essa non è attratta dal sistema bipolare che si va formando, ma assume una posizione equidistante, un "neutralismo attivo" ostile agli schieramenti precostituiti e il suo impegno è rivolto al progresso del popolo indiano e di quelli più miseri e all'indipendenza dei territori indiani ancora colonizzati. Si tratta dei possedimenti francesi e portoghesi: i primi, chiamati "stabilimenti francesi dell'India" (cinque territori e otto fattorie o quartieri), si trovano ora di fronte all'unificazione indiana. Queste zone, di scarsa consistenza territoriale e residenziale (in tutto circa 300.000 abitanti), sono distribuite lungo la costa indiana (Yanaon, Pondichéry, Karikal, Mahè, Balassore, Calicut, Surat, Masulpatam) ad eccezione di Chandernagor, un'enclave presso Calcutta all'interno dell'Unione indiana. C'è poi il possedimento portoghese di Goa situato sulla costa occidentale dell'India. Delhi ne pretende la rapida adesione all'Unione per porre fine alle ultime presenze coloniali. Successivi plebisciti sanciscono, dal 1949, la confluenza di alcuni stabilimenti all'interno dell'Unione. Né la Francia è in grado di arrestare questo naturale processo e ancor meno lo possono fare alcune forze politiche locali che, mentre respingono l'ipotesi di rimanere all'interno dell'Unione francese, vorrebbero mantenere per alcuni stabilimenti o quartieri una "speciale autonomia". L'assimilazione sarà completata più tardi (1956) con uno specifico accordo franco-indiano. La liberazione di Goa (600.000 abitanti) risulta più difficile per l'opposizione di Lisbona e da parte indiana le continue proteste a livello bilaterale e mondiale non determinano azioni militari perché Nehru non intende liberare Goa con l'uso delle armi. Salazar afferma in più occasioni che non è possibile «una soluzione pacifica della questione Goa se per essa s'intende il trasferimento all'Unione indiana dei territori portoghesi in India». Lisbona, mentre nega che Goa rappresenti «un avanzo dell'imperialismo coloniale», sostiene di avere concesso la cittadinanza portoghese a tutti i suoi cittadini e di avere impedito ogni forma di discriminazione razziale o religiosa. Ricorda, in modo polemico, a Nehru di negare in questo caso i temi che sostiene «nel corso dei suoi pellegrinaggi attraverso il mondo»: coesistenza pacifica, rispetto per la sovranità, non intervento negli affari interni altrui. Nel 1955 alcune forze politiche indiane organizzano una "pacifica marcia su Goa" alla quale partecipano migliaia di persone nel rispetto della tradizione della "non violenza" di Gandhi. La protesta è affrontata con estrema durezza dalla polizia locale: si contano alcune decine di morti. Così non si risolve il problema, osserva Delhi, ma si indica ancora una volta a tutta l'Asia e al mondo la pervicace resistenza del colonialismo. Nehru (agosto 1955) denuncia il sistema repressivo e poliziesco in atto a Goa, si dice certo che la gran parte della popolazione, sia indù (60%), sia cattolica (circa il 40%), è favorevole all'Unione Indiana. Com'era accaduto nei principati indiani, anche in questo territorio non è stata possibile alcuna esperienza politica democratica, ma occorre con pazienza rimuovere l'ostacolo della paura. L'India ha già atteso ben otto anni dalla sua indipendenza che questo problema fosse risolto. Già nel 1946 il Congresso aveva richiesto il ritiro dal Paese degli inglesi, dei francesi e dei portoghesi e Goa è un banco di prova per ambedue i contendenti. La questione è risolta più tardi, nel dicembre 1961, con la sua occupazione da parte delle forze armate indiane sostenute dai movimenti irredentistici locali. Dopo anni d'inutili trattative, di denunce morali, Nehru ricorda che l'invasione di Goa è legittima in quanto il Portogallo non ha adempiuto le precedenti risoluzioni dell'ONU, per l'eliminazione di ogni dominazione coloniale. D'altra parte Nehru, a differenza di Gandhi, non è l'espressione di un Paese colonizzato e impotente, ma la guida politica di un grande Stato. I riferimenti continui alla spiritualità indiana, alla "non violenza", ai metodi pacifici, non gli hanno impedito negli anni precedenti di usare la forza per piegare i principati indipendenti e di affrontare nel Kashmir le forze armate pakistane. Quest'azione appare necessaria, dopo anni di attesa, per concludere il processo di liberazione e per dimostrare anche ad altri popoli afroasiatici la strada che bisogna percorrere contro ogni residuo coloniale. Il neutralismo di Nehru non è mai stato una forma di disimpegno o d'indifferenza verso il colonialismo o l'imperialismo. La non violenza, cioè il metodo scelto per condurre questa lotta, non può coincidere con una politica d'impotenza e di eterna passività. Esso è soltanto un fattore prioritario dell'azione governativa ma non sempre può essere risolutivo; in questo caso apre le porte all'adozione di strumenti più convincenti.

La politica estera del Pakistan risente del suo carattere "islamico confessionale" e in questo senso solleva la bandiera del panislamismo e stringe rapporti con altri Stati di religione musulmana. Soltanto con l'Afghanistan ha cattivi rapporti, dal momento che quest'ultimo sostiene il movimento indipendentista Pathan (frontiera Nord-Ovest pakistana) che vorrebbe dar vita ad uno Stato indipendente (Pashtunistan o Pathanistan, che significa "terra dei pakhtuns/pathan"). Nonostante contatti e buone relazioni con Mosca, il governo di Karachi mostra una particolare attenzione per il Movimento dei non allineati, mentre rafforza i suoi rapporti economici, politici e militari con le potenze occidentali. Nel 1955 aderisce al patto di Baghdad con altri Stati filoccidentali per contrastare l'influenza sovietica nel Mediterraneo e nel Medio Oriente.

6. *Nepal, Sikkim, Bhutan*

Dopo l'assorbimento dei possedimenti francesi e portoghesi, l'India deve affrontare il problema delle frontiere del Nord nelle aree himalayane, dove si trovano il Nepal, il Sikkim e il Bhutan. La loro indipendenza o annessione all'Unione indiana è di rilevante importanza strategica in quanto esse sono poste sul confine cinese in posizione geologica dominante o attraversate da vallate di tradizionale collegamento cino-indiano, ma questa situazione diviene più critica dopo la vittoria del comunismo cinese e le operazioni militari in Tibet alle quali seguono gli accordi cino-tibetani del 1951. A seguito di questi avvenimenti l'India decolonizzata segue con particolare preoccupazione il ritorno delle forze armate cinesi nel Tibet e teme che i partiti filocomunisti in queste aree possano prevalere ed allargare in tal modo la sfera d'influenza cino-comunista oltre la barriera himalayana fino alle frontiere indiane. I fattori di sicurezza prevalgono su altre considerazioni di carattere politico-istituzionale all'interno dei tre territori. Delhi gioca una partita diretta per evitare lo scivolamento di questi territori verso l'area politica cinese. Già nel 1950, con la "liberazione del Tibet" da parte delle forze armate cinesi, in Nepal scoppiano incidenti, nei quali si scontrano il monarca, che detiene un potere rappresentativo e religioso, e il primo ministro che gestisce l'apparato statale e comanda le forze armate. Il re è sostenuto da componenti nepalesi interne ed esterne al Paese ispirate agli ideali del partito del Congresso indiano, ma vorrebbe rimuovere il sistema autoritario feudale a favore di forme di governo di tipo liberal-democratico. Ma il primo ministro depone il monarca e provvede a collocare sul trono il suo giovanissimo nipote Gyanendra. Gruppi combattenti formati dal Congresso nepalese e organizzati in India penetrano nel Paese, ma vengono sconfitti dalle forze armate nepalesi: fallisce di conseguenza il tentativo rivoluzionario del Congresso nepalese e si rafforza il primo ministro Rana che ha buoni rapporti con Washington e Londra. L'India, non coinvolta direttamente nell'avventura insurrezionale, non riconosce il nuovo monarca, auspica riforme democratiche, ma ciò nonostante non ne mette in discussione l'indipendenza. Nel 1951 avviene un significativo cambiamento: le forze del Congresso, sconfitte ma non eliminate, riescono a riportare sul trono il monarca deposto Tribhuvan, allontanano il primo ministro Rana e ottengono la nomina, al suo posto, del loro *leader* M.P. Koirala. Mentre viene posta fine alla successione ereditaria nella carica di primo ministro degli appartenenti alla famiglia Rana, sono avviate importanti riforme socioeconomico-istituzionali che di fatto sanciscono la fine dell'"era feudale" in Nepal. Il principato himalayano, con la vittoria delle forze progressiste ispirate al Congresso, è ora in grado di offrire maggiori garanzie di stabilità e di sicurezza a Delhi e di rappresentare una sostanziale garanzia di resistenza contro eventuali pressioni cinesi. Nel 1952 le forze governative soffocano un'insurrezione armata di comunisti nepalesi legati a Pechino, che condannano i legami con Delhi, Londra e Washington e sostengono che il Nepal è destinato a diventare una base militare per un attacco alla Cina comunista. Questa situazione induce le forze di governo ad accelerare le riforme socio-economiche antifeudali e antiautoritarie anche per ridurre l'efficacia della propaganda comunista nelle campagne. Le autorità di governo mettono fuori legge il partito comunista nepalese, mentre il suo più autorevole rappresentante, K.I. Singh, trova rifugio in Cina. In verità anche negli anni successivi il "piccolo regno himalayano" non troverà pace al suo interno e dovrà subire attenzioni e pressioni dai suoi potenti vicini. La successiva politica del governo indiano di buon vicinato e di amicizia verso gli Stati a regime comunista favorisce una positiva evoluzione dei rapporti cino-indiani. Sotto questo profilo, Delhi non è ostile ad una normalizzazione dei rapporti fra Kathmandu e Pechino. Nel 1956 è firmato fra queste ultime un accordo per regolare le reciproche relazioni, che dovranno essere ispirate ai "cinque principi" della coesistenza pacifica (rispetto per l'integrità territoriale e la sovranità, non aggressione, non ingerenza negli affari interni, eguaglianza e benevolenza reciproca, pacifica coesistenza). Oltre a ciò sono costituite ambasciate, abrogati i precedenti trattati cino-nepalesi, costituiti organismi commerciali, regolato il traffico di frontiera e rimossi tutti gli ostacoli all'attività del partito comunista nepalese e lo stesso *leader* del movimento, K.I. Singh può rientrare nel suo Paese. Dopo questa data si apre una fase nuova, più positiva e meno condizionata dai reciproci sospetti e paure nei rapporti cino-indiano-nepalesi.

Diversa da quella del Nepal è la sorte dei due regni "himalayani minori": Buthan e Sikkim. Quest'ultimo è un principato (8.000 kmq di estensione con circa 150.000 abitanti) situato nella regione himalayana orientale. Esso, autonomo fin dal XVII secolo, viene, nel 1861, incorporato nell'Impero britannico delle Indie, ma gode di un'autonomia speciale (statuto). Subito dopo l'indipendenza indiana, Delhi subentra nelle prerogative inglesi e viene garantito il mantenimento della precedente sistemazione. Più tardi, nel 1949, a seguito di gravi disordini a sfondo socio-economico, l'India ne assume il controllo. Questa situazione si protrae fino al 1950 quando è firmato un accordo di protettorato fra Delhi e Gangtok. Il Sikkim è autonomo per la politica interna, mentre le relazioni esterne e la difesa sono prerogativa del governo indiano, che, pur riconoscendo l'autonomia interna, ha bloccato ogni iniziativa verso l'indipendenza; lungo i suoi confini e quelli del Buthan scorre la vallata del Chumbi, che collega Cina, India e Pakistan orientale (o Bengala pakistano). Si tratta di un passaggio di rilevante valore strategico che

Delhi non può sottovalutare. L'equilibrio creato dal trattato del 1950 è rotto nel 1975 con l'annessione del piccolo regno; la maggioranza del parlamento (30 membri a favore, 2 contrari) si esprime per l'unione con Delhi contro la continuazione della dinastia regnante. A seguito di questi avvenimenti si verifica l'annessione all'Unione Indiana e ha termine quel semiprotettorato che da britannico era diventato indiano. Molto critica la reazione di Pechino: è condannato l'assorbimento del Sikkim e si giunge a paragonare quest'operazione con quella europea della Cecoslovacchia ad opera dell'URSS. Nel 1975 la Cina denuncia l'infame carattere espansionistico del governo indiano: «[...] espresso prima da Nehru e poi da Indira Gandhi», che gode dell'appoggio del socialimperialismo sovietico.

Il Bhutan, anch'esso piccolo regno himalayano (50.000 kmq di estensione con circa 900.000 abitanti), è situato sul confine cino-indiano. Questo principato, soggetto per la politica estera a Londra dal 1865, è in seguito (1910) confermato in questo *status* di semindipendenza dopo aver ottenuto un forte aiuto finanziario inglese. L'India succede alla Gran Bretagna in questi diritti, tuttavia nel 1949 è sottoscritto un trattato di "amicizia perpetua" indo-bhutanese. Delhi s'impegna a non interferire nella politica interna del piccolo regno, mentre quest'ultimo accetta la guida delle autorità indiane per la politica estera. Popolato da diversi gruppi etnici che parlano lingue e dialetti diversi, conosce, nel periodo postbellico, un graduale sviluppo socioeconomico e un lento cammino verso la democrazia. Questo progresso è dovuto in gran parte all'opera del sovrano J.D. Wangchuck (1952-1972), che dagli anni Cinquanta ha introdotto forme occidentali di democrazia costituzionale (assemblea nazionale, prima consultiva poi sovrana; governo proposto dal re ma sottoposto alla fiducia parlamentare; superamento della servitù della gleba; lotta alla malaria e alla tubercolosi; avvio di piani economici quinquennali). Al monarca è attribuita una curiosa espressione che ben sintetizza il suo modo di considerare il potere e gli abitanti del suo regno: «dopo tutto Dio non mi ha fatto re; perciò dipendo soltanto dal mio popolo». Nel 1962 Delhi ne ha patrocinato l'adesione al Piano di Colombo e nel 1969 all'Unione postale universale; nel 1971 con l'ingresso alle Nazioni Unite si è completato questo percorso sotto la guida della casa regnante e con la continua assistenza e approvazione dell'India. Quest'ammissione ha sottolineato la sostanziale indipendenza del Bhutan, non soltanto dai vincoli coloniali ormai lontani, ma anche dal governo indiano. Esso appare nelle condizioni di poter definire una propria identità internazionale pur condizionata dalla sua limitata estensione e dalla sua collocazione geografico-politica. Sotto questo profilo la sua posizione, in questo periodo, appare analoga a quella assunta dal Nepal.

I rapporti indo-pakistani peggiorano di nuovo dopo il breve conflitto indo-cinese (ottobre-novembre 1962) e l'avvio delle trattative fra Pechino e Karachi per definire le frontiere fra il Sinkiang cinese e il Kashmir pakistano che si concludono con un accordo (1963). La situazione è resa più complessa dall'annessione cinese (1962) del Ladakh (Aksai Chin), che originariamente era parte del Kashmir. Nel 1965, un anno dopo il decesso di Nehru, a seguito d'incidenti lungo la frontiera, riprendono le ostilità nel Kashmir su vasta scala. I due Paesi accettano l'ordine del Consiglio di Sicurezza di "cessare il fuoco" e di riprendere le trattative per definire il futuro del territorio conteso. I colloqui hanno luogo a Tashkent (URSS), con la partecipazione di Kosygin (1966). In questo periodo scoppia la crisi dell'unione tra il Pakistan e il Bengala occidentale con la successiva nascita del Bangladesh. Al momento della sua costituzione il Pakistan risulta formato da due territori geograficamente molto lontani: la parte occidentale (75 milioni di abitanti) e quella orientale (80 milioni di abitanti). Ambedue sono di religione musulmana e la lingua adottata ufficialmente è l'urdu, anche se esistono diversi dialetti locali (in India sono utilizzati a livello amministrativo l'hindi, l'urdu e anche l'inglese), mentre nella parte orientale del Pakistan prevale il "dialetto" bengalese.

Nel Bengala è diffuso il convincimento di non essere stati tutelati in modo adeguato da Karachi sul piano economico-sociale, né dopo le gravi calamità che hanno colpito quest'area nel periodo più recente. Le proteste si rafforzano dopo la presa del potere da parte dei militari del Pakistan occidentale (1958). I contrasti linguistici, economici, politici e istituzionali rendono sempre più difficile la convivenza delle due comunità: si parla di autonomia e d'indipendenza da parte degli esponenti bengalesi più autorevoli e nel 1971 il Bangladesh si proclama indipendente. In questo contesto l'India, sotto la guida di Indira Gandhi (figlia di Nehru), assume le difese del nuovo Stato e si accende, in tal modo, un nuovo conflitto indo-pakistano (1971), combattuto sul fronte occidentale e orientale. In quest'ultima area gli indiani si confrontano con le forze armate pakistane che non hanno accettato l'indipendenza di Dacca e di fatto, anche dopo la proclamazione dell'indipendenza, controllano il Bangladesh. Il conflitto termina con l'intervento diplomatico delle Nazioni Unite e la sconfitta militare dei pakistani sul fronte orientale porta alla nascita del Bangladesh che è riconosciuto dal governo di Karachi (1972). Anche nel Bengala occidentale, dopo il conflitto, si crea il delicato problema dei profughi: molti abitanti di quest'area, in particolare quelli di religione induista, riparano in India (si calcola siano circa otto milioni) dove incontrano gravi difficoltà socio-economiche nell'integrazione.

La nascita di questo nuovo Stato è oggetto di particolare attenzione da parte delle maggiori potenze del settore: Nuova Delhi e Mosca sostengono l'indipendenza del Bangladesh, mentre Pechino e Washington appoggiano le tesi unitarie di Karachi. La costituzione di questo Stato, in condizioni economiche molto disagiate, più che risolvere i problemi di queste popolazioni, rappresenta un chiarimento geopolitico, ma non era facile immaginare, dopo la costituzione del Pakistan, la collaborazione fra due aree dello stesso Stato tanto distanti geograficamente e tanto diverse economicamente. Il fattore religioso non è stato sufficiente a garantire l'unità. Al tempo stesso Nuova Delhi è infastidita dalla presenza di forze armate pakistane lungo le sue frontiere a Est e a Ovest, preferisce rompere questo "ipotetico accerchiamento" e favorisce la nascita del Bangladesh; da parte sua Pechino non ha esitato ad annettere nel 1962 la regione pakistana del Ladakh. Rimane poi aperta la questione del Kashmir. La sua parziale divisione non ha portato né alla pacificazione della regione, né al miglioramento dei rapporti indo-pakistani e il problema di questo territorio, rivendicato da ambedue i contendenti, resta irrisolto. Negli anni successivi numerosi risultano gli incidenti di "frontiera", le azioni terroristiche, gli assassinii politici, le repressioni militari. Nel 1989 le ostilità riprendono ancora una volta con vigore e nessuna delle parti ha ottenuto affermazioni militari decisive, ma neppure rinuncia alle proprie pretese. Negli ultimi anni anche diversi movimenti radicali, di matrice islamica (Al Qaeda e i talebani), sostengono la riunificazione del Kashmir al Pakistan per motivi storico-religiosi.

I governi di Washington, Pechino, Mosca e Londra hanno svolto un ruolo importante di mediazione per ridurre la tensione e riaprire un dialogo fra i contendenti. Il contrasto resta, in ogni modo, ad oggi irrisolto, affonda le sue radici nel ritiro inglese dal subcontinente indiano e, da questo punto di vista, rappresenta un'evidente eredità contestata della decolonizzazione.

La questione del Kashmir influenza le relazioni indo-pakistane anche negli anni successivi, avendo origine da essa anche il progressivo armamento dei due Stati e il loro ingresso nel club atomico. Questa scelta è dettata in primo luogo dalla rivalità regionale e in misura minore dalla volontà di essere al tavolo delle "grandi potenze". La raggiunta parità nucleare non ha tuttavia normalizzato i rapporti fra i due Paesi né ha posto un freno al rafforzamento dei rispettivi armamenti convenzionali. Il problema del Kashmir non ha trovato soluzione e i contendenti considerano l'attuale divisione provvisoria: l'India si appella ai diritti storici del più antico insediamento, mentre il Pakistan evidenzia l'adesione alla fede islamica della maggioranza della popolazione.

7. *Da Nehru a Indira Gandhi. Trattato d'amicizia indo-sovietico (1971). L'ingresso nel "club atomico"*

La politica estera indiana registra importanti cambiamenti nei decenni successivi all'indipendenza (1947). Nehru, senza scivolare in una neutralità passiva e inerte, aderisce al fronte dei non allineati, prende parte alla conferenza di Bandung (1955) e a molte successive iniziative anticoloniali.

La rivolta tibetana (1958-1959) provoca la fuga di autorevoli rappresentanti (fra i quali lo stesso Dalai Lama) di quella regione e di migliaia di cittadini che trovano rifugio in India. L'accoglienza incrina i rapporti d'amicizia creati con il trattato cino-indiano del 1954 relativo al Tibet. I due Paesi, con questa intesa, avevano precisato cinque principi (definiti dagli indiani "Panch Shila"), ai quali ispirare le reciproche relazioni:

1) rispetto reciproco della sovranità e della integrità territoriale;
2) impegno di non aggressione;
3) non ingerenza negli affari interni;
4) uguaglianza reciproca;
5) coesistenza pacifica.

La Cina ritiene che il comportamento indiano violi i precedenti accordi. Pechino riapre le controversie confinarie prima sopite ma mai risolte e non esita a condurre una breve azione militare che ha sia caratteri di ritorsione sia di affermazione territoriale.

L'attacco cinese (1962) e il progressivo sfaldamento della solidarietà fra i "neutralisti" inducono i vertici di Nuova Delhi ad imboccare nuove strade: mentre gli obiettivi internazionalisti passano in secondo piano, emergono con forza le necessità regionali. Occorre far fronte alla continua tensione con il Pakistan, risolvere la crisi del Bangladesh, il conflitto nello Sri Lanka (Ceylon) fra i governativi e i ribelli tamil e normalizzare le relazioni con Pechino. Dopo il decesso di Nehru (1964), assume la guida del Paese Lal Bahadur Shastri, al quale succede (1966) la figlia di Nehru Indira Gandhi. I rapporti sempre più stretti fra Pechino e Islamabad rendono necessaria una maggiore collaborazione con i sovietici. In questo contesto si rafforzano i legami con Mosca con la sottoscrizione di un trattato di amicizia (1971) che sarà rinnovato nel 1991 poco prima della dissoluzione dell'URSS. Nel 1974 sono avviati importanti ricerche ed esperimenti nel settore nucleare e poste le basi del suo successivo utilizzo militare. In realtà già Nehru aveva manifestato un vivo interesse per l'utilizzo dell'energia nucleare, ma ora il quadro è mutato dopo la sconfitta subita ad opera della Cina nel breve conflitto del 1962 e lo scoppio della prima bomba atomica cinese (1964). Nuova Delhi procede in questo settore e decide di dotarsi anche dei mezzi di trasporto (aerei e missili) degli ordigni nucleari.

L'India non aderisce al trattato di non proliferazione (TNP) del 1968, sostiene il disarmo nucleare totale ma mondiale e non accetta che alcune potenze (USA, URSS, Francia, Inghilterra e Cina), che detengono questi strumenti, impediscano ad altre di dotarsene. Questa decisione costituisce uno degli elementi di maggiore difficoltà nei rapporti con Washington e spingono in questa direzione anche il Pakistan.

Agli inizi degli anni Ottanta si registrano violente manifestazioni, promosse dai movimenti sikh più estremisti, per ottenere l'indipendenza del Punjab indiano. A seguito di questi disordini l'esercito attacca il Tempio d'Oro dei sikh ad Amritsar, ove si sono rifugiati i "combattenti irriducibili" che vengono sterminati. Per ritorsione, le guardie del corpo di Indira Gandhi, che appartengono alla comunità sikh, la assassinano.

8. *Rajiv Gandhi. Nascita della SAARC. La crisi dello Sri Lanka*

Ad Indira Gandhi succede il figlio (secondogenito) Rajiv Gandhi; il primogenito Sanjay, segretario generale del Partito del Congresso, è deceduto in un incidente aereo nel 1980. Rajiv Gandhi conferma i buoni rapporti con l'URSS guidata da Gorbaciov; e i due Paesi auspicano, per quanto riguarda gli armamenti nucleari, il disarmo mondiale entro il 2010.

Nuova Delhi sostiene la nascita della SAARC (Associazione dell'Asia del Sud per la cooperazione regionale), di cui si tiene il primo vertice fra i capi di governo a Dacca nel 1985 (Bangladesh, Bhutan, Nepal, Maldive, Sri Lanka e Pakistan).

Nel 1987 Nuova Delhi, in accordo con i vertici politici dello Sri Lanka, invia un corpo di spedizione militare (l'Indian Peace Keeping Force) per domare la ribellione della minoranza tamil e riportare la pace nella tormentata regione. L'operazione non avrà successo e lo stesso presidente indiano Rajiv Gandhi ne paga il prezzo: è ucciso (1991) in un attentato di cui è attribuita la responsabilità ad esponenti tamil.

9. *Narasimha Rao. Atal Bihari Vajpayee. Sviluppo degli armamenti nucleari (1998). Dichiarazione d'amicizia cino-indiana (1999); principi di cooperazione (2003). Nuovi rapporti con Washington. Visita di Clinton (2000)*

Il nuovo presidente Narasimha Rao, non della dinastia dei Nehru Gandhi, avvia importanti iniziative per liberalizzare l'economia indiana e per aprirla ai mercati internazionali. Conferma l'opposizione ai trattati di non proliferazione, avanza con forza la richiesta di un seggio permanente per l'India nel Consiglio di Sicurezza dell'ONU; la delegazione indiana all'Assemblea Generale dell'ONU vota (1991) contro la mozione che vuole identificare il sionismo con il razzismo. Dopo un periodo di governi di breve durata, la guida dell'India è assunta da un rappresentante del Partito del Popolo Indiano (BJP). Questa formazione si richiama a valori tradizionali dell'induismo e della nazionalità e rifiuta le scelte filosocialiste di Nehru e dei Gandhi: è considerata una forza nazional-conservatrice. Il nuovo premier Bihari Vajpayee, sostenuto da diverse maggioranze, governa (con una breve interruzione) dal 1996 al 2004.

Nel 1998 Nuova Delhi decide di riprendere gli esperimenti nucleari per confermare il suo *status* di potenza atomica a livello regionale e mondiale: sono fatti esplodere cinque ordigni nucleari. Le reazioni internazionali sono molto negative, in particolare quelle del Pakistan. Islamabad, a sua volta, fa sei esplosioni nucleari (pareggia in tal modo il numero di quelle effettuate dall'India, cioè una nel 1974 e cinque nel 1998). Washington denuncia la pericolosa proliferazione di questi armamenti e avvia sanzioni economiche contro l'India e il Pakistan. Vajpayee non ha tuttavia intenzioni aggressive, ma al contrario cerca di migliorare, da una posizione di forza, i rapporti con i vicini. Superata la tensione confinaria del 1962 e i sospetti per gli esperimenti nucleari (1974 e 1998), le relazioni con Pechino migliorano; sono riaperte le vie di comunicazione interrotte dopo il conflitto del 1962. È sottoscritta nel 1999 una dichiarazione di amicizia indo-cinese («nessuno dei due Paesi considera l'altro come una minaccia»). Più tardi (2003) è avviata, con una dichiarazione di principi, una "cooperazione collaborativa" e vengono sottoscritti alcuni protocolli d'intesa su temi molto delicati che in passato hanno rappresentato seri ostacoli (Tibet, Taiwan, Sikkim, zone confinarie contese, costruzione di una strada per garantire un collegamento fra i due Stati in tutti i mesi dell'anno, sviluppo dei rapporti commerciali). Queste iniziative inaugurano un periodo nuovo, più costruttivo, nei rapporti fra Nuova Delhi e Pechino.

Dopo la decomposizione dell'URSS, l'India avvia buone relazioni con tutte le nuove repubbliche asiatiche ed europee. Con i vertici moscoviti è riconfermata la tradizionale amicizia e collaborazione e con il presidente Putin è sviluppata la cooperazione economica e industriale. Nuova Delhi riceve importanti forniture militari e anche sostegno per l'industria nucleare a scopi pacifici.

Il miglioramento dei rapporti con Washington è lento e difficile, procede per tappe ed è segnato da avvenimenti internazionali anche esterni all'area regionale del Sud asiatico. Roosevelt e Truman avevano dimostrato simpatia per l'indipendenza indiana nonostante i loro vincoli con Londra. In seguito Eisenhower non ha approvato il neutralismo "attivo" di Nehru. Kennedy, Johnson e Nixon hanno deplorato la politica indiana nella penisola indocinese e i rapporti fra Nuova Delhi e Hanoi. Indira Gandhi non ha ottenuto l'auspicata solidarietà statunitense nella controversia con il Pakistan a proposito delle repressioni messe in atto da Islamabad nella parte orientale del Paese, cioè nel futuro Bangladesh. Le migliorate relazioni fra Washington e Pechino, la confermata collaborazione fra la Casa Bianca e i vertici pakistani, la condanna degli esperimenti nucleari indiani e l'adozione delle conseguenti sanzioni non favoriscono un rapido "disgelo". Questo processo, avviato con prudenza in seguito, nel mutato contesto internazionale e regionale, trova un primo approdo con il viaggio del presidente Clinton che si reca in India, nel 2000, per rafforzare i legami economici e politici fra le due potenze. In quest'occasione Washington deplora l'azione aggressiva condotta dai pakistani nel Kargil in Kashmir (1999) e auspica un superamento dell'annosa controversia con nuovi negoziati.

Dopo l'attacco alle Torri gemelle (2001), l'India non esita a schierarsi a fianco degli USA nella lotta contro il terrorismo che minaccia anche il suo territorio. Nel 2003, in occasione dell'attacco statunitense all'Iraq, Nuova Delhi disapprova l'operazione militare, denuncia i rischi di una nuova colonizzazione (petrolifera) e rifiuta di inviare contingenti militari nonostante le pressioni di Washington. Queste decisioni non pregiudicano, tuttavia, le nuove e più costruttive relazioni reciproche. L'India opera per ricostruire, dopo il tramonto dell'URSS, un contesto di responsabilità internazionale multilaterale imperniato sul ruolo delle Nazioni Unite. Nel corso degli anni non fa mancare il contributo dei suoi militari in molte delle missioni di pace promosse dall'Organizzazione e mantiene preoccupazioni e riserve sulla capacità unilaterale degli USA di garantire "giustizia e ordine" nella comunità internazionale.

10. *Manmohan Singh. Sviluppo dell'economia indiana. Squilibri sociali. Il problema energetico. Difficoltà nel Kashmir*

Il quadro politico indiano cambia di nuovo nel 2004 quando le elezioni sono vinte dal Partito del Congresso Indiano (INC) guidato da Sonia Gandhi (vedova dell'ex primo ministro Rajiv Gandhi) che prevale sul BJP. Sonia Gandhi rifiuta di guidare il governo perché è oggetto di polemiche da parte dell'opposizione per la sua nascita in USA e le sue origini italiane. Propone alla guida del Paese Manmohan Singh, economista e politico indiano che, dal 1991 al 1996, è già stato ministro delle finanze. Il nuovo presidente è nato nel Punjab indiano ed è di religione sikh. Il mandato gli è stato confermato dopo le elezioni del 2009 (vinte dal Partito del Congresso Indiano e dai suoi alleati) per cui dovrebbe governare fino al 2014. Questi risultati elettorali (2004-2009) evidenziano anche la vittoria del laicismo democratico contro il fondamentalismo indù, che si era rafforzato in precedenti occasioni dopo il 1990. Aveva criticato la politica di Nehru e il laicismo "ateo e materialista" occidentale nemico dei valori più autentici del patrimonio spirituale indiano. Singh è considerato il "padre" dello sviluppo economico indiano perché ha avviato le più importanti riforme strutturali. In verità il sistema pianificato e centralizzato (finalizzato all'autarchia) del periodo di Nehru era già stato oggetto di revisioni a partire dagli anni Settanta. Il modello adottato, pur pianificato dal potere centrale secondo la tipologia sovietica, prevedeva piani quinquennali più indicativi che vincolanti. Si voleva, con questa impostazione dirigista, risolvere alcuni gravi problemi (industrializzazione, elettrificazione, produzione agricola, infrastrutture di base, ecc.). Già negli anni Ottanta Nuova Delhi deve prendere atto dei modesti risultati conseguiti, avvia significative riforme per liberalizzare l'economia interna ed esterna (riforma dei dazi, riduzione dei controlli politici sui prezzi, svalutazione monetaria, apertura ai capitali esteri, nuovo sistema per la concessione delle licenze industriali, maggiore libertà nei tassi di cambio della rupia, ecc.). Singh negli anni in cui è responsabile delle finanze indiane accentua le liberalizzazioni; per superare il sottosviluppo vengono ridotti i controlli amministrativi, ridimensionato il dirigismo economico, tolti molti vincoli alla libera circolazione dei capitali. Risulta, in tal modo, sempre più evidente la necessità di superare la vecchia pianificazione d'ispirazione moscovita con scelte di tipo liberista. Sul piano sociale si vuole ottenere una mediazione sempre più avanzata per conciliare gli interessi degli imprenditori con gli ambienti politici che rappresentano le classi più povere.

Questi sforzi sono apprezzati dal Fondo Monetario Internazionale che già nel 1991 mette a disposizione prestiti rilevanti per sostenere le riforme che danno importanti risultati: dagli anni Novanta si registrano tassi medi di crescita annuali elevati (6-7%), forte sviluppo del terziario (servizi), esportazione crescente di beni a basso e medio costo e anche avvio dell'esportazione di capitali. Si evidenziano due fenomeni di particolare interesse: lo sviluppo interno e il progressivo inserimento del Paese nell'economia internazionale (crescita degli investimenti esteri e della "information technology", rigorosa tutela delle proprietà intellettuali e industriali secondo le regole accettate dalla comunità internazionale, offerta a basso costo di talenti a elevata specializzazione, ecc.).

In questo contesto si muove, con nuovo dinamismo interno ed estero, l'economia indiana: con gradualità supera i condizionamenti più pesanti del sottosviluppo. Nell'ambito dei rapporti con gli Stati geograficamente vicini, Nuova Delhi rafforza i legami con l'Associazione delle nazioni del Sud-Est asiatico (ASEAN-Association of South-East Asian Nations) fondata nel 1967 (Indonesia, Malesia, Filippine, Singapore e Thailandia, cui hanno aderito in seguito Brunei, Vietnam, Laos, Birmania, Cambogia).

Questa crescita, pur significativa, risulta anomala e per alcuni aspetti squilibrata; rimangono la perdurante carenza di infrastrutture (viarie, ferroviarie e portuali) e un forte squilibrio sociale nella distribuzione della ricchezza (la classe media non supera i 300 milioni, mentre ancor oggi circa il 30% della popolazione vive con un reddito di un dollaro al giorno). Lo sviluppo non è stato trainato soltanto dal settore manifatturiero, industriale o agricolo (rivoluzione verde), ma dalle eccellenze ottenute nel campo dell'ingegneria, della matematica, della fisica e dell'elettronica. Questi risultati permettono all'India di offrire servizi e personale di elevata preparazione ai Paesi industrializzati, alle multinazionali e in genere sul mercato mondiale. La crescita che vive grazie ai collegamenti elettronici non ha bisogno di infrastrutture ancora carenti. Se la Cina è diventata "la fabbrica del mondo", l'India aspira a diventare "l'ufficio del mondo" per la sua straordinaria capacità di offrire servizi qualificati in questi settori. Queste attuali tendenze del progresso economico indiano ne evidenziano l'originalità e le diversità dai modelli adottati da altri Paesi asiatici (Giappone e Cina) e da quelli europei e nordamericani. L'India è fra le prime dieci economie mondiali per prodotto lordo, anche se il reddito procapite resta basso (15% di quello statunitense e il 40% di quello cinese). La crescita ulteriore per uscire dal sottosviluppo presuppone, in primo luogo, la disponibilità crescente di energia. Negli ultimi anni Singh ha cercato soluzioni a questa emergenza in diverse direzioni: nel 2005 c'è stato un intenso dialogo con l'Iran e il Pakistan per costruire un oleodotto fra i tre Paesi. Quest'ultimo potrebbe essere collegato anche con la Cina ed è stata anche ipotizzata la sua estensione verso la Siberia per la fornitura di petrolio e di gas. Nuova Delhi non ha esitato a sviluppare rapporti commerciali (energetici) anche con il Venezuela guidato da Hugo Chávez e con Pechino ha sottoscritto (2006) cinque protocolli d'intesa per la collaborazione energetica. Questo bisogno d'energia in tempi brevi ha spinto i vertici indiani a stringere rapporti commerciali, per gas e petrolio, anche con Stati con sistemi istituzionali molto diversi (Iran, Sudan, Siria, Venezuela) che hanno pessime relazioni con Washington. Gli USA, per bilanciare queste "aperture" e per rafforzare la collaborazione con Nuova Delhi, hanno modificato precedenti impostazioni. Contrari ai già citati oleodotti interstatuali asiatici, hanno offerto forniture di tecnologia nucleare e negli accordi del 2005 hanno visto la luce intese specifiche in questo settore. George Walker Bush, in visita in India (2006), ha posto le basi per un nuovo accordo per l'utilizzo pacifico del nucleare e garantito la fornitura di "uranio" a ciò destinato. Quest'apertura è stata oggetto di molte critiche, sia negli USA sia in altre sedi internazionali, per la potenziale utilizzazione di questi mezzi anche a fini militari. Di fatto, è stato osservato, quest'azione vanifica i trattati contro la proliferazione degli armamenti nucleari. Al di là degli aspetti politici e militari, la disponibilità di energia prodotta dal sistema nucleare (o da altri alternativi: solare, eolico, ecc.) presuppone tempi lunghi, mentre la "fame" (petrolio e gas) di energia è attuale e crescente. Questa esigenza condiziona, al momento, le scelte della politica estera indiana, sia nel teatro regionale che in quello mondiale.

Nell'estate del 2012 si sono verificate due gravi e allarmanti interruzioni nell'erogazione di elettricità nell'India settentrionale che hanno coinvolto centinaia di milioni di cittadini e provocato il blocco totale delle città e dei servizi privati e pubblici (treni, metropolitane, illuminazione stradale, uffici, aziende, ospedali, aeroporti, ecc.).

L'India per far fronte alla grave carenza energetica ha in programma la costruzione di nuove centrali nucleari e la scelta non costituisce un'eccezione in quanto molti altri Stati (USA, Russia, Cina, ecc.) hanno preso analoghe decisioni, nonostante la tragedia giapponese di Fukushima del 2011.

Le centrali nucleari attive sul pianeta sono oltre 400, altre 60 risultano in costruzione e ben 200 sono già state "programmate" per un prossimo futuro. Cina ed India hanno progetti importanti in questo settore per ridurre la dipendenza dalle centrali a carbone fonti della maggior parte del loro inquinamento atmosferico. Nuova Delhi intende però rafforzare anche la rete delle sue centrali idroelettriche e a carbone. L'India è il terzo produttore mondiale di quest'ultimo prodotto con un'estrazione nel 2011 di circa 600 milioni di tonnellate (la Cina produce 3,5 milioni di t. e gli USA oltre 1 milione di t.); è bene ricordare che circa il 70% dell'energia elettrica prodotta in India nel 2012 è ancora ricavata da impianti che utilizzano il carbone. È prevista, a partire dal 2013, anche la costruzione di molte dighe ai piedi dell'Himalaya per rendere, al più presto, operative nuove centrali idroelettriche.

Nonostante i gravi problemi sociali e la perdurante carenza energetica, il governo indiano ha annunciato progetti militari per i prossimi anni molto impegnativi. Fra l'altro il ministro della Difesa A.K. Antony ha comunicato (aprile 2012) l'entrata in servizio del primo sottomarino a propulsione nucleare armato con testate atomiche. Inoltre ha precisato che è previsto per il 2013 il varo di una seconda unità subacquea con le stesse caratteristiche. Questo risultato modifica una situazione di fatto consolidata da anni; non sono più soltanto gli USA, la Russia, la Cina, la Gran Bretagna a disporre di questi armamenti nucleari ma anche l'India: il "club dei cinque" si è allargato. Non si può escludere che anche altri Paesi, fra i quali senz'altro Israele, dispongano già ora della capacità di armare i loro sommergibili con tali ordigni. Con queste scelte Nuova Delhi conferma di volersi sedere al tavolo delle grandi potenze a pieno titolo politico e militare anche con la forza dei suoi armamenti.

Nel breve volgere di un mezzo secolo questo Paese è passato dalla dottrina della "non violenza" di Gandhi per ottenere l'indipendenza a quella del possesso delle armi nucleari come fattore decisivo per la propria sicurezza sia regionale che mondiale.

L'India si presenta sulla scena internazionale come una delle maggiori realtà, sia per le sue potenzialità economiche, che per il ruolo politico che già svolge. È la più grande democrazia del mondo e la sua popolazione, pur in gran parte ancora afflitta dalla povertà, gode, sia a livello locale che centrale, di libere elezioni, ha un parlamento eletto a suffragio universale, conosce una vivace dialettica interpartitica ed è permessa una stampa libera. Il preambolo della Costituzione definisce l'India come repubblica sovrana, socialista, laica e democratica. Ha un parlamento bicamerale (Consiglio degli Stati e Casa del Popolo) e presenta la tradizionale ripartizione dei poteri (legislativo, esecutivo e giudiziario). La struttura istituzione è di fatto federale: oltre agli organi centrali sono costituiti parlamenti regionali con propri governi nei ventotto Stati e nei sette territori esistenti all'interno della realtà statuale. Il sistema liberaldemocratico e la tutela delle libertà democratiche sono stati garantiti anche nei momenti di crisi, senza cedimenti all'autoritarismo e alla dittatura. A ciò si deve aggiungere l'esistenza di un corpo legislativo funzionante e la diffusione della lingua inglese che ha facilitato sia l'unificazione che la presenza esterna. L'hindi è la lingua più parlata e, di fatto, è la lingua ufficiale della Repubblica indiana; l'inglese è utilizzato nel settore economico finanziario ed è considerato "lingua sussidiaria ufficiale". Il funzionamento politico del sistema è stato garantito dall'esistenza di due grandi partiti l'Indian National Congress (INC) e il Bharatya Janata Party (BJP) e da numerose formazioni politiche minori. Questa realtà ha permesso, negli ultimi decenni, la formazione di alleanze elettorali e coalizioni governative che hanno assicurato la governabilità del Paese. Sotto questi profili, c'è da registrare la positiva eredità della presenza coloniale inglese (scuole, giustizia, infrastrutture, lingua, ecc.), anche se si è macchiata di alcune infamanti repressioni. Ora, a oltre mezzo secolo dall'indipendenza (1947), il Paese, dopo aver definito le proprie frontiere (con l'eccezione del Kashmir), raggiunta una relativa sicurezza per la propria difesa, assicurato un sistema istituzionale consolidato deve vincere la sfida della crescita socio-economica interna. Nuova Delhi deve garantire condizioni di prosperità collettiva ad una popolazione ancora molto diversa al suo interno per la povertà di molti, il benessere di alcuni e la ricchezza di pochi e deve assicurare una distribuzione della ricchezza più equa e diffusa.

Rimane senza soluzione la questione del Kashmir, anche se nessuno dei due contendenti ha dimostrato di voler un conflitto per risolverla. Dopo la crisi del 1999, nuovi gravi incidenti, fra indù e musulmani, si verificano (2002) nello Stato indiano del Gujarat: si contano migliaia di morti e oltre centomila sfollati. C'è il rischio di una ripresa delle ostilità fra Islamabad e Nuova Delhi. Ciò nonostante prevale la volontà di mantenere la pace. Nel 2001 c'è un grave attentato contro il Parlamento del Kashmir indiano. Nuova Delhi ne attribuisce la responsabilità a movimenti nazionalisti locali legati a quelli pakistani. Ancora una volta i rapporti con Islamabad (diventata capitale del Pakistan nel 1967 dopo Karachi e Rawalpindi) sono messi a dura prova. Nonostante le ricorrenti difficoltà, nel 2003 i due Stati ripristinano le relazioni diplomatiche e avviano nuove trattative per il futuro del Kashmir. Le relazioni indo-pakistane risentono della sofferta separazione del 1947, della diversità religiosa e dello squilibrio economico. Ma anche la realtà istituzionale interna ai due Stati è molto diversa e ha subito evoluzioni divergenti che hanno influito sui rapporti governativi.

11. *Pakistan: l'alternanza al potere fra militari e civili. Le armi atomiche (1998)*

Il Pakistan ha conosciuto fasi alterne di dittatura militare e di governi parlamentari e il ruolo delle forze armate è sempre stato di particolare rilievo. I vertici militari, dopo aver rappresentato uno dei punti di forza dell'esercito indiano (britannico), hanno assunto responsabilità politiche nel Pakistan indipendente (1947). Lo *status* di *dominion* termina nel 1956; la nuova Costituzione dichiara il Paese "una repubblica islamica" e già nel 1958 i militari ne assumono il potere sotto la guida del generale Ayub Khan. Dopo la guerra indo-pakistana del 1971 c'è un ritorno al governo dei civili che termina con l'esecuzione del presidente Ali Bhutto accusato di aver assassinato un oppositore politico. Nel periodo successivo la dittatura del generale Muhammad Zia-ul-Haq deve fare i conti con l'invasione sovietica dell'Afghanistan (1979), che spinge milioni di profughi all'interno della repubblica islamica pakistana. In questa occasione i buoni rapporti con Washington diventano ancora più solidi per la comune avversione all'espansione moscovita.

12. *Benazir Bhutto, Pervez Musharraf, Asif Ali Zardari. La lotta al terrorismo. Rapporti con Washington. Sviluppo economico e problemi sociali*

Dopo la morte del generale Zia-ul-Haq, in un incidente aereo (1988), le elezioni portano alla ribalta nel periodo 1988-1999 esponenti civili espressione delle forze politiche organizzate: Benazir Bhutto (prima donna a diventare capo del governo in un Paese musulmano) e Nawaz Sharif.

Anche il cammino percorso dall'India e dal Pakistan nel campo degli armamenti nucleari è diverso. Dopo l'indipendenza, i vertici del Paese non hanno dato particolare importanza al settore, più attenti alle esigenze della nazionalità, dell'identità religiosa e all'ordine pubblico. A seguito dell'iniziativa del presidente Eisenhower, che lancia (1953) il progetto "atomo per la pace", c'è un crescente interesse per lo sviluppo del settore. In seguito alla sconfitta nel confronto con l'India (1971) e ai suoi primi esperimenti nucleari (1974) anche Islamabad prende iniziative in questa direzione. Ali Bhutto sostiene la necessità di avere strumenti di difesa strategica anche nucleari per dissuadere, se necessario, Nuova Delhi da iniziative aggressive e per superare lo stato d'inferiorità pakistana sugli armamenti convenzionali. Il presidente deve però prendere atto della scarsità dei mezzi finanziari di cui il Paese dispone e dunque della necessità di tempi lunghi per la realizzazione del progetto militare nucleare e per poter disporre dei mezzi di trasporto necessari (aerei e missili). Nel 1998 sono avviati importanti esperimenti nucleari con finalità militari in occasione di analoghi eventi in India. Ora Nuova Delhi e Islamabad dispongono dell'auspicata deterrenza nucleare anche se non è stata dichiarata ufficialmente.

Dopo la parentesi "civile" un colpo di stato militare (1999) spalanca le porte del potere al generale Pervez Musharraf. Quest'ultimo deve fronteggiare la crisi afghana successiva al ritiro sovietico con l'affermazione di movimenti islamici radicali che portano al governo i talebani (1986-2001). Deve inoltre combattere, all'interno del Pakistan, la nascita di un pericoloso terrorismo di matrice religiosa. Islamabad stringe rapporti sempre più stretti con Washington e con gli altri Paesi, fra cui l'India, allarmati da analoghe emergenze.

Dopo il 2001 Musharraf sostiene senza incertezze la lotta contro il terrorismo a fianco degli USA. Nel 2001, per assicurare piena collaborazione allo sforzo statunitense, incontra negli USA, insieme al presidente indiano Vajpayee, autorevoli rappresentanti politici e militari dei vertici statunitensi. Il quadro, già complesso, è reso sempre più minaccioso dal rafforzamento, in tutta la regione, dell'organizzazione terroristica integralista di matrice islamica Al Qaeda. Lo stesso *leader* di questa struttura, Osama bin Laden, ha trovato appoggio, complicità e rifugio in Pakistan, dove è individuato ed eliminato (2011) dalle forze speciali statunitensi.

La repubblica islamica pakistana è scossa da nuove tensioni interne nel 2007 per una crescente opposizione al regime dittatoriale e alla pesante situazione economica. In questo contesto Benazir Bhutto, *leader* dell'opposizione, viene ucciso in un attentato. Musharraf è costretto alle dimissioni (2008). Dopo le elezioni assume la presidenza dello Stato

Asif Ali Zardari (già marito di Benazir Bhutto), mentre alla guida del governo è chiamato Yousaf Raza Gillani.

Attualmente il Pakistan è una repubblica federale che comprende quattro province, due territori e una parte del Kashmir e conta una popolazione di circa 180 milioni di persone in gran parte di religione islamica (80% sunniti, 20% sciti). I principali partiti politici sono il Pakistan People's Party (PPP), cui apparteneva Benazir Bhutto, e la Pakistan Muslim League (PML-Q) del generale presidente Musharraf. Ma vi sono anche molte altre formazioni politiche minori. Sul piano economico c'è da registrare un rilevante miglioramento, negli ultimi anni, delle condizioni di vita della popolazione. Progressi significativi sono stati realizzati nei settori manifatturieri, agricoli e industriali e non sono mancate iniziative importanti nel campo dell'educazione tecnico-scientifica e in quello dell'*informartion technology*. Diverse aziende tecnologiche sono in grado di offrire software e servizi alle multinazionali e al mercato internazionale con prodotti avanzati a prezzi competitivi. Sono stati approvati anche importanti provvedimenti per aprire il Paese alle iniziative imprenditoriali esterne (esenzioni fiscali, riduzione dei dazi, sostegno ai venture capital, semplificazioni burocratiche per investimenti e insediamenti di imprese estere, ecc.).

VIII. L'INDOCINA

1. *L'Indocina dopo gli accordi di Ginevra del 1954 (Vietnam, Cambogia, Laos)*

La conferenza di Ginevra (1954) non riesce a dare una soluzione ai gravi problemi indocinesi. Al contrario, dopo la sua conclusione, il quadro politico-militare registra un progressivo peggioramento in Vietnam, in Cambogia e nel Laos. Il graduale disimpegno delle forze armate "straniere" radicalizza lo scontro fra le componenti nazionaliste, più vicine alla Francia e agli USA e quelle comuniste che controllano il Nord del Vietnam. Qui, già nel 1945, è proclamata la Repubblica con a capo Ho Chi Minn. Questo risultato è raggiunto grazie all'impegno del movimento nazionalista progressista Viet Minh (Lega per l'Indipendenza del Vietnam). Esso, pur formato da diverse componenti, è guidato dai comunisti. Si è costituito ufficialmente nel 1941 per combattere i giapponesi e in seguito ha sviluppato un'intensa attività anticoloniale e antimonarchica. Ottiene già nel 1945 l'abdicazione del sovrano dell'Annam Bao Dai. In questo periodo il Vietnam conta una popolazione di circa 25 milioni di abitanti su un territorio di 350.000 kmq ed è diviso in tre regioni (Tonchino, Annam, Cocincina) con il buddhismo come religione prevalente. Il Paese, poco sviluppato sul piano industriale, dispone di rilevanti risorse agricole (riso, caucciù, cotone, seta) e minerali (antracite, ferro, zinco, stagno, fosfati, ecc.). La Cocincina è colonia francese dal 1860, mentre il Tonchino e l'Annam diventano protettorati di Parigi nel 1884. La Cambogia è abitata da quattro milioni di persone su un territorio di 150.000 kmq, in gran parte di religione buddhista, produce riso, cotone, caucciù e dispone di legname pregiato in grande quantità; è protettorato francese dal 1863. Il Laos, abitato da 1.500.000 persone su un territorio di 250.000 kmq, è anch'esso di religione buddhista e produce riso, caffè, mais, papavero da oppio, caucciù, spezie (resine e prodotti per l'industria chimica) ed è protettorato francese dal 1893. Secondo gli accordi ginevrini, alla provvisoria divisione del Vietnam al 17° parallelo, devono seguire libere elezioni per la formazione di un governo democratico espressione di tutte le forze politiche. Sono previste anche per il Laos e la Cambogia la cessazione della guerriglia in atto, la reintegrazione dei ribelli nei governi in essere e consultazioni elettorali. Di particolare importanza, oltre agli accordi militari e a quelli bilaterali, è la dichiarazione finale, che in parte riprende gli impegni dei documenti settoriali già approvati, ma ribadisce alcuni punti essenziali: sovranità, indipendenza, unità e integrità territoriale per Laos, Cambogia e Vietnam (la provvisoria linea di divisione al 17° parallelo «non potrà essere interpretata come un confine politico e territoriale»). Resta indefinito, ed è subito oggetto di opposte valutazioni, se i tre Stati debbano essere considerati "neutralizzati" o possano aderire ad alleanze difensive.

Da parte sua Ho Chi Minh (luglio 1954) conferma la volontà di procedere «per ottenere l'unificazione, l'indipendenza e la democrazia di tutta la nazione», la soluzione militare adottata è «il primo gradino verso la vittoria finale» ed assicura «i popoli delle tre regioni vietnamite che essi saranno liberati». Mentre ringrazia Mosca e Pechino per il sostegno avuto durante la conferenza di Ginevra, precisa che la lotta futura sarà «lunga e difficile»; «le popolazioni e tutti i soldati del Nord e del Sud devono unirsi per conquistare la vittoria». Ho Chi Minh ricorda le previste elezioni generali, ma insiste sull'importanza della lotta politica e militare per conseguire i più importanti obiettivi della causa nazionale e del decennale impegno del Vietnam. Sotto questo profilo, la dichiarazione giustifica le riserve e i timori di Washington. Eisenhower (luglio 1954) ha seri dubbi sull'efficacia degli accordi raggiunti, assicura di non voler usare la forza «per turbare l'intesa raggiunta», di voler rispettare, anche in questa circostanza, lo Statuto dell'ONU, auspica che non si registrino altre aggressioni comuniste e conferma l'intenzione di promuovere «con altri Paesi liberi [...] una difesa collettiva dell'Asia sudorientale, onde prevenire ulteriori aggressioni dirette o indirette da parte dei comunisti in quella zona».

Già in questo periodo si affaccia la teoria del "domino" e secondo questa ipotesi dopo la caduta in mani comuniste della Cina anche altri Paesi asiatici potrebbero "a catena" subire la stessa sorte. Occorre impedirlo con azioni preventive d'aiuto ai governi e ai popoli del Sud-Est asiatico che vogliono "vivere in libertà". Si vuole aiutare Saigon non tanto per difenderla da Hanoi, ma per fermare Pechino e sotto questo profilo il 17° parallelo non è un confine provvisorio, ma è considerato «un bastione del contenimento anticomunista». In realtà, i timori di Washington sono poco realistici: se è vero che esiste un pericolo comunista in Asia, assai meno incombente è quello cinese. Pechino non ha i mezzi per sostenere una "rivoluzione asiatica" e molti Paesi, al cui interno vivono consistenti comunità cinesi, sono tutt'altro che favorevoli ad accettare la sua influenza. L'intervento indiretto americano avviene in nome di principi generali e per tutelare la «sicurezza collettiva» dal pericolo comunista, dovendo «combattere per ciò che è giusto». Il non intervento in Cina è considerato un errore del passato: ora occorre reagire subito e ovunque (Berlino, Corea, Indocina, ecc.). In questo quadro è giustificata anche la politica indocinese francese: in tal modo Washington appare una realtà neocolonialista e perde molto della sua potenzialità propagandistica. La teoria del domino è una valutazione semplicistica che non affronta la realtà specifica indocinese, ma accredita la tesi del "disegno cinomoscovita" per affermare il comunismo in tutto il pianeta. Truman ha già aiutato Parigi nella lotta contro il Viet Minh (nel 1952 più di 1/3 delle spese sostenute dalla Francia in Indocina sono coperte dalla Casa Bianca). Di fatto Washington assume nei confronti della conferenza di Ginevra (1954) un ruolo confuso, essendo, ad un tempo, parte in causa e spettatore: gli USA sono "assenti e presenti". La loro valutazione del contesto indocinese si rivela tuttavia più realistico rispetto al clima di generale ottimismo che regna alla fine dei lavori ginevrini. Di fatto questi ultimi segnano soltanto l'avvio di una breve tregua poiché ben presto la guerriglia in Indocina riprende ed è destinata a durare a lungo. Il presidente indiano Nehru, al contrario, è convinto che gli accordi ginevrini garantiranno la pace della regione indocinese dopo aver posto fine allo «spargimento di sangue fraterno» per tanti anni. In realtà, all'indomani del cessate il fuoco, si procede allo scambio di prigionieri e alla concentrazione dei reparti combattenti in vista del loro ritiro o scioglimento. Sul piano politico-amministrativo le autorità del Vietnam settentrionale dimostrano maggiore capacità di controllo e di coordinamento nelle aree sotto la loro influenza non solo nel Nord, ma anche in ampie aree dell'Annam e della Cocincina (fisco, giustizia, istruzione, controlli e servizi amministrativi, ecc.).

L'affermazione del regime comunista nel Nord è accompagnata da repressioni, esecuzioni, incarcerazioni nei confronti di quanti hanno dimostrato simpatia o dato collaborazione ai passati governi neo-coloniali o hanno opposto resistenza alle forze del Viet Minh. Vengono creati anche campi di rieducazione politica e morale per rinchiudere molti cittadini giudicati "potenziali controrivoluzionari" (secondo fonti americane vengono giustiziate oltre 50.000 persone e sono creati ben 10.000 campi di concentramento). La situazione nel Sud si dimostra subito difficile e confusa, a causa di un'emergenza originata dall'arrivo di circa un milione di profughi in fuga dalla Repubblica del Nord. Essi non trovano adeguata sistemazione e non ricevono gli aiuti promessi (mezzo ettaro di risaia, due bufali e trentacinque piastre al giorno per ogni nucleo familiare) e anche l'esercito sudvietnamita appare inadeguato, poco combattivo e diviso in fazioni al suo interno. In realtà, organizzare il Sud non è impresa facile: non esiste una coscienza nazionale, non ci sono strutture pubbliche statali consolidate, mancano le basi per la dialettica democratica pluralistica (l'opposizione al governo è considerata pericolosa ed è spesso identificata col "tradimento"). Il presidente Ngo Dinh Diem, cattolico (la cui famiglia è fuggita dal Nord), è di tradizione confuciana, mostrando una visione elitaria del potere e poca sensibilità per i sistemi rappresentativi occidentali. Ottiene, tuttavia, alcuni risultati che non possono essere ignorati: la distruzione delle sette segrete, l'avvio di un potere centrale amministrativo, il contenimento dell'emergenza economica. Ma resta espressione di un ristretto gruppo di potere familiare e militare che non è nelle condizioni di avviare un processo di democratizzazione interna anche perché la cultura popolare non è preparata all'esperienza dei sistemi democratici liberali e la pubblica amministrazione non è in grado di affrontare i compiti che la nuova situazione le impone. Ngo Dinh Diem deve sopportare critiche, opposizioni, proteste crescenti non solo in molti settori ma anche in quel mondo cattolico (2 milioni) di cui è parte e che l'ha sostenuto con impegno ed entusiasmo. Il nuovo governo nazionalista è esposto al rischio di un clamoroso fallimento: da più parti, i delusi guardano a Washington per avere tutela e aiuti ed evitare di essere dominati dal comunismo di Hanoi. Lo stesso imperatore del Vietnam del Sud Bao Dai, in aperta polemica con Diem, non è rientrato nel Paese dopo i lavori di Ginevra. Cresce, inoltre, l'ostilità dei militari che chiedono azioni più energiche contro i comunisti e i loro presunti fiancheggiatori politici e religiosi (sette buddhiste). Anche nel Laos la guerriglia è ripresa, ma rimangono al contrario sotto controllo dei rispettivi governi la Cambogia, la Thailandia e la Birmania. Di fronte al progressivo deterioramento della situazione vietnamita Washington decide, alla fine del 1954, di contribuire all'addestramento delle forze armate e di polizia del Vietnam del Sud e non si esclude che possa diventare una realtà analoga a quella della Corea meridionale e di Formosa. In realtà, in Vietnam non esiste una netta separazione di carattere confinario come può essere il 38° parallelo, né un isolamento naturale come per Formosa. La linea del 17° parallelo è scarsamente presidiata, molti combattenti filocomunisti si sono dispersi al Sud fra la popolazione e gran parte dei centri urbani e dei villaggi, che spesso sono guidati da esponenti comunisti o da loro simpatizzanti. C'è dunque, già nel 1954, un forte radicamento sociale comunista nelle aree meridionali del Paese e nel Laos. Nel 1955 i contrasti politico-militari nel vertice sudvietnamita si acuiscono. Diem, con l'appoggio dell'Assemblea generale delle forze rivoluzionarie, decide la deposizione dell'imperatore Bao Dai e proclama la Repubblica di cui assume la presidenza (ottobre 1955). Da parte sua, Ho Chi Minh, di fronte alle difficoltà del Sud, insiste per lo svolgimento immediato delle elezioni che, secondo gli accordi di Ginevra, dovrebbero tenersi entro il 1956 e al tempo stesso stringe accordi commerciali con Mosca e Pechino, permettendo anche ad aziende e operatori francesi di lavorare nel Nord.

Il vice presidente del Consiglio dei Ministri dell'URSS, Anastas Mikoian, in visita ad Hanoi (aprile 1956), conferma l'amicizia e la collaborazione fra i due popoli, auspica l'applicazione integrale degli accordi di Ginevra, denuncia «le forze della reazione sostenute da circoli aggressivi» che vogliono impedire l'unità della «patria vietnamita», condanna la formazione di «blocchi militari aggressivi», come la SEATO (Sud-Est Asiatic Treaty Organization), e i tentativi di ripristinare in Asia il «vecchio colonialismo». In occasione della visita di Chou En-lai ad

Hanoi (novembre 1956) è deplorata l'azione statunitense per impedire «la pacifica riunificazione del Vietnam», mentre si vuole trasformarlo in una base militare o in una colonia. Di fatto si consolida la divisione del Paese: al Sud Diem rifiuta i colloqui preparatori alle elezioni perché, a suo giudizio, gli elettori del Nord non potrebbero esprimere liberamente il proprio voto. Inoltre, procede, con il sostegno americano, ad indire una consultazione elettorale nel Sud, fa approvare una nuova Costituzione (1956) e avvia l'attesa riforma agraria. In generale, conduce una dura lotta contro tutte le opposizioni interne, molte delle quali devono operare in clandestinità (comunisti, neutralisti, filosocialisti, sette religiose, ecc.). In realtà, sia nel Nord che nel Sud, si costituiscono sistemi politici autoritari, scarsamente democratici e repressivi, dal momento che la contrapposizione fra Hanoi e Saigon è di fatto fra due totalitarismi e anche nel Sud non si può parlare di un sistema liberaldemocratico.

A Saigon (capitale del Vietnam del Sud), all'influenza francese si sostituisce quella americana (consiglieri politici e militari, aiuti economici e finanziari). Diem occupa (1956) le Isole Spratley (circa 2.000 scogli coralliferi), situate fra il Borneo settentrionale e il Vietnam meridionale; esse, di elevato valore strategico, erano state sottratte alla Francia dal Giappone (1939) che ne aveva dichiarato l'annessione. Ora, dopo la firma del trattato di pace di San Francisco (1951), in mancanza di chiare disposizioni, sono rivendicate, oltre che dal Vietnam, dalle "due Cine" (Pechino e Taiwan), dalla Francia e dalle Filippine. Quest'azione sudvietnamita vuole evidenziare l'esercizio di un potere forte anche all'esterno, che non esita a confrontarsi con le altre capitali di questo settore asiatico. Diem ha bisogno del sostegno di Washington, ma, nonostante l'approvazione della sua politica anticomunista, molti ambienti vicini ad Eisenhower restano critici nei suoi confronti per la censura imposta alla stampa estera, per le misure illiberali e poliziesche adottate e per la carente democrazia interna che ha portato di fatto alla soppressione di ogni opposizione legale. Nel 1958 Hanoi insiste per l'unificazione del Paese con libere elezioni in tutto il territorio nazionale. Al tempo stesso è potenziata la produzione agricola (riso), industriale e artigiana e riattivate le miniere carbonifere di Hong Cai (antracite), il cotonificio di Namdinh, il cementificio di Haiphong, l'estrazione dello stagno (Caobang), di altri metalli non ferrosi e di fosfati e le stesse officine meccaniche della capitale. Questi risultati, pur ottenuti con drastici provvedimenti statali ed elevati costi umani, permettono di superare la critica situazione postbellica e di raggiungere traguardi produttivi incoraggianti. Da questo punto di vista Hanoi, cosciente che il processo di unificazione è "bloccato", accentua la sfida sul terreno socio-economico per far rilevare i vantaggi del proprio sistema.

Ho Chi Minh, in visita a Nuova Delhi, insiste per l'applicazione degli accordi di Ginevra e invita l'India che presiede la Commissione internazionale per il Vietnam, con Canada e Polonia, a premere su Saigon per avviare le procedure necessarie alla consultazione popolare. Inoltre, precisa che potrebbe essere eletto un unico parlamento capace di dar vita ad un governo centrale "di coalizione e di fondere i due eserciti esistenti in un'unica armata nazionale". Il governo sudvietnamita resta contrario, temendo il controllo assoluto dei comunisti sui votanti del Nord e la loro capacità d'influenzare anche gli elettori del Sud. Oltre a ciò, chiede ad Hanoi di sospendere, come prova di buona volontà, la pianificazione economica in atto, le trasformazioni sociali d'ispirazione marx-leninista e il blocco della statalizzazione del settore industriale. Le elezioni non avrebbero alcun senso, osserva Diem, se prendono corpo due Vietnam molto diversi sul piano economico e sociale. Anche Saigon, con il sostegno economico statunitense, raggiunge l'autosufficienza alimentare, accresce la produzione e l'esportazione della gomma, istituisce colonie agricole per i profughi dal Nord, avvia una riforma agraria che favorisce la distribuzione delle terre e costruisce infrastrutture stradali e ferroviarie di notevole rilievo. Lo sviluppo dei due Stati, pur positivo dopo le vicende belliche degli anni precedenti, non apre le porte all'applicazione degli accordi di Ginevra nonostante le pressioni di Hanoi. Nel quadro del rifiuto degli accordi di Ginevra si collocano anche le vicende della Cambogia e del Laos (per questi Stati era stata prevista la piena indipendenza). Washington, sulla base delle precedenti valutazioni, si oppone alle tendenze neutraliste dei due governi. In realtà, in Cambogia il governo di Norodom Sihanouk mantiene un indirizzo neutralista, lamentando in più occasioni le provocazioni confinarie e le rivendicazioni territoriali da parte thailandese e sudvietnamita. Il Laos, al contrario, prende una strada diversa e si allinea alla politica di Saigon. Le misure anticomuniste adottate sono denunciate da Hanoi (maggio 1959) che mette in guardia sul rischio che possa riprendere la guerriglia da parte dei reparti dell'ex Pathet Lao (Terra del Laos), ora inattivi e perseguitati. Il Laos, che è diventato una «base militare americana», è spinto ad aderire alla SEATO e può minacciare il Vietnam del Nord. Hanoi, che non può ignorare questo pericolo, invita la Commissione internazionale per il Laos a riprendere i propri lavori ed evitare che la politica laotiana possa compromettere la pace «in Indocina e nell'Asia sudorientale». Al tempo stesso denuncia la gravità della situazione a Londra e a Mosca nella loro qualità di copresidenti della conferenza di Ginevra del 1954: si teme che l'intensificata presenza americana nel settore (armi, istruttori, ecc.) prepari un attacco alla Repubblica nordvietnamita, che conferma di volersi attenere ai cinque principi della pacifica convivenza, agli accordi ginevrini e dunque di rispettare l'indipendenza del regno laotiano. A questa protesta si affianca anche il governo di Pechino (maggio 1959), che lamenta continue provocazioni lungo la frontiera cino-laotiana e i "perniciosi rapporti" di Phnom Penh con le forze armate superstiti della cricca di Chiang Kai-shek e con quella di Ngo Dinh Diem del Vietnam meridionale. Nell'agosto del 1960 un colpo di Stato pone il Laos nelle mani del principe Souvanna Phouma che dichiara di voler rispettare gli accordi di Ginevra e perseguire una politica estera neutralista e pacifista. La svolta laotiana è accolta con favore da Hanoi poiché sembra interrompere i precedenti orientamenti favorevoli a Saigon e a Washington, ma quest'ultima, da parte sua, denuncia l'invadenza sovietico-nordvietnamita a sostegno del nuovo governo con massicci aiuti militari trasportati con un ponte aereo da Hanoi. Il Dipartimento di Stato ricorda il Libro bianco statunitense del 1959 con il quale erano state denunciate le manovre di Mosca, Pechino e Hanoi per assumere il controllo del Laos. La crescente stabilità politica interna, dovuta ai precedenti governi, ha indotto i comunisti ad attivare la guerriglia nelle province del Nord. Il colpo di Stato di Kong Le, con l'appoggio delle forze comuniste del Pathet Lao, ha gettato il Paese nel caos ed impedito alle forze monarchiche di ristabilire l'ordine e la legalità democratica. Il Laos, piccolo Paese, non può minacciare nessuno, mentre la sua posizione è strategica perché confinante con la Cina e il Vietnam del Nord. Questi ultimi ne perseguono il controllo attraverso azioni politiche e militari. Washington vuole dare assistenza per garantire l'indipendenza, l'ordine e la vitalità economica del popolo laotiano. L'aiuto è stato fornito sulla base degli aiuti richiesti dal governo reale laotiano, cioè con accordi internazionali e al contrario i sovietici forniscono materiale bellico ai ribelli e ai comunisti senza alcuna richiesta governativa. Gli USA non intendono costruire basi militari nel Laos, né chiederne l'adesione a patti militari, né mettere in discussione i suoi orientamenti neutralisti; la caduta del Laos in mani comuniste aprirebbe la strada ad altre aggressioni "a piccoli vulnerabili Stati" di questa regione. Alla fine del 1961 le azioni belliche perdono vigore e si registra il tentativo del re del Laos di dar vita ad un governo di unità nazionale formato dai rappresentanti della destra, dai neutralisti e dai comunisti sotto la guida di Souvanna Phouma.

2. *La guerriglia nel Vietnam del Sud: la nascita del Fronte di Liberazione Nazionale (FLN, 1960). Le decisioni di Kennedy (1963). L'esecuzione di Ngo Dinh Diem. Washington sostiene il nuovo governo sudvietnamita*

Mentre il quadro laotiano dà segnali di miglioramento, nel Vietnam meridionale la situazione appare di giorno in giorno più critica. Le forze militari governative sono impegnate in una guerriglia sempre più gravosa contro i vietcong (comunisti sudvietnamiti provenienti in gran parte dal Viet Minh), che godono anche dell'appoggio di gran parte delle popolazioni rurali ostili al governo di Saigon. Il vicepresidente USA Lyndon Baines Johnson, in visita a Saigon (maggio 1961), conferma l'impegno contro l'imperialismo comunista asiatico, presenta Diem come «un'avanguardia fra i capi che si battono per la libertà», assicura il sostegno economico, finanziario e militare statunitense per garantire l'indipendenza sudvietnamita (aumento delle forze armate, assistenza alla guardia civile, lavori nei villaggi rurali, invio di esperti finanziari, iniziative antiguerriglia, impegno per nuove opere sociali e costruzione d'infrastrutture). Il presidente statunitense John Fitzgerald Kennedy, in occasione del 6° anniversario della costituzione della Repubblica vietnamita (ottobre 1961), esalta l'eroica lotta di questo popolo che «non vuole sottomettersi al terrore comunista». Si rallegra con Diem per i risultati economici conseguiti e per aver accolto un milione di profughi del Nord. Al contrario i comunisti seminano terrore nei villaggi, compiono omicidi politici come quello del colonnello Hoang Thuy Nam, bruciano le nuove scuole, effettuano imboscate. Il popolo vietnamita, conclude Kennedy, non deve disperare perché può contare sull'aiuto americano nella lotta «contro gli aggressori comunisti».

Mentre s'intensificano la guerriglia e le proteste di Hanoi per le azioni repressive di Saigon e la progressiva ingerenza americana, si costituisce, nel 1960, un Fronte di Liberazione del Vietnam meridionale

(FLN), al quale partecipano le forze ostili a Diem. Alla fine del 1961 è emesso un documento sulle finalità che esso persegue (rifiuto del governo dittatoriale di Saigon e Washington, compagine governativa di unità nazionale progressista, edificazione di un'economia indipendente, riforma agraria, cultura nazionale e democratica, costituzione di un esercito nazionale, politica estera di pace e neutralità, riunificazione pacifica del Paese, lotta contro la guerra d'oppressione imperialista). La grave situazione in atto è resa più difficile dalla rottura delle relazioni diplomatiche fra la Thailandia e la Cambogia e dal peggioramento di quelle fra quest'ultima e Saigon, che lamenta la presenza di basi comuniste sul suo territorio. Anche sul confine con il Laos la tensione è cresciuta in quanto in queste aree si sono sistemate le forze armate del Pathet Lao, aperto sostenitore del Fronte di Liberazione del Vietnam meridionale.

L'esercito di Diem è formato, in questo periodo, da circa 200.000 uomini (ai quali si devono aggiungere i reparti delle milizie locali e della guardia civica), mentre i guerriglieri non sono più di 30.000. Essi, tuttavia, hanno il vantaggio di scegliere gli obiettivi e i tempi delle loro azioni. Utilizzano i metodi della guerriglia cinese, già teorizzata e sperimentata da Mao Tsé-tung («sul piano strategico siamo uno contro dieci, ma sul piano tattico siamo sempre dieci contro uno»). I guerriglieri evitano lo scontro con i reparti dell'esercito: preferiscono occupare cittadine o villaggi, eliminare i governatori e i responsabili amministrativi, distruggere ponti e strade e disperdersi grazie all'appoggio di gran parte della popolazione. La guerriglia è sostenuta anche da rifornimenti (armi e uomini) che arrivano dal Vietnam settentrionale attraverso il 17° parallelo, ma anche lungo il confine della zona centrale del Laos controllata dai miliziani del Pathet Lao. La lotta contro i guerriglieri non è facile: un esercito deve vincere, mentre a questi ultimi basta non perdere.

Kennedy, pur sollecitato, non è favorevole ad un intervento diretto militare, ma soltanto ad estendere gli aiuti per fronteggiare la crescente attività dei comunisti e il sostegno a Diem resta nel quadro della sicurezza regionale. Il governo di Saigon mantiene a fatica il controllo della situazione interna; mentre fronteggia una guerriglia sempre più aggressiva, deve misurarsi con l'opposizione delle popolazioni rurali colpite dalla recessione economica. Sempre più attiva risulta la propaganda comunista che fa leva sulla critica situazione alimentare e sulla corruzione e inadeguatezza degli apparati amministrativi. Il FLN si rafforza anche nei centri urbani e nella stessa Saigon ove, a causa delle crescenti attività belliche, è in atto un disordinato processo di urbanizzazione.

Nel 1963 si accentua la presenza statunitense; in gennaio è approvato un piano per lo sviluppo sociale, economico e culturale del Vietnam del Sud: esso prevede la costruzione di scuole, di ospedali, dispensari, di strade, di infrastrutture, di collegamenti radiofonici e l'avvio di corsi di formazione per i funzionari amministrativi. L'intervento si prefigge, inoltre, di avviare nuove iniziative a favore dell'agricoltura, in particolare nelle aree collinose e in quelle del delta del Mekong colpite da disastrose alluvioni; sono previsti inoltre aiuti a favore dell'industria, del commercio e dell'artigianato. Agli inizi del 1963 c'è una svolta significativa sul piano militare da parte di Washington: Kennedy, per sconfiggere la guerriglia comunista, supera le perplessità dei mesi precedenti e decide l'intervento diretto. È costituito un "Comando per l'assistenza militare degli USA al Vietnam" formato da 5.000 combattenti dotati di armamenti speciali (mezzi aerei, navali, corazzati, ecc.), ma questo iniziale contingente sarà presto costituito da oltre 50.000 unità. I compiti prevalenti di questi reparti sembrano circoscritti al coordinamento logistico, alla guida operativa delle forze sudvietnamite, al trasporto dei combattenti (elicotteri), mentre Washington vuole assicurare la sopravvivenza del regime di Diem. In questo scenario sono compiute pressioni (1962) anche sull'Australia e sulla Nuova Zelanda affinché l'ANZUS (Patto tripartito di sicurezza fra Australia, Nuova Zelanda e USA concluso a San Francisco il 1° settembre 1951) partecipi allo sforzo in atto con l'invio di contingenti militari da affiancare a quelli statunitensi e sudvietnamiti. Il segretario di Stato Dean Rusk conferma (aprile 1963) il sostegno al governo Diem e denuncia l'aggressione organizzata da Hanoi che fa ricorso senza scrupoli «al terrore e al delitto» (nel 1960 sono stati assassinati oltre 2.500 funzionari governativi). La caduta di Saigon in mani comuniste esporrebbe «i rimanenti Stati dell'Asia sudorientale ad un mortale pericolo». Washington non può abbandonare 14 milioni di persone come non ha abbandonato la Grecia, la Turchia, la Birmania, le Filippine e la Malesia. Espone la strategia dei "villaggi strategici" ove vengono raccolte le popolazioni rurali per garantire loro protezione e sottrarle alla propaganda comunista. Quest'azione, che ha già indebolito il Vietcong, darà risultati molto positivi in futuro, sottraendo ai comunisti gran parte dell'influenza che hanno esercitato in passato. L'ottimismo non trova conferma nei mesi successivi, quando Kennedy precisa (settembre 1963) che occorre uno sforzo maggiore del governo sudvietnamita per «ottenere l'appoggio popolare», senza il quale non si può vincere la guerra anche con l'aiuto statunitense. Purtroppo Diem ha perduto il contatto con il popolo ed ha peggiorato la situazione con le repressioni contro i buddhisti, ma «occorrono mutamenti nella politica e nelle persone». Sarebbe però, osserva Kennedy, un grave sbaglio il ritiro. Washington ha compiuto un grande sforzo per difendere l'Europa che «oggi è sicura» e non bisogna commettere l'errore compiuto in Cina dopo la seconda guerra mondiale, dove un governo indebolito (Chiang Kai-shek) ha perso il controllo degli eventi «e la Cina fu perduta». Quest'ultima, se il Vietnam del Sud dovesse soccombere, avrebbe maggiore influenza in Malesia e si darebbe l'impressione che il comunismo è «il futuro dell'Asia sudorientale». Per questa ragione, osserva Kennedy, occorre sostenere Saigon, usare l'influenza americana nel modo più efficace, "ma non ritirarci". Washington si trova in una situazione difficile, essendo consapevole della scarsità dei risultati nella lotta contro la guerriglia, della crescente impopolarità di Diem, del sostanziale fallimento dei "villaggi strategici" (considerati dalla popolazione dei campi di concentramento), dell'errore commesso con le repressioni contro i vertici buddhisti in aree in cui questa religione è la più diffusa e delle difficoltà che potrebbero derivare dalla caduta del governo in carica. Restano comunque due punti fermi: in Vietnam è in gioco il predominio comunista nel Sud-Est asiatico sostenuto dalla Cina e il ritiro sarebbe un grave errore. Prevale una valutazione del problema vietnamita nel contesto del confronto Est-Ovest e un residuo senso di colpa per la "sconfitta" subita in Cina. Questi elementi prevalgono sulla ricerca di soluzioni alternative e riconducono il quadro vietnamita al contesto coreano, dove uno sforzo militare e una ferma resistenza hanno permesso di difendere il governo di Seul. È evidente, tuttavia, la diversità dei due scenari politici e militari. Nell'agosto del 1963 la Cambogia rompe le relazioni diplomatiche con Saigon, denuncia «numerose e sanguinose incursioni sudvietnamite» sul suo territorio, deplora i delitti commessi contro la minoranza khmer (religiosi e laici) e condanna i crimini contro la comunità dei monaci e dei fedeli buddhisti, siano essi khmer che sudvietnamiti. La «selvaggia repressione», messa in atto dal «governo della famiglia Diem», suscita «indignazione ed orrore» tanto più in quanto è condotta contro «una religione di pace e di tolleranza». Né Hanoi riduce la propaganda contro Saigon e Washington. Ho Chi Minh rivolge (agosto 1963) un appello al popolo del Vietnam del Sud e assume le difese dei buddhisti, oggetto di «crimini intollerabili» (incendio di pagode, incarcerazione di monaci e di suore, chiusura di scuole, ecc.). Da tutte le parti del mondo si leva una protesta vigorosa alla quale si uniscono anche «i progressisti degli Stati Uniti». La responsabilità degli ultimi nove anni «di sangue e di fuoco», osserva ancora il presidente nordvietnamita, ricade sugli imperialisti e i loro collaboratori, ma occorre riunire sotto le bandiere del Fronte di Liberazione tutti coloro che vogliono la pace (intellettuali, contadini, commercianti, lavoratori) senza discriminazioni politiche o di fede religiosa.

La situazione a Saigon precipita con un colpo di Stato ad opera dei militari (novembre 1963), in seguito al quale il presidente Diem, il fratello Nhu e il colonnello Tung (comandante delle truppe speciali composte in prevalenza da cattolici) vengono catturati e giustiziati. È evidente il sostegno dato da Washington all'operazione e la sua soddisfazione per l'esito positivo anche se il piano originario non prevedeva le esecuzioni. Diem, pur impegnato nella lotta al comunismo, non è riuscito a dar vita ad un regime accettato dalla popolazione e, ancor meno, a garantire il controllo del Paese e a farne un reale baluardo contro le pressioni di Hanoi e di Pechino. Sono obiettivi in realtà non facili da raggiungere nel contesto specifico: radicamento nelle campagne del comunismo già dai tempi della lotta antifrancese, diffusione delle tesi neutraliste ad opera dei buddhisti, pressioni per l'unità del Paese, divisioni all'interno delle forze armate.

Il compito che aspetta i successori è arduo anche dopo aver spazzato via Diem, la sua famiglia e alcuni ambienti cattolici vietnamiti. Il potere è assunto da un Consiglio rivoluzionario di militari che pone, in via provvisoria, al vertice dello Stato il generale Duong Van Minh che gode del sostegno di Washington. Il presidente degli Stati Uniti Lyndon Johnson conferma «l'aiuto nella misura più larga in questa dura lotta» ed esclude qualunque ipotesi di ritiro militare e di neutralizzazione dell'area, ma la situazione non è normalizzata e pochi mesi dopo un'epurazione all'interno della giunta militare al potere porta al vertice il generale Nguyen Khánh. Di fronte a questa situazione Washington definisce la propria posizione con più esattezza. Rusk, segretario di Stato, conferma «la difesa della libertà di questo Paese e del suo popolo»; precisa inoltre che Vietnam meridionale, Laos e Cambogia sono garantiti dal protocollo della SEATO e dichiara di essere pronto a compiere ulteriori passi per assolvere gli obblighi previsti dal trattato in quanto la sconfitta della campagna comunista è essenziale «per la sicurezza non solo della Repubblica del Vietnam, ma per quella dell'Asia sudorientale». Deplora le azioni del Pathet Lao, che rendono critica la situazione interna del Laos. Le attività militari si estendono (agosto 1964) dopo gli attacchi di motosiluranti nordvietnamite ad unità navali statunitensi nel golfo del Tonchino: Johnson ordina rappresaglie aereo-navali contro alcune basi nel Vietnam del Nord e denuncia l'aggressione subita al Consiglio di Sicurezza. Si rafforza l'ipotesi di un allargamento del conflitto, che potrebbe coinvolgere altri Paesi della regione, oltre alla Cina e all'URSS. Pechino respinge le argomentazioni americane (agosto 1964): le navi attaccate avevano violato le acque territoriali nordvietnamite e la rappresaglia «esagerata ed immotivata» nasconde nuove intenzioni aggressive. Lancia, inoltre, un preciso avvertimento: l'aggressione contro il Vietnam del Nord è al tempo stesso contro la Cina e «il popolo cinese non resterà inattivo per nessun motivo». Hanoi, dopo aver protestato per i bombardamenti statunitensi presso i copresidenti della conferenza di Ginevra del 1954 (Gran Bretagna e URSS), rifiuta l'intervento dell'ONU e chiede la riconvocazione urgente della conferenza. Mosca, di fronte agli incidenti, assume un atteggiamento cauto: deplora il pattugliamento delle coste del golfo del Tonchino ad opera di navi ed aerei di una potenza geograficamente molto lontana. Questi avvenimenti hanno creato «una situazione gravida di pericolose conseguenze», fra le quali non è da escludere un allargamento del conflitto di cui sarebbero responsabili gli Stati Uniti d'America. Il comportamento sovietico è influenzato dai contrasti con Pechino e dalla posizione filocinese assunta da Ho Chi Minh. Senza nulla concedere a Washington, non si vuole forzare la situazione al punto di veder compromessi gli sforzi distensivi a livello mondiale per favorire un Paese che dimostra di essere molto sensibile ai richiami di Pechino. Oltre a ciò giova tener presente che l'intera penisola indocinese è lontana dall'URSS, mentre è a diretto contatto con la Cina.

3. *Nuove difficoltà a Saigon: la guerra continua. Il Libro bianco americano sul Vietnam (1965). Il piano Johnson (1965).* L'escalation. *I bombardamenti oltre il 17° parallelo. La conferenza di Manila (1966)*

A Saigon il "governo militare" non dimostra la compattezza dei primi tempi, ma al contrario si verificano continui cambiamenti nei ruoli dirigenziali della giunta militare rivoluzionaria e lo stesso presidente Nguyen Khánh, dopo aver tentato di dar vita ad una vera e propria dittatura militare, appare indebolito da continue ribellioni di ambienti delle forze armate e dalle proteste dei cattolici, dei buddhisti e degli studenti. In realtà, mentre l'azione politico-militare del Fronte di Liberazione s'intensifica, i vertici governativi di Saigon appaiono sempre più divisi, incapaci di definire una riforma costituzionale adeguata e di condurre il Paese con chiarezza e determinazione, mentre cambiamenti drammatici ai vertici del potere si susseguono in continuazione (nel corso del 1964 questi "colpi di Stato" sono ben sei). Washington denuncia in più occasioni la gravità della lotta interna alla dirigenza militare che favorisce l'azione del Vietcong e minaccia la sospensione degli aiuti e lo "sganciamento" da Saigon. Ciononostante, Johnson e l'ambasciatore Taylor confermano l'appoggio ai governi che si costituiscono, denunciano gli aiuti crescenti dati dal Vietnam del Nord all'insurrezione nel Sud, molti dei quali transitano nel territorio laotiano. In realtà, la guerriglia degli anni precedenti si è trasformata in guerra e sono sempre più numerosi gli scontri con l'impiego di forti contingenti militari. Nel febbraio 1965 aerei statunitensi attaccano importanti basi militari a Nord del 17° parallelo (confine fra i due Vietnam) considerate i punti di partenza per le azioni nel Sud.

La critica situazione interna al governo sudvietnamita non porta al disimpegno di Washington, ma al contrario quest'ultimo accentua sempre più la sua presenza militare nel convincimento di dover sostituire le carenze del governo locale. In tal modo, più l'autorità sudvietnamita perde di prestigio, più cresce lo sforzo statunitense (si estendono le azioni in aree oltre il 17° parallelo e l'afflusso di reparti di marines). Ciò conferma che i vietnamiti del Sud hanno, di fatto, perduto la "loro guerra" contro i comunisti e che soltanto l'impegno dei nordamericani permette loro di resistere e di esistere sul piano militare e politico. Il conflitto diventa in tal modo un confronto non soltanto fra vietnamiti di opposti convincimenti, ma fra Washington ed Hanoi (alle cui spalle è in allarme Pechino). È utile, per comprendere le valutazioni americane, la lettura del Libro bianco sul Vietnam (febbraio 1965), dove si afferma che la guerriglia in atto è diversa da quelle che si sono verificate in Grecia, Malesia e Filippine. In quella circostanza essa, pur provocata dal comunismo, era prevalentemente locale, mentre quella vietnamita è simile a quella coreana: c'è uno Stato (Vietnam del Nord) che vuole conquistarne un altro (Vietnam del Sud). La guerriglia al Sud, secondo il documento, sarebbe insignificante senza l'aiuto di Hanoi che conduce una vera e propria «guerra d'aggressione». Il Fronte di Liberazione Nazionale (FNL) è un'espressione di organi di partito e di governo del Nord che hanno violato i precedenti accordi di Ginevra (1954 e 1962) e lo Statuto dell'ONU. Questa realtà giustifica gli attacchi condotti da Saigon e da Washington oltre il 17° parallelo. Non si tratta, secondo il Libro bianco, di reprimere una sommossa o una ribellione, ma è in atto la difesa di uno Stato amico e alleato impegnato in una guerra non dichiarata contro uno Stato aggressore. Nel testo non compaiono riferimenti espliciti ad altri Paesi comunisti, ma è evidenziato il sostegno che essi forniscono al FLN. Non emerge dal documento alcuna analisi sulla crisi politica che travaglia da anni i vertici politico-militari sudvietnamiti, il radicamento del comunismo presso gran parte della popolazione delle campagne (in particolare nel delta del Mekong), l'incapacità dei governi di Saigon di garantire stabilità, ordine e riforme democratiche. In questo contesto la guerra contro Hanoi e FLN diventa, di giorno in giorno, sempre più "statunitense".

Mosca reagisce con vivacità: assicura «l'assistenza necessaria» ad Hanoi e chiede «l'immediato ritiro degli americani dal Vietnam del Sud e dal Laos». Pechino condanna l'aggressione e precisa che «i 650 milioni di comunisti cinesi non staranno fermi e sono ben preparati per ogni eventualità». È un avvenimento grave, che ricorda i tempi della crisi coreana: anche in quella circostanza la Cina intervenne con «milioni di volontari» quando le forze delle Nazioni Unite, sotto comando americano, dopo aver superato il 38° parallelo puntavano a raggiungere il fiume Yalu, cioè le frontiere cinesi. Da parte sua, il Fronte di Liberazione Nazionale (marzo 1965) conferma di voler lottare, «sino alla cacciata degli americani dal Vietnam e dei traditori vietnamiti», sulla base del suo giuramento: «piuttosto morire che essere assoggettati». Anche se il conflitto dovesse durare «10-20 o più anni», si combatterà fino alla fine, «finché non un solo soldato statunitense rimarrà nel nostro Paese». Da queste dichiarazioni traspare la fiducia del FLN nelle proprie forze e la consapevolezza dell'inconsistenza delle forze sudvietnamite che devono la propria sopravvivenza all'aiuto esterno.

Hanoi indirizza alla Repubblica sudvietnamita e ai parlamenti di tutto il mondo un progetto in quattro punti per l'esecuzione degli accordi di Ginevra:

1) Washington deve ritirare tutte le sue truppe e interrompere le azioni offensive contro il Vietnam settentrionale;

2) in attesa della riunificazione delle due zone nessuno dovrà aderire ad alleanze militari con Paesi stranieri né mantenere sul suo territorio basi o truppe di altri Paesi;

3) gli affari interni del Vietnam devono essere risolti conformemente al programma del FLN senza interferenze straniere;

4) la riunificazione pacifica del Vietnam deve essere risolta dai vietnamiti senza interventi stranieri.

Si tratta di proposte molto radicali che non possono essere accolte né da Saigon, né da Washington; esse non sono preparatorie di trattative, ma rivelano un'assoluta certezza di poter conseguire una vittoria militare e politica.

Il conflitto non si spegne neppure dopo le autorevoli pressioni che vengono dalla segreteria generale dell'ONU, da parte di numerosi Stati, di eminenti personalità del mondo della cultura e della scienza e dello stesso Pontefice Paolo VI. Il presidente Johnson (aprile 1965) propone un piano di sviluppo economico per l'Asia del Sud Est di cui potrebbe beneficiare anche Hanoi. La proposta cade nel vuoto per le negative reazioni di quest'ultimo e dei cinesi. In questo quadro il Congresso americano approva lo stanziamento straordinario di nuovi rilevanti fondi (700 milioni di dollari) per sostenere l'impegno militare in Vietnam. Johnson è convinto (maggio 1965) che la Cina non desideri la fine del conflitto perché il suo obiettivo non è il Vietnam meridionale ma l'Asia; essa non vuole soddisfare il nazionalismo vietnamita, ma sottomettere gli asiatici e dunque screditare e ostacolare l'azione di Washington. Sulla base di quest'analisi, sarebbe stato più efficace colpire la Cina, ma in realtà quest'ultima non ha manifestato alcuna intenzione aggressiva o espansiva, limitandosi a sostenere i movimenti comunisti ed anticolonialisti della regione. La stessa teoria del "domino" è inesatta, perché essa confonde i progetti espansivi del comunismo a livello mondiale con le aspirazioni nazionali dei comunisti di Hanoi. Ho Chi Minh, pur legato alla causa marx-leninista, ha orizzonti vietnamiti (e solo in parte indocinesi). Pechino non si sottrae al confronto e alla polemica; il ministro degli Esteri, Chen Yi, condanna l'imperialismo americano che fa delle aggressioni e degli interventi i suoi abituali mezzi d'azione politica. Non manifesta intenzioni offensive nei confronti di Washington, ma avverte che «la Cina non farà mai mancare il suo appoggio nella lotta rivoluzionaria ai popoli ed alle nazioni oppresse per sconfiggere l'imperialismo».

Lo scontro in atto nel Vietnam è anche strumento della propaganda cinese nel contrasto in atto con Mosca e i vertici maoisti denunciano la scarsa sensibilità antimperialista dei moscoviti. Essi sono più sensibili alla distensione con gli statunitensi che a sostenere la causa dei Paesi asiatici contro il neocolonialismo americano. In realtà non è auspicato uno scontro militare sovietico-statunitense ma è temuta un'intesa fra le due grandi potenze, che potrebbe rendere meno sicura la Cina maoista e indebolire il sostegno moscovita alle guerre di liberazione in Asia e nel mondo («le guerre giuste devono essere sostenute», osserva Mao Tsé-Tung). Pechino sottolinea (novembre 1965) l'erronea politica dei successori di Krusciov anch'essi "revisionisti" e ipocriti propagandisti dell'unità rivoluzionaria marx-leninista; sul Vietnam continua una sotterranea trattativa sovietico-americana ed infatti Mosca ha partecipato ai lavori per dar vita alla Banca per lo sviluppo dell'Asia, secondo il progetto di Johnson (in accordo con la Corea meridionale, il Giappone, Formosa e la Malaysia). Ma il popolo vietnamita non è caduto nella trappola delle proposte statunitensi e ottiene importanti vittorie militari. Mosca, continuano i cinesi, ha accettato la proposta di Johnson di avviare trattative incondizionate sul futuro della penisola indocinese; al contrario Hanoi ha posto la pregiudiziale del ritiro delle forze armate straniere dall'intera regione e dal Vietnam meridionale. Mosca con il suo ambiguo comportamento, osserva Pechino, lavora per una soluzione inaccettabile che, permetterebbe agli USA di rimanere nel Vietnam meridionale senza limiti di tempo. In realtà la polemica cino-sovietica, alimentata da diversi problemi, si estende anche al Vietnam perché diversi sono gli obiettivi dei due Paesi: Mosca, che pur sostiene la lotta del FLN e del comunismo asiatico, ha interesse a portare avanti il dialogo con Washington su questioni di rilevanza mondiale (armi nucleari, disarmo, ecc.); Pechino teme al contrario che il disimpegno sovietico possa portare gli Stati Uniti (con Formosa, la Corea del Sud e i sudvietnamiti) anche ad azioni offensive nei suoi confronti. Sono prospettive divergenti che, in Asia orientale, favoriscono la linea intransigente cinese più propensa alle lotte armate di liberazione, ma anche Pechino tuttavia si muove su una linea difensiva perché teme di poter essere oggetto di azioni aggressive. Hanoi ottiene aiuti da Mosca e da Pechino e non domanda un intervento militare diretto da parte dei cinesi anche se comprende che la Cina è la retrovia naturale del conflitto. Il quadro potrebbe mutare soltanto di fronte ad un'invasione terrestre del Vietnam settentrionale. In questa eventualità, «che non si verifica», potrebbero trovare applicazione le teorie di Lin Piao della «guerriglia di massa» e dell'«oceano umano combattente».

La situazione in Vietnam peggiora agli inizi del 1966 con la ripresa dei bombardamenti sul Vietnam del Nord dopo una breve sospensione decisa da Johnson per verificare la disponibilità di Hanoi ad avviare nuove trattative di pace. I rapporti fra Saigon e Washington si stringono dopo l'incontro di Honolulu (1966) dei vertici dei due Paesi e la dichiarazione finale congiunta conferma la volontà di resistere all'aggressione, di porre mano ad una rivoluzione sociale contro la fame, l'ignoranza e le malattie e di dar vita «ad un autogoverno libero per la ricerca della pace». Alla fine di giugno i bombardamenti coinvolgono i depositi petroliferi di Hanoi, Haiphong, Do San e il segretario alla difesa Robert McNamara precisa che gli obiettivi sono stati scelti per fermare i rifornimenti (autocarri, giunche a motore, navi) che riforniscono il FLN. Essi sono cresciuti negli ultimi mesi: è stato necessario colpire «il centro del sistema petrolifero, i depositi di riserva e gli impianti di distribuzione e il nemico dovrà superare nuove difficoltà per continuare ad infiltrarsi al Sud». Johnson evidenzia l'importanza della lotta intrapresa per difendere il popolo sudvietnamita e l'intera Asia sudorientale. Coloro che credono nella sovversione e nella guerriglia saranno sconfitti e con loro «il terrore d'importazione» (nel 1965 i comunisti hanno ucciso o rapito nel Vietnam del Sud 12.000 civili). Johnson ricorda che Hanoi ha, negli ultimi anni, reclutato molti giovani nel Sud, ha infiltrato ben tre divisioni dell'esercito nordvietnamita, ha costruito strade di collegamento al posto dei vecchi sentieri e delle piste attraverso la giungla e ha utilizzato armamenti pesanti importati dalla Cina. Quest'aggressione non pagherà perché gli USA e i loro alleati (Filippine, Corea del Sud, Australia e Nuova Zelanda) sono decisi a combattere fino alla sconfitta degli aggressori. In questa occasione si evidenzia il ruolo prioritario che esercitano gli USA, mentre restano in ombra gli esponenti sudvietnamiti anche dopo l'ennesimo "colpo di Stato" fra i militari che ha portato ai vertici il generale Nguyen Cao Ky. Pure quest'ultimo deve affrontare i dissidi interni al mondo militare e nuove e violente manifestazioni antigovernative attivate, in prevalenza, dal mondo buddhista. È chiesto l'allontanamento della giunta militare, la formazione di un governo civile, lo svolgimento di elezioni e il varo di una nuova Costituzione. La tensione è di tale gravità che molti osservatori non escludono che possa degenerare in una «crudele guerra civile». Washington si trova di fronte un quadro interno molto deludente. Mentre intensifica gli sforzi militari contro il Vietnam del Nord e il FLN, assiste alla repressione contro i buddhisti e gli oppositori che impegna molte delle energie militari di Saigon. Le elezioni (settembre 1966), indette per l'elezione dell'Assemblea costituente, non portano alla pacificazione interna. Gli oppositori denunciano l'esiguità del corpo elettorale (sono state escluse dalla consultazione le aree sotto l'influenza del FLN), il controllo poliziesco sugli elettori e il permanere del potere nelle mani della giunta militare. Non contribuisce all'avvio di negoziati neppure la conferenza di Manila (ottobre 1966) convocata dal presidente Ferdinando Marcos alla quale partecipano rappresentanti degli USA, del Vietnam meridionale, della Corea del Sud (e delle Filippine). Essa conclude i lavori con l'approvazione di tre documenti:

1) una dichiarazione per la pace e il progresso in Asia e nel Pacifico;
2) un'enunciazione di precisi obiettivi per garantire la libertà;
3) un comunicato finale.

In quest'ultimo Saigon dichiara di essere disposta a domandare il ritiro delle forze armate alleate e la smobilitazione delle loro basi «qualora le forze militari e sovversive nordvietnamite si ritirino, le infiltrazioni cessino e la violenza si attenui». Le pressioni di Manila e di Canberra hanno convinto gli esponenti sudvietnamiti a quest'apertura, nonostante la loro precedente opposizione a qualsiasi armistizio con i comunisti. Purtroppo anche questi auspici restano sulla carta, in quanto la guerra continua con immutata violenza e non si registrano segnali di pacificazione.

4. *Le iniziative per la pace di diversi Paesi. L'impegno del segretario dell'ONU U Thant. L'opposizione alla guerra negli Stati Uniti. Lo scambio di lettere fra Johnson e Ho Chi Minh (1967)*

In questo periodo s'intensificano anche le iniziative per fermare il conflitto (guerriglia, bombardamenti, ecc.) e per avviare nuove trattative fra le parti. Da parte francese si condanna l'allargamento del conflitto con l'impiego massiccio dell'arma aerea oltre il 17° parallelo. De Gaulle (gennaio 1966) esclude soluzioni militari per il conflitto in corso, ribadisce la validità delle decisioni di Ginevra (1954) e riafferma che occorre garantire l'indipendenza «nella neutralità» di un futuro Vietnam unificato. Nel settembre del 1966 mette in guardia dai pericoli di una *escalation* di un conflitto «sempre più vicino alla Cina e sempre più provocatorio nei confronti dell'URSS, sempre più disapprovato da molti popoli europei, africani e latino-americani e sempre più minaccioso per la pace mondiale». Un negoziato può essere riaperto, ma esso, per avere prospettive di successo, presuppone il ritiro preliminare delle forze armate americane in un adeguato periodo di tempo. Parigi non crede alla «vittoria militare» e alla possibilità che l'esercito sudvietnamita possa riuscire, anche con l'aiuto statunitense, dove ha fallito quello francese. In questo capisce prima di Washington i pericoli dell'operazione e il rischio della sconfitta. C'è anche, secondo alcuni osservatori, l'intenzione di dissociarsi dall'impegno armato di Washington come quest'ultimo ha fatto nei confronti di Londra e Parigi in occasione della crisi di Suez del 1956. La Francia mantiene un atteggiamento di severa condanna di Washington: de Gaulle (giugno 1967) conferma la gravità dell'intervento straniero e, senza mezze parole, deplora «la guerra scatenata nel Vietnam dall'intervento americano, la distruzione di beni e di vite che da essa deriva». È necessario che gli USA ritirino «le proprie forze entro un periodo determinato».

Londra, non coinvolta nel conflitto vietnamita, esclude soluzioni militari. Il primo ministro Harold Wilson (giugno 1966) deplora l'estensione dei bombardamenti in aree densamente popolate e si dissocia dalle decisioni di Johnson, ma conferma la propria solidarietà a Washington nella difesa del popolo sudvietnamita che «non vuole vivere sotto il dominio comunista». Infine, auspica che Hanoi superi le pregiudiziali che ha posto ed accetti di partecipare a nuovi negoziati.

Indira Gandhi (luglio 1966) supera le precedenti cautele e propone la rapida riconvocazione della conferenza di Ginevra e invita Londra e Mosca a prendere urgenti e adeguate misure ma la proposta non ha seguito perché sia la Gran Bretagna che l'URSS non la ritengono realizzabile nel contesto che si è creato in Vietnam (ripresa dei bombardamenti al Nord, ostilità di Hanoi, ecc.)

Anche il segretario delle Nazioni Unite, U Thant, è molto attivo per la ripresa dei negoziati: propone a tal fine la cessazione dei bombardamenti al Nord, la riduzione delle attività militari nel Sud e la proclamazione di una tregua militare. Ogni rinvio peggiora la situazione e provoca «ogni giorno la morte di centinaia di uomini». Deplora che i suggerimenti dell'ONU restino lettera morta e ancora nel dicembre 1966 si augura che la tregua accettata dai combattenti per le festività natalizie possa proseguire anche nel futuro e portare a serie trattative di pace. U Thant è convinto che un Vietnam unificato e non allineato non rappresenti un pericolo per la pace né un focolaio per la diffusione del comunismo tanto più in quanto questa sua collocazione sarebbe garantita dalle grandi potenze fra le quali gli USA. Occorre avviare trattative fra Hanoi, Saigon e Washington, ma non è prudente escludere il FLN, che senza dubbio costituisce «un'entità indipendente».

Nel marzo (1967) il segretario generale delle Nazioni Unite invia un *memorandum* ai belligeranti invitandoli a ricercare una soluzione negoziata. Mentre Washington dichiara la propria disponibilità, Hanoi respinge la proposta e rifiuta l'intervento dell'ONU: «il problema vietnamita non ha nulla a che vedere con le Nazioni Unite e queste non hanno alcun diritto di interferire nel problema del Vietnam». Non è possibile attivare una tregua generale in presenza di un'occupazione e di un'aggressione; né si possono accettare colloqui di pace per mezzo di una sospensione dei bombardamenti e al tempo stesso imporre i colloqui di pace con gli stessi bombardamenti. Pechino polemizza con U Thant e con le Nazioni Unite; a suo giudizio sono due strumenti nelle mani dell'imperialismo americano che non vuole la pace in Vietnam, ma il suo controllo. Mao Tsé-tung ha detto che «l'imperialismo è feroce»; con ciò voleva precisare che la sua natura non può cambiare: «gli imperialisti non deporranno mai i propri coltelli da macellai, che non diventeranno mai Buddha fino alla fine». Hanoi conferma che il conflitto può avere termine soltanto con l'accettazione del suo programma (quattro punti) e di quello del FLN (cinque punti). Gli USA sono invitati a fermare l'aggressione e non possono «chiedere la reciprocità né la "deescalation" reciproca: mentre parlano di pace intensificano la guerra», mentre devono finire i bombardamenti, cessare l'occupazione, essere ritirate le truppe americane e dei satelliti, riconoscere il Fronte di Liberazione Nazionale e accettare che il popolo vietnamita risolva da solo i propri problemi; «non c'è altra via».

Il segretario generale denuncia (maggio 1967) i rischi dell'intensificazione delle operazioni belliche e precisa che Pechino non è intervenuta perché Hanoi ha resistito ai pesanti bombardamenti americani, ma non può essere escluso un allargamento territoriale dei combattimenti oltre i confini vietnamiti. In numerose occasioni mette in luce l'erroneità della teoria statunitense del "domino" che, anziché contenere il comunismo, ha contribuito ad estendere e a radicalizzare i conflitti in Asia.

La recrudescenza della situazione militare e l'assenza di trattative fra i contendenti favoriscono il moltiplicarsi d'iniziative a favore della pace in tutto il mondo. Ceylon è disposto a mettere a disposizione il suo territorio per un incontro fra i rappresentanti di Hanoi, Saigon e del FLN per avviare nuove trattative; i laburisti svedesi plaudono al lavoro del segretario generale U Thant, stigmatizzano il comportamento statunitense che, fra l'altro, mette in pericolo i rapporti di cooperazione fra i Paesi occidentali. Il governo, per bocca del ministro degli Esteri Torsten Nilsson, chiede la sospensione dei bombardamenti e rompe le relazioni diplomatiche con Saigon. La Camera olandese (agosto 1967) approva una mozione che impegna il governo a chiedere a Washington di sospendere le incursioni aeree oltre il 17° parallelo e al FLN di rendersi disponibile a nuovi negoziati limitando la propria attività militare per arrivare ad un armistizio. Anche negli USA si manifestano dissensi dalla politica del governo, dove molti rappresentanti del partito democratico criticano apertamente le scelte di Johnson. Oltre a ciò, nelle università, in molti ambienti intellettuali e nei movimenti pacifisti (oltre a quelli d'ispirazione comunista, socialisti, umanitari, ecc.) si manifestano forme di protesta sempre più consistenti contro la guerra nella lontana penisola indocinese. Gli USA non possono estendere la democrazia in tutto il mondo ed ancor meno difendere, essi sostengono, la libertà di un popolo «a 20.000 chilometri dalle sue frontiere».

Il senatore Robert Kennedy (marzo 1967) muove precise critiche all'operato di Johnson, anche se riconosce la complessità della situazione vietnamita; in sostanza la sinistra democratica denuncia l'erroneo utilizzo della grande forza degli USA che non ha prevalso sui nemici vietnamiti. L'*escalation* dei bombardamenti ha reso più difficile l'avvio di trattative e ora è necessario dare «una prova di fiducia» ad Hanoi e a Mosca con la loro sospensione e l'avvio immediato di negoziati. La mancata sconfitta del Vietcong è la dimostrazione che occorre «una soluzione negoziata di compromesso» con il FLN, mentre l'aggravamento della guerra non può portare la pace. Anche le università sono in agitazione: numerosi esperti di politica orientale di Harvard firmano un documento contro l'azione del governo e chiedono di porre fine ai bombardamenti sul Vietnam del Nord. Anche in altri Paesi lo sviluppo del conflitto indocinese è seguito con preoccupazione; i laburisti norvegesi, al termine di un'assemblea nazionale, sottolineano i pericoli che derivano dalla guerra in Vietnam per la pace mondiale, plaudono alle proposte di U Thant, stigmatizzano la condotta americana, che, fra l'altro, «mette in serio pericolo la cooperazione fra i paesi occidentali». Il governo canadese non esita a fare pressioni a Washington per la sospensione dei bombardamenti: «questo è l'unico modo per mettere alla prova la buona volontà nordvietnamita di giungere ad un compromesso». Johnson, per superare le difficoltà, invia un messaggio personale ad Ho Chi Minh. In esso (febbraio 1967) auspica un dialogo rapido e leale per porre fine al conflitto anche a livello bilaterale (Washington-Hanoi) pur con le dovute cautele; propone un duplice autocontenimento, con sospensione dei bombardamenti e delle infiltrazioni via terra e via mare; propone come sedi di eventuali trattative Mosca e la Birmania, senza escludere altre località. La risposta di Ho Chi Minh è quasi sprezzante: «il Vietnam dista migliaia di migliaia di chilometri dagli Stati Uniti; il popolo vietnamita non ha mai fatto male a quello americano». Al contrario Washington è intervenuta per dividere il Paese (nonostante gli accordi di Ginevra del 1954), vuol fare del Vietnam del Sud una sua «neocolonia» e trasformarla in una base militare. Da due anni conduce attacchi aerei e navali contro la Repubblica del Nord e ha «commesso crimini di guerra, crimini contro la pace e contro l'umanità» (armi inumane, prodotti chimici tossici, gas, napalm, distruzione di villaggi, ecc.); né minori sono le responsabilità per i bombardamenti (distruzione di città, villaggi, fabbriche, scuole, ponti, dighe, chiese, pagode, ospedali). Tutto questo, precisa Ho Chi Minh, è opera dell'aggressione statunitense, mentre il popolo vietnamita ama la pace, vuole l'unità del Paese e la sua indipendenza ed è preparato ad ogni sacrificio e sofferenza. Washington deve porre fine all'aggressione senza condizioni, cioè sospendere le operazioni belliche contro il Nord, ritirare le sue truppe (e quelle dei satelliti) dal Sud, riconoscere il FLN e permettere al popolo vietnamita di decidere «da solo i propri affari». I colloqui bilaterali auspicati dagli USA possono aver luogo dopo aver risolto queste questioni pregiudiziali; il popolo vietnamita, conclude Ho Chi Minh, che combatte per «una causa assolutamente giusta [...] non cederà mai alla forza né accetterà mai colloqui sotto la minaccia delle bombe». Al contrario è necessario che il governo USA agisca «secondo ragione». Le posizioni di Johnson e di Ho Chi Minh restano molto lontane e di fatto inconciliabili per il convincimento americano di difendere la libertà del Vietnam del Sud dall'aggressione comunista e quello di Hanoi di essere vittima di un nuovo e più brutale colonialismo. Sulla base di queste convinzioni non restano sul tappeto che due vie d'uscita: la vittoria militare o il ritiro dalla lotta di una delle parti, ma nessuna vuol prendere quest'ultima strada.

5. *L'offensiva del Têt. Nuove proposte di pace a Parigi (1968). Nixon decide il disimpegno statunitense e la "sudvietnamizzazione" del conflitto. La nascita del Governo Rivoluzionario Provvisorio (GRP, 1969). Il decesso di Ho Chi Minh. L'inasprimento del conflitto (1970). Saigon nelle mani di Nguyen Van Thieu (1971). L'offensiva aereo-navale di Nixon contro il Vietnam settentrionale (1972)*

Agli inizi del 1968 si registra una poderosa offensiva vietcong in molte aree urbane e rurali e contro importanti basi americane. Nonostante i bombardamenti sul Nord, le azioni aeree nel Laos per colpire il "sentiero di Ho Chi Minh" (dal Vietnam del Nord entra nel Laos e penetra, al di sotto del 17° parallelo, nel Vietnam del Sud) il FLN dimostra una straordinaria capacità offensiva. Ciò conferma la determinazione dei suoi dirigenti, la consistenza degli aiuti, in uomini e armamenti, da parte di Hanoi e i suoi collegamenti con parte della popolazione. Quest'ultima è invitata, senza successo, a ribellarsi e a impugnare le armi contro Saigon e gli americani (gennaio 1968): «noi rivolgiamo un appello ai compatrioti perché: 1) ci aiutino ad attaccare e catturare tutte le forze della cricca Stati Uniti-governo fantoccio; 2) ci aiutino a catturare tutti i lacchè ed i crudeli agenti di tale cricca». Queste operazioni condotte su larga scala ("offensiva del Têt") non portano ad una sconfitta militare di Washington e di Saigon, ma mettono in luce una loro sostanziale debolezza. Emerge la capacità delle forze comuniste di affrontare apertamente, e in molte località (anche le principali basi statunitensi), le forze governative e di avere ormai abbandonato la guerriglia tradizionale con la tattica del "mordi e fuggi". Lo stesso ministro della Difesa nordvietnamita Vo Nguyen Giáp conferma la volontà di compiere ogni sacrificio e di combattere sino alla vittoria finale, mostrandosi certo del risultato, anche se gli "imperialisti statunitensi" invieranno altre truppe e mezzi nel Sud. L'incredibile sforzo militare del Vietcong e gli enormi costi umani dell'operazione del Têt rappresentano il culmine della capacità operativa dei comunisti sudvietnamiti. Negli anni seguenti l'ossatura sarà costituita dai reparti nordvietnamiti entrati dal 17° parallelo o dai confini laotiani in numero crescente e con armamenti sempre più poderosi.

Di fatto le operazioni belliche si estendono anche alla parte orientale del Laos e in Thailandia dove la guerriglia comunista è sempre più attiva. Souvanna Phouma, capo del governo laotiano, è convinto che la situazione del suo Paese possa essere risolta in modo definitivo soltanto nel quadro della «neutralizzazione dell'intera Asia sudorientale». La posizione di Washington non registra cambiamenti di rilievo: occorre difendere Saigon dall'aggressione comunista e nordvietnamita e sullo sfondo resta il timore dell'espansionismo cinese «fomentatore delle rivoluzioni asiatiche». Il segretario di Stato Rusk attacca Pechino che favorisce e incoraggia il rovesciamento «dei governi legalmente costituiti» per estendere la sua influenza su tutto il Sud-Est asiatico; la Cina non ha esitato a «usare la forza militare al di là dei suoi confini» e «offre rifugio ai *leaders* rivoluzionari di altri Stati asiatici e li rifornisce di fondi». Nonostante il parziale successo dell'offensiva di Têt, la situazione militare è in stallo; di fatto lo sforzo statunitense (circa 400.000 combattenti, impiego di mezzi militari terrestri, navali e aerei ingenti, impegno finanziario rilevante, ecc.) non ha dato i risultati attesi. Al contrario, crescono le proteste all'interno degli USA, le riserve degli alleati e le condanne da parte di molti Stati. Di fronte a questa situazione Johnson lancia un'imprevista offensiva di pace (marzo 1968) e ordina la sospensione dei bombardamenti su gran parte del Vietnam settentrionale senza condizioni e senza limiti di tempo. A Saigon si registrano reazioni negative; si teme che Hanoi non accetti l'apertura di nuove trattative e approfitti della tregua aerea per incrementare i rifornimenti e rinforzarsi al Sud. Anche il FLN è ostile all'avvio di trattative: non senza motivo scatena una nuova ondata di attacchi militari. Teme di essere messo da parte in future sistemazioni politiche e che venga accolta la discriminazione nei suoi confronti sostenuta dai governanti del Sud. Si forma, su base più ampia, un'"Alleanza delle forze democratiche e pacifiste", che tende a presentarsi come governo d'alternativa a quello sudvietnamita in carica. Il Comitato Centrale del FLN dichiara (novembre 1968) di essere pronto a partecipare (anche in rappresentanza dell'Alleanza democratica e pacifista) ad una conferenza con Hanoi, Washington e il governo di Saigon, ma la disponibilità non significa riconoscimento di quest'ultimo che è una «cricca di traditori e di complici degli aggressori statunitensi». Il governo di Saigon dichiara di non essere disposto a partecipare alla "conferenza a quattro": il FLN non può essere considerato «un'entità a sé stante» distinta da quella nordvietnamita: «noi non accetteremo mai di discutere con il FLN». La risposta nordvietnamita è però positiva e dopo altre proposte si decide di avviare le prime conversazioni a Parigi per porre fine anzitutto alle rimanenti azioni aeree e navali contro il territorio oltre il 17° parallelo. U Thant esprime pieno apprezzamento e soddisfazione per l'avvio dei negoziati parigini (maggio 1968). Questi ultimi, tuttavia, non fanno registrare risultati apprezzabili anche se le attività belliche nel Sud risultano ridotte. Il dialogo è bloccato da opposte esigenze: Washington è disposto alla «sospensione totale dei bombardamenti» (saranno sospesi nel mese di ottobre), purché Hanoi ritiri le sue forze oltre il 17° parallelo, rispetti la zona smilitarizzata, sospenda gli aiuti ai vietcong e apra le porte ad una sistemazione politica generale del Vietnam. Inoltre, domanda il riconoscimento formale del governo di Saigon. Da parte sua Hanoi chiede la sospensione immediata e totale delle azioni belliche sul suo territorio; non accetta di procedere nelle trattative finché «perdura l'aggressione». Non è disposta a mettere da parte il FLN e tanto meno a considerare il governo sudvietnamita «il rappresentante del popolo meridionale del Paese». C'è dunque sul tavolo, al di là delle contingenze militari, il futuro politico del Vietnam del Sud. Se prevalessero le tesi di Hanoi e del FLN, quest'ultimo diventerebbe una temporanea appendice del Nord per essere in seguito assorbito. Dopo anni di guerra sarebbe una clamorosa sconfitta politico-militare per Washington e Saigon. Al contrario potrebbe essere accolto un Vietnam meridionale indipendente, riconosciuto da Hanoi, con un governo di coalizione, neutralizzato e garantito dalle maggiori potenze. Queste considerazioni proiettano nel futuro; di fatto, nell'immediato, Washington (che ha quasi 30.000 caduti, 200.000 feriti, enormi costi finanziari) crede alla soluzione politica e alla necessità di trattare anche con il FLN. Da parte sua Hanoi, anche senza il riconoscimento, non esclude dalle trattative il governo di Saigon. Alla fine prevale un compromesso: a Parigi le trattative sono avviate da due delegazioni (dicembre 1968), Vietnam del Nord (Hanoi e FLN) e Vietnam del Sud (Saigon e Washington). Il nuovo presidente Richard Nixon auspica una rapida fine del conflitto (gennaio 1969), ritenendo necessario uscire dai temi procedurali e affrontare, alla conferenza di Parigi, quelli sostanziali relativi al futuro del Vietnam meridionale e allo scambio dei prigionieri. La nuova amministrazione vuole anche "vietnamizzare" il conflitto: essa intende ridurre la presenza USA, mentre incrementa la forza militare dei sudvietnamiti. Con quest'obiettivo si rafforzano i presidi intorno a Saigon, alle maggiori città e alle basi strategiche, si opera per la normalizzazione delle aree rurali e si procede alla promozione delle forze armate sudvietnamite, a compiti tattici e strategici sempre più rilevanti. Il FLN denuncia questa nuova politica, che, nella misura in cui rafforza il fronte meridionale anticomunista, è giudicata «più ostinata e perfida di quelle di Johnson» perché ignora le lezioni del passato. I vietcong e i nordvietnamiti scatenano una poderosa offensiva nella primavera (1969). Washington ritiene legittime le operazioni di tutela avviate nel Sud del Paese, mentre considera le reazioni del FLN una «violazione tecnica degli accordi taciti» raggiunti tra Johnson e Hanoi prima della sospensione totale dei bombardamenti oltre il 17° parallelo. È diffuso il timore che ancora una volta la soluzione dei problemi sia ricercata sul campo di battaglia e non al tavolo di Parigi. Nonostante le difficoltà, i lavori nella capitale francese proseguono. Il FLN presenta (maggio 1969) un nuovo piano per la pace che contiene indubbi e utili elementi di novità, conferma che l'unità del Paese è un «obiettivo irrinunciabile» anche se occorre tenere presente che esso deve essere raggiunto con gradualità e propone: *a*) la formazione di un governo provvisorio composto da persone e tendenze politiche sensibili «alla pace, all'indipendenza, all'unità ed alla neutralità»; *b*) l'organizzazione di «libere e democratiche elezioni» al fine di eleggere un'Assemblea costituente ed, in seguito, di dar vita ad un testo costituzionale. È necessario arrivare, al termine del percorso, alla elezione di un governo di coalizione sudvietnamita. Il documento ripropone la fascia smilitarizzata, invita le parti ad evitare azioni di rappresaglia contro gli avversari e a rinunciare ad imporre con la forza il proprio sistema politico. Il testo, pur respinto dal governo di Saigon, apre nuove prospettive: la gradualità dell'unificazione, l'accettazione dei sudvietnamiti in un governo provvisorio e le elezioni generali (il piano del FLN è articolato in dieci punti). Anche Nixon presenta un piano (maggio 1969); la soluzione di molti problemi è diversa, ma precisando che si tratta di proposte e non di un *ultimatum*. Washington può accettare il ritiro del suo contingente militare (circa 500.000 uomini) nella misura in cui procede in tal senso anche Hanoi, si vuole la pace, ma non si può accettare una sconfitta. Nonostante queste riserve e diffidenze è chiaro che il vertice americano non ricerca più, né crede possibile, una vittoria militare, ma è al contrario ipotizzabile, se i negoziati falliscono, una guerra lunga e sanguinosa. In questa direzione Nixon propone anche lo svolgimento di libere elezioni sotto la supervisione di organismi internazionali. Queste nuove prospettive inquietano Saigon che teme il ritiro americano e un confronto diretto con le altre forze politiche e militari vietnamite. Anche se le chiavi della pace non sono nelle mani dei vertici del Sud (Thieu e Ky) è indubbio che non possono essere né messi da parte né ignorati, ma devono essere coinvolti nel processo di pace. Essi ottengono un incontro (Midway, giugno 1969) con Nixon per approfondire il contenuto del piano statunitense e definire una linea comune più adatta al nuovo contesto. Gli USA confermano il progressivo ritiro dei propri soldati, la "vietnamizzazione" delle forze combattenti, rifiutano la formazione di un governo di coalizione senza le garanzie di un controllo internazionale, ma nel frattempo le operazioni belliche continuano. Nixon non prende decisioni drastiche né a favore del disimpegno né per un estremo sforzo militare: sembra «voler condurre le trattative come se la guerra non ci fosse e quest'ultima come se i colloqui di Parigi fossero finiti». Né a Washington si può pensare che i sudvietnamiti possano riuscire ove le stesse truppe statunitensi hanno fallito e la deamericanizzazione del conflitto è un modo indiretto per perdere la guerra in modo onorevole. Lo sconfitto sarebbe, sul piano formale, Saigon (anche se aiutato e sostenuto per anni) e non Washington. Nixon può forse permettersi una guerra lunga? Hanoi annuncia a sorpresa che si è formato nel Sud un Governo Rivoluzionario Provvisorio (giugno 1969) ad opera di ufficiali vietcong, contadini, giornalisti, notabili patriottici e di organizzazioni giovanili e alcuni Paesi procedono al suo immediato riconoscimento (URSS, Cina, ecc.). Il nuovo soggetto è alternativo sul piano politico a quello di Saigon e può mettere in discussione le stesse rappresentanze insediate a Parigi. La già critica realtà sudvietnamita è aggravata da un'altra novità: si è costituito, nella clandestinità, un terzo governo formato da buddhisti, cattolici e caodaisti (caodaismo o Chiesa della Terza Rivelazione), che propone il cessate il fuoco, il neutralismo e libere elezioni.

Quest'ultima iniziativa sottolinea il distacco crescente del governo sudvietnamita dalla realtà sociale e politica del Paese e i limiti del Comitato dei generali che di fatto ha mantenuto il potere. Alla fine di agosto (1969) si assiste alla formazione di un nuovo governo a Saigon presieduto dal generale Tran Thien Khiêm. Hanoi annuncia (3 settembre 1969) il decesso di Ho Chi Minh e viene ricordata la sua opera per fondare il partito comunista, contro il colonialismo francese, per la formazione della Repubblica democratica del Vietnam e per la resistenza contro gli imperialisti americani, per la riunificazione nazionale, per l'indipendenza, per la democrazia popolare e per il socialismo. Nel suo testamento, reso noto il 9 settembre, ribadisce la certezza della vittoria nella guerra in corso e che «gli americani dovranno andarsene e la nostra patria sarà riunificata. [...] Il nostro Paese – prosegue il testo –, anche se è una piccola nazione, avrà l'onore di avere sconfitto in una lotta eroica due grandi potenze imperialiste: la Francia e gli Stati Uniti, dando un degno contributo al movimento di liberazione internazionale». Assume la presidenza della Repubblica il vicepresidente Ton Duc Thang e si concretizza una gestione collegiale che conferma la precedente politica.

Nixon (dicembre 1969), deluso dalle conversazioni di Parigi, ricorda che ben 1.200.000 soldati statunitensi sono stati impegnati nel Vietnam e 40.000 sono caduti per difendere la libertà di quel popolo e hanno dato anche un importante contributo per il suo sviluppo: conferma la strategia già decisa della riduzione delle truppe americane anche se la sua attuazione è stata ritardata. Precisa di perseguire «una pace nella giustizia» che non potrebbe essere garantita da un ritiro immediato e totale. Il nemico può ancora lanciare operazioni offensive, ma può essere «contenuto» e non può prevalere né ora né dopo il completo passaggio di responsabilità militari ai sudvietnamiti. Questa impostazione conferma una svolta rispetto al periodo precedente: la guerra in atto, anche se condotta contro l'espansionismo comunista, non è un conflitto americano e tale non deve diventare. Washington può aiutare, ma non deve sostituirsi al popolo vietnamita al quale spetta decidere il futuro del Paese. Gli USA sono intervenuti per evitare che i comunisti prevalessero con la forza nel Sud e ripetessero «i massacri che fecero seguito alla loro presa del potere quindici anni fa nel Nord; allora essi trucidarono più di 50.000 persone e altre centinaia di migliaia morirono nei campi di lavoro coatto». È necessario, tuttavia, che le nazioni minacciate «assumano la responsabilità primaria di fornire le forze per la propria difesa», dal momento che la libertà non può essere garantita dalla sola America. Ora, dopo quattro anni di guerra, il primo compito degli USA, precisa Nixon, è di mettere le forze sudvietnamite «in grado di assumersi la responsabilità della sicurezza del Vietnam del Sud».

Il presidente USA (aprile 1970) lamenta che non si è verificato alcun progresso sul fronte dei negoziati. C'è anche da rilevare una presenza sempre più invadente dei soldati nordvietnamiti nel Laos e in Cambogia. Ciò nonostante, grazie al rafforzamento delle forze armate sudvietnamite, è possibile procedere al rimpatrio di altri americani: già 115.000 sono rientrati in patria e altri 150.000 faranno ritorno entro l'anno. In tal modo circa il 50% dei combattenti rientrerà in patria. Nixon polemizza con Hanoi perché non ha risposto con coerenza alle disponibilità americane: ha chiesto e ottenuto la sospensione dei bombardamenti sul Nord da oltre un anno, l'avvio di trattative con il FLN e il ritiro di parte delle nostre forze armate. Ciò nonostante, Hanoi «continua a bloccare la via di una pace giusta per i popoli dell'Asia di Sud Est». C'è inoltre, denuncia Nixon, il grave problema dei prigionieri di guerra americani che in violazione di ogni norma e consuetudine fra le nazioni civili sono «usati come pedine nei negoziati». Non sono fornite informazioni, non sono permesse ispezioni dei campi di prigionia, non è concessa alcuna assistenza per i malati e i feriti. Si tratta di circa 1.600 soldati secondo le stime statunitensi, mentre Hanoi dichiara di detenerne non più di 400. Washington combatte da circa cinque anni, conclude Nixon, una guerra in terre lontane, per garantire la libertà a 18 milioni di uomini e nessun popolo, negli annali della storia, ha mai compiuto tali sacrifici per una «causa altruistica». Il nemico ha fatto tre errore principali:

1) ha pensato di poter vincere con le armi;

2) ha ritenuto di prevalere nel Sud sul piano politico;

3) ha pensato di poter piegare il governo statunitense con l'appoggio dell'opposizione interna.

I comunisti non hanno capito che il dibattito in un Paese libero non è una prova di debolezza, ma di forza: «Gli Stati Uniti non sono mai stati sconfitti nei 190 anni della loro storia, e non saranno sconfitti nel Vietnam». Anche il quadro complessivo indocinese non è rassicurante. Nel Laos, in particolare, le forze del Pathet Lao, con l'aiuto di Hanoi, conducono azioni sempre più impegnative per il controllo di aree strategiche (Piana delle Giare). Ma il governo di Souvanna Phouma contrasta questa pressione e chiede a Washington armamenti e l'intensificazione dei raid aerei contro le forze comuniste, precisando, però, di non volere «truppe americane sul suo territorio». La guerriglia è attiva anche in Cambogia e in alcune aree della Thailandia, pertanto si teme che il ritiro dal Vietnam possa coincidere con un impegno nuovo in Indocina per fermare l'aggressività del comunismo locale. Nixon conferma in più occasioni la disponibilità a concedere aiuti, ma che «l'Asia è degli asiatici» e ad essi spetta garantirne la libertà. La situazione generale resta molto critica: coreani del Sud, filippini, thailandesi, australiani e neozelandesi combattono nel Vietnam come volontari, a riprova che i loro governi sostengono l'azione statunitense e la resistenza di Saigon. C'è in questo un'evidente prova di solidarietà asiatica anticomunista, anche se l'impegno è di portata assai modesta. Anche nel campo comunista si manifestano iniziative comuni. In «una località di confine tra il Laos, il Vietnam e la Cina» si riuniscono (aprile 1970) esponenti del Vietnam del Nord, del Pathet Lao, della Cambogia, del FLN e della "sinistra indocinese" per promuovere e coordinare azioni antimperialiste comuni. L'iniziativa gode del sostegno del governo cinese che ricorda un precedente invito del presidente Mao Tsé-tung: «L'imperialismo americano è il nostro comune nemico e noi dobbiamo unirci e sostenerci a vicenda». Anche il primo ministro sovietico Aleksej Kosygin plaude all'iniziativa unitaria dei comunisti indocinesi per arrestare l'aggressione americana, la quale colpisce, dopo il Vietnam, anche il suo fianco destro con attacchi contro il Laos e la Cambogia. Si cerca di scatenare l'odio all'interno di questi popoli costringendo, nel nome dell'anticomunismo e per gli interessi americani, «gli asiatici ad uccidere gli asiatici». Ma i combattenti vietnamiti, i patrioti laotiani e i khmer, con l'aiuto del socialismo mondiale sconfiggeranno questi criminosi progetti e garantiranno la propria libertà e indipendenza.

Negli ultimi mesi del 1970 il confronto militare in Laos, Cambogia e Vietnam del Sud risulta inasprito e, di fronte a questo imprevisto contesto, Nixon, senza rinnegare gli impegni precedenti per il ritiro graduale dei contingenti americani, sostiene il nuovo governo cambogiano, dispone l'intensificazione dei bombardamenti sulle zone di frontiera fra il Laos e il Vietnam del Sud (da dove transitano i rifornimenti per i vietcong e dove stazionano i reparti del Pathet Lao) e autorizza la ripresa dei raid oltre il 17° parallelo. Truppe sudvietnamite entrano nel Laos (febbraio 1971) per interrompere il sentiero di Ho Chi Minh e per distruggere le basi nordvietnamite costruite nelle zone di frontiera fra Vietnam meridionale, Laos e Cambogia. Da parte americana è garantita la copertura aerea, l'impiego dell'artiglieria e l'assistenza logistica. Questa "invasione temporanea" pone nuovi problemi politici. Il Laos è stato dichiarato Stato neutralizzato dalla conferenza di Ginevra del 1962, dalle grandi potenze e anche dalla Cina. Mentre Londra giustifica l'azione militare, Mosca e Pechino la condannano senza riserve. Fra l'altro si manifesta nel Paese un'opposizione al neutralismo di Souvanna Phouma che è favorevole ad un asse difensivo con Saigon. Washington giustifica l'operazione di autodifesa contro i "santuari" e precisa che essa sarà limitata "nel tempo e nello spazio" ed esclude occupazioni permanenti e l'allargamento del conflitto. Pechino è allarmata da questa iniziativa, temendo che essa preluda ad un attacco terrestre contro il Vietnam settentrionale. Ciò potrebbe avvicinare truppe nemiche alle frontiere cino-vietnamite, ma viene ribadito che in questa eventualità il popolo cinese «è pronto ad ogni sacrificio».

Nixon si compiace (aprile 1971) per i risultati ottenuti da Saigon nel Laos, la prova più evidente che la "vietnamizzazione" del conflitto funziona; conferma il ritiro di altri 100.000 americani, per un totale di oltre 350.000, cioè i 2/3 dei combattenti da quando ha assunto la presidenza; denuncia il «barbaro trattamento» riservato da Hanoi ai prigionieri americani e il blocco dei negoziati; conferma il progressivo disimpegno, ma ricorda che esso potrà avvenire quando il governo di Saigon sarà in grado di garantire la sicurezza del suo popolo. Non si devono abbandonare gli «amici», ma aiutarli finché non sono in grado di provvedere a sé stessi e di «sopravvivere come popolo libero». La guerra sta per finire anche se è dovere dell'amministrazione procedere con cautela e gradualità: l'obiettivo è la pace prima di ogni altra cosa. Mentre vengono denunciati alcuni episodi di brutalità commessi da militari statunitensi, che sono senz'altro da condannare e da punire, ben poco si parla del contributo dei 2.500.000 uomini che hanno operato in Vietnam e del loro lavoro a favore del suo popolo (scuole, ospedali, strade, cliniche specializzate, ecc.); gli USA devono essere fieri di loro: «Essi meritano non il nostro disprezzo, insiste Nixon, ma la nostra ammirazione e la nostra stima». La decisione americana è presa e dalle parole di Nixon si evince con chiarezza che il disimpegno è alle porte, ponendosi l'obiettivo primario di uscire dalla «palude vietnamita» al più presto con i modi e i tempi che saranno decisi da Washington anche a proposito della «reale sicurezza» del Vietnam del Sud.

Le pesanti azioni militari terrestri ed aeree, avviate in questo periodo, sono solo un «colpo di coda» per rendere più facile ed onorevole la ritirata, non l'avvio di nuove espansioni: si vuole la pace con onore, non una guerra senza fine. Nixon esclude soltanto l'uso delle armi nucleari, ma non pone altri limiti alla strategia bellica in atto. Si pensa che sarebbe meglio lasciare il Vietnam del Sud «in pace», al contrario lo si deve abbandonare «in sicurezza» soltanto perché gli scontri con il Vietcong e i vietnamiti del Nord non sono cessati.

Saigon non detiene però le chiavi del disimpegno degli USA; altri decideranno se il Paese è o non è nelle condizioni di assicurare il suo futuro politico che è in realtà il vero problema. Infatti, all'oggettivo rafforzamento dell'apparato militare non corrisponde un'analoga evoluzione politica e sociale. Il governo dei "generali" resta fragile, oggetto di continui colpi di Stato, le opposizioni interne religiose e politiche, pur perseguitate sopravvivono. La forte urbanizzazione determinata dal conflitto ha portato dalle campagne nelle città circa il 50% della popolazione e questo forte trasferimento di persone ha interessato anche i nuclei di simpatizzanti e di sostenitori del FLN. In tal modo quest'ultimo che negli anni precedenti godeva di forti sostegni nelle campagne ora è presente anche nei "villaggi fortificati", nei paesi e nelle stesse città fra le quali c'è la capitale. Il potenziale rivoluzionario dei comunisti è dunque aumentato negli ultimi anni anche se i bombardamenti prima e il forte impegno militare sudvietnamita in seguito lo hanno indebolito sul piano militare. I governanti di Saigon, dopo l'uscita di scena americana, rischiano di trovarsi isolati nel mezzo di un conflitto non concluso e con l'ostilità di parte della popolazione (rurale e urbana) e le profonde inimicizie del mondo buddhista e cattolico. In questo contesto appare irreale la paura di Pechino: Washington non ha alcuna intenzione di invadere il Vietnam del Nord, il Laos e la Cambogia ed ancor meno di giungere ad oltrepassare le frontiere della Cina. Non c'è alcuna analogia con la situazione coreana degli anni Cinquanta e nessun progetto analogo a quello prospettato dal generale Douglas MacArthur. La crisi politica che travaglia il Vietnam del Sud si manifesta ancora una volta in occasione delle elezioni presidenziali dell'ottobre 1971: i candidati più autorevoli (Ky e Minh) si ritirano dalla competizione per non essere coinvolti, dichiarano essi stessi, «in una sporca farsa» che renderebbe il popolo più disperato e deluso dal sistema democratico. Il presidente in carica Nguyen Van Thieu resta in tal modo l'unico candidato autorevole e ottiene, in assenza di altri competitori, ben il 95% dei suffragi (ottobre 1971). Il risultato è contestato dagli oppositori legali che denunciano irregolarità, pressioni, controllo ai seggi, immissioni di schede prevotate nelle urne, ecc. L'elezione plebiscitaria di Thieu evidenzia gravi squilibri:

1) la frattura nei vertici militari;

2) l'impossibilità di dar vita ad un sistema democratico di base (partiti, organizzazioni, ecc.) capace di operare per la pace;

3) il rafforzamento del FLN verso il quale si orientano diverse componenti buddhiste, cattoliche, neutraliste e "terzomondiste" nella speranza di poter riottenere un ruolo politico legale.

Non è confortante, da questo punto di vista, neppure il risultato ottenuto da Washington nonostante il prezzo di "sangue e di dollari" pagato per la difesa di questo Paese.

Tutto ciò non arresta il cammino intrapreso dalla Casa Bianca, ma il percorso è ancora impegnativo e non breve. Nixon procede al ritiro di altri contingenti americani, intensifica i bombardamenti sul Vietnam settentrionale (e nel Laos), mentre rafforza l'esercito del Sud. In altre parole non si vuole accreditare neppure l'impressione di una fuga, di una sconfitta o peggio di una disfatta, ma la certezza che il disimpegno è la prevista conclusione di una "missione compiuta". In questo quadro prende corpo lo storico viaggio di Nixon a Pechino; le ragioni della visita sono in prevalenza di carattere generale e si riferiscono a nuovi rapporti fra le grandi potenze. Washington vuole affermare una libertà di movimento nei confronti del comunismo mondiale (in evidente difficoltà per i contrasti cino-sovietici), mentre Pechino tende ad indebolire i rapporti sovietico-americani e a porsi come autorevole interlocutore anche con gli Stati Uniti. In particolare, dopo aver ottenuto l'ingresso alle Nazioni Unite, vuole rompere l'oltre ventennale "accerchiamento statunitense" accentuato negli ultimi anni dalla rottura con i "fratelli sovietici".

Nello specifico contesto vietnamita e indocinese l'avvio di questi contatti, diretti e al massimo livello, crea interrogativi e sospetti. Si temono, in particolare ad Hanoi, accordi fra le due potenze che potrebbero imporre soluzioni non gradite. Hanoi, nel corso degli anni precedenti, ha mantenuto stretti rapporti con Mosca e con Pechino, pur alla presenza di ricorrenti difficoltà. Ai tempi della conferenza di Ginevra (1954) benché il Viet Minh (Lega per l'Indipendenza del Vietnam) controllasse oltre i 2/3 del Vietnam, fu approvata (con l'assenso moscovita) la provvisoria divisione al 17° parallelo; ciò, al momento, fu accettato da Ho Chi Minh consapevole del peso maggiore dell'URSS e della necessità di ricevere aiuti per la difesa e lo sviluppo del Nord. In seguito Hanoi si appoggia sia a Mosca che a Pechino, anche se, con il passare del tempo, quest'ultimo diventa il suo più autorevole riferimento. Questa politica evita uno schieramento netto a favore dell'uno o dell'altro nel momento in cui i rapporti fra Mosca e Pechino si rompono. La lotta per la liberazione e l'unità del Vietnam ottengono approvazione politica e sostegno economico-militare da tutte le capitali del comunismo anche se, in più occasioni, si sono accusate a vicenda di non fornire adeguati aiuti alla "rivoluzione vietnamita". Negli ultimi tempi Hanoi ha lamentato forniture militari russe inadeguate al confronto in atto (missili terra-aria, nuovi Mig 21, impianti radar di ultima generazione, ecc.) e questa ridotta assistenza appare ad Hanoi dettata dalla volontà di non estendere il conflitto in Asia, di non compromettere i rapporti con la Casa Bianca. Di fatto, tuttavia, essa impedisce al FLN e al Governo Rivoluzionario Provvisorio di porre fine al conflitto con una vittoria militare, ma ora gli eredi di Ho Chi Minh temono che l'avvio di contatti, tanto repentini quanto imprevisti, fra i "due grandi nemici" possa far mutare la politica di Pechino. Per i nordvietnamiti è molto negativo, oltre al modo, anche il momento scelto per la visita del presidente americano. Tuttavia, ritengono poco probabile un capovolgimento della politica di Pechino verso di loro e verso la Cambogia di Sihanouk che, pur estromesso dal potere dal colpo di Stato del 1970, resta il riferimento delle opposizioni comuniste e neutraliste al nuovo regime militare.

I lavori della conferenza di Parigi non fanno passi avanti. Le nuove proposte statunitensi (gli otto punti, gennaio 1972) non sono accolte e ancora una volta i delegati del Nord insistono sulle precedenti richieste:

1) ritiro completo di tutte le forze armate straniere (truppe, consiglieri, armamenti, attrezzature) e cessazione di ogni attività bellica navale e aerea;

2) blocco della "vietnamizzazione" del conflitto e condanna del «regime fantoccio» di Thieu, della sua Costituzione e delle sue leggi.

Nixon deve cambiare politica: «parla in un modo e agisce in un altro» e deve porre fine ad ogni aggressione in Vietnam, nel Laos ed in Cambogia. Su queste premesse, inaccettabili per Washington, è presentato, da parte della delegazione nordvietnamita, un nuovo piano in nove punti (gennaio 1972), che era stato presentato, in via privata, al consigliere del presidente Henry Kissinger già nell'agosto del 1971. Nixon (marzo 1972) si dichiara deluso dai negoziati di Parigi che Hanoi utilizza in modo strumentale «per prendersi gioco degli USA e per umiliarli davanti all'opinione pubblica mondiale», lamenta la crescente aggressività militare dei comunisti nel Laos, in Cambogia e nel Vietnam del Sud e non esclude inasprimenti militari tattici, ma conferma i piani precedenti per il ritiro dei contingenti americani.

Una nuova poderosa offensiva è condotta dai nordvietnamiti e dai vietcong in tutti i settori della regione. Il generale Giap apre ben quattro fronti per disperdere le forze del Sud e lasciare indifese le città (anche Saigon) e le aree interne. La disponibilità di uomini e di armi pesanti evidenzia che il flusso degli aiuti dal Nord non è stato interrotto e che la capacità offensiva non è stata né ridotta, né impedita, affermandosi una strategia nuova che ricorre ad attacchi frontali, anche su larga scala, per distruggere l'esercito di Thieu. Dopo l'olocausto vietcong del Têt, sono ora impegnate soprattutto le divisioni del Nord che dispongono di armamenti pesanti e di mezzi corazzati. Si vuole dimostrare che la vietnamizzazione è uno *slogan* e che in realtà l'esercito del Sud non può reggere al confronto. In tal modo si passa dalla "guerriglia di massa" degli anni precedenti alle "battaglie campali" dove però non ci sono più combattenti statunitensi.

Le forze sudvietnamite faticano a resistere anche nelle aree fortificate del Vietnam meridionale, con il timore che la politica di "vietnamizzazione", di "laotizzazione" e di "khmerizzazione" si concluda con un fallimento. È evidente, in ogni modo, la debolezza del governo di

Saigon ancora una volta non in grado di assicurare la necessaria sicurezza né lungo le frontiere, né all'interno. La reazione americana è rapida e determinata, cresce l'impegno delle forze aeree e navali e riprendono i bombardamenti sul Nord. Ciò conferma che Saigon, nonostante l'aiuto militare (armi leggere e pesanti, blindati, elicotteri, automezzi, ecc.), non è in grado di vincere una "guerra rivoluzionaria": non bastano le forze armate, occorre che «alle spalle dell'esercito ci sia anche il popolo». Nixon conferma (aprile 1972) che l'offensiva in atto non può modificare in alcun modo le decisioni già prese: vietnamizzazione e intensificato aiuto americano aereo e navale. Denuncia che è in atto una vera e propria invasione del Vietnam del Sud (intere divisioni passano le frontiere): «120.000 nordvietnamiti combattono ora nel Sud mentre non ci sono truppe sudvietnamite in alcuna parte del Vietnam del Nord». Si tratta di una "invasione" che è contrastata soltanto da reparti sudvietnamiti. Il presidente ricorda che i soldati americani presenti in circa 550.000 unità nel 1969, sono ora meno di 70.000, che nessuno di loro partecipa agli scontri terrestri né vi parteciperà e che lo sforzo difensivo in atto è sostenuto da forze aeree e navali statunitensi. Fra poco, precisa Nixon, sarà stato ritirato il 90% delle forze armate USA, benché Hanoi non abbia mutato la sua azione. A Parigi si tratta ancora nella speranza di un accordo politico generale e per la liberazione dei prigionieri. Washington non può permettere che «un Paese armato con le armi più moderne da grandi potenze» possa invadere e conquistare un'altra nazione; ciò sarebbe un cattivo esempio in molte altre aree del mondo. Alla Casa Bianca c'è una profonda delusione per il comportamento di Hanoi; nonostante le proposte e le aperture i negoziati non fanno passi avanti e il FLN ha avviato le nuove offensive. In questo quadro Nixon decide (maggio 1972) un'offensiva aerea e navale di particolare intensità, con l'adozione anche di nuove e radicali misure militari. Viene deciso:

1) di minare tutti i porti nordvietnamiti per fermare l'accesso e le operazioni della marina del Vietnam settentrionale;

2) di bloccare le vie d'acqua interne e le "pretese acque internazionali" nordvietnamite;

3) d'interrompere le comunicazioni ferroviarie e tutte le altre comunicazioni «nella massima misura possibile»;

4) di continuare con gli attacchi aerei e navali al di là del 17° parallelo. Il presidente americano precisa che queste misure cesseranno

quando Hanoi restituirà i prigionieri di guerra americani, accetterà «la cessazione del fuoco sotto controllo internazionale» in tutta l'Indocina. Washington non vuole né la resa né l'umiliazione di alcuna nazione, ma riportare una pace giusta nella regione e permettere agli Stati Uniti «di ritirarsi con onore». Nixon rivolge un appello preciso, in quest'occasione, ai vertici del Cremlino: è necessario che scoraggino i loro alleati se questi hanno progetti aggressivi. Ora Mosca e Washington devono collaborare per la pace in Indocina e non «scivolare indietro verso le ombre oscure del passato». Non si chiede di rinunciare ai principi del marx-leninismo o ai rapporti d'amicizia, ma di porre un freno all'intransigenza di Hanoi. Dopo queste decisioni anche Kissinger lamenta il sostegno militare dato ad «un piccolo Paese» da parte di «alcune grandi potenze». Ciò gli ha permesso di resistere e di opporsi agli sforzi compiuti «per trovare un'onorevole via d'uscita dalla situazione nell'Asia di Sud-Est». Ricorda i tentativi dei mesi precedenti per avviare colloqui «riservati e segreti» con il governo nordvietnamita, i continui rinvii, le richieste pregiudiziali inaccettabili e da ultimo lo scatenamento, guidato da Giáp, di una poderosa offensiva terrestre nel Vietnam meridionale con una vera e propria invasione di gran parte «dell'esercito nordvietnamita». Kissinger precisa di essersi recato a Mosca per chiarire la situazione e la necessità statunitense di concludere precisi accordi di pace. C'è stata chiesta la cessazione di ogni attività militare, di porre fine alla "vietnamizzazione" e di dar vita ad un governo "di fatto" controllato dai comunisti; si tratta, insiste Kissinger, di proposte già formulate e respinte in precedenza da Washington e da Saigon. Ciò ha indotto la Casa Bianca a reagire all'aggressione con nuovi interventi per stroncare un avversario infido che non ha creduto nei colloqui di pace.

Dalle dichiarazioni tanto esplicite e dettagliate di Nixon e di Kissinger appaiono la delusione per l'inconcludenza delle trattative, la rabbia per l'imprevista offensiva nordvietnamita, l'amarezza del rifiuto delle onorevoli proposte pregiudiziali statunitensi e le motivazioni della pesante reazione militare che colpisce il Nord con una violenza senza precedenti. Essa è per un verso una risposta, ma anche un ammonimento: non si può "umiliare" una grande potenza con equivoche trattative e con colpi di mano bellici e in questo caso occorre anche prevedere le sue reazioni. Hanoi, Pechino, Mosca condannano le misure adottate e ne chiedono l'immediata sospensione. Il FLN precisa (maggio 1972) che le barbare misure adottate dal «gendarme internazionale», contrarie al diritto internazionale e ad ogni principio morale, non possono soggiogare il popolo vietnamita e respinge le più recenti proposte di Nixon che sono lesive degli interessi del popolo vietnamita. Pham Van Dong, primo ministro nordvietnamita, osserva (maggio 1972) che «l'impero americano è artefice delle sue stesse difficoltà» e che perderà «molte cose eccetto l'onore» in quanto c'è l'intenzione di riservargli «una via d'uscita onorevole». Hanoi non ha mai creduto al successo della "vietnamizzazione" della guerra come d'altra parte ha dimostrato il successo dell'offensiva di marzo. Washington non ha compreso che Saigon non gode del sostegno popolare. Al contrario, il fronte rivoluzionario ha una solida collaborazione popolare grazie alla quale «dispone di una vasta gamma d'armi che va dalle più rudimentali alle più perfezionate». Washington si è impegnata in una guerra persa in partenza anche con una potente macchina bellica: ha usato male i cervelli e i mezzi militari di cui dispone; ritiene che occorra dar vita ad un governo d'unità nazionale (senza Thieu) sulla base dei sette principi del GRP (Governo Rivoluzionario Provvisorio) e che se sarà necessario la lotta proseguirà fino alla vittoria anche con gli aiuti dei Paesi socialisti e di altre nazioni. Non è possibile prefigurare una soluzione analoga per pacificare l'intera Indocina perché nei tre Paesi che la compongono esistono situazioni diverse; nel Vietnam meridionale occorre applicare i sette punti, nel Laos i cinque punti del fronte patriottico laotiano, mentre nella Cambogia la legittimità, la continuità e la legalità sono "incarnate" dal principe Sihanouk. L'obiettivo primario resta la liberazione del Sud e in seguito la riunificazione. Gli americani devono capire che la vietnamizzazione della guerra è «mostruosa ed inutile, come inefficaci sono stati i bombardamenti per interrompere i rifornimenti lungo il sentiero di Ho Chi Minh». Nonostante i mezzi scientifici e tecnologici di cui dispone, l'avversario è in rotta mentre «l'iniziativa è nelle nostre mani».

Da queste valutazioni e dalle altre precedenti emerge con chiarezza che Hanoi si considera la controparte di Washington, che vuole giocare la partita direttamente e ha seguito con preoccupazione i movimenti diplomatici statunitensi a Pechino e a Mosca. Essi, tuttavia, non hanno dato i frutti auspicati da Nixon perché nessuno ha effettuato pressioni per accelerare i colloqui di Parigi o l'apertura di altri negoziati. Anzi, le più recenti offensive al Sud sono considerate anche messaggi ai "fratelli socialisti" sulla vitalità del FLN e sulla volontà di proseguire nella lotta ultradecennale. La posta in gioco non è la pace, ma il controllo del Vietnam del Sud che è a portata di mano dal momento in cui Washington ritira i suoi combattenti e il regime di Saigon appare incapace di resistere. Al fondo delle proposte del FLN c'è il confronto diretto con il governo di Saigon, che è debole e diviso. Al contrario il comunismo locale è ben organizzato, gode di ampio sostegno popolare ed è in sintonia con la maggior parte dei movimenti religiosi e neutralisti. L'esito di questo confronto è scontato. Da qui nasce la netta opposizione alla presenza americana e da ultimo al suo tentativo di passare nelle mani di Saigon una forza militare adeguata. La Casa Bianca ha deciso il ritiro ma vorrebbe, prima di concluderlo, poter ottenere garanzie per la sopravvivenza del sistema democratico nel Sud anche con cambiamenti di governo; ha bisogno di un accordo politico che Hanoi e il FLN dicono di accettare ma non concludono. La reazione militare, di particolare violenza, decisa da Nixon è il tentativo estremo fatto per piegare le resistenze nel poco tempo che rimane prima del ritiro totale delle forze armate. È una speranza non fondata sulla crescita delle capacità difensive e politiche dei dirigenti di Saigon, ma sull'impossibilità di Hanoi di resistere ad un'offensiva di tale portata. In questa fase appare in tutta evidenza come il conflitto, benché mai dichiarato ufficialmente, sia fra Hanoi e Washington. Saigon resta marginale e sul piano concreto ben poco possono fare anche Mosca e Pechino al di là delle forniture militari. Nixon deve prendere atto del fallimento dei contatti diplomatici avviati con queste ultime, sia con i suoi viaggi, che con le successive visite di Kissinger. Le due capitali del comunismo non hanno assunto impegni, condannano le accresciute azioni militari, continuano a rifornire Hanoi di moderni armamenti e sostengono lo sforzo rivoluzionario del popolo indocinese. La Casa Bianca deve fronteggiare anche le crescenti polemiche interne ed esterne da parte di molti Paesi amici e alleati, ma si pone anche la delicata questione della consistenza reale del disimpegno americano. Nixon precisa in ogni occasione che la presenza terrestre in Vietnam non supera ormai le 50.000 unità. I suoi critici rivelano che, a fronte di questa innegabile riduzione, c'è stato un forte incremento delle forze che conducono la guerra dall'esterno del Vietnam che sono circa 200.000 unità (50.000 in Thailandia, 42.000 della VII Flotta, 18.000 nelle Filippine, 15.000 a Guam, 45.000 in Giappone, 10.000 a Taiwan e oltre 40.000 nella Corea meridionale). Questo poderoso apparato svolge ruoli diretti o indiretti nella strategia della guerra vietnamita.

6. *Gli accordi di Parigi (gennaio 1973). Le valutazioni di Washington, di Saigon, della " terza forza", del GRP e di Hanoi. La posizione di Mosca e Pechino. Nuove intese integrative ("Parigi bis", giugno 1973)*

Nel mese di luglio (1972) riprendono, in questo complesso e tormentato contesto, i colloqui di Parigi (150ª seduta della conferenza), nell'ambito dei quali Hanoi conferma che i lavori non potranno dare risultati positivi se Washington non pone fine:

1) all'aggressione e al neocolonialismo,

2) ai bombardamenti e al blocco della Repubblica democratica,

3) al sostegno del governo di Thieu e alla "vietnamizzazione della guerra",

4) all'opposizione al piano in sette punti del GRP (Governo Rivoluzionario Provvisorio).

Si tratta di richieste con carattere ultimativo. Di fatto, sul piano militare, si avanza la proposta di una resa e di un abbandono immediato del Vietnam del Sud. Nonostante l'intensificazione degli attacchi aerei (si parla di 300 incursioni giornaliere da parte dei bombardieri), i vietcong e i nordvietnamiti hanno consolidato le posizioni raggiunte con l'offensiva di marzo e puntano a tagliare in due parti il Vietnam del Sud assumendo il controllo del delta del fiume Mekong. Oltre alle province della zona del delta, sono sotto il controllo dei reparti comunisti anche altre ampie zone del Sud (province settentrionali, pianura costiera centrale, il Nord-Est di Saigon, ecc.). Il GRP, dopo nuovi contatti pubblici e riservati con esponenti americani, rende pubblico un nuovo piano di pace (settembre 1972), il quale afferma che occorre prendere atto della «realtà esistente nel Vietnam del Sud» e cioè della presenza di due eserciti e di due amministrazioni e di altre forze politiche non rappresentate (in esilio, perseguitate, disperse, ecc.); inoltre, per «garantire la concordia nazionale», dare a tutti la possibilità di esercitare piene libertà democratiche con l'uguaglianza, il reciproco rispetto e la non-eliminazione. Si ritiene necessario costituire nel Sud un governo provvisorio espressione delle tre componenti su un piano di parità (comunisti, governo di

Saigon, altre forze), che deve far fronte agli affari pubblici più urgenti e preparare le elezioni generali «libere e democratiche», mentre la «terza componente» sarà individuata con apposite consultazioni e dovrà garantire di non essere favorevole «né ad un governo comunista né ad uno al soldo degli americani». Nulla è precisato sulla sorte di Thieu e sulla "vietnamizzazione" del conflitto anche se queste proposte si pongono già nel contesto successivo a quello del governo in carica. Questo progetto, non definito nei dettagli, prelude ad una gestione "condominiale" del Sud, essendo evidente che in questo quadro la prevalenza politica sarebbe dei comunisti e della "terza forza".

Sulla base di queste proposte le trattative procedono con difficoltà e vedono impegnati direttamente Kissinger e Le Duc Tho (capo della delegazione nordvietnamita a Parigi). Washington deve fronteggiare la forte opposizione del governo di Saigon per il timore di essere abbandonati «nelle mani del nemico» senza adeguate garanzie. Nixon, impegnato nella campagna elettorale, deve da un lato assicurare la conclusione delle trattative, ma dall'altro evidenziare che un eventuale accordo non è una resa né un'umiliazione. Occorre impedire, precisa il presidente (ottobre 1972), che un governo comunista venga imposto con la forza nel Vietnam del Sud mentre, sul piano umanitario, è urgente «la restituzione dei prigionieri». Evidenzia che, in assenza di precise garanzie, non ha alcuna intenzione di sospendere i bombardamenti e le misure di blocco adottate nei confronti di Hanoi. Precisa che, in analoghe circostanze, nel 1968 fu «un grande, grandissimo errore cessare i bombardamenti senza adeguati accordi con l'altra parte». C'è da osservare in questa dichiarazione la fermezza della Casa Bianca che, mentre preme per una soluzione negoziata della guerra, ritiene che essa sia più facile da conseguire con un inasprimento delle azioni belliche e non con una loro riduzione. Ma c'è un altro aspetto da rilevare: il presidente non esclude che il Vietnam del Sud possa avere un governo comunista ma non si vuole che esso venga imposto con la forza, avendo la consapevolezza che un confronto elettorale, anche sotto controllo internazionale, può portare alla vittoria delle forze comuniste.

In questo periodo si diffondono notizie, confermate da Hanoi (ottobre 1972), che un accordo è stato raggiunto a Parigi dopo gli incontri fra Le Duc Tho e Kissinger. La situazione si sblocca poco dopo con un complesso compromesso, in base al quale di fatto i due contendenti principali hanno dovuto fare i conti con una realtà molto complessa: Hanoi non prevale sul piano militare, non c'è stata alcuna sollevazione popolare al Sud, il suo territorio è colpito dalle forze aeree e navali statunitensi con una violenza inaudita. Tutto questo convince i vertici nordvietnamiti ad accettare un accordo su basi che, per oltre dieci anni, hanno respinto. Nixon da parte sua è con le spalle al muro in quanto ha di fronte solo due ipotesi estreme ambedue non praticabili: abbandonare il Vietnam del Sud al suo destino o impiegare la forza senza limiti fino a polverizzare il Vietnam settentrionale. Prevale anche a Washington la scelta del compromesso, da considerarsi non una soluzione, ma una via d'uscita.

Kissinger precisa che gran parte del percorso per la pacificazione vietnamita è compiuto. Non si può tuttavia parlare di accordo finché esso non è sottoscritto. Aggiunge alcune importanti precisazioni:

1) Hanoi ha accettato la sospensione di ogni attività militare in coincidenza di un analogo impegno USA;

2) ha lasciato cadere il veto sulla partecipazione ad un futuro governo delle personalità dell'attuale amministrazione di Saigon.

Quest'ultimo, anche se non può avere un diritto di veto, non può essere escluso dal processo di pace. Washington ha propri punti di vista ma «non può e non vuole» imporre nulla a Thieu, che ha infatti manifestato «con la consueta energia in pubblico ed in privato le proprie vedute». Kissinger evidenza l'importanza dei passi compiuti (tregua, infiltrazioni dal Nord, rimpatrio dei prigionieri civili e militari, autodecisione del popolo sudvietnamita con libere e democratiche elezioni sotto controllo internazionale, Consiglio nazionale per la riconciliazione e la concordia, forze armate sudvietnamite, ecc.) e l'impegno delle due parti a rispettare l'indipendenza e la sovranità della Cambogia e del Laos e a ritirare dai due Paesi le proprie forze. Kissinger precisa che si vuole «la pace, non un armistizio». Dopo cinque anni di negoziati occorre definire con esattezza i termini dell'accordo per evitare ambiguità e incomprensioni. A queste esigenze di sicurezza e di attendibilità da parte di Hanoi, Washington deve sommare la disponibilità di Saigon, non convinto delle operazioni diplomatiche della Casa Bianca, in seguito alle quali la democratizzazione interna ha fatto ben pochi progressi, la legge marziale è stata promulgata, il governo ha avuto poteri speciali e nuove repressioni sono state decise contro i movimenti d'opposizione.

Di fatto è cresciuta a dismisura la popolazione carceraria che, secondo fonti americane, supera ormai le 250.000 persone. Numerose testimonianze confermano la brutalità della gestione (denutrizione, torture, mutilazioni, esecuzioni sommarie, scomparsa dei detenuti, ecc.), ma da parte governativa si osserva che queste misure sono necessarie per fermare la "guerriglia comunista" e che comunque, nelle zone sotto il controllo del GRP e dei nordvietnamiti, sono stati adottati sistemi ben più repressivi e crudeli (eliminazioni su larga scala, deportazioni, massacri, ecc.). Il governo ha deciso di sopprimere dalla terminologia ufficiale i termini "vietcong" e "Fronte Nazionale di Liberazione" e di sostituirli con la parola "comunisti". La costituzione di un sistema politico liberaldemocratico in una realtà come quella vietnamita non può essere rapida: riforme e democrazia richiedono decenni. In sostanza non ci sono, da questo punto di vista, forti differenze fra le due realtà statuali in essere (Nord e Sud), poiché si tratta di sistemi dittatoriali pur ispirati da concezioni ideologiche diverse e gli obiettivi ideali perseguiti da Washington, pur apprezzabili, restano tali. Thieu si oppone all'ipotesi di un governo «a tre di coalizione» e conduce un'energica azione repressiva contro la «terza forza» (neutralisti, pacifisti, buddhisti, cattolici, ecc): «i colonialisti, i pacifisti ed i servi del colonialismo e del comunismo hanno proposto un governo a tre componenti. Che abbiano il coraggio di farsi conoscere! Sono certo, [prosegue Thieu (ottobre 1972)], che il popolo e l'esercito non li lasceranno in vita cinque minuti di più». Tanta esplicita intransigenza non aiuta l'opera di Washington, ma neppure è in grado di modificarne le decisioni. Per il governo di Thieu la «terza forza» è «comunismo mascherato, che viene usato per far pendere la bilancia dalla parte del GRP». Gran parte dei suoi esponenti affolla le carceri del Vietnam del Sud, molti sono fuggiti all'estero e altri sono stati eliminati. Non è dunque facile individuarne la composizione e tanto meno i *leaders* più rappresentativi, ma senza dubbio sono riconducibili a questo indirizzo il «grande Duong Van Minh», già attivo nella giunta militare ostile a Diem, il cattolico Ngo Cong Duc, rappresentante dell'opposizione socialista (in esilio a Parigi), An Truong Thanh, già ministro dell'Economia e delle Finanze. Vi sono anche alcune componenti con rappresentanza parlamentare: "Movimento nazionale per il progresso", i buddhisti espressione della Pagoda di An Quang (di tendenza antigovernativa), il gruppo buddhista "Lotus" e altri. Si tratta di formazioni poco organizzate, spesso disarticolate fra loro e, a volte, in condizioni di semilegalità. Alcuni esponenti del "neutralismo" in esilio a Parigi formulano proposte per la pace nel Vietnam meridionale (ottobre 1972) e dichiarano che è necessario rifiutare «il conformismo comunista e lo sfruttamento capitalista». Lamentano che a causa della guerra che procede «in modo implacabile e totale» coloro che parlano di pace «soccombono senza pietà» o sono «gettati in prigione». Il progetto di Hanoi del 26 ottobre è apprezzabile, ma lascia in ombra aspetti importanti:

1) la neutralità del Sud,
2) l'esercizio delle libertà democratiche,
3) la sorte dei prigionieri e dei detenuti sudvietnamiti,
4) l'impegno degli USA per ricostruire il Vietnam.

Nixon, dopo la rielezione, in assenza degli auspicati chiarimenti, decide una nuova offensiva aerea sul Vietnam del Nord per il timore che i nordvietnamiti stiano preparando una poderosa offensiva in tutto il Sud. Si tratta di un'azione di estrema violenza: oltre 2.000 civili uccisi, migliaia di feriti, interi quartieri di Hanoi e Haiphong rasi al suolo. Washington paga a sua volta un prezzo elevato: crescono in tutto il mondo le proteste, si manifestano sempre più insidiose le opposizioni fra gli alleati, vengono abbattuti decine di aerei americani. Nonostante questa imprevista azione i negoziati riprendono (gennaio 1973). Kissinger precisa che la fine del conflitto deve avvenire nella chiarezza di un accordo condiviso: «Vogliamo una fine della guerra che sia qualcosa di più di un armistizio. Vogliamo passare dall'ostilità alla normalizzazione e dalla normalizzazione alla cooperazione».

Il 27 gennaio 1973 sono firmati gli accordi di pace, che costituiscono un faticoso compromesso e lasciano senza soluzione ben definita molti problemi. È bene tuttavia collocare questa intesa nel contesto specifico vietnamita ed evitare d'interpretarla come espressione dei nuovi contatti cino-americani o fra Mosca, Pechino e Washington. Il conflitto vietnamita nasce, si sviluppa e termina in un contesto regionale ben definito e deve essere collocato all'interno della crisi indocinese dopo la seconda guerra mondiale. Gli interventi diretti ed indiretti di potenze esterne (confinanti o lontane) influiscono su queste vicende ma, come non ne hanno deciso l'inizio, non ne determinano gli sviluppi ed ancor meno le conclusioni. Di fatto gli accordi non offrono soluzioni per la pacificazione, ma regolano l'uscita di scena delle forze esterne dal Vietnam del Sud. La sua popolazione deve risolvere i problemi del suo futuro e quelli non eludibili con il Vietnam del Nord, cioè la prospettiva della riunificazione. Gli accordi di Parigi non possono garantire la pace, ma soltanto prevedere il ritiro americano e nordvietnamita. L'accordo (23 articoli e quattro protocolli aggiuntivi) prevede clausole politiche e militari, prescrizioni per il Laos e la Cambogia, disposizioni per l'avvio e la sorveglianza della tregua. Il testo è suddiviso in sette capitoli (con due preamboli) e una nota aggiuntiva all'art. 23: tutti i firmatari s'impegnano a rispettare l'integrità, l'unità, l'indipendenza e la sovranità del Vietnam come riconosciuto dagli accordi di Ginevra del 1954 ed è previsto un armistizio nei due Vietnam controllato da forze internazionali e il blocco dei combattenti sulle posizioni occupate al momento del cessate il fuoco. Washington deve ritirare (entro 60 giorni) tutto il personale militare statunitense e alleato, smantellare le basi USA e alleate. Le parti devono far cessare ogni infiltrazione (personale militare e civile, armi), consegnare tutti i prigionieri militari e civili e rispettare la zona smilitarizzata lungo il 17° parallelo. Inoltre, precisa che l'attuale divisione del Paese è «provvisoria» e «non è un confine politico territoriale», come convenuto a Ginevra nel 1954 (dichiarazione finale, paragrafo 6). Nella dichiarazione congiunta di Hanoi e Washington (nota in appendice all'art. 23) è proclamato il diritto all'autodeterminazione dei sudvietnamiti e il loro diritto a porre termine alla guerra e a promuovere la pace «nel Vietnam, in Asia e nel mondo». Washington precisa che, in attesa di questi adempimenti, considera il governo di Thieu l'unico del Vietnam del Sud; la riunificazione, precisa il testo, avverrà gradualmente, con mezzi pacifici, senza coercizioni o annessioni e senza interferenze straniere. Le «due parti sudvietnamite» (FLN e governo di Saigon) dovranno assicurare le libertà democratiche in uno spirito «di concordia e di riconciliazione». È costituito a questo scopo un «Consiglio nazionale di riconciliazione e concordia» composto «da tre segmenti uguali» (FLN, Saigon, neutralisti), che provvederà a preparare libere elezioni sotto controllo internazionale. Sono inoltre previste due commissioni: una per il controllo della tregua (Canada, Indocina, Polonia e Ungheria) e un'altra per garantire il rispetto del "cessate il fuoco" (USA, FLN, Nord e Vietnam del Sud); tutti questi organi dovranno decidere all'unanimità. Per quanto riguarda la Cambogia sono confermate le decisioni del 1954 e, per il Laos, quelle del 1962. Dai due Paesi dovranno essere allontanate tutte le forze militari straniere e si dovrà permettere ai laotiani e ai cambogiani di risolvere i propri problemi. È inoltre prevista la rapida convocazione di una conferenza internazionale per garantire la pace in Vietnam e in Indocina e confermare il diritto dell'autodeterminazione dei sudvietnamiti, nonché i diritti nazionali del popolo vietnamita. Vi sono, inoltre, quattro protocolli aggiuntivi che provvedono a regolare:

1) lo sminamento delle acque marine e interne del Vietnam del Nord;
2) il rilascio dei prigionieri;
3) i lavori della Commissione internazionale di vigilanza e controllo;
4) la cessazione delle operazioni militari.

L'accordo risulta nel suo complesso molto articolato, frutto evidente di trattative difficili. Se ne comprendono le difficoltà e se ne intravvedono gli ostacoli applicativi. Lo sganciamento americano lascia di fronte due antagonisti squilibrati nei mezzi di cui dispongono: da un lato ci sono la Repubblica democratica nordvietnamita (unita e consolidata) e il FLN (con il GRP) che occupano parte del territorio meridionale e godono del sostegno di gran parte della popolazione; dall'altro c'è il governo di Saigon, più forte di prima sul piano militare, ma assai debole su quello politico. Al suo interno ci sono profonde divisioni nelle stesse gerarchie delle forze armate, mentre via via escono dalla clandestinità le opposizioni messe a tacere dalle repressioni e dalla legge marziale. La partita è ora tutta da giocare fra le forze in campo per decidere il futuro del Sud e l'unificazione del Paese.

Nixon esprime piena soddisfazione per i risultati raggiunti; ora sarà possibile al popolo sudvietnamita decidere «senza interferenze dall'esterno» il proprio futuro. È stata raggiunta l'auspicata «pace con onore», cioè senza abbandonare gli alleati, i prigionieri americani e gli abitanti di tutta l'Indocina. Si teme che il disimpegno e l'utilizzo limitato della forza militare possano ridurre la credibilità statunitense presso altri «governi amici» che godono di «assistenza indiretta». Gli Stati Uniti, precisa il presidente, hanno compiuto «una delle più altruistiche imprese nella storia delle nazioni». Kissinger sottolinea l'importanza dell'accordo, ma mette in guardia sulla necessità che esso, oltre che firmato, sia applicato con coerenza da tutte le parti. Occorrerà tempo e buona volontà «per superare i rancori e gli odi di 25 anni di guerra» e per persuadersi che si possono affermare i propri convincimenti «con mezzi meno brutali».

Ma ora occorre, dopo aver curato le ferite dell'Indocina, «cominciare a curare anche quelle dell'America». Diverse da quelle di Nixon e di Kissinger sono le prime reazioni di Thieu: dichiara che le principali richieste comuniste sono state respinte (annessione al Nord, scioglimento del governo e dell'esercito di Saigon, neutralità, due governi paralleli) e precisa di non poter accettare la presenza di truppe nordvietnamite nel Sud, che devono andarsene, mentre il confronto può avvenire soltanto con il FLN. La cessazione del fuoco non significa la pace, ma soltanto aver impedito una dittatura militare dei comunisti; ora, insiste Thieu, occorre impedire una loro vittoria politica. È però indispensabile che la tregua funzioni e che sia rispettata; pertanto chiede al popolo di rimanere vigilante per impedire che i comunisti possano approfittare del tempo che intercorre fra l'inizio della tregua e l'insediamento della Commissione di controllo per occupare altre posizioni. In questo caso occorrerà reagire «con energia e al momento giusto». Traspare una forte sfiducia nell'accordo, viene confermato il timore dell'inadempienza comunista, mentre è implicita una critica al comportamento USA per aver dato una fiducia eccessiva ad Hanoi e al FLN. Anche il generale Nguyen Cao Ky (già primo ministro e vicepresidente della Repubblica), da tempo inattivo, commenta (marzo 1973) la situazione vietnamita e i suoi possibili sviluppi. Dichiara di essere un "anticomunista", ma di non avere fiducia nell'azione di Thieu, e ribadisce che occorre riprendere il dialogo col popolo, permettere la libera dialettica politica, promuovere una gestione del potere aperta e collegiale, impegnare tutti i gruppi non comunisti, attuare una "rivoluzione" sociale che elimini la corruzione. Thieu è isolato, non è «capito, rispettato e appoggiato dal popolo», mentre ostacola anche le iniziative dei gruppi nazionalisti, che pure dovrebbero essere suoi naturali alleati contro il Vietcong. Non ritiene necessario mettere in piedi una "terza forza", ma unire tutti i movimenti nazionalisti e mutare la guida di Saigon; a Parigi tutti hanno ottenuto quello che volevano (Hanoi, FLN e Washington), il vero sconfitto è il Vietnam del Sud perché l'accordo è "fluido e imprecisato". Pertanto occorre definirlo meglio e applicarlo nel nostro interesse come i comunisti cercheranno di fare nel loro. C'è anche il pericolo di Hanoi che mai rinuncerà al controllo sulla parte meridionale del Paese; ma l'unificazione, osserva Cao Ky, in questo caso sarebbe annessione e dunque non è possibile; essa potrà essere realizzata da un'altra generazione. Il generale afferma di essere in realtà soltanto «un portavoce della maggioranza silenziosa» del popolo sudvietnamita.

An Truong Thanh, considerato esponente della "terza forza", ora in esilio a Parigi (già ministro dell'Economia e delle Finanze a Saigon) valuta (luglio 1973) le prospettive di pace. Osserva che nel Vietnam esistono forze politiche di destra, di sinistra e «una terza componente che riflette lo spirito pacifista della popolazione», la repressione di Thieu ha spinto questa realtà pacifista e progressista verso sinistra, potendo ciò contribuire alla presa del potere da parte delle forze comuniste. L'ex ministro non esclude che questa evoluzione possa subire mutamenti e che la "terza componente" per sua natura neutralista e socialiberale, può, se organizzata, garantire un futuro di libertà e di progresso; occorre a questo fine che:

1) cessino le ostilità;

2) proceda la riconciliazione nazionale;

3) rappresentanti della "terza componente" siano accettati come "osservatori" dalle due forze che ora si fronteggiano;

4) siano garantite le libertà democratiche in tutto il Vietnam del Sud;

5) siano indette libere elezioni per eleggere un'Assemblea costituente e promulgare una carta costituzionale;

6) sia concessa un'amnistia generale a tutti i detenuti politici detenuti nelle carceri del Governo Rivoluzionario Provvisorio e in quelle del governo di Saigon.

Queste proposte, senz'altro democratiche e pacifiste, non sembrano di facile realizzazione. Esse non tengono conto della situazione reale del Paese ove, nonostante gli accordi sottoscritti, è in atto una prova di forza "sotterranea ma radicale" fra Hanoi e Saigon per il controllo del Sud e in prospettiva dell'intero Vietnam.

Anche l'altra parte commenta le conclusioni della Conferenza di Parigi. Il GRP esalta questo risultato che è una vittoria «del popolo americano, di quello vietnamita e delle forze amanti della pace e della giustizia nel mondo», ma invita, insieme al FLN, tutte le forze combattenti a rispettare la cessazione del fuoco. S'impegna inoltre a collaborare con Saigon per accelerare i tempi delle elezioni generali «libere e democratiche». Il capo della delegazione nordvietnamita Le Duc Tho valuta in modo molto positivo l'intesa sottoscritta per porre fine alla guerra «dopo 13 anni di eroica lotta contro l'imperialismo americano e un gruppo di traditori e cinque anni di trattative a Parigi». Tutte le parti hanno il dovere di applicare con scrupolo l'accordo. Le Duc Tho precisa che la guerra del popolo vietnamita per l'indipendenza e la libertà contro il colonialismo (francese, giapponese e statunitense) è durata ben 30 anni. È il conflitto più micidiale nella storia dei movimenti di liberazione mondiale contro le invasioni straniere. Pertanto si rende necessario ricostruire il Paese devastato dal conflitto, pur ritenendo motivo di grande soddisfazione constatare che la giusta causa vietnamita è stata premiata e che ha goduto dell'appoggio dei Paesi socialisti, di molti Stati esteri e di gran parte dello stesso popolo americano che non ha condiviso le scelte del suo governo. Mosca e Pechino plaudono all'intesa raggiunta, esaltano la pluriennale lotta vietnamita, si augurano che l'accordo venga rispettato ed applicato.

Nei mesi successivi l'applicazione delle clausole concordate non è facile. Benché nessuna delle parti denunci gli impegni assunti a Parigi (gennaio 1973), numerosi sono gli incidenti, frequenti le operazioni militari, macchinosa la formazione degli organi di controllo e poco rispettate le scadenze temporali previste. Le parti si accusano a vicenda per violazioni e inadempienze: si tratta di una "pace fragile". Il Governo Rivoluzionario Provvisorio accusa Saigon di continuare nelle incursioni aeree, di effettuare rastrellamenti, di non aver liberato i prigionieri civili e di violare le più elementari libertà democratiche e chiama in causa anche Washington responsabile di aver consegnato armi e munizioni, di effettuare voli di ricognizione oltre il 17° parallelo, di aver mantenuto «militari travestiti da civili» (10.000 uomini), di aver sospeso le operazioni di sminamento delle acque territoriali del Vietnam del Nord, di sabotare i lavori della Commissione economica mista (USA-Vietnam del Nord) e di effettuare ancora incursioni aeree nel Laos e in Cambogia. Washington e Saigon lamentano le frequenti e gravi violazioni della tregua, l'introduzione di armi e combattenti dal Nord e il rafforzamento dei "khmer rossi" grazie agli aiuti di Hanoi. Dà un'idea della perdurante conflittualità il bilancio dei caduti, in questo periodo, nel Vietnam del Sud (febbraio-maggio); si parla di 50.000 vittime militari (l'equivalente delle perdite statunitensi durante l'intero conflitto). Per superare le difficoltà sono necessari altri incontri fra Kissinger e Le Duc Tho e al termine di questi lavori è pubblicato un comunicato congiunto (Parigi giugno 1973) sottoscritto (con due cerimonie disgiunte) da Washington,

Saigon e da Hanoi e dal Governo Rivoluzionario Provvisorio (GRP), dove viene ribadito che soltanto «il rigoroso rispetto e la scrupolosa osservazione» dell'accordo di Parigi (gennaio 1973) e dei protocolli annessi possono assicurare la pace al Vietnam, all'Indocina e al Sud-Est asiatico. A tal fine vengono approvati 14 paragrafi per definire le questioni più delicate ed urgenti: sospensione dei voli di ricognizione sulla Repubblica democratica del Vietnam, rimozione delle mine, conferma, da parte degli Alti Comandi delle due parti, degli ordini del "cessate il fuoco", attivazione immediata delle commissioni miste militari per garantire il ritorno delle forze armate delle due parti sulle posizioni occupate il 28 gennaio 1973, impegno a non ricevere aiuti esterni in uomini, armi e munizioni, restituzione «del personale catturato e detenuto», consenso alla visita delle organizzazioni nazionali della Croce Rossa ai luoghi di detenzione, cooperazione nella ricerca degli scomparsi e cura delle sepolture, impegno a garantire le libertà democratiche in un clima di riconciliazione e concordia, riaffermazione del diritto popolare all'autodeterminazione con elezioni generali libere e democratiche, libertà di movimento nel Vietnam meridionale della Commissione di controllo e sorveglianza internazionale (garanzie per la sicurezza dei suoi operatori) e applicazione scrupolosa dei precedenti impegni per la Cambogia e il Laos. I 14 punti non contengono novità di rilievo rispetto ai precedenti accordi parigini; anche se alcuni osservatori hanno parlato di una "Parigi bis", di fatto essi specificano intese precedenti e obbligano le parti a riconfermarle con solennità, pur rimanendo le luci e le ombre dei mesi precedenti. Da rilevare la critica situazione perdurante nel Laos e in Cambogia: a Phnom Penh Washington sostiene il governo del generale Lon Nol con aiuti militari e un'intensa attività aerea; resiste comunque il principe Norodom Sihanouk che gode del sostegno di Hanoi e di Pechino (e di Mosca) che hanno condannato il colpo di Stato del 1970 ai suoi danni. Questa "resistenza khmer" ha ottenuto risultati apprezzabili e controlla vaste regioni cambogiane. Anche nel Laos la situazione resta precaria; il piccolo regno è diviso fra le forze che sostengono il governo di Souvanna Phouma e i reparti del Pathet Lao; gli uni godono del sostegno di Washington, gli altri di Hanoi. Gli accordi di Vientiane (febbraio 1973), che prevedono la formazione di un governo di unità nazionale e la partenza delle truppe straniere, sono rimasti lettera morta, dal momento che le opposte unità militari si fronteggiano come in precedenza in un contesto di reciproco sospetto. Al momento i governi statunitense e nordvietnamita, senza abbandonare le rispettive posizioni, non sono intenzionati a forzare la situazione e rischiare di trovarsi di fronte ad un confronto analogo a quello sudvietnamita.

7. *La crisi del Vietnam meridionale. L'epilogo: le dimissioni di Thieu. Il governo di Minh. La vittoria del GRP (1975). La conferenza per la riunificazione della patria (Ho Chi Minh-Saigon 1975). La nascita della Repubblica socialista del Vietnam (1976). L'ingresso all'ONU (1977). I conflitti cambogiano-vietnamita e cino-vietnamita (1979)*

Nel 1974 la situazione sudvietnamita non si normalizza, poiché gli accordi di Parigi non trovano adeguata applicazione. Le posizioni politiche restano divergenti e i combattimenti, anziché diminuire, aumentano, e non mancano coloro che parlano di una ripresa del conflitto e i due governi sudvietnamiti si accusano reciprocamente dell'aggravamento della situazione. Il Governo Rivoluzionario Provvisorio attribuisce gran parte della responsabilità all'ingerenza politica e militare americana, formula (marzo 1974) alcune proposte per riprendere il cammino verso la pace: "cessate il fuoco", liberazione dei civili e militari nordvietnamiti detenuti, libertà democratiche, costituzione del Consiglio nazionale di riconciliazione e concordia, elezioni generali e libere, sistemazione delle forze armate. Non si tratta di elementi nuovi, ma della riproposizione delle precedenti formulazioni, che ne conferma la mancata applicazione. Hanoi è in allarme per la ripresa delle azioni militari, indirizza (marzo 1974) all'ONU, a Mosca e a Pechino una nota per evidenziare «il massiccio aiuto militare» di Washington a Saigon con l'introduzione di migliaia di consiglieri militari in «uniformi civili». L'azione ha come obiettivo impedire il "cessate il fuoco", sostenere le azioni di polizia e ostacolare il GRP nell'opera di pacificazione nelle aree sotto il suo controllo. Hanoi chiede che siano condannate queste violazioni e che si facciano sul piano politico-diplomatico adeguate pressioni affinché gli obblighi assunti siano rispettati. Pochi mesi più tardi (settembre 1974) denuncia ancora una volta «gli atti di guerra e di sabotaggio perpetrati dal governo degli USA e dal regime di Saigon». Il GRP deplora inoltre le azioni militari condotte da Saigon e da Washington che hanno ormai le caratteristiche di «una guerra di genocidio contro il popolo vietnamita». Thieu, si legge nel documento (settembre 1974), «stermina, massacra, terrorizza» la popolazione delle zone che non controlla. Non rispetta neppure i locali adibiti a sedi dei gruppi internazionali di controllo e di sorveglianza, utilizza bombe a grande capacità e anche quelle proibite dalle leggi e dalle consuetudini internazionali (gas tossici, napalm, fosforo, ecc.); prosegue in tal modo una «guerra di genocidio, di biocidio e di distruzione dell'ambiente» già condotta, per molti anni, da Washington. Questi atti criminosi, conclude il documento, violano gli accordi di Parigi, i regolamenti per la guerra aerea de L'Aja (1923) e di Ginevra (1925), le disposizioni del Tribunale di Norimberga (1945) e la convenzione di Ginevra del 1949. Saigon risponde alle critiche e alle denunce con analoga veemenza, deplora le infiltrazioni nordvietnamite, l'aggressività dei vietcong e delle truppe settentrionali in tutti i teatri di guerra, il mancato rispetto della zona smilitarizzata intorno al 17° parallelo e le attività sovversive nelle città e nei villaggi meridionali, presenta a Parigi (marzo 1974) un piano per «la pacificazione e la concordia nazionale». Anch'esso non avrà seguito. Saigon affronta in questi mesi anche Pechino per il controllo delle isole Paracel. Si tratta di un arcipelago di circa 150 isolotti posti fra le coste del Borneo e l'isola (cinese) di Hainan, che è ricco di guano e, nelle zone marine circostanti, sono in atto da tempo trivellazioni per individuare giacimenti petroliferi. Ad esse sono interessate anche Formosa e le Filippine che ne rivendicano la sovranità. Agli inizi del 1974, dopo combattimenti terrestri e scontri marittimi, ingenti forze militari cinesi occupano le isole maggiori e Pechino conferma l'appartenenza dell'intero arcipelago alla Repubblica popolare cinese. Il conflitto nel Vietnam del Sud non si conclude e ogni giorno sono segnalati scontri, violazioni della tregua, incursioni in aree protette.

Di fatto ambedue i contendenti violano di continuo i patti sottoscritti a Parigi con "malafede simmetrica" e al tempo stesso una grave crisi economica e politica investe il Paese. La popolazione vive, oltre al dramma della guerra, quello dell'aumento del costo della vita per la carenza di prodotti alimentari essenziali (riso) e per le conseguenze della crisi petrolifera mondiale che ha fatto crescere i prezzi dei prodotti derivati con gravi conseguenze nel settore dei trasporti, nelle attività ittiche e per gli armatori navali. A ciò si deve aggiungere la chiusura di molte fabbriche impegnate a soddisfare le esigenze del corpo di spedizione americano ora rientrato in patria. Ma la crisi colpisce anche altri settori vitali dell'economia: l'industria del legname e quella dello scatolame per alcuni prodotti ittici (gamberi, ecc.). A Saigon, in pochi mesi, il prezzo della benzina è quadruplicato per effetto del rincaro sui mercati internazionali, ma anche per le speculazioni, creandosi un contesto che di fatto favorisce la corruzione ad ogni livello, mentre si sviluppa anche un sotterraneo mercato nero che finisce per colpire i ceti più deboli. Nonostante le critiche condizioni esistenti e gli appelli delle forze rivoluzionarie e pacifiste, non si registra alcuna insurrezione popolare contro il governo di Saigon che ha bisogno urgente di aiuti esterni. Ora, dopo le dimissioni di Nixon, la presidenza Ford deve fare i conti con un Congresso sempre più ostile ad erogare finanziamenti consistenti e duraturi. Gli impegni precedenti vengono ridotti (da 1,5 miliardi di dollari per il biennio 1974-75, si passa a 1,2, per scendere in seguito a 700 milioni) e importanti settori politici statunitensi sono convinti che la riduzione dei contributi finanziari costituisca uno strumento decisivo per indurre Thieu a rinunciare alla ricerca della vittoria militare e a convincerlo alla necessità di un accordo con il GRP. Anche gli aiuti economici vengono ridotti: dai 700 milioni promessi si è arrivati a 300 effettivi (oltre la fornitura di eccedenze agricole statunitensi). Il governo Thieu affronta questa emergenza in condizioni molto difficili: non può ridurre le spese militari, non è in grado di fermare l'inflazione, non è nelle condizioni di rimuovere i provvedimenti «d'internamento nelle aree protette» di circa otto milioni di cittadini. Inoltre, deve provvedere ad accrescere le importazioni (riso, petrolio, concimi, alimenti, ecc.) a prezzi sempre più proibitivi e non può abbassare i costi della burocrazia pubblica e ancor meno ridurre il numero dei militari (circa un milione). In questo contesto di guerra e di crisi economica anche gli investitori stranieri riducono i loro impegni o li interrompono. Già nel febbraio 1974 la situazione economica determina una crisi di governo e la sua soluzione con l'impiego di nuovi ministri, ma ciò non porta a successivi miglioramenti: Saigon non può far ritornare nelle regioni di provenienza i milioni di profughi che si sono riversati nelle periferie urbane e nelle "aree protette" per sfuggire alla guerra (bombardamenti e combattimenti). Il conflitto ha determinato forti esodi di popolazione in tutto il Vietnam; nel Sud vi è stata un'urbanizzazione forzata verso la città e i villaggi strategici sia per limitare le conseguenze delle azioni militari che per ridurre i rapporti fra i vietcong e gli abitanti delle zone rurali (già Mao Tsé-tung aveva precisato che «la guerriglia vive fra la sua gente come un pesce nell'acqua»); al Nord il fenomeno è opposto: a seguito dei bombardamenti sulle città, sui centri portuali e sui maggiori insediamenti industriali, la popolazione si rifugia nelle campagne (e nelle caverne). È attivata anche una delocalizzazione di molte strutture produttive per sottrarle alle incursioni aeree. In sostanza, l'intero tessuto sociale vietnamita, già fragile, è sconvolto dal decennale conflitto in atto. È evidente che Hanoi e il GRP approfittano della situazione e mantengono alta la pressione militare, insidiosa la propaganda politica e attiva la denuncia a livello internazionale delle violazioni agli accordi di Parigi. Thieu deve far fronte anche all'opposizione interna sempre più attiva e alcuni esponenti buddhisti danno vita al movimento "Forza di riconciliazione nazionale", che domanda il rispetto degli accordi di Parigi e condanna la corruzione e la debolezza del governo di Thieu. Anche settori del «mondo cattolico conservatore» esprimono dissenso verso la politica governativa e promuovono una nuova "Associazione contro la corruzione". Quest'ultima non attacca soltanto il regime, ma Thieu e i suoi familiari accusandoli di «peculato e di sperpero di denaro pubblico», in seguito ai quali alcuni deputati buddhisti presentano (settembre 1974) un «Atto d'accusa numero uno» contro Thieu e il primo ministro che sono accusati di approfittare delle loro posizioni «per acquisire beni immobili di grande valore traendo inoltre profitto dal traffico di droga e speculando sul commercio di riso». Queste iniziative promosse da ambienti religiosi (cattolici e buddhisti) e laico-intellettuali (neutralisti, pacifisti, ecc.) evidenziano che la "terza forza" esce ora allo scoperto con più determinazione poiché avverte la debolezza di Thieu e ne prevede, in tempi brevi, la sostituzione. Ma non mancano anche voci dissonanti da queste ultime, come quelle del generale John Murray, rimasto a lungo nel Paese con compiti rilevanti e da poco rientrato negli USA dopo aver cessato il servizio attivo. Egli critica senza mezze parole la politica del Congresso, che riducendo l'assistenza a Thieu rischia di vanificare i sacrifici degli anni precedenti e di «mandare il Vietnam del Sud alla rovina». L'alto esponente statunitense evidenzia lo sforzo militare messo in atto da Hanoi dopo la firma dei trattati di Parigi. Oltre 15 divisioni e altrettanti reggimenti da combattimento operano nel Sud, con le più moderne armi sovietiche (cannoni antiaerei, lanciamissili e missili manovrati a mano SA-Z, artiglieria pesante a lunga gittata, sistemi radar di nuova generazione, ecc.) e con l'appoggio di nuove forze corazzate (circa 800 carri armati), ma avendo enormi scorte di materiale bellico in magazzini protetti sia nella parte settentrionale che in quella meridionale del Paese. Hanoi ha avuto due anni di tregua per costruire scorte imponenti di armi e ora, osserva il generale, «dispone senza dubbio della più efficace macchina militare che abbia mai avuto nel Vietnam del Sud». Al contrario Saigon dispone di mezzi sempre più limitati, l'inflazione ha ridotto il suo potere d'acquisto di scorte (armi, munizioni, equipaggiamenti, ecc.), i costi del carburante hanno raggiunto livelli proibitivi e una razione di riso giornaliera per un soldato costa il doppio rispetto al 1973. La capacità operativa di Saigon dipende dagli aiuti statunitensi e il popolo americano e il Congresso non si rendono conto della portata dei combattimenti in corso. Washington dà «troppo poco» per controbilanciare la forza crescente del nemico. In tal modo, mentre pensa di aiutare i sudvietnamiti, di fatto «pianta un coltello nella loro schiena»; quanto ad Hanoi, conclude Murray, «al momento opportuno colpirà». Queste considerazioni rilevano l'evoluzione dei rapporti di forza in campo, l'evidente rafforzamento dei nordvietnamiti e del GRP e i limiti della vietnamizzazione del conflitto. L'esercito di Thieu, che pure ha retto a poderose offensive e ha dimostrato crescente capacità operativa e spirito combattivo, non potrà far fronte ad una nuova azione su larga scala, pertanto Hanoi e i vietcong possono prevalere.

Manca, nell'esame del generale, una valutazione più ampia del contesto politico: la debolezza del sistema politico sudvietnamita, le ragioni del progressivo e ormai ultimato ritiro statunitense, i motivi per cui il conflitto non è stato concluso dopo anni d'impegno militare, navale e aereo, i fattori che hanno portato a considerare conclusa «l'intera operazione Vietnam» sia interni alla società americana, che internazionali. Murray è fermo nella logica della soluzione militare già esclusa da Nixon e ora da Ford, alla luce dei negativi risultati ottenuti in oltre dieci anni d'impegno finanziario, economico e militare. Washington, nell'impossibilità di utilizzare senza limiti la sua forza bellica, ha escluso un ulteriore impegno nel tempo e ha scelto il disimpegno progressivo affiancato alla crescente responsabilità del governo Thieu. Questa decisione spalanca le porte ai rischi che Murray denuncia, ma anche ai vantaggi che il generale non vede e non analizza. A ben osservare gli accordi di Parigi (1973) hanno stabilito l'uscita americana senza poter garantire soluzioni politiche certe. Washington, di fronte alla nuova situazione, può soltanto fare pressioni su Thieu per la rapida costituzione del Consiglio di concordia e riconciliazione nazionale (con la "terza forza" e il GRP) e per lo svolgimento di libere elezioni.

Gli avvenimenti nei mesi successivi evolvono però sul piano militare e non su quello politico, trovando in tal modo conferma le previsioni del generale Murray. Le forze rivoluzionarie estendono la loro presenza in vaste aree e prendono possesso di numerose città. Anche Saigon di fatto è accerchiata, i governativi reagiscono con minor vigore e appaiono nel corso del 1975 sempre più sulla difensiva, Washington esclude, pur in presenza di quest'offensiva, ogni intervento militare diretto. Kissinger ricorda che dopo aver difeso questo Paese per quindici anni è stato deciso di porre fine alla presenza militare e allo spargimento di sangue americano, di riportare in patria i combattenti e i prigionieri, di continuare ad aiutare Saigon, ma di affidare ai sudvietnamiti la difesa della loro libertà.

Metà della popolazione vietnamita è ormai sotto il controllo del GRP e si assiste al progressivo sgretolamento del poderoso apparato bellico di Thieu. In molte zone gli stessi vertici militari trattano la resa con i vietcong, fraternizzano con il nemico e cercano di assicurarsi adeguate garanzie per il futuro. Washington prende in seria considerazione la caduta di Thieu e la necessità di evacuare tutto il personale americano ed eventualmente i sudvietnamiti più compromessi con la politica governativa (si parla di circa un milione di persone), per sottrarli ad eventuali ritorsioni dei vincitori. Non si tratta però di operazioni facili da realizzare e presuppongono una «certa collaborazione» da parte del nemico. La progressiva occupazione del Vietnam meridionale da parte dei «rivoluzionari (vietcong, nordvietnamiti)» e l'assedio a Saigon ormai isolata dal resto del Paese portano alle dimissioni di Thieu (aprile 1975). Nel discorso di commiato al Parlamento di Saigon (aprile 1975), Thieu attacca apertamente gli Stati Uniti e Nixon per non aver mantenuto gli impegni assunti con il suo governo. Washington, colpita dal «dramma del Watergate e dalla crisi energetica mondiale», ha ridotto gli aiuti e non ha avuto il coraggio di accusare né Pechino, né Mosca, ma oltre a ciò ha ritirato i suoi combattenti e ridotto a zero la copertura aerea. In questo contesto Nixon e Ford hanno chiesto a Saigon cose impossibili: «hanno fornito tre dollari al giorno ed hanno preteso che si vivesse come un turista di lusso». Thieu denuncia anche «gli errori e le vigliaccherie di alcuni capi nella catastrofe militare delle ultime settimane» che hanno portato al disastro; ciò non toglie che le responsabilità maggiori ricadano su Washington e c'è da dubitare che «la sua parola valga ancora qualcosa». Thieu, dopo le dimissioni, si rifugia a Formosa, poi in Gran Bretagna, morirà negli USA nel 2001.

Il presidente americano Ford prende atto del ritiro di Thieu, conferma le decisioni precedenti e l'intenzione di favorire lo sgombero dei sudvietnamiti «verso i quali pensiamo di avere degli speciali obblighi» e ricorda che le decisioni di disimpegno sono da attribuirsi sia al Congresso che ai presidenti, ma che nessuno può dimenticare che il Vietnam «è stato un trauma per il Paese per quindici anni e più». Pertanto ribadisce che occorre «volgere le spalle al passato» e «guardare in avanti». Kissinger, segretario di Stato, ammette (maggio 1975) che la guerra in Vietnam è «un significativo insuccesso» e che occorre trovare adeguata sistemazione negli Stati Uniti per circa 120.000 vietnamiti «profughi trasferiti». Analoghe operazioni sono state compiute in passato per esuli cubani (70.000) e ungheresi. Lo "scacco vietnamita" non deve compromettere lo sforzo americano nel mondo ove è stata comunque garantita la pace. In polemica con i democratici americani, Kissinger ricorda che Nixon ha trovato in Indocina circa 600.000 americani ed ora essi sono rientrati in patria, ritiene che sia stato un errore dare fiducia ad Hanoi con la firma degli accordi di Parigi, ma non c'erano soluzioni alternative credibili. Di fatto però, osserva ancora il segretario di Stato, il Congresso ha ridotto il volume dei crediti ed impedito l'applicazione degli stessi accordi nel momento in cui si è fatta più pressante la presenza militare di Hanoi (Mosca e Pechino). I nordvietnamiti hanno, nella fase finale, impedito ogni negoziato, convinti della inevitabile caduta del governo di Saigon e hanno optato per la soluzione militare. Kissinger in realtà attribuisce la responsabilità maggiore della sconfitta al Congresso, che, con i tagli agli aiuti, ha bloccato a metà strada la vietnamizzazione del conflitto e resi inutili i sacrifici precedenti. C'è in questa valutazione un evidente tentativo di giustificare le decisioni dei decenni precedenti e manca un esame dei limiti politici del governo sudvietnamita; considerazione questa che nasce dal fatto che il segretario di Stato, anche alla luce del ruolo che ancora occupa, resta all'interno della logica della ricerca della soluzione militare come premessa della pacificazione sudvietnamita.

Dopo alcuni tentativi di dar vita ad un nuovo esecutivo per fronteggiare l'emergenza, assume la guida del Paese il generale Duong Van Minh, noto esponente neutralista. Egli è reduce da un lungo esilio ed ha sostenuto con coerenza la necessità di concludere il conflitto con «onorevoli compromessi» rifiutando la tentazione della vittoria militare. Minh è critico verso Washington per diverse ragioni: anzitutto perché ha privilegiato la soluzione militare appoggiando Thieu e anche perché ha preferito questo gruppo dirigente «corrotto e incapace» alle forze del pacifismo neutralista assai più realista e popolare. Lo stesso generale (aprile 1975) ha ribadito che Thieu deve essere allontanato con il suo governo perché «non può parlare di pace chi ha scelto la guerra». È necessario un nuovo esecutivo «composto da uomini nuovi e puliti, desiderosi di fare la pace»; è urgente trovare una soluzione «politica ed umana» alla luce degli accordi di Parigi; un nuovo governo sudvietnamita deve godere «dell'appoggio di tutti: i buddhisti, i cattolici, le altre religioni e l'esercito». C'è in Minh un'evidente illusione: poter sostituire Thieu nella guida del Vietnam meridionale e trattare la pacificazione con «i rivoluzionari». Da parte di questi ultimi e di Hanoi non c'è però alcuna intenzione, dopo anni di lotte durissime, di rinunciare al controllo del Sud e, ancor meno, alla riunificazione del Paese. Minh rappresenta un fragile strumento sostitutivo del precedente governo, ma non ha né la forza, né l'autorità per esercitare un potere reale, diventando in realtà lo strumento per un passaggio meno cruento al controllo del GRP. Minh, giunto al vertice di quanto rimane dello Stato sudvietnamita, accetta senza esitazioni le condizioni di resa proposte dal GRP. Evita in tal modo una battaglia tanto cruenta quanto inutile e in tal modo i reparti in armi dei vincitori possono entrare senza combattere nella capitale. Ha termine così un conflitto che dura ormai da trent'anni. Si calcola che esso abbia provocato circa un milione di vittime (250.000 sudvietnamiti, 100.000 nordvietnamiti, circa 200.000 vietcong e loro collaboratori, 50.000 americani, 300.000 civili).

Assume il potere a Saigon (ora ribattezzata Ho Chi Minh City) un Comitato amministrativo militare che invita i cittadini a mantenere la calma, i lavoratori a riprendere le proprie attività, gli ex militari dell'esercito di Thieu a collaborare, i fuggiaschi all'estero (USA, Thailandia, Singapore, ecc.) a rientrare in Vietnam in quanto non hanno nulla da temere e i cittadini stranieri a «rimanere purché non si oppongano alla rivoluzione». Il Governo Rivoluzionario Provvisorio si riunisce a Saigon (giugno 1975), è riaperta la Banca Centrale, nelle province i poteri passano dai militari ai civili; si vuole sottolineare il ritorno alla normalità, la fine del conflitto e l'avvio di una nuova fase della vita nazionale.

Il nuovo governo insediato nel Sud ottiene immediati, autorevoli e numerosi riconoscimenti da parte di altre capitali di tutto il mondo. L'esecutivo per poter meglio rappresentare «tutte le esigenze della società sudvietnamita» integra, al suo interno, esponenti della "terza forza" ed anche rappresentanti del mondo cattolico e buddhista, ai quali è assicurata la libertà religiosa (e di culto); di fatto sono costituiti, in questa fase, due Vietnam (Nord e Sud): ambedue avanzano la richiesta di entrare a far parte dell'ONU (l'iniziativa cade per il veto esercitato dal governo statunitense). Anche se nessuno può ignorare le profonde differenze esistenti nel 1975 fra i due Stati, è innegabile che il problema della riunificazione resta attuale e che è necessario prepararne l'attuazione e in questo senso non esistono dubbi né ad Hanoi né ad Ho Chi Minh City (Saigon). La divisione del Paese è stata da sempre considerata provvisoria, frutto di condizioni transitorie ed emergenziali. Già alla Conferenza di Potsdam (1945) il Vietnam era stato diviso in due parti per regolare la resa dei reparti nipponici (il Nord ai cinesi, il Sud ai britannici). Negli accordi di Ginevra (1954) e di Parigi (1973) l'unificazione era rimasta una prospettiva indiscussa anche se non immediata. Nonostante le difficoltà postbelliche, i vertici dei "due Stati" decidono di accelerare i tempi. Nel novembre (1975) si riunisce a Ho Chi Minh City (Saigon) la "conferenza politica consultiva per la riunificazione della patria", che definisce le tappe del processo unitario e fissa per il primo trimestre del 1976 lo svolgimento di elezioni generali in tutto il Vietnam (40 milioni di abitanti). La conferenza ricorda i meriti del presidente Ho Chi Minh che ha dedicato la vita «alla lotta per l'indipendenza, la riunificazione della patria, per la libertà e il benessere del popolo» ed esprime gratitudine profonda per i combattenti e i patrioti che si sono sacrificati da eroi arricchendo «la tradizione di lotta coraggiosa, perseverante ed indomabile della nazione vietnamita». La conferenza ricorda che il Vietnam era in origine una sola nazione unificata da parte dei re Hung. Nel 1945, sotto la direzione del Partito comunista indocinese, il popolo ha condotto con successo la rivoluzione d'agosto e si è liberato dell'imperialismo e del feudalesimo. Proprio Ho Chi Minh (settembre 1945) «ha annunciato la nascita della Repubblica democratica del Vietnam, il primo Stato a democrazia popolare dell'Asia del Sud-Est». Subito dopo, precisa il documento conclusivo della conferenza, i colonialisti francesi hanno «ripreso l'aggressione al Vietnam», ma, dopo nove anni di guerra, sono stati sconfitti a Dien Bien Phu e costretti a firmare gli accordi di Ginevra del 1954 e cioè a riconoscere l'indipendenza, la sovranità, l'unità e l'integrità territoriale del Vietnam. Gli imperialisti americani sono intervenuti in seguito con una nuova aggressione per fare del Vietnam meridionale «una colonia di tipo nuovo» e una base militare da utilizzare come «un trampolino per attaccare il Nord, impedire la diffusione del socialismo nell'area del Sud-Est» e sabotare il movimento di liberazione nazionale che ferveva in Indocina. Questo progetto è stato sconfitto «dopo vent'anni di guerra, grazie alla resistenza popolare, alla collaborazione delle forze rivoluzionarie cambogiane e laotiane, all'aiuto dei Paesi socialisti fratelli e all'appoggio caloroso dei popoli di tutto il mondo ivi compreso quello progressista americano». Gli imperialisti americani sono stati costretti a firmare gli accordi di Parigi (1973), a ritirare «le loro truppe e quelle dei loro satelliti e a rispettare i diritti nazionali dei vietnamiti». Ciò nonostante è stato necessario continuare a combattere per «porre fine al regime neocolonialista americano» nel Vietnam del Sud. In questo nuovo contesto, conclude il documento, la riunificazione nazionale è «un imperativo di suprema importanza per il destino della nostra nazione e il futuro della nostra patria». Perché questo processo sia «più completo e più solido» occorre avviare la rivoluzione socialista che permetterà di mantenere e difendere l'unità e l'indipendenza e garantire lo sviluppo per le generazioni future; occorre rafforzare «il potere collettivo del popolo», sviluppare «in modo pianificato» l'economia, sostenere la cultura nazionale per creare «una nuova società e formare uomini nuovi». Per questo devono essere indette elezioni generali per eleggere un'Assemblea Nazionale comune (Nord e Sud) secondo principi democratici: suffragio universale, uguale, diretto e segreto. Verrà eletto un deputato ogni 100.000 abitanti e sarà creato un apposito Consiglio elettorale nazionale con il compito di coordinare lo svolgimento della consultazione elettorale (controllo degli scrutini, pubblicazione dei risultati, proclamazione degli eletti, ecc.). In seguito saranno eletti i nuovi vertici della Repubblica vietnamita. Il documento si conclude con una citazione di Ho Chi Minh: «Il Vietnam è uno, la nazione vietnamita è una, i fiumi possono inaridirsi ed i monti consumarsi, ma questa verità resta eterna».

È utile una precisazione di carattere metodologico: la consultazione elettorale, al di là delle dichiarazioni ufficiali, è condotta secondo la logica marx-leninista; possono partecipare come movimenti e partiti e come candidati coloro che condividono l'ideologia di riferimento, i metodi e gli obiettivi ad essa riconducibili. Non si tratta dunque di una verifica della volontà popolare secondo i criteri consolidati nelle democrazie liberal-democratiche di origine occidentale e già sperimentate in altri Paesi asiatici (India, Corea del Sud, Giappone, ecc.). Al contrario, questa tipologia elettorale è analoga a quella praticata negli altri Paesi socialisti (URSS, Europa orientale, Cina, Corea del Nord, ecc.). Sotto questo profilo, le elezioni non sono quelle previste dagli accordi di Ginevra (1954) e di Parigi (1973) che d'altra parte furono escluse dall'intransigenza e dai timori prima di Diem e poi di Thieu. In pratica i candidati del Nord, oltre 300 (per i 249 seggi riservati alla parte settentrionale del Paese), sono aderenti al Fronte per la patria, cioè un'organizzazione popolare governativa di Hanoi, mentre i circa 300 candidati del Sud (a quest'ultimo sono riservati 243 seggi) appartengono al Fronte di liberazione nazionale, all'Alleanza delle forze nazionali democratiche e di pace. Si tratta dei movimenti che nel 1969 hanno cofondato il GRP e alla luce delle premesse ideologiche dei promotori della consultazione è inutile rilevare l'assenza di alternative reali perché si vuole promuovere un sistema politico di tipo marx-leninista e dunque nel contesto specifico la possibilità di scelta è limitata ai rappresentanti di questi movimenti e ai loro alleati nella "resistenza anticoloniale".

Dopo le elezioni generali, nell'aprile 1976 è convocata ad Hanoi l'Assemblea Nazionale composta da 492 membri, che riafferma di voler camminare «verso il socialismo», di operare per una politica di pace contro l'imperialismo capeggiato dagli USA (in questo senso rifiuta la teoria cinese contro le due "superpotenze"), dà vita ad una Commissione incaricata di preparare il testo della nuova Costituzione. Viene anche deciso di abbandonare la precedente denominazione "Repubblica democratica del Vietnam", varata nel 1945 da Ho Chi Minh; il Paese è quindi chiamato "Repubblica socialista del Vietnam" e ha come capitale Hanoi. Ha così termine quella che i vietnamiti chiamano la guerra dei trent'anni (1945-1976) condotta contro il colonialismo francese e il neocolonialismo americano. Nel successivo mese di luglio 1976 è costituito il governo cui spetta la guida del Paese unificato; com'era prevedibile al suo interno compaiono numerosi e autorevoli rappresentanti dei vertici nordvietnamiti e del GRP.

In Indocina l'impegno americano si è sviluppato per un lungo arco di tempo. Washington interviene nel conflitto per gradi e allo stesso modo ne esce alla fine; non c'è una presenza diretta e costante per tutta la durata del conflitto, ma al contrario discontinuità; ciò evidenzia che si tratta di un "conflitto atipico" non fra Stati (non c'è mai stata una dichiarazione di guerra degli USA al Vietnam del Nord), ma a sostegno di un Paese che si ritiene oggetto di aggressione da forze eversive interne ed esterne.

Gli Stati Uniti escono di scena con gradualità, ma anche con determinazione; è una scelta difficile dopo i sacrifici umani e materiali sopportati dal popolo americano. Washington deve provvedere alle cure dei feriti, al trasferimento dei sudvietnamiti compromessi con il regime di Thieu (e dei suoi predecessori) e ottenere la liberazione dei prigionieri e la possibilità di ricercare "i dispersi". C'è un altro grave problema umano: occorre trasferire negli USA i figli naturali avuti dai soldati americani nel Vietnam che non possono essere abbandonati a un futuro tanto rischioso (si tratta di circa 200.000 persone).

Le responsabilità dell'avventura vietnamita non possono essere addebitate ai repubblicani o ai democratici perché tutti i presidenti che si sono succeduti in questi decenni hanno approvato le azioni intraprese (Truman, Eisenhower, Kennedy, Johnson, Nixon, Ford). La nazione supera la crisi, ritrova se stessa e la propria unità. La grande democrazia americana ha la forza di porre fine senza la vittoria a questo terribile conflitto. Dimostra di avere al suo interno le risorse necessarie per sopportare questa ritirata strategica. È un atto di straordinario valore morale e politico anche se non può cancellare gli errori precedenti e gli orrori delle azioni belliche intraprese e, in particolare, i terribili bombardamenti dissuasivi sul Vietnam del Nord.

Il gruppo dirigente nordvietnamita è il reale vincitore del confronto indocinese: esso conferma il controllo della parte settentrionale del Paese, ottiene quello del Sud e procede a una rapida unificazione di tutto il Vietnam. Sono gli obiettivi originari professati da Ho Chi Minh nel 1945 in occasione della proclamazione della Repubblica. Non è errato precisare che il confronto non è stato fra Hanoi e Saigon, ma fra Hanoi e Washington, che sono i veri competitori. La vittoria conclusiva degli eredi di Ho Chi Minh non è tuttavia militare ma politica. Il Vietnam del Nord ha sconfitto i francesi con battaglie importanti; al contrario, gli americani e i sudvietnamiti hanno prevalso nei confronti militari diretti: nessuna delle offensive vietcong e nordvietnamite ha avuto successo (neppure quella del Têt e le successive). Con queste azioni, però, essi hanno confermato vitalità militare, presenza territoriale, solidi collegamenti con la popolazione. In altre parole chi ha vinto le battaglie ha perduto la guerra, chi è stato sconfitto sui diversi teatri bellici ha vinto il conflitto: è un caso unico nella storia più recente. Hanoi mette in luce una tenacia, una determinazione e una capacità di sacrificio non prevista. C'è la volontà di vincere senza dover accettare condizioni e rinunce e manca un elemento tradizionale dei confronti militari e politici: il calcolo fra i costi dell'operazione e gli eventuali benefici. Hanoi persegue senza incertezze la vittoria completa che significa liberazione, unità e indipendenza del Vietnam. Lo scopo dei nordvietnamiti non è la sconfitta americana (come non lo è stato quella dei francesi o dei giapponesi); «questi stranieri» sono un ostacolo, un incidente di percorso che sarebbe stato meglio non dover fronteggiare. Il traguardo perseguito dal comunismo vietnamita è guidare il Paese con la rivoluzione marx-leninista verso il futuro.

Ho Chi Minh è certo del risultato perché anni di lotta (antinipponica e antifrancese) hanno radicato il suo movimento (Viet Minh) sia al Nord che al Sud, mentre non esistono altre forze con analoghe possibilità. C'è, nel gruppo dirigente di Hanoi, il convincimento di avere acquistato, con questo impegno anticoloniale, un oggettivo "diritto politico" alla guida del Vietnam.

Sullo sfondo del conflitto indocinese, è giocata anche un'altra partita che vede impegnati Pechino e Washington. Si è creata fra i due Stati una reciproca paura ed una evidente ostilità: Washington teme che, dopo il successo cinese, il comunismo possa dilagare in Asia con un "effetto domino".

Pechino non esclude una controrivoluzione sostenuta dall'esterno; il suo potere non è ancora consolidato, Chiang Kai-shek non nasconde progetti revanscisti, non è stata accolta la sua richiesta d'ammissione all'ONU, i rapporti con Mosca sono via, via peggiorati. Una preoccupazione prevale su tutte le altre: l'eventualità che forze armate ostili possano raggiungere i suoi confini e attentare alla sua sicurezza interna. Durante la guerra di Corea i cinesi sostengono Kim Il-sung quando aggredisce il Sud, ma non esitano ad intervenire nel conflitto con milioni di volontari quando le forze delle Nazioni Unite sotto la guida di McArthur, superato il 38° parallelo, puntano a raggiungere il confine cinese; in modo analogo essi aiutano Hanoi sul piano militare ed economico. Di fronte alle azioni aereo-navali statunitensi oltre il 17° parallelo, lanciano un preciso avvertimento: se queste azioni preludono ad una invasione del Vietnam del Nord essi non potrebbero rimanere indifferenti, ma dovrebbero prendere "misure adeguate", perché si affaccia l'ipotesi di una seconda Corea. Quella vietnamita è dunque la terza guerra indiretta cino-americana; la prima è stata combattuta dai nazionalisti cinesi del Kuomintang con l'aiuto statunitense; la seconda in Corea fra il contingente delle Nazioni Unite, sotto guida americana e le "truppe volontarie" cinesi, la terza nel Vietnam fra quelle sudvietnamite aiutate da Washington e quelle vietcong e nordvietnamite sostenute da Pechino e dagli altri Paesi socialisti.

Perché si può parlare di guerre indirette? In nessun caso vi è stato un confronto militare diretto fra le forze armate dei due Stati, ma sempre si sono confrontati contingenti sostenuti dall'esterno: sia in Cina prima, che nella penisola indocinese poi. L'unica eccezione pare essere il conflitto coreano, ma così non è, perché anche qui si affrontano dei "travestiti". I reparti americani, preponderanti all'interno del contingente ONU e sotto la guida di un generale statunitense, operano nel nome dell'Organizzazione e sotto la sua bandiera. Al tempo stesso i milioni di soldati cinesi inviati in Corea non appartengono all'Armata Rossa cinese, ma costituiscono un "corpo di volontari". Nessuno dei due Stati ha voluto lo scontro diretto ma, senza rinunciare alle proprie ragioni, è ricorso a strumenti meno impegnativi e pericolosi. In sintesi Pechino ha tutelato la propria sicurezza senza abbandonare i movimenti rivoluzionari marx-leninisti, Washington ha cercato di arginare l'espansionismo comunista con un impiego limitato della propria forza militare e senza cercare di colpire direttamente la Cina.

Il conflitto vietnamita non ha interrotto il dialogo fra l'URSS e gli Stati Uniti. Al Cremlino prevalgono due preoccupazioni: non abbandonare il movimento comunista asiatico nelle mani della propaganda cinese, non compromettere, con iniziative avventate, il dialogo in atto con Washington per accrescere la sicurezza internazionale e i tentativi di ridurre i rischi di un conflitto generale che, per sua natura, potrebbe diventare nucleare. Mosca dà piena solidarietà alla politica di Ho Chi Minh. C'è il costante timore che i vertici nordvietnamiti possano operare una scelta di campo a favore della Cina, ma ai sovietici è chiesto qualcosa in più grazie al loro sviluppo tecnologico e militare. Hanoi domanda aiuti per far volgere a proprio favore le sorti del conflitto. L'URSS dunque si trova al centro di una delicata situazione che deve gestire con molta attenzione. Fornisce via via, con il passare degli anni, armamenti sempre più moderni e sofisticati ma di carattere prevalentemente difensivo e convenzionale (sistemi radar, missili terra-aria, batterie antiaeree, blindati, carri armati, aerei da caccia, artiglierie, armi leggere). Non si avventura nel campo degli armamenti offensivi strategici (missili a lunga gittata, armi nucleari, bombardieri, portaerei, sottomarini con armamenti missilistici, ecc.). Vuole evitare che il conflitto vietnamita possa portare ad un confronto diretto con Washington; in fondo esso compromette già, in modo rilevante, il prestigio politico e militare statunitense senza far correre particolari rischi a Mosca. In ultima analisi per l'URSS il destino del Vietnam è importante, ma resta un fatto regionale, cioè non strategico per la sua politica mondiale. A causa di ciò le due capitali del comunismo mondiale sono a fianco dei comunisti indocinesi e vietnamiti, ma si guardano bene dal mettere in pericolo la propria sicurezza con avventure antistatunitensi. Alla fine questa politica risulterà positiva: i tre Stati della penisola nel 1976 sono retti da governi d'ispirazione marx-leninista e mantengono buoni rapporti con il mondo comunista anche se ciascuno di essi percorre una propria strada al socialismo ed è geloso custode della propria indipendenza e sovranità. Nel volgere di pochi anni tuttavia i conflitti (1979) cambogiano-vietnamita e cino-vietnamita mettono in luce rivalità fra Stati con sistemi ispirati al marx-leninismo. Ciò è un'ulteriore prova della infondatezza della "teoria del domino" e della sostanziale vocazione nazionale del comunismo indocinese.

Il nuovo Stato entra a far parte dell'Organizzazione delle Nazioni Unite (1977) e, nell'anno successivo, sottoscrive un trattato di amicizia e cooperazione con l'URSS, che assume inoltre l'impegno di proteggere Hanoi ove fosse oggetto di un'aggressione straniera. Il contesto indocinese non è stabilizzato e gli stessi rapporti fra il Vietnam, la Cambogia e la Cina subiscono sostanziali mutamenti. Nel 1979 Hanoi invade la Cambogia a seguito di dispute confinarie e per porre un «freno alla sanguinaria politica di Pol Pot»; l'azione è condannata da Pechino che a sua volta mette in atto operazioni militari antivietnamite. Pechino vuole sottolineare di essere contraria ad una egemonia vietnamita in Indocina, tanto più che Hanoi ha stretto nuovi legami con Mosca, l'URSS, invece, protesta per l'aggressione cinese ma non interviene sul piano militare. Le ostilità hanno breve durata ma compromettono per lungo tempo i rapporti fra i due Paesi. La presenza vietnamita in Cambogia è destinata a durare a lungo ed avrà termine soltanto alla fine degli anni Ottanta.

8. *Cambogia, Laos, Thailandia*

L'evoluzione del quadro vietnamita produce effetti di rilievo in tutta la penisola indocinese. Nel 1974 in Cambogia il regime di Lon Nol controlla la capitale e le maggiori città, mentre gran parte delle aree rurali e montagnose sono sotto il controllo del Fronte unito nazionale di fatto guidato da Sihanouk. Quest'ultimo gode dell'appoggio politico-militare di Hanoi, di Pechino e di Mosca. All'interno del Fronte unito nazionale convergono diverse forze d'opposizione (resistenza, Viet Minh, comunisti, neutralisti, sette religiose, ecc.). I tentativi di Lon Nol di avviare trattative (1974) per dar vita ad un "governo nazionale d'emergenza" sono respinti dai rivoluzionari che credono possibile una soluzione militare a loro favorevole. La situazione evolve a favore degli oppositori nel 1975; Lon Nol decide di lasciare il Paese dopo averne guidato le sorti dal colpo di Stato del 1970 diretto contro il principe Sihanouk che ora riprende la guida della Cambogia. In realtà, il principe è consapevole di dover "regnare", ma di non essere in grado di tenere sotto controllo la composita formazione del Fronte unito, al cui interno svolgono un ruolo di primo piano i comunisti (khmer rossi). Questi ultimi, mentre chiedono al principe di restare come capo dello Stato e di garantire l'unità nazionale, non nascondono di aspirare alla guida del Paese per condurlo «al socialismo». Sul piano internazionale si professano neutralisti e, pur simpatizzando per il blocco comunista, non hanno preso posizioni nette né a favore di Mosca, né di Pechino. Washington, dopo aver sostenuto Lon Nol, abbandona la partita, ritira i rappresentanti diplomatici e provvede allo sgombero dei cittadini americani e dei collaboratori cambogiani più compromessi con il precedente regime. Il più autorevole rappresentante dei khmer rossi, Kieu Samphan, dichiara che è necessario far avanzare la rivoluzione socialista in tutti i settori della vita nazionale, ritenendo urgente una riforma agraria che ponga fine al «vecchio ordine sociale di natura feudale e coloniale» e percorrere «una via nazionale al socialismo». Per applicare questi indirizzi è varata una nuova Costituzione (1976): la Cambogia diventa "Stato democratico cambogiano" («neutrale e non allineato»), all'interno del quale è permesso ai cittadini di possedere solo quanto serve a soddisfare le proprie necessità «mentre i mezzi di produzione appartengono allo Stato e al popolo», il Parlamento sarà composto da 250 deputati di cui è precisata la provenienza sociale (150 contadini, 50 operai e 50 soldati). La rivoluzione avviata dai khmer rossi si delinea come più radicale e più rigida di quella sovietica e cinese, perseguendo la costruzione di una società di uguali «senza ricchi e senza poveri» sotto la guida del mondo contadino ostile alla borghesia urbana e ai ceti commerciali. Prende subito corpo la deportazione di gran parte dei residenti urbani (considerati «collaborazionisti, traditori e nemici del popolo») in aree periferiche in condizioni di estremo disagio. In questa delicata fase di transizione il principe Sihanouk lascia la carica di capo dello Stato che è assunta dal *leader* dei khmer rossi Khieu Samphan; esce in tal modo di scena l'uomo che dopo il colpo di Stato filoamericano dei militari del 1970 ha preso la guida dei rivoluzionari e di fatto ha accettato la protezione dei khmer rossi. A lui questi ultimi riservano un ruolo più marginale: è eletto al Congresso del popolo in modo plebiscitario (100% dei voti). In questa occasione assume la carica di primo ministro un personaggio poco noto di cui si occuperanno in seguito le cronache politiche di tutto il mondo: Pol Pot. A lui sono attribuite le drastiche disposizioni per la deportazione dalle città alle campagne, la sistematica eliminazione fisica degli oppositori e l'esecuzione, in diverse località, di massacri di cittadini «ostili al nuovo ordine». Viene compiuto un grande sforzo nazionale per accrescere la produzione nelle risaie onde permettere una consistente esportazione. Uno *slogan* dei khmer rossi recita: «Con il riso potremo avere tutto: acciaio, fabbriche, energia, trattori e denaro»; sono adottati severi provvedimenti di controllo lungo le frontiere e di segregazione nei campi di lavoro rurali mentre cresce il numero di coloro che fuggono in prevalenza verso la Thailandia. Si stabilizza su queste basi il potere comunista nella Cambogia e ha inizio la costruzione della «nuova società».

Nel Laos, dopo gli accordi di pace del 1973, prendono corpo strutture di gestione accettate dai contendenti; di fatto il territorio del regno resta diviso in due parti: una è controllata dal governo di Vientiane, l'altra dal Fronte patriottico del Pathet Lao. Si tratta di una sistemazione provvisoria che, tuttavia, permette la sospensione delle attività belliche in gran parte del Laos anche se il Paese risente di storiche divisioni e contrapposizioni di natura politica e geografica (regno di Luang Prabang al Nord, di Vientiane al Centro, di Champassak al Sud, popolazioni Thai-Lao nella pianura del Mekong e quelle della cordigliera annamita). In questo contesto, in cui restano in ruoli importanti famiglie di antica tradizione, l'unico movimento con un preciso programma politico rimane il Pathet Lao. Questa forza politica d'ispirazione comunista è tuttavia di natura moderata (combatte l'analfabetismo, permette la proprietà privata, limita l'intervento statale, è favorevole alla riforma agraria, ecc.); non nasconde di avere ambizioni di carattere nazionale e anche di poter rappresentare un modello per l'intera popolazione indocinese. Ai vertici politici laotiani esistono due organi di coalizione: il governo guidato da Souvanna Phouma e il Consiglio politico nazionale presieduto da Souphanouvong. Sono due organismi indipendenti, "uguali fra loro", e funzionano secondo il principio dell'unanimità, ambedue hanno carattere provvisorio in attesa della elezione di un'Assemblea Nazionale e della formazione di un governo "definitivo" del Laos. Questa situazione evolve nel corso del 1975, quando si registra una forte penetrazione dei rappresentanti del Fronte patriottico nazionale in tutti i centri di gestione amministrativa ed economica dei centri urbani; di pari passo si assiste ad uno sgretolamento delle forze Nazionaliste e a un progressivo indebolimento dell'influenza di Washington. La situazione evolve rapidamente: nel dicembre (1975) con le dimissioni del sovrano Savang Vatthana ha termine la monarchia, viene proclamata la Repubblica popolare democratica del Laos e si forma un nuovo governo espressione più diretta del Pathet Lao. I dirigenti di quest'ultimo, nonostante i collegamenti con Hanoi, manifestano l'intenzione di procedere con moderazione nella lotta contro il feudalesimo, l'aristocrazia e la burocrazia tradizionale. Esponenti della stessa famiglia reale hanno trovato prestigiosi incarichi nel "nuovo sistema" che tende ad esaltare le tradizioni nazionali. Anche la riforma agraria non incontra particolari ostacoli, poiché da tempo i proprietari terrieri sono assenti dalla campagna: in parte sviluppano nelle città altre attività economiche e in parte si sono rifugiati all'estero (Thailandia). Queste valutazioni sono valide per una parte del Paese perché in altre aree il Pathet Lao esercita il potere ormai da molti anni ed ha già risolto queste questioni. Ai confini del Laos non esistono gravi problemi né con la Cina, né con il Vietnam, né con la Cambogia, ma al contrario c'è una forte tensione con la Thailandia. Questo Stato ha alle spalle un passato difficile: il regno, dopo il tramonto della monarchia assoluta (1932), è stato governato dai militari con l'eccezione di brevi periodi di governi civili. I più recenti avvenimenti hanno fatto registrare una sostanziale instabilità interna: anche le diverse Costituzioni approvate dopo il 1968 non hanno portato all'auspicata stabilità politica istituzionale; nel 1973 è caduta la più recente giunta militare e il re Bhumipol Adulyadej ha sciolto l'Assemblea Nazionale e nominato una Convenzione nazionale incaricata di redigere una carta costituzionale. Si cerca di promuovere una nuova situazione socio-economica più attenta alle esigenze della borghesia metropolitana, ai nascenti ceti commerciali, agli operai e ai lavoratori delle campagne; si pensa di ridurre anche l'influenza degli ambienti economici statunitensi, giapponesi e di Taiwan. Washington sostiene apertamente il regno con importanti contributi allo sviluppo economico e alla difesa militare impegnata, fra l'altro, in continue azioni contro la guerriglia dei rivoluzionari (comunisti) e degli oppositori, ottenendo, sul territorio thailandese, l'utilizzo di basi aeree, terrestri e navali. La nuova esperienza dei governi civili (1974) non dà i risultati auspicati: la grave situazione economica, l'inflazione, i costi dell'apparato statale e le spese militari minano qualsiasi politica di risanamento e di sviluppo. Le *élites* militari mantengono ruoli importanti e gli investitori stranieri non riducono la loro influenza, ma ciò è all'origine di ricorrenti manifestazioni di protesta popolare, di sommosse e di incidenti e le stesse onerose operazioni per la "pacificazione interna" e per la "repressione anticomunista" non portano a risultati significativi. Neppure la nuova Costituzione (1974) è idonea a garantire l'avvio di una moderna monarchia costituzionale per le perduranti tensioni interne e la fragilità del sistema istituzionale. Le elezioni generali (1975) costituiscono l'avvio della nuova fase democratica della vita politica thailandese nonostante l'affermazione dei partiti moderati di centro, il quadro politico resta incerto e quello economico grave. I rapporti con la Cambogia, dopo l'avvento al potere dei khmer rossi, sono peggiorati, perché i cambogiani denunciano l'accoglienza accordata ai capi militari della destra cambogiana che, dopo essere stati condannati a morte, si sono rifugiati a Bangkok, avanzano inoltre pretese territoriali su vaste aree confinarie delle province nordorientali della Thailandia. Gli scontri militari lungo le frontiere sono continui e i due Paesi hanno, inoltre, interrotto le relazioni diplomatiche. Mentre si verifica questa frattura Bangkok riprende le relazioni con il Laos, con il quale ha avuto in passato forti contrasti, e i due Stati s'impegnano (1975) a non tollerare la presenza di basi straniere sul proprio territorio, rinunciano a qualsiasi rivendicazione territoriale (di fatto la Thailandia abbandona l'area dei templi di Prach Vihar), accettano i sistemi socio-economico-politici diversi nei due Paesi in quanto questi ultimi «costituiscono un affare interno che interessa solo il loro popolo». In seguito a questi accordi il governo di Bangkok pretende il rapido ritiro delle forze statunitensi presenti nel Paese e il conseguente sgombero delle basi militari; lasciano di conseguenza il Paese sia i B-52 che gli F-111 impiegati per anni nei devastanti bombardamenti sul Vietnam del Nord e su altri obiettivi indocinesi. Queste decisioni di Bangkok non pongono però in discussione l'alleanza con Washington e ancor meno i suoi rapporti con Tokyo, Seul e Formosa. Una valutazione attenta della politica estera thailandese presuppone alcune precisazioni: il Paese (40 milioni di abitanti) non ha conosciuto presenze coloniali ad eccezione di quella inglese in Birmania e francese nell'Indocina orientale e un'abile politica neutralista ha evitato di cadere sotto l'influenza di Londra e di Parigi. Più tardi, di fronte all'espansionismo nipponico, Bangkok non ha esitato ad allinearsi a Tokyo per tutelare precisi interessi nazionali, ma in seguito ha scelto l'alleanza con gli USA per garantire il sistema interno e per difendersi dall'attivismo rivoluzionario del comunismo locale. Ora, di fronte ai successi di quest'ultimo in Vietnam, nel Laos e in Cambogia, delinea una nuova strategia, in base alla quale senza rinnegare i rapporti con Washington cerca di avere buoni rapporti con i vicini. Bangkok, senza eccessive preoccupazioni ideologiche, si affida, come in passato, al realismo e alla concretezza e mette in primo piano i suoi interessi più immediati. Rimangono comunque molto forti le pressioni interne da parte dei militari e dei movimenti studenteschi e sindacali, gli uni favorevoli e gli altri ostili ai rapporti con gli USA. Proprio su questo terreno si giocano le elezioni (aprile 1976) che vedono prevalere le forze del centro-destra: esse denunciano i gravi pericoli che incombono sul Paese per il ritiro americano proprio nel momento in cui il fronte comunista indocinese si rafforza.

Nei mesi seguenti le tensioni interne al nuovo esecutivo (1976) fra i civili e i militari (e fra questi ultimi stessi) non si spengono: nel mese di ottobre un golpe riporta al potere i militari che abrogano la Costituzione del 1974 e pongono fine al triennio di esperienza democratico-parlamentare. Il re si adegua alla nuova situazione, mentre tutti i partiti vengono sciolti. Sono avviate azioni repressive e rastrellamenti contro ogni opposizione e in particolare «contro i comunisti ed i loro alleati». Nel Nord-Est del Paese l'attività di guerriglia organizzata dal partito comunista thailandese prosegue senza interruzioni e viene promulgata una nuova Costituzione (ottobre 1976) che prevede la formazione di un'Assemblea Nazionale composta da 350 membri nominati dal re su proposta del nuovo governo. Quest'ultimo precisa che è necessario, per la difesa e la sicurezza del Paese, rivedere la precedente politica antiamericana per riprendere costruttivi rapporti con Washington. Viene autorizzato l'utilizzo della base di Takhli per i mezzi dell'US Air Force nei collegamenti fra le Filippine e l'isola di Diego Garcia nell'Oceano Indiano, mentre nei mesi successivi si rafforzano i legami con Washington alla luce delle esperienze degli anni precedenti.

È evidente l'affermazione del comunismo rivoluzionario indocinese, che risulta vincente in tutti i Paesi della zona (Vietnam, Laos e Cambogia), nonostante i tentativi, francesi prima e americani in seguito, di evitare questa conclusione. È pur vero che gli obiettivi di Parigi e di Washington sono stati diversi; la Francia ha pensato, dopo la disfatta giapponese, di poter riaffermare la propria sovranità e ha sottovalutato sia le energie del nazionalismo locale sia quelle dei movimenti rivoluzionari marx-leninisti; gli Stati Uniti d'America, liberi da preoccupazioni neocoloniali, hanno cercato di arrestare lo scivolamento di quest'area verso il comunismo reso più aggressivo e determinato dopo i successi di quello cinese. La strategia adottata ha privilegiato l'alleanza con i gruppi dominanti (monarchici, militari, repubblicani, nazionalisti, democratici, religiosi) purché ostili al comunismo e favorevoli alla costituzione di realtà statuali con sistemi democratico-liberali. L'operazione è nel complesso fallita: i gruppi dirigenti di questi Paesi non hanno dimostrato un'adeguata capacità politica e militare. In generale, essi hanno messo in luce carenza di collegamenti con la popolazione, inadeguate sensibilità democratiche, ricorrenti divisioni interne originate da motivi di potere o d'interesse, incapacità d'organizzazione militare. Anche l'ipotesi di dar vita a forme di democrazia matura, con popolazioni prive di precedenti e analoghe esperienze e organizzate in forme tribali senza strutture statuali adeguate, si è rivelata illusoria. Il progetto di Washington è stato in tal modo ostacolato, e alla fine compromesso, dalla sostanziale debolezza degli alleati prescelti e da una superficiale valutazione delle forze dell'opposizione. L'azione statunitense ha senza dubbio contribuito a frenare l'irruenza del comunismo indocinese e forse impedito che potesse collegarsi a quello di altri paesi (Filippine, Malaysia, Indonesia, ecc.), ma, nel teatro specifico, non ha prodotto i risultati auspicati.

9. *La Repubblica socialista del Vietnam dopo il 1976. L'ingresso all'ONU (1977). Il Congresso del Partito Comunista del 1986. Nuovi rapporti con Parigi, Pechino e Washington. L'adesione all'ASEAN (1995)*

Con l'unificazione del Vietnam termina il tormentato periodo bellico, nell'arco del quale sono state combattute ben tre guerre contro la Francia, gli USA e la Cina e un conflitto civile molto aspro. Sul piano politico più generale Mosca, dopo la fine delle ostilità, ha interesse a mantenere uno Stato unico forte sulle frontiere meridionali cinesi mentre Pechino teme una supremazia di Hanoi sull'Indocina di cui preferisce la "balcanizzazione". Di fatto con la fine del conflitto il Vietnam cessa di essere considerato una guerra e ritorna ad essere un Paese. I suoi vertici politici si trovano ad affrontare gravi problemi economici e sociali: il sistema pianificato di tipo sovietico adottato in precedenza produce pessimi risultati e l'economia non dà segnali importanti di ripresa e il reddito pro-capite resta molto basso. La rigida guida del Partito comunista, mentre garantisce "stabilità ed ordine", non è in grado di assicurare lo sviluppo e di abbassare il livello di povertà: i consumi sono molto ridotti e assai limitata è anche l'offerta di beni primari. La dittatura comunista e la povertà inducono molti vietnamiti ad abbandonare il

Paese sia per terra che per mare e si parla di oltre due milioni di fuggiaschi. Molti affrontano trasferimenti marittimi con mezzi di fortuna (*boat people*) diretti verso Hong Kong, le Filippine e altri approdi insulari. Il viaggio avrà per tanti tragiche conseguenze per la presenza di una feroce pirateria locale e per le difficoltà stesse della lunga navigazione spesso in mare aperto. Motivi di sicurezza e di protezione dell'omogeneità nazionale spingono Hanoi a favorire l'esodo di migliaia di cittadini di origine cinese (residenti in gran parte nelle aree di confine del Nord) verso la Cina, ma questa emigrazione è un'espulsione collettiva che sottolinea i peggiorati rapporti con Pechino.

Dopo l'inserimento all'ONU (1977) come 149° membro migliorano i rapporti con Washington e l'accesso all'Organizzazione è reso possibile dalla rimozione del "veto" da parte del presidente Jimmy Carter. Gli USA, dopo aver ottenuto informazioni sui combattenti dispersi e la restituzione dei prigionieri, tolgono l'embargo commerciale e stabiliscono relazioni diplomatiche (1995), ma si rifiutano di far fronte alle "pretese riparazioni" per i danni di guerra. La rimozione dell'embargo è graduale; prima sono allentati i vincoli per i generi alimentari e i medicinali e più tardi (1994) il presidente Bill Clinton rimuove le ultime restrizioni. Soltanto nel 2012 Washington accetta di contribuire ad un programma di rivalorizzazione di alcune zone del Vietnam devastate dal conflitto e dall'uso di sostanze chimiche molto nocive (defoglianti e diserbanti), approvando un piano di cinquanta milioni di dollari per aiutare Hanoi a far fronte ai danni di quelle azioni belliche sulle foreste, sui terreni coltivati, sui pascoli, sui laghi, sui fiumi, sulle risaie, ecc. Secondo le autorità vietnamite, anche tre milioni di persone, fra le quali centinaia di migliaia di bambini, hanno subito le conseguenze della diffusione della diossina (deformazioni fisiche, forme tumorali, ritardi mentali, ecc.).

La critica situazione interna induce i vertici vietnamiti ad una revisione della politica economica adottata, risultando urgente, dopo l'azione condotta contro le malattie endemiche e l'analfabetismo, uscire dal sottosviluppo e garantire alla popolazione livelli di vita più dignitosi per la frequenza delle proteste popolari contro la pianificazione centralizzata d'impronta sovietica. È necessario avviare una politica economica di mercato senza tuttavia mettere in discussione l'impostazione marx-leninista. Al Congresso del Partito Comunista del Vietnam (PCV) del 1986 prevalgono questi nuovi orientamenti («cambio ed innovazione») che portano all'adozione di nuovi sistemi di governo dell'economia e ad un profondo ricambio generazionale sia nel settore politico-amministrativo che in quello militare. Escono dall'Ufficio politico del Comitato centrale il segretario del partito e presidente della Repubblica Truong Chinh, il primo ministro Pham Van Dong e il negoziatore degli accordi di Parigi e premio Nobel per la pace Le Duc Tho. Le scelte adottate dal Congresso vogliono conciliare il sistema politico a partito unico con l'economia di mercato. Queste decisioni investono tutta la struttura produttiva nazionale: la proprietà collettiva della terra e degli strumenti di lavoro è ridotta in modo sistematico, i coltivatori possono produrre per le loro famiglie e vendere le eccedenze sul mercato, molte aziende di Stato sono sottratte al controllo dei vertici amministrativi ministeriali, il monopolio statale sul commercio internazionale è abolito, è incoraggiata la formazione delle piccole aziende private, sono ridotti i dipendenti pubblici. Hanoi riesce a normalizzare le relazioni anche con Parigi e Pechino superando le conseguenze delle precedenti esperienze belliche. Nel 1997 ospita l'Assemblea generale dei Paesi francofoni alla presenza del presidente francese Jacques Chirac. Con questa e altre iniziative i responsabili della politica vietnamita sottolineano il superamento dei contrasti postcoloniali, l'amicizia con la Francia, i legami con il mondo francofono, ma ciò non esclude in ogni modo l'apertura del Paese sulla scena regionale (Sud-Est asiatico) e mondiale. Nel nuovo contesto già dal 1990 è avviata una collaborazione più stretta con il Fondo Monetario internazionale e con la Banca Asiatica e nel 1995 ritorna ad operare nel Paese la Banca Mondiale.

I vertici nordvietnamiti pongono fine alle contrapposizioni con Pechino, sfociate nella breve guerra del 1979 (invasione di truppe cinesi nel Nord del Vietnam), con la ripresa delle relazioni diplomatiche (1991). Dopo questo disgelo sono definite le questioni ancora pendenti di natura confinaria, le controversie sui diritti marittimi sulle piattaforme del golfo del Tonchino e si conviene di risolvere in modo pacifico le divergenze per il possesso delle isole Paracel e Spratley. Riprendono i contatti commerciali fra i due Paesi grazie ai quali l'interscambio cino-vietnamita conosce una forte crescita con evidenti e immediati vantaggi per le due parti.

Alla normalizzazione dei rapporti politici e diplomatici con Washington segue quella economica. Nel 2001 Vietnam e USA sottoscrivono un importante trattato commerciale (Bilateral Trade Agreement).

Hanoi può collocare prodotti di qualità sul mercato nordamericano, dove vengono praticate tariffe doganali favorevoli; deve tuttavia liberalizzare il mercato dei servizi, aprire le porte alle imprese assicurative, finanziarie (e bancarie) statunitensi e permettere maggiore libertà di movimento agli investitori internazionali (compagnie multinazionali statunitensi). Un passo ulteriore si compie con la visita nel Paese del presidente George W. Bush (2006), il quale apre la strada all'ingresso di Hanoi nel Wto (World Trade Organization). Questa adesione (2007), come 150° membro dell'organizzazione, fa entrare Hanoi a pieno titolo nelle relazioni economiche commerciali internazionali e segna pure l'avvenuto riconoscimento delle sue scelte a favore dell'economia di mercato e dunque del ruolo centrale della libertà d'iniziativa economica sia nel campo dei servizi che della produzione. La scelta operata, coraggiosa e lungimirante, non è priva di rischi per un Paese che si considera ancora "in via di sviluppo" (scarsa meccanizzazione agricola, carente industrializzazione, inadeguato sviluppo dei servizi, contraddizioni fra le condizioni di vita nelle città, nelle campagne, nelle zone costiere e in quelle montane). I nuovi rapporti con l'estero possono aiutare a superare questi limiti in quanto si apre un mercato più rischioso, cioè concorrenziale, ma anche più ampio in grado di offrire nuove prospettive di sviluppo. Nel quadro delle decisioni vietnamite più significative degli ultimi anni c'è da considerare anche l'adesione (1995) all'ASEAN (Association of South East Asian Nations) che segna una svolta negli indirizzi politici precedenti. È bene ricordare che l'ASEAN è nata (1967) con obiettivi di natura politica di fatto anticomunisti; i suoi fondatori (Indonesia, Malaysia, Singapore, Thailandia e Filippine) appartengono "al fronte" statunitense e temono le iniziative di Mosca e di Pechino ed un possibile contagio dell'infezione vietnamita (e indocinese). L'organizzazione promuove la cooperazione politica economica e socio-culturale e tutela la sicurezza dei contraenti e nel corso degli anni successivi vi hanno aderito anche altri Paesi (Brunei, ex Borneo britannico, nel 1984, Laos e Birmania nel 1997, la Cambogia nel 1999). L'ingresso di Hanoi segna un cambiamento significativo: non c'è più l'attaccamento al mondo moscovita, è caduto il COMECON (Consiglio per la Mutua Assistenza Economica, in cui era entrato nel 1978) e la stessa politica cinese è profondamente cambiata. Quest'adesione offre vantaggi a tutti i contraenti sul piano economico e commerciale nel quadro degli accordi regionali di cooperazione che si stanno sviluppando in tutto il mondo. Nel 2010 il Vietnam ne accetta la presidenza, ma ciò evidenzia l'integrazione raggiunta e l'apprezzamento degli altri aderenti nei confronti di Hanoi.

L'ASEAN è collocata in un'area di particolare vitalità (fra il Giappone, la Cina, l'India e l'Australia) e raccoglie oltre 500 milioni di persone. Dopo le ultime adesioni, i rapporti commerciali hanno avuto rilevanti incrementi a diretto beneficio di tutti i partecipanti che hanno messo in luce la complementarità dei sistemi economici degli aderenti. Anche l'Australia e la Nuova Zelanda, dopo un primo periodo di difficili rapporti, hanno negli ultimi anni avviato negoziati per un accordo di libero scambio commerciale con i membri dell'ASEAN. Di rilievo anche le relazioni con l'Unione Europea ove il Vietnam esporta fra l'altro the, caffè, tessuti, calzature e prodotti ittici; importa dall'Europa attrezzature elettriche, prodotti meccanici e medicinali. È in atto un programma di cooperazione per lo sviluppo economico, sanitario ed educativo per favorire l'insediamento di aziende europee e di investimenti e nel 2010, alla luce del trattato di Lisbona, sono stati sottoscritti nuovi e importanti accordi commerciali con l'Unione Europea.

La Cina stessa ha mostrato un particolare interesse verso quest'aggregazione regionale; nel 2010 ha sottoscritto un accordo con l'ASEAN per dar vita ad un'area di libero scambio che, quando sarà realizzata, può essere la più estesa nel panorama internazionale in quanto comprenderà circa 2 miliardi di persone. Di fatto Hanoi, dopo le decisioni del 1986, ha percorso un cammino rapido e incisivo e in un quarto di secolo ha lasciato alle spalle l'eredità delle guerre di "liberazione nazionale", ha reciso i vincoli con il mondo comunista, ha rifiutato il suo sistema economico-sociale, ha normalizzato i rapporti con Washington e Pechino (e con Parigi), ha aderito all'Organizzazione mondiale del commercio e a quella regionale dell'ASEAN. La presenza statale è ancora rilevante nei settori strategici (energia, petrolio, grandi industrie, ecc.), ma negli altri c'è una forte autonomia decisionale e operativa e di fatto il controllo pubblico è molto ridotto. I risultati già acquisiti sono rilevanti: aumento dei redditi procapite, crescita dei consumi, riduzione della mortalità infantile e dell'analfabetismo, contrazione delle malattie endemiche, dilatazione dei servizi sociali, sviluppo delle infrastrutture, aumento della speranza di vita oltre i sessantacinque anni, ecc. Giova al futuro del Paese anche la forte presenza giovanile nella sua popolazione: il 60% è al di sotto dei trent'anni e gli indici di natalità sono ancora molto elevati rispetto all'Europa, alla Russia e anche agli USA. Vivono oggi nel Paese circa 90 milioni di persone che, secondo le più recenti proiezioni demografiche, supereranno nel 2020 i 100 milioni. Hanoi ha imboccato senza esitazioni la strada dello sviluppo sulla base dei principi del liberalismo, anche se ha mantenuto (come la Cina) un sistema politico dittatoriale (identificazione fra partito unico, governo e Stato nazionale). Sotto questo profilo dovranno essere compiuti altri passi. In più occasioni sono state denunciate violazioni dei diritti umani e i perduranti limiti all'esercizio di quelli civili e politici. Ciò evidenzia le carenze del comunismo vietnamita ancora d'ispirazione leninista. La scelta di liberalizzare e internazionalizzare la struttura economica ha inserito il Vietnam nel circuito della globalizzazione. Da questo punto di vista le decisioni dei suoi vertici politici, pur importanti, sono sempre più condizionate da fattori esterni, che maturano in contesti economici integrati con altri Stati e organizzazioni. Per guidare con successo questa nuova fase della sua storia serviranno sempre meno i vincoli originari di natura ideologica (marx-leninisti e nazionali) e sempre più competenze specifiche, capacità d'integrazione e apertura alle privatizzazioni e alle liberalizzazioni. È una sfida di cui le autorità di Hanoi dimostrano di conoscere l'importanza e i rischi con cui, al momento, non disdegnano di confrontarsi. Il forte sviluppo degli ultimi anni ha fatto del Vietnam un ulteriore esempio della riscossa socio-economica asiatica. Dopo quelle già note del Giappone, di Hong Kong, della Corea del Sud, di Taiwan, di Singapore, della Cina e dell'India anche quella vietnamita ha assunto un peso crescente. Sotto questo profilo, mentre le prime sono definite "tigri", il Vietnam è ormai considerato un "tigrotto asiatico".

TAVOLE FUORI TESTO

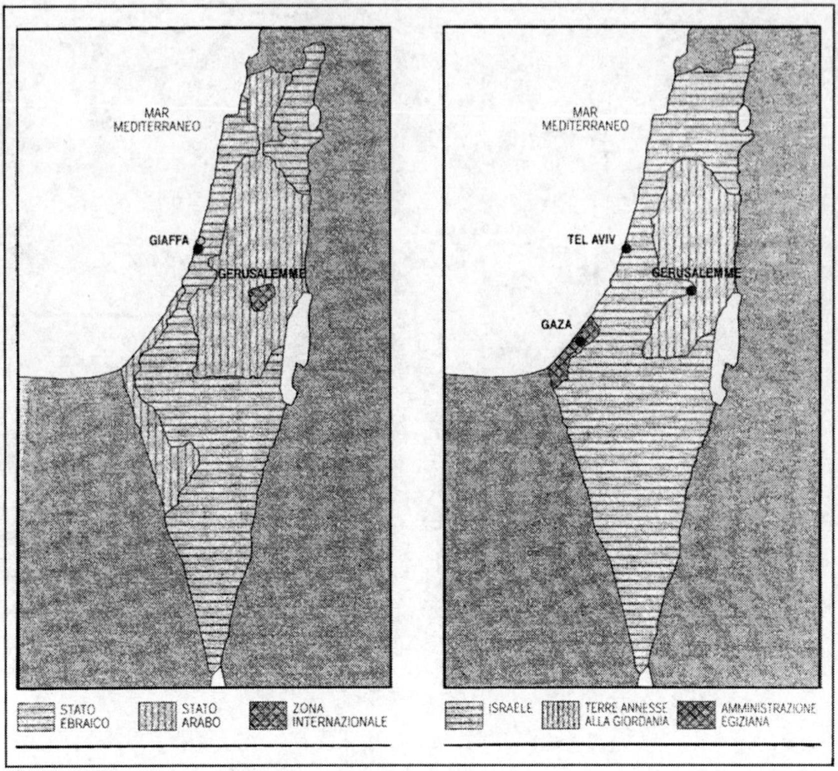

Fig. 1. - Palestina. Sulla sinistra, il piano di spartizione dell'ONU (1947); sulla destra, la Palestina nel 1949.

Fig. 2. - India e Pakistan, 1947.

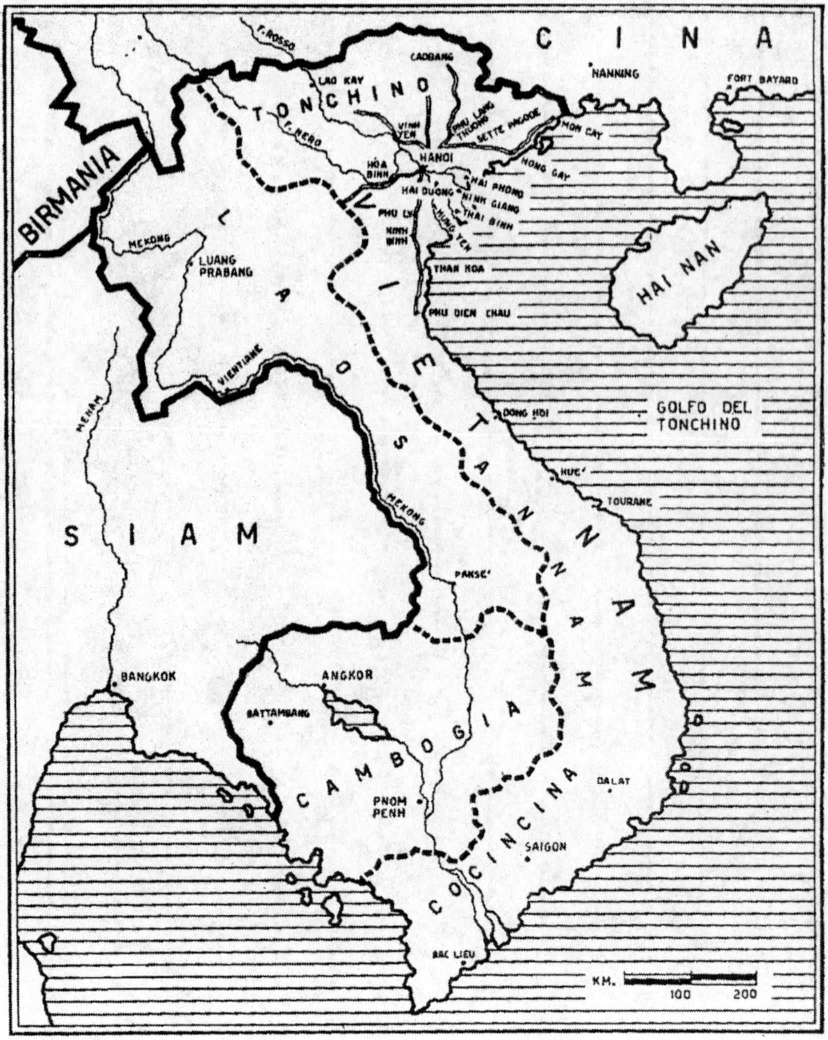

Fig. 3. - Indocina, 1954.

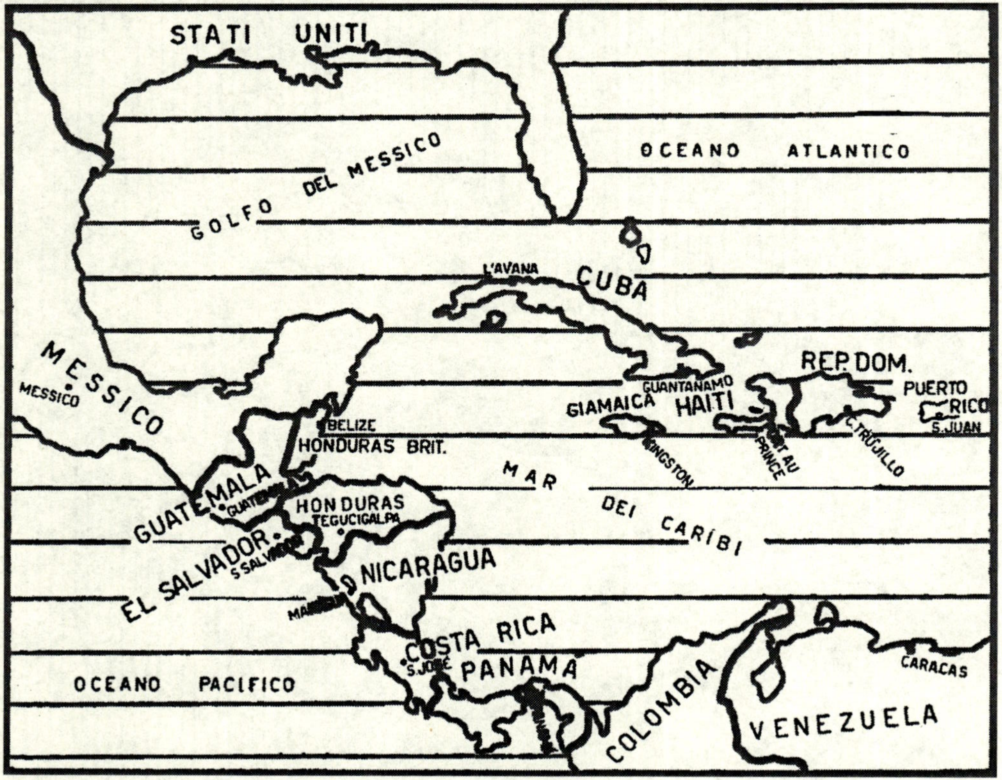

Fig. 4. - Cuba, 1962.

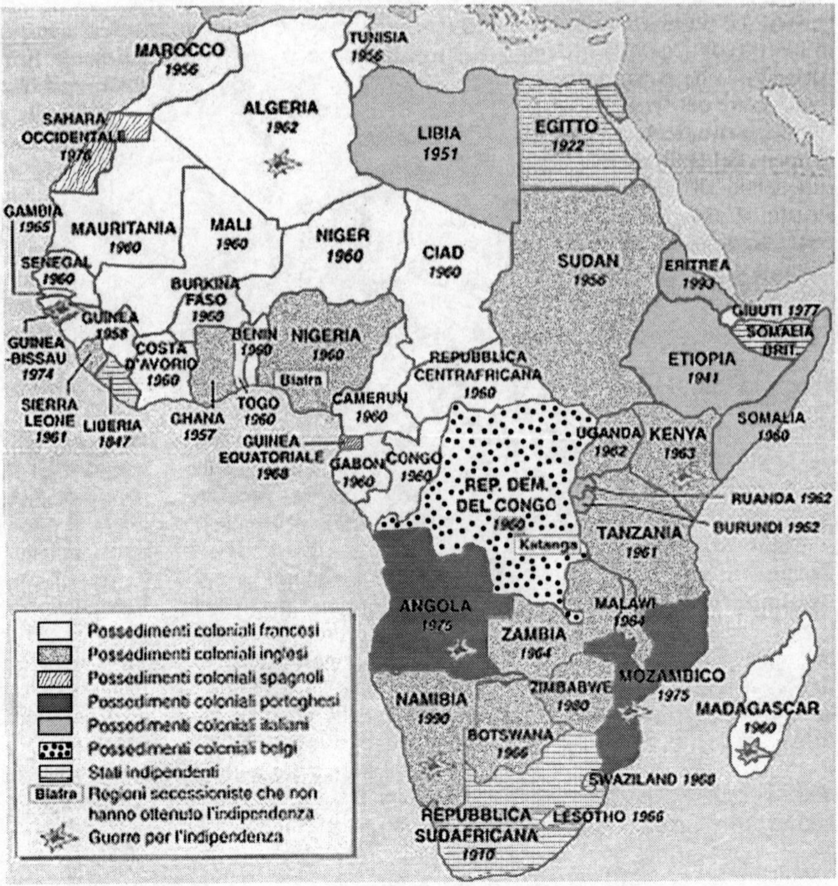

Fig. 5. - La decolonizzazione dell'Africa.

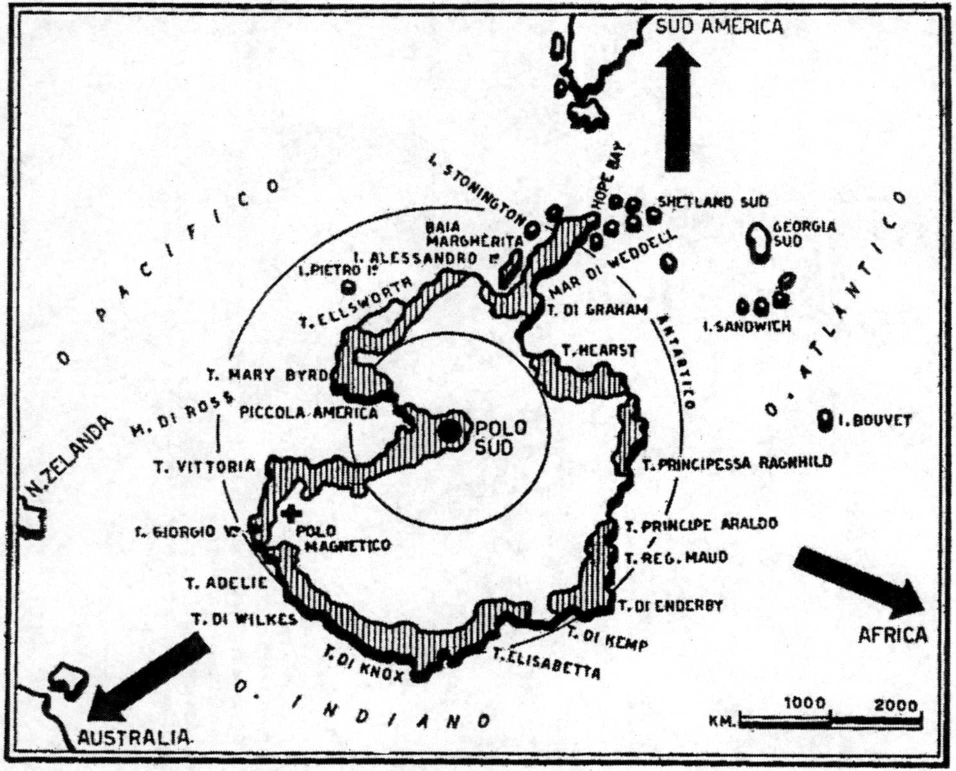

Fig. 6. - Il Polo Sud.

Fig. 7. - Simón Bolívar (1783-1830).

Fig. 8. - J. Nehru (1889-1964) e M. K. Gandhi (1869-1948), nel 1942.

Fig. 9. - Da sinistra verso destra: Fidel Castro (1926-vivente), Raul Castro (1931-vivente), Ernesto "Che" Guevara (1928-1967).

Fig. 10. - Vienna, 1961: incontro tra Nikita Krusciov (1894-1971) e John F. Kennedy (1917-1963)

Fig. 11. - Egitto, 1963: Chou En-lai (1898-1976), sulla sinistra, con Gamal Abdel Nasser (1918-1970), al centro.

Fig. 12. - Ho Chi Minh (1890-1969).

Fig. 13. - Richard Nixon (1913-1994) e Henry Kissinger (1923-vivente), nel 1972, a Mosca.

Fig. 14. - Trattato di pace tra Israele ed Egitto, 1979: da sinistra, Anwar al-Sadat (1918-1981), Jimmy Carter (1924-vivente) e Menachem Begin (1913-1992).

Fig. 15. - Gli accordi di Oslo (Washington, 1993): da sinistra, Yitzhak Rabin (1922-1995), Bill Clinton (1946-vivente) e Yasser Arafat (1929-2004).

Fig. 16. - Yuri Gagarin (1934-1968).

Fig. 17. - Neil Armstrong (1930-2012).

IX. L'EMISFERO OCCIDENTALE E LA QUESTIONE DI CUBA

1. *L'America Latina dalla dottrina Monroe (1823) alla formazione dell'Organizzazione degli Stati americani (OSA, 1948). L'intervento statunitense in Guatemala (1954) e nella Costa Rica (1955)*

Agli inizi degli anni Sessanta si accende un aspro confronto fra Mosca e Washington a Cuba, dunque in un teatro lontano da quelli che hanno visto la contrapposizione degli anni precedenti fra le potenze coloniali e il comunismo euro-asiatico. La disputa sul futuro dell'isola caraibica mette in discussione la dottrina Monroe (1823) e cioè la volontà statunitense di impedire insediamenti delle potenze europee nel continente americano. In questa circostanza, l'impegno sovietico per Cuba aggiunge, alla ingerenza di una potenza euro-asiatica, l'aggravante di essere l'espressione di un sistema politico rigettato e combattuto da Washington nel quadro della politica di "contenimento". È opportuno far luce sui precedenti rapporti fra gli USA e gli Stati decolonizzati del continente. Dopo la nascita delle repubbliche latino-americane, falliscono i tentativi di dar vita a strutture, federative o confederali, interstatuali sia fra i nuovi Stati che con gli USA in chiave panamericana. In questo contesto, Londra procede al riconoscimento dei nuovi Stati, avvia solide relazioni commerciali destinate a durare, con un ruolo preponderante, quasi un secolo. Al contrario Parigi è incerta sulla linea da adottare nei confronti dei nuovi governi rivoluzionari, mentre Madrid e Lisbona non hanno ancora abbandonato ipotesi revansciste.

L'America Latina resta al centro dell'emigrazione europea nei decenni successivi alla decolonizzazione; spagnoli, italiani, francesi, portoghesi, tedeschi, trovano accoglienza in Argentina e Brasile. In questo movimento di milioni di lavoratori prevalgono quelli del settore agricolo, che, di fatto, è una valvola di sfogo importante per l'eccedenza demografica europea. L'esodo è accompagnato da trasferimenti finanziari rilevanti nella seconda metà del XIX secolo, nei quali prevalgono nettamente gli inglesi, ma non mancano capitali anche di altri Paesi (Germania, Belgio, Olanda). Le risorse europee aiutano i governi latino-americani ad affrontare progetti costosi ma necessari per avviare la modernizzazione (infrastrutture viarie, ferroviarie, portuali, elettrificazione, agricoltura estensiva e intensiva, fertilizzanti, allevamento di bestiame, miniere, industrializzazione, servizi postali, telefonici, sanità, ecc.). In questo periodo la presenza economico-finanziaria inglese ed europea è ancora nettamente superiore a quella statunitense che si svilupperà nei decenni a cavallo fra il XIX e il XX secolo per diventare predominante dopo la prima guerra mondiale.

Washington, dopo aver definito le proprie frontiere, vuole affermare i valori che ispirano la sua civiltà alla luce dei successi conseguiti: democrazia, libera iniziativa economica, progresso sociale, solidarietà panamericana. Una particolare attenzione è rivolta al Centro e Sud America, dove gli istituti finanziari e le banche americane forniscono aiuti per organizzare le amministrazioni e i servizi essenziali. Oltre a ciò, molti cittadini e imprese statunitensi ottengono concessioni per sviluppare attività economiche. L'espansione crea una rete importante d'interessi e finisce per originare legami solidi fra gli investitori, i governi locali e i vertici statunitensi. La stabilità politica diventa un elemento importante per Washington che non può lasciare senza tutela le iniziative intraprese. Da questo punto di vista, lo sviluppo progressivo di questi vincoli crea forti legami con il potere politico locale al quale gli USA chiedono di assicurare la necessaria protezione economica agli investimenti effettuati e, se possibile, l'adozione d'istituzioni democratiche. In realtà, le nuove repubbliche, pur adottando costituzioni liberali, restano molto deboli sul piano politico ed esposte a continue tentazioni autoritarie o dittatoriali.

In quest'arco di tempo, definito in genere "l'età liberale" latino-americana, le nuove repubbliche sono strutture fragili in cui mancano le istituzioni statali più importanti. Le Costituzioni proclamate sono spesso solo formali in quanto il potere reale è nelle mani di oligarchie civili, militari, economiche. Questa realtà favorisce il "dialogo diretto" fra esponenti del potere e la massa dei cittadini (urbana e periferica) secondo lo schema classico del populismo, che condanna e rifiuta le mediazioni intermedie (partiti, sindacati, associazioni, ecc.). Si afferma una logica del potere in chiave leaderistica, in base alla quale i personaggi che prevalgono fanno appello all'unità nazionale, assicurano l'ordine, promettono modernizzazione e sviluppo. In realtà, la diffusione delle grandi proprietà terriere e la miseria del mondo contadino sono una costante; la grande depressione degli anni Trenta e la progressiva urbanizzazione renderanno ancora più evidente questa situazione destinata a durare nei decenni successivi. Al centro dei movimenti rivoluzionari latino-americani c'è la questione del possesso e dello sfruttamento delle terre. Mentre il latifondo occupa in genere le aree più fertili e produttive, la piccola proprietà è spesso confinata in quelle marginali, ma l'alleanza fra i proprietari di vaste estensioni (latifondisti) e i ceti militari è frequente e duratura. Washington finisce per assumere un ruolo di controllore esterno attento ai mutamenti politici, ai provvedimenti fiscali, alle nazionalizzazioni e ai dazi doganali. In realtà, il governo statunitense decide, in diverse occasioni, d'intervenire, per favorire gli "amici" o per estromettere forze politiche ostili agli interessi nordamericani (Nicaragua, Haiti, Santo Domingo, Messico). Gli investimenti creano sviluppo e redditi ma anche dipendenza politica e la "diplomazia del dollaro" ha una duplice effige: da un lato aiuta, dall'altro condiziona. Queste due facce della stessa medaglia sono bene espresse dal corollario alla dottrina Monroe (1823) aggiunto dal presidente Theodore Roosevelt nel 1904: Washington può intervenire in un Paese americano se il suo governo non assicura giustizia agli stranieri e se non tutela diritti e interessi dei cittadini statunitensi. È teorizzata quindi la possibilità di esercitare funzioni di "polizia continentale" e di mettere in atto interventi risolutivi anche di carattere militare (protezione dei cittadini, tutela dei governi, appoggio e repressione di movimenti rivoluzionari, ecc.).

Già nel 1912 il presidente degli Stati Uniti William Howard Taft ha esternato una «concezione moderna dell'interscambio commerciale» e ha spiegato che Washington vuole offrire «ogni giusto sostegno a qualsiasi legittima e vantaggiosa impresa americana all'estero». Quest'azione risponde a sentimenti «idealistici ed umanitari», ad esigenze politiche e strategiche e persegue legittime finalità commerciali e viene definita «diplomazia del dollaro», perché, precisa Taft, è in realtà «una sostituzione dei dollari alle pallottole».

Sul piano teorico la dottrina Monroe è anche la proclamazione della sovranità repubblicana contro quella monarchica (dinastica) delle potenze europee, ma in pratica la collaborazione fra la repubblica statunitense e quelle latino-americane è frenata, nell'Ottocento e nei primi decenni del Novecento, dal nazionalismo difensivo dei nuovi Stati rispetto all'espansionismo economico e finanziario dei nordamericani. Il nazionalismo centro-sudamericano è un fenomeno complesso; le sue radici non sono soltanto ideologiche ma anche economiche, perché nei momenti di crisi prevalgono indirizzi autarchici e protezionisti, i sistemi economici tendono a rinchiudersi, a privilegiare i mercati interni, a respingere concorrenze e competizioni esterne, tanto più se internazionali.

In realtà, fino alla prima guerra mondiale la presenza finanziaria europea supera quella statunitense nell'America meridionale mentre Washington è in posizione dominante in quella centrale. Questo contesto subisce un radicale mutamento dopo il conflitto in quanto il vecchio continente, indebolito dal disastro bellico, non è in grado di mantenere le precedenti posizioni economico-finanziarie. Washington, dopo aver deciso l'esito del conflitto con il suo intervento, espande la propria presenza: dispone di capitali, di imprese, di personale specializzato. Migliaia di aziende americane investono nell'America Latina in settori strategici e s'insediano stabilmente in questi territori (piantagioni di banane, di canna da zucchero, di cacao, di caucciù, di caffè, miniere d'oro, di argento, di rame, di zinco, estrazione petrolifera, elettrificazione urbana, linee ferroviarie e telegrafiche, sfruttamento riserve idriche, produzione automobili, ecc.). Questa "invasione" economica e finanziaria crea, già negli anni Venti, forti contrasti con alcuni governi latino-americani (Messico) che temono una progressiva riduzione dei loro poteri e di fatto una "neocolonizzazione" di settori strategici delle rispettive economie; né queste preoccupazioni, né queste proteste possono modificare il quadro esistente. C'è forte necessità di capitali che le banche europee non sono in grado di soddisfare. Al contrario, quelle statunitensi dispongono delle risorse necessarie per strutturare aziende di grandi dimensioni nei settori vitali dell'economia. Lo sviluppo del credito finanziario determina, com'è evidente, la progressiva estensione dei rapporti commerciali.

Già alla fine degli anni Venti l'import-export fra l'America Latina e gli USA supera nettamente quello con gli europei e anche quello con Londra. La costante crescita di questi rapporti accresce anche i legami fra il mondo finanziario e imprenditoriale statunitense e i vertici politici latino-americani. Ambedue, pur con sistemi diversi, hanno interessi convergenti: buon esito degli investimenti, produzione di profitti elevati e rapidi, stabilità politica. Il controllo è esercitato con varie modalità (stanziamento di corpi militari, invio di unità navali e corpi di sbarco, sostegno a governi o a movimenti, controllo della stampa). L'azione genera opposizioni negli ambienti più nazionalisti e presso i ceti operai che vanno via via formandosi nei Paesi di già avanzata industrializzazione; ben poco possono fare contro le forze governative autocratiche, espressione, in genere, dei latifondisti, degli allevatori e dei vertici militari. La Casa Bianca, fra le due guerre mondiali, cerca, con la forza della sua economia, di imporre un "grande libero mercato" (la porta aperta) al mondo latino-americano, che, tuttavia, mantiene, anche durante la crisi degli anni Trenta, forti riserve su queste aperture e collaborazioni per la diseguaglianza fra il Nord e il Centro-Sud del continente americano. Washington, d'altra parte, considera quest'azione in America Latina la premessa dello sviluppo socioeconomico dell'intero territorio; non dispera, in questa prospettiva, di poter favorire forme d'aggregazione fra le diverse repubbliche e comunque di poter avviare un solido processo d'integrazione panamericana; resta sempre presente la speranza di trasformare l'intero "continente occidentale" in un modello di democrazia e di benessere. Tuttavia, diversi governi rifiutano questi indirizzi: condannano l'avida ingerenza del capitalismo americano, riaffermano la propria nazionalità, ricorrono alla tutela franco-inglese all'interno della Società delle Nazioni della quale fanno parte molti degli Stati latino-americani. L'art. 21 del patto della Società delle Nazioni riconosce la validità della dottrina Monroe; anche alla luce di questa realtà numerosi Stati americani aderiscono alla nuova organizzazione sia per prendere parte agli sforzi internazionali per garantire la pace e la sicurezza sia per poter avere ulteriori strumenti di tutela nei confronti dell'ingerenza nordamericana. Ci sono però delle eccezioni: l'Argentina, il Perù e la Bolivia, già agli inizi degli anni Venti, per ragioni diverse, non partecipano ai lavori dell'Assemblea, il Messico non è invitato in quanto il suo governo è considerato simpatizzante della "rivoluzione sovietica", mentre la Costa Rica (1924) e il Brasile (1926) ne escono per contrasti con l'organizzazione. Guida il "fronte antistatunitense" l'Argentina ove il forte nazionalismo, l'immigrazione italiana e tedesca e la crescente industrializzazione tengono vivo lo spirito indipendentista e l'ostilità nei confronti dei nordamericani. Tali diffidenze e ostilità più o meno accentuate nei confronti di Washington non possono far tacere i dissidi e talora i veri e propri confronti fra Stati latino-americani negli anni fra i due conflitti mondiali. Molto aspri quelli fra Bolivia, Perù e Cile a proposito delle zone di Tacna e di Arica e fra il Paraguay e la Bolivia per il territorio del Chaco. In queste occasioni i contendenti cercano una soluzione a Ginevra o a Washington o nei vertici panamericani o accettano arbitrati statunitensi. In realtà questi contrasti evidenziano squilibri postcoloniali del continente e per molti aspetti favoriscono l'ingerenza statunitense.

Le repubbliche latino-americane sono, inoltre, molto critiche verso quelle potenze che ancora mantengono possedimenti coloniali nel continente occidentale: Inghilterra, Francia e Olanda.

In questi anni si sviluppano le conferenze panamericane (Santiago del Cile, 1923, L'Avana, 1928) in cui si cerca di dare interpretazioni condivise della dottrina Monroe, di precisare i termini del "non intervento" in altri Paesi del continente, di escludere il ricorso a pressioni economiche e finanziarie e di dichiarare solennemente l'uguaglianza "sostanziale" di tutti gli Stati della regione. Washington conferma, in queste occasioni, il diritto all'indipendenza, ma ribadisce la necessità di tutelarla, in casi particolari, anche con interventi esterni specifici.

Washington abbandona, con il passare degli anni, il corollario Roosevelt e di fatto riduce gli interventi armati. Il Dipartimento di Stato rende noto (1930) il "memorandum J. Reuben Clark sulla dottrina Monroe", nel quale si precisa che quest'ultima era riferita al vecchio continente, cioè all'Europa, e non può essere applicata all'America Latina; di fatto si tratta di un passo amichevole verso le repubbliche centro-sudamericane che rigetta il corollario Roosevelt.

Gli USA, a partire dagli anni Trenta, tendono a recuperare i consensi perduti nel Centro-Sud del continente con una politica più attenta alle esigenze del nazionalismo economico e politico locale.

Nella conferenza di Montevideo (1933) Washington sottolinea l'importanza della non ingerenza negli affari interni degli altri Stati e della cooperazione panamericana su base paritaria. Questa politica, definita "del buon vicinato", senza indebolire la predominanza degli USA, rende più facili e costruttivi i rapporti fra i governi e i popoli del continente americano. Le relazioni politiche e commerciali restano predominanti in questo ampio arco di tempo ma non esclusive, mentre il panamericanismo affronta anche altre esigenze di natura sociale sia nel periodo precedente ai conflitti mondiali che in quello successivo. Nascono l'Organizzazione panamericana per la sanità (1902), la Società per costruire l'autostrada panamericana (1923), l'Istituto internazionale americano per l'infanzia (1927), l'Istituto panamericano per la geografia e la storia (1928), la Commissione interamericana per le donne (1928), l'Istituto interamericano per le politiche indigene (1940), l'Istituto interamericano delle scienze agrarie (1942). Anche nei decenni successivi alla seconda guerra mondiale questa cooperazione resta molto vivace. Nel 1948 è adottata a Bogotà la Dichiarazione americana dei diritti e dei doveri dell'uomo; nel 1949 nasce l'Ufficio dell'educazione latino-americano; nel 1969 la Carta interamericana dei diritti umani e nel 2001 è sottoscritta la Carta democratica interamericana.

Durante il secondo conflitto mondiale il presidente Franklin Delano Roosevelt riesce ad allineare questi governi in una posizione comune ostile al Tripartito; molti di loro rompono le relazioni diplomatiche con i "nemici eurasiatici" ed entrano in conflitto con essi. Washington sviluppa sul continente un'attiva propaganda che si richiama ai valori democratici, alla causa panamericana e alla condanna della politica aggressiva condotta da Berlino, Tokyo e Roma e dai loro "satelliti"; non esita ad applicare la "Legge affitti e prestiti" anche a questi Paesi dai quali vengono forniture alimentari, materie prime e combattenti. Il Brasile fornisce contingenti militari (impiegati in Europa e in particolare in Italia), mentre il Messico mette a disposizione piloti che vengono utilizzati nelle operazioni aereo-navali nel Pacifico. La collaborazione, dopo un primo periodo di sostanziale provvisorietà, approda ad una fase più stabile di collaborazione con gli accordi sottoscritti al castello di Chapultepec (Città del Messico, febbraio-marzo 1945), che danno vita ad un sistema difensivo a "vocazione continentale" per il periodo bellico e non escludono che esso possa durare anche in seguito. In realtà tali accordi non promuovono una solida collaborazione interamericana; anche in questa sede le principali proposte statunitensi non trovano accoglienza (liberalizzazione commerciale, privatizzazione delle aziende di Stato, riconoscimento del diritto di sciopero, maggiore interscambio per le materie prime, ecc.). Da parte loro i latino-americani insistono per ottenere maggiori aiuti economico-finanziari e si mostrano disponibili ad accettare un «nazionalismo economico non eccessivo». Resta di fatto invariata la tensione di fondo nei rapporti interamericani dei decenni precedenti.

Nell'immediato dopoguerra, dopo lunghe e laboriose trattative, è sottoscritto il trattato d'assistenza e sicurezza interamericano (Patto di Rio, 1947) che, come trattati analoghi del periodo successivo (NATO, Patto di Varsavia, ecc.), ribadisce il diritto degli Stati all'autodifesa. Sotto questo profilo la sua giustificazione rispetto allo Statuto delle Nazioni Unite è ricondotto alle disposizioni degli articoli 51 e 54 in base ai quali è lecita la sottoscrizione di patti regionali di sicurezza. Essi devono tutelare i firmatari in attesa delle decisioni, non sempre rapide, del Consiglio di Sicurezza. L'assistenza interstatuale, così definita, consente, di fatto, interventi di natura difensiva per opporsi ad aggressioni esterne o sovversioni interne capaci di mettere in pericolo la sicurezza americana e dunque la stessa pace del continente. Si tratta di previsioni di carattere generale che lasciano intendere ipotesi di pericolo e di conseguenti reazioni diplomatiche, politiche e militari molto diversificate; di fatto, il ruolo centrale nei meccanismi difensivi è esercitato da Washington che ne può garantire il pratico funzionamento per i mezzi operativi di cui dispone. La carta riafferma i diritti originari dell'essere umano «senza alcuna distinzione di razza, di nazionalità, di credo o di sesso» e stabilisce come principio di riferimento della sua esistenza «il rispetto dei diritti della persona umana». La nuova organizzazione dà vita ad una struttura interna complessa che in parte utilizza precedenti articolazioni panamericane e in parte ne costituisce di nuove. Sono previsti un organo direttivo (la Conferenza interamericana), uno esecutivo (il Consiglio), uno operativo (il tavolo dei ministri degli Esteri) e uno con compiti di segreteria generale, diretta da un segretario (l'Unione panamericana). La complessa articolazione dà un'idea degli ostacoli superati per raggiungere un accordo fra tante repubbliche, ma prospetta anche future difficoltà di funzionamento. Di fatto nasce con questi impegni una comunità di difesa comune panamericana con lo scopo di accrescere la sicurezza nel quadro postbellico dell'intero continente. Il "pericolo rosso" è avvertito in tutto l'emisfero occidentale e i governi latino-americani sono, in genere, molto ostili nei confronti dei movimenti rivoluzionari marx-leninisti e dei sindacati per un diffuso anticomunismo. Le speranze latino-americane di ottenere aiuti economici restano rilevanti: si spera in un piano Marshall *ad hoc* e nella costituzione di una banca interamericana per lo sviluppo, attese queste che saranno deluse da Truman.

Nel 1948 gli sforzi per rafforzare le relazioni fra questi Paesi portano, con la sottoscrizione della Carta di Bogotà, alla nascita dell'OSA (Organizzazione degli Stati Americani). Essa persegue scopi difensivi verso l'esterno, si propone di risolvere con trattative eventuali divergenze interne e di promuovere l'evoluzione dell'intera area con adeguate e coordinate azioni culturali, economiche e sociali in uno spirito di solidarietà e di collaborazione. Questo nuovo progetto continentale pare rispondere, per molti aspetti, alle originarie aspirazioni del liberatore dell'America Latina, Simón Bolívar, e dar vita ad una realtà più integrata pur in presenza delle note differenze esistenti fra i popoli, le economie e le culture dei diversi Stati. La presenza di Washington, in un ruolo economico-finanziario (oltre che militare) dominante, pur auspicato e accettato per favorire il decollo di sistemi arretrati, crea perplessità e reazioni. Si teme che la preponderante presenza statunitense non possa avere carattere temporaneo, ma preludere a un ruolo permanente, di fatto, a forme di neocolonialismo sostitutive di quelle esercitate nei secoli precedenti dalle potenze europee. C'è dunque in tutti questi Paesi, con sintomi e manifestazioni diverse, un'ostilità strisciante nei confronti degli USA che pur sono accettati per il peso e l'influenza che esercitano. Esiste e si manifesta un "amore-odio" verso il ricco Stato del Nord America che si alimenta di nazionalismo, di anticolonialismo, di senso di inferiorità, di sostanziale impotenza e di una dipendenza economico-finanziaria alla quale non è possibile sottrarsi se non si vuole scivolare in una ulteriore arretratezza. Questi sentimenti non sconfinano tuttavia nel campo dell'ideologia marx-leninista; al contrario, proprio in occasione dei lavori di Bogotà, viene confermata, con una specifica risoluzione, la condanna del comunismo e della sua attività rivoluzionaria a livello mondiale che non sono compatibili con la concezione della democrazia liberal-democratica accettata nell'emisfero occidentale. I governi latino-americani restano in attesa di consistenti aiuti economico-finanziari; per essi la collaborazione strategica con Washington contro Mosca è secondaria rispetto a quella economica. L'OSA, pur costituita nel 1948, sarà operativa soltanto nel 1951.

Fra i governi più sensibili a queste sollecitazioni antistatunitensi, sia nel periodo bellico che in quello successivo, emerge il Cile e l'Argentina che contesta in più occasioni la politica statunitense e assume posizioni autonome rispetto agli altri alleati latino-americani. Essa è stata oggetto di una forte azione propagandistica italo-tedesca durante il periodo prebellico e i suoi governanti, in questi anni, sono stati accusati di simpatie per le forze dell'Asse. Fra l'altro l'Argentina ha esitato a lungo prima di rompere le relazioni diplomatiche con Tokyo e Berlino ed è entrata in guerra contro la Germania e il Giappone soltanto nel marzo 1945; per questa scelta rimane ai margini delle relazioni statunitensi-latino-americane, oggetto di sospetti e di timori. Buenos Aires non prende parte al vertice di Chapultepec per l'opposizione di Washington che non ne ha riconosciuto il governo, accusato di essere stato filofascista per non essere entrato in guerra contro il Tripartito all'inizio del conflitto. Nel 1946, dopo diversi cambiamenti nei vertici governativi, il colonnello Juan Domingo Peròn è eletto presidente e guiderà il Paese nel decennio successivo. Il movimento peronista gode di un ampio sostegno popolare, sia nel mondo rurale che in quello urbano: i suoi piani di sviluppo sono fondati sull'industrializzazione e sul potenziamento delle attività agricole e dell'allevamento. Nel 1949 è promulgata una nuova Costituzione che afferma il monopolio statale del commercio, il diritto di sciopero, all'istruzione e alla salute; di fatto il peronismo vuole ridurre l'influenza economica e finanziaria anglo-statunitense e limitare i poteri della tradizionale oligarchia al potere, espressione dei grandi allevatori e dei commercianti di carne. Nonostante il suo carattere autoritario, il movimento peronista si proclama «popolare e nazionale» e avvia riforme importanti: nazionalizzazione del Banco Centrale, delle imprese per i servizi pubblici (telefono, acqua, gas, ferrovie), alfabetizzazione dei ceti più bisognosi, piani di edilizia popolare, riforma agraria, ecc. C'è anche un altro aspetto da considerare: Buenos Aires vuole rappresentare la difesa dei valori della tradizione ispanica (cioè europea) e cattolica in contrapposizione a quella anglosassone e protestante. In politica estera Peròn professa una neutralità attiva, che non è disimpegno fra Mosca e Washington e neppure giudizio analogo dei due mondi in competizione. Il colonnello, pur rifiutando l'allineamento con la politica degli USA, ne condivide il sistema economico sociale, mentre rigetta con chiarezza le seduzioni del marx-leninismo; rivendica una "via nazionale argentina" capace di garantire lo sviluppo nell'indipendenza. Peròn precisa (agosto 1946) che nel caso di un conflitto Est-Ovest «l'Argentina si troverebbe schierata al fianco degli USA e delle altre nazioni americane». Buenos Aires non ha alcuna intenzione di capeggiare un blocco di repubbliche sudamericane per controbilanciare l'influenza di Washington perché in caso di conflitto sarebbe isolata («senza le enormi risorse statunitensi ed i suoi più importanti mercati»). L'Argentina, osserva Peròn, è stata isolazionista come gli USA fino al 1914 e lo è stata anche per gran parte del secondo conflitto mondiale; ora però, nel caso di una guerra in cui l'America fosse impegnata, anch'essa ha abbandonato quella politica: «il comunismo è un grande pericolo che minaccia tutte le democrazie occidentali. [...] L'antidoto per tale veleno in Argentina consiste nell'adozione, da parte del mio governo, di un programma di riforme in favore delle classi lavoratrici». Buenos Aires resta in ogni modo in prima fila nelle iniziative contro i residui coloniali nel Sud e Centro America; in particolare rivendica le isole Malvine (Falkland) ancora sotto la corona britannica e una presenza nell'Antartide. L'Argentina prende parte alle conferenze panamericane di Bogotà (1948) e de L'Avana (1949), ove ribadisce le proprie posizioni anticolonialiste e deplora i regimi coloniali francesi, inglesi e olandesi nel continente. Peròn sarà costretto ad abbandonare il potere (1955) a causa di un colpo di Stato militare. Tornerà più tardi alla presidenza (1973) per il breve periodo che precede il suo decesso (1974).

Le conferenze interamericane continuano, negli anni seguenti, a Caracas (1954) e a Panama (1956), nelle quali sono ribadite le intenzioni di collaborare per superare le difficoltà del continente, la volontà di resistere ad eventuali iniziative del comunismo internazionale per estendere «il sistema politico di una potenza extracontinentale» e il comune interesse a procedere uniti nel teatro internazionale. Sotto questo profilo emerge l'importanza di Washington che, pur in presenza di dissonanze e di contrasti, mantiene il controllo della situazione e l'unità operativa delle repubbliche del continente. Anche se non si tratta di vincoli rigidi né di allineamenti rigorosi o definitivi, di fatto l'intero continente dimostra una sensibilità comune sui temi di maggiore importanza. Sul piano economico questi Paesi cercano di superare sistemi basati sul latifondo agrario e di promuovere l'industrializzazione e l'avvio del settore terziario; avranno un ruolo più incisivo sia i ceti urbani che il mondo operaio a favore del quale prendono corpo legislazioni sociali ignote ai decenni precedenti.

Nel ventennio postbellico (1945-1965) c'è un aumento consistente della popolazione del subcontinente che passa dai 125 milioni a quasi 210; ciò è dovuto agli elevati indici di natalità e alla perdurante immigrazione. La critica situazione delle campagne crea una crescente urbanizzazione; molte persone non trovano tuttavia nelle città adeguate sistemazioni (fabbriche, uffici pubblici, servizi, forze armate, polizia, ecc.), ma, prive di redditi adeguati, scivolano nella marginalità e nel degrado. Nascono, da questa diffusa e penosa emergenza, agglomerati urbani fuori controllo, baraccopoli (favelas) ove mancano i più elementari servizi pubblici (fognature, elettricità, strade, acqua potabile, ecc.). Questa folla di disperati, senza mezzi e senza futuro, è guardata con sospetto dalle *élites* di governo, dalle classi abbienti e dal ceto medio; la reazione difensiva crea misure di repressione, genera ulteriore isolamento e accentua la marginalità di questi gruppi sociali, poiché si teme che possano aderire ai movimenti più estremisti del marx-leninismo.

In sostanza, diversi governi più o meno democratici (spesso guidati da militari e lo stesso Peròn ne è un esponente) accettano il "buon vicinato" con Washington e approfittano della sua generosità in campo economico e finanziario, non mostrando resistenze e opposizioni significative. In questo contesto si registrano due momenti di tensione in Guatemala e in Costa Rica a causa di presenze politiche importanti ispirate al modello marx-leninista e collegate ai sovietici. In realtà, all'interno delle società latino-americane le difficili condizioni di vita (povertà, analfabetismo, malattie, insicurezza, disoccupazione, ecc.), costituiscono, con il passare del tempo e la modestia dei risultati raggiunti, un terreno fertile per la propaganda moscovita. Molti esponenti politici rimproverano agli USA di aver attribuito maggiore attenzione con aiuti (militari ed economici) a continenti lontani, spesso infidi e ostili (Europa, Asia), rispetto a «quello geograficamente più vicino e storicamente più amico». Un momento di tensione si verifica in Guatemala ove il presidente Jacobo Arbenz Guzmán non nasconde simpatie nei confronti del comunismo, sia in chiave locale che internazionale. Crea preoccupazioni la decisione del governo di confiscare estese aree agricole in regime di latifondo (sotto controllo di società americane o di grandi proprietari locali) per distribuirle a piccoli coltivatori del Paese. Di fronte a questa inaccettabile realtà Washington sostiene l'azione militare antigovernativa (1954) del tenente colonnello Carlos Castillo Armas, nella quale i ribelli prevalgono grazie al sostegno diplomatico e militare statunitense. Il tentativo di Arbenz di ottenere l'appoggio del Consiglio di Sicurezza viene vanificato dal veto statunitense nonostante l'opposizione di Mosca e le perplessità anglo-francesi. Appare chiara la determinazione di Washington di impedire il consolidamento di realtà politiche d'ispirazione comunista anche con interventi diretti che lasciano in ombra l'assenso e la presenza di altre repubbliche sudamericane. Quest'azione appare però a molti, nel continente e nel mondo, dettata più dal timore della riforma agraria del Guatemala che da un reale pericolo d'infiltrazione comunista nel Centro America; in sostanza la vittoria statunitense in Guatemala genera più ombre e risentimenti che vantaggi.

In Costa Rica c'è un tentativo di destituire il presidente Josè Figueres con una rivolta armata ad opera di ambienti dell'estrema destra, appoggiati dal Nicaragua. In questa circostanza Washington, con l'appoggio della Organizzazione degli Stati americani, riporta (1955) alla normalità il Paese dopo aver sconfitto gli insorti che non ottengono l'appoggio della popolazione.

Queste tensioni non impediscono il raggiungimento di alcuni obiettivi comuni; già nel 1948 nasce, all'ONU, la Commissione economica per l'America Latina (CEPAL), che diventa il principale organo di consulenza e di collaborazione fra i Paesi latinoamericani. Più tardi, dai lavori della Commissione, prende corpo (1959) la Banca Interamericana per lo sviluppo (BIS) nonostante le resistenze di Washington; gli USA, tuttavia, aderiscono al nuovo istituto bancario anche per timore di essere esclusi dalla partecipazione alle sue attività.

2. *La vittoria di Castro a Cuba (1959). La rottura con Washington. Nuovi rapporti cubano-sovietici. L'operazione "Baia dei porci" (1961). Kennedy promuove o l'"Alleanza per il progresso" (1961)*

Negli anni Cinquanta anche l'area caraibica insulare è al centro di una crisi che provoca un aspro confronto diretto fra le grandi potenze, essendoci al centro della controversia il futuro dell'isola di Cuba. Quest'ultima (che in realtà è un arcipelago di circa 4.200 isole), già colonia spagnola indipendente dal 1898, è rimasta sotto il controllo americano fino al 1934 e si può parlare di un vero e proprio protettorato. Questa situazione trae origine dalla debolezza del gruppo dirigente politico ed economico della regione che non è in grado di esprimere un governo autorevole dopo l'uscita di scena di Madrid. La presenza americana è accentuata anche dalla consistenza degli investimenti (ferrovie, infrastrutture portuali e viarie, miniere, petrolio, comunicazioni telefoniche, servizi elettrici, ecc.) e per il volume del commercio. L'export cubano trova collocazione negli USA per circa l'80% di cui gran parte è costituito dallo zucchero e circa il 70% dell'import viene dal Nord America. La rete degli interessi è di tale rilievo che Washington esercita un peso rilevante sulla vita di questo territorio e sui suoi governi e nel bene e nel male, essendo considerata corresponsabile della politica delle classi dirigenti cubane. Da questo punto di vista l'intervento USA a Cuba, giustificato alla fine dell'Ottocento dalla necessità di mettere fine al colonialismo repressivo spagnolo, ha finito per generare una forma di neocolonialismo. Washington si trova di fronte gruppi dirigenti avversati da gran parte della popolazione che vive in condizioni di sottosviluppo, ma deve tener conto degli interessi economici degli investitori statunitensi ostili a tutto ciò che può compromettere i profitti delle loro iniziative. Sul piano politico, pur con fasi alterne, Cuba è nelle mani di un militare, il colonnello Fulgencio Batista, che resta al potere fino al 1958, adottando un sistema di carattere dittatoriale ed esercitandolo con durezza, senza particolari riguardi ai costi umani delle repressioni ritenute necessarie per garantire la stabilità del regime. Durante il periodo della dittatura di Batista, si manifestano in più occasioni proteste e ribellioni, fra le quali avrà successo soltanto quella guidata da un avvocato: Fidel Castro. Il cammino verso la conquista di Cuba non è né semplice, né rapido. Nel 1953 (26 luglio) un attacco armato contro la caserma di Moncada fallisce e lo stesso *leader*, catturato, è in seguito amnistiato e si trasferisce all'estero (Messico) da dove rientra nell'isola (1956) per riprendere la lotta armata dalle montagne della Sierra Maestra. Alla fine del 1958, Castro, che ha rafforzato la base sociale del suo movimento con l'adesione di parte del mondo contadino e della borghesia urbana e ha messo a punto un programma politico più definito, avvia un'offensiva contro le forze di Batista. L'operazione ha successo sia per il progressivo sfaldamento dell'esercito governativo, sia per il crescente consenso di parte del popolo cubano. La sconfitta e la fuga di Batista sono determinate anche dal mancato sostegno politico e militare statunitense;

Washington, con il passare dei mesi, di fronte ai successi castristi, ha "buttato a mare" il dittatore cubano; si cerca un'intesa con il nuovo movimento che appare ispirato a valori democratici e di giustizia sociale e non si vuole rimanere compromessi nella rovinosa conclusione della parabola dittatoriale. Castro, con l'occupazione de L'Avana (gennaio 1959), assume la guida del Paese e ottiene l'immediato riconoscimento di Washington. L'avvio della politica riformista del governo cubano non crea, nei primi mesi, difficoltà con gli Stati Uniti. In questo senso sono approvate senza riserve le riforme nel settore sanitario, scolastico, nei servizi sociali più elementari, nelle retribuzioni da lavoro dipendente, nelle locazioni (urbane e agricole). Suscitano al contrario perplessità alcune iniziative che sembrano ispirate ad una logica collettivista (riforma agraria con espropri e indennizzi modesti, nazionalizzazioni di imprese e compagnie, avvio di gestioni agricole e industriali analoghe a quelle in atto in alcuni Paesi socialisti, ecc.), alle quali si deve aggiungere la presenza sempre più frequente di esponenti del mondo comunista cubano all'interno degli organi di governo o in ruoli di primaria responsabilità. Il movimento castrista è composito, cioè formato da diverse anime culturali e politiche, ma, in precedenza, queste componenti marx-leniniste avevano avuto compiti di minore responsabilità; fra l'altro è autorizzata l'organizzazione del Partito comunista, fino ad allora costretto alla clandestinità.

Questo insieme di fattori inasprisce i rapporti fra Washington e L'Avana e ben presto dai sospetti si passa alle proteste e da queste alle ritorsioni economiche. Eisenhower si trova a fronteggiare, nel giro di pochi mesi, un'evoluzione dei rapporti con il governo di Castro non prevista e non gradita. Nel corso del 1959, nonostante diversi tentativi di accomodamento, i rapporti fra i due Paesi peggiorano; di fatto il nuovo governo, per gli indirizzi che via via emergono, per la brutale eliminazione di molte persone compromesse con il precedente regime, appare sempre più, agli occhi degli statunitensi, come una dittatura marx-leninista. Castro, tuttavia, non vuole uno scontro con il potente vicino, al quale fra l'altro è debitore dell'aiuto ricevuto nella fase finale della rivoluzione e in questa logica si reca a Washington (aprile 1959) per chiarire la situazione e avviare un dialogo positivo per il futuro. Incontra rappresentanti autorevoli, ma non è ricevuto da Eisenhower. Il viaggio non porta né chiarimenti politici né promesse di aiuti economici e finanziari di cui Cuba avverte il bisogno; poco dopo il *leader* cubano attiva la parte più radicale della riforma agraria che prevede l'esproprio del latifondo e investe anche le proprietà di importanti compagnia statunitensi. La legge di riforma si prefigge di espropriare e ridistribuire le terre; sono nazionalizzate le proprietà superiori ai 400 ettari, che vengono assegnate a coltivatori diretti o a cooperative agricole (è proibita la vendita, l'affitto o il frazionamento dei fondi affidati). L'indennizzo per gli espropriati viene fissato in base ai valori dichiarati a fini fiscali e il pagamento effettuato con dei buoni del tesoro ventennali con interesse al 4%. Washington, sotto la pressione delle compagnie e dei cittadini statunitensi colpiti dai nuovi provvedimenti, cerca di ottenere, senza successo, modifiche migliorative: pagamenti in denaro e non in titoli, stime basate sui valori reali e non su quelli dichiarati al fisco, erogazioni immediate e non dilazionate in decenni. Già in questi mesi si registra un esodo consistente di cubani che, in fuga dall'isola, trovano rifugio nella vicina Florida, la quale diventa un naturale covo di oppositori al regime che non nascondono di aspirare ad un ritorno dopo la caduta del regime di Castro. A questo fine organizzano spedizioni armate sull'isola e anche incursioni aeree nella speranza che la popolazione insorga contro il governo. Quest'ultimo denuncia i ripetuti atti di aggressione e ne attribuisce la responsabilità agli USA. La certezza dell'ostilità statunitense convince Castro a rivolgersi a Mosca. Dopo la firma di alcuni accordi commerciali c'è una svolta significativa nella politica estera cubana; Anastas Mikoyan, vice primo ministro sovietico, si reca in visita a Cuba (febbraio 1960). Viene sottoscritto un accordo commerciale di grande importanza per Cuba: l'URSS acquisterà, a prezzi di mercato, gran parte della produzione di zucchero cubano e fornirà un credito rilevante (100 milioni di dollari) a tassi di favore (2,5%). Con questa decisione Castro compie una scelta senza ritorno e lega il futuro politico dell'isola a Mosca. Non possono sorprendere le immediate ritorsioni adottate da Washington: blocco dell'importazione di molti prodotti cubani, sospensione di ogni agevolazione finanziaria, embargo sullo zucchero; viene bloccata anche ogni attività commerciale con Cuba con la sola eccezione dei viveri e dei medicinali. Oltre a ciò si procede ad addestrare gli esuli cubani, sempre più numerosi in Florida, i quali si ripromettono di "invadere" l'isola per liberarla dal castrismo. La reazione cubana non si fa attendere. Nel giugno (1960) sono nazionalizzate le compagnie petrolifere statunitensi e britanniche (Standard Oil, Esso, Texaco e Shell) con un decreto del ministro dell'Industria Ernesto Guevara, detto "Che"; in luglio sono nazionalizzate tutte le società statunitensi operanti sull'isola; vengono predisposti indennizzi con buoni del tesoro con scadenza trentennale al tasso del 2%; poco dopo (ottobre 1960) sono nazionalizzate tutte le grandi imprese operanti a Cuba. Washington, di fronte a queste misure, decide (ottobre 1960) la rottura delle relazioni diplomatiche con L'Avana.

Da questa crescente contrapposizione ha origine l'allineamento de L'Avana nel campo dell'Est; vengono stabilite relazioni diplomatiche con Mosca, si precisa che Cuba aderisce alla politica dell'URSS e della Cina, si dichiara di voler sostenere i movimenti di liberazione armati contro il colonialismo americano e i suoi alleati nell'America Latina. Cuba vuole diventare un esempio e un modello capace di convertire tutta «la Cordigliera delle Ande nella Sierra Maestra». Kennedy, assunta la presidenza (gennaio 1961), non modifica gli indirizzi del suo predecessore di cui condivide le scelte, in particolare il rifiuto di accettare la deriva di Cuba, un Paese comunista «alle porte di casa». È difficile comprendere lo stato d'animo del vertice e di gran parte della popolazione degli USA se si dimenticano i precedenti rapporti con L'America Latina dalla dichiarazione di Monroe (1823) in avanti; la ferma volontà d'impedire il ritorno dell'influenza neocoloniale europea affiancata dall'esercizio di un ruolo egemone di fatto dallo stretto di Bering a capo Horn è scossa dall'asse cubano-moscovita. Non soltanto viene rotta la solidarietà continentale, ma si affaccia sul mare caraibico il competitore globale portatore del modello marx-leninista; la sua affermazione non è soltanto un pericolo a proposito di Cuba, ma una minaccia per l'intera America Latina. Cuba fra l'altro domina il Golfo del Messico e la sua parte orientale è a poche miglia marine dalle penisole dello Yucatan e della Florida e ad oriente si affaccia sull'Oceano Atlantico, cioè sul mare aperto. La sua posizione geografica risulta strategica e di particolare importanza, sia sotto il profilo economico, che quello della sicurezza per i Paesi vicini. In questo clima confuso e incerto matura a Washington la decisione di appoggiare un "Consiglio rivoluzionario anticastrista" costituito negli USA da fuoriusciti, con la convinzione che esso, se sostenuto e armato, possa condurre con successo un'operazione militare in territorio cubano anche con l'appoggio della popolazione rurale che, si pensa, sia in gran parte ostile al regime castrista. Kennedy, superate le iniziali riserve sull'operazione, dà il via libera: si vuole dar vita ad un governo liberal-democratico e porre fine sia al regime marx-leninista sia alle evidenti ingerenze moscovite nella regione caraibica. L'operazione, sotto la guida di Josè Cardona, inizia con uno sbarco nella "Baia dei Porci" (Bahía de Cochinos, aprile 1961) e si conclude, nel giro di pochi giorni, con un completo insuccesso degli "invasori"; non soltanto l'esercito castrista non si decompone, ma neppure la popolazione appoggia i ribelli. Il gruppo degli "invasori" è formato da circa 1.500 combattenti e gode di un modesto appoggio aereo e navale; di essi circa 150 cadono nei combattimenti, altri 150 risultano dispersi e i rimanenti, circa 1.200, sono arrestati, processati e condannati. Saranno rilasciati più tardi, nel dicembre 1962, in cambio di cinquanta milioni di dollari per l'acquisto di farmaci e alimenti per l'infanzia. "L'invasione di Cuba" resa nota dal governo dell'isola il 17 aprile (1961) determina reazioni internazionali importanti; la posta in gioco è l'esistenza di un governo marx-leninista costituito, per la prima volta, nell'emisfero americano. Krusciov interviene in modo diretto nella questione e Mosca denuncia (18 aprile) i bombardamenti, gli sbarchi e la protezione navale americana. Precisa che quest'azione militare minaccia la pace nei Caraibi e nel mondo e «calpesta» i principi della coesistenza pacifica: «il popolo cubano non ha minacciato e non minaccia nessuno» e chiede di «essere lasciato in pace» dopo aver rovesciato «la tirannide del despota sanguinario Batista, servitore dei grandi monopolisti americani». Cuba, con sei milioni di abitanti, non può minacciare gli USA; questi ultimi, al contrario, «ospitano, organizzano e armano le bande dei controrivoluzionari cubani» che hanno dato vita all'aggressione, cioè ad «un brigantesco attacco». Questi «vili mercenari» vogliono togliere il diritto del popolo cubano di decidere il proprio destino; Mosca resterà al fianco di Cuba e presterà tutto «il necessario aiuto ed appoggio». L'URSS chiede l'immediato intervento dell'ONU per porre fine «alle azioni aggressive degli Stati Uniti che hanno preparato e intrapreso l'intervento armato contro Cuba», un Paese sovrano membro della stessa organizzazione. Krusciov invia (18 aprile) un messaggio a Kennedy: il governo e il popolo sovietico sono indignati per l'aggressione condotta da «bande addestrate, equipaggiate ed armate» dagli USA. Occorre impedire l'irreparabile:

Washington «deve spegnere le fiamme della guerra accesa dagli interventisti a Cuba, prima che si sviluppino in una conflagrazione, che sarebbe impossibile domare», perché anche «una piccola guerra», ricorda Krusciov, può produrre una reazione a catena in tutto il mondo. Queste valutazioni sovietiche sono condivise anche da parte degli altri Paesi dell'Europa orientale. Da Il Cairo, Nasser e Tito esprimono (18 aprile) una ferma condanna dell'aggressione contro Cuba con un comunicato congiunto; quest'azione contro l'indipendenza cubana viola i principi delle Nazioni Unite e minaccia la pace; l'intervento «straniero» deve cessare al più presto. I due *leaders* auspicano che la comunità mondiale dei popoli «assuma un atteggiamento deciso ed adotti urgenti ed adeguate misure». Per la difesa di Cuba scende in campo anche Pechino: il primo ministro Chou En-lai in un messaggio a Castro denuncia (19 aprile 1961) l'aggressione di mercenari armati dall'imperialismo statunitense, che costituisce «un vero e proprio crimine»; la giustizia è dalla parte del popolo cubano e ad esso va la simpatia di tutti i popoli. «L'imperialismo statunitense è isolato»; 650 milioni di cinesi sono al fianco di Cuba che lotta «per la libertà e l'indipendenza». Con una nota successiva (20 aprile) il governo cinese denuncia «il perfido attacco contro Cuba che rivela la natura banditesca dell'imperialismo». Washington nega ogni responsabilità di quanto è accaduto ma ciò è smentito dai fatti: «Kennedy ed Eisenhower seguono la stessa politica aggressiva» e le loro dichiarazioni pacifiste sono «false» in America e in Asia (Laos). Anche la Cina, prosegue la nota, ha conosciuto l'aggressione armata statunitense come Cuba: occupazione di Formosa, interferenza negli affari interni, continue violazioni delle acque territoriali e dello spazio aereo cinesi. Pechino adotterà tutte le misure necessarie per aiutare L'Avana nella sua lotta patriottica; «l'imperialismo degli Stati Uniti sarà sconfitto, Cuba vincerà». Kennedy, in evidente difficoltà di fronte ad elementi oggettivi, nega (18 aprile) responsabilità dirette del suo Paese e riconduce tutta la questione ad «una lotta fra cubani». Nella lettera di risposta a Krusciov ricorda che la «dittatura di Castro» ha indotto alla fuga ben 100.000 cubani molti dei quali avevano combattuto con lui contro Batista; essi desiderano aiutare i propri concittadini rimasti nell'isola a rompere le catene della dittatura per affermare le libertà democratiche. Solo la lotta può garantire questo traguardo perché il governo cubano non consente la libera dialettica democratica. Washington, in assenza di interventi militari stranieri, non intende impegnare le proprie forze armate nell'isola; in caso contrario non esiterà a difendere «questo emisfero da aggressioni esterne». Il popolo degli Stati Uniti ammira i patrioti cubani e il governo non può «prendere provvedimenti per soffocare lo spirito di libertà»; occorre impedire la prosecuzione e l'allargamento delle azioni belliche in corso per tutelare la pace nella regione e nel mondo. Il regime cubano, osserva Kennedy, potrebbe contribuire a questo sforzo «permettendo al popolo di scegliere liberamente il suo futuro, con procedure democratiche»; i popoli liberi non accettano «la pretesa inevitabilità storica della rivoluzione comunista. [...] la grande rivoluzione della storia presente, passata e futura dell'uomo è la rivoluzione di coloro che sono decisi ad essere liberi». Kennedy, quando ormai l'esito dell'azione militare pare scontato, esclude (20 aprile) qualsiasi intervento unilaterale americano «in mancanza di un attacco dall'esterno contro noi o contro un nostro alleato», perché sarebbe contrario «alle nostre tradizioni ed ai nostri obblighi internazionali». La dottrina americana della "non interferenza" non può nascondere o scusare l'inazione, ma deve essere chiaro, specifica il presidente, che le nazioni di questo emisfero devono assolvere i loro impegni «contro la penetrazione comunista dall'esterno»; se questo non dovesse accadere Washington provvederà a difendere la sicurezza degli USA. Cuba non è un'isola in se stessa: «non possiamo limitarci ad affermare il non-intervento o a rammaricarci per la sconfitta di coloro che lottano per la libertà. [...] questo piccolo gruppo di valorosi profughi cubani» non era certo del successo, eppure non ha esitato in questo coraggioso tentativo. Non è la prima volta che «i carri armati comunisti stritolano eroici uomini e donne» che, come in Ungheria, hanno combattuto per la libertà della loro patria; la lotta eterna contro la tirannide continua in tutto il globo e dunque anche a Cuba e l'odio che divide i cubani è frutto delle repressioni e della tirannide castrista. La vittoria momentanea del governo cubano è dovuta all'impiego massiccio delle sue forze armate, del terrore e degli arresti. Washington, insiste Kennedy, non può compiacersi di vedere «carri armati ed aerei provenienti d'oltre cortina a meno di 90 miglia dalle proprie sponde»; Cuba, per le sue dimensioni e risorse, non rappresenta una minaccia per la nazione americana, ma può essere una base per insidiare la libertà di altre nazioni. È necessario essere pronti a difendere la libertà di questo emisfero da qualsiasi attacco proveniente dall'esterno: il comunismo avanza con la potenza, con l'inganno e la disciplina; il legittimo malcontento dei popoli è sfruttato nel nome di nobili principi, ma non appena arrivato al potere il comunismo rinnega ogni promessa e instaura, come a Cuba, «il regno del terrore». C'è un lungo elenco di profughi che, ora esuli, non possono tornare nei loro Paesi sotto controllo comunista (Ungheria, Corea del Nord, Vietnam settentrionale, Germania Est, Polonia, ecc.), per questo gli USA sostengono gli esuli di Cuba. Solo «i forti, gli operosi, i coraggiosi» possono sopravvivere in questa lotta per il rischio di perdere la libertà «pezzo dopo pezzo» anche se dispongono «di eserciti preparati a varcare le frontiere e di missili pronti per spiccare il volo». Kennedy, pur deluso dall'esito dell'operazione degli esuli, non è sulla difensiva; avverte Mosca che ogni tentativo d'ingerenza esterna sarà combattuto senza incertezza e invita alla lotta contro «il comunismo interno» tutti i governi delle repubbliche americane perché l'infezione cubana non si diffonda.

Krusciov non lascia senza risposta le affermazioni di Kennedy e con una missiva, dal contenuto molto polemico e provocatorio (22 aprile 1961), contesta le dichiarazioni statunitensi. Washington parla di libertà ma non la rispetta e vorrebbe che il popolo cubano «ballasse al suono della musica del suo potente vicino», che i monopoli stranieri saccheggiassero ancora Cuba per arricchirsi «con il sangue e il sudore del nativi». Gli USA si preoccupano della sorte «di un piccolo pugno di nemici», mentre ignorano la sorte di sei milioni di cubani che dopo secoli di sfruttamento hanno, con la rivoluzione, preso le redini del proprio destino. Mosca non cerca né vantaggi né privilegi a Cuba; non ha sull'isola alcuna base né intende stabilirne; l'ipotesi che l'isola possa essere "prestata" dall'attuale governo ad altre potenze per attaccare gli USA è una pura fantasia: si tratta di congetture senza fondamento. Al contrario gli Stati Uniti dispongono di basi fornite da governi amici lungo le frontiere sovietiche e hanno installato rampe per missili: non si capiscono le ragioni per cui queste misure non dovrebbero rappresentare una minaccia per l'URSS, mentre analoghe istallazioni lo sarebbero per gli USA. Mosca, però, mentre denuncia questo stato di cose, non sostiene queste tesi; al contrario ricorda che Washington, in palese contrasto con quanto asserisce, occupa Taiwan, ne impedisce la riunificazione con il territorio cinese, minaccia il ricorso alle armi per difendere il «regime fantoccio di Taipei». Si tratta di un'azione di «brigantaggio internazionale», che al posto del diritto pone l'arbitrio e l'illegalità. Krusciov aggiunge che la politica statunitense contro Cuba è «gangsterismo» che deve essere condannato ad ogni livello; anche l'ONU deve fare la sua parte e condannare in modo vigoroso le «azioni di brigantaggio contro Cuba». Le Nazioni Unite devono adempiere ai compiti per cui sono state costituite e non essere, «come purtroppo sono al momento attuale, un organismo che è già affetto dal bacillo del colonialismo e dell'imperialismo». Krusciov contesta il presunto diritto americano di impugnare le armi contro il comunismo che, al contrario, può essere scelto come sistema di governo da ogni popolo; allo stesso modo Mosca potrebbe chiedere un cambiamento del sistema interno degli USA, ma l'URSS rifiuta di percorrere questa strada e conferma di volersi attenere ad una politica di pacifica coesistenza con tutti gli Stati e di non ingerenza negli affari interni di altri Paesi. Krusciov ironizza sulla pretesa americana di tutelare esuli che, con le armi, pretendono di rientrare a Cuba ed abbattere il governo in carica; se questa logica fosse accolta, chiunque potrebbe trovare e armare un gruppo di esuli di ogni Paese e ciò porterebbe «a conflitti e a guerre», dunque «queste azioni sono irragionevoli. [...] Questa è una strada sdrucciolevole e pericolosa, che può portare il mondo ad una guerra globale». L'URSS non ha a Cuba alcuna base militare, mentre gli USA hanno ottenuto quella di Guantanamo «con le condizioni schiavistiche del trattato de L'Avana quasi 60 anni fa». Cuba non può minacciare gli USA; la base, osserva Krusciov, ha lo scopo «di sopprimere la volontà dei popoli dell'America Latina e di assolvere alle funzioni di gendarme». L'URSS vuole raggiungere con gli USA, conclude Krusciov, un accordo sui problemi del disarmo in un clima di coesistenza fra Stati con sistemi politico-sociali diversi, rispettosi delle leggi internazionali che hanno, nel mantenimento della pace, il loro principale obiettivo.

Kennedy deve prendere atto del fallimento dell'invasione della quale tutti attribuiscono la responsabilità a Washington anche se le sue forze armate non sono intervenute. Gli Stati Uniti cercano di porre rimedio agli errori compiuti con nuove iniziative, assumono l'impegno di erogare consistenti aiuti economici e finanziari a favore dei Paesi latino-americani e attivano un impotente piano chiamato Alleanza per il progresso (Alianza para el progreso). Washington, in occasione di due conferenze panamericane (Punta d'Este, Uruguay, agosto 1961 e gennaio 1962), mentre persegue lo sviluppo socio-economico della regione e la condanna del castrismo, propone l'esclusione di Cuba dalla Organizzazione degli Stati Americani (OSA). A questo proposito, gli USA non ottengono l'auspicata convergenza di tutti i Paesi, perché alcuni di essi (Argentina, Bolivia, Cile, Messico, Ecuador), pur contrari al sistema insediato nell'isola, non condividono le misure di blocco economico adottate nei suoi confronti e ancor meno la sua espulsione dagli organi comuni. C'è in ogni modo a Washington la speranza di poter avviare, con questo imponente impegno di risorse, la "ruota virtuosa" dello sviluppo, pur in presenza di condizioni politiche ed economiche molto difficili nei singoli Paesi. In realtà, il piano porterà positivi ma limitati benefici non certo in grado di far uscire quei Paesi dalla loro arretratezza ed ancor meno d'avviare la rivoluzione agricola-industriale auspicata da Eisenhower, da Kennedy e dai loro successori. Gli ostacoli maggiori rimangono governi deboli, istituzioni democratiche non consolidate, frequenti presenze di dittature civili e militari, ricorrenti colpi di Stato, latifondo esteso e poco produttivo, attività industriali assistite e spesso finanziate da gruppi esteri.

Castro attacca con forza (marzo 1961) il piano d'aiuti (10 punti) proposto dal presidente Kennedy per l'America Latina; l'Alleanza per il progresso di cui parla «il milionario Kennedy» è una «burletta storica»: essa non parla né di riforma operaia, né di sviluppo industriale, né di sfruttamento delle risorse naturali. Washington non può farlo perché i suoi rappresentanti sono i grandi latifondisti, «non i poveri contadini né gli indios privi di terre». Ma non vuole neppure industrie nazionali in America Latina, bensì soltanto «industrie yankee». I milionari americani temono «soltanto di perdere i loro pozzi di petrolio, i loro affari, i loro latifondi e gli operai che lavorano per loro a poco prezzo». Kennedy parla di scuole, di strade, di villaggi; tutto ciò non serve, prosegue Castro, perché la rivoluzione, in pochi anni, ha già sconfitto l'analfabetismo, creato collegamenti in tutta l'isola e dato in proprietà le case a tutti coloro che le abitano. Come il popolo alla rivoluzione, Kennedy è legato ai milionari, agli usurai; il nuovo governo non rappresenta «caste arricchite, non è formato da ladri, da sfruttatori, da politicanti e da guerrafondai», ma dagli umili cittadini. «Come i nazisti non sono riusciti a dominare l'Europa, gli yankees non potranno prevalere nel Sud America».

Le misure adottate di "contenimento regionale" non modificano la realtà: sul continente americano esiste uno Stato a guida marx-leninista appoggiato e protetto da Mosca. Kennedy si trova ad affrontare un'emergenza nuova che non ha precedenti dopo la decolonizzazione del continente; le possibili opzioni per eliminare il pericolo e ottenere "un governo amico" sono molto rischiose: invasione militare, embargo totale, blocco commerciale, blocco navale con unità della marina da guerra, sostegno attivo ai movimenti anticastristi sia a Cuba che all'estero. Nessuna di queste eventuali azioni garantisce il successo e molte spalancano le porte ad interventi sovietici.

3. *Castro sceglie il comunismo. Reazioni della Casa Bianca. Cuba espulsa dall'OSA (1962)*

Kennedy decide di ampliare le restrizioni commerciali già attuate da Eisenhower nell'ottobre del 1960; l'embargo su ogni scambio con Cuba è giustificato dai danni arrecati dagli espropri ai cittadini statunitensi e dall'allineamento ideologico de L'Avana al marx-leninismo cino-sovietico; il blocco commerciale economico e finanziario sarà mantenuto negli anni successivi ed è, ancor oggi, operante, anche se ha subito diversi mutamenti. Nell'ottobre (1961) L'Avana accusa Washington di preparare una nuova invasione dell'isola, precisando che gli USA hanno fatto pressioni su molti governi latino-americani perché rompessero le relazioni diplomatiche con Cuba e non hanno inoltre rinunciato ad altre azioni per indebolire il nuovo governo rivoluzionario: campagne diffamatorie, sostegno a gruppi controrivoluzionari, bombardamenti di città e villaggi, sabotaggi, aggressioni economiche, utilizzo di gruppi armati di mercenari. Ora, precisa la nota cubana, esiliati cubani sono arruolati nelle forze armate nordamericane. Lo stesso fenomeno si verifica in altri Paesi (Guatemala, Nicaragua, Panama, Repubblica Dominicana); è in atto la preparazione «secondo un metodo piratesco» di una nuova invasione. C'è anche il tentativo di dar vita ad un «governo cubano in esilio». L'Avana consegna la nota ai diplomatici accreditati, ai governi del continente americano e all'ONU. Castro reagisce all'operazione "Baia dei Porci" e alle nuove minacce con la formazione di un movimento unitario nel quale convergono il gruppo castrista originario del 26 luglio 1953, le formazioni comuniste e altri raggruppamenti rivoluzionari; annuncia, inoltre, l'adesione al sistema marx-leninista e l'intenzione di dar vita ad una nuova Costituzione socialista.

Il percorso politico di Castro si sviluppa con rapidità e viene costituito (marzo 1961) il nuovo Partito unito della rivoluzione socialista cubana con un programma marx-leninista; Castro afferma (dicembre 1961) di credere «assolutamente nel marxismo», rifiuta «una posizione intermedia» fra socialismo e capitalismo perché «essa è una posizione del tutto falsa» ed è inoltre «complice dell'imperialismo». Cuba sta liquidando il capitalismo, è sulla soglia del socialismo per «poi marciare verso il comunismo»; «sono marxista leninista – precisa Castro – e lo sarò fino agli ultimi giorni della mia vita». I popoli dell'America Latina devono seguire l'esempio cubano: Cuba «sarà la scintilla che farà incendiare il pagliaio». Occorre la conquista del potere da parte delle masse e la distruzione dell'apparato militare degli sfruttatori; Castro sottolinea l'allineamento del Paese con l'URSS. Non manca, nel discorso di Castro, una polemica precisazione sulla politica iniziale del suo movimento e sui motivi della successiva "svolta" marx-leninista. All'inizio della lotta contro Batista «è stato necessario nascondere le nostre idee per non perdere l'appoggio della borghesia e di altre forze, pur sapendo che sarebbero diventate le nostre nemiche [...] se ci fossimo mostrati subito come "radicali" avremmo perduto la nostra battaglia». Dopo il trionfo, esclama Castro, «abbiamo distrutto come rivoluzionari l'apparato del vecchio sistema [...]. questo l'ho imparato – conclude il *leader* cubano – leggendo *Stato e rivoluzione* di Lenin!» Il governo approva (dicembre 1961) una legge che punisce con la pena di morte i responsabili di azioni antistatali e antirivoluzionarie; le disposizioni resteranno in vigore, precisa il testo del provvedimento, finché durerà la minaccia di aggressione dall'esterno e la promozione di attività controrivoluzionarie messe in atto dall'imperialismo nordamericano. La legge punirà i responsabili di delitti contro lo Stato, i membri di gruppi armati, i responsabili di assassinii, gli infiltrati dall'estero, i sabotatori e gli invasori; si precisa che saranno confiscate le aziende agricole ed ogni altra proprietà a coloro che daranno rifugio e collaborazione a quanti commettono reati contro lo Stato e la rivoluzione. Queste disposizioni derogano ogni precedente regolamento o disposizione legale.

L'Avana conduce un'attiva propaganda antistatunitense e allerta la popolazione su una probabile imminente invasione, chiedendo a Mosca di garantire la sicurezza di Cuba. Lo stesso Castro si reca nell'URSS (1962), ove ottiene l'impegno sovietico di installare sull'isola basi missilistiche per garantirne la difesa «a fronte di un'aggressione americana».

Cuba è un risultato non previsto dai sovietici; i movimenti comunisti in America Latina sono pochi, deboli e con scarso coordinamento e l'isola caraibica arriva sul tavolo moscovita come frutto maturo di un albero che altri hanno piantato e cresciuto. Non c'è stata collaborazione fra Castro e Mosca nel periodo della lotta armata contro Batista; al contrario i castristi hanno goduto via via del sostegno crescente di Washington e il loro governo è stato, subito dopo l'occupazione de L'Avana, riconosciuto da Eisenhower. Nessuno prevedeva una rottura tanto rapida e un cambiamento così radicale della politica estera cubana. L'URSS si trova ora nelle condizioni di ottenere una valida base d'appoggio per la sua azione futura in Sud e Centro America e non può essere accusata di aver fomentato la rivoluzione nell'isola, ha tutte le ragioni per dare il suo aiuto ad un governo già riconosciuto proprio dagli Stati Uniti. Fra l'altro, l'invasione tentata alla "Baia dei Porci" fornisce un valido alibi a Castro per chiedere protezione e a Krusciov per offrirla. Dal punto di vista di Mosca è un percorso lineare che apre le porte ad un'occasione tanto fortunata quanto insperata, frutto della politica statunitense e non già della diplomazia bolscevica. Il contesto di questo inserimento appare ancora più favorevole in quanto il governo cubano non ha aspirazioni territoriali o rivendicazioni verso altri Stati, ma domanda soltanto protezione e sicurezza di fronte a possibili aggressioni. Mosca rassicura Washington di volersi attenere ad una politica di coesistenza e di non voler mettere in pericolo né i rapporti USA-URSS né la pace mondiale; al tempo stesso s'impegna a fornire ai cubani istruttori, assistenza militare e armamenti "non offensivi".

Cuba rappresenta una rottura clamorosa dell'unità politica panamericana; anche se nei decenni precedenti non sono mancati distinzioni e dissensi fra le repubbliche del continente, i punti di riferimento essenziali sono rimasti comuni (democrazia, liberismo, non intervento, ecc.). La presenza a L'Avana di un governo marx-leninista legato a Mosca e al blocco orientale crea nuovi problemi sia nei rapporti fra gli Stati del continente che in quelli fra Washington e Mosca. Eisenhower e Kennedy hanno in ogni circostanza cercato di evitare che il contrasto fosse bilaterale, ma a livello interamericano; si vuole evidenziare che nessun

Paese contrario agli ideali comuni può rimanere all'interno dell'Organizzazione degli Stati americani (OSA). Ora, come si è visto, alcune capitali, pur condannando il castrismo, non sono favorevoli all'adozione di provvedimenti punitivi nei suoi confronti. In questo contesto si riunisce (gennaio 1962) la conferenza di Punta del Este (Uruguay); l'assemblea (detta "dei cancellieri") ha come oggetto l'infiltrazione di potenze extracontinentali nelle Americhe e in pratica la questione di Cuba ora diventata "comunista". Già all'inizio dei lavori i partecipanti sono divisi; c'è chi (Argentina, Bolivia, Brasile, Cile, Ecuador, Messico, Uruguay) non esita ad escludere Cuba dal consorzio interamericano, ma al tempo stesso non vuole prendere provvedimenti di rottura diplomatica, consolare o adottare severe sanzioni economiche. Al contrario altri (USA, Colombia, Perù, Paraguay, America centrale, Venezuela) chiedono la condanna del sistema marx-leninista cubano, l'espulsione dell'isola dall'OSA e l'adozione di adeguate misure ritorsive. Dopo un lungo e sofferto confronto sono presentate e votate diverse mozioni: alcune ottengono un generale consenso, altre sono approvate a maggioranza. Con voti unanimi è approvata una risoluzione che considera incompatibile il comunismo con l'organizzazione interamericana, un'altra che ribadisce la validità dell'"Alleanza per il progresso" e una successiva che esclude Cuba dalla giunta interamericana di difesa; è, al contrario, approvata a maggioranza (14 favorevoli, 6 astensioni, 1 contrario, Cuba) la proposta dell'espulsione di Cuba dall'OSA. L'esito dei lavori, per Washington, non è ottimo, perché alcuni obiettivi non sono raggiunti, non esistendo, di fatto, un fronte compatto sui provvedimenti da adottare nei confronti de L'Avana. Non può sorprendere l'adozione di provvedimenti diversi da parte delle capitali del continente. Washington attiva l'embargo (febbraio 1962) nel commercio con l'isola; l'Argentina e l'Ecuador rompono le relazioni diplomatiche con Cuba; da parte sua il Consiglio dell'OSA (febbraio 1962) decide l'esclusione di Cuba dal sistema regionale anche se diverse capitali manifestano la loro avversione al provvedimento. Castro conferma gli indirizzi politici adottati in precedenza e accentua la polemica con Washington. A Punta del Este è emersa la volontà statunitense, dichiara (gennaio 1962) il *leader* cubano, «d'interagire negli affari interni dell'America Latina, per mantenervi la miseria, l'ignoranza e lo sfruttamento dei popoli»; non ci può essere coesistenza fra «sfruttatori e sfruttati», fra le masse dei popoli latino-americani e i monopoli statunitensi e la borghesia sfruttatrice. La lotta di classe è una necessità per porre fino al dominio «di un pugno di uomini che possiede le ricchezze ed i mezzi di produzione»; la coesistenza pacifica è valida a livello internazionale per evitare «a qualsiasi prezzo» la guerra mondiale atomica ed è una giusta strategia del mondo socialista. Poco dopo (febbraio 1962) definisce l'OSA il «ministero delle colonie degli Stati Uniti, un'alleanza militare, un apparato d'oppressione contro il movimento di liberazione nazionale dei popoli latino-americani». I ministri degli esteri dell'OSA, precisa Castro, mentre espellono Cuba, non dicono una parola contro gli interventi statunitensi nell'isola e ignorano inoltre i grandi progressi realizzati in tre anni dal governo rivoluzionario. Anche l'"Alleanza per il progresso" attuata da Washington non promuove l'emancipazione del continente e dei 30 milioni di indios, «esseri umani che non contano, incapaci di protestare; sono considerati come una specie di manodopera che si può usare come si usa nel lavoro una coppia di buoi o un trattore». Ciò vale anche per 15 milioni di negri e 14 di mulatti; Washington prepara le basi di un'aggressione contro Cuba e vuole intromettersi negli affari interni degli altri Paesi, per soffocare il movimento di liberazione dei popoli.

Mosca conferma (febbraio 1962) pieno appoggio alla politica cubana; ricorda che mentre Cuba non minaccia e non può minacciare nessuno, gli USA partecipano a tre blocchi militari (NATO, CENTO e SEATO) e la stessa OSA non è un'organizzazione regionale del tipo previsto dallo statuto dell'ONU, ma un «blocco politico-militare chiuso per combattere la liberazione dei popoli dell'America Latina. L'ONU deve intervenire e dire una parola autorevole in difesa della repubblica cubana». Washington con l'embargo, esteso ai generi alimentari e ai medicinali, «cerca ora di vincere Cuba con la fame»; l'URSS denuncia questa politica e conferma il suo aiuto: «Cuba non è sola». In più occasioni viene sottolineato il carattere ortodosso del comunismo cubano che è accolto ormai senza riserve all'interno dei Paesi socialisti e sempre più spesso Castro è indicato come "compagno", cosa che non accadeva negli anni precedenti; questo riconoscimento, affidato ad un articolo della «Pravda» (aprile 1962), mette in luce il rafforzamento ideologico dei legami sovietico-cubani, ma al tempo stesso è un chiaro ammonimento nei confronti di coloro che hanno progetti ostili al governo e al sistema inaugurato nell'isola. D'altra parte la guerriglia condotta dagli "insorti" anticastristi sulla Sierra dell'Escambray si è intensificata e in agosto (1962) due piccole unità da guerra, provenienti dalla Florida, hanno bombardato, durante la notte, L'Avana causando danni. La Casa Bianca si dissocia dall'iniziativa e ammonisce gli esuli cubani a non ripetere queste azioni che sono in contrasto con la legislazione statunitense sulla neutralità e dispone l'immediato sequestro delle due navi. José Cardona (*leader* del "Consiglio rivoluzionario anticastrista") definisce l'attacco «un atto eroico nella lotta in atto per la liberazione di Cuba». Questi fatti mantengono alta la tensione e accrescono i timori cubani di potere essere presto oggetto di una nuova aggressione armata. In questo contesto, il ministro dell'Economia Ernesto "Che" Guevara sottoscrive (agosto-settembre 1962) con Mosca accordi per ricevere aiuti economici e militari; sono previste la costruzione di uno stabilimento metallurgico a ciclo produttivo completo per l'utilizzo delle riserve di minerale di ferro cubano e la riattivazione di tre stabilimenti metallurgici, già esistenti, da tempo inattivi. Anche in agricoltura la collaborazione sarà estesa con l'invio di specialisti sovietici (irrigazione, bonifica, costruzioni idrotecniche, ecc.) a Cuba e di cittadini cubani in URSS. Le due parti, inoltre, esaminano le minacce d'aggressione dei "circoli imperialisti" e per fronteggiare questa emergenza i delegati cubani chiedono aiuti consistenti in armamenti e l'invio di tecnici specializzati per addestrare i militari cubani. Mosca, mentre accetta le richieste, conferma il diritto di Cuba di garantire la propria sovranità e indipendenza. Una nota dell'Agenzia Tass (settembre 1962) ammonisce Washington a «non ripetere contro la piccola eroica Cuba, ciò che fece una volta contro la Russia» negli anni successivi alla Rivoluzione d'ottobre (1917); il blocco economico intorno a Cuba non può bloccare navi sovietiche che trasportano generi di prima necessità e ritirano lo zucchero di cui l'isola abbonda. L'URSS invia «patate, petrolio, trattori, trebbiatrici ed altri macchinari agricoli ed industriali» e armamenti difensivi e istruttori in numero limitato; queste armi non possono in alcun modo minacciare gli USA, ma devono garantire la difesa dell'isola. La nota affronta anche una questione di sicurezza strategica: l'URSS non ha alcuna necessità di portare in Paesi stranieri le armi per respingere un'aggressione e infliggere un colpo di ritorsione, neppure nel caso di Cuba, dato che «la forza esplosiva delle nostre armi nucleari è talmente potente e l'Unione Sovietica ha dei vettori di così lunga gittata, che non vi è necessità di dislocarli al di là dei confini dell'Unione sovietica». Quest'ultima, se una guerra scoppiasse, è in grado di aiutare qualunque Stato aggredito (e «non soltanto Cuba») dal suo territorio, come è stato già garantito all'Egitto nel 1956 di fronte all'aggressione anglo-franco-israeliana. Deve essere ben chiaro a Washington, precisa la nota, che un'aggressione a Cuba «sarebbe l'inizio dello scoppio di una guerra»; nessuno «può aggredire impunemente». È in atto negli USA «una vergognosa campagna antisovietica»: è motivo di scandalo la spola di una flotta mercantile russa con Cuba per portare generi di prima necessità. Washington ha accerchiato l'URSS e i Paesi socialisti con molte basi militari, con armamenti offensivi trasportati dalle loro navi per rafforzare i blocchi militari della NATO, della SEATO e della CENTO (Turchia, Iran, Grecia, Italia, Gran Bretagna, Olanda, Pakistan, ecc.). In base a quale diritto la Casa Bianca si riserva queste prerogative e le nega agli altri? Una guerra nucleare avrebbe conseguenze drammatiche per tutti e forse ancor più gravi per il popolo americano. Nel complesso la nota sovietica è distensiva: essa assicura Washington di voler fornire a L'Avana soltanto generi di prima necessità (colpiti dall'embargo statunitense) e quantitativi limitati di armi non offensive. Avverte, tuttavia, che di fronte ad un'azione aggressiva per far cadere il governo cubano la sua reazione sarebbe inevitabile e potrebbe portare anche all'inizio di un conflitto generale, comunque ad un confronto militare sovietico-statunitense. Gli USA devono accettare l'esistenza di "Cuba comunista" per mantenere la pace nella regione e nel mondo.

La reazione di Washington di fronte a questa evoluzione dei rapporti cubano-sovietici è cauta. Si precisa che la questione di Cuba deve essere collocata nel quadro della sfida mondiale lanciata dal comunismo. Gli USA non permetteranno «l'esportazione» del castrismo «con i suoi intenti aggressivi con la forza o con la minaccia della forza» in qualsiasi parte dell'emisfero occidentale. Kennedy assicura (settembre 1962) gli americani che gli aiuti militari sovietici (missili antiaerei, apparecchiature radar ed elettriche, tecnici militari, motosiluranti dotate di missili nave-nave, ecc.) non rappresentano, al momento, un pericolo per la sicurezza nazionale. In questa situazione, precisa il presidente, un intervento militare non è «né necessario, né giustificato»; al contrario, esso sarebbe inevitabile se l'isola diventasse una base offensiva di rilievo per i sovietici o fossero in discussione la sicurezza di Guantanamo, il transito nel Canale di Panama, le attività missilistiche e spaziali a Cape Canaveral o la vita dei cittadini statunitensi. Castro, sottolinea Kennedy, cerca di uscire dalle difficoltà in cui si dibatte sollevando l'inesistente intenzione americana di invadere l'isola; in realtà l'economia di Cuba «è in pezzi», c'è uno spaventoso caos economico a causa di riforme errate, le industrie sono ferme, i raccolti diminuiscono, la rivoluzione, con tutte le sue promesse, «è stata tradita». Per superare queste difficoltà e per impedire il collasso, «il regime si mette ancor più nelle mani dei sovietici». Washington auspica un ritorno di questa nazione alla libertà e con quest'obiettivo continuerà «a collaborare con gli esponenti cubani profughi».

Il Congresso americano (Senato e Camera dei rappresentanti) sostiene senza riserve la politica dell'esecutivo; una risoluzione (settembre 1962) ricorda la dottrina Monroe (1823), il trattato di Rio (1947), la riunione dei ministri degli Esteri dell'OSA (1962) e la progressiva influenza del comunismo internazionale a Cuba. Alla luce di queste premesse si precisa che si deve impedire con qualunque mezzo, «compreso l'uso delle armi», l'estensione (con attività sovversive o aggressive) del regime marx-leninista di Cuba. Si ritiene doveroso altresì non permettere che Cuba acquisti, con aiuti esteri, una capacità militare che possa minacciare la sicurezza degli Stati Uniti. È importante, precisa il Congresso, collaborare con l'OSA e con i cubani «amanti della libertà» per sostenere le aspirazioni del popolo cubano all'autodecisione. Anche nelle repubbliche centro-sudamericane cresce la preoccupazione per la politica castrista. In occasione di un incontro dei ministri degli Esteri dell'OSA (Washington, ottobre 1962) si delinea un orientamento comune che era mancato nei mesi precedenti. C'è un'unanime condanna per «l'intervento cino-sovietico» a Cuba per fare dell'isola «una base armata» per la penetrazione comunista nelle Americhe e per la «sovversione delle istituzioni democratiche dell'emisfero». Si aggiunge, nel documento approvato alla fine del vertice, che se l'URSS o Cuba mettessero in atto azioni offensive nel continente sarebbe necessaria una reazione, anche armata, collettiva per garantire la difesa e la sicurezza di tutti i Paesi del continente. Da questa nuova politica unitaria scaturisce anche la decisione di rendere più severe le misure economiche adottate contro il regime castrista; si domanda inoltre ai Paesi amici extracontinentali di assumere analoghi comportamenti (bloccare ogni fornitura di materiale bellico o strategico, impedire alle proprie navi di attraccare nei porti cubani, ridurre il noleggio dei navigli ai Paesi dell'Europa orientale per il trasporto di armamenti, ecc.). Washington non può che rallegrarsi di questa svolta rispetto alle divisioni emerse durante il vertice di Punta del Este (gennaio 1962); ora Kennedy può contare sulla solidarietà del continente. Le assicurazioni sovietiche e le "pacifiche" intenzioni statunitensi sembrano garantire un equilibrio destinato ad assestarsi e dunque a durare.

4. *La crisi dei missili (ottobre 1962); il blocco navale di Cuba. L'azione dell'ONU. L'accordo Kennedy-Krusciov (ottobre 1962). Reazioni di Castro e dei movimenti anticastristi negli USA*

In questo quadro entrano in scena gli aerei spia U2, che, in volo su Cuba, hanno individuato la costruzione di rampe per missili. Pochi mesi prima Krusciov, a causa dei voli sull'URSS degli stessi aerei, ha fatto fallire il vertice dei grandi a Parigi per discutere i problemi tedeschi e del disarmo. Ora è Kennedy (ottobre 1962) ad avvalersi della loro opera per denunciare l'insediamento di armi offensive (forse dotate di testate nucleari) a pochi chilometri dalle coste statunitensi e prossime a grandi metropoli. Si valutano diverse ipotesi del comportamento «provocatorio e proditorio sovietico» anche se l'ipotesi più evidente è la volontà di difendere Cuba da altre aggressioni (Baia del Porci) o da un'eventuale invasione; non esiste alcuna realistica ipotesi di un attacco cubano-sovietico agli USA e ancor meno di un loro sbarco, cioè di un'invasione sulle coste della Florida. Kennedy deve fare i conti con una realtà nazionale scossa dal fallimento della "piccola invasione", dal rafforzamento del sistema castrista legato a Mosca e a Pechino. Occorre mantenere fermezza e determinazione anche se iniziative radicali possono portare ad un confronto diretto ed estremo; né si può dimenticare che Krusciov ha minacciato di usare anche armi atomiche per difendere L'Avana da qualsiasi aggressione. Nel vertice politico americano, per far fronte al grave e imprevisto pericolo, prevale l'idea di effettuare un blocco navale al largo delle coste di Cuba per fermare il trasporto di vettori e armamenti; Washington è al corrente che navi sovietiche, scortate da sommergibili, sono in viaggio verso l'isola caraibica. Le navi, dopo essere state ispezionate, a seconda del loro carico, potrebbero o meno proseguire la navigazione. La questione posta in questi termini è pur sempre carica d'interrogativi: con quale diritto gli USA bloccano in acque internazionali navi di altri Paesi? Possono accettare i sovietici ispezioni ultimative da parte della marina militare americana? Reagiranno per forzare il blocco? C'è il rischio reale di uno scontro navale sovietico-statunitense che può innescare una pericolosa *escalation*.

Kennedy decide (ottobre 1962) di attuare il blocco navale e ne illustra le motivazioni: fermare l'installazione di missili offensivi, impedire la nascita di una importante base strategica dotata di armi di distruzione di massa puntate contro l'Occidente, reagire alla minaccia «contro la pace e la sicurezza delle Americhe» (non permettere che, per la prima volta, armi strategiche siano collocate dai sovietici al di fuori del loro territorio in modo «provocatorio ed ingiustificato»). La paura di un confronto non deve portare a cedimenti pericolosi, ma ad una reazione giusta, responsabile e ferma. Le decisioni statunitensi trovano il consenso dei maggiori alleati in Europa e in Asia; le Nazioni Unite sono informate dei provvedimenti difensivi adottati. Kennedy, in un radio discorso, annuncia (22 ottobre) al popolo americano che «una serie di basi missilistiche a carattere offensivo si sta preparando in quell'isola imprigionata»; si vuole disporre di una forza d'urto nucleare contro l'emisfero occidentale. La denuncia è circostanziata e molto precisa; sono già operative basi con missili balistici di media portata, capaci di trasportare ogive nucleari oltre le mille miglia nautiche, che potrebbero colpire Washington, il Canale di Panama, Cape Canaveral, Città del Messico e ogni città meridionale degli USA, dell'America centrale o nella zona caraibica. Altre basi, ancora in costruzione, sembrano predisposte per accogliere missili balistici capaci di raggiungere una distanza doppia ed essere in grado di colpire la maggior parte delle città dell'emisfero occidentale, dalla baia di Hudson in Canada fino a Lima nel Perù. Oltre a ciò, «sono sbarcati e montati a Cuba» bombardieri a reazione capaci di trasportare armi nucleari. Cuba, insiste Kennedy, è diventata una base strategica che dispone di armi offensive di lunga gittata e costituisce «una sfida alla pace e alla sicurezza delle Americhe»; questa nuova realtà è in violazione «flagrante e deliberata» del trattato di Rio (1947), delle tradizioni statunitensi e dell'emisfero e della Carta delle Nazioni Unite. Il presidente ricorda i precedenti avvertimenti dati ai sovietici nel mese di settembre e le assicurazioni ricevute dal Cremlino in merito al carattere difensivo degli armamenti forniti a Castro; anche più di recente il ministro degli Esteri, Andrej Gromyko, ha confermato le precedenti garanzie. «Queste assicurazioni sono false»: inganni deliberati e minacce offensive non possono essere tollerati; le armi nucleari e i missili sono tanto pericolosi e veloci che qualsiasi cambiamento della loro dislocazione può essere considerato «una chiara minaccia alla pace». Fino ad oggi Washington e Mosca hanno difeso un precario *status quo* dispiegando con cura le armi nucleari strategiche; esse sono rimaste nei rispettivi territori e mai quelle americane sono state collocate presso altre nazioni, tanto meno «sotto il velo della segretezza e dell'inganno»; oltre a ciò, mentre i cittadini degli USA si sono abituati da anni a vivere giorno per giorno sotto la minaccia dei missili sovietici (terra-terra) o di quelli dislocati sui sommergibili (mare-terra), le nazioni dell'America Latina non sono mai state oggetto di «una potenziale minaccia nucleare». L'istallazione di queste basi è una provocazione grave e ingiustificata che non può essere accettata da Washington: occorre riaffermare che gli impegni statunitensi devono essere «presi sul serio tanto dagli amici che dai nemici»; questi missili devono «essere ritirati o essere eliminati dall'emisfero occidentale». Kennedy precisa la determinazione americana con un'immagine tanto drammatica quanto realistica: non c'è alcuna intenzione di rischiare «in maniera prematura una guerra nucleare» su scala mondiale «in cui perfino i frutti della vittoria sarebbero cenere nella nostra bocca»; ma non è possibile indietreggiare ogni volta di fronte a questo rischio quando esso deve «essere corso» per la sicurezza della nazione e dell'intero emisfero occidentale. Questa posizione di Washington è diversa rispetto alle iniziali valutazioni: non è in discussione il sistema politico cubano, non c'è preoccupazione per la sua attività rivoluzionaria fuori dall'isola, non c'è neppure disperazione per i suoi legami con l'URSS finché fornisce armi difensive e tattiche.

La nuova realtà investe i rapporti Mosca-Washington ed è relativa alla collocazione dei missili strategici al di fuori del territorio sovietico. Queste armi offensive (che possono portare ordigni nucleari), sistemate in un Paese straniero «alle porte degli USA», rompono l'equilibrio fra le due superpotenze in quanto non hanno alcuna giustificazione difensiva per la sicurezza di Cuba. Al contrario lasciano presagire oscuri e insidiosi progetti moscoviti. Questa tesi, pur basata su elementi solidi dal punto di vista strategico-militare, ha al suo fondamento anche una buona dose di ipocrisia; in realtà è vero che la collocazione di questi armamenti nell'isola caraibica modifica precedenti equilibri di sicurezza in quanto sposta eventuali basi di lancio dall'URSS a territori molto vicini alle grandi metropoli statunitensi, ma un attacco missilistico nucleare può già essere effettuato dai sommergibili sovietici. Si tratta di un aumento della capacità aggressiva, ma non di un sostanziale cambiamento della forza offensiva moscovita. Kennedy informa, nello stesso discorso, il popolo americano di aver ordinato l'esecuzione immediata di alcune misure protettive:

1) Inizio di un rigoroso embargo su tutti gli equipaggiamenti militari spediti a Cuba via mare; tutte le navi ivi dirette saranno ispezionate e se trasporteranno «armi offensive» saranno «rimandate indietro».

2) È stabilita una «stretta sorveglianza» sugli apprestamenti militari a Cuba; se la minaccia all'emisfero occidentale dovesse «continuare o aumentare», altre azioni potranno «essere giustificate»; in ogni modo le forze armate statunitensi devono «essere pronte per ogni eventualità».

3) Ogni missile nucleare lanciato da Cuba contro qualsiasi nazione delle Americhe sarà considerato come un attacco dell'URSS agli USA e comporterà «una piena rappresaglia contro l'URSS».

4) La base di Guantanamo sarà rafforzata con l'invio di altre unità militari.

5) È proposta l'immediata convocazione dell'organismo consultivo dell'OSA per esaminare la minaccia in atto sulla base del Patto di Rio.

6) È stata richiesta l'immediata convocazione del Consiglio di Sicurezza «per adottare le misure necessarie contro quest'ultima minaccia sovietica alla pace mondiale». Gli USA, in questa sede, chiederanno l'immediato smantellamento e il ritiro di tutte le armi offensive da Cuba sotto il controllo di osservatori dell'ONU; l'embargo sarà tolto soltanto dopo l'applicazione di queste misure.

7) Krusciov deve porre fine «a questa minaccia clandestina, sconsiderata e provocatoria», e cogliere questa occasione «per allontanare il mondo dall'abisso della distruzione»; gli USA non hanno «alcun desiderio di guerra con l'URSS», ma non possono accettare di vivere «in un'atmosfera d'intimidazione» o di rinunciare alla difesa del «mondo libero».

Kennedy termina il suo intervento con un appello al popolo cubano: esso è diventato il primo Paese latino-americano obiettivo della guerra nucleare in quanto ha sul suo territorio queste armi. La rivoluzione nazionale è stata tradita da capi che non sono più cubani, ma «fantocci ed agenti di una congiura internazionale che ha spinto Cuba contro i suoi vicini ed amici delle Americhe». Da parte sua il popolo americano è pronto a pagare il prezzo della libertà e rifiuta ogni via «di resa o di sottomissione». La pace e la libertà, conclude il presidente, non sono separabili né nell'emisfero occidentale né nel mondo.

Il giorno successivo Kennedy attiva (23 ottobre) il blocco navale con un apposito decreto; in esso si accusano «le potenze cino-sovietiche» di fornire a Cuba materiale militare potenzialmente offensivo fra cui missili balistici con capacità operativa continentale. Il presidente è ben consapevole della gravità della decisione presa dal suo governo, ma precisa di agire nel pieno rispetto dei poteri che gli sono conferiti dalla Costituzione e dalle leggi statunitensi, in conformità con le risoluzioni del Congresso (USA) e dell'organo di consultazione delle repubbliche americane. Il blocco è destinato a impedire la consegna a Cuba «di armi di offesa e di materiale a esse attinenti» (missili terra-terra, aerei da bombardamento, bombe, razzi e missili guidati aria-terra, testate per le suddette armi, attrezzature meccaniche ed elettriche per il loro funzionamento). Per impedire queste consegne saranno utilizzate «le forze di terra, di mare e di aria degli Stati Uniti»; qualsiasi nave (o imbarcazione) diretta a Cuba potrà essere intercettata, individuata, fermata, ispezionata e perquisita. Il naviglio che si sottrarrà a queste procedure potrà essere oggetto di «cattura» (le unità sequestrate saranno dirottate in un porto degli USA); le navi con carico ritenuto proibito riceveranno l'ordine di mutare destinazione e di dirigersi verso altri approdi a loro scelta; la forza sarà usata soltanto «nella misura strettamente necessaria». Il provvedimento adottato dalla Casa Bianca risulta, alla luce della sua formulazione, molto rigoroso e preciso: esso è attivato per tutte le coste dell'isola, anche se non esiste uno stato di belligeranza fra L'Avana e Washington. La ragione della sua adozione, nelle intenzioni del suo promotore, è la tutela della sicurezza della regione e della pace, mentre in passato misure di blocco navale avevano radici e obiettivi di carattere economico commerciale.

La decisione della Casa Bianca apre un confronto diretto con il Cremlino, trattandosi di una prova di forza fra le due superpotenze senza schermi intermedi com'è avvenuto in altri teatri politici importanti (Corea, Vietnam, Medio Oriente, ecc.). L'intervento dell'ONU è auspicato da tutti i contendenti; è richiesta da più parti l'immediata convocazione del Consiglio di Sicurezza. Da parte statunitense è presentato uno schema di risoluzione sulla base delle proposte formulate dal presidente Kennedy. Il governo cubano denuncia il blocco («un atto guerresco unilaterale»), che rappresenta un'ulteriore aggressione contro il popolo cubano e che può generare pericolose conseguenze belliche. Mosca propone una risoluzione in cui riafferma il diritto di ogni Stato a rafforzare la propria capacità difensiva, condanna la violazione delle norme che regolano la libertà di navigazione in alto mare; si domanda altresì agli USA di rinunciare ai controlli sulle navi dirette a Cuba e di porre fine ad ogni ingerenza negli affari interni dell'isola. Si invitano l'URSS e gli Stati Uniti ad avviare trattative «per eliminare la minaccia dello scoppio di una guerra».

Il Cremlino reagisce (23 ottobre 1962) con estrema durezza alle decisioni statunitensi. Washington, pur di soffocare uno Stato sovrano, membro delle Nazioni Unite, è pronta «a gettare il mondo nell'abisso di una guerra catastrofica» e ha effettuato un passo sulla strada di un conflitto termonucleare mondiale, decidendo di intraprendere «atti di pirateria», ma non deve dimenticare che non è «la più forte potenza militare». L'URSS non intende utilizzare i propri armamenti nucleari per fare aggressioni, ma è nelle condizioni di rispondere ad un attacco «con un potentissimo colpo di ritorsione». Mosca conferma la sua fiducia in una politica di coesistenza, di disarmo e di sicurezza collettiva; Cuba non ha mai minacciato, né potrebbe farlo, azioni contro il popolo americano, mentre la Casa Bianca ha formulato continue minacce e organizzato invasioni dell'isola.

Le rispettive posizioni sono ribadite, durante il dibattito al Consiglio di Sicurezza, da parte del delegato sovietico Zorin e di quello statunitense Stevenson. In questo contesto scende in campo il segretario dell'ONU U Thant (24-25 ottobre 1962) che invia alcuni messaggi a Kennedy e a Krusciov per sbloccare la situazione e riportare i contendenti al tavolo delle trattative. Il segretario generale suggerisce un compromesso iniziale: è opportuna una sospensione volontaria, per due o tre settimane, di tutti gli invii di armi a Cuba e quella temporanea delle misure di blocco (quarantena) delle navi dirette all'isola; occorre in ogni modo evitare un confronto in mare fra le navi statunitensi e quelle sovietiche, con tutti i rischi di «un eventuale incidente». La proposta è accolta: Kennedy assicura piena collaborazione e Krusciov garantisce di avere impartito l'ordine alle navi russe di tenersi lontano dalla zona d'intercettazione; precisa, però, che questa situazione, «con le navi immobilizzate in alto mare», può essere solo temporanea. Subito dopo (26 ottobre) invia un messaggio a Kennedy, dove ribadisce che l'URSS non ha altri obiettivi che tutelare Cuba e ciò non può e non deve allarmare gli Stati Uniti. Essi fra l'altro hanno installato intorno all'URSS armamenti missilistici (Gran Bretagna, Italia, Turchia). Il presidente del Consiglio sovietico pone con forza una questione: i missili statunitensi sono situati in Turchia; ora Washington si preoccupa perché Cuba è a 50 miglia dalle sue coste. «Ma la Turchia è vicina a noi, le nostre sentinelle camminano su e giù e si guardano l'un l'altra». Gli Stati Uniti hanno diritto a garantire la propria sicurezza, non si capisce perché ciò debba essere impedito all'URSS; è possibile trovare un'intesa ed evitare i rischi di una catastrofe bellica. Krusciov formula una proposta: Mosca è pronta a ritirare da Cuba le armi «ritenute» offensive purché Washington allontani «analoghi armamenti dalla Turchia»; questo accordo dovrà essere gestito dall'ONU e presuppone l'assenso de L'Avana e di Ankara. L'URSS è pronta, ove la proposta fosse accolta, ad offrire garanzie per la futura sicurezza turca (non ingerenza, non aggressione, ecc.), ma analoghi impegni dovranno essere assunti dalla Casa Bianca nei confronti di Cuba. Krusciov precisa che le armi sovietiche, di cui si preoccupano gli americani, sono «in mano a ufficiali sovietici» e pertanto è da escludere un loro uso accidentale. Il quadro però potrebbe cambiare se ci fosse un'invasione di Cuba, un attacco contro l'URSS o contro uno qualsiasi dei suoi alleati; questi armamenti sono difensivi e non c'è alcuna intenzione di renderli offensivi. Un accordo su questi problemi, conclude Krusciov, può aprire la strada per successive intese «per la messa al bando degli esperimenti con armi nucleari».

Il governo americano respinge senza esitazioni la proposta sovietica; in una nota (27 ottobre) rileva che la questione sul tappeto è la sicurezza dell'emisfero occidentale messa in pericolo «dall'introduzione segreta, da parte dell'URSS, di armi offensive a Cuba». Il «primo imperativo» è rimuovere questa minaccia, perché non è possibile avviare altre trattative in presenza di questo pericolo e si potrà parlare della sicurezza delle nazioni al di fuori dell'emisfero americano in successive occasioni.

Kennedy risponde (27 ottobre) a Krusciov: è indispensabile rendere «non operativo» l'apparato bellico offensivo sistemato sull'isola; in questo caso il governo americano è pronto a rimuovere le misure di blocco già in vigore e dare garanzie contro un'invasione di Cuba e anche altre nazioni dell'emisfero occidentale sono pronte a fornire garanzie analoghe. Questo eventuale «accordo pregiudiziale» può permettere di lavorare sulla riduzione e sul controllo di «altri armamenti»; ciò comporta il coinvolgimento della NATO e del Patto di Varsavia. È urgente, conclude Kennedy, rendere inoffensive le armi attivate a Cuba sotto effettive garanzie internazionali senza, al momento, collegare questo problema con quello della sicurezza europea e mondiale. In realtà, il problema della dislocazione dei missili americani con capacità offensiva nucleare sistemati in Turchia e in Italia sarà discusso nei mesi seguenti; Washington, mentre attiva nuovi strumenti di sicurezza preventiva di carattere multilaterale, acconsentirà al loro ritiro. Il gruppo dirigente sovietico, di fronte alla fermezza statunitense, accantona il problema della sicurezza europea, prende atto dell'impegno di rispettare l'indipendenza cubana e ordina lo smantellamento delle basi e il rientro delle navi in viaggio verso Cuba. La crisi evolve in senso distensivo.

Krusciov, in un successivo messaggio (28 ottobre) al presidente americano, lo informa di avere compreso l'ansietà del popolo americano per la presenza di «armi terribili» che sono considerate offensive. Ora, per porre fine a questa pericolosa tensione e riaffermare la volontà di pace del popolo sovietico, ha dato l'ordine di smantellare, smontare e riportare in URSS questi armamenti. Lamenta le attività aggressive dei profughi cubani anticastristi che godono del sostegno statunitense, conferma pieno appoggio al governo rivoluzionario cubano; precisa che, dopo l'impegno assunto dagli Stati Uniti e dagli altri Paesi dell'emisfero occidentale di non invadere Cuba, non esistono più i motivi che avevano spinto Mosca «a fornire aiuti di questa natura». Occorre riprendere il dialogo per rimuovere le minacce che incombono sulla comunità internazionale dalla presenza «delle armi termonucleari, dalla tecnologia missilistica, dalle navi spaziali, dai razzi globali e da altre armi mortali [...]. Io presto fede alla sua dichiarazione. [...] Noi desideriamo soltanto la pace».

Krusciov lamenta i voli, con scopi di spionaggio, prima degli U2 e ora anche di altri aerei sul territorio sovietico. «Questi atti di pirateria aerea possono avere conseguenze gravi; questi ricognitori possono essere scambiati con bombardieri che portano ordigni nucleari; ciò può comportare, per reazione, un passo fatale. [...] Tanto più che sia il governo degli Stati Uniti che il Pentagono ripetono da tempo che voi avete bombardieri con armi atomiche costantemente in volo». È opportuno anche rispettare lo spazio aereo cubano ed evitare pretesti per eventuali rappresaglie e soprattutto, da parte di tutti, «cautela, moderazione e saggezza».

Kennedy accoglie la risposta sovietica con grande soddisfazione: la fase più critica del confronto è superata. Risponde subito (28 ottobre) al *leader* moscovita che la decisione del Cremlino «è un importante contributo alla pace» nell'area caraibica e nel mondo; occorre, alla luce di questo risultato, far procedere il dialogo per il disarmo «per impedire il moltiplicarsi delle armi nucleari sulla terra, nello spazio cosmico e compiere un grande sforzo per la messa al bando degli esperimenti nucleari». È necessario porre fine al più presto «alla corsa agli armamenti» che provoca un'inutile dispersione di risorse.

Questo scambio di lettere costituisce il cosiddetto accordo Krusciov-Kennedy del 28 ottobre 1962: rispetto dell'indipendenza e della sovranità di Cuba e ritiro delle «armi offensive» dall'isola sotto controllo d'ispettori internazionali. Washington e Mosca credono nel rispettivo impegno e considerano superata la contrapposizione dei mesi precedenti. C'è, al contrario, una violenta reazione di Castro; non soltanto non attribuisce nessuna fiducia agli impegni nordamericani ma ritiene di non aver avuto, di conseguenza, la necessaria tutela da parte degli amici-alleati sovietici. A suo giudizio la paura di un confronto militare ha indotto Mosca ad un cedimento; il prezzo di questa "ritirata politica" è l'incertezza sul futuro dell'isola di fatto esposta a nuove iniziative degli antirivoluzionari, degli statunitensi e dei Paesi dell'OSA. Al di là degli aspetti militari, ciò che differenzia la posizione cubana da quella di Mosca è la fiducia negli impegni presi da Kennedy. Castro sottovaluta sia le garanzie ottenute dal Cremlino sia le possibili conseguenze di un conflitto nella zona, nel quale il primo obiettivo di un'azione di rappresaglia americana sarebbe stata Cuba, e non sembra neppure dare molta importanza alle conseguenze extracontinentali di uno scontro militare fra le grandi potenze. Secondo questa logica, la tutela del sistema politico al potere a Cuba deve occupare il primo posto nella gerarchia delle valutazioni del Cremlino; ora, l'accordo non può fornire questa garanzia, mentre il dispiegamento delle armi strategiche lo assicura senza alcuna incertezza. Non valuta l'importanza degli impegni assunti da Kennedy conseguenti proprio allo spiegamento di questi strumenti bellici, ma prima della loro installazione il governo americano non avrebbe sottoscritto garanzie di questa natura.

Castro contesta (28 ottobre) la credibilità delle garanzie offerte da Kennedy contro l'invasione di Cuba, che presuppongono altre condizioni tutt'altro che ottenute dai sovietici. Washington, per essere credibile, deve eliminare ogni forma di blocco navale (economico e commerciale); porre fine a tutte le attività sovversive, al lancio e allo sbarco di armi ed esplosivi, all'organizzazione d'invasioni mercenarie, all'infiltrazione di spie e di sabotatori. «Si tratta di azioni, precisa Castro, che sono organizzate nel territorio degli Stati Uniti e di taluni Paesi complici»; chiede altresì la fine degli «attacchi pirateschi» condotti da basi negli Stati Uniti e da Puerto Rico, delle violazioni dello spazio aereo e navale e il ritiro dalla base navale di Guantanamo (il cui territorio è cubano e deve essere restituito a Cuba). Castro condanna la politica statunitense che pretende di controllare le armi che Cuba acquista per garantire la propria sicurezza: «non abbiamo paura di un attacco, né da parte degli USA e tanto meno dall'OSA, dalla quale siamo stati espulsi». Per sottolineare la prepotenza americana e l'eccessiva arrendevolezza sovietica, pone al segretario dell'ONU U Thant (in visita a Cuba 30 e 31 ottobre 1962) una domanda provocatoria in merito ai controlli richiesti da Washington sul ritiro delle «armi aggressive russe». Non si capisce, precisa Castro, perché si attribuisca tanto valore alla promessa pubblica fatta dagli USA di non invadere Cuba, mentre un'analoga promessa pubblica di ritiro delle armi strategiche fatta dall'URSS deve essere soggetta a verifiche, controlli e ispezioni.

Mosca non può ignorare il risentimento e le proteste dell'alleato caraibico; mentre completa il ritiro dei missili, lo smantellamento delle basi e il ritorno dei materiali e dei vettori in URSS, invia il vice primo ministro Anastas Mikoian a L'Avana per concordare una comune linea operativa futura. In questa occasione (2-26 novembre) i sovietici mostrano interesse per le richieste cubane, in particolare per la fine del blocco navale, commerciale ed economico dell'isola e per la restituzione della base navale di Guantanamo. Mosca teme di perdere Cuba per l'insidiosa concorrenza cinese che ora pare molto sensibile alle lagnanze cubane: il ministro degli Esteri cinese Chen Yi appoggia (1° novembre

1962) senza riserve Castro. Kennedy persegue una politica d'aggressione e l'imperialismo americano vuole mantenere sotto «controllo coloniale» l'America Latina; le garanzie offerte da Washington sono «ipocrite», gli USA preparano la guerra e soltanto l'integrale accettazione dei punti formulati da Castro possono mettere in luce la sincerità delle loro parole. Nessuno può negoziare né barattare, precisa con riferimento polemico Chen Yi, l'indipendenza e la sovranità di Cuba; nelle guerre rivoluzionarie, come in quella cubana, contano, più delle armi, gli uomini. La rivoluzione cubana iniziata «con sette fucili» ha infranto il regime armato fino ai denti di Batista; allo stesso modo ora sette milioni di cubani possono stroncare «l'apparente forza» degli statunitensi; 650 milioni di cinesi sono al fianco dei cubani contro l'imperialismo statunitense che rimane un nemico comune.

La reazione statunitense, alle assicurazioni fornite da Mosca, anche se cauta, è negativa; Kennedy pretende il ritiro, oltre ai missili, dei bombardieri a lungo raggio IL-28 inviati a Cuba nei mesi precedenti e l'avvio dei controlli terrestri ad opera d'ispettori internazionali dell'ONU o della Croce Rossa. Il governo americano conferma che in assenza di queste ispezioni proseguiranno i voli di ricognizione sul territorio cubano. Krusciov, pochi giorni dopo, dispone il ritiro dei bombardieri e accetta che essi siano controllati al momento della partenza.

Kennedy annuncia (20 novembre), come contropartita, la «rimozione della quarantena navale» imposta dagli USA. Da parte sua Washington «non inizierà né permetterà» in questo emisfero alcuna aggressione e rimane la speranza che il popolo cubano possa «un giorno essere veramente libero», ma questo auspicio è ben lontano «da qualsiasi intenzione di lanciare un'invasione militare dell'isola». Di fatto l'accordo statunitense-sovietico regge, anche se Castro non accetta ispezioni da parte di osservatori internazionali e restano reparti di istruttori sovietici nell'isola. Washington concentra la sua azione per recidere i rapporti economici ancora in essere fra gli Stati latino-americani ed europei occidentali con Cuba. Questo isolamento dovrebbe accelerare la crisi dell'intero sistema politico castrista. La Casa Bianca deve fronteggiare le reazioni delle organizzazioni degli esiliati cubani, che protestano per gli accordi raggiunti in merito al rispetto dell'indipendenza e della sovranità di Cuba. Sono, in un certo senso, speculari a Castro: l'uno critica Mosca, questi contestano Washington; si considerano esclusi, non considerati, traditi. Di fronte a nuovi attacchi contro navi sovietiche e altri obiettivi a Cuba, condotti da anticastristi, alcuni dipartimenti di Stato statunitensi si dissociano e condannano (30 marzo 1963) queste azioni. Si precisa che sarà attivata la più stretta vigilanza perché episodi analoghi non siano organizzati né partano dal territorio degli Stati Uniti. La solidarietà con coloro che aspirano a ritornare a vivere in una «Cuba libera» non può spingersi fino al punto di tollerare attività che «potrebbero provocare rappresaglie armate il cui urto dovrebbe essere sostenuto dalle forze armare degli Stati Uniti».

Il segretario di Stato Dean Rusk precisa (18 aprile 1963) che deve essere impedito il ritorno di armi offensive a Cuba, che il regime marx-leninista al potere nell'isola è incompatibile «con il sistema americano» e che i rapporti commerciali e finanziari fra il mondo libero ed i cubani devono essere interrotti. Washington intende compiere «un grande sforzo nell'ambito dell'Alleanza per il progresso» per assicurare un rapido sviluppo economico e sociale nel mondo latino-americano; il castrismo non è una soluzione, come dimostra il fallimento della sua politica interna. Rusk precisa che la situazione resta difficile, ma finché non esiste una minaccia specifica è sbagliato «iniziare un'azione armata contro Cuba». La crisi nei rapporti fra il Consiglio rivoluzionario anticastrista, espressione degli esuli, e la Casa Bianca raggiunge il suo apice con le dimissioni del suo presidente José Cardona.

Quest'ultimo accusa gli Stati Uniti di tradimento degli impegni assunti; era stato assicurato pieno appoggio per organizzare un corpo di spedizione al fine di liberare, al momento opportuno, l'isola. Cardona è certo che Mosca, di fronte alla determinazione di Washington, non potrebbe accettare una prova militare; Kennedy è accusato di debolezza, d'incapacità e di tradimento. Cardona lascia, con alcuni collaboratori, gli Stati Uniti, si ritira in Costa Rica da dove pensa di poter riprendere la lotta contro il castrismo; sarà poco dopo costituito sull'isola, dai suoi sostenitori, un "Governo rivoluzionario in armi". La gran parte degli esuli rimane tuttavia negli USA dove, senza rinunciare alle precedenti aspirazioni, accetta la politica della Casa Bianca.

Mentre si consuma la rottura fra Washington e una parte delle organizzazioni degli esuli cubani, Mosca riallaccia i rapporti con Cuba, che ritorna nell'ambito della sua politica. Castro si reca in visita nell'URSS (maggio 1963), ove, dopo incontri con Krusciov e altri esponenti sovietici, è confermata la più completa identità di vedute fra i due *leaders*; di fatto gli elementi di frizione conseguenti all'accordo fra Washington e Mosca dell'ottobre del 1962 sono superati. Castro fa propri gli indirizzi sovietici: riconosce che le decisioni moscovite hanno salvato «il mondo dalla guerra», esprime apprezzamento per la coesistenza pacifica, conferma la propria adesione ai principi dell'internazionalismo proletario e all'unità del movimento comunista nel mondo. Krusciov non ha esitato ad affermare di essere pronto a difendere l'indipendenza di Cuba, anche con le armi, in caso d'aggressione, anche «a costo di dare inizio ad una guerra mondiale». Il *leader* sovietico ribadisce, in questa occasione, la sua avversione alla tesi «della guerra come strumento rivoluzionario» e di credere alla «vittoria pacifica» del socialismo sul mondo capitalista. Al termine dei lavori sono sottoscritti importanti accordi grazie ai quali sono garantiti aiuti economici e tecnici.

L'URSS, con questi risultati, mantiene solidi legami con l'unico Stato comunista dell'emisfero occidentale; questo successo è importante nei confronti del mondo libero, ma anche di Pechino, che, in più occasioni, ha cercato di sostituirsi a Mosca nella tutela del castrismo. L'adesione piena di Cuba alle tesi moscovite pone fine a queste speranze e dà un preciso indirizzo anche alla sua azione futura nei rapporti con i movimenti marx-leninisti nell'America centro-meridionale. L'Avana, anche nei mesi successivi, lamenta la durezza del blocco economico messo in atto dagli «imperialisti yankees», che conducono «una politica di guerra non dichiarata, di attacchi pirateschi, d'infiltrazione di sabotatori incaricati di ucciderci». A causa del suo coerente antimperialismo, Cuba annuncia che non aderirà al Patto di Mosca (1963) anglo-sovietico-statunitense per la messa al bando degli esperimenti nucleari nell'atmosfera, nello spazio cosmico e nello spazio sottomarino. Castro non attribuisce alcuna importanza all'autolimitazione che si sono imposte Washington e Mosca per porre fine al rischioso confronto; al centro della sua azione rimane soltanto Cuba mentre il confronto Est-Ovest è più marginale. Denuncia altresì Washington e Mosca per aver trattato e concluso un accordo «sopra la testa» dei cubani secondo la vecchia logica del colonialismo e delle grandi potenze. Sorprende, al di là degli aspetti propagandistici, che non siano né valutati, né apprezzati i risultati conseguiti da Cuba da questa intesa: è evitata l'invasione, il sistema interno è di fatto garantito, non sarà Cuba l'eventuale bersaglio nell'ipotesi di un conflitto generale; l'isola, in questa eventualità, ha osservato il Pentagono, sarebbe «polverizzata» nelle prime ore di guerra. L'atteggiamento cubano evolve nelle settimane successive: si prende atto del ritiro degli armamenti contestati (rampe, missili e aerei a lungo raggio, ecc.), sono accolti gli ispettori delle Nazioni Unite; la crisi dell'ottobre del 1962 resta il punto culminante della tensione mondiale dopo il 1945.

Washington accetta il rischio estremo del confronto militare: applica, fino alle conseguenze più gravi, la dottrina della deterrenza e mette sul tavolo tutta la forza militare del Paese. Questa decisione è approvata negli Stati Uniti e in generale nel Sud e Centro America da tutti i governi. In realtà il risultato presuppone il pagamento di un prezzo molto elevato; è abbandonata la politica del contenimento professata fino a pochi mesi prima con la sciagurata "invasione" della Baia dei Porci; l'unità politica fra Washington e le repubbliche del continente è spezzata dall'accettazione della nuova entità statuale comunista insulare. È la prima grave rinuncia alla dottrina di Monroe. Se è vero che essa prevedeva l'eventuale ritorno delle potenze coloniali europee non escludeva però situazioni politiche sostenute da queste ultime. Ora, non soltanto è accolta la permanenza di un sistema politico condannato e combattuto, ma esso si manterrà in vita grazie al sostegno dell'URSS e degli altri Paesi socialisti. In ordine ai rapporti fra Washington e i suoi alleati, la crisi manifesta un fenomeno importante che avrà conseguenze; la minaccia esplicita di Kennedy di poter giungere anche all'impiego di tutte le armi di cui dispone avviene soltanto di fronte al pericolo che corrono gli USA; mai, in passato, i presidenti degli USA si sono spinti tanto avanti nel rischio come in questa circostanza: non è in gioco solo la sicurezza di un Paese alleato, né quella di un'alleanza, né il futuro del "mondo libero", ma la sicurezza degli USA. D'altra parte non si possono dimenticare le pressioni esercitate dalle componenti più radicali ed estremiste sovietiche e l'insidiosa azione di Pechino; la vicenda cubana avrà più tardi all'interno del Politiburo una ricaduta negativa per Krusciov. Questa fermezza americana può essere letta, e lo sarà, dagli alleati in modo difforme; da un lato rassicura sulla volontà di Washington di non cedere alle provocazioni moscovite, per altro verso sorgerà il dubbio che analoghe iniziative sovietiche, in altre aree, non troverebbero la stessa risposta da parte degli statunitensi. Ciò potrebbe significare che le garanzie di sicurezza offerte dagli USA, l'"ombrello atomico", non sono né sicure, né illimitate; dunque è necessario provvedere a strumenti propri (autonomi e integrati) per poter godere della necessaria tranquillità. La crisi cubana apre un dibattito serio fra gli alleati occidentali sulla dislocazione e sull'eventuale decisione dell'utilizzo delle armi atomiche, cioè sul loro effettivo controllo operativo e impiego. Soltanto i più ingenui, a Est e a Ovest, hanno accarezzato l'ipotesi delle risposte flessibili su possibili teatri militari; secondo questa tesi la risposta delle potenze nucleari può essere graduata in rapporto alle iniziative e all'armamento utilizzato dagli avversari. Ad armi convenzionali si deve rispondere con strumenti analoghi, ad armi atomiche tattiche con quelle ad effetto limitato, a quelle strategiche con la rappresaglia massiccia. Si tratta di formulazioni teoriche, perché in caso di conflitto i termini del confronto non sono schematici ma dialettici e nessuno può prevederne gli sviluppi e, ancor meno, programmare l'*escalation* militare. Quest'ultima eventualità presuppone una certa intesa fra i contendenti; se essa esistesse, non ci sarebbe un conflitto in grado di degenerare in una guerra totale.

Mosca raccoglie un frutto importante: a Cuba è insediato il primo governo comunista del continente americano. Per ottenere questo risultato Krusciov ha dovuto garantire un'assistenza economica, tecnica e finanziaria onerosa e, oltre a ciò, ha dovuto inviare armamenti difensivi e offensivi. Questo è l'aspetto più oscuro e contraddittorio della politica dei vertici moscoviti; non è facile comprendere le ragioni del trasporto a Cuba dei missili e dei bombardieri in grado di colpire obiettivi dallo Stretto di Bering a Capo Horn. La difesa di Cuba non necessita di tali armamenti. L'altro aspetto equivoco dell'azione moscovita è l'aver negato la presenza di quelle armi offensive. Perché dunque correre un rischio tanto elevato? Krusciov non ha dato risposte esaurienti; può essere considerata l'ipotesi della provocazione, della dimostrazione di "libertà d'insediamento armato" in ogni parte del globo e della solidarietà ai cubani di correre, per la loro difesa, anche il rischio dello scontro nucleare. Questa aggressività può rappresentare anche una ritorsione dopo l'insuccesso subito dai sovietici nei mesi precedenti sulla questione di Berlino e della Germania. Nessuna di queste ipotesi è però convincente perché il rischio non è la salvezza del sistema al potere ma la distruzione totale dell'isola e l'avvio di un conflitto di ben maggiore estensione. Di fronte alla reazione della Casa Bianca, Mosca retrocede e, dopo aver scatenato la "tempesta caraibica", si accontenta dell'impegno USA di non invadere l'isola. Questo risultato era già di fatto ottenuto con l'alleanza sovietico-cubana precedente. Krusciov sfida gli USA fino alle estreme conseguenze di uno scontro militare; ha minacciato anche in altre occasioni l'uso ritorsivo degli armamenti nucleari (crisi di Suez, di Berlino), ma mai l'URSS ha installato armamenti di questa natura fuori dal suo territorio, di fronte alle coste degli Stati Uniti, nel continente americano. Quest'azione è ancor più incomprensibile (alla luce degli ipotetici costi-ricavi) se si pensa che analoghi risultati possono essere ottenuti dalle basi (aeree e missilistiche) situate in territorio sovietico, nella parte orientale della Siberia. Krusciov dimostra prudenza e buon senso quando decide di fermare le navi e di ritirare gli armamenti; ciò non toglie le responsabilità del loro insediamento precedente. Nessun *leader* sovietico precedente, tanto meno Stalin, si è spinto così avanti, sull'orlo del baratro, nel confronto con gli USA. Questi ultimi accettano una Cuba comunista ma inoffensiva. Non c'è, da questo punto di vista, alcuna presenza sulla scena internazionale dell'America centro-meridionale; Cuba è l'oggetto del confronto sovietico-statunitense, ma non acquista alcun ruolo specifico né nel contesto continentale né in quello mondiale.

Il bilancio dell'operazione cubana è anche per Krusciov negativo; con il dispiegamento di armi offensive ha ottenuto garanzie che Washington non invaderà Cuba, si tratta però di un'eventualità remota. L'azione temeraria di Mosca raggiunge un solo obiettivo: dà la certezza ai moscoviti che Washington non accetta armi atomiche sulla porta di casa quando già l'URSS è in grado di condurre eventuali azioni di rappresaglia dissuasiva; è una verifica tanto inutile quanto pericolosa. L'altro aspetto pernicioso dell'insidia kruscioviana è l'invio delle armi offensive nella più completa segretezza. C'è una carenza diplomatica sovietica, una debolezza nei confronti del castrismo, una sottovalutazione del contesto reale latino-americano e una sostanziale incapacità di elaborare una politica per il Centro e Sud America. Questi sono i limiti della politica di Krusciov, già conosciuti per la temerarietà inconcludente durante la crisi di Suez (1956), di Berlino (1958-1961) e ora a Cuba (1959-1962). I vertici moscoviti hanno ottenuto un successo, con la minaccia e l'uso della forza, soltanto in Ungheria (1956), ove la situazione è stata "normalizzata"; si tratta però di un'area interna al perimetro di controllo sovietico e non di un confronto con l'Occidente che non è intervenuto a favore dei rivoltosi.

Castro, benché ottenga ciò che fin dall'inizio ha auspicato, non pare convinto del risultato ottenuto. L'azione di Mosca garantisce l'esistenza del sistema, mantiene gli accordi di assistenza militare e di una costosa rete di aiuti economici, finanziari e tecnici; il castrismo è destinato a durare a lungo e a sopravvivere ai suoi stessi difensori e sostenitori sovietici. Da questo punto di vista l'accordo Kennedy-Krusciov (1962) gli ha reso un ottimo servizio.

5. *La conferenza tricontinentale (1966); l'impegno rivoluzionario del castrismo in America, in Africa e in Asia. La conferenza dell'Organizzazione latino-americana di solidarietà (1967). Ernesto "Che" Guevara in Bolivia. Cuba entra nel COMECON (1972). Gli USA e il blocco economico (1975). Cuba in Africa (1976): antimperialismo, anticolonialismo, apartheid. Castro all'Assemblea Generale dell'ONU (1979)*

I rapporti con Mosca restano solidi anche negli anni successivi pur di fronte al contrasto cino-sovietico; alla base di questa collaborazione c'è l'adesione cubana allo schieramento comunista internazionale e la capacità dell'URSS (e dei suoi alleati) di assorbire a prezzi "favorevoli" la produzione saccarifera cubana e di garantire all'isola assistenza tecnico-economica e protezione militare. In questo contesto Castro (1964) rivede la sua posizione negativa sugli accordi sovietico-americani sulla sospensione parziale degli esperimenti nucleari e sulla proibizione della messa in orbita di armi nucleari. Nel gennaio del 1966 si tiene a L'Avana la Conferenza tricontinentale (Asia-Africa-America Latina) con la partecipazione di oltre cento delegazioni (governi, partiti, movimenti rivoluzionari). Questa iniziativa, preparata con delicate trattative, segna il superamento dei precedenti incontri a prevalente carattere afro-asiatico e anche degli indirizzi dei "neutralisti" di Bandung. La conferenza evidenzia l'urgenza della lotta antimperialista per i popoli afro-asiatici e latino-americani e la necessità di unire gli sforzi sul piano politico e organizzativo dei popoli dei «tre continenti per la liberazione nazionale, la ricostruzione, la prosperità e la pace». Al centro dei lavori è collocata la realtà latino-americana, che offre nuove prospettive per il successo della rivoluzione antimperialista.

Numerosi gruppi comunisti e progressisti combattono contro le oligarchie «militari e civili in tutti i Paesi del continente» e si pensa necessario aiutare questa lotta con l'assistenza politica e militare. Castro ritiene che Mosca possa sostenere con mezzi adeguati questa «battaglia rivoluzionaria» come ha sostenuto quella cubana. Pechino, al contrario, non è in grado, secondo il *leader* cubano, di assicurare la necessaria assistenza anche se sostiene le guerre di liberazione. Alla luce di queste indicazioni si rafforza il legame sovietico-cubano e Mosca stringe rapporti più stretti con i movimenti comunisti del continente. I progetti rivoluzionari emersi dalla Conferenza non mancano di creare problemi all'URSS impegnata, almeno a parole, a rafforzare la politica di coesistenza pacifica con l'Occidente e a non interrompere il dialogo già in atto con Washington sui problemi del disarmo. I progetti annunciati a L'Avana provocano le reazioni dei Paesi aderenti all'OSA (con l'eccezione del Messico) che denunciano l'intenzione d'ingerenze militari nei loro affari interni e ricorrono alle Nazioni Unite per denunciare la violazione dello Statuto e delle risoluzioni dell'Assemblea Generale a tutela dell'indipendenza e della sovranità degli Stati. Nei mesi successivi la guerriglia si riaccende in diversi Paesi: Bolivia, Brasile, Argentina, Colombia, Guatemala, Perù. Castro non nasconde che l'unica via per far cadere i governi «corrotti e reazionari» è la lotta armata secondo il modello cubano; «chi non accetta questa tesi non è un vero rivoluzionario né un vero comunista». Precisa che la coesistenza pacifica riguarda le relazioni fra Stati con «regimi sociali e politici diversi, ma non può trovare applicazione all'interno di Paesi dove esistono classi sociali sfruttate e sfruttatrici ed ancor meno fra i popoli oppressi dall'imperialismo ed i loro sfruttatori». In tal modo L'Avana, senza denunciare la politica moscovita, se ne distacca e rivendica libertà d'azione rivoluzionaria sia nel contesto latino-americano che nel mondo. Di fatto, pur appoggiandosi a Mosca, è più vicina alle tesi del radicalismo cinese e pare orientata a dar vita, alla luce dell'esperienza cubana, ad un movimento comunista latino-americano che vuole restare estraneo alla polemica interna al movimento comunista internazionale fra Mosca e Pechino.

Cuba dichiara la propria ostilità nei confronti degli Stati Uniti e dell'OSA, giudicata «strumento dell'imperialismo»; conferma il diritto di tutti i popoli ad opporsi allo sfruttamento e la volontà dei cubani di sostenere la lotta di liberazione per sovvertire «l'ingiusto ordine stabilito» da governi oligarchici. La conferenza dell'Organizzazione latino-americana di solidarietà (agosto 1967) offre a Castro l'occasione di precisare le proposte cubane per la vittoria della rivoluzione; vuole definire una "terza via" marx-leninista diversa da quella sovietica e da quella cinese. Castro respinge ogni forma di comunismo pacifista o parlamentare e afferma che soltanto la lotta armata può cambiare l'America Latina; la guerriglia è la sorgente della rivoluzione, dalle sue forze può nascere in seguito il partito e dai loro successi un governo comunista rivoluzionario. Cuba vuole riprendere il programma di Bolívar per l'indipendenza politica e l'unità regionale ora vanificato dalle oligarchie al potere e dagli USA. Al tempo stesso ritiene necessario seguire la strada di "Che" Guevara, cioè attivare «la lotta armata, la guerriglia, l'insurrezione», senza pretendere di predisporre organizzazioni partitiche. Il partito comunista potrà sorgere in seguito, con forme diverse come espressione delle realtà locali. Tale impostazione capovolge la tradizionale linea dei leninisti, che subordinano tutto al partito dal quale ha origine la scintilla della rivoluzione. La conferenza esprime piena solidarietà a tutti i popoli che combattono «per il riscatto nazionale» e dichiara di voler sostenere anche una «guerriglia negra» all'interno degli USA contro il razzismo degli «schiavisti colonizzatori». L'OSA reagisce con prontezza alle provocazioni del comunismo latino-americano. Una riunione dei ministri degli Esteri (Washington, settembre 1967) conferma le precedenti decisioni per fronteggiare il pericolo comunista e l'espulsione di Cuba dal sistema americano (1962) a causa della rottura delle relazioni diplomatiche con l'isola (1964). Ora, pur con alcune astensioni, è deciso un coordinamento difensivo a livello continentale, il boicottaggio delle navi mercantili che fanno scalo nei porti cubani e di deferire all'ONU l'ingerenza cubana negli affari interni di altri Paesi. Nonostante l'impegno dei rivoluzionari e l'accensione di focolai di guerriglia, i governi al potere reagiscono con misure repressive poliziesche e militari efficaci grazie alle quali la guerriglia castrista non è in grado di modificare gli assetti continentali.

L'impegno cubano per tutto il continente è evidenziato già in precedenza dalla costituzione di diversi gruppi armati combattenti. Fra questi c'è quello costituito da Ernesto "Che" Guevara che opera in Bolivia. Quest'ultimo (medico, nato in Argentina), stretto collaboratore di Castro, dirigente politico e ministro nel governo cubano, ha annunciato nel 1965 l'intenzione di abbandonare Cuba per condurre in altre aree la lotta rivoluzionaria; in una lettera a Castro (resa nota nell'ottobre 1965) comunica le sue dimissioni da tutti gli incarichi ricoperti a Cuba, conferma piena solidarietà e stima nei confronti dello stesso Castro, precisa di voler continuare la lotta contro l'imperialismo «in nuovi campi di battaglia» per compiere «il più sacro dei doveri». In un passaggio personale ricorda che non lascia alla moglie e ai figli residenti a Cuba «nessun bene materiale». Senza chiedere nulla per loro si dice certo che «lo Stato darà loro quanto basta per vivere e per l'istruzione».

"Che" Guevara dichiara di essere un marx-leninista ortodosso, fedele, nel modo più rigoroso, alla dottrina rivoluzionaria (socializzazione dei mezzi di produzione, pianificazione economica, dittatura del proletariato, lotta al colonialismo e all'imperialismo). C'è, nel suo pensiero, l'esaltazione della volontà e dell'etica, veri motori dell'azione del rivoluzionario rispetto al ruolo delle forze popolari. La fede in questo progetto comporta la totale dedizione alla causa comunista, anche con il sacrificio volontario e consapevole della propria vita dalla quale azione può nascere un uomo nuovo, libero dai condizionamenti dell'egoismo sfruttatore e capace di costruire una società umana più giusta, solidale ed egualitaria. Non sorprende che queste enunciazioni, testimoniate con coerenti iniziative personali, ottengano adesioni in diversi ambienti e anche in alcuni settori del cattolicesimo latino-americano. Diversi esponenti di quest'ultimo elaborano la "teologia della liberazione" che pone a base dell'insegnamento evangelico la giustizia sociale e in questa ottica è dato minor rilievo al pluralismo politico e alla democrazia liberal-democratica. Queste tesi saranno enunciate anche durante i lavori del Concilio Vaticano II (1962-1965) e otterranno consensi sul piano dottrinale in diversi ambienti e adesioni operative in molte aree del Centro-Sud America.

Pochi anni dopo (1967) informa L'Avana che il suo lavoro rivoluzionario «armi alla mano» dà i primi frutti in molte aree e che l'unità linguistica del continente (con l'eccezione del Brasile) facilita lo sviluppo della ribellione e della «rivoluzione socialista». Il nemico è forte ma, osserva Guevara, è privo di motivazioni ideologiche; occorre «minare il morale con sofferenze e sconfitte»; a salvare i governi al potere non possono bastare gli aiuti nordamericani. «L'America Latina – precisa Guevara – può diventare per Washington un secondo o un terzo Vietnam nel mondo». In ottobre (1967) si diffonde la notizia del suo decesso in

Bolivia. D'altra parte lo stesso rivoluzionario non ha mai celato l'intenzione di condurre una lotta senza quartiere per affermare il comunismo. Nel messaggio inviato alla conferenza tricontinentale (L'Avana, gennaio 1966) ha evidenziato la radicalità estrema di questo scontro e i compiti dei combattenti rivoluzionari. «L'odio come fattore di lotta; l'odio intransigente contro il nemico, che permette all'uomo di superare i suoi limiti naturali e lo trasforma in un'efficace, violenta selettiva e fredda macchina per uccidere. I nostri soldati devono essere così: un popolo senza odio non può distruggere un nemico brutale. Bisogna portare la guerra fin dove il nemico la porta: nelle sue case, nei suoi luoghi di divertimento. Renderla totale. Non bisogna lasciargli un minuto di tranquillità [...] farlo sentire come una belva braccata».

Questo tragico epilogo induce i vertici politici cubani a un riesame della strategia rivoluzionaria portata avanti e anche delle linee politiche emerse dalla conferenza tricontinentale del 1966; s'impone una pausa di riflessione politica e organizzativa che tuttavia non porta né alla rinuncia della lotta antimperialista né a recidere i legami con Mosca. Quest'ultima, in occasione dei festeggiamenti del decennio della rivoluzione cubana, invia (1969) una squadra navale a Cuba. Nel 1971 il primo ministro sovietico Aleksej Kosygin si reca in visita a Cuba in un contesto diverso da quello che ha caratterizzato la sua presenza nell'isola del 1967; in quel periodo la "perla dei Caraibi" sostiene la guerriglia, c'è "Che" Guevara che opera in Bolivia ed è accettata con molte riserve la politica di coesistenza sostenuta dai sovietici, che hanno temuto che l'attività rivoluzionaria in America Latina potesse compromettere la distensione con Washington. Oltre a ciò i vertici cubani hanno lamentato la scarsità degli aiuti economici e militari nonostante la freddezza dei rapporti fra L'Avana e Pechino. Cuba ora, dopo il riflusso della guerriglia, guarda con più simpatia ai partiti comunisti tradizionali, accetta la transizione democratica al socialismo avviata in Cile da Salvator Allende, giustifica l'intervento sovietico in Cecoslovacchia. Mosca conferma la difesa dell'isola nel caso in cui Washington non rispettasse gli impegni di non intervento contro il regime castrista, anche se esclude il trasferimento di armi strategiche e di voler trasformare l'isola in una base avanzata per i suoi sommergibili dotati d'armamento nucleare. Tale eventualità era stata denunciata dagli USA nei mesi precedenti. Di fatto è confermato l'accordo di garanzia (ottobre 1962) frutto dello scambio epistolare Kennedy-Krusciov. Anche in quest'occasione Castro e Kosygin deplorano «il blocco imperialista» decretato dal governo americano contro l'isola, le sue azioni nel Vietnam, nel Laos e in Cambogia ed esprimono piena solidarietà alla Corea del Nord oggetto di continue provocazioni. Denunciano altresì «l'aggressione israeliana» e chiedono l'immediato ritiro delle forze armate sioniste dai territori occupati nel 1967; esprimono poi piena soddisfazione per il ristabilimento dei legittimi diritti all'ONU della Repubblica popolare cinese quale unica rappresentante del popolo cinese. Nel 1972 Cuba entra nel COMECON; l'isola è già legata ai Paesi dell'area comunista con i quali si sviluppano ben i tre quarti del suo commercio con l'estero. Castro precisa che sarebbe preferibile un'integrazione con l'America Latina ma, essendo ciò impossibile, è meglio procedere con il "campo socialista". L'amicizia cubano-sovietica è confermata dalla visita del segretario generale del PCUS, Leonid Brezhnev, nel gennaio del 1974.

Nonostante le contrapposizioni politiche e il blocco economico, le relazioni di Cuba con altri Paesi latino-americani fanno registrare significativi mutamenti; molti di essi riconoscono il governo di Castro, il Canada e diverse capitali europee attivano scambi commerciali, l'Argentina concede (1974) rilevanti crediti finanziari; l'isolamento cubano è più fittizio che reale. Anche all'interno dell'OSA non mancano i sostenitori (Colombia, Costa Rica, Venezuela, ecc.) del rientro dell'isola nella organizzazione e della rimozione del blocco. Un significativo passo in avanti è compiuto dall'OSA nel 1975, i cui membri sono lasciati liberi di gestire le future relazioni economiche e politiche con Cuba; di fatto il blocco sarà mantenuto da alcuni Stati senza essere una disposizione adottata dall'organizzazione. Questa decisione apre le porte ad un futuro rientro di Cuba nell'OSA anche se, al momento, permangono molte resistenze. Gli USA non hanno risolto il contenzioso finanziario originato dalle nazionalizzazioni delle società nordamericane e hanno dovuto, dopo la rivoluzione, dare asilo a circa un milione di profughi cubani. Oltre a ciò si denuncia la detenzione di oltre ventimila prigionieri politici di cui si vorrebbe o la liberazione o la riduzione delle pene e si domanda di fare chiarezza sulla sorte di circa duemila oppositori dei quali non si hanno notizie e si teme siano stati in gran parte eliminati o rinchiusi in speciali campi di concentramento per la "rieducazione". Washington denuncia altresì «la vergognosa repressione» in atto per impedire l'uscita dall'isola, che costringe migliaia di cubani ad affrontare, con mezzi di fortuna, la traversata marittima per raggiungere la Florida. Queste fughe con mezzi inadeguati (battelli, zattere, gommoni, ecc.) hanno provocato migliaia di vittime a seguito di un flusso annuale di circa ventimila persone. I vertici statunitensi paragonano la politica repressiva cubana a quella della Germania orientale; in Europa c'è il "muro di Berlino", nei Caraibi lo "stretto della Florida".

Washington prende atto delle decisioni maturate in seno all'OSA, ma non intende, al momento, né rivedere la sua politica verso L'Avana né rimuovere il blocco economico. Molti istituti creditizi europei concedono (1975) rilevanti prestiti per finanziare il piano quinquennale cubano (1976-1980); si vuole sostenere lo sforzo governativo nei settori della lavorazione del nichel, della pesca, del tabacco e del turismo. In questo periodo si manifesta un accresciuto interesse del comunismo cubano per i movimenti rivoluzionari africani nel quadro della solidarietà dei Paesi non allineati e del Terzo Mondo. Cuba svolge un ruolo attivo in questo contesto anche se è legata all'URSS e al blocco comunista. Lo stesso Castro visita l'Africa (1976), dove incontra autorevoli rappresentanti di diversi Stati (Algeria, Guinea, Guinea Bissau, Angola) e condanna l'imperialismo, il colonialismo e l'*apartheid* e assume l'impegno di sostenere la lotta «politica e militare» dei popoli ancora oppressi dal colonialismo e dal razzismo di regimi «oligarchici e sfruttatori». In particolare, è denunciato l'attivismo del Sudafrica e della Rhodesia; con queste iniziative extracontinentali Cuba vuole assumere un ruolo attivo di carattere mondiale sul fronte rivoluzionario. Ciò risulta gradito all'URSS che conduce un'azione costante per penetrare nel continente africano e che già da diversi anni ha inviato aiuti all'Algeria (1962) e al Mozambico (1963). D'altra parte, Cuba non è ai suoi primi passi in quest'area, avendo svolto un ruolo di rilievo già nel 1964 a Zanzibar durante il colpo di Stato messo in atto da esponenti della sinistra rivoluzionaria. Nel 1965 ha inviato volontari in Congo sotto la guida di "Che" Guevara e successivamente in Angola ove, ancora nel 1977, sono presenti «unità regolari dell'esercito cubano» e alcune migliaia di «consiglieri civili». C'è attenzione anche per l'Etiopia dopo la caduta di Hailè Selassiè (1974), dove è inviato personale diplomatico che ha «una buona conoscenza in materia di rivoluzione» e, come dice lo stesso Castro (1978), «persino qualche esperienza nelle questioni militari». Il nuovo capo dello Stato etiopico, Menghistu Haile Mariam, è ricevuto (1978) con particolare solennità a L'Avana e in questa occasione è confermato il sostegno cubano, anche militare, ai movimenti rivoluzionari africani nel quadro della solidarietà del mondo socialista contro «l'imperialismo ed il capitalismo». Castro sostiene gli etiopici nella guerra contro i «secessionisti eritrei» e rafforza la presenza di combattenti cubani nel corno d'Africa e nelle ex colonie portoghesi; i militari cubani impegnati nel "continente nero" sono circa 40.000 e l'intera operazione africana è coordinata dal ministro della Difesa di Cuba Raul Castro, fratello di Fidel.

Questa presenza de L'Avana in Africa è guardata con favore da Mosca; la guerriglia nell'America Latina ha provocato complicazioni nel dialogo Est-Ovest e alla fine i sovietici, dopo aver ottenuto garanzie per la sopravvivenza del regime cubano, hanno preferito puntare sulle forze d'opposizione socialiste interne ai diversi Paesi (Allende, ecc.). Di fatto questa scelta moscovita è stata l'accettazione degli interessi preminenti degli USA nell'emisfero occidentale. Questa situazione non si ripresenta in Africa, ove la decolonizzazione degli anni Sessanta ha aperto prospettive nuove d'inserimento e d'influenza; la presenza di vuoti politici e di ricorrenti crisi offre spazio alle iniziative dell'URSS e anche di Cuba. L'Avana, nonostante gli stretti legami con Mosca e con il "campo socialista", partecipa alle attività dei Paesi non allineati; è presente fra l'altro alle conferenze di Belgrado (1961), de Il Cairo (1964), di Lusaka (1970) e di Algeri (1973). Castro gioca un ruolo di rilievo alla Conferenza dei Paesi non allineati che si tiene a Cuba nel settembre 1979. In questa sede, in contrasto con Tito e altri *leaders*, sostiene la naturale "convergenza" fra la realtà socialista, il Terzo Mondo e i "non allineati "per vincere la battaglia contro il colonialismo e l'imperialismo. Nell'ottobre del 1979, Castro parla all'Assemblea Generale dell'ONU «in nome dei novantacinque Paesi non allineati», che rappresentano la maggioranza dell'umanità e in quest'occasione sottolinea gli squilibri fra il Nord e il Sud del mondo, invoca una «maggiore giustizia» per il Terzo Mondo e auspica un piano di sviluppo mondiale di 300 miliardi di dollari che dovrebbe essere finanziato dalle grandi potenze «con una minima riduzione delle loro spese militari». Nel 1982, in occasione dello scontro fra Londra e Buenos Aires per le isole Falkland (Malvine), L'Avana sostiene l'Argentina e denuncia il perdurante «colonialismo territoriale» inglese. Castro conferma il ruolo di "libertador" dell'America Latina anche in seguito; in un'intervista nel febbraio 2012 (trent'anni dopo la guerra anglo-argentina) conferma che le isole Malvine appartengono a Buenos Aires e che Londra deve porre fine alla loro occupazione. Nel 1983, in occasione della grave crisi politica nell'isola di Grenada (ex colonia Britannica), il governo cubano sostiene un colpo di Stato messo in atto da ambienti filocomunisti locali e invia combattenti cubani nell'isola. Washington reagisce con rapidità e determinazione; su richiesta dei *leaders* dell'Organizzazione degli Stati caraibici orientali (OECO), interviene con un corpo di spedizione e in pochi giorni pone fine alla rivolta armata; i militari cubani, sconfitti e catturati, sono consegnati alle autorità cubane.

6. *Cuba di fronte alla caduta del comunismo sovietico. Le visite di Giovanni Paolo II (1998) e di Benedetto XVI (2012). Nuovi rapporti russo-cubani: Putin a Cuba (2000). La costituzione dell'ALBA (2004). Le dimissioni di Fidel Castro (2006). Raul Castro al potere (2008)*

Sul finire degli anni Ottanta le relazioni cubano-sovietiche sono messe a dura prova dall'evoluzione revisionista in atto nel comunismo moscovita. Castro segue con sospetto l'azione di Gorbaciov già nel 1986 e ne condanna le più significative riforme. Con il crollo dell'URSS e il disfacimento del COMECON (1991), Cuba deve affrontare una difficile situazione economica; i contratti per le forniture di zucchero e petrolio sono annullati e il volume complessivo degli scambi commerciali viene molto ridotto. L'isola deve affrontare difficoltà non previste che la spingono verso forme d'autarchia per superare l'emergenza (carenza d'energia elettrica, blocco dello sviluppo industriale, stoccaggio dello zucchero, ecc.). In questo contesto sono varate misure economiche innovative che permettono una maggiore libertà economica in alcuni settori (artigianato, piccolo commercio, detenzione di valuta straniera, riduzione dei controlli per l'emigrazione); si vuole anche debellare il mercato nero, che rappresenta un vero e proprio pericolo per la stabilità del Paese. I rapporti con Washington restano difficili anche in questo periodo e già nel 1982 il presidente Ronald Reagan ha precisato che in America Latina ci sono regimi autoritari recuperabili alla democrazia e altri «non recuperabili», fra i quali c'è Cuba, "l'isola comunista". Con l'arrivo del presidente George Herbert Walker Bush alla Casa Bianca (gennaio 1989), il quadro cambia: l'America Latina, dopo la fine del bolscevismo russo, appare meno a rischio d'infiltrazioni comuniste e prevale un approccio meno ideologico e più diplomatico ai problemi di quest'area. Ciò non toglie che siano inviati i marines a Panama per deporre Manuel Noriega (1989), che minaccia la posizione statunitense nella zona, ma è comunque mantenuto il "blocco economico". Queste misure sono oggetto di condanna da parte dell'Assemblea delle Nazioni Unite; in più occasioni le sue risoluzioni ne chiedono la sospensione e nel 2009 centottantasette Paesi si esprimono in questo senso mentre ben pochi si astengono o si oppongono (USA, Israele e Palau). L'Avana è tuttavia oggetto di numerose condanne da parte della Commissione dell'ONU per i diritti umani in materia di detenzione carceraria, di sistema giudiziario e di persecuzione ideologico-politica.

I rapporti non migliorano dopo l'insediamento di Bill Clinton (1993), il quale s'impegna per il rafforzamento della democrazia e lo sviluppo economico del mondo latino-americano, all'interno del quale prende corpo l'intenzione di attivare un'area di libero scambio commerciale (ALCA). Washington conduce un'energica azione contro il narcotraffico in particolare d'origine colombiana che ha negli USA il suo mercato primario di sbocco. L'Avana sostiene in Colombia le FARC (Forze armate rivoluzionarie colombiane) che conducono continue azioni terroristiche e militari contro il governo. In questo periodo si verifica una positiva evoluzione delle relazioni con la S. Sede. La svolta marx-leninista di Cuba nel 1960, la nazionalizzazione delle proprietà ecclesiastiche, l'espulsione di centinaia di sacerdoti, soprattutto spagnoli, la cancellazione delle festività religiose, fra le quali il Natale, hanno portato ad una dura contrapposizione con il Vaticano e nel 1962 Giovanni XXIII firma la scomunica di Fidel Castro.

Alla fine degli anni Novanta c'è da registrare un miglioramento nei rapporti con la Chiesa cattolica; l'ateismo di Stato, praticato in precedenza, è abolito nel 1992 e, ad esso, subentra il "laicismo socialista". Questo nuovo contesto rende possibile la visita a Cuba (1998) di papa Giovanni Paolo II che, anche in altre occasioni, ha avuto modo d'incontrare Castro.

Nel marzo 2012 visita Cuba anche papa Benedetto XVI e il governo concede tre giorni di vacanza a tutto il Paese per ascoltare «con attenzione e grande rispetto» il suo messaggio. «Sono convinto – dice Ratzinger nel suo discorso – che Cuba, in questo momento così importante della sua storia, sta guardando già al domani, e per questo si sforza di rinnovare e ampliare i suoi orizzonti [...]. La rigenerazione delle società e del mondo richiede uomini retti e di ferme convinzioni morali e alti valori di fondo che non siano manipolabili da interessi limitati e che rispondano alla natura immutabile e trascendente dell'essere umano [...]».

All'inizio del nuovo millennio riprendono i rapporti con la Russia e le ex repubbliche dell'URSS. Lo stesso presidente Vladimir Putin si reca nel 2000 in visita a Cuba e in quest'occasione si registra una limitata ripresa degli scambi commerciali (zucchero, petrolio e agrumi). Si deve però sottolineare una forte flessione degli aiuti economico-finanziari in diversi settori; in particolare Mosca chiude le stazioni di osservazione fisse per il controllo dello spazio aereo e marittimo dell'isola, rese inutili dalle reti di controllo satellitari, e ciò significa per L'Avana la perdita di rilevanti contributi per la loro gestione.

Nel 2004 Fidel Castro e Hugo Chávez danno vita ad un progetto di cooperazione tra Paesi latino-americani e caraibici; nasce l'ALBA (Alianza Bolivariana para América Latina y el Caribe), alla quale aderiscono, oltre a Cuba e al Venezuela, anche altri Stati (Bolivia, Ecuador, Nicaragua, Dominica, Saint Vincent, Grenadine, Antigua e Barbuda). La nuova organizzazione vuole tutelare gli interessi delle popolazioni latino-americane, debellare la povertà e ogni forma di esclusione sociale (ignoranza, malattie, isolamento, degrado urbano, ecc.). Essa crede nella possibilità di sviluppare il Centro-Sud America con le risorse del subcontinente. Questo progetto è in contrasto con le iniziative di Washington che persegue al contrario la liberalizzazione del commercio dei beni e dei servizi in tutto l'emisfero occidentale con l'utilizzo di capitali transnazionali. Di fatto l'ALBA è un atto di fede dei governi "progressisti" che si richiamano alla figura storica di Simón Bolívar e hanno poca fiducia nelle iniziative dei governi nordamericani, ritenendo possibile una rinascita della parte meridionale del continente basata su nuove forme di cooperazione fra gli Stati più deboli e sulla loro capacità di collegamento per negoziare con i potenti Stati del Nord. Questa iniziativa conferma le precedenti posizioni cubane ostili agli USA e la volontà di Fidel Castro di considerarsi un continuatore dell'opera di Simón Bolívar, che aveva liberato dalla dominazione spagnola gran parte dell'America Latina. Anche in questa circostanza si manifesta come "libertador" dalle tentazioni e dai pericoli del neocolonialismo statunitense e convinto che sia possibile dar vita ad una autonoma modernizzazione dell'America Latina. La lunga presenza ai vertici politici cubani di Fidel Castro ha termine nel 2006, quando annuncia le dimissioni per gravi motivi di salute da tutti i più importanti incarichi ricoperti (segretario del partito, presidente del governo, capo delle Forze armate).

La gestione di Castro si chiude con il passaggio del potere nelle mani del fratello Raul e di alcuni «vecchi rivoluzionari della prim'ora»; il sistema politico resta in piedi e promuove pochi cambiamenti. Fidel Castro resta ancorato al modello ortodosso marx-leninista di tradizione moscovita; la sua azione rivoluzionaria ha avuto un respiro cubano, latino-americano e africano (cioè internazionalista). Sotto questo profilo il *leader* cubano si è mosso con obiettivi rivoluzionari a livello mondiale e ha considerato l'affermazione a Cuba una premessa di azioni di più largo respiro. Da questo punto di vista il suo impegno diretto a livello mondiale lo differenzia da altri *leaders* che hanno avuto stretti rapporti con l'URSS o che hanno aderito al fronte comunista. Nasser, ad esempio, ha perseguito la causa panaraba, Ho Chi Minh ha combattuto per l'indipendenza vietnamita e la stessa penisola indocinese o l'Asia insulare sono rimaste sullo sfondo della sua azione politica.

Succede a Fidel Castro il fratello Raul, che ha condiviso con lui l'esperienza rivoluzionaria degli anni della guerriglia contro Batista. Per fronteggiare la difficile situazione economica, aggravata dalla crisi finanziaria internazionale del 2008, Raul promuove misure di liberalizzazione (nuove tecnologie, burocrazia statale, sistema monetario, emigrazione, trasferimenti di piccole proprietà, ecc.). Il presidente Barack Obama, nel 2009, senza rimuovere il blocco in atto, revoca alcune restrizioni praticate fino ad allora (viaggi turistici, rimesse dei cubano-americani per i parenti residenti nell'isola, ecc.)

Nel 2011 il congresso del Partito comunista cubano annuncia misure di liberalizzazione che dovranno trovare applicazione nei prossimi anni (viaggi turistici all'estero, graduale eliminazione della tessera sui razionamenti, riduzione dei pubblici dipendenti, facilitazioni per la concessione delle licenze e dei mutui per le piccole imprese, riduzione delle proprietà terriere statali a favore dei piccoli coltivatori, maggiore libertà nell'acquisto di abitazioni e commercio fra privati di automobili, ecc.). Di fatto il regime, pur mantenendo un rigido sistema di dittatura politica di tipo leninista, si orienta a una liberalizzazione economica-sociale di tipo nuovo che potrebbe presentare in futuro importanti sviluppi. Appare evidente, da questi primi passi, che il modello economico socialista dei decenni passati non è più sostenibile.

La situazione socio-economica cubana rimane, dopo oltre mezzo secolo di castrismo (1959-2012), molto critica; risultati positivi sono stati raggiunti sul piano scolastico e sanitario, ma il reddito procapite è ancora molto basso. Sorge spontaneo un interrogativo: ha nuociuto di più il blocco statunitense o l'applicazione del modello economico comunista di stampo sovietico?

In questo contesto s'intensificano i rapporti economico-commerciali anche con molti Paesi latino-americani guidati da esponenti della sinistra riformista come Hugo Chávez in Venezuela e Luiz Lula e Dilma Rousseff in Brasile; nella maggior parte degli Stati latino-americani si sono formati governi più democratici dei regimi autoritari (civili e militari) dei decenni precedenti. Lo stesso Chávez è rieletto (ottobre 2012) alla presidenza venezuelana dopo una combattuta campagna elettorale. È alla guida del suo Paese dal 1998 con una breve interruzione dovuta a un "colpo di Stato". Il suo avversario Henrique Capriles Radonski prende atto della sconfitta, non denuncia i risultati e dichiara di voler rispettare il responso dell'elettorato. Hugo Chávez decede, a causa di una grave malattia, poco dopo l'inizio del secondo mandato presidenziale (marzo 2013).

7. *L'evoluzione dei rapporti interamericani. Mercato comune centroamericano (1960); Patto andino (1969). La crisi del Nicaragua (1979). Isole Malvine (Falkland Islands): la guerra anglo-argentina (1982). Grenada (1983). Gruppo di Contadora (1983). Gruppo di Rio (1986). NAFTA (1992); AFTA (1994); MERCOSUR (1991); CSN (2004); UNASUD (2008)*

La situazione latino-americana ha subito una forte evoluzione dopo il 1970; gli scarsi risultati dell'Alleanza per il progresso hanno indotto molti Paesi a cercare rapporti vicendevoli più stretti e a guardare con minore fiducia ai contributi nordamericani. Già nel 1960 un gruppo di Stati, sotto gli auspici della CEPAL (Commissione Economica per l'America Latina, presso l'ONU), dà vita all'Associazione latino-americana di libero scambio, poi diventata Mercato comune centro-americano; poco dopo nasce il Patto andino (1969) fra Bolivia, Colombia, Ecuador, Perù e Cile. Anche l'OSA mette in atto importanti riforme interne e definisce con maggiore chiarezza alcuni obiettivi politici. Nel 1970 sottolinea l'importanza dei problemi economici e sociali (agricoltura, urbanizzazione, diritti umani, ecc.) e condanna i regimi dittatoriali e autoritari che, pur proclamandola, negano di fatto la democrazia. L'Assemblea non esita a deplorare (1980) i regimi illiberali e dispotici al potere in alcuni Paesi (Argentina, Cile, Haiti, Paraguay) e conferma che tutti i governi devono rispettare i diritti umani e accettare mediazioni e arbitrati per risolvere i contrasti fra di loro.

In questo periodo sono affrontate diverse crisi regionali. In Nicaragua (1979) gruppi di ribelli armati allontanano dal potere il dittatore Anastasio Somoza e al loro interno prevalgono ben presto i sandinisti che non nascondono le proprie simpatie per il sistema marx-leninista e per il mondo comunista. Il movimento s'ispira a Cesare Sandino, un ex contadino che aveva attivato, nei decenni precedenti, la guerriglia ed era stato in seguito assassinato (1934). Di fronte a questa svolta gli USA forniscono aiuti militari ai Paesi confinanti e, di fatto, danno vita a un "cordone sanitario" anticomunista. In tal modo un conflitto locale diventa regionale. Il Nicaragua sarà devastato dalla guerra civile per molti anni. Essa termina con l'elezione del presidente Violeta Chamorro (1990). La questione delle isole Malvine (in inglese Falkland Islands) torna alla ribalta nel 1982. Il presidente argentino Leopoldo Galtieri decide l'occupazione dell'arcipelago e riapre in tal modo, con un'azione militare, la secolare controversia con Londra. Washington si schiera a fianco di Londra. Le Malvine, situate nell'Atlantico meridionale, sono a 500 chilometri dalle coste argentine e a 14.000 da quelle inglesi, hanno una popolazione di circa 3.000 residenti di ceppo inglese in prevalenza d'origine scozzese. Buenos Aires le considera parte del territorio nazionale occupato da una potenza straniera già dal 1833 e ne pretende la completa decolonizzazione. Contrariamente alle previsioni argentine, Londra non accetta il "fatto compiuto"; condanna l'aggressione, si appella all'ONU, organizza una poderosa forza militare d'intervento e non esita ad aprire le ostilità. L'ONU approva a maggioranza una risoluzione che chiede il ritiro delle forze armate argentine e l'avvio di negoziati per la soluzione della controversia. Queste proposte non risolvono il problema. Il confronto militare è risolto nel volgere di pochi mesi (giugno 1982) a favore del Regno Unito con la sconfitta degli argentini e l'intero arcipelago ritorna sotto controllo inglese. Londra conferma che le Malvine appartengono allo Stato inglese come «territorio d'oltremare», concede (1983) ai suoi abitanti la piena cittadinanza britannica e riconosce il loro diritto all'autodeterminazione. Gli Stati Uniti, il Consiglio nordatlantico, la CEE, dopo una fase iniziale d'incertezza, sostengono la posizione di Londra. Al contrario, l'URSS e diversi Paesi dell'America Latina si schierano a favore di Galtieri; Mosca, tuttavia, non prende iniziative militari, ma limita la protesta a livello diplomatico. Negli anni seguenti la contrapposizione fra argentini e inglesi è continuata; il problema, discusso in più occasioni, è attualmente all'esame del Comitato della decolonizzazione, dove le Falkland (Malvine) sono considerate «un territorio non autonomo». Il Comitato e lo stesso segretario generale dell'ONU, Ban Ki-moon, hanno invitato (2010) le parti a riprendere i negoziati per trovare una soluzione pacifica alla controversia. In realtà, al momento, le loro posizioni non sembrano conciliabili: Londra ha precisato (2010) che non c'è alcuna questione in merito alla sovranità inglese sulle isole né nel diritto all'autodeterminazione dei loro abitanti; ha inoltre dichiarato che in caso di necessità «l'arcipelago sarà difeso», com'è avvenuto in passato. Buenos Aires ha ribadito che le Malvine devono essere al più presto "decolonizzate" in quanto argentine, negando il diritto all'autodeterminazione della popolazione. Quest'ultima è oggi quasi esclusivamente di ceppo inglese in quanto Londra, dopo l'occupazione coloniale, ha espulso la comunità autoctona ivi stanziata. Negli ultimi anni la tensione è tornata a salire; alla base di questo inasprimento ci sono la scoperta di ingenti riserve di idrocarburi nelle acque attigue alle isole e la decisione di Londra di procedere al loro sfruttamento avviando le necessarie trivellazioni. In tal modo, a trent'anni dal conflitto del 1982, restano sul tappeto le opposte rivendicazioni, alle quali si aggiungono complicazioni d'origine energetica. La recente opposizione di Buenos Aires ai progetti di Londra ha ottenuto il consenso anche degli altri Paesi latino-americani e in particolare del Brasile. Quest'ultimo è a sua volta interessato a proteggere i ricchi giacimenti di idrocarburi individuati al largo delle sue coste. In sostanza, Argentina e Brasile sperano di poter tenere lontano le altre potenze dalle risorse energetiche individuate nei fondali dell'Atlantico del Sud. Cristina Fernandez Kirchner, presidente dell'Argentina, riapre (gennaio 2013) la questione con una lettera indirizzata al premier inglese David Cameron e al segretario generale dell'ONU Ban Ki-moon; ricorda che il suo Paese fu «spogliato con la forza delle isole Malvine che sono situate a 14 mila chilometri da Londra. [...] È necessario porre rimedio a uno sfacciato esercizio di colonialismo del XIX secolo».

Washington interviene a Grenada per fermare le attività rivoluzionarie (1983), trattandosi di un'azione militare secondo la vecchia impostazione della tutela statunitense sull'intero continente occidentale. In questo contesto, per trovare soluzioni negoziate ai conflitti centro-americani, nasce il gruppo di Contadora (1983) ad opera della Colombia, del Messico, di Panama e del Venezuela, che persegue obiettivi politici e non economici e si muove al di fuori del quadro istituzionale interamericano. Esso, con scopi analoghi, si allarga a 15 Paesi Centro-Sud americani e forma il gruppo di Rio (1986). L'OSA procede nel cammino delle riforme interne con l'attribuzione al segretario di maggiori poteri esecutivi (1986) «per la tutela della pace, della sicurezza dell'emisfero e lo sviluppo degli Stati membri». Il segretario è autorizzato ad operare mediazioni anche senza esplicite richieste in tal senso da parte dei contendenti. Di fatto questa attribuzione di "poteri speciali" sottolinea un'evoluzione sovranazionale dell'OSA, che porterà a diversi interventi anche in collaborazione con organi delle Nazioni Unite.

Le riforme dell'OSA e la politica degli USA creano momenti di tensione fra i membri dell'organizzazione, ma non ne determinano la decomposizione. Al contrario, l'Assemblea generale dell'OSA, in pieno accordo con il presidente Bush, conferma (1989) la volontà di costituire il «primo emisfero democratico» del mondo, all'interno del quale devono essere assicurati il rispetto dei diritti umani, la prevalenza della legge, una pacifica convivenza «senza la minaccia di aggressioni». Questa generale convergenza d'intenti permette una collaborazione multilaterale fondata su valori comuni e condivisi e, di fatto, tende a marginalizzare i «governi autoritari o dittatoriali». La solidarietà panamericana è fondata sull'accettazione dei diritti umani considerati la premessa di un'autentica vita democratica. Dopo complesse trattative nasce il NAFTA (North American Free Trade Agreement, "Accordo nordamericano per il libero scambio") fra gli USA, il Messico e il Canada (1992), che costituisce un primo accordo di libero scambio per creare un grande mercato interamericano. La Casa Bianca trova, in questo rinnovato impegno multilaterale, nuove occasioni di collaborazione e riduce gli accordi bilaterali a favore di forme consociative più ampie, ma non dimostra particolare attenzione per la situazione debitoria di molti Stati Centro-Sud-americani che trovano sostegno creditizio presso istituti finanziari europei (olandesi, tedeschi e spagnoli). L'OSA conferma con una risoluzione introdotta poco dopo nel suo Statuto (1992) che la creazione di un'area di libero scambio per tutta l'America è un suo obiettivo prioritario. In tal modo, in un contesto mutato rispetto ai decenni precedenti, è accolta l'originaria aspirazione statunitense della "porta aperta" e la proclamazione statutaria non registra un risultato già raggiunto, ma evidenzia speranze e progetti condivisi per il futuro. Alla luce di questi progressi l'OSA definisce la base della sua politica multilaterale interamericana: sistema democratico, tutela dei diritti umani, economia liberista, lotta al sottosviluppo e alla povertà. L'organizzazione s'impegna in questi anni per garantire assistenza ai processi elettorali democratici avviati in diversi Paesi e attiva a questo scopo numerose missioni ispettive. Il presidente Bill Clinton propone (1994) un allargamento del NAFTA per comprendere l'intero continente «dall'Alaska alla Terra del Fuoco con adesione anche degli Stati anglofoni caraibici». Il grandioso progetto chiamato AFTA (Free Trade Area of the Americas o in spagnolo ALCA Área de Libre Comércio de Las Américas), pur accolto in linea di principio, deve fare i conti con altre realizzazioni di natura regionale. Queste ultime, che interessano aree più omogenee e circoscritte, presentano minori difficoltà e tempi di realizzo più rapidi. Argentina, Brasile, Paraguay e Uruguay attivano (1991) il mercato comune del Sud MERCOSUR (Mercado Comùn del Sur). Più tardi il Brasile, in polemica con Washington, propone l'allargamento del MERCOSUR a tutto il Sud America con l'inserimento, in un'unica area di libero scambio, anche dei Paesi aderenti al Patto Andino (Venezuela, Colombia, Ecuador, Perù). Diventano Stati associati la Bolivia e il Cile (1996), il Perù (2003), la Colombia e l'Ecuador (2004), il Venezuela (2006) e il Messico partecipa ai lavori come osservatore. La conflittualità strisciante fra questi progetti e quello di Washington (AFTA) determina un blocco che favorisce la ripresa di accordi bilaterali da parte statunitense. Anche l'Unione Europea è attiva in questo scenario e nel 1998 propone un accordo di partenariato all'America Latina, che dovrebbe garantire:

1) sostegno alle istituzioni e ai processi democratici;

2) lotta alla povertà e alle esclusioni sociali;

3) riforme economiche e miglioramento della competitività internazionale.

È anche prospettata l'ipotesi di creare un'area di libero scambio transatlantica (TAFTA, Transatlantic free Trade Agreeemen) e prendono corpo importanti accordi commerciali con il Messico e il Cile.

Nel 2004 a Cusco (Perù) nasce la Comunità delle nazioni del Sudamerica (CSN) che con il trattato di Brasilia (2008) si allarga e diventa l'Unione delle Nazioni Sudamericane (UNASUD, Unión de Naciones Suramericanas). Ad essa aderiscono i membri della comunità andina del MERCOSUR e altri associati al MERCOSUR (e alcuni Paesi come osservatori). Lo scopo dell'Unione è creare una nuova comunità latinoamericana sul modello dell'Unione Europea (eliminazione dei dazi, Parlamento, moneta, passaporto comune, coordinamento delle politiche agricole, energetiche, scientifiche, culturali e sociali, avvio di progetti infrastrutturali ed energetici di grande rilievo continentale, autostrada interoceanica fra Perù, Bolivia e Brasile, anello energetico sudamericano, gasdotto binazionale fra Venezuela e Colombia, ecc.).

I tentativi d'integrare gli Stati americani sono tutt'ora numerosi e non perseguono i medesimi obiettivi. Da parte di Washington e di altri Paesi si auspica la creazione di un'unica vasta area commerciale libera che può comprendere Nord-Centro-Sud America. Il progetto presuppone l'accettazione degli USA e il riconoscimento di un loro ruolo centrale per lo sviluppo futuro. Altre iniziative, pur ispirate al liberismo economico e alla democrazia parlamentare, puntano a coinvolgere nei processi associativi gli Stati del Centro-Sud America senza includere gli USA. Questa visione evidenzia la certezza che gli aderenti possano risolvere da soli i propri problemi senza l'inserimento diretto delle potenze del Nord America; con esse è possibile dialogare e collaborare ma è opportuno escluderle dai nuovi sistemi integrativi.

C'è da evidenziare inoltre la posizione di Cuba e di alcune altre capitali (Caracas, Buenos Aires, Brasilia) che ritengono necessaria la collaborazione fra gli Stati "progressisti" come condizione preliminare per completare la decolonizzazione del continente e assicurare il suo sviluppo futuro. Washington è considerata un "concorrente ostile" del Centro-Sud America. Una sua eventuale partecipazione ai disegni comuni può solo comprometterli ed essere uno strumento per garantire il mantenimento dello *status quo*, cioè il predominio degli statunitensi.

Queste tendenze si confrontano al momento nel teatro dell'emisfero occidentale con alterni momenti di successi e d'insuccessi; questi indirizzi, pur prevalenti, non sono esaustivi delle spinte integrative, né sono idonee a fotografare con esattezza la collocazione di tutti gli Stati di quest'area. In realtà alcuni di essi hanno fatto scelte ben precise sul terreno politico ed economico e assunto comportamenti coerenti; altri partecipano a vario titolo (membri, osservatori, associati, ecc.) a diversi progetti sul tappeto. Ne risulta un quadro complessivo vivace, confuso, ricco d'iniziative spesso incompiute, ove ai progetti integrativi non corrispondono conclusioni adeguate. Ciò non toglie che il messaggio unitario formulato a suo tempo da Bolívar mantenga un forte fascino ed ancor oggi molti cerchino di portare a compimento quelle aspirazioni.

Nell'attuale situazione, dopo la secolare presenza ispano-portoghese, dopo quella finanziaria di Londra nel corso del XIX secolo, dopo la preponderante influenza di Washington nel corso del XX secolo e i tentativi d'inserimento moscoviti, si affaccia ora l'Asia. C'è in realtà una nuova attenzione di questi Paesi per l'area del Pacifico, in particolare nei confronti di Pechino e di Nuova Delhi. L'import-export cresce con continuità nel corso dei primi anni del XXI secolo: l'America Latina offre materie prime e prodotti alimentari, riceve prodotti industriali a basso prezzo e capitali (in particolare dalla Cina). Queste due aree subcontinentali affacciate sul Pacifico costituiscono un enorme mercato con elevate possibilità di crescita.

Lo sviluppo di questi rapporti è di tale rilevanza che per alcuni Paesi (Brasile, Cile, Perù, Venezuela) fra i quali Cuba, Pechino diventa un partner sempre più strategico. Questa vivace presenza costituisce un elemento nuovo nell'ambiente latino-americano anche se, al momento, non pare in grado di costituire un'alternativa reale alle iniziative di Washington. Non c'è dubbio tuttavia che è in atto un progressivo indebolimento degli USA in America Latina; ciò è dovuto alla diminuita necessità di difendere l'indipendenza di quest'area per assicurare maggior sicurezza agli Stati nordamericani dopo circa due secoli d'influenza poco contrastata. Ma la nuova realtà mette in luce le crescenti difficoltà della Casa Bianca a condurre un'azione a carattere mondiale che presuppone sforzi economici e finanziari sempre più onerosi. Questa nuova situazione non modifica tuttavia il ruolo dell'America Latina nel più vasto orizzonte internazionale; il Centro-Sud America resta un'area periferica rispetto ai grandi cambiamenti in atto che hanno modificato precedenti rapporti di forza economici e politici fra le grandi potenze e i continenti (USA, Russia, Cina, India, Unione Europea, tigri asiatiche, ecc.).

X. LA FINE DEGLI IMPERI COLONIALI EUROPEI IN AFRICA E ASIA

Il processo di decolonizzazione prosegue e, nel volgere di pochi decenni, la gran parte dei vecchi imperi coloniali europei cessa di esistere in tutti i continenti. Questo profondo cambiamento non avviene in modo pacifico, salvo poche eccezioni, ma dopo violente contrapposizioni con le rappresentanze indigene. Anche l'ONU svolge un ruolo rilevante in questa fase d'emancipazione; la sua attività non è comunque omogenea perché i suoi interventi sono molto diversi nei vari settori ove matura il cammino verso l'indipendenza. Al suo interno è molto attiva la presenza dei Paesi non allineati e di tutti quelli che hanno raggiunto l'indipendenza dopo le occupazioni coloniali.

1. *Inghilterra*

Ceylon raggiunge l'indipendenza nel 1947 e resta come *dominion* nel Commonwealth; la prevalenza delle forze moderate nelle elezioni (1946) favorisce il processo indipendentistico e tutela i rapporti con Londra che restano solidi. Nell'isola sono sconfitte sia le formazioni filocomuniste che quelle nazionaliste più estreme, ostili ad ogni rapporto con gli ex colonizzatori. Questa positiva evoluzione permette alla Gran Bretagna di mantenere collegamenti economici importanti e di poter guardare con maggiore tranquillità alla situazione strategica in Asia.

Ben più complessa risulta la situazione in Birmania, dove Tokyo, durante il periodo bellico, ha concesso l'indipendenza al Paese (1943); questo fatto, anche se strumentale alla collaborazione militare, ha avuto riflessi importanti per le *élites* locali e la popolazione. Non è dunque semplice ricondurre le cose al periodo prebellico con il predominio inglese. Nel Paese si sono costituite forze armate locali di difficile controllo; l'esercito e la polizia rispondono ai propri comandanti, l'apparato pubblico ha subito una forte evoluzione in senso autonomistico. La Gran Bretagna avverte il pericolo di una prova di forza militare; preferisce trattare con la Lega dei moderati di Aung San per evitare un confronto con le forze comuniste e nazionaliste (unite in questa eventualità) e mantenere il Paese nel quadro del Commonwealth. L'indipendenza è riconosciuta nel 1948, ma il nuovo Stato esce dall'orbita inglese. In questo nuovo contesto Londra rinuncia a consistenti crediti, ma ottiene assicurazioni per la tutela dei propri interessi commerciali e finanziari. L'indipendenza non assicura la normalizzazione della vita politica del Paese, insidiata dalla guerriglia comunista e dalle ribellioni delle minoranze locali (Shan, Kashin e Karen), non soddisfatte dalle autonomie riconosciute dalla nuova Costituzione del 1947. Il nuovo Stato si colloca, sul piano internazionale, fra i Paesi non allineati e partecipa, negli anni seguenti, alle loro più importanti iniziative (conferenze, incontri, comitati, ecc.).

La decolonizzazione malese è più difficile per la complicata situazione interna per la forte contrapposizione fra la popolazione malese e le minoranze indiane e cinesi. Londra è favorevole alla nascita di una federazione indipendente che dovrebbe consentire pienezza di diritti civili e politici a tutti gli abitanti di questi territori, ivi compresi i residenti non malesi. La decisione incontra l'opposizione del nazionalismo malese che teme sia il permanere dei precedenti vincoli coloniali con nuove formule federative sia l'ingerenza dei gruppi etnici minoritari, ma uniti fra loro e organizzati. Di fronte alla protesta del nazionalismo malese gli inglesi cedono; i singoli Stati della federazione mantengono specifiche competenze, i sultanati non perdono i precedenti poteri, la collettività malese è tutelata con restrizioni nella concessione della cittadinanza agli "stranieri". Questo accordo, nella misura in cui distende i rapporti fra Londra e il nazionalismo locale, non è in grado di fermare la guerriglia antigovernativa d'ispirazione marx-leninista, alla quale si affiancano anche esponenti delle comunità non malesi (cinesi, indiani, indocinesi, ecc.). Si accende (1948) in tal modo uno scontro militare destinato a durare diversi anni; l'alleanza dei comunisti con molte delle minoranze nazionali obbliga la Gran Bretagna a impegnare forze militari consistenti, ma soltanto nel 1957 la federazione malese proclama l'indipendenza. Questa sistemazione, di fatto provvisoria, trova un assetto più stabile con la nascita (1965) della Malaysia, al cui interno confluiscono gli ex possedimenti inglesi del settore, compresa l'area settentrionale del Borneo. In questo periodo Singapore diventa "regione indipendente" (1965).

La presenza inglese è messa in discussione dalle forze del nazionalismo locale non soltanto in Asia e in Medio Oriente, ma anche in Africa. Anche in questo contesto la politica britannica è consapevole dei limitati mezzi di cui dispone, della necessità di favorire l'evoluzione dei rapporti di colonizzazione e dell'urgenza di mantenere, con i nuovi Stati, rapporti costruttivi. Questi indirizzi di carattere generale devono però fare i conti con le realtà presenti sul continente africano molto diverse fra loro. Nell'Africa orientale "inglese" (Kenya, Tanganica, Uganda, Zanzibar) si cerca, senza successo, di dar vita ad un sistema federale. In realtà i tre Paesi percorrono autonomi cammini verso l'indipendenza e si sottraggono al progetto londinese. Il Kenya raggiunge l'indipendenza nel 1963 sotto la guida di un partito nazionalista locale (Kenya African National Union). Il Paese ha dovuto comunque superare ardue prove nel periodo precedente: nel 1950 scoppia la rivolta dei Mau-Mau, una setta segreta, alla cui guida è Jomo Kenyatta, ispirata alle tradizioni del tribalismo locale. Ostile ai bianchi, al cristianesimo, ricorre a metodi terroristici e proclama la liberazione del Paese con la cacciata di tutti gli europei e la "riconquista" delle terre coltivate. Quest'azione, violenta e sanguinaria, sarà domata, non senza difficoltà (1952-1956), anche perché i Mau-Mau non riescono a provocare una significativa rivolta popolare, ma rimangono espressione di un gruppo ristretto.

Anche in Uganda nasce una repubblica, dove l'indipendenza (1962) segna il superamento di contrasti interni fra i rappresentanti dei diversi "regni storici" del territorio e le incertezze fra la soluzione di carattere federale o unitario.

In Tanganica, già colonia tedesca, poi mandato e amministrazione fiduciaria britannica, dopo la formazione di un partito nazionale, si costituisce un governo "responsabile" (1960) e successive elezioni confermano la volontà di ottenere la piena indipendenza. Quest'ultima è proclamata poco dopo (1961); la guida del governo è assunta da Julius Nyerere e il Paese resta, come Stato indipendente, nel Commonwealth. Poco dopo la situazione subisce una sostanziale modifica a causa delle vicende di Zanzibar. In quest'isola Londra concede la formazione di un governo "responsabile" (1960), ma questo risultato e la prospettiva di un rapido accesso all'indipendenza non stabilizzano la situazione per le forti tensioni interne a causa di contrapposizioni politiche ed etniche. In questo territorio, oltre alla popolazione africana maggioritaria (circa il 70%), vi sono numerose collettività d'indiani, arabi, portoghesi, cinesi, somali; dopo la proclamazione dell'indipendenza (1964), una rivoluzione di matrice marx-leninista destabilizza la situazione e apre le porte a un sanguinoso conflitto interno. Si costituisce un Consiglio rivoluzionario che ottiene il riconoscimento da parte di diversi Paesi (URSS, Cina, Cuba, ecc.). Questo quadro è contestato sia all'esterno sia all'interno di Zanzibar; il governo del Tanganica, sempre presente durante la crisi dell'isola, proclama (1964) la nascita della Repubblica del Tanganica e di Zanzibar (poco dopo Repubblica Unita di Tanzania), alla cui presidenza rimane Nyerere affiancato da due vicepresidenti in rappresentanza dei due Paesi originari (Tanganica e Zanzibar).

Anche nell'Africa centrale Londra persegue una politica d'unità federale fra Rhodesia del Nord, del Sud e Nyasaland. Questa ipotesi, sostenuta dagli inglesi per mantenere l'unità dei tre territori, incontra difficoltà insormontabili per le aspirazioni dei diversi gruppi dirigenti locali che in parte sono indigeni, in parte bianchi. C'è dunque una doppia difficoltà da superare, che non permette il raggiungimento del disegno federale e di evitare un'ulteriore frantumazione statuale. La originaria federazione è sciolta nel 1963. La Rhodesia del Nord (poi Zambia) e il Nyasaland (poi Malawi) proclamano l'indipendenza nel 1964; la Rhodesia del Sud, sotto il controllo della popolazione bianca, la raggiunge nel 1965. In questo Stato si accende una lotta destinata a durare ancora a lungo fra il "neocolonialismo" bianco e le forze del nazionalismo africano. La svolta è in aperto contrasto con le aspettative di Londra, che è favorevole ad una graduale assunzione di responsabilità governativa da parte degli africani e contraria ad ogni forma di *apartheid*. La lotta, che vede la contrapposizione fra il "governo dei bianchi" appoggiato da Pretoria e Lisbona e le forze nazionaliste filocomuniste sostenute da Mosca e Pechino, termina soltanto nel 1980 con la proclamazione dello Zimbabwe.

Anche l'Africa occidentale inglese percorre, in questi anni, la sua strada verso l'indipendenza; la Costa d'Oro (poi Ghana) raggiunge l'indipendenza nel 1957 sotto la guida di un esponente prestigioso dell'africanismo "nero": Kwame Nkrumah. Quest'ultimo, dopo aver militato nelle file di formazioni estremiste, collabora con Londra per definire un percorso accettabile per il suo Paese (autogoverno-indipendenza) e per ridurre l'influenza delle tradizioni separatiste tribali, regionali e delle minoranze religiose musulmane. Al nuovo Stato (Ghana) viene unita anche la parte britannica del Togo. Anche altri Paesi africani raggiungono l'indipendenza in questi anni: la Nigeria (1960), la Sierra Leone (1961) e il Gambia (1965).

Negli anni Sessanta raggiungono la piena autonomia anche il Basutoland (dal 1966 Lesotho), il Bechuanaland (dal 1966 Botswana), le Mauritius (1968), lo Swaziland (1968) e le Seychelles (1976).

La decolonizzazione dello Yemen è complessa e si articola in più fasi. Nel 1934 un accordo anglo-yemenita riconosce la sua indipendenza e ne fissa le frontiere e dopo un breve conflitto anche l'Arabia Saudita accetta la nuova entità statuale. Quest'ultima contribuisce (1937) alla nascita della Lega Araba e, più tardi, a patti difensivi con altri Paesi arabi fra cui l'Egitto (1956). Partecipa alla conferenza di Bandung (1955) e a quella di Belgrado (1961) dei Paesi non allineati; ancora nel 1981 è considerato, dall'URSS, un Paese ad orientamento socialista. Nel 1967, nella parte meridionale della penisola arabica, nasce la Repubblica popolare democratica dello Yemen. Essa si unisce in seguito con il Sud del Paese e dà vita alla Repubblica Araba Yemenita (1990). Anche altri territori situati nella stessa zona trovano una definitiva sistemazione negli anni Sessanta. Si tratta degli emirati meridionali: Kuwait, Oman, Bahrein, Qatar, Emirati Arabi Uniti. Un processo analogo avviene nel Mediterraneo ove Cipro (1960) e Malta (1964) raggiungono l'indipendenza. Anche altri territori, di più modesta o irrilevante estensione, escono dal dominio inglese; alcuni in Oceania e in Asia (Samoa, Nauru, Figi, Tonga, Papua, Salomone, Kiribati, Tuvalu, Vanuatu) e le Maldive (1965). Londra tenta di dar vita ad una federazione dei possedimenti in America centrale e meridionale. Il tentativo fallisce e anche questi territori raggiungono l'indipendenza fra il 1962 e il 1983: Tobago, Giamaica e Trinidad (1973), Guyana e Barbados (1966), Bahamas (1973), Grenada (1974), Dominica (1978), Antigua, Barbuda, Honduras Britannico, Grenadine, Saint Lucia, Saint Vincent, poi Belize (1981) e Saint Kitts e Nevis (1983). Né può essere dimenticata la città di Hong Kong, restituita alla Cina da Londra nel 1997, allo scadere dell'affitto (che era stato previsto per novantanove anni).

Merita un esame specifico il Sudafrica, dove come in altri Stati (Rhodesia, Algeria, ecc.) la decolonizzazione è conclusa con l'esclusione dei governi formati da esponenti delle ex potenze coloniali e non con la formale costituzione di Paesi indipendenti. La concessione dell'indipendenza non soddisfa i movimenti indigeni quando il potere passa dalle mani delle capitali colonialiste a quelle dei loro connazionali bianchi o stranieri. Questo trasferimento di funzioni è considerato una forma nuova di colonialismo non accettabile, che è rifiutata e combattuta finché si costituiscono governi rappresentanti delle popolazioni largamente maggioritarie e delle *élites* politiche indigene, ma le fasi di quest'evoluzione richiedono tempi lunghi e non avvengono in modo pacifico.

Gli inglesi, dopo avere prevalso nei conflitti locali, unificano il Sudafrica (1902); esso, costituito in *dominion* (1910) nel Commonwealth, assume la denominazione di Unione Sudafricana, che si considera uno Stato indipendente e gode di fatto di un'accentuata autonomia.

Durante la prima guerra mondiale si schiera con l'Inghilterra e con le potenze dell'Intesa e al termine del conflitto la Società delle Nazioni le assegna il mandato fiduciario di tipo "C" sulla colonia tedesca dell'Africa del Sud-Ovest (ora Namibia). Nel periodo fra le due guerre non si spengono i contrasti fra i boeri (discendenti dei primi coloni olandesi, tedeschi e francesi, ostili al colonialismo europeo e britannico favorevole all'indipendenza della regione) e gli inglesi. Negli anni Trenta, di fronte alla tensione fra Londra e Berlino, non mancano i simpatizzanti della causa germanica che propendono per una scelta neutralista. Nonostante queste tendenze, l'Unione Sudafricana si schiera contro le forze del Tripartito al fianco degli alleati. Nel periodo successivo al conflitto, pur in presenza dei tradizionali contrasti fra le comunità boere e gli inglesi, il potere resta nelle mani dei bianchi che attivano una politica segregazionista (*apartheid*).

Le diverse etnie, secondo questa concezione, devono vivere separatamente e svilupparsi nei loro tradizionali contesti territoriali, economici, sociali e culturali. Ai diversi gruppi etnici sono riservate regioni specifiche dette bantustan. Un ruolo dirigente è riservato ai bianchi sia nel settore politico che in quello economico; questa posizione è giustificata dall'importanza del lavoro svolto dal mondo boero ed inglese. Nonostante questa separazione interetnica, una parte rilevante della popolazione nera resta nelle aree riservate ai "bianchi"; nei confronti di queste comunità sono adottati provvedimenti restrittivi di chiara natura razziale (proibizione d'iscrizione alle scuole ed alle università dei bianchi, uso dei mezzi di trasporto pubblici separato, accesso ai locali di divertimento, alle piscine, ecc.). Con queste misure il governo vuole isolare le comunità nere e spingerne i componenti a trasferirsi nelle riserve (bantustan). Questa politica, apertamente razzista, genera gravi disordini interni e reazioni nella comunità internazionale. Nel 1961 l'ONU condanna l'*apartheid* («crimine contro l'umanità»), il Commonwealth britannico espelle il Sudafrica e vengono adottate sanzioni economiche. Nel 1966 l'ONU, di fronte al persistere di questo contesto e delle proteste dei Paesi afroasiatici, pone fine al mandato fiduciario sull'Africa del Sud-Ovest (ex colonia tedesca) attribuito a Pretoria. Tutto ciò non modifica la sua politica: non soltanto è confermata la segregazione etnica, ma si procede all'annessione dell'Africa del Sud-Ovest (poi Namibia).

Sul piano internazionale Pretoria, presente nell'ONU già dalla sua nascita nel 1945, condivide la scelta del mondo occidentale contro il comunismo; nell'area subequatoriale del continente, investe risorse e impegna mezzi militari per fronteggiare i movimenti e i governi filocomunisti in diversi Paesi (Angola, Mozambico, Zimbabwe). Nonostante le difficoltà, già ricordate, contribuisce anche agli sforzi avviati nel dopoguerra per realizzare collaborazioni e aggregazioni sia a livello regionale che continentale.

I governanti sudafricani devono fronteggiare negli anni seguenti l'ostilità internazionale e i cambiamenti nei vicini Paesi africani decolonizzati (Rhodesia, Mozambico, Angola); la "cintura di sicurezza" intorno al Sudafrica si rompe e la situazione diventa sempre più difficile. Anche all'interno si rafforzano i movimenti d'opposizione "nera", in particolare la formazione politica guidata da Nelson Mandela (African National Congress). A metà degli anni Settanta la situazione economica del Paese è precaria (aumento dei prezzi dei prodotti petroliferi, bassa quotazione dell'oro e di altre materie prime, disoccupazione, inflazione); a ciò si aggiunge l'endemica tensione nelle aree urbane ove sono concentrate le più consistenti comunità di neri (Soweto). Nel biennio 1976-1977 si contano, a seguito dei disordini, centinaia di vittime destinate a crescere anche nel decennio successivo. Il primo ministro Pieter Willem Botha (1984-1989) tenta l'estrema difesa del sistema politico sudafricano ed evidenzia fra l'altro che, nonostante le difficoltà sociali ed economiche, il Paese ha fatto registrare i più elevati indici di sviluppo dell'intero continente. Spetta al suo successore Frederik Willem de Klerk (1989-1994) aprire la strada alla conciliazione nazionale con la liberazione (1990) di Nelson Mandela dopo circa trent'anni di carcere, l'abolizione dell'apartheid (1991) e la rimozione del bando politico nei confronti dell'African National Congress (ANC).

La strada intrapresa dal Sudafrica è tuttavia ancora disseminata da ostacoli dopo circa tre secoli di dominazione della minoranza bianca. La definizione del nuovo assetto politico è difficile: de Klerk sostiene l'ipotesi di un nuovo equilibrio istituzionale basato sui «diritti di gruppo» (bianchi, neri, "colorati", cioè misti e altri), mentre Mandela è per la rappresentanza diretta («un uomo un voto»). Nel periodo successivo (1990-1992) si verificano gravi disordini che coinvolgono tutte le comunità del Paese con numerosi e sanguinosi incidenti che provocano circa 5.000 vittime. Nel 1992 è approvata la nuova Costituzione e nel 1994 hanno luogo le prime elezioni con la partecipazione di tutte le etnie; l'African National Congress ottiene 252 seggi (63% dei voti), il National Party di de Klerk 82 seggi (20%) e gli Zulù 43 (10,5%). Mandela è eletto presidente della Repubblica (e capo del governo) del Sudafrica e prende corpo un governo di unità nazionale grazie al quale viene garantita la stabilità economica e finanziaria.

La consultazione elettorale democratica e l'elezione di Mandela sono considerate dal mondo africano la fine della parentesi coloniale del Sudafrica. Infatti, l'autonomia ottenuta (1910) come *dominion* e l'indipendenza riconosciuta da Londra (1961) con la proclamazione della repubblica non sono considerate momenti decisivi del processo di decolonizzazione, poiché rimaneva il perdurante dominio della minoranza bianca aggravato dall'adozione dell'*apartheid*.

A Mandela succede l'economista Thabo Mbeki (1999-2008), già vicepresidente; negli anni della sua presidenza, si accentua la crescita economica, sono avviate importanti riforme per liberalizzare, privatizzare e aprire ai mercati internazionali l'economia. I positivi risultati raggiunti non permettono tuttavia una equilibrata distribuzione della ricchezza e ancor meno di porre fine alla miseria delle baraccopoli, all'emarginazione di fasce consistenti della popolazione e alla dilagante criminalità. Nel 2008 la guida del Paese è assunta da Jacob Zuma; al centro del suo programma c'è la lotta alla povertà, alla criminalità e alle diseguaglianze che ancora affliggono la società sudafricana. Circa il 40% della popolazione (su un totale di quasi 50 milioni di abitanti) vive in condizioni di estrema precarietà e rimangono, nonostante l'abolizione dell'*apartheid*, forti tensioni fra le comunità bianche e quelle nere e anche fra queste ultime. Ancora oggi molti servizi sociali primari (acqua, luce, istruzione, sanità) non sono accessibili a tutti e, di fatto, nelle periferie urbane e in altre aree marginali le condizioni di vita restano molto precarie. Questo Paese è multietnico e la coesistenza fra le diverse etnie è rimasta difficile anche dopo la fine dell'*apartheid*; la legge sudafricana riconosce quattro macrocomunità etniche: i neri (75% della popolazione), i bianchi (13%), i *coloured* (persone di origine mista, 9%) e gli asiatici (3%). Il Sudafrica è anche chiamato "nazione arcobaleno" (Rainbow Nation), proprio perché abitato da persone di diversi "colori".

C'è poi un flagello nazionale che deve essere debellato: l'Aids, la peste del nuovo millennio, miete ogni anno in queste regioni migliaia di vittime. Nonostante questi limiti il Sudafrica fa registrare il PIL più elevato dell'Africa, ha le migliori università, dispone di imprese ben organizzate e competitive, ha accentuato lo sfruttamento delle enormi risorse minerarie di cui dispone (oro, diamanti, argento, platino, uranio, carbone ferro) e ha saputo mettere in atto un sistema istituzionale che ha superato prove difficili.

Il Sudafrica mentre persegue all'interno un maggiore sviluppo e una sicurezza più credibile rimane nel contesto africano «un'isola di prosperità in un mare di miseria e di povertà»; esso produce da solo ben un terzo di tutto il reddito del continente. Il Paese è in grado di esportare, oltre alle sue ben note ricchezze minerarie, anche prodotti agricoli, ittici e legname. Anche l'industria occupa un posto di rilievo nell'economia sudafricana e negli ultimi decenni si è sviluppata una solida industria pesante, alla quale si affianca quella per la produzione di beni di consumo (alimentari, tessili, meccanici, elettrici, edilizia, ecc.). Resta modesta la disponibilità energetica, alla cui scarsità si fa fronte con il ricorso all'importazione di prodotti petroliferi.

In questo contesto si sono sviluppate anche importanti iniziative sul piano internazionale: Pretoria ha rafforzato i vincoli commerciali con i Paesi vicini per creare nella parte meridionale del continente un'area di libero scambio (prima SACU, Southern African Customs Union, poi SADC, Southern Africa Development Community). Questo processo ha incontrato molte difficoltà in gran parte riconducibili all'instabilità interna di molti Stati dell'Africa centrale. Pretoria non ha esitato a fornire contingenti per le missioni di pace (Repubblica del Congo, Burundi, Zimbabwe, ecc.); ha esercitato anche un ruolo significativo nel teatro africano, svolgendo un'intensa attività diplomatica per realizzare il passaggio dell'Organizzazione dell'Unità Africana (OAU, Organisation of African Unity) all'Unione Africana (UA, African Union) avvenuta nel 2002. Né minore è risultato il suo impegno per estendere i suoi rapporti con tutta la comunità internazionale attraverso nuove forme di cooperazione, di mutua assistenza e progetti di sviluppo. Anche i rapporti con Londra sono ripresi ed è stato possibile il rientro nel Commonwealth. Nel 1990 anche la Namibia raggiunge l'indipendenza dopo un lungo periodo di guerriglia, condotta per anni da un'organizzazione politica-militare, la SWAPO (South West Africa People's Organization), che ha combattuto le forze armate occupanti di Pretoria e ha goduto dell'aiuto di combattenti angolani e di altri Paesi.

L'ONU aveva già auspicato l'indipendenza dell'Africa del Sud-Ovest nel 1978 (Risoluzione n. 435) nonostante la presenza di Pretoria. La guida della Namibia indipendente è assunta dal *leader* storico della SWAPO, Sam Nujoma, che governa dal 1990 al 2005; gli è subentrato Hifikepunye Pohamba, tutt'ora presidente, anch'egli esponente dello stesso partito.

2. *Francia*

La politica francese, pur con fasi alterne, è caratterizzata dalla tendenza all'assimilazione delle colonie all'interno della madrepatria, dall'estensione della legislazione metropolitana e dalla concessione diffusa della cittadinanza. Questi criteri ispiratori sono tuttavia attivati con modalità e tempi non sempre analoghi nelle diverse aree colonizzate. Prima della Rivoluzione francese Parigi concede la cittadinanza, senza particolari riserve, ai nativi convertiti alla religione cristiana; nel periodo successivo i diritti civili e politici saranno concessi secondo criteri meno selettivi per favorire l'assimilazione e la concessione di autonomie amministrative. Già nella seconda metà del XIX secolo nascono consigli coloniali eletti a suffragio ristretto e sono previste elezioni di rappresentanti delle colonie all'Assemblea Nazionale. Dal 1875 questa rappresentanza entra nell'Assemblea Nazionale e nel Senato francese. Fra le due guerre mondiali viene affermato il diritto alla cittadinanza per tutti gli abitanti (anche se, in pratica, non ci sarà un'applicazione tanto diffusa e generale). Trova comunque conferma il principio dell'assimilazione all'interno dell'Impero francese a differenza del sistema inglese che è orientato verso l'emancipazione e l'indipendenza delle colonie; la Francia persegue l'autonomia all'interno di una medesima compagine statuale. Questo indirizzo evolve col tempo e approda al sistema dell'Associazione e cioè all'unità fra la madrepatria e colonie all'interno di una realtà comune che gestisce per il bene di tutti la vita del sodalizio politico che li unisce (politica economica, estera, di difesa, ecc.). In questo contesto, più paritario a parole che nei fatti, svolgono un ruolo fondamentale i funzionari francesi, i dirigenti coloniali e gli organi di rappresentanza locali, spesso consultivi, con specifiche competenze economiche e finanziarie. Le popolazioni coloniali sembrano essere più sensibili alla cittadinanza che all'indipendenza e l'ipotesi dell'integrazione madrepatria-colonia rappresenta per molti una soluzione apprezzabile. In realtà, nel periodo successivo al secondo conflitto mondiale, il modello francese proposto, con continue varianti, non avrà fortuna e il processo di decolonizzazione porterà alla nascita di numerosi nuovi Stati. Con la Costituzione del 1946 nasce l'Unione Francese, che evidenzia ancora una volta tendenze associative e federative; ne fanno parte la Repubblica francese (Francia metropolitana. Dipartimenti e Territori d'oltremare), gli Stati associati (protettorati nordafricani e indocinesi) e i territori sotto tutela (Togo, Camerun). Tale impostazione evidenzia la volontà di mantenere unito l'ex impero, il rifiuto della concessione dell'indipendenza, l'apertura a forme più evolute di collaborazione con le realtà "coloniali" e la scelta dello strumento dell'associazione fra soggetti con caratteristiche diverse all'interno dell'Unione. Questa soluzione si rivela ben presto debole per le difficoltà di gestione e per le crescenti richieste d'indipendenza che ne rendono difficile prima la nascita e in seguito l'esistenza.

Il Marocco e la Tunisia rifiutano l'adesione, nella penisola indocinese si sviluppa un grave conflitto, i rappresentanti delle varie realtà ex coloniali propongono soluzioni divergenti e nel 1956 finiscono i protettorati sulla Tunisia e nel Marocco. Nei due Paesi le forze indipendentiste rifiutano ipotesi di moderato neocolonialismo amministrativo e l'avvio di azioni di guerriglia e il timore di un vero e proprio conflitto inducono Parigi a scelte realiste; non si esita, di fronte a pericolose avventure, ad aprire le porte all'indipendenza dei due protettorati.

Sia Habib Bourguiba in Tunisia che Sidi Ben Yussef in Marocco conducono l'opposizione alle proposte francesi e di fatto ispirano la guerriglia nei due territori già nell'immediato dopoguerra. Le successive azioni militari francesi, per distruggere le componenti locali ribelli e trovare compromessi con la concessione di autonomie nell'ambito dell'Unione, falliscono; dopo ulteriori negoziati Parigi prende atto della nuova situazione e non si oppone alla indipendenza della Tunisia e del Marocco (1956). Quest'ultimo ottiene la rinuncia, da parte della Spagna, del suo protettorato su una parte del territorio marocchino e su Tangeri. Questa evoluzione della politica di Parigi non è l'espressione di un cambiamento strategico sulla decolonizzazione; la Francia infatti fronteggia in questi anni sia la grave crisi indocinese che quella algerina con la ferma intenzione di confermare la precedente influenza. Con la rinuncia alla Tunisia e al Marocco cerca di alleggerire i costi militari e finanziari per potersi concentrare sugli altri obiettivi, ma anche in questi teatri subirà analoghe, ma più sanguinose sconfitte.

Il tentativo del presidente de Gaulle di dar vita con una nuova costituzione (1958) ad una Comunità francese non porta alle conclusioni auspicate: questa nuova formula, che di fatto ripropone soluzioni d'associazione più libere, non riesce a mantenere l'unità fra le parti imperiali residue sebbene abbia previsto che le adesioni siano subordinate all'esito positivo di consultazioni referendarie a suffragio universale. La domanda d'indipendenza cresce e, alla fine degli anni Cinquanta, diventano Stati sovrani numerose colonie e territori sottoposti all'Amministrazione fiduciaria francese. Una situazione di particolare gravità si registra in Algeria, dove vive un milione di francesi metropolitani e dopo una lunga guerra contro le forze indipendentiste, nel 1962 nascerà la Repubblica Algerina, sovrana e indipendente.

La strada percorsa da questo "territorio metropolitano francese" si rivela molto più ardua rispetto a quella dei due vicini protettorati nordafricani. Nel 1954 il Fronte di liberazione nazionale chiama all'insurrezione gli otto milioni di algerini contro i residui vincoli coloniali e si accende un conflitto sanguinoso destinato a durare diversi anni. In questa tormentata vicenda ha un ruolo di primo piano la comunità dei francesi residenti in Algeria che contrasta con ogni mezzo la rottura dei vincoli con la madrepatria, che darà vita a comitati politici, forze paramilitari, cercherà solidarietà negli ambienti militari collocati in Algeria e in Francia, otterrà appoggi in diversi ambienti economici e politici anche in Francia. La crisi algerina è di tale gravità che si temono azioni di rivolta non solo nell'area africana, ma anche a Parigi ad opera di elementi "ribelli" delle forze armate. Spetta a de Gaulle, tornato al potere in questa drammatica circostanza, risolvere la questione; dopo il fallimento della cosiddetta "rivolta dei generali" (1961) e i tentativi di attivare una vera e propria guerra civile messa in atto da parte della popolazione francese residente in Algeria, raggiunge un accordo con il Fronte di liberazione nazionale ad Evian (1962). L'intesa, sottoposta e approvata da due referendum in Algeria e in Francia, prevede la tutela dei francesi residenti nel Paese, la permanenza per un triennio di forze armate francesi, l'utilizzo di basi aeree per un quinquennio e di strutture aeroportuali per 15 anni, lo sfruttamento comune delle risorse energetiche algerine (Sahara). Nonostante queste assicurazioni, ottocentomila francesi residenti in Algeria tornano in Francia negli anni successivi. La crisi d'Algeria mette in luce i risvolti di una decolonizzazione particolare dovuta alla presenza di una rilevante comunità francese e alla vicinanza geografica con la "metropoli": questi due elementi contribuiscono alla "resistenza francese" e coinvolgono non soltanto i residenti in Algeria, ma anche molti ambienti politici metropolitani e militari. Nessuna delle crisi del periodo ha avuto effetti tanto gravi per la comunità francese al punto di temere un colpo di Stato, nella stessa Francia, dei vertici militari. L'idea dell'Algeria francese risulta molto radicata e gode di appoggi economici, politici e militari di rilievo; questa identificazione fra la colonia e la madrepatria è l'ostacolo maggiore in quanto esclude, per sua natura, l'indipendenza, non tenendo conto della volontà dei nativi, del loro numero e ancor meno delle loro tradizioni e della loro storia. Questa posizione radicalizza una guerra sanguinosa e crudele che esclude, per il periodo successivo, una coabitazione pacifica fra le due comunità. De Gaulle, incerto all'inizio fra le due possibili soluzioni (indipendenza, autonomia), non esita, in seguito, a percorrere la strada della liberazione algerina e pone fine al più doloroso conflitto della decolonizzazione francese.

La politica di Parigi evolve dalla Conferenza di Brazzaville (1946) all'Unione francese, alla "Legge quadro" e approda alla Comunità: essa anche se prevede significativi mutamenti, comporta limitazioni agli Stati aderenti a quest'ultima. Essi non accedono alla piena indipendenza: le adesioni, sottoposte a referendum, ottengono una generale approvazione da parte di 12 Stati; soltanto la Guinea la respinge e diventa indipendente (1958). La Comunità non ha tuttavia vita né facile né lunga; Parigi considera questa soluzione definitiva in quanto vantaggiosa per tutti i componenti sul piano economico e sociale anche se lascia nelle sue mani le decisioni più importanti di politica estera, di difesa e in materia economica e monetaria. Al contrario, gli Stati africani che hanno approvato con i referendum l'adesione, considerano questa scelta una tappa intermedia verso l'indipendenza. Dagli anni Sessanta, sotto la spinta della decolonizzazione nordafricana e asiatica, diventano indipendenti molti Stati dell'Africa equatoriale e occidentale francese: il Mali (1960), dal quale si distacca il Camerun, il Madagascar (1960), il Togo (1960), la Mauritania, il Congo-Brazzaville, il Gabon, la Repubblica Centro africana, il Ciad, la Costa d'Avorio, il Dahomey, l'Alto Volta, il Niger. Seguono le Comore (1973) e Gibuti (1977). In questa sistemazione del Corno d'Africa c'è pure da rilevare la sorte della Somalia francese, che accede all'indipendenza come Gibuti (1977) e mantiene quel ruolo storico di collegamento marittimo mercantile che ha avuto nel corso dei secoli precedenti. Rimane, al contrario, sotto controllo francese la Nuova Caledonia: la sua popolazione è formata dai discendenti dei deportati francesi (50%), da indigeni d'origine malesiana (45%) e da gruppi minori asiatici. Dopo le tensioni degli anni precedenti, accordi successivi fra le parti in causa, ne hanno esteso l'autonomia amministrativa (Accordi di Matignon del 1988 e di Noumea del 1998); un referendum per l'indipendenza è in programma per il 2018. Anche la Polinesia francese

(120 isole di origine vulcanica, distribuite in cinque arcipelaghi con capitale Tahiti) è diventata territorio d'oltremare nel 1946; dal 1984 gode di uno statuto di autonomia interna che permette agli organi governativi polinesiani (francesi) anche la possibilità di fare accordi con altri Stati e organizzazioni internazionali. Nel 1995 la Francia ha effettuato test nucleari sull'atollo di Mururoa in seguito sospesi per le proteste in tutto il mondo. Fanno parte della Repubblica francese anche altri territori e dipartimenti detti "d'oltremare" (Guadalupa, Guyana francese, Martinica, Réunion, Mayotte).

3. *Belgio*

Bruxelles deve far fronte alle spinte indipendentiste nei vasti territori africani sotto il suo controllo (il Congo e il Ruanda-Urundi, quest'ultimo in amministrazione fiduciaria). Il trapasso dei poteri nel Congo non avviene in modo pacifico, in quanto le autorità coloniali non hanno predisposto progetti anticipatori di questa evoluzione. Al contrario la ridotta scolarizzazione degli indigeni, la loro scarsa partecipazione alle attività amministrative, la gestione delle attività economiche (agricole, industriali, minerarie) concentrata nelle mani dei belgi, la mancanza di istituzioni autorevoli rappresentative dei nativi, creano una condizione di caos e di violenza che durerà diversi anni. Né si può dimenticare che il Belgio resta convinto, anche dopo il secondo conflitto mondiale, di poter mantenere il controllo coloniale proprio a causa della mancanza di una classe dirigente locale idonea ad assumere responsabilità di governo. A questo si deve aggiungere la speranza di poter dominare più facilmente questa enorme regione a causa delle sue divisioni interne (si tratta di numerose tribù ed etnie spesso contrapposte fra loro con alle spalle secoli di lotte). Viene in tal modo a mancare un'adeguata preparazione, idonea a garantire con gradualità il tramonto del periodo coloniale. Si realizza anche una singolare situazione di scollamento fra le masse in condizioni di estrema arretratezza e i vertici indigeni alle spalle dei quali non si sono costituite, come è avvenuto in altri Paesi, né forze politiche organizzate, né movimenti con partecipazione popolare, né una classe dirigente alternativa a quella coloniale. Per queste ragioni il Congo conosce quasi un decennio (1956-1964) di tensioni, violenze e conflitti che contrappongono prima la potenza coloniale alle *élites* locali, poi le diverse formazioni politiche e i coloni fra loro, che alla fine porteranno all'intervento delle Nazioni Unite. Bruxelles pensa di dar vita ad una unione con la madrepatria che mantenga una sostanziale unità fra il Belgio e il Congo (ipotesi simile a quella tentata da Parigi); in questo contesto (1957) vengono introdotte riforme per favorire la partecipazione dei nativi alla vita amministrativa e scolastica. Le proposte incontrano l'opposizione delle *élites* più avanzate che rifiutano il gradualismo tardivo e paternalista e invocano, sulla base di un manifesto pubblicato già nel 1956, l'indipendenza. L'iniziativa è alimentata anche dal processo di decolonizzazione che coinvolge in questi anni le altre aree africane. Bruxelles rifiuta e non esita ad utilizzare la forza per domare le rivolte che scoppiano nei centri maggiori e in particolare nella capitale Leopoldville (1959). La situazione diventa sempre più precaria e le autorità coloniali non dispongono dei mezzi necessari per domare la rivolta, se essa dovesse estendersi. A causa di ciò il Belgio accelera il cammino verso l'indipendenza del Paese. Propone di dar vita ad un governo congolese sotto la guida di un governatore generale e ad un sistema istituzionale repubblicano bicamerale e di predisporre una Costituzione; da parte dei belgi si spera di poter mantenere il nuovo Stato, la cui indipendenza è proclamata nel 1960, all'interno di un sistema comunitario, al momento non definito, belga-congolese. Questo rapido cambiamento dei vertici è dettato da diverse necessità per il convincimento di poter ottenere la collaborazione dei movimenti nazionalisti più moderati e di non poter affrontare un conflitto duraturo con le forze della guerriglia locale in un territorio tanto esteso e privo di adeguate infrastrutture viarie e ferroviarie.

Ai vertici della nuova entità assurgono Patrice Émery Lumumba (capo del governo) e Joseph Kasavubu (capo dello Stato). In realtà, dietro l'apparente facciata dell'unità postcoloniale, si nascondono forti divisioni etniche, regionali e d'interessi economici. Al tempo stesso i rappresentanti delle nuove formazioni politiche guardano, con divergenti valutazioni, alla futura collocazione internazionale del Paese: Occidente, blocco comunista, non allineati. A queste difficoltà si aggiunge un elemento di forte squilibrio nel Katanga; in questa regione, dotata di straordinarie risorse (ferro, carbone, uranio, rame, stagno, manganese), le compagnie minerarie non escludono di poter mantenere il potere raggiunto nei decenni precedenti e di potersi sottrarre, con opportuni compromessi con le autorità indigene, sia alle decisioni di Bruxelles che a quelle di Leopoldville. In questa situazione le nuove autorità congolesi non sono in grado di assumere la guida del Paese. Il quadro, già difficile, subisce un rapido deterioramento con la rivolta di gran parte delle forze armate congolesi che, animate da un anticolonialismo estremo, iniziano la "caccia ai bianchi" per rientrare in possesso delle proprietà agricole, industriali e delle licenze minerarie; si apre in tal modo una prima fase di guerriglia. La situazione si aggrava con la decisione del Katanga di proclamarsi indipendente: il maggiore partito locale, sotto la guida di Moisé Ciombè sostenuto dai coloni, dalle società minerarie e dai militari, rompe la neonata unità statale congolese e proclama l'indipendenza della regione (1960), seguita da un'altra provincia, il Kasai, che prende la strada della secessione. Né Leopoldville né tantomeno Bruxelles dispongono delle risorse necessarie per fermare la secessione. Il presidente Lumumba decide di chiedere l'intervento delle Nazioni Unite; il Consiglio di Sicurezza condanna la secessione, reclama il ritiro delle forze militari belghe dalla regione e non esita ad inviare un contingente armato (caschi blu) per garantire la sicurezza e l'ordine nella tormentata area congolese. L'intervento dell'ONU è animato da intenzioni umanitarie e ha come obiettivo immediato la tutela di tutti i residenti e la cessazione delle violenze; oltre a ciò la condanna della secessione determina anche un intervento specifico a favore dell'unità congolese contro le forze secessioniste katanghesi.

I caschi blu sono coinvolti in una guerra civile atipica caratterizzata da scontri tribali, regionali, da massacri antioccidentali e dal confronto fra i regolari e i secessionisti congolesi. Sul piano politico, con il passare dei mesi, si rafforzano due posizioni fra loro contrapposte: Lumumba sostiene l'unità del Paese con una visione centralista, Kasavubu e altri esponenti come Ciombè si collocano su posizioni federaliste e di fatto approvano la secessione del Katanga. Questo drammatico scontro pone in seria difficoltà l'ONU, che potenzia i reparti militari e appoggia il governo di Lumumba; sul finire del 1960 Kasavubu sospende lo stesso Lumumba mentre, con un colpo di Stato, il potere è assunto dai militari guidati dal colonnello Joseph Désiré Mobutu che destituisce Lumumba e Kasavubu e scioglie le due Camere. L'ex presidente Lumumba è arrestato e consegnato ai katanghesi che lo condannano a morte (1961). L'azione dell'ONU prosegue nel periodo successivo a sostegno del governo Mobutu e dell'unità territoriale del Congo; per queste ragioni prosegue la lotta armata contro i secessionisti del Katanga e i "mercenari bianchi" impegnati in diversi teatri della guerriglia locale. In questo contesto avviene a Kindu (novembre 1961) il massacro di tredici aviatori italiani del contingente dell'ONU ad opera di un reparto dell'esercito congolese.

La crisi mette in luce le difficoltà della decolonizzazione centroafricana, il "ruolo combattente" dell'ONU non previsto nella fase iniziale. Anche le grandi potenze si affacciano sul teatro congolese con comportamenti non sempre coerenti al di là della proclamata lotta al colonialismo europeo. Sul piano pratico è garantito il sostegno al Consiglio di Sicurezza per tutelare l'unità del Paese, ma non mancano equivoci appoggi anche ai secessionisti del Katanga e all'azione svolta dalle compagnie minerarie. In questo caotico quadro il processo di decomposizione congolese si accentua (altre province prendono la strada della secessione). Successive azioni militari dell'ONU, a sostegno del governo centrale, pongono fine al sogno indipendentista di numerose regioni e allo "Stato katanghese". In sostanza, l'opera dell'ONU risulta determinante per garantire l'unità politica del Congo.

Con il ritiro delle forze delle Nazioni Unite (1964) di fatto l'unità statale è ripristinata, ma gli equilibri economici e politici restano fragili e non tarderanno a mostrare tutta la loro precarietà negli anni seguenti. La crisi congolese mette in luce problemi nascosti durante i precedenti decenni e i limiti di un sistema coloniale troppo rigido, incapace di preparare e guidare il processo di decolonizzazione: la concentrazione del potere politico e amministrativo nelle mani dei colonizzatori, l'arretratezza dei nativi, la formazione di potentati economici indipendenti, specie nel settore minerario, la frettolosa predisposizione di riforme istituzionali senza basi popolari, l'illusione di poter mantenere il Congo in un sistema comunitario senza averne predisposto per tempo la costituzione e la speranza di salvare la presenza preponderante in campo economico anche dopo la parentesi coloniale. L'ingresso dell'ONU nella crisi congolese evidenzia l'impotenza del governo locale, la sfiducia dei nativi verso le autorità di Bruxelles, ma fa luce anche sulla tempestività dell'intervento dell'Organizzazione, sulla sua capacità operativa, sulla fiducia che incontra anche presso altri governi africani che solidarizzano con Leopoldville contro le degenerazioni della violenza e del secessionismo.

Queste valutazioni non modificano tuttavia la precarietà del quadro esistente: l'ONU può costituire una forza d'intervento d'emergenza, ma non può, in alcun modo, garantire né la stabilità del governo né la duratura pacificazione del Paese. In questi anni ha fine anche l'amministrazione fiduciaria belga sul Ruanda-Urundi e si formano (1962) due Stati indipendenti: il Ruanda e l'Urundi, che non vengono uniti al Congo. Al loro interno sono presenti tre gruppi etnici: gli hutu, in prevalenza agricoltori (85% della popolazione), i tutsi, in prevalenza pastori (15%), e altri gruppi minoritari fra i quali i pigmei (Twa). La feroce lotta fra queste popolazioni caratterizza la fase precedente e quella successiva all'indipendenza. L'Urundi, diventato in seguito Burundi, conosce più tardi una delle più sanguinose guerre etniche dei Paesi africani.

Dopo la nascita della repubblica del Burundi nel 1966, un colpo di Stato attuato (1993) da militari tutsi dà il via a una feroce lotta interna che coinvolge la popolazione; successivi accordi fra le parti contrapposte (2006) hanno ridotto la violenza della guerriglia ma non hanno pacificato il Paese, che vive tuttora in un clima di tensione e di strisciante conflittualità interna.

Dopo l'indipendenza ruandese la maggioranza della popolazione (hutu) contesta le posizioni di potere assunte in prevalenza da esponenti tutsi; a rendere più complessa la situazione si registra, già dal 1990, un rientro in Ruanda di molti tutsi emigrati nei decenni precedenti in Uganda, che danno vita ad un movimento politico-militare, il Fronte patriottico ruandese (RPF). Già alla fine del 1990 iniziano i primi scontri fra le forze governative e i ribelli dell'RPF che si protraggono, con alterni successi militari e frequenti massacri di civili, fino agli accordi di Arusha (1993), raggiunti anche grazie all'impegno diplomatico di Parigi e di Washington. In base ad essi si costituisce un governo transitorio all'interno del quale sono presenti numerosi rappresentanti dell'RPF. La pace così raggiunta ha una breve durata e dopo nuovi incidenti la maggioranza hutu attiva (1994) gruppi paramilitari contro la popolazione tutsi e gli oppositori al governo in carica. Ha così inizio un genocidio che provoca circa un milione di vittime, sterminio che riaccende la guerra civile, nella quale prevalgono le formazioni militari dei tutsi, che ottengono il controllo di tutto il Ruanda. In seguito a questa nuova situazione centinaia di migliaia di hutu fuggono verso gli Stati confinanti (Zaire, Uganda, Burundi, Tanzania). Il loro esodo provoca a sua volta una catastrofe umanitaria per il decesso di molti fuggitivi. Diverse organizzazioni umanitarie si attivano per sostenere gli hutu in fuga e per attrezzare campi di accoglienza. La crisi ruandese avrà conseguenze anche per gli Stati confinanti e in particolare sarà all'origine dei conflitti interni al Congo (prima guerra del Congo, 1996-1997, e seconda guerra, 1998-2003) in seguito denominato, com'è noto, Zaire.

Nella repubblica democratica del Congo (capitale Kinshasa, già Leopoldville) s'impone dal 1965 Mobutu: il Paese assume il nome di Zaire (1971-1997) e ha buoni rapporti con Parigi e Washington. La gestione dittatoriale di Mobutu viene ridimensionata (1990) dalla formazione di un Parlamento espressione di diverse forze politiche; questa evoluzione non pone tuttavia termine ai contrasti interni fra le diverse etnie (divise in circa 300 tribù) fra le quali primeggia quella dei neri bantu. In questo contesto si sviluppa la prima guerra del Congo (1996-1997) nella quale le forze ribelli locali, aiutate da formazioni ruandesi e ugandesi, prevalgono nel confronto militare con l'esercito di Mobutu. Quest'ultimo abbandona il Paese e trova asilo in Marocco ove decede nel 1997. Assume la presidenza della Repubblica il generale Laurent-Dèsirè Kabila, che rimuove il nome di Zaire e ripropone quello di Congo. Nel 1998 gruppi ribelli sostenuti da altri governi africani (Angola, Namibia e Zimbabwe) conducono una vigorosa offensiva militare contro le forze di Kabila e la repubblica del Congo risulta in tal modo divisa in due parti: quella occidentale sotto il controllo dei governativi e quella orientale dei ribelli. Nel 2001, dopo l'assassinio di Kabila, assume il potere il figlio Joseph Kabila. Nel 2004 le forze governative devono affrontare nuovi scontri nella provincia orientale del Kiwu che si protraggono per diversi anni e provocano gravi danni e massacri tra le popolazioni locali. Nonostante l'emergenza bellica in atto in gran parte del Congo, nel 2006 si svolgono elezioni "democratiche" con la partecipazione di diversi partiti e candidati alla presidenza, nelle quali prevale Joseph Kabila, che è accusato dai suoi oppositori di brogli e di avere eliminato nel biennio precedente alla consultazione elettorale centinaia di avversari politici. Da un punto di vista generale l'ordine è ristabilito nella zona occidentale del Congo e nella capitale Kinshasa, mentre nelle province orientali permane una situazione di pericolo e d'instabilità (milizie locali, bande armate, gruppi di ex militari, rivalità tribali, ecc.). Secondo calcoli dell'ONU, le guerre congolesi hanno comportato il decesso fra civili e militari di oltre quattro milioni di persone su un totale di circa settanta milioni di abitanti. Recenti elezioni (novembre 2011) hanno confermato il presidente Joseph Kabila con circa il 50% dei suffragi. La conflittualità del periodo postcoloniale ha ridotto le capacità economiche congolesi nonostante le enormi risorse minerarie della regione. Il Congo ha avuto per molti anni, fino agli inizi del 2000, il più basso reddito pro capite degli Stati africani e soltanto nel 2005 sono stati registrati segnali positivi con la ripresa di costruzioni d'infrastrutture, con il migliorato sfruttamento delle risorse agricole. L'accresciuta affluenza di capitali esteri ha permesso la riattivazione e la modernizzazione delle centrali elettriche operanti sul fiume Congo.

4. *Spagna*

Anche la Spagna pone fine a quanto rimane del suo storico impero coloniale nel secondo dopoguerra. Nel 1956 è riconosciuta l'indipendenza del Marocco, anche se gli spagnoli si riservano il controllo di Ceuta, Melilla e altre aree di ridotta estensione (la penisola di Peñón de Vélez de la Gomera, l'isola di Peñón de Alhucemas e Chafarinas); il Marocco considera questi territori possedimenti coloniali e ne chiede la restituzione. In seguito Madrid cede anche altre zone (Ifni e Tarfaya), mentre mantiene il controllo del Sahara spagnolo, che diventa una "provincia spagnola". Nel 1968 nasce la Guinea Equatoriale, dopo l'unificazione del Rio Muni con l'isola di Fernando Po ai quali Madrid ha rinunciato. Nel periodo successivo Rabat contesta la sovranità spagnola sul Sahara occidentale. Nel 1975 un consistente gruppo di cittadini marocchini varca la frontiera ed entra in quest'area; l'azione, detta "la marcia verde", precede l'annessione (1976) della parte settentrionale del Sahara occidentale. Più tardi (1979) è annessa anche la parte meridionale. Nel 1973 si forma il Fronte Polisario (Fronte di Liberazione Popolare di Saguia el Hamra e del Rio de Oro), che rappresenta la tribù Saharawi e che attiva la lotta armata contro gli spagnoli, i marocchini e i mauritani. Ma l'azione non è, tuttavia, in grado di fermare il Marocco che procede alla totale annessione (1976-1979) della regione e nel 1976 è proclamata la Repubblica Araba Saharawi Democratica promossa dal Fronte Polisario. La Mauritania, dopo un'iniziale opposizione alle pretese sul Sahara occidentale del Marocco e dei saharawi, abbandona la partita e riconosce (1979) la nuova repubblica. In tal modo il confronto prosegue fra le forze militari di Rabat e quelle del Saharawi. Benché la nuova repubblica abbia fondamenta fragili, essa ottiene il riconoscimento di diversi Stati e i suoi rappresentanti sono accolti all'interno dell'Organizzazione dell'Unità Africana. Essa non è stata riconosciuta dall'ONU che l'ha dichiarata «territorio non indipendente». La guerriglia condotta dal Fronte Polisario, che controlla un ristretto territorio confinante con la Mauritania, termina nel 1991; le parti s'impegnano a celebrare un referendum per stabilire il futuro del Sahara occidentale che ad oggi non è stato ancora effettuato. Di fatto Rabat controlla gran parte di questo esteso territorio la cui principale risorsa economica è costituita dai fosfati che vengono utilizzati per la preparazione di fertilizzanti. A Bou Craa è operativa una miniera a cielo aperto, è collegata al mare da un "tappeto mobile" che trasporta il minerale per oltre 100 chilometri; grazie a questa risorsa il Marocco è fra i primi produttori di fosfati al mondo. Nella regione sono state individuate anche consistenti riserve di petrolio e gas. In più occasioni le Nazioni Unite hanno sottolineato l'illegalità di questo sfruttamento in quanto l'attribuzione del Sahara occidentale a Rabat non è stata ancora definita. La popolazione saharawi è al momento divisa: una parte risiede nell'area controllata dal Marocco e un'altra nella striscia orientale ove prevale il Polisario; per garantire la sicurezza di queste persone (circa 200.000) sono stati allestiti in Algeria alcuni campi profughi nei pressi della città di Tindouf sull'altopiano desertico di Hammada. Il governo di Algeri, che accetta il Fronte Polisario come rappresentante delle popolazioni del Sahara occidentale, ha riconosciuto lo «status di zone autonome» alle regioni sotto il suo controllo e comunque abitate dai saharawi.

5. *Portogallo*

Il Portogallo, diversamente da altre potenze coloniali europee, resiste più a lungo al processo di decolonizzazione e non esita ad impegnarsi in lunghi e sanguinosi conflitti. Nel dopoguerra Lisbona trasforma le più importanti colonie in province d'oltremare, favorisce i trasferimenti di popolazione verso queste ultime, allarga i criteri per la concessione della cittadinanza e opera per l'integrazione fra portoghesi, i nativi e i meticci; questi sforzi sono affiancati da una rigorosa battaglia contro le *élites* locali e i movimenti indipendentisti sia in Guinea Bissau che in Angola e in Mozambico. La mancata accettazione del loro ruolo e ancor più il netto rifiuto della prospettiva indipendentista obbliga le opposizioni indigene più organizzate a prendere la strada della lotta armata e a cercare aiuti politici e militari presso altri Paesi africani e le maggiori potenze. Agli inizi degli anni Sessanta la guerriglia controlla vasti territori e, nonostante l'impegno militare crescente, Lisbona non è in grado né di reprimere questa ribellione né di riprendere il controllo delle aree sotto l'influenza delle forze indipendentiste. Nel 1973 è proclamata l'indipendenza della Guinea Bissau. Nel 1974 con la "rivoluzione dei garofani" ad opera di un gruppo di militari nasce la "Terza Repubblica" che avvia una svolta anche nella politica coloniale. Lisbona accetta l'indipendenza di Capo Verde, del Mozambico, di Principe, di São Tomé e della stessa Angola (1975); quest'ultima sarà subito dopo travagliata da una sanguinosa guerra civile, al termine della quale, prevarrà il Movimento popolare per la liberazione dell'Angola (MPLA) sostenuto dai cubani e dall'URSS. Gli aiuti concessi ai movimenti anticomunisti angolani, dallo Zaire, dal Sudafrica e dagli USA, non sono in grado di modificare la situazione. La guerra civile, già iniziata nel 1975, continua con fasi alterne nei decenni successivi. Dopo le elezioni del 1992, il presidente José Eduardo dos Santos mette in atto una politica estera diversa da quella del periodo precedente alla dissoluzione dell'URSS. Dopo aver goduto dell'appoggio economico e militare sovietico e cubano, avvia strette relazioni con Washington, Londra e Lisbona, sconfigge le forze ribelli dell'Unione nazionale per l'indipendenza totale dell'Angola (UNITA) guidata da Jonas Malheiro Savimbi e avvia un'energica azione per lo sviluppo e lo sfruttamento delle sue importanti risorse (petrolio, diamanti, ecc.). L'Angola negli ultimi anni ha fatto registrare un elevato tasso di crescita e ha avviato nuove relazioni commerciali sia nel mondo africano sia sul piano internazionale (USA, Cina, Brasile, ecc.); è membro dell'ONU, dell'Unione Africana, della Comunità per lo sviluppo dell'Africa Meridionale (SADC) e dell'Organizzazione mondiale del commercio; gode inoltre di un rapporto d'associazione con l'Unione Europea.

Anche in Mozambico l'indipendenza è raggiunta al termine di una guerra condotta dal Fronte di liberazione (FRELIMO) sotto la guida di

Samora Machel, che ha stretti rapporti con Mosca e s'ispira alla dottrina marx-leninista. Ma questo indirizzo provoca la nascita di una formazione politica-militare antagonista: il partito nazionale della resistenza mozambicana (RENAMO). La contrapposizione trascina il Paese negli anni Ottanta in una sanguinosa guerra civile destinata a protrarsi con conseguenze disastrose fino agli accordi di Roma (1992) che prevedono una nuova sistemazione istituzionale d'indirizzo liberal-democratico. Nelle successive elezioni il FRELIMO ottiene la maggioranza dei suffragi e la guida del governo; modifica, come ha fatto l'Angola, i precedenti indirizzi di politica estera e avvia nuovi rapporti con Washington, Londra e Lisbona. Nel 1996 Maputo contribuisce alla nascita della Comunità dei Paesi di lingua portoghese. Nel 2005 assume la presidenza Armando Emilio Guebuza (è riconfermato nel 2009) che accentua gli sforzi precedenti per lo sviluppo socio-economico e per abbassare il livello di emarginazione e povertà in cui si trova ancor oggi gran parte della popolazione. La lunga guerra civile ha lasciato tracce profonde nella vita economica nelle attività agricole e in quelle industriali e ha distrutto gran parte delle poche infrastrutture esistenti. Anche le attività minerarie stentano a trovare un adeguato sfruttamento delle importanti risorse mozambicane (carbone, bauxite, diamanti, ecc).

In Asia la dominazione portoghese ha termine anche a Timor (1975); già si è parlato del possedimento in India di Goa e della sua annessione a Delhi.

6. *Olanda*

Durante il periodo bellico l'Indonesia è occupata dalle forze militari nipponiche che cercano un'intesa con gli esponenti del nazionalismo locale già in lotta con i colonizzatori olandesi. I giapponesi scarcerano gli esponenti nazionalisti (Sukarno e Hatta) per avere la loro collaborazione. Dopo la sconfitta di Tokyo il governo proclama l'indipendenza (agosto 1945) per mettere gli olandesi di fronte al fatto compiuto; questa situazione non è accettata dal governo olandese che non approva la svolta indipendentista e pensa di riattivare il controllo coloniale. La nuova Repubblica indonesiana raggiunge tuttavia un accordo con l'Olanda (1946) per dar vita ad una Federazione indonesiana-olandese al cui interno è predisposto anche l'inserimento di Giava e Sumatra. Questa soluzione pare offrire uno sbocco accettabile alle diverse aspirazioni presenti nel settore e garantire un equilibrio "equo". In realtà, nonostante il progettato accordo, si verificano gravi incidenti in diverse aree dell'arcipelago: il governo olandese decide d'intervenire militarmente per stroncare ogni ribellione e riprendere il controllo dell'estesa area. L'azione militare, condotta con successo, inasprisce i rapporti con le forze nazionaliste, provoca le proteste di molti altri Stati (Congresso panasiatico di Nuova Delhi, 1949) e determina l'intervento delle Nazioni Unite. Il Consiglio di Sicurezza (gennaio 1949) chiede la formazione di un governo provvisorio, elezioni generali e un rapido trasferimento dei poteri agli Stati Uniti d'Indonesia. Queste pressioni e l'incerta situazione militare favoriscono la convocazione di una conferenza fra le parti (L'Aja 1949). Al termine dei lavori è deciso quanto segue:

1) la costituzione della Repubblica degli Stati Uniti d'Indonesia formata dalla Repubblica indonesiana con altri quattordici territori;

2) la formazione di un'Unione olandese-indonesiana sotto l'autorità della corona olandese (collaborazione in materia di difesa e rapporti internazionali);

3) la cooperazione economica e finanziaria fra i membri dell'Unione;

4) il ritiro delle forze armate olandesi.

Nel dicembre (1949) si realizza il trasferimento della sovranità da L'Aja a Jakarta, l'Indonesia diventa indipendente e assume il nome di Repubblica d'Indonesia. Pochi mesi dopo, nonostante gli accordi con l'Olanda, si dissocia dalle strutture federali e, di fatto, impedisce la nascita della prevista Unione indonesiana-olandese.

Poco dopo ottiene in concessione l'amministrazione fiduciaria la parte olandese della Nuova Guinea. L'esteso Impero olandese nell'arcipelago indonesiano accede in tal modo all'indipendenza non per volontà della potenza coloniale, ma dopo un duro confronto militare con le forze indipendentiste, fra le quali prevalgono quelle con indirizzo nazionale, mentre quelle d'ispirazione marx-leninista, pur consistenti, non riescono ad affermarsi. Anche l'ONU gioca una partita di rilievo: a differenza di quanto è avvenuto e avverrà in altre aree, riesce a imporre all'Olanda la fine del conflitto, il riconoscimento pieno della nuova Repubblica e il suo definitivo ritiro da questo settore.

Nel periodo successivo l'Indonesia annette la Nuova Guinea Occidentale (denominata in seguito Irian Jaya). Il presidente Sukarno, che resta alla guida del Paese dal 1945 al 1967, ispira la propria azione anche ai cinque pilastri della cosiddetta dottrina del "Panch Shila" e ad altri elementi:

1) unità nazionale;
2) internazionalismo;
3) democrazia rappresentativa;
4) giustizia sociale;
5) fede in Dio.

In realtà, la sua politica è influenzata dal marxismo, dall'islam e dalle teorie liberal-democratiche. Durante il periodo della sua presidenza si verificano numerosi attentati e tentativi di colpi di Stato che portano Sukarno ad accentuare i poteri dell'esecutivo senza tuttavia escludere il Parlamento ("democrazia guidata"). Negli anni Cinquanta Giacarta si avvicina sempre più a Mosca e a Pechino e vede un progressivo rafforzamento dei movimenti marx-leninisti. In questo contesto si accentua una conduzione personale del potere, l'eliminazione o l'allontanamento degli avversari politici, una progressiva riduzione del godimento dei diritti politici. Nel 1963 Sukarno è proclamato presidente a vita. Successive tensioni politiche interetniche, azioni terroristiche, repressioni, scontri fra comunisti e anticomunisti costringono al ritiro Sukarno (1967); morirà poco dopo, nel 1970, agli arresti domiciliari a Giacarta. Gli subentra alla presidenza il generale Haji Mohammad Suharto (1967) legato agli ambienti militari anticomunisti e sensibili alla propaganda statunitense. Sotto il suo controllo è avviata una feroce eliminazione di molti dirigenti e militanti "comunisti" e sindacali e sono fortemente ridotte le libertà politiche. Secondo stime recenti le repressioni, destinate a durare per un ventennio, provocano circa due milioni di vittime. Inoltre, non esita a riattivare i rapporti politico-diplomatici con le capitali occidentali, mentre rompe quelli con Pechino. Nel 1975 le forze armate indonesiane invadono Timor Est che diventa una provincia di Giacarta e sarà in seguito affidata alle Nazioni Unite (1999), mentre la Commissione per i diritti umani di quest'ultima esprime riserve (1993) sulla violazione dei diritti umani in Timor Est. La popolazione di Timor Est (circa un milione di abitanti) è in prevalenza cattolica (90%); non si deve dimenticare che questa parte dell'isola è stata colonizzata da Lisbona, mentre la parte Ovest dagli olandesi.

Dopo l'invasione indonesiana e l'intervento dell'ONU il referendum del 1999, indetto a seguito delle pressioni internazionali su Giacarta, è vinto dagli indipendentisti (circa l'80% dei suffragi); successive violenze portano ad un nuovo intervento dell'ONU che apre la porta alla costituzione della Repubblica di Timor Est (2002), ma la situazione interna non risulta normalizzata per i forti contrasti che si registrano all'interno delle forze indipendentistiche. Le ribellioni e i colpi di Stato che si registrano ancora nel 2006 e nel 2008 portano di fatto ad una cruenta e strisciante guerra civile che ha peggiorato ulteriormente le condizioni socio-economiche della popolazione.

L'esercizio dispotico del potere, il prevalere del partito di Suharto nei vertici politici ed economici, la corruzione dilagante, gli eccessi delle forze dell'ordine sono all'origine delle rivolte che agitano l'Indonesia già agli inizi degli anni Novanta. La Banca Mondiale e il Fondo Monetario Internazionale esprimono in più occasioni riserve sull'uso dei finanziamenti concessi e, dal 1995, riducono l'erogazione di nuovi crediti. La rivoluzione indonesiana del 1998 induce Suharto alle dimissioni, che sarà in seguito processato per corruzione (decede nel 2008 a Giacarta). Assume la guida del Paese per un anno (1998-1999) Jusuf Habibie, già suo vice presidente, e nel 1999 si tengono le prime elezioni libere dopo quelle del 1955. Negli anni seguenti sono eletti presidenti Abdurrahman Wahid, Megawati Sukarnoputri e Bambang Yudhoyono (2004) e in quest'ultimo anno la costa occidentale di Sumatra è devastata da un terribile maremoto che causa oltre 200.000 vittime. Attualmente l'Indonesia conta circa 220 milioni di abitanti, è membro dell'ONU dal 1950, è il più esteso Stato-arcipelago del mondo, in quanto risulta formato da oltre 16.000 isole; la religione più diffusa è l'Islam, professato da circa l'85% della popolazione. Nel Paese si contano centinaia di gruppi etnici con specifiche caratteristiche. L'economia indonesiana ha dato prova di vitalità nel corso degli ultimi anni con una costante crescita del prodotto interno lordo. Il Paese dispone di importanti risorse naturali (petrolio, gas naturale, stagno, rame, ferro, oro, ecc). Nonostante i miglioramenti conseguiti nel tenore di vita della popolazione, il 20% degli abitanti vive al di sotto della soglia di povertà. Le autorità indonesiane hanno dato un particolare rilievo allo sviluppo delle attività di import-export per aprire l'economia nazionale ai mercati asiatici e mondiali. I principali *partner* commerciali dell'Indonesia sono la Cina, il Giappone, gli Stati

Uniti, e Singapore; Giacarta è stato uno degli Stati fondatori (Malesia, Singapore, Filippine e Thailandia) dell'Associazione delle Nazioni del Sudest Asiatico (ASEAN) nel 1967, che si prefigge di sviluppare la cooperazione e l'assistenza reciproca fra i Paesi aderenti per accrescere lo sviluppo economico dell'intera regione.

La Guyana olandese (poi chiamata Suriname) otterrà l'indipendenza nel 1975, seguita poco dopo anche dalle Antille Olandesi.

7. *Italia*

La decisione delle potenze alleate di togliere all'Italia tutte le colonie è contenuta nelle disposizioni del trattato di pace; ben poco, anche a questo riguardo possono fare le ripetute proteste di Roma. Più complessa è l'attuazione di questo processo sul quale influiscono gli interessi divergenti di diverse capitali (Londra, Parigi, Mosca, Washington, ecc.) e prendono corpo numerosi e divergenti progetti che in parte accettano l'esistenza dei territori originari e in parte ne prevedono la divisione o l'unificazione. Importante risulta anche la presenza dell'ONU nel cui statuto è riaffermata l'importanza della decolonizzazione come strumento per la tutela della pace e per garantire i diritti delle popolazioni soggette a vincoli coloniali. Le colonie africane dell'Italia escono dal suo controllo con percorsi specifici e, nel giro di alcuni anni, accedono all'indipendenza.

In Libia gli accordi Bevin-Sforza non trovano attuazione. Secondo l'intesa anglo-italiana questo territorio doveva essere soggetto ad una triplice amministrazione fiduciaria: italiana in Tripolitania, inglese in Cirenaica e francese nel Fezzan. L'ONU respinge questo progetto e affida la Libia, che diventa indipendente (1951), all'emiro Sayed Idris. Sono respinte le aspirazioni anglo-franco-italiane che avrebbero aperto la strada ad un periodo di ulteriore influenza europea nella regione. Il nuovo Stato si organizza al suo interno in modo federativo per poter meglio adempiere alle sue funzioni nel rispetto delle diverse realtà regionali che lo compongono; vanno deluse anche le speranze di Mosca che in precedenza ha avanzato richieste per ottenere l'amministrazione fiduciaria della Tripolitania.

Già si è parlato, nei capitoli precedenti, dell'evoluzione libica nei decenni successivi: la proclamazione della Repubblica Araba Libica

(1969) sotto la presidenza di Muammar Gheddafi, la primavera araba (2010-2011), l'eliminazione di Gheddafi (2011) e la formazione del governo provvisorio (2011).

L'Etiopia (chiamata anche Abissinia), dopo la breve parentesi dell'occupazione italiana, è liberata dalle forze armate inglesi nel 1941; è ripristinata la monarchia con il ritorno dell'imperatore Haile Selassie, che si era rifugiato a Londra. La monarchia termina (1974) con un colpo di Stato ad opera di una giunta militare che proclama la repubblica e dà vita ad un sistema interno di tipo socialista con a capo Menghistu Hailé Mariam (1977). L'Etiopia stringe solidi legami con i Paesi marx-leninisti e in particolare con Mosca. La decomposizione dell'URSS provoca conseguenze anche ad Addis Abeba, ove nel 1991 una coalizione di forze ribelli (Fronte rivoluzionario democratico del popolo etiopico) pone fine al potere di Mengistu, promuove un'Assemblea costituente che porta alle elezioni politiche (1995) e alla successiva elezione del presidente Negasso Gidada. Dopo il 1991 la politica estera etiope ha avuto una svolta significativa; abbandonati i legami con il comunismo internazionale, il governo ha stretto solide relazioni con gli USA, con l'UE e con i Paesi occidentali, chiedendo e ottenendo finanziamenti da diverse istituzioni internazionali fra cui la stessa Banca Mondiale. Addis Abeba non ha esitato a sostenere i fragili governi somali nella lotta contro l'Unione delle Corti islamiche e i movimenti più radicali di matrice islamica. La guida del governo è assunta da Meles Zenawi (1995), che ha riconosciuto ampie autonomie alle diverse regioni del Paese. Dopo le elezioni del 2006, i cui risultati sono stati contestati dai partiti dell'opposizione, sono scoppiati violenti disordini che hanno provocato numerose vittime. Molto grave rimane la situazione economica e ancora oggi l'Etiopia è considerata uno dei Paesi più poveri del mondo, dal momento che le attività agricole sono praticate con metodi ormai superati, lo sfruttamento delle risorse minerarie (platino ed oro) è molto limitato, le vie di comunicazione sono scarse (c'è un solo collegamento ferroviario: Addis Abeba-Gibuti), l'industria (tessile ed alimentare) è di scarsa consistenza. È senz'altro un'eccezione l'aeroporto di Addis Abeba (Bole) considerato di ottimo livello sotto tutti gli aspetti.

Nel periodo successivo all'indipendenza, ha dovuto far fronte a una grave emergenza: i rapporti con la vicina Eritrea (anch'essa ex colonia italiana). Alla base del conflitto c'è il rifiuto dell'Eritrea di appartenere allo Stato etiopico e la contestazione dei confini fra i due Stati. In una fase iniziale prende corpo l'associazione dell'Eritrea all'Etiopia in una realtà federale (1950) al cui interno Asmara gode di un'ampia autonomia. La formula non è efficace in quanto i contrasti etiopi-eritrei si rivelano insolubili e l'Etiopia procede all'annessione dell'Eritrea (1962). La decisione provoca l'inizio di un lungo e sanguinoso conflitto in una delle aree più arretrate e più misere del pianeta. Nel 1993, con la conclusione delle operazioni militari, dopo i mutamenti politici ai vertici etiopi e l'indizione di un referendum popolare, l'Eritrea può considerarsi un Paese indipendente. Nel 1998, dopo la guerra d'indipendenza, si apre un nuovo conflitto etiope-eritreo per il possesso della città di Badammé e per le zone adiacenti. Nel 2000 è sottoscritto ad Algeri un accordo che pone fine alla guerra e in questa occasione è costituita una Commissione dell'ONU per definire i confini fra i due Stati. Quest'ultima ha terminato i suoi lavori nel 2003 attribuendo all'Asmara i territori contesi, ma Addis Abeba ha rifiutato questa soluzione e presentato diversi ricorsi.

L'economia eritrea si trova ancor oggi in gravi condizioni: il reddito pro-capite è fra i più bassi del continente africano, ma agricoltura, allevamento e pesca sono i settori trainanti dello sviluppo mentre segnano tutt'ora il passo quello minerario, (potassio, oro, ferro e petrolio), l'industriale e il viario. L'Eritrea è una repubblica presidenziale e alla guida dello Stato e del governo è stato eletto (1993) Isaias Afewerki. Le vicende degli ultimi decenni hanno reso evidenti i limiti del programma di decolonizzazione previsto per questa ex colonia italiana; l'integrazione federale con l'Etiopia è stato un completo insuccesso, poiché non ha portato soltanto alla secessione ma anche a sanguinose contrapposizioni fra i due Paesi già provati da altre emergenze (siccità, carestie, ecc.).

Anche la sorte della Somalia è decisa dopo il superamento di notevoli difficoltà; l'aspirazione di Roma di poter ottenere, almeno in questo territorio, l'amministrazione controllata, urta contro le aspirazioni indipendentiste indigene, le malcelate speranze inglesi ed etiopi di poter dividere il territorio a favore dell'Ogaden e del Kenia e le rinnovate accuse al governo italiano di essere pur sempre il rappresentante di uno Stato responsabile dello scatenamento della guerra mondiale, alleato di Berlino e di Tokyo. Nonostante quest'opposizione, l'Italia prevale e ottiene l'amministrazione fiduciaria della Somalia nel 1950 che, destinata a durare dieci anni, porterà questo Paese del Corno d'Africa, come previsto, alla piena indipendenza nel 1960 (alla parte italiana sarà unificata quella britannica).

Nasce in tal modo la Repubblica somala ("Grande Somalia"); Gibuti (ex Somalia francese), come già è stato ricordato, diventa indipendente nel 1977. A causa di contrasti confinari con l'Etiopia, la Somalia deve affrontare due conflitti (1964 e 1977), al termine dei quali l'Ogaden rimane sotto il controllo di Addis Abeba. Nel 1969 assume la presidenza del Paese il generale Siad Barre dopo un cruento colpo di Stato; questi avvenimenti aprono la strada a forti contrasti di natura etnica fra clan rivali che attivano una diffusa guerriglia e mettono in pericolo l'unità nazionale. La situazione si protrae negli anni successivi. Anche dopo l'estromissione di Siad Barre continua la lotta fra diversi gruppi tribali senza che nessuno riesca ad affermarsi in tutta la Somalia. L'endemica lotta fra i capi dei clan (i "signori della guerra") porta ad un intervento pacificatore dell'ONU, che fallisce, e la stessa Organizzazione deve porre fine (1995) alla sua missione umanitaria e di pace. La Somalia resta in una situazione caotica (aggravata da una grave carestia) sotto il controllo dei capi dei diversi gruppi tribali con una guerriglia permanente. Alcune decine di queste fazioni trovano un accordo per riportare e garantire l'unità e la pacificazione del Paese con le conferenze per la pace di Gibuti (2000) e di Mbagathi (2002). Nonostante la formazione di un governo federale e la nomina a presidente di Abdullahi Yusuf (considerato uno dei più potenti e autorevoli "signori della guerra"), la situazione resta precaria e si verificano continui scontri armati fra le diverse fazioni. Il contesto, già molto instabile, viene ulteriormente compromesso dal progressivo rafforzamento delle componenti islamiche più integraliste contro le quali il "governo provvisorio" conduce una dura repressione. Esse, rappresentate dall'Unione delle Corti islamiche, sono accusate di essere uno strumento rivoluzionario agli ordini dell'organizzazione terroristica Al-Qaeda. Il governo provvisorio gode dell'appoggio dell'Etiopia anch'essa preoccupata del rafforzamento delle forze islamiche integraliste. Nel 2002 si attiva una missione di pace dell'Unione Africana con l'impiego di un contingente di truppe fornito dall'Uganda. Dopo il 2006 si riaccendono gli scontri fra le milizie delle Corti islamiche e le forze governative. Nonostante questi tentativi il Paese non è pacificato e molti somali per sfuggire alle azioni belliche e alla crescente miseria fuggono nei Paesi vicini (si parla di oltre un milione di profughi). Più tardi

(2008) è raggiunto un accordo tra il governo somalo, l'Etiopia e una parte dell'opposizione per porre fine agli scontri armati, per l'ingresso di nuove forze internazionali e per il ritiro dei militari etiopi. Nel 2008 il presidente Yussuf lascia il potere, denuncia la mancata pacificazione, gli scarsi aiuti economici concessi dalla comunità internazionale e la poca collaborazione ottenuta nella lotta governativa contro l'estremismo islamico. Nel 2009 assume la guida di un governo provvisorio Sharif Sheikh considerato un esponente moderato dell'Unione delle Corti islamiche. Anche quest'ultimo deve far fronte ad una perdurante tensione, ad una sostanziale anarchia e all'azione di gruppi armati che rifiutano l'autorità governativa. Le difficoltà sono aggravate dalla progressiva disgregazione territoriale e molte regioni (Galmudug, Maakhir, Northland, Puntland, Southwestern) hanno, in questi anni, proclamato la propria indipendenza o autonomia da Mogadiscio e hanno ridotto o reciso i rapporti con la capitale. Di particolare rilievo la rottura dell'unità nazionale prodottasi con la secessione (1991) del Somaliland (ex colonia britannica) e grazie a questa decisione non partecipa ai conflitti interni alla Somalia. Sul piano internazionale la sua posizione resta ancora indefinita; Harghesia mantiene rapporti con molti Stati e con la stessa Unione Europea e l'Unione Africana è orientata a riconoscere il Somaliland come "Stato *de facto*". La breve inclusione di questa regione nella "Grande Somalia" è la prova evidente di un errore di valutazione compiuto nel dopoguerra dalle maggiori potenze ex coloniali. Ma non sono state valutate in modo adeguato né la critica situazione interna alla Somalia né la possibilità di fusione fra la ex colonia italiana e quella britannica e, a causa di ciò, un territorio è precipitato nella guerra civile e nell'anarchia, mentre l'altro ha ripreso, con la secessione, la propria autonomia.

8. *La decomposizione dell'Impero zarista-sovietico*

La decolonizzazione interessa i vasti possedimenti di numerose potenze e alcune di esse si sono espanse in aree lontane, cioè oltre i mari e gli oceani, altre in territori contigui. Fra queste ultime l'Impero ottomano ad un tempo asiatico, africano ed europeo. Il concetto di "contiguità" territoriale con lo Stato colonizzatore non esclude in alcun modo la creazione di entità dipendenti. Al contrario, spesso questa esperienza è vissuta dai "conquistati" in modo ancor più traumatico e umiliante. Accettare la tesi contraria significa far proprio il «sofisma dell'acqua salata» già sostenuto da alcuni Stati colonizzatori, nella vivace polemica con altri, dopo la prima guerra mondiale. Alla luce di queste premesse, la dissoluzione dell'URSS deve essere esaminata anche in questo contesto; la crisi del Paese, la sua trasformazione politica, i nuovi assetti interni e internazionali postcomunisti saranno esaminati successivamente in un altro volume. Ora è opportuno evidenziare che al momento della decomposizione dello Stato sovietico si affermano due elementi prevalenti: il rifiuto del sistema economico, politico e sociale marx-leninista perseguito nei decenni precedenti e il rigetto dell'unità statuale riconducibile al passato zarista e a quello bolscevico. Sono due aspetti concatenati fra loro che tuttavia hanno sviluppi dissimili. Da un lato si assiste alla critica radicale nei confronti del modello "comunista" interno giudicato inadeguato per raggiungere i traguardi di libertà e di benessere del progetto originario della Rivoluzione d'ottobre, benché siano passati 70 anni da quello storico avvenimento. Cadono, nella popolazione, le precedenti speranze e certezze mentre crescono la delusione e il malcontento; la proposta di un cambiamento attraverso coraggiose riforme del sistema è via via messa da parte mentre si afferma la volontà di abbatterlo. Ma c'è di più: oltre al sistema interno è rifiutata l'appartenenza alla statualità sovietica. Molti territori (repubbliche) dell'URSS non soltanto mettono in discussione la struttura interna, ma processano la formazione stessa, nei secoli precedenti, della Russia e dell'URSS. In quest'ottica rinascono antiche proteste contro San Pietroburgo e Mosca per le loro imprese espansive; diversi popoli, in Europa e Asia, denunciano precedenti aggressioni, occupazioni e annessioni e ritengono di essere stati oggetto di brutali colonizzazioni e di aver dovuto soggiacere alla forza militare zarista prima e sovietica poi.

L'Impero sovietico, pur ispirato a valori diversi da quelli del passato Impero russo, ha adottato sistemi analoghi di gestione politica (espansioni territoriali, autarchia, ruoli di potenza mondiale, deportazione di popolazioni, esasperazione delle spese militari, compressione dei consumi privati, centralismo amministrativo, prevaricazione dei "russi bianchi", ecc.).

Il fenomeno ha un grande rilievo, sia sotto l'aspetto geopolitico, sia per l'estensione dei territori attori di questa "autoliberazione" e l'avvio di questo processo rivoluzionario parte dal centro dell'URSS e non dalla periferia come d'altronde già si era verificato nel 1917. Anche in quell'occasione le nazioni non russe dell'Impero zarista svolgono un ruolo importante per la sua decomposizione, anche se in seguito accettano l'inserimento nell'URSS (negli anni Venti) come "repubbliche autonome". Già a metà degli anni Ottanta diverse nazionalità sono in fermento per l'avvio della nuova politica di Mikhail Gorbaciov ispirata alla "ricostruzione" (*perestrojka*) e alla "trasparenza" (*glasnost*). In realtà, quest'azione, pur dettata da finalità diverse, finisce per favorire lo sgretolamento dell'unità imperiale e per determinare la formazione di strutture alternative di nuovi Stati. Si registrano, già in questo periodo, esasperati conflitti interetnici e proteste nazionali.

La periferia dell'Impero sovietico avverte l'instabilità del potere centrale, la debolezza di guida per una trasformazione del sistema e l'aggravarsi della recessione economica. Il distacco dall'unione apre nuove prospettive per l'utilizzo delle risorse economiche, finanziarie ed energetiche, per liberarsi dall'egemonia della burocrazia centralizzata moscovita e per porre fine al dispotismo dei quadri dirigenti di partito. Questo processo, in gran parte di autoprotezione nazionale, tende ad aprire un dialogo anche con le organizzazioni mondiali di carattere economico-finanziario per superare le difficoltà del presente; le strutture federali paiono inadeguate, cristallizzate, spesso più propense alla spoliazione che allo sviluppo della periferia.

In questo complesso scenario si contrappongono i poteri centrali a quelli periferici delle varie repubbliche, che reclamano, in un primo tempo, il pieno esercizio dell'autonomia, ma non nascondono di aspirare all'indipendenza, cioè di spezzare il legame federale che le lega a Mosca e alle altre capitali della grande repubblica sovietica. Per la tensione crescente e per l'impotenza dei vertici moscoviti di guidare il processo riformatore di Gorbaciov e dei suoi collaboratori esse non credono nell'evoluzione del sistema bolscevico e i riformisti più radicali e i nazionalisti escludono la possibilità di un'evoluzione del super-Stato sovietico che, al contrario, deve essere decomposto. L'analisi non è sostenuta soltanto dalle entità nazionali periferiche, ma anche dalla repubblica russa sovietica che comprende gran parte dei territori europei e siberiani dell'URSS. Essa stessa (poi chiamata Federazione russa o più semplicemente Russia) rompe per prima l'equilibrio in atto e proclama la propria "sovranità" sotto la guida di esponenti nazionali ostili alla federazione e al comunismo, fra i quali primeggia Boris Eltsin. Quest'ultimo è prima rappresentante della Repubblica russa all'interno del parlamento dell'URSS e poi presidente della stessa quando diventa "secessionista". Sotto questo profilo, in una prima fase, sostiene gli sforzi di Gorbaciov per riformare il vecchio sistema, ma poi opera per la decomposizione dell'URSS e per l'affermazione della Repubblica russa. Le scelte di quest'ultima, favorevoli prima alla sovranità e poco dopo all'indipendenza, sono un passaggio cruciale per la fine dell'URSS.

Mosca cessa di considerarsi parte di una realtà "imperiale" e afferma la propria "nazionalità". Alla base di questa radicale dissociazione c'è il rifiuto del primato del partito comunista sovietico, ma anche la consapevolezza che il peso dell'imperialismo bolscevico sia stato pagato in prevalenza dai russi. Questi ultimi, liberati dai gravami socio-economico-finanziari delle repubbliche "non russe", possono guardare ad un futuro molto migliore; l'affermazione del carattere nazionale dello Stato russo è considerato premessa indispensabile dello sviluppo futuro. La proclamazione della sovranità (1990) da parte della Repubblica russa, cui segue la dichiarazione del possesso esclusivo di tutte le risorse esistenti sul suo territorio, è un segnale di particolare gravità. La periferia vede in questo passaggio la fine dell'unità federale delle Repubbliche sovietiche socialiste e la volontà della Russia storica di affermare la propria indipendenza. Di fatto però questa liberazione assume per Mosca il significato della conferma di una supremazia che permane anche dopo la fine dei precedenti vincoli federativi dell'URSS.

Per quanto riguarda l'area europea i movimenti di emancipazione sono di natura nazionale, anticomunista e ostile ai rigidi sistemi repressivi sovietici (Estonia, Lituania, Lettonia, Ucraina, Bielorussia, ecc.). Nella zona asiatica si registrano movimenti di carattere nazionale e religioso (islamico), anche se spesso il processo indipendentistico è guidato dagli stessi vertici politici del periodo precedente. Entro il 1991 tutte le repubbliche dell'URSS, oltre a quella russa, affermano la propria sovranità (autonomia politica, economica, culturale, linguistica, ecc.). In realtà, lo sconvolgimento che si produce fra il 1988 e il 1990 evidenzia tensioni e problemi di data più remota: la crisi economica, la diffusa disoccupazione, la caduta dei redditi, i problemi ecologici (timori per le centrali nucleari dopo l'incidente di Chernobyl del 1986, prosciugamento del lago di Aral, ecc.). A fronte di tutto questo appare sempre più inaccettabile la crescita delle spese militari per il mantenimento di una politica estera attiva a livello planetario, nella logica del sistema ideologico imperiale. C'è dunque in atto una doppia rivolta: sono rifiutati sia i precedenti vincoli dell'unione fra repubbliche "socialiste e sovietiche", sia i principi del marx-leninismo. Il fenomeno dell'indipendenza e di un nuovo sistema politico-economico è comune a tutte le vecchie repubbliche e una parte di loro tuttavia va oltre e si oppone a nuovi vincoli con la "repubblica storica russa", considerata l'erede del colonialismo zarista e di quello sovietico. Il movimento indipendentista procede con rapidità (1990-1991): Lituania (1990), Georgia, Federazione russa, Kazakistan, Estonia, Lettonia, Ucraina, Bielorussia, Moldavia, Azerbaijan, Uzbekistan, Tadžikistan, Armenia, Turkmenistan, Kyrgyzstan (1991). Le motivazioni addotte dalle diverse repubbliche non sono analoghe, ma legate alle specifiche esperienze dei secoli o dei decenni precedenti; alcune, come le repubbliche baltiche, ricordano gli accordi Ribbentrop-Molotov (1939) e la conseguente annessione forzata da parte sovietica, altre, come la Bielorussia e l'Ucraina, l'espansione degli Zar, altre, anche in Asia, la colonizzazione da parte di San Pietroburgo.

Dopo questi traumatici avvenimenti l'URSS cessa ufficialmente di esistere (dicembre 1991) e al suo posto è costituita una Comunità di Stati indipendenti (CSI), alla quale non partecipano tutte le nuove realtà statuali (ne restano al di fuori Estonia, Lettonia, Lituania e Georgia), ma si rivela sin dal suo nascere debole e non riuscirà nei suoi obiettivi di cooperazione economica e politica. L'accordo era stato preceduto da un'intesa fra la Federazione Russa, la Bielorussia e l'Ucraina (Unione delle tre repubbliche slave) per trovare soluzioni comuni ad alcune urgenti necessità (armamenti atomici, flotta del Mar Nero, Crimea, forniture energetiche, ecc.) e per rafforzare la collaborazione postsovietica. Queste difficoltà, già ardue sul tavolo "a tre", risultano aggravate da altre questioni all'interno della CSI. Si tratta dei problemi monetari, del pagamento del debito pubblico dell'URSS, della ripartizione del suo patrimonio, delle future strutture bancarie e finanziarie, della definizione delle regole economiche con cui regolare i rapporti fra i nuovi soggetti (scambi, dazi, prezzi, dogane, ecc.). Oltre a questi ostacoli permangono all'interno delle nuove repubbliche gravi contrasti interetnici, ma non trova pratica applicazione neppure il tentativo messo in atto con gli accordi di Tashkent (1992) per una politica di sicurezza comune fra gli Stati della CSI. In realtà, gli Stati nati dall'URSS sviluppano proprie politiche interne ed estere. Sono ben presto riconosciuti sul piano internazionale ed entrano a far parte dell'ONU, anche se al loro interno devono spesso far fronte a divergenze fra etnie e a difficoltà con le "minoranze russe" (circa 30 milioni). Sul piano economico si registrano anni molto difficili: la critica realtà precedente è aggravata dalla secessione che ha ridotto o reciso i legami con la Russia. Nuove iniziative sono intraprese per riattivare le più antiche relazioni con i Paesi esteri; le repubbliche baltiche riprendono contatti con il mondo scandinavo e non esitano ad entrare nell'Unione europea; quelle dell'Asia centrale, turcofone e islamiche, sviluppano rapporti con altri Paesi asiatici di religione musulmana e con Istanbul. La Bielorussia mantiene solidi legami con Mosca, mentre in Ucraina sono più vivaci le forze indipendentiste. Resta comunque rilevante il peso delle tradizioni, della cultura, del modo di vivere del mondo russo in tutte le ex repubbliche che per periodi più o meno lunghi hanno fatto parte dell'Impero zarista o dell'URSS. Negli anni successivi alcuni dei nuovi Stati hanno maturato un interesse crescente per la Comunità Europea (e per la stessa NATO), ma alcuni di essi vi hanno poi aderito come membri.

La Federazione russa è oggi lo Stato più importante dell'ex entità sovietica e se ne considera l'erede naturale e svolge, per molti aspetti, un ruolo ancora egemone (energia, scambi commerciali, ecc.). La Federazione russa o più semplicemente Russia (ex Repubblica dell'URSS) si estende in Europa e in Asia. È lo Stato più esteso del mondo (oltre 17.000.000 chilometri quadrati) e confina con ben 14 altri Stati: ne fanno parte, ancora oggi, l'enclave di Kaliningrad (già Königsberg) circondata dal Mar Baltico, dalla Lituania e dalla Polonia e, nell'Oceano Pacifico, l'isola di Sahalin e le Curili; si tratta di alcuni dei compensi territoriali ottenuti da Stalin a Jalta e a Potsdam. La Federazione Russa è ora, dopo numerose modifiche, composta da 83 soggetti federali (repubbliche, città federali, territori, circondari, distretti, ecc.). È uno Stato giovane perché, al di là delle radici storiche, ha ben poco sia del vecchio mondo zarista che di quello sovietico ed ha, al suo interno, etnie non russe che costituiscono soltanto il 18% della sua popolazione totale (circa 150 milioni). Nella sua compagine coesistono repubbliche russe e non russe, alcune, non tutte (emblematico il caso della Cecenia) in un clima pacifico o cooperativo. La Russia, sotto la guida di Eltsin e di Vladimir Putin, ha avviato una politica autonoma con l'obiettivo di reinserirsi nella comunità internazionale come grande potenza con rapporti costruttivi e pacifici di carattere mondiale e istituzioni ispirate alla democrazia liberale e al liberismo economico. In più occasioni ha cercato di ricomporre su basi nuove i rapporti di collaborazione con le ex repubbliche sovietiche socialiste, sia europee che asiatiche (Comunità degli Stati Sovrani del 1996; Comunità degli Stati integrati in unione doganale del 1996) e anche con l'Ovest (Atto costitutivo delle relazioni tra la Russia e la NATO del 1997).

La Russia ha cercato, senza successo, di assumere la guida delle repubbliche postsovietiche. Ha tuttavia occupato il seggio permanente del Consiglio di Sicurezza dell'ONU al posto dell'URSS; ha accettato di far fronte, dopo lunghe e inutili trattative con gli altri "secessionisti", a gran parte dei debiti pregressi del periodo bolscevico, di sostenere le spese delle forze armate ex sovietiche rientrate "in patria" dai Paesi dell'Europa orientale, dalle repubbliche baltiche e dall'Afghanistan. Sotto questo profilo Washington non ha esitato a riconoscere nella Federazione russa l'interlocutore più autorevole e rappresentativo del mondo ex sovietico. La Russia deve in realtà affrontare l'ingresso nella comunità internazionale con obiettivi molto diversi da quelli che hanno caratterizzato la precedente politica sovietica. Si attenua la contrapposizione ideologica con il mondo occidentale (euro-americano) ispirato alle dottrine liberal-democratiche e al liberismo economico, migliorano le relazioni con Pechino, si allentano le relazioni con i Paesi comunisti (Cuba, Corea del Nord), si spengono i rapporti con i movimenti e i partiti di ispirazione marx-leninista nei diversi continenti. Si assiste, al contrario, ad una crescente convergenza con la politica statunitense per far fronte alle crisi che travagliano la comunità internazionale. Questo nuovo indirizzo trova conferma sia sul piano bilaterale che presso le più importanti organizzazioni internazionali e in particolare all'ONU. Questo radicale cambiamento, che ha segnato il tramonto dell'URSS, è avvenuto in modo pacifico. I dirigenti del Cremlino non hanno fatto ricorso alla forza per impedire lo sgretolamento del vecchio impero: non sono stati difesi né la sua estensione territoriale né il suo sistema politico interno. Ben più cruenta è stata, dopo il 1917, l'affermazione del potere bolscevico e la stessa nascita dell'URSS (1922). La dissoluzione di quest'ultima, invece, non ha provocato conflitti sanguinosi fra il potere contrale e le periferie indipendentiste nonostante le conseguenze prevedibili della fine della presistente entità imperiale (risorse, armamenti nucleari, flotte aeree e navali, centrali nucleari e convenzionali, ecc.). Di fatto il gruppo dirigente sovietico e in primo luogo Mikhail Gorbaciov, pur orientato alla graduale trasformazione del sistema, non si è opposto con la forza alla sua dissoluzione né in Asia né in Europa. Se dunque, per alcuni critici, appare come il responsabile del tramonto sovietico e dell'URSS come grande potenza, da altri è considerato il traghettatore prudente e responsabile da un ordine interno e internazionale, superato e non rifondabile, ad un altro molto più rispondente alle attese della popolazione russa e non russa dell'URSS. Questo comportamento ha contribuito a raffreddare le tensioni interne e, con ogni probabilità, a impedire una prova di forza con Washington che avrebbe potuto avere conseguenze anche per la pace mondiale.

Dopo i difficili anni successivi alla decomposizione dell'URSS, Mosca ha cercato di attivare un'economia di mercato sostitutiva di quella pianificata guidata dalle autorità politiche ed economiche centrali. Importanti risultati sono stati conseguiti in agricoltura, nell'allevamento e nelle attività ittiche. Una particolare attenzione è stata riservata al settore industriale. Sono noti i risultati già raggiunti dal comunismo in campo chimico, petrolchimico, meccanico, militare e nelle industrie automobilistiche, ferroviarie, navali ed aeronautiche. Ad essi vanno collegate la ricerca aerospaziale e i successi straordinari delle imprese spaziali, sia nella costruzione dei satelliti artificiali, delle navi spaziali e nell'esplorazione del sistema solare. Al contrario Putin ha dovuto affrontare le carenze produttive dei beni di consumo popolare (alimenti, vestiario, oggettistica, ecc.), le difficoltà nel settore abitativo, le emergenze ambientali, gli squilibri fra le aree metropolitane e quelle periferiche e il disordine amministrativo, monetario e giudiziario conseguente al passaggio dal sistema comunista a quello liberaldemocratico. È stato avviato anche un processo di "ritorno" a un moderato capitalismo di Stato nei settori economici strategici (energia, comunicazioni, estrazioni minerarie, ecc.). In queste realtà è stato necessario ridurre lo strapotere di molti "oligarchi" che hanno tratto enormi vantaggi dalla fase caotica postcomunista con l'acquisto di pacchetti azionari maggioritari ottenuti a basso prezzo.

Dopo le dimissioni di Eltsin (1999) assume la presidenza *ad interim* Vladimir Putin, carica che diventa effettiva dopo le elezioni del marzo del 2000 e viene riconfermato nel 2004. Conduce un'energica azione per riportare la "normalità" in Cecenia, si oppone alla guerra in Iraq nel 2003, avvia profonde riforme nel sistema costituzionale e in quello giudiziario, ma soprattutto non nasconde l'impegno russo nella costruzione di armamenti più moderni (nuovo missile balistico intercontinentale a testate multiple e caccia intercettore Sukhoi). Nel 2007 ha proposto l'uscita unilaterale della Russia dal trattato contro la proliferazione delle armi convenzionali in Europa per il ritardo delle ratifiche e nelle disposizioni applicative da parte di molti degli Stati contraenti (la Duma ha ratificato la proposta presidenziale). Putin ha inoltre espresso forti riserve sul sistema difensivo euro-americano detto "scudo spaziale" che prevede la costruzione di un sofisticato sistema di rilevazione radar con basi anche in Polonia e nella Repubblica ceca. Queste misure di "sicurezza avanzata" possono creare, ha osservato Putin, problemi fra Mosca e Washington e anche con gli altri Paesi europei aderenti al progetto. Nel 2008 Putin ha lasciato la presidenza della Russia (ove è stato insediato un suo stretto collaboratore Dimitrij A. Medvedev) ed è tornato ad occupare il ruolo di primo ministro che già aveva avuto prima di accedere a quello di capo dello Stato. Mosca ha proceduto al riconoscimento dell'Ossezia del Sud e dell'Abkasia (2008); ha inoltre rafforzato i precedenti legami con Istanbul, con Berlino, con Roma e con l'UE. Le disponibilità energetiche russe hanno reso possibile anche il rafforzamento delle relazioni con l'India e la Cina. Putin ha attribuito un particolare rilievo ai rapporti con la Bielorussia e non si può escludere in un prossimo futuro la nascita di una federazione politica ed economica fra Mosca e Minsk, dato che già nel 1996 è stato sottoscritto un importante accordo di cooperazione fra i due Stati.

Nel 2011 in vista delle elezioni presidenziali Putin e Medvedev annunciano l'intenzione di scambiarsi i rispettivi ruoli: Putin tornerebbe al Cremlino e Medvedev assumerebbe la carica di primo ministro. Questa operazione, pur possibile, non è sembrata di facile attuazione; negli ultimi mesi sono scoppiate in molte città russe manifestazioni ostili al governo in carica e ai "due nuovi zar" poiché è criticato il ridotto esercizio dei diritti politici e civili, l'eccessivo potere degli organi pubblici civili, militari e delle forze dell'ordine, la carente situazione economica, la dilagante criminalità e la scarsa considerazione per le forze politiche d'opposizione.

Nonostante molte previsioni nelle elezioni della Duma il partito di Putin, Russia Unita, raggiunge (2011) la maggioranza assoluta; retrocede però dalle posizioni precedenti; ottiene 237 seggi contro i 315 del 2007 su un totale di 450; può contare anche sulla collaborazione di altre forze parlamentari che hanno superato lo sbarramento elettorale del 7% (Russia Giusta e Liberal-Democratici).

Nella successiva consultazione elettorale presidenziale (marzo 2012) Putin ottiene il 64% dei suffragi. Com'era già annunciato vi è stato lo scambio dei ruoli fra Vladimir Putin che è tornato al Cremlino come presidente e Dmitrij Anatol'evič Medvedev che ha ottenuto la guida del governo. Non sono mancate le proteste delle opposizioni per presunti brogli elettorali, pressioni e ingerenze della polizia, controllo dei seggi e per la permanenza al potere del precedente binomio ("i due zar"). Di fatto il responso elettorale, pur in presenza di critiche e di contestazioni, ha confermato il ruolo primario di Russia Unita e dei suoi più autorevoli dirigenti.

Per la politica estera il presidente Putin ha confermato che il Paese condurrà un'azione internazionale indipendente, attenta ai problemi mondiali, ma decisa a sostenere "obiettivi e interessi" nazionali. La Russia intende contribuire a rafforzare la sicurezza globale con adeguate iniziative (non proliferazione nucleare, presenza nelle crisi e conflitti regionali, lotta al terrorismo e al traffico della droga). Ha criticato la decisione della NATO di attivare nuove infrastrutture militari e di creare in Europa uno scudo antimissile (ABM); queste azioni non favoriscono la creazione di un clima di fiducia e di collaborazione tanto più quando "sono effettuate in prossimità dei confini russi". Putin contesta anche gli interventi armati attuati "con il pretesto di obiettivi umanitari" che in realtà violano la sovranità nazionale: spetta alla Corte penale internazionale sanzionare i crimini contro l'umanità e non ad alcune potenze. Queste azioni sono fra l'altro decise con criteri "selettivi" e producono a loro volta violazioni gravi anche nei confronti del "diritto sacro alla vita". Spesso, precisa Putin, «non si ha a che fare con una causa nobile, ma con una vera e propria demagogia». Spetta all'ONU e al Consiglio di Sicurezza affrontare queste emergenze ed è loro dovere opporsi ai dettami di alcuni Paesi e «all'arbitrarietà sulla scena internazionale». La NATO non può "arrogarsi poteri che non sono quelli di un'alleanza difensiva". Gli USA e la NATO hanno una percezione della sicurezza diversa da quella russa. «Washington, osserva Putin, è ossessionata dall'idea di avere l'invulnerabilità assoluta, cosa irrealistica ed impraticabile, sia tecnicamente che geopoliticamente. [...] L'invulnerabilità assoluta di uno implica la vulnerabilità assoluta di tutti gli altri». Il presidente rifiuta la politica interventista adottata durante la "primavera araba" che ha portato al potere nuove "forze dominanti" spesso più violente e aggressive («il culmine è stato raggiunto dallo spettacolo ripugnante del barbaro linciaggio di Muammar Gheddafi»). Nessun gruppo di Stati può sostituirsi alle decisioni dell'ONU senza destabilizzare il sistema di sicurezza internazionale e minare l'autorità delle stesse Nazioni Unite. Putin precisa che «il veto non è un capriccio, ma una parte integrante del nuovo ordine stabilito dalla Carta delle Nazioni Unite su insistenza degli stessi Stati Uniti»; occorre avere pazienza anche in Siria per trovare soluzioni collettive adeguate ed equilibrate. Mosca vuole mantenere buoni rapporti "con i rappresentanti moderati dell'islam" e sviluppare relazioni economiche e commerciali con i Paesi arabi. Per quanto riguarda il conflitto arabo-israeliano, Putin afferma di non avere "una ricetta magica", ma di voler operare per arrivare ad una pace bilaterale anche nell'ambito del "quartetto" per il Medio Oriente in collaborazione con la Lega araba. Mosca è contraria alla proliferazione delle armi nucleari e per questo contrasta qualsiasi eventuale possesso di questi strumenti da parte iraniana e nordcoreana. Però è necessario procedere con cautela e riaffermare la necessità di «un controllo attento e affidabile dell'Agenzia internazionale per l'energia atomica (AIEA)». La Russia è impegnata nella costruzione di nuove centrali nucleari "con tecnologia moderna e sicura" ed è disposta a collaborare all'arricchimento dell'uranio per dar vita a banche internazionali del combustibile nucleare. Putin riafferma l'impegno russo nella lotta contro il narcotraffico e il terrorismo, plaude all'impegno dell'ONU in questi settori e alla collaborazione realizzata da parte di molti Paesi per sconfiggere questi pericoli. «Il mondo civilizzato non deve aspettare un'altra tragedia, precisa il presidente russo, simile a quella dell'11 settembre 2011 di New York o della scuola di Beslan per agire collettivamente in modo determinato».

9. *Ipotesi sul futuro degli Stati Uniti d'America e della Cina*

Dopo la decomposizione dell'URSS e la formazione dei nuovi Stati, alcuni studiosi (politologi, sociologi, economisti) russi hanno formulato ipotesi relative ad altre grandi potenze anch'esse formatesi con espansioni attigue in territori colonizzati. Fra i tanti che si occupano di queste previsioni emerge Igor Panarin che, con i suoi collaboratori, dirige il dipartimento degli affari esteri dell'Accademia diplomatica di Mosca. La loro attenzione si è concentrata sugli Stati Uniti d'America e sulla Cina, che, secondo queste valutazioni, sono a rischio di "esplosione". Non è da escludere che possano, in tempi più o meno rapidi, essere oggetto di fenomeni analoghi a quelli dello Stato sovietico. Alla base di queste previsioni, a proposito degli USA, vi sono la grave crisi economica che attraversa il Paese e il suo enorme debito pubblico, ma è un allarme che tocca sia la finanza federale che quella di alcuni "Stati" e grandi città. I piani predisposti per far fronte a questa emergenza nazionale non paiono idonei a superare le difficoltà. Talune regioni (Illinois, Alabama, New York, California, ecc.) non nascondono di essere sull'orlo del fallimento finanziario; l'intero sistema nazionale è stretto, in un momento di recessione economica, nella tenaglia del doppio debito. Ora, gli analisti di cui ci occupiamo non escludono che singoli Stati possano essere tentati di percorrere la strada dell'indipendenza per sottrarsi agli oneri finanziari federali. In questa prospettiva gli Stati dell'Ovest (California, Washington, Oregon, Arizona, Nevada) potrebbero staccarsi e dar vita ad una nuova entità statuale sul Pacifico con l'intenzione di stringere rapporti più stretti con la Cina, il Giappone, l'India e gli altri Paesi emergenti. Altri Stati del Sud (Nuovo Messico, Texas, Louisiana, Arkansas, Mississippi, Alabama e Florida) potrebbero cercare una prospettiva per il futuro in nuovi rapporti con il Messico e con l'America centro-meridionale, sempre più critica nei confronti di Washington. Anche l'Alaska (con le Isole Aleutine), territorio annesso (ma non contiguo), sarebbe tentata da nuove convergenze con il Canada o con la Russia (alla quale era appartenuta fino alla metà dell'Ottocento). Nel caso in cui questi fenomeni dovessero aver luogo, gli USA potrebbero ridursi alle 13 province originarie (con qualche ulteriore adesione) dalle quali era partita, dopo la Dichiarazione d'indipendenza, la colonizzazione contigua di gran parte del continente nordamericano. Questa eventuale evoluzione degli Stati Uniti sarebbe influenzata anche dalla sua attuale composizione demografica; il Paese (con circa 300 milioni di abitanti) ha una popolazione per il 79% bianca (al cui interno c'è il 15% di ispanici e latino-americani), per il 13% nera o afro-americana e per il 5% asiatica. Non è certo una novità che il crollo degli imperi sia avvenuto quasi sempre in seguito a crisi finanziarie.

Analogo nelle premesse e nelle conclusioni è l'esame per il futuro della Cina. Anche questo Stato, che si è costituito con espansioni contigue, è a rischio di decomposizione. Alcune delle cinque nazionalità maggiori che lo compongono appaiono sempre più insofferenti per il vincolo unitario esistente e una crisi del sistema marx-leninista, in particolare della sua rigida impostazione autoritaria istituzionale, potrebbe aprire la porta alla dissoluzione dell'attuale unità statale. A guidare questa ribellione sono candidati i popoli di vasti territori che, anche di recente, hanno manifestato insofferenza e ostilità nei confronti del centralismo di Pechino, della dittatura del partito comunista e della predominanza dei cinesi nazionali (han e hui). Al centro di queste opposizioni interne ci sono gli abitanti delle regioni autonome del Tibet, dello Xinjiang Uyghur (o Sinkiang), della Mongolia interna e delle province orientali mancesi. Rivestono al contrario un ruolo di minore importanza, sotto questo profilo, le altre minoranze presenti in Cina (indiani, thailandesi, khmer, malesi, coreani, polinesiani, ecc.). Le popolazioni di queste aree dimostrano insofferenza crescente nei confronti dei poteri centrali e al tempo stesso riaffermano le proprie radici culturali e nazionali. C'è da precisare, per quanto riguarda la Cina, che la dirigenza politica nata dalla rivoluzione può vantare importanti e indiscussi risultati, ponendo fine al neofeudalismo, alle influenze delle potenze coloniali e alla divisione territoriale del Paese, con la sola eccezione di Taiwan. Pechino può vantare l'avvio di una profonda trasformazione economica e sociale che ha aperto le porte della modernità alla società cinese. Ha inoltre condotto il Paese ad esercitare il ruolo di grande potenza sul teatro asiatico e mondiale. Si tratta di traguardi recenti e importanti che il popolo cinese non può ignorare.

Queste brevi considerazioni sugli Stati Uniti d'America e sulla Cina sono, è del tutto evidente, ipotesi teoriche formulate da studiosi, da analisti, da politici e da diplomatici. Si tratta di semplici previsioni che, al momento, non hanno alcun concreto riferimento a fatti significativi. Esse si limitano a prendere atto d'insoddisfazioni, tensioni, proteste o rivolte, che, ad oggi, non hanno dato vita a cambiamenti dell'unità delle grandi potenze di cui si parla. In questa eventualità la dissoluzione degli Stati Uniti avrebbe origine da fattori economici (sotto la spinta del localismo degli Stati federati); quella cinese, al contrario, sarebbe determinata dall'ostilità nei confronti della dittatura comunista, del centralismo nel nome delle nazionalità represse. Se questi ipotetici sviluppi dovessero avere luogo potrebbero essere ricondotti, come è accaduto con l'URSS, alla tipologia delle decolonizzazioni di aree contigue. È indubbio che tutti i grandi imperi d'oltremare (europei o asiatici) si sono decomposti. Al contrario, alcuni di quelli "contigui" restano in vita (USA e Cina), mentre sono tramontati quello ottomano, quello austro-ungarico e quello russo-sovietico.

10. *L'evoluzione dell'azione missionaria delle Chiese cristiane. La Santa Sede*

Il trascorrere dei decenni pone l'esigenza, per le gerarchie ecclesiastiche, di rivedere i rapporti con la "madrepatria" per tutelare l'opera missionaria svolta in precedenza e preservarla dai possibili rischi della fine del periodo coloniale. L'evoluzione di questo processo si preannuncia, fin dall'inizio, ben diverso negli altri continenti da quella conosciuta in precedenza nel continente americano con la formazione delle nuove repubbliche decolonizzate; dopo la fase iniziale dell'insediamento delle missioni e del loro rafforzamento appare sempre più necessaria anche agli occhi del papato la duplice necessità di accentuare il distacco dagli interessi delle capitali colonialiste europee e di favorire la nascita di un clero e di una gerarchia indigena, scelte che procedono di pari passo con il processo di decolonizzazione. Di fatto tutte le Chiese rivendicano una forte autonomia e non vogliono subire la sorte che attende i colonizzatori; seppur arrivate in questi continenti al loro seguito non desiderano uscire di scena con essi. Questo fenomeno, pur in tempi e contesti diversi, caratterizza una politica di realistica sopravvivenza, in sostanza riporta alle originali radici evangeliche e missionarie. Prende corpo il convincimento della provvisorietà della presenza coloniale al contrario di quella religiosa che deve avere carattere permanente; da qui ha origine la non opposizione ai movimenti nazionalisti indigeni, il sostegno alla progressiva decolonizzazione (non violenta), l'approvazione dei molti Stati indipendenti (non ostili all'esercizio della libertà religiosa) e il sostegno, in seguito, al Terzo Mondo. L'azione delle Chiese cristiane avrà, pur con alcune eccezioni, successo: mentre i colonizzatori si ritirano nei loro Paesi d'origine (in genere dopo conflitti sanguinosi), le missioni generano Chiese indigene cristiane destinate ad assumere un ruolo importante anche nel periodo successivo. Il processo evidenzia anche l'evoluzione della presenza extraeuropea della Chiesa cattolica per sua stessa definizione "universale". C'è un'evidente trasformazione della dottrina missionaria, anche se l'obiettivo della diffusione del messaggio evangelico non muta. In una fase iniziale occupa un ruolo prioritario il missionario europeo, in seguito sono formati sacerdoti e chiese indigene che sostituiscono le originarie missioni e sono parte integrante della Chiesa di Roma.

La sensibilità anticoloniale diventa sempre più diffusa con il passare dei decenni e in particolare dopo la prima guerra mondiale. Le *élites* dei Paesi colonizzati conducono la battaglia per l'indipendenza contro gli Stati colonizzatori per rompere ogni legame di dipendenza (colonie, province d'oltremare, comunità, ecc.). La progressiva affermazione di queste rivendicazioni, quasi sempre determinate da eventi bellici, obbliga le Chiese cristiane a fare i conti con la nuova realtà: occorre tutelare sia le missioni già insediate, sia proteggere le comunità indigene convertite; questi obiettivi possono essere raggiunti soltanto con la netta distinzione fra l'opera d'evangelizzazione e l'azione colonialista delle capitali occidentali; al contrario l'identificazione della presenza religiosa con l'invadenza coloniale può compromettere l'impegno, in uomini e mezzi, dei decenni precedenti. Questa scelta è compiuta dalle Chiese cristiane (cattoliche, protestanti, ecc.) con chiarezza e determinazione; ciò permette di tutelare gran parte dei risultati raggiunti e di non compromettere le possibilità future; accade in tal modo che in diversi Paesi colonizzati anche dopo la fine dei vincoli coloniali la religione prevalente rimanga quella diffusa durante il periodo coloniale, in altri essa permane pur in posizione minoritaria, in altri dove la diffusione è più ridotta restano le missioni e non sono posti vincoli troppo restrittivi alla loro attività. Un discorso a parte deve essere fatto per alcune aree ove prevale il marx-leninismo (Cina, Cuba, ecc.). Qui, nei periodi in cui è professato l'ateismo di Stato, vi è un'azione antireligiosa e radicale; essa da un lato tende ad estirpare le radici di ogni credenza religiosa e dall'altro a recidere i vincoli delle Chiese esistenti con le loro autorità centrali e a far nascere, al loro posto, nuove gerarchie nazionali collaboratrici del potere governativo.

La S. Sede anche nei decenni successivi a questo radicale mutamento riserva un'attenzione particolare allo sviluppo autonomo delle proprie missioni e alla progressiva indipendenza del clero extraeuropeo; questo processo, lento e difficoltoso, tende a rafforzarsi dopo la prima guerra mondiale quando la coscienza anticoloniale di molti popoli inizia ad affermarsi. Già Benedetto XV prima e Pio XI dopo definiscono una nuova strategia missionaria e danno vigore alle Chiese "autoctone"; in realtà lo sviluppo del clero locale è già stato all'attenzione di precedenti pontefici come Adriano VII ("istruzioni" nel 1659) e di Gregorio XVI. In sostanza si pensa ad una gerarchia locale non più dipendente dal "missionario storico" e dunque capace di interpretare i valori delle civiltà indigene; Pio XI nomina, nel 1926, dodici vescovi cinesi. È un chiaro segno di riformismo missionario e del superamento di una tradizione consolidata, affermandosi una concezione più universalistica del cristianesimo e del cattolicesimo e accettandosi altri centri di cultura e di civiltà e sempre più il cattolicesimo tende a distinguersi dal "latinismo e dall'occidentalismo". Nel mondo cattolico il convincimento dell'unicità della razza umana era radicato e largamente condiviso; questa visione permette, fin dalle prime esperienze d'apostolato cristiano, di indirizzare il messaggio evangelico a "tutte le genti"; ora non mutano gli obiettivi e i contenuti del proselitismo, ma gli strumenti umani, cioè gli attori di quest'azione. Tramonta il ruolo egemonico del missionario europeo e si afferma quello del religioso indigeno naturale guida delle comunità convertite. Ciò permette una presentazione più accettabile del volto dei "pastori" che non appartengono alle stesse nazionalità dei "vecchi colonizzatori"; aiuta inoltre le Chiese indigene ad elaborare nuove forme di catechesi e di apostolato con l'utilizzo delle culture indigene (lingua, riti, costumi, arte, ecc.). Pio XII fra il 1939 e il 1943 consacra diversi vescovi missionari e rafforza la gerarchia ecclesiastica in Uganda, Madagascar, India, Cina, Angola e Mozambico. Nel periodo successivo al secondo conflitto mondiale la S. Sede mostra vivo interesse per la decolonizzazione, anche se il suo atteggiamento resta cauto e prudente e mancano giudizi di condanna all'esperienza coloniale nel suo insieme. Pio XII segue con preoccupazione lo sviluppo, spesso violento, di questo processo; non nasconde i timori che esso possa portare ad una evoluzione negativa per le comunità religiose e per la gerarchia indigena o missionaria. La Chiesa non si schiera a fianco degli Stati colonialisti quando vogliono riprendere o confermare il controllo dei loro imperi coloniali; al contrario dimostra attenzione per la causa nazionale e per l'indipendenza dei nuovi movimenti indigeni; il timore che la lotta di questi ultimi possa portare ad uno sbocco marx-leninista non impedisce l'approvazione della loro "legittima e giusta causa". L'enciclica missionaria *Evangelii Praecones* (1951) sottolinea l'importanza delle Chiese locali, il ruolo di cooperazione del missionario prima come educatore del clero indigeno poi come suo "ausiliario". Pio XII afferma in questo documento il ruolo delle Chiese e delle gerarchie locali come strumento essenziale dell'evangelizzazione cattolica. Si tratta in realtà di una strategia missionaria di fatto rivoluzionaria, cioè "postmissionaria"; i successivi documenti (Radiomessaggio di Natale del 1955 e lettera enciclica *Fidei Donum* del 1957) ribadiscono il diritto all'indipendenza dei popoli coloniali e il ruolo che deve essere attribuito nell'ambito della Chiesa universale a quelle locali. Più tardi la S. Sede deve affrontare nuove difficoltà: le Chiese locali sono spesso deboli, pressate dalle forze politiche nazionaliste o marx-leniniste, carenti di adeguate gerarchie e di mezzi economici e incalzate dalla propaganda di altre fedi religiose. Pio XII denuncia i pericoli cui sono esposte in questo periodo le Chiese autoctone e, fra questi, evidenzia quello comunista; si teme che i movimenti indipendentisti possano scivolare verso il marx-leninismo e combattere di conseguenza non solo i colonizzatori, ma anche ogni esperienza religiosa. Sotto questo profilo l'azione della S. Sede contribuisce al rafforzamento della politica di "contenimento" professata da Washington dopo la delusione per gli accordi di Yalta sull'Europa liberata ed ancor più dopo l'affermazione comunista in Cina e la guerra coreana.

Giovanni XXIII deve affrontare una situazione diversa; ormai compiuta in gran parte la decolonizzazione si presenta la grave situazione economica e sociale del cosiddetto "Terzo Mondo". Questi problemi sono al centro di due importanti encicliche: la *Mater et Magistra* (1961) e la *Pacem in Terris* (1963). Il Pontefice conferma la pari dignità naturale di tutti gli uomini, rifiuta una tradizionale gerarchia di "popoli dominatori e dominati", chiede l'avvio di nuove cooperazioni per aiutare i Paesi in via di sviluppo; questa solidarietà autentica non deve apportare nuove forme di egemonia di dominio e tanto meno prevaricazioni neocolonialiste. In questa ottica sottolinea l'importanza dell'ONU per la difesa della pace mondiale e dei valori della *Dichiarazione dei diritti dell'uomo* (1948); il bene comune universale può essere tutelato da un potere sovranazionale capace d'intervenire per garantire solidarietà, cooperazione, sviluppo e pace fra i popoli.

Queste sollecitazioni trovano significativa accoglienza durante i lavori del Concilio Vaticano II: condanna dello sfruttamento ai danni dei popoli più deboli, delle forme più inaccettabili del commercio internazionale e delle differenze di benessere fra le nazioni: «senza giustizia non può essere garantita la pace». Spetta al suo successore Paolo VI, portare avanti queste sollecitazioni, dedicando l'enciclica *Populorum Progressio* (1967) ai problemi del Terzo Mondo; in modo provocatorio ricorda che «i popoli della fame interpellano in modo drammatico i popoli dell'opulenza»; senza un nuovo ordine internazionale basato su criteri di effettiva giustizia non possono essere evitate rivoluzioni popolari o l'affermazione di governi totalitari. Avvia su questo terreno una tesi nuova rispetto ai pontificati precedenti: lo "sviluppo solidale dell'umanità". Con questa proposta mette al centro un interesse collettivo umano che deve essere perseguito da tutti superando egoistiche barriere, nazionali, statali e razziali (urgenza di progetti di sviluppo per i Paesi più poveri, limiti degli aiuti occasionali, distribuzione delle produzioni superflue, ecc.). Un ruolo di primo piano in questo panorama di solidarietà spetta alle organizzazioni internazionali; Paolo VI ne incoraggia lo sviluppo e si augura che cresca, con il consenso di tutti gli Stati, la loro autorità. Lo stesso Pontefice insiste su questi temi in occasione del suo intervento all'ONU, nel messaggio al segretario generale U Thant (1961), in occasione dell'apertura della III Conferenza delle Nazioni Unite per il Commercio e lo Sviluppo (UNCTAD) a Santiago del Cile (1972), nel discorso ai rappresentanti della S. Sede presso le organizzazioni internazionali (1974). Questi autorevoli richiami, pur importanti e stimolanti, non sono in grado di modificare in modo significativo né i rapporti economici e commerciali né quelli politici a favore dei Paesi più poveri, ma resta comunque la denuncia della gravità di questi squilibri, la lucida avvertenza di doverli rimuovere, l'indicazione di progetti concreti e la fiducia nello sviluppo delle organizzazioni internazionali. Sul ruolo di queste ultime, sui rapporti tra evangelizzazione e promozione umana e tra sviluppo e liberazione ritorna con l'enciclica *Evangelii Nuntiandi* del 1975.

L'attenzione per i problemi del Terzo Mondo non diminuisce negli anni seguenti; si entra tuttavia in un periodo diverso in quanto la decolonizzazione di fatto è terminata nei territori d'oltremare (cioè per gli imperi coloniali non contigui alle potenze colonizzatrici). Si sviluppano rapporti nuovi interstatuali sia a livello regionale e mondiale e, al tempo stesso, si modifica il ruolo delle organizzazioni internazionali e della stessa organizzazione delle Nazioni Unite.

11. *Neocolonialismo e decolonizzazione*

La nascita di numerosi Stati indipendenti non ha reciso i vincoli economici e culturali esistenti nel periodo della colonizzazione; a causa di ciò gli esponenti di molte di queste nuove entità hanno, negli anni successivi, denunciato il permanere di condizionamenti socio-economici fra i loro Paesi e le ex potenze coloniali; questo rapporto, definito neocolonialismo, sottolinea una condizione di dipendenza indiretta; i nuovi governanti, di fatto, esercitano un potere ridotto in quanto essi non possono ignorare i legami creati in decenni (o secoli) di presenza "straniera". Alla battaglia per l'indipendenza politica si è in tal modo congiunta la lotta per recidere le dipendenze economiche e per portare i nuovi soggetti internazionali ad un livello di "parità contrattuale" con i Paesi più sviluppati; anzi, il loro evidente benessere è stato oggetto di critiche e di denunce. Lo sviluppo di molti Paesi colonialisti è stato collegato allo sfruttamento delle risorse economiche e umane delle colonie; queste ultime, liberate dopo lunghi anni di lotta dal "potere straniero", pagano ancora il prezzo dei precedenti abusi mentre la realtà economico-finanziaria in atto ne prolunga, di fatto, la dipendenza. È indubbio che la colonizzazione abbia creato intense correnti di scambio con la madrepatria, che attenta alle proprie necessità commerciali e industriali, ha cercato di mantenere le attività economiche nell'orbita metropolitana (con scarse concessioni ad altri Stati). In questo contesto, lo Stato colonizzatore ha imposto i suoi emigranti, più o meno numerosi, e le proprie attività (industrie, banche, miniere, aziende agricole e commerciali, capitali, dirigenti amministrativi, scolastici, industriali, ecc.). Questo interscambio è continuato anche dopo l'indipendenza delle ex colonie e poche di esse dispongono di validi strumenti sostitutivi e ancor meno della capacità di differenziare gli scambi commerciali in poco tempo. A causa di ciò l'influenza delle potenze coloniali si è protratta nel tempo pur in condizioni diverse; si parla di perduranti ingerenze, di pressioni, di disparità contrattuale, di dipendenze. A ben osservare questo sviluppo e le polemiche che lo accompagnano erano prevedibili in quanto molti rapporti e strutture consolidate nel tempo non possono essere cancellate (industrie, scambi di prodotti alimentari e materie prime, prestiti finanziari a medio e lungo termine) senza alternative immediate; la traumatica rottura di queste relazioni può avere conseguenze più gravi per i colonizzati che per gli ex colonizzatori. Con il trascorrere dei decenni il problema ha trovato nuove soluzioni e la stessa polemica sul neocolonialismo si è attenuata; le relazioni economiche commerciali dei nuovi Stati si sono estese in più direzioni, si sono rafforzate le loro istituzioni interne ed è maturata la capacità gestionale degli apparati statali. Per favorire tale sviluppo sono stati messi in atto piani di assistenza tecnica, economica e finanziaria da parte di singole entità statuali e da parte di diverse organizzazioni internazionali (regionali o universali). Il problema del cosiddetto neocolonialismo, che non deve essere confuso con quello del sottosviluppo, appare un fenomeno dell'immediata postdecolonizzazione in quanto, nel volgere di pochi decenni, i rapporti di nuovi Stati, all'interno della comunità internazionale, hanno subito significativi cambiamenti. Se è vero che alcuni di essi restano in condizioni di evidente difficoltà, altri hanno compiuto progressi significativi e si affacciano oggi sulla scena con ruoli di primo piano.

Nel complesso il fenomeno della decolonizzazione è oggi concluso; rimangono riserve e timori per il futuro di alcuni grandi Stati che si sono formati per "espansione contigua" (Cina, USA) e per le richieste di autonomia o d'indipendenza di altri popoli e territori (Palestina, Cipro del Nord, Transnistria, Abkhazia, Ossezia del Sud, Nagorno-Karabakh, Kurdistan, Sahara Occidentale, Somaliland, Taiwan, ecc.). La decolonizzazione è stata in genere cruenta, ha comportato ribellioni, repressioni, guerriglia e conflitti e nessuna delle potenze coloniali ha ceduto i propri possedimenti in modo rapido e pacifico. Al contrario, con poche eccezioni, l'indipendenza è stata guadagnata sul campo e non concessa dall'alto. Anche il ruolo esercitato dalla Società delle Nazioni e dall'ONU, pur rilevante sul piano dei principi anticoloniali, è stato marginale nei confronti del processo di decolonizzazione almeno nelle sue fasi più significative; è risultato efficace dopo le due guerre mondiali per liquidare gli imperi dei Paesi vinti (Germania, Impero ottomano, Austria-Ungheria, Giappone, Italia), affidandone però, in diversi casi, la gestione ad altre potenze coloniali con il sistema dei mandati e dell'amministrazione fiduciaria. Alcune potenze (Francia, Nuova Zelanda, Regno Unito e Stati Uniti) mantengono ancora controlli amministrativi e politici su alcuni territori, definiti dalle Nazioni Unite territori "non auto governati". Essi sono: Samoa americane, Auguilla, Bermuda, le Isole Vergini Britanniche, le Isole Cayman, Timor Est, le Isole Falkland (Malvinas), Gibilterra, Guam, Montserrat, la Nuova Caleidonia, Pitcairn, Sant'Elena, Tokelau, le Isole di Turks e Caicos, le Isole Vergini degli Stati Uniti e il Sahara Occidentale. La fase espansiva di secoli di colonizzazione e quella più breve della decolonizzazione hanno contribuito a creare rapporti fra popoli lontani, culture diverse, territori contigui e distanti. Questa moltiplicazione delle relazioni mondiali ha svolto un ruolo rilevante nei processi d'interdipendenza internazionale e ha accentuato la vasta rete di comunicazioni oggi esistente fra Stati, regioni e continenti. Da questo punto di vista l'attuale globalizzazione affonda le sue radici anche in questo fenomeno plurisecolare che ha aperto prospettive completamente nuove nelle conoscenze e nei rapporti fra i popoli, le nazioni e le entità statali. Anche se i motivi prevalenti degli imperialismi coloniali e delle decolonizzazioni sono stati di natura diversa, alla fine l'effetto più importante e più duraturo della loro attività si è rivelata l'intensificazione delle relazioni fra le comunità della famiglia umana. Ciò, in altre parole, significa la premessa del fenomeno di più recente sviluppo noto come "globalizzazione" dei rapporti fra gli uomini.

XI. NUOVI ORIZZONTI COLONIALI. LE CALOTTE POLARI E L'ESPLORAZIONE DELL'UNIVERSO

Negli ultimi decenni si è registrato un crescente interesse da parte di molte potenze per i "continenti" polari. Dopo le prime esplorazioni, le definizioni cartografiche, le rilevazioni satellitari e sottomarine e la conoscenza degli insediamenti umani indigeni, hanno preso corpo crescenti rivendicazioni anche su queste aree del nostro pianeta.

Tale attenzione non è stata impedita né dalla lontananza dei luoghi in questione né dalla loro inospitalità per le temperature rigidissime che li caratterizzano né dalla limitata consistenza numerica delle popolazioni che li abitano in modo permanente. In realtà, due fenomeni convergenti hanno acceso queste aspirazioni: le scoperte scientifiche e il miglioramento delle condizioni climatiche. Le prime hanno permesso di conoscere le enormi ricchezze minerarie ed energetiche presenti nel sottosuolo dei due "continenti" (artico e antartico). Le seconde, con il progressivo disgelo di parti rilevanti di quelle aree, hanno evidenziato la possibilità di nuovi insediamenti, di sfruttamento di risorse prima non raggiungibili con costi accettabili, di costruzione di basi militari più avanzate per estendere i confini della sicurezza degli Stati rivieraschi e di utilizzare nuove rotte marittime intercontinentali. Questa situazione ha acceso nuove pretese che hanno interessato più l'area artica (Polo Nord) rispetto a quella antartica (Polo Sud). Non si può, in via ipotetica, escludere che queste aspirazioni, non convergenti, e al momento senza precise soluzioni pattizie, possano portare in futuro a contrasti e a contrapposizioni economiche e militari.

Suscita preoccupazione l'insolita e recente attenzione da parte dei vertici della NATO e della Russia per l'area artica, essendo allo studio, da parte di entrambi, progetti per la realizzazione di basi terrestri militari e missilistiche e altre navali per flotte di superficie e subacquee. Le nuove condizioni climatiche del continente artico non potranno più essere ignorate ove la più recente fase climatica d'innalzamento delle temperature medie della regione dovesse essere confermata anche nei prossimi decenni. Nessuno degli Stati, più direttamente interessati, può sottovalutare i mutamenti in atto e la conoscenza delle incredibili risorse custodite in questi territori fino ad oggi chiusi nei ghiacciai. Ove l'occupazione e la colonizzazione fossero effettuate da parte di alcune potenze si completerebbe la divisione interstatuale del nostro pianeta, che non è stata realizzata né durante il periodo del colonialismo né in quello successivo della decolonizzazione. Resta comunque senza risposta, al momento, il percorso attraverso il quale questo cammino si potrà compiere: iniziative unilaterali o accordi interstatuali, ma nella fase attuale intese multilaterali hanno evitato degenerazioni e rotture nei rapporti fra le capitali interessate e messo in atto un sostanziale provvisorio "congelamento" delle aspirazioni e delle rivalità.

1. *Il "continente" artico*

L'Artide è la regione del globo terrestre al cui interno si trova il Polo Nord; il nome è di origine greca e significa "orso" e serve ad indicare le costellazioni dell'Orsa maggiore e minore ben visibili da quel punto estremo della terra. Questo esteso territorio include zone appartenenti a numerosi Stati (Russia, USA, Canada, Groenlandia, Islanda, Norvegia, Svezia), l'Oceano Artico nonché numerose isole. Potrebbe essere considerato un "grande lago" limitato dall'Alaska, dal Canada, dalla Groenlandia, dall'Islanda, dalla Russia e dalle estreme coste della Norvegia. Al centro dell'Artide si trova il Polo Nord geografico, cioè il punto teorico in cui la superficie terrestre è attraversata dall'asse di rotazione del nostro pianeta, al quale corrisponde in modo analogo, all'altra estremità, il Polo Sud. Per il raggiungimento del Polo Nord sono state organizzate molte spedizioni da parte di diversi Paesi: nel 1909 lo raggiunge lo statunitense Robert Edwin Peary e più tardi è sorvolato da dirigibili norvegesi e italiani (Umberto Nobile, 1928). Seguono altre spedizioni sovietiche, statunitensi e di molti altri Paesi. Nel 1959 un sommergibile a propulsione nucleare americano emerge in prossimità del Polo Nord, raggiunto nel 1977 da una nave rompighiaccio sovietica anch'essa a propulsione nucleare.

L'Artide è coperta quasi interamente da ghiaccio ed è una delle zone più fredde e aride del pianeta; vivono sul suo territorio in prevalenza le popolazioni inuit e yupik (noti come eschimesi, cioè "mangiatori di carne cruda") provenienti dall'America settentrionale e dalla Siberia: si tratta di circa 500.000 persone appartenenti a diverse comunità.

Questo territorio non è mai appartenuto ad alcuno Stato, anche se porzioni di esso sono state in più occasioni rivendicate dai Paesi che lo circondano. Sono note le risorse, di grande rilievo per quantità e qualità, racchiuse nel sottosuolo (petrolio, gas, oro, platino, nichel, stagno, manganese, diamanti, piombo, carbone, minerali ferrosi, ecc.) anche se al momento il loro sfruttamento non appare né possibile sul piano tecnologico né vantaggioso sul piano economico. Per quanto si riferisce agli idrocarburi la loro consistenza è stimata al 30% delle disponibilità mondiali.

Il recente progressivo scioglimento di parte dei ghiacciai potrebbe offrire nuove possibilità e favorire accordi internazionali a questo fine. La banchisa si restringe e diminuisce lo spessore del ghiaccio; la calotta artica nel periodo 1980-2007 si è ridotta da 7,7 milioni di kmq a 5,8. Secondo recenti previsioni, se il riscaldamento globale del pianeta dovesse continuare, si stima una diminuzione dell'estensione dei ghiacci artici, entro il 2050, dell'80%. Fra le più immediate conseguenze di questo fenomeno c'è la possibile utilizzazione di nuove rotte artiche fino ad ora impedite dagli sbarramenti glaciali; in particolare diventano utilizzabili i collegamenti fra l'Atlantico e il Pacifico (Passaggio di Nord-Ovest e di Nord-Est). Questi ultimi, definiti le "nuove autostrade artiche", permettono di ridurre i percorsi fra l'Europa, l'Asia e le coste occidentali degli Stati Uniti; la rotta di Nord-Est (Europa-Giappone-Cina) può essere ridotta da 11.500 miglia a 7.000 (40% in meno) e sarebbe probabilmente percorribile per tutti i mesi dell'anno. Da questa possibilità derivano enormi vantaggi al traffico intercontinentale ove si pensi che ben l'80% del commercio mondiale utilizza il trasporto marittimo; le due nuove rotte artiche possono ridurre i transiti nei Canali di Suez, di

Panama e nello stretto di Malacca, rendere inutile la scorta delle navi rompighiaccio nei mari artici e far diminuire i trasporti marittimi e aerei fino ad ora utilizzati. Nel 2009 la rotta Corea del Sud-Rotterdam è stata percorsa senza particolari difficoltà da due cargo tedeschi e da altre navi nel periodo estivo. Nel 2010 una superpetroliera russa (scortata per prudenza da due navi rompighiaccio) ha viaggiato da Murmansk ai porti cinesi. Questi importanti risultati evidenziano le nuove possibilità di navigazione; restano comunque altri problemi legati alle particolari condizioni delle aree artiche (tempeste, notte polare, iceberg, fondali poco profondi, spostamenti della banchisa, ecc.). L'utilizzo della "scorciatoia polare" è stato, negli ultimi anni, in continuo aumento: le navi che hanno scelto questa rotta sono state oltre 200 nel 2008, oltre 700 nel 2012, si prevede che superino le 1.000 nel 2013.

I recenti cambiamenti hanno determinato un confronto per il controllo dell'area artica (conquista e spartizione) in un contesto giuridico e politico non ben definito. Le rivendicazioni degli Stati più direttamente interessati (Russia, USA, Canada, Norvegia, Groenlandia e Danimarca) si estendono ben oltre le miglia nautiche previste dalle Convenzioni internazionali per le Zone d'interesse economico esclusivo (ZEE). Essi hanno preteso di tutelare "interessi speciali", di definire settori d'influenza, di esercitare la propria sovranità su aree specifiche. Questi progetti degli Stati "rivieraschi" tentano di dar vita ad un sistema giuridico speciale. I diritti e le responsabilità degli Stati per l'utilizzo dei mari e degli oceani sono stati precisati nella Convenzione dell'ONU sul diritto del mare (UNCLOS, United Nations Convention on the Law of the Sea); questo trattato internazionale è stato definito a Montego Bay (Giamaica) nel 1982 ed è entrato in vigore nel 1984. Esso è stato sottoscritto da oltre 150 Stati mentre numerosi altri l'hanno firmato ma non ratificato; fra questi ultimi anche gli Stati Uniti, la Libia, l'Etiopia, l'Iran, la Cambogia e la Corea del Nord. L'UNCLOS ha messo in discussione vecchie norme in ordine al diritto marittimo e ha introdotto specifiche regole più attinenti alle attuali consuetudini per l'uso degli spazi marini.

L'UNCLOS identifica a questo proposito alcune specifiche aree:

1) Le acque interne, cioè lo spazio marino sottostante la linea di base costiera. Su di esso lo Stato territoriale regola il passaggio del naviglio e l'uso delle risorse.

2) Le acque territoriali comprese fra la linea di base costiera e le 12 miglia nautiche; un miglio nautico internazionale (*nautical mile*) è di 1.852 metri. Lo Stato costiero detta le regole del transito in quest'area, ma non può negare il "passaggio inoffensivo". Sono al contrario considerati "transiti offensivi" e dunque impedibili lo spionaggio, le attività militari, lo scarico dei rifiuti e la pesca. Le unità subacquee devono navigare in emersione e rendersi riconoscibili con l'esposizione della bandiera del Paese cui appartengono.

3) Gli arcipelaghi. Le acque interne di Stati che comprendono diverse isole sono identificate dal perimetro di una linea che congiunge i punti più remoti delle isole esterne che formano l'arcipelago stesso.

4) La zona contigua. È prevista l'estensione delle acque territoriale per altre 12 miglia nautiche onde consentire allo Stato rivierasco specifici controlli (contrabbando, immigrazione clandestina, infiltrazioni territoriali, ecc.); in tal modo lo Stato costiero può applicare le sue leggi per un totale di 24 miglia nautiche dalla linea di base della sua costa.

5) La Zona economica esclusiva (ZEE), che si estende per 200 miglia nautiche dalla costa. Su di essa lo Stato costiero può esercitare lo sfruttamento esclusivo delle sue risorse naturali (ittiche, minerarie ed energetiche).

6) La piattaforma continentale considerata un "naturale prolungamento" del territorio dello Stato costiero. Quest'ultimo può sfruttare le risorse minerarie (comunque non viventi) in maniera esclusiva. La piattaforma continentale può superare le 200 miglia, ma non andare oltre le 350 miglia nautiche.

In sostanza, la piattaforma continentale segue il limite estremo di un continente e può allontanarsi dalla linea di base costiera anche per centinaia di miglia marine. In genere si ritiene che essa termini nel punto in cui il fondale marino aumenta la sua inclinazione e precipita verso profondità abissali. Com'è evidente, questa individuazione è molto imprecisa: in alcuni casi la piattaforma continentale è di facile e condivisibile individuazione. In altri si presta a valutazioni diverse e spesso contrastanti. In realtà, diversi Stati, già agli inizi del Novecento, hanno preteso di estendere la propria sovranità sulle piattaforme continentali sottraendole al "fondo marino internazionale" al quale erano appartenute in precedenza. Nel caso di Paesi che si affacciano sul mare Artico o in acque limitrofe la "teoria delle piattaforme continentali" ha definito alcune zone di appartenenza statale ma ha anche aperto contrasti ancora non risolti. Oltre a questa difficoltà restano al momento senza soluzioni condivise anche molti problemi relativi alle aree di pesca, alla libertà e al controllo di transito nei passaggi diventati possibili con il progressivo disgelo. Questi contrasti trovano soluzioni temporanee e provvisorie con la sottoscrizione di accordi bilaterali o multilaterali da parte delle diverse capitali interessate.

Per promuovere lo sviluppo economico e sociale delle popolazioni indigene e garantire la tutela ambientale della regione è nato il Consiglio Artico. Si tratta di un organo di cooperazione intergovernativa che coinvolge il Canada, la Danimarca, la Finlandia, l'Islanda, la Norvegia, la Russia, gli Stati Uniti e la Svezia. Anche altri Stati, che pure non partecipano al Consiglio Artico e non hanno aderito alla dichiarazione di Ottawa (1996) con cui è stato costituito, hanno manifestato il loro interesse per il futuro di questo territorio. Questi ultimi sono stati riconosciuti come "osservatori" nel Consiglio Artico (Cina, Francia, Germania, Italia, Paesi Bassi, Polonia, Regno Unito, Spagna, Unione Europea, Corea del Sud). Il Consiglio Artico ha contribuito allo studio dei cambiamenti climatici, delle risorse minerali ed energetiche (petrolio e gas) e delle possibilità di sfruttamento di quelle ittiche. Fra l'altro gli invertebrati qui stanziati risultano di particolare interesse in campo clinico e farmaceutico. Nel corso di questi anni ha promosso numerosi incontri ed avviato proficui progetti di ricerca; a questa attività hanno partecipato anche i rappresentanti delle più numerose comunità indigene della regione.

Restano in ogni modo sul tavolo delle trattative le rivendicazioni di numerosi Stati per estendere la propria sovranità su estese aree del "continente liquido". La Russia fonda le sue pretese con argomenti "terrestri" ed evidenzia la continuità del suo territorio con la piattaforma continentale (scudo siberiano), di cui le dorsali di Lomonosov e di Mendeleev sono naturali prolungamenti. Essi si estendono ben oltre le 200 miglia previste dalle convenzioni dell'ONU, ma sono riconducibili alla piattaforma continentale russa. Mosca, a proposito dei mari artici di cui pretende il controllo, parla di "acque interne", di "acque chiuse" e di "acque nazionali". Di fatto, ove questa tesi fosse accolta, il 50% dei fondali artici sarebbe attribuito alla Russia secondo la nota tesi moscovita: il Polo Nord è russo. L'URSS prima e la Russia ora hanno sempre attribuito una particolare importanza al passaggio di Nord-Est chiamato anche "Rotta del Mare del Nord" (Northern Sea Route); quest'ultima passa attraverso quattro mari (Mari di Kara, Laptev, della Siberia orientale e Ciukci) in comunicazione fra loro con una serie di stretti. Mosca ha incoraggiato l'utilizzo di questa rotta da parte di tutti gli Stati, ma ha sempre considerato la fascia di mare di fronte alle sue coste settentrionali sotto la propria sovranità e la navigazione in queste acque artiche sottratte alla disciplina internazionale.

La decomposizione dell'URSS ha accentuato l'importanza del passaggio artico di Nord-Est. Infatti, la Russia ha perduto i porti baltici dell'Estonia, della Lettonia e della Lituania. Le sono rimasti soltanto quelli di San Pietroburgo e Kaliningrad (già Königsberg) e quelli artici di Murmansk e Arcangelo. Si sono ridotti in tal modo gli approdi occidentali della "rotta nordica", mentre sono cresciuti i costi dei collegamenti (oleodotti, gasdotti, autostrade, ferrovie, ecc.) che attraversano le repubbliche baltiche, l'Ucraina, la Bielorussia, la Moldavia. È cresciuto anche l'interesse russo per un utilizzo più ampio della rotta artica da parte delle flotte commerciali. Mikhail Gorbaciov propone (1987) di fare dell'Artico una zona di pace e di cooperazione internazionale (ritiro delle testate nucleari, cessazione degli esperimenti atomici a nord dell'Europa, riduzione delle manovre militari, cooperazione nello sfruttamento delle risorse, nella ricerca scientifica). La posizione sovietico-russa in materia è precisata in particolare dalla legge sui confini dello Stato del 1982, dalla legge federale sulle acque interne, sul mare territoriale e della zona contigua del 1988 e dalla legge sulla zona economica esclusiva della Federazione russa del 1998. Di fatto, la navigazione sulle acque e negli stretti artici è libera ma sotto il controllo russo; la legislazione prevede numerose disposizioni restrittive cui le navi devono sottostare (notificazione e autorizzazione, pilotaggio obbligatorio negli stretti, responsabilità per eventuali danni ambientali, adeguate coperture assicurative, ispezioni dei carichi, criteri specifici di costruzione e di equipaggiamento delle navi, chiusura del transito in determinati periodi dell'anno per motivi meteorologici, pagamento dei servizi di assistenza, di pilotaggio e scorta di rompighiaccio, ecc). Il transito delle navi da guerra è consentito soltanto per tre unità straniere contemporaneamente; i sommergibili devono transitare in emersione con esposta la bandiera dello Stato d'appartenenza. In sostanza, la regolamentazione adottata dalle autorità russe nel passaggio artico di Nord-Est è simile a quello adottato da Ottawa per il passaggio a Nord-Ovest. Queste legislazioni, pur prodotte in modo unilaterale, sono state di fatto accolte dalla comunità internazionale perché non sono considerate in contrasto con le disposizioni del trattato di Montego Bay (1982). Non sono tuttavia mancate proteste per alcune di queste limitazioni in particolare per la rigidità dei controlli.

Tale comportamento delle autorità moscovite conferma l'interesse economico, militare e strategico che viene attribuito al traffico marittimo di queste aree. Nel 2007 un "minisommergibile" russo si è immerso nell'Oceano Artico al di sotto del Polo Nord geografico alla profondità di circa 4.000 metri, fissando sul fondo marino una bandiera nazionale russa di titanio. Anche di recente il governo moscovita ha denunciato la presenza e l'attività della NATO nella regione artica. Tutte le iniziative costituiscono, a suo giudizio, un pericolo per la pace, la cooperazione e la stabilità del continente artico. Non bisogna dimenticare che la Russia si considera artica per "diritto naturale", conseguente alla sua collocazione geografica e ai suoi insediamenti storici. In questo contesto va considerato l'annuncio (2008) della costruzione di una nuova flotta di navi rompighiaccio, l'avvio nel 2010 di importanti progetti per la ricerca scientifica e l'intenzione di costruire una piattaforma-stazione nucleare galleggiante per la trivellazione dello "scudo siberiano" e la conseguente estrazione di idrocarburi. Il governo russo ha inoltre concesso licenze di trivellazione al largo delle coste siberiane anche a compagnie straniere. Queste decisioni non devono sorprendere, in quanto Mosca teme una riduzione delle sue potenzialità estrattive nei più importanti giacimenti fino ad ora sfruttati (area del Volga e degli Urali, terraferma siberiana e Mare di Laptev). La situazione stimola l'individuazione e lo sfruttamento di nuove risorse per mantenere il ruolo di superpotenza energetica. A conferma della sua vocazione artica nel 2009, Mosca ha emesso un importante documento (*Fondamenti della politica statale della Federazione russa nell'Artico fino al 2020*), nel quale conferma l'intenzione di trasformare questo continente in una base strategica per reperire le risorse necessarie al suo sviluppo futuro e di sfruttare le nuove prospettive nordiche dei collegamenti marittimi. È implicita l'intenzione di escludere intromissioni straniere nelle aree rivendicate e negli obiettivi perseguiti. Nel 2010 il presidente russo Medvedev ha definito il continente artico come un'«area delicata» nel contesto internazionale, senza tuttavia escludere le possibilità di intese con le altre potenze interessate alla regione.

Nel 2010 si è tenuto a Mosca un Forum internazionale per i problemi artici (International Arctic Forum) con la partecipazione di Russia, USA, Canada, Danimarca, Norvegia, Islanda e di molti altri Paesi. In questa occasione i russi hanno sottolineato la necessità di trovare soluzioni pacifiche alle controversie che ancora dividono gli Stati che hanno interessi in queste aree. Il governo russo ha tuttavia sottolineato alcuni elementi che, a suo giudizio, rafforzano le sue precedenti affermazioni: oltre il 70% del suo territorio è collocato nella parte settentrionale della Terra, ha il maggior numero di città sistemate oltre il circolo polare artico, possiede specifiche competenze tecnologiche ed esperienze di ricerca, ha dimostrato capacità di gestione delle emergenze artiche ed ha in progetto anche la creazione di importanti parchi naturali per tutelare l'ecosistema artico e permetterne il godimento all'intera umanità. Di fatto Mosca apre alla cooperazione, ma rivendica gran parte del "continente liquido".

Altre potenze presenti nella regione avanzano rivendicazioni ed esigono il riconoscimento d'interessi non rinunciabili. Il Canada avanza richieste già dagli inizi del XX secolo sulle oltre 160 isole situate nell'artico canadese e sui fondali della sua piattaforma continentale e domanda con insistenza che siano definiti e riconosciuti i suoi confini marittimi. Ottawa rivendica diritti storici su questi territori insulari e su queste superfici marine che derivano da antichi insediamenti delle popolazioni autoctone (in prevalenza inuit) e dalle conseguenti occupazioni canadesi. Inoltre, non nasconde che la questione artica sia una priorità per la sua politica futura, mostrando forte interesse per l'utilizzo delle nuove rotte commerciali (passaggi di Nord-Ovest e di Nord-Est) e per lo sfruttamento delle enormi risorse del continente.

Il governo canadese con l'adozione dell'Arctic Waters Pollution Prevention Act (AWPPA) nel 1970 ha esteso la propria giurisdizione a 100 miglia nautiche dalle coste; ha inoltre dichiarato di considerare "acque interne" quelle contenute nell'arcipelago canadese. Ottawa ha sottolineato in più occasioni che questa sistemazione intende proteggere l'ambiente marino e costiero della regione artica e non vuole costituire alcun ostacolo alla navigazione commerciale. Un accordo è stato raggiunto con Washington nel 1988 (Agreement on Arctic Cooperation) per facilitare la navigazione dei rompighiaccio nelle acque artiche, per migliorare le conoscenze dell'ambiente marino e per il transito delle navi statunitensi nelle "acque interne" canadesi. Di fatto, pur in assenza di specifici accordi internazionali, il transito di navi mercantili, turistiche e militari lungo il passaggio a Nord Ovest, è regolato dalla legislazione canadese che rispetta la libertà di passaggio; sono previsti controlli per garantire la sicurezza della navigazione e proteggere l'ambiente marino e le coste in caso di incidenti. Le autorità canadesi non hanno esitato a denunciare presunti «sconfinamenti aerei, navali e sottomarini» nelle sue acque territoriali e nel suo spazio aereo. Al momento le pretese di Ottawa sono in molti casi contrastanti con le aspirazioni degli USA, della Russia, della Danimarca e della Groenlandia.

La questione artica è una priorità anche per Washington che non nasconde i suoi interessi economici e strategici anche se la regione più nordica degli USA, l'Alaska, non è contigua con il resto del Paese, affacciandosi sul Mare Artico e sullo stretto di Bering. In quest'ultimo settore le coste settentrionali degli statunitensi e dei russi si fronteggiano a poche decine di chilometri, dove è sempre stata molto elevata la reciproca vigilanza e la disposizione di strumenti difensivi e offensivi navali, aerei e missilistici. La responsabilità della presenza USA in Alaska ricade sullo zarismo che vendette, nel 1867, l'intera regione al governo statunitense. Quest'ultimo rivendica ora, oltre alle acque territoriali, un'estesa area economica esclusiva come prolungamento della piattaforma continentale nordamericana. Già il presidente Truman nel 1945 ha esteso la giurisdizione statunitense sull'intera piattaforma continentale; nel 1966 Washington ha definito anche zone esclusive di pesca al di fuori delle sue acque territoriali; non senza motivo in più occasioni sono stati denunciati sconfinamenti di pescherecci russi. Un accordo del 1990, sottoscritto dal ministro degli Esteri sovietico Eduard Shevardnadze e dal segretario di Stato statunitense James Baker, ha risolto molti dei problemi oggetto delle controversie più frequenti (zone di pesca, transito di navi mercantili, ecc.). Gli accordi si occupano in prevalenza delle aree marine a Nord e a Sud dello stretto di Bering, in particolare dello spazio marittimo compreso fra la penisola dell'Alaska, le isole Aleutine e la penisola Kamchatka (Mare di Bering) e di quello compreso fra le coste occidentali dell'Alaska (Monti Brooks) e quelle orientali siberiane (Monti di Ciukci), cioè il Mare dei Ciukci al centro del quale si trova l'isola di Wrangel. Washington ha espresso in più occasioni tutto il suo interesse per le "autostrade artiche" percorribili dopo il progressivo ritiro della banchisa polare con la conseguente apertura dei ghiacci. Nonostante queste pretese e rivendicazioni, gli USA non possono sostenere una "vocazione artica". Fra l'altro non dispongono di una flotta di rompighiaccio, né possono vantare insediamenti metropolitani importanti oltre il circolo polare in quanto l'Alaska è in gran parte disabitata e selvaggia.

Anche l'Islanda ha in più occasioni manifestato aspirazioni sulla sua piattaforma continentale; nello stesso modo si è espressa la Danimarca che rivendica le dorsali sottomarine che si spingono verso le aree artiche. Queste rivendicazioni sono in parte analoghe a quelle della Groenlandia (ancora in cammino verso la piena indipendenza dalla Danimarca), che pretende il riconoscimento di precisi diritti sull'estensione della sua piattaforma insulare e sui relativi fondali.

Anche il Regno Unito avanza delle richieste. Londra aspira al controllo di parte della piattaforma continentale sotto il Mare del Nord (come la Norvegia) e di alcuni altopiani sommersi (Rockhall Rise e Faer Øer) ad Ovest della Scozia verso l'Oceano Atlantico del Nord anche se questi sono lontani dalle coste delle principali isole del Regno Unito.

La Norvegia ha avanzato frequenti richieste di riconoscimento di diritti sulla piattaforma artica e sui suoi fondali aspirazioni che hanno generato contrasti diretti con la Russia per la vicinanza fra i due Stati che dopo la seconda guerra mondiale sono confinanti e si affacciano entrambi sul Mare Artico. Nel 2010, per ridurre la tensione e risolvere i problemi più urgenti, è stato sottoscritto un accordo fra Mosca e Oslo per la cooperazione in un'area marittima limitata dei Mari di Barents e di Norvegia oltre Capo Nord. Grazie ad esso è stata concordata una strategia comune per la ricerca scientifica e per l'utilizzo delle risorse energetiche e ittiche della regione, essendo prevista pure la cooperazione fra i due Stati per l'estrazione degli idrocarburi in "condizioni estreme". La Norvegia ha inoltre assunto un ruolo di coordinamento e di mediazione nei rapporti fra Mosca e l'Unione Europea. Quest'ultima, pur lontana dalle zone artiche, ha manifestato un interesse specifico per una gestione multilaterale di tutte le questioni del "continente liquido" (ambiente, sfruttamento risorse minerarie, energetiche, ittiche, ecc.). L'Unione Europea ha assunto anche un ruolo di mediazione e di moderazione fra i principali competitori. In realtà, la crisi economica mondiale e l'aumento dei prezzi degli idrocarburi ha inasprito i rapporti fra i principali "attori artici" (*arctic player*) e reso di conseguenza più utile e apprezzata l'opera degli "attori non artici" (*non-arctic player*) fra i quali l'Unione Europea.

2. *Il "continente" antartico*

L'Antartide comprende i territori e i mari che circondano il Polo Sud ed è il più meridionale dei continenti terrestri. Il suo nome, riferito in modo specifico ad un continente, è usato dalla fine dell'Ottocento dalla cartografia inglese ed ha origine dal greco *antarktikós*, cioè "opposto all'Artico". Quest'area di grandi dimensioni (circa quindici milioni di kmq) è quasi completamente coperta da ghiacci che raggiungono uno spessore medio di oltre 1.500 metri. L'Antartide non ha popolazione stabile in quanto vi risiedono, in modo temporaneo, le persone impegnate nelle stazioni scientifiche disseminate sul suo territorio; gode di un clima rigidissimo, presso la stazione Amundsen-Scott è stata registrata (1982) la più bassa temperatura mai raggiunta sul nostro pianeta: -89° C. (nel periodo 1957-2006 è stata registrata una temperatura media di -50° C.). È considerato dai geografi un "deserto" per la scarsità delle precipitazioni annue; è inoltre flagellato da forti e gelidi venti che non di rado possono raggiungere la velocità di 300 km orari.

Il "continente" antartico può apparire come un'enorme isola nel punto di convergenza di tre oceani (Atlantico, Pacifico e Indiano); di fronte ad esso i territori emersi più rilevanti sono la punta estrema del Sud dell'America Latina (Argentina e Cile), quella dell'Africa (Sudafrica), l'Australia, la Tasmania e la Nuova Zelanda. A ridosso dell'Antartide si trovano inoltre numerose isole e arcipelaghi di modesta estensione.

L'Antartide è ricca di risorse minerarie (petrolio, carbone, ferro, nichel, manganese, uranio, ecc.). Nel sottosuolo sono state individuate enormi riserve di acqua dolce contenute in laghi sotterranei formatisi milioni di anni fa. I primi viaggi lungo le coste di questo continente avvengono fra la fine del XVII secolo e gli inizi del XVIII. In seguito prendono corpo spedizioni e sbarchi in primo luogo ad opera di statunitensi, australiani, russi e britannici, ai quali si affiancano, nel corso dei decenni successivi, molte altre iniziative di esplorazione. Il primo raggiungimento del Polo Sud è in genere riconosciuto alle spedizioni dell'esploratore norvegese Roald Amundsen e a quella inglese guidata da Robert Falcon Scott rispettivamente nel dicembre 1911 e nel gennaio 1912. Nel corso del XX secolo diversi Stati hanno avanzato rivendicazioni su alcuni territori antartici con motivazioni diverse: prossimità geografica, esplorazioni, insediamenti di basi scientifiche (Londra nel 1908, la Nuova Zelanda nel 1923, la Francia nel 1924, l'Australia nel 1933, la Norvegia nel 1929 e nel 1939, il Cile nel 1940, l'Argentina nel 1942, il Brasile nel 1986). Alcuni di questi territori sono stati rivendicati da più Stati per cui vi è stata sovrapposizione territoriale delle rispettive richieste. La Germania nazista ha avanzato pretese nel 1939 su un'ampia area denominata "Nuova Svevia". Anche altri Paesi hanno, in seguito, avanzato richieste territoriali (Spagna, Perù, Sudafrica, Stati Uniti e Russia). Ampie aree del continente antartico non sono state rivendicate da alcun Stato. Per definire un utilizzo pacifico delle risorse del continente e per tutelare il suo delicato ecosistema è stato sottoscritto a Washington nel 1959 il Trattato antartico (ATS, Antarctic Treaty System), che costituisce la base di un articolato sistema di accordi multilaterali integrativi. Esso è stato stipulato dai Paesi partecipanti all'Anno geofisico internazionale (1957-1958) ed è entrato in vigore nel 1961. Il "sistema" è formato da alcuni accordi: Il Trattato antartico (1959); la Convenzione per la conservazione delle foche (1972); la Convenzione per la conservazione delle specie marine viventi (1980) e la Convenzione per lo sfruttamento delle risorse minerarie (1988). Più tardi è stato raggiunto un accordo per la protezione ambientale (Madrid, 1991), che proibisce, per i successivi cinquant'anni, ogni forma di sfruttamento delle risorse minerarie del continente; questa decisione è stata adottata per sottrarre l'intera regione alle bramosie dei diversi Stati e per spingerli ad una più forte cooperazione per definire la qualità e la consistenza delle risorse esistenti.

Gli accordi di Washington (1959) stabiliscono la libertà di ricerca scientifica a scopo pacifico in Antartide. A questo fine sono proibite tutte le attività militari e ogni iniziativa che comporti l'utilizzo (esplosioni o depositi) di materiale nucleare o radioattivo. Le parti contraenti s'impegnano a favorire la libertà di ricerca e la cooperazione scientifica, con scambi informativi e di personale tra le diverse basi scientifiche. Per uno stabile utilizzo pacifico del continente, i Paesi firmatari s'impegnano a rinunciare ad ogni pretesa di sovranità sulle parti antartiche eventualmente rivendicate; questa "autolimitazione" ha carattere di reciprocità. Nel corso degli ultimi anni le adesioni al trattato hanno fatto registrare una continua crescita. Ad oggi lo hanno sottoscritto ben quaratacinque Stati. I Paesi aderenti sono suddivisi in due gruppi:

1) 27 "Parti consultive" che hanno potere decisionale con diritto al voto vincolato all'unanimità per controllare l'osservanza del trattato; questa condivisione può essere estesa a tutte le Parti che, aderendo al trattato, svolgono reali attività di ricerca sul continente antartico.

2) 18 "Parti contraenti" formate dai Paesi che non svolgono alcuna pratica attività in Antartide.

Il trattato prevede la costituzione di un'Assemblea dei rappresentanti degli Stati aderenti; nel 2003 è stato costituito un Segretariato permanente con sede a Buenos Aires, con funzioni di coordinamento sotto la guida di un segretario esecutivo (Executive Secretary).

L'Italia ha sottoscritto il Trattato antartico nel 1981; è membro consultivo con diritto di voto dal 1988; nel 1985 ha dato vita al Programma nazionale di ricerche in Antartide (PRNA) ed ha individuato nella baia di Terranova nella regione del Mare di Ross il sito della stazione italiana di ricerca che è abitata da ottobre a febbraio.

Tutti i Paesi che hanno avanzato in passato rivendicazioni territoriali hanno accettato di mantenerle in "sospeso" e di rinunciare alle pretese di estensione della propria sovranità finché saranno da tutti rispettati gli impegni sottoscritti a Washington nel 1959. Le basi scientifiche operative in Antartide sono circa un centinaio e ospitano dalle 1.000 persone nei mesi invernali alle 5.000 in quelli estivi; non esiste, come è noto, una popolazione indigena residente in questi territori. Nell'immediato dopoguerra non sono mancate contrapposizioni fra Mosca e Washington anche in questo continente, ma in seguito alla sottoscrizione del trattato del 1959 la situazione è via via mutata. Di fatto, le rivendicazioni territoriali sono state accantonate ed è stata accettata una loro "momentanea" sterilizzazione. Grazie a questi indirizzi il continente antartico è oggi un luogo sottratto al confronto fra le diverse capitali, è oggetto di studi scientifici con l'insediamento di molte basi di ricerca (clima, fauna, risorse, ambiente terrestre e marino, ecc.) ed è, nei fatti, un'area pacifica di cooperazione internazionale. Non bisogna dimenticare che le ventisette parti consultive (con diritto di voto) rappresentano il 60% della popolazione mondiale che produce circa il 75% del PIL del nostro pianeta, fra i quali figurano tutti gli Stati presenti nel G7. Alla luce di queste premesse si è costituita una solida cooperazione internazionale per la tutela e la gestione di questo continente che può essere considerata un'esperienza di governo mondiale *sui generis*. La provvisorietà di quest'autolimitazione politica non fa ombra al risultato raggiunto, che evidenzia gli interessi condivisi dalla comunità internazionale rispetto a quelli statali.

3. *L'esplorazione dell'universo. I precedenti*

Negli ultimi decenni l'umanità ha dimostrato un particolare interesse per lo spazio che circonda la Terra. Ciò è stato possibile grazie agli straordinari risultati conseguiti dalla ricerca scientifica (telescopi, vettori, tecnologie, astrofisica, ecc.) che hanno aperto nuovi orizzonti alla conoscenza del sistema solare, della galassia alla quale appartiene il nostro pianeta e dell'intero universo.

Il sistema solare è un insieme di corpi celesti che la forza di gravità di una stella (Sole) mantiene in orbita. Questo sistema è formato da otto pianeti principali (Mercurio, Venere, Terra, Marte, Giove, Saturno, Urano, Nettuno) con i rispettivi satelliti, da cinque pianeti "nani" e da milioni di corpi minori (asteroidi, comete, meteoriti e frammenti interplanetari).

È ormai assodato che nel nostro sistema galattico (via Lattea) esistono altri miliardi di stelle, cioè di corpi celesti che, come il Sole, brillano di luce propria; anche intorno ad essi gravitano pianeti e satelliti. Se questa è l'enorme dimensione della nostra galassia, occorre precisare che è da tempo accertata l'esistenza di altre galassie. Ciò induce a pensare ad una spazialità infinita del cosmo del quale sono state, ad oggi, definite solo alcune certezze. Per la mente umana abituata ad operare in spazi e tempi definiti non è semplice immaginare realtà tanto diverse e il concetto stesso d'infinito è assai difficile da capire, interpretare e utilizzare. Pur in presenza di queste conoscenze e di molte ipotesi non ancora accettate dall'intera comunità scientifica sull'origine della nostra galassia e dell'intero universo conosciuto, non può sorprendere che l'attenzione degli studiosi sia focalizzata sul sistema solare. In questa direzione si sono orientate ricerche, inviate sonde e avviate esplorazioni umane.

Dopo la completa osservazione delle terre emerse del nostro pianeta (molto scarse sono al contrario le conoscenze del sottosuolo e dei fondali marini più profondi), dopo l'occupazione di quasi tutti i territori da parte degli Stati (colonizzazione e decolonizzazione), dopo la rinnovata attenzione per le calotte artiche, gli uomini hanno dato un'importanza crescente al mondo extraterrestre; hanno così superato limiti tradizionali fino ad ora non valicati. Ciò tuttavia non deve sorprendere: anche in passato l'umanità ha avuto confini spaziali non varcati per lunghi periodi; per restare ai tempi più recenti basta pensare alle colonne d'Ercole, alla punta estrema del Sudafrica o dell'America meridionale, ai mari e alle terre artiche o alle grandi distese oceaniche che per secoli nessuno ha osato attraversare. Il loro superamento è stato possibile nel tempo grazie all'audacia dei navigatori, alle nuove scoperte scientifiche, agli interessi economici e all'iniziativa di gruppi finanziari e di Stati. In modo simile si affaccia ora l'avventura spaziale. A differenza delle precedenti essa abbisogna di enormi risorse finanziarie, di conoscenze scientifiche vaste, di strumenti operativi (basi, vettori, equipaggi, ecc.) con potenzialità eccezionali. In queste ipotesi non può essere sufficiente l'azione dei singoli esploratori ed ancor meno di isolati mecenati ma è stato necessario l'intervento degli Stati; soltanto le grandi potenze possono disporre dei mezzi necessari per condurre queste operazioni e avviare cioè l'esplorazione e la "colonizzazione" spaziale.

È naturale che l'avvio di questa esperienza, tanto affascinante quanto inconsueta, abbia inizio nelle zone più vicine al nostro pianeta e cioè lo spazio oltre l'atmosfera verso il nostro satellite, la Luna. Gli altri pianeti del sistema solare sono molto più lontani dal nostro. Il cammino verso lo sbarco sulla Luna non è stato né breve né facile; il suo percorso è stato segnato da tentativi, da insuccessi e da clamorosi e inimmaginabili risultati. Anche se da tempi immemorabili l'uomo ha sognato di sbarcare sulla superficie lunare, ciò è stato possibile solo di recente grazie a straordinari avanzamenti nelle scoperte astrofisiche e al perfezionamento dei vettori spaziali. Già agli inizi del XX secolo lo sviluppo dell'aeronautica ha fatto immaginare la possibilità di uscire dall'atmosfera e di spingere nello spazio vettori provenienti dalla Terra con o senza equipaggi.

Per superare i tradizionali motori a elica e ottenere velivoli di tipo nuovo più veloci, già fra le due guerre mondiali, si sviluppano centri di ricerca in diversi Paesi e in particolare in Germania. Gli studi missilistici tedeschi sono condotti da un gruppo d'ingegneri aeronautici fra i quali emerge Wernher von Braun. Quest'ultimo mette a punto i primi progetti di vettori capaci di arrivare ai limiti dello spazio. I più importanti risultati sono conseguiti dall'ingegneria aeronautica tedesca nel periodo finale del secondo conflitto mondiale. Berlino utilizza le V1 (missile da crociera o bombe volanti), si tratta di aeromobili senza pilota con dispositivi automatici di navigazione capaci di alzarsi in volo da rampe terrestri, dirigersi e schiantarsi su obiettivi in territorio nemico a centinaia di chilometri di distanza. Nello stesso periodo sono costruiti anche aerei a reazione (sostitutivi di quelli a elica) che vengono utilizzati come intercettori o come bombardieri veloci (Messerschmitt Me 262).

Vengono inoltre prodotte dal 1943 anche le V2, che vengono lanciate contro obiettivi civili e militari, in particolare in Inghilterra e in Belgio. La V2 risulta molto più pericolosa della V1: è più precisa, ha una capacità distruttiva molto superiore, è difficilmente intercettabile e può percorrere maggiori distanze. Dopo la conclusione del conflitto molte V2 e i relativi progetti cadono nelle mani degli alleati; molti esponenti dell'ingegneria aeromissilistica tedesca finiscono negli Stati Uniti (come Von Braun) e nell'URSS.

4. *I satelliti artificiali terrestri. Lo sbarco sulla Luna. Sviluppi successivi*

I successivi programmi missilistici statunitensi e sovietici affondano le loro radici nell'esperienza in materia acquisita dalla Germania; i risultati conseguiti dall'avionica missilistica tedesca sono alla base degli sviluppi successivi nella corsa fra Mosca e Washington per la conquista dello spazio.

Gli USA lanciano in orbita un primo satellite artificiale Explorer 1 (1958) senza equipaggio; pochi anni dopo (1962) una capsula spaziale porta in orbita terrestre il primo cosmonauta statunitense, John Glenn.

L'URSS prevale in questo confronto, mette in orbita il primo satellite artificiale Sputnik 1 (1957) senza equipaggio, segue poco dopo il lancio di Sputnik 2 con a bordo la cagnetta Laika.

Mosca con il missile R1 (molto simile alla V2) mette in orbita il suo primo satellite artificiale con a bordo un astronauta (1961): il pilota collaudatore Yuri Gagarin. Mentre è in orbita intorno al nostro pianeta (ad una velocità di 27.000 km/h e ad una altezza variabile dai 300 ai 175 km) osserva che «la Terra è blu. [...] È meravigliosa. È incredibile». Yuri Gagarin collabora in seguito a nuovi progetti spaziali sovietici e troverà la morte durante un volo di collaudo di un nuovo prototipo di aereo (nel 1968). Nel 1963 la cosmonauta russa Valentina Tereshkova, a bordo del Vostok 6, è la prima donna ad andare nello spazio.

Questi risultati confermano l'esattezza di molte teorie scientifiche, dimostrano la perfezione raggiunta nelle tecniche di lancio, di volo e di atterraggio e permettono di verificare gli equipaggiamenti per gli astronauti; di fatto i primi voli orbitali aprono la strada alle successive esplorazioni cosmiche. La collaborazione degli esperti tedeschi con gli statunitensi continua anche negli anni successivi. Nel 1958 è costituito l'Ente nazionale per le attività spaziali e aeronautiche (NASA, National Aeronautics and Space Administration). Quest'agenzia governativa è preposta alla ricerca aerospaziale e al programma spaziale statunitense, dando vita ad un importante centro di volo spaziale alla cui direzione dal 1960 al 1970 è chiamato lo stesso Von Braun. Qui prende corpo il progetto di sbarco sulla Luna di una navicella spaziale con equipaggio.

Nel 1969 un potente razzo Saturno porta sul nostro satellite l'Apollo 11; gli astronauti (Neil Armstrong e Edwin "Buzz" Aldrin Jr.) che guidano il modulo raggiungono la superficie lunare, scendono sul suolo ("passeggiata lunare") e rientrano sul nostro pianeta. In questa circostanza, per sottolineare l'importanza dell'evento, Neil Armstrong esclama: «questo è un piccolo passo per l'uomo, ma un grande passo per l'umanità». Von Braun vede coronato un vecchio sogno; fin dalle prime esperienze in campo missilistico lo scienziato-ingegnere tedesco (ora naturalizzato statunitense) ha coltivato l'idea di poter mandare un uomo sulla Luna. Più tardi, dopo aver lasciato la NASA coopera con altri istituti per la ricerca spaziale, s'impegna, negli ultimi anni di vita, per impedire la proliferazione delle armi spaziali (tradizionali e nucleari) ed è fra i fondatori dell'Istituto per la cooperazione nello spazio (ICS); decede in Virginia nel 1977.

In sostanza, l'URSS mette in orbita il primo satellite artificiale con equipaggio, mentre gli USA prevalgono nella corsa verso la Luna: in seguito prosegue lo sforzo delle due superpotenze nel settore spaziale. Washington mette in orbita (1973) una grande stazione spaziale (Skylab) con a bordo numerosi astronauti; nel 1975 uno spettacolare appuntamento spaziale porta all'incontro-aggancio dei moduli spaziali di astronauti sovietici e statunitensi (missione Apollo Soyuz ASTP). Dal 1981 gli USA mettono in orbita navette spaziali riutilizzabili in grado di trasportare astronauti (Space Shuttle Columbia). A seguito di gravi incidenti (1986 e 2011) che hanno determinato la distruzione delle navette e la morte degli equipaggi, nel 2011 sono stati interrotti i voli cosmici del programma. In seguito Mosca e Washington promuovono (1993) un progetto per mettere in orbita una stazione per studi ed esperimenti scientifici (Progetto Freedom-Mir 2). Anche altri Stati si sono associati a questa iniziativa: il Giappone con il modulo Kibo e l'Unione Europea con il progetto della piattaforma Columbus. La completa attivazione della stazione orbitale è prevista per il 2013-2014.

Negli ultimi decenni, oltre alle iniziative già ricordate, la NASA ha inviato nello spazio numerose sonde automatiche per raccogliere nuove conoscenze sugli altri pianeti del sistema solare (programmi Explorer, Mariner, Pioneer, Viking). Nel 1997 una sonda atterra sul pianeta Marte e attiva un mezzo meccanico che si muove sul suo territorio; successivi rovers (mezzi di trasporto) robotizzati raggiungono Marte nel 2003 e inviano dati importanti sul "Pianeta rosso"; uno di questi esploratori resta attivo e invia immagini e informazioni fino al 2010. Nel 2011 è messo in orbita da Cape Canaveral un modulo che trasporta su Marte il robot Curiosity, cioè un laboratorio geochimico su ruote. Dopo aver compiuto un viaggio di circa 600 milioni di km raggiunge il "pianeta rosso" nell'agosto del 2012 e vi deposita il robot, che dispone di strumenti per fornire nuovi e più precisi elementi sul pianeta (atmosfera, radiazioni, condizioni geologiche, presenza di acqua, possibilità di vita, ecc.). Resterà attivo, grazie alle particolari batterie al plutonio di cui dispone, per circa due anni ed è in grado di spostarsi sulla superficie del pianeta. Sonde sono state lanciate anche verso Caronte (satellite di Plutone) ove dovrebbe arrivare nel 2015 e verso Giove che dovrebbe essere raggiunto nel 2016; è stata inoltre lanciata una sonda destinata a superare lo stesso sistema solare e a viaggiare verso altre stelle della nostra galassia (Voyager I).

Un importante contributo alla ricerca è stato portato dai potenti telescopi orbitali attivati negli ultimi anni dalla NASA, che, collocati in orbita a centinaia di chilometri dalla Terra, hanno fornito informazioni di particolare rilievo sulle stelle supernove, sui buchi neri, sugli ammassi stellari, sulle galassie e sul "centro oscuro" della Via Lattea. Anche i telescopi terrestri hanno contribuito ad estendere la conoscenza del cosmo; nuovi elementi sul ciclo vitale delle stelle sono stati raccolti grazie al grande telescopio "Very Large Telescope" installato nel deserto di Atacama in Cile.

Anche l'URSS e dopo la Russia continuano nelle attività spaziali; nel 1986 è lanciata la stazione spaziale sovietica Mir, nel 1987 due astronautici sovietici (Vladimir Titov e Musa Manarov) rimangono a bordo di una navicella orbitale per ben un anno; nel 1994 si effettua l'operazione Euro Mir, la prima missione congiunta euro-russa; nel 1998 è lanciato in orbita il primo modulo della grande stazione orbitale internazionale: nel 2000 il primo equipaggio internazionale s'insedia nella stazione orbitale che dovrebbe essere completata nei prossimi anni. Né si possono dimenticare le sonde inviate da Pechino, da Tokyo e dalla UE per ricerche scientifiche e tecnologiche. Anche la Cina ha messo in orbita satelliti artificiali con equipaggi; il primo cinese nel cosmo è stato Yang Liwei (2003) seguito dalla cosmonauta Liu Yang (2012).

L'esplorazione dello spazio che circonda la Terra resta al centro dell'interesse e delle iniziative delle grandi potenze; di recente anche il governo cinese e quello indiano hanno preannunciato nuove importanti iniziative in questo campo; d'altra parte la ricerca scientifica legata alle esplorazioni spaziali ha contribuito allo sviluppo della telefonia cellulare, delle reti internet e delle previsioni meteorologiche atmosferiche. Negli ultimi anni si è manifestato un interesse crescente da parte di società private statunitensi per le attività spaziali. Nel 2012 un missile lanciato da Cape Canaveral ha messo in orbita una navicella destinata a portare rifornimenti per gli astronauti della stazione orbitale internazionale. La navicella, denominata Dragone, è di proprietà privata; è stata progettata, finanziata e realizzata da una società che vuole occuparsi di trasporti spaziali privati. Altri gruppi si sono costituiti con l'obiettivo di sfruttare le risorse minerarie degli asteroidi (platino, oro, ferro, nichel, cobalto, acqua, ecc.) che si possono raggiungere più facilmente della Luna. La società Planetary Resorces, che già opera con sistemi tecnologici molto avanzati nelle telecomunicazioni laser, non nasconde i suoi progetti per i prossimi anni; dispone di enormi capitali messi a disposizione da facoltosi statunitensi fra i quali Ross Perot Jr., Larry Page (cofondatore di Google), Eric Schidt (presidente di Google), James Cameron e altri investitori, scienziati e specialisti. La nascita di queste società induce a ricordare la formazione delle compagnie private nei secoli della colonizzazione europea degli altri continenti. Anche allora dopo le prime esplorazioni e i primi insediamenti ad opera degli Stati sono subentrate le iniziative private. I promotori dei progetti spaziali si ripromettono di affiancarsi o di sostituire le stesse iniziative statuali grazie ai mezzi finanziari di cui dispongono e alle ridotte capacità di spesa del governo statunitense.

5. *Gli accordi sullo spazio extratmosferico (1967) e sulla Luna (1979)*

Le esplorazioni al di fuori del nostro pianeta hanno posto nuovi problemi sul futuro dello spazio cosmico e nell'utilizzazione dei corpi celesti (navigazione, sbarchi, insediamenti, occupazione, proprietà, ecc.). Per dare iniziali soluzioni a queste questioni Washington, Mosca e Londra hanno sottoscritto (1967) un trattato sullo spazio extratmosferico (Outer Space Treaty), al quale possono aderire anche gli altri Stati e che costituisce la base del diritto internazionale aerospaziale. In base ad esso nessuno Stato firmatario può collocare armi nucleari o di distruzione di massa in orbita terrestre, sulla Luna, o su altri corpi celesti o stazionarli negli spazi extratmosferici. Nessuno può rivendicare risorse presenti su corpi celesti, che sono considerati "patrimonio comune dell'umanità". È fatto divieto di effettuare su di essi esperimenti di armi di qualunque tipo, di condurvi manovre militari, di stabilire basi, installazioni e fortificazioni della stessa natura. I corpi celesti possono essere utilizzati soltanto a fini pacifici e non possono essere oggetto di appropriazioni nazionali, di rivendicazioni ed ancor meno di occupazioni esclusive. Sotto questo profilo i corpi celesti non sono considerati *res nullius*, ma *res communis*, cioè appartenenti ad una pluralità di soggetti. Le stesse attività eventualmente condotte da enti non governativi sono soggette a specifiche autorizzazioni e controllo da parte degli Stati di appartenenza, che sono considerati responsabili di tutte le attività nazionali condotte dagli enti governativi e non governativi.

Nel preambolo del trattato gli USA, l'URSS e il Regno Unito ricordano la risoluzione dell'Assemblea Generale delle Nazioni Unite (1947) che ha condannato ogni iniziativa ostile alla pace e quelle

(1963) sui principi legali che devono guidare gli Stati nell'esplorazione e nell'uso dello spazio esterno e sul divieto di mettere in orbita oggetti che portino armi nucleari o di altro tipo e d'installare tali armamenti su corpi celesti. Riaffermano l'interesse di tutta l'umanità all'esplorazione e all'uso pacifico dello spazio, auspicando allo stesso tempo «la più larga cooperazione internazionale negli aspetti scientifici», grazie alla quale potrà svilupparsi la comprensione reciproca con relazioni sempre più amichevoli fra Stati e popoli. Riemerge in questa circostanza l'intenzione dei primi tre Stati firmatari di confermare l'intesa di pace e di cooperazione che fu sancita a Jalta (nel 1945) in occasione della nascita dell'Organizzazione delle Nazioni Unite. Lo spirito degli accordi "perpetui" di pace fra loro sul pianeta Terra è ora riproposto per gestire gli spazi extratmosferici e i corpi celesti. Si tratta, fra l'altro, delle stesse potenze che hanno dato vita agli accordi nella penisola di Crimea. Nel 1979 è predisposto un successivo trattato sulla Luna considerato l'Appendice di quello del 1967: i firmatari prendono atto dei risultati conseguiti nell'esplorazione spaziale, della volontà di impedire che la Luna «si trasformi in una zona di conflitto internazionale» e dei benefici che possono derivare dallo sfruttamento delle sue risorse naturali. In questo contesto le attività future sulla Luna e sugli altri corpi celesti si atterranno alle norme del diritto internazionale e alla Carta delle Nazioni Unite e alla Dichiarazione sui principi della legge internazionale per le relazioni amichevoli e di cooperazione tra le nazioni (1970). La Luna sarà usata da tutti per scopi pacifici; la sua esplorazione e uso è di competenza di tutta l'umanità con particolare attenzione anche per gli interessi delle generazioni future. Il segretario generale dell'ONU, il pubblico e la comunità scientifica dovranno essere informati di tutte le iniziative intraprese; la ricerca scientifica sul nostro satellite sarà libera; il personale, i veicoli, le attrezzature, gli equipaggiamenti, le stazioni e le installazioni potranno muoversi liberamente ed essere sistemati sopra e sotto la superficie della Luna. È necessario definire per il futuro un regime internazionale di comportamento per garantire:

1) l'utilizzo "ordinato e sicuro" delle risorse del satellite;

2) la loro razionale amministrazione;

3) un equo godimento tra i Paesi partecipanti, responsabili di tutte le attività svolte sulla Luna dai rispettivi enti nazionali.

Questo trattato sulla Luna è "aperto" a tutti gli Stati; la copia originale in arabo, cinese, inglese, francese, russo e spagnolo è stato depositato presso il segretario delle Nazioni Unite. Le reazioni della comunità internazionale di fronte ai due trattati (1967 e 1979) non sono analoghe; mentre il primo (1967) è sottoscritto da molti Stati, il secondo (1979) lo è in misura minore. C'è da osservare la sostanziale diversità delle disposizioni contenute nei due accordi. Nel primo si precisa la completa libertà di accesso alla Luna (esercizio di attività, collocazione di materiale, invio di personale, ecc.) con la sola esclusione di armamenti (nucleari e tradizionali); nel secondo si sottolinea che la Luna è *res communis* e di conseguenza è proibito l'utilizzo delle sue risorse a scopi nazionali (pubblici o privati). Queste tassative restrizioni hanno indotto molti Stati ad una pausa di riflessione per non vedersi precluse da impegni tanto vincolanti molte prospettive di sfruttamento futuro. Restano sullo sfondo di questi comportamenti evidenti riserve di natura economica legate alle risorse della superficie e del sottosuolo del nostro satellite naturale. Il sistema di garanzie formulato per i corpi celesti e per lo spazio evidenzia in primo luogo un cambiamento epocale molto significativo; gli accordi in questione impegnano Stati del nostro pianeta ma non sono più diretti a risolvere problemi situati sul suo territorio. Al contrario sono rivolti al di fuori di esso in aree in precedenza ignorate che ora acquistano una potenziale e prospettica importanza. Sotto questo profilo essi hanno una valenza relativa nel senso che appaiono come transitori, provvisori, quasi emergenziali. È evidente che il cammino percorso nelle esplorazioni extratmosferiche è appena iniziato e che esso è destinato a compiere altri non immaginabili avanzamenti nei prossimi decenni. Alla luce di questa realtà le prescrizioni previste dalle solenni dichiarazioni dell'ONU e dei due trattati (1967 e 1979) sono dettate da esigenze contingenti; i risultati stessi raggiunti (voli orbitali, allunaggio, stazioni spaziali, sonde nel sistema solare ed oltre, ecc.) hanno sorpreso i protagonisti della corsa spaziale di questo periodo, avendo voluto fissare delle reciproche garanzie, escludere ipotetici rischi, consolidare i risultati acquisiti.

Non è certamente casuale che i proponenti di questi accordi siano le superpotenze di quel periodo, USA e URSS, alle quali si è affiancato il Regno Unito. Esse rappresentano due sistemi politici (liberal-democratico e marx-leninista); ancora negli anni in cui si formalizzano queste intese, si considerano i garanti dell'ordine internazionale, i fondatori del sistema pacifico nato con la formazione dell'ONU, gli unici in grado di indicare sulle principali questioni la strada che deve seguire l'umanità. Non può sorprendere la loro volontà di fissare alcuni criteri per regolare anche i nuovi problemi spaziali. Si tratta, dal loro punto di vista, d'impegni di carattere difensivo nella logica di un nuovo potenziale sistema di sicurezza extraplanetaria; s'insiste sulla libertà di movimento e d'insediamento ma si sottolinea l'assoluta esclusione di utilizzo di ogni tipo di armamento negli spazi cosmici e sui corpi celesti; è evidente la garanzia reciproca dei contraenti perché in quel periodo gli altri Stati non avevano né l'intenzione di concorrere in queste competizioni né ancor meno le risorse per attrezzare vettori o basi extraterrestri dotate di simili armamenti. Di fatto queste tre capitali si autoescludono da questa possibilità e invitano anche le altre, pur in condizioni d'inferiorità, a sottoscrivere le stesse disposizioni. A questo impegno è associata la solenne dichiarazione dell'appartenenza della Luna a tutti i popoli o meglio all'intera umanità; essa è *res commuis* e dunque non possono trovare accettazione nei suoi confronti eventuali diritti di proprietà totali o parziali. Questa scelta interessa ancora una volta tutti i principali protagonisti della "corsa alla Luna", in quanto gli altri attori internazionali non dispongono dei mezzi per rendere possibile un eventuale confronto con essi. Questi ultimi avrebbero potuto proclamare dei diritti conseguenti alle esplorazioni, agli sbarchi effettuati, al contributo dato per le ricerche scientifiche. Al contrario hanno preferito escludere occupazioni, estensioni di sovranità, esercizio di poteri d'imperio e si sono autoesclusi da ogni forma di possesso e di proprietà. C'è, sia presso il governo statunitense sia quello sovietico (poi russo), piena consapevolezza dei rischi di un confronto su questo terreno, ma anche coscienza dei limiti dei risultati raggiunti fino ad ora e di quanta strada occorre ancora percorrere per mettere a frutto, sul piano economico, militare o strategico i risultati conseguiti.

Ammonimenti importanti vengono anche dalle esperienze dei secoli precedenti che hanno conosciuto la colonizzazione e la successiva decolonizzazione di ampie aree del nostro pianeta. Ha potuto in tal modo prevalere una soluzione più prudente ed equilibrata anche se non è possibile escluderne la provvisorietà; in sostanza ha prevalso la logica della cooperazione, della ricerca comune e del ribadito interesse di tutta l'umanità per questi straordinari progressi scientifici e tecnologici. Nella targa che gli astronautici statunitensi hanno collocato sulla superficie lunare dopo lo sbarco si dice che essi sono venuti in pace nel nome di tutta l'umanità. Questa affermazione è di particolare rilievo: non c'è più, come era accaduto nei secoli della colonizzazione terrestre, la proclamazione di un insediamento nel nome di una casa regnante, di uno Stato o di un impero, ma il risultato conseguito è attribuito all'uomo e, nel suo nome, s'intende affermarlo. Anche se il merito specifico resta dello Stato e dell'equipaggio che hanno compiuto questa impresa, essi ne attribuiscono la paternità all'intero popolo della Terra e a suo nome intendono utilizzare i suoi frutti; si tende a snazionalizzare queste imprese per esaltarle come frutto del lavoro dell'uomo. Importante anche l'altra affermazione: si è venuti sulla Luna in pace.

Contro chi poteva essere intrapreso un conflitto? Non certo contro gli indigeni, non essendo al momento il satellite abitato né da uomini né da altre creature; potrebbe dunque essere un messaggio indirizzato ad altri viventi, ora ignoti, ma presenti sia sulla Luna che su altri pianeti del sistema solare o delle galassie dell'universo. Non c'è stata fino ad oggi traccia di queste presenze né negli spazi cosmici a noi più prossimi né in quelli più remoti; nessuno tuttavia può escludere che in futuro esse possano manifestarsi e obbligare l'umanità a confrontarsi con essi; quest'ultima tuttavia ha voluto precisare, secondo il testo della targa deposta, di voler assumere atteggiamenti pacifici nei confronti di tutti gli esseri dell'universo. Ma c'è anche un recondito significato terrestre del messaggio in questione; gli astronauti statunitensi nel momento in cui per primi hanno masso piede sulla Luna hanno voluto togliere all'avvenimento ogni carattere competitivo. Washington ha assicurato gli altri Paesi che il risultato raggiunto appartiene anche a loro in quanto rappresenta un'affermazione scientifico-tecnologica dell'intera umanità; in questo senso la dichiarata intenzione pacifica non è diretta solo a ipotetici abitanti di mondi extraterrestri, ma anche a quelli del nostro e in particolare ai sovietici. La presenza nello spazio e in primo luogo sulla Luna non deve inaugurare una nuova fase di colonizzazione competitiva interstatuale, ma va vissuta e gestita con uno spirito nuovo di collaborazione fra tutti gli uomini del nostro pianeta. Ad oggi lo spirito della "targa del 1969" e gli accordi precedenti e successivi hanno trovato conferma nelle dichiarazioni e nei comportamenti degli Stati che hanno intrapreso il loro cammino spaziale. Anzi, si è constatata una crescente collaborazione interstatuale in questo campo (ricerche, progetti, stazioni spaziali, equipaggi misti, ecc.). Ciò lascia presupporre che l'avventura extraterrestre possa aprire le porte a nuove forme di cooperazione internazionale che la spartizione, a suo tempo, del "pianeta azzurro" non ha consentito.

BIBLIOGRAFIA

Nella preparazione di questo secondo volume di Storia della politica internazionale, dedicato al tramonto degli imperi coloniali (1945-2013) abbiamo utilizzato le raccolte dei documenti diplomatici, degli atti parlamentari, i resoconti dei congressi dei partiti e dei movimenti politici, le dichiarazioni e le pubblicazioni memorialistiche degli esponenti più rappresentativi del mondo politico ed economico e la più diffusa ed autorevole stampa periodica. Queste fonti documentarie, di notevole ampiezza, interessano ormai molti degli Stati oggetto di quest'opera; è però necessario precisare che, per taluni di essi, le disponibilità sono ancora ridotte, in particolare per quanto attiene alla pubblicazione dei documenti diplomatici.

Raccolte di documenti e di trattati:

A Calendar of Soviet Treaties, 1917-1957, Stanford 1959.

A Guide to the Use of United Nations Documents (Including Reference to the Specialized Agencies and Special U. N. Bodies), Dobbs Ferry, New York 1962.

Actes et documents du Saint Siège relatifs à la Seconde Guerre Mondiale, 11 voll., Roma 1965-1981.

Akten zur Auswärtigen Politik der Bundesrepublik Deutschland, München 1989 e ss.

Akten zur Deutschen Auswärtigen Politik. 1918-1945, Gottingen, 1966.

Bescheiden betreffende de buitenlandse politiek van Nederland 1848-1919, 1972 e ss.

China Handbook, 1937-1945. A Comprehensive Survey of Major Development in China in Eight Years of War, compiled by the Chinese Ministry of Information, New York 1943.

Dez anos de politica externa (1936-1947). A nação portuguesa e a segunda guerra mundial, 11 voll., 1964-1980.

Die Bundesrepublik Deutschland und Frankreich: Dokumente 1949-1963, volume I, *Aussenpolitik und Diplomatie*, Monaco 1997.

Documents diplomatiques belges 1941-1960, Bruxelles 1998 e ss. Tome VIII, *Territoires d'Outre-mer*, par Jacques Vanderlinden, 2004.

Documents Diplomatiques Français. 1932-1939, Parigi 1963 e ss.

Documents Diplomatiques Suisses. Diplomatische Dokumente der Schweiz. Documenti Diplomatici Svizzeri, Berna 1979 e ss. cfr. anche www.dodis.ch.

Documents of Australian Foreign Policy 1937-1949, Canberra 1975 e ss.

Documents of the United Nations Conference on International Organization, San Francisco 1945, 15 voll., Londra-New York 1945.

Documents on British Foreign Policy. 1919-1939, Londra 1947.

Documents on Canadian External Relations, 27 voll., Ottawa 1967-2007.

Documents on Canadian Foreign Policy 1917-1939, Toronto 1962 e ss.

Documents on International Affairs (1939-1946). Vol. II (*Hitler's Europe*), Londra-New York-Toronto 1954.

Documents on Polish-Soviet Relations (1939-1945), 2 voll., Londra 1961-1967.

Documents on the Foreign Policy of Israel, Jerusalem 1981 e ss.

Dokumente aus den Jahren 1945-1949, Berlino 1968.

Dokumente zur Aussenpolitik der DDR (1963-1966), Berlino 1965-1970.

Dokumente zur Aussenpolitik der Regierung der Deutschen Demokratischen Republik (1949-1963), Berlino 1954-1963.

Dutch-Indonesian Relations 1950-1963, Instituut voor Nederlandse Geschiedenis, http://www.historici.nl/Onderzoek/Projecten/Nederlands-indonesischeBetrekkingen1950-1963.

Foreign Relations of the United States. Diplomatic Papers, Washington 1861 e ss.

Guide to League of Nations Publications. A Bibliographical Survey of the Work of the League, 1920-1947, New York 1951.

I Documenti Diplomatici Italiani, Roma 1952 e ss.

L'Empire Ottoman et l'Europe, 3 voll., Istanbul 2009.

La diplomazia contemporanea, a cura di E. Anchieri, Padova 1959.

Officiele bescheiden betreffende de Nederlands-Indonesische betrekkingen 1945-1950, in 20 voll., 1971 e ss.

Ottoman Diplomatic Documents on the Eastern Question, 5 voll., Istanbul 2010.

Ottoman Diplomatic Documents on the Origins of World War One, 7 voll., Istanbul 2008.

Public Papers of the Secretaries-General of the United Nations, 8 voll., New York 1969-1977.

Publication of Documents of Japanese Foreign Policy, Tokyo 1936 e ss.

Résolutions et déclarations du Conseil de Sécurité (1946-1992), Bruxelles 1993.

Soviet Documents on Foreign Policy, 3 voll., Londra-Toronto 1951-1953.
Soviet Foreign Policy During the Patriotic War: Documents and Materials (1941-1944), 2 voll., Londra 1946-1947.
Storia delle relazioni internazionali. Testi e documenti (1815–2003), a cura di Ottavio Bariè, Massimo De Leonardis, Anton Giulio De Robertis e Gianluigi Rossi, Bologna 2004.
The Agreements of the People's Republic of China with Foreign Countries, 1949-1990, Monaco 1992.
The Communist International 1919-1943, 3 voll., Londra-Toronto 1956-1971.
United States Relations with China, with Special Reference to the Period 1944-1949, Based on the Files of the U.S. Department of State, Washington 1949.
Yearbook of the United Nations, New York 1946 e ss.

Memorialistica, letteratura storica e pubblicistica:

AA. VV., *I processi d'interazione in America Latina*, Roma 2010.
AA. VV., *Il Brasile, motore dell'integrazione regionale dell'America del Sud*, in «Osservatorio di politica internazionale. Approfondimenti» n. 8, marzo 2010.
AA. VV., *Il confronto internazionale nell'Artico*, in «Osservatorio di politica internazionale. Approfondimenti» n. 24, ottobre 2010.
AA. VV., *Il nuovo concetto strategico della Nato: verso la quadratura del cerchio?*, in «Osservatorio di politica internazionale. Approfondimenti» n. 11, aprile 2010.
AA. VV., *Israele. Da Mosè agli accordi di Oslo*, Bari 1999.
Ageron C.-R., *La décolonialisation française*, Paris 1991.
Albonico A., *America Latina tra nazionalismo, socialismo e imperialismo*, Milano 1982.
Albrecht-Carrié R., *Storia diplomatica dell'Europa 1815-1968*, Roma-Bari 1978.
Albuquerque L. de (dir.), *Portugal no mundo*, 6 voll., Lisboa 1989.
Ambrose S., *Eisenhower: The President*, New York 1984.
Andreatta F., *Istituzioni per la pace*, Bologna 2000.
Andreatta F., *Le grandi opere delle relazioni internazionali*, Bologna 2011.
Andreis M., *L'Africa e la Comunità economica europea*, Torino 1967.
Andreotti G. - Diliberto O. - Migone G. G. - Rashid A. - Senese S., *Terrorismo e guerra*, Roma 2002.
Annati M. - Scovazzi T., *Diritto internazionale e bombardamenti aerei*, Milano 2012.
Arcari M., *Il regime giuridico delle utilizzazioni dei corsi d'acqua internazionali. Principi generali e norme sostanziali*, Padova 1998.

ARDIA D., *Alle origini dell'Alleanza occidentale*, Padova 1983.
ARGENTIERI F. (a cura di), *La fine del blocco sovietico*, Firenze 1991.
ATKINS G. P., *South America into the 1990s. Evolving International Relationships in a New Era*, Boulder-San Francisco-Londra 1990.
BAGNATO B., *L'Europa e il mondo: origini, sviluppo e crisi dell'imperialismo coloniale*, Grassina (Firenze) 2006.
BAGNATO B., *L'Italia e la guerra d'Algeria (1954-1962)*, Soveria Mannelli 2012.
BAGNATO B., *Petrolio e politica. Mattei in Marocco*, Firenze 2004.
BAGNATO B., *Vincoli europei, echi mediterranei: l'Italia e la crisi francese in Marocco e in Tunisia: 1949-1956*, Firenze 1991.
BALSEN W. - RÖSSEL K., *Hoch die internationale Solidarität: Zur Geschichte der Dritte-Welt-Bewegung in der Bundesrepublik*, Cologne 1986.
BARIÈ O., *Dal sistema europeo alla comunità mondiale*, Milano 1999.
BARIÈ O., *Dall'impero britannico all'impero americano*, a cura di Massimo De Leonardis, Firenze 2013.
BEETHAM D., *Democracy and Human Rights*, New York 1999.
BEN GURION D., *Il sionismo*, Milano-Trento 2000.
BENVENUTI F., *La Russia dopo l'Urss. Dal 1985 ad oggi*, Roma 2007.
BENVENUTI F., *Storia della Russia contemporanea (1853-1996)*, Roma-Bari 1999.
BERGÈRE M.-C. - BIANCO L. ET ALII, *La Chine au XXe siècle*, Paris 1989-1990.
BERGÈRE M.-C., *La Cina dal 1949 ai nostri giorni*, Bologna 2000.
BESCHLOSS M. R., *The Crisis Years: Kennedy and Kruschchev 1960-1963*, New York 1991.
BETTS R., *L'alba illusoria. L'imperialismo europeo nell'Ottocento*, Bologna 1992.
BETTS R., *La decolonizzazione*, Bologna 2003.
BIALER S., *The Soviet Paradox. External Expansion, Internal Decline*, New York 1968.
BIGNAMI G. F., *L'esplorazione dello spazio*, Bologna 2006.
BLACK J., *Il mondo nel ventesimo secolo*, Bologna 2004.
BLANKSTEN G., *Peròn's Argentina*, Chicago 1953.
BLEY H., *Kolonialherrschaft und Sozialstruktur in Deutsch-Südwest-Afrika. 1894-1914*, Hamburg 1968.
BOFFA G., *Dall'URSS alla Russia*, Roma-Bari 1995.
BÖHLKE-ITZEN J., *Kolonialschuld und Entschädigung: Der deutsche Völkermord an der Herero. 1904-1907*, Frankfurt/M. 2004.
BOLECH CECCHI D., *L'accordo di due imperi: l'accordo italo-inglese del 16 aprile 1938*, Pavia 1977.
BORSA G. - COLLOTTI PISCHEL E., *Asia Major, 1994*, Milano-Bologna 1995.
BORSA G., *Gandhi*, Milano 1983.
BORSA G., *La nascita del mondo moderno in Asia orientale. La penetrazione europea e la crisi delle società tradizionali in India, Cina e Giappone*, Milano 1977.

Borzoni G., *Renato Prunas diplomatico (1892-1951)*, Soveria Mannelli 2004.
Botiveau B., *L'État palestinien*, Parigi 1999.
Botta F. - Garzia I. (a cura di), *Europa adriatica: storia, relazioni, economia*, Roma-Bari 2004.
Bouche D., *Histoire de la colonisation française*, t. II, *Flux et reflux (1815-1962)*, Parigi 1991.
Bouneau C. - Burigana D. - Varsori A. (a cura di), *Les trajectoires de l'innovation technologique et la construction européenne. Des voies de structuration durable?*, Bruxelles-Berna 2010.
Bracher K. D., *Zeit der Ideologien. Eine Geschichte politischen Denkens im 20. Jahrhundert*, Stuttgart 1984[3].
Breccia A., *Sicurezza ed equilibrio nella politica internazionale: dal concerto europeo all'Unione Europea*, Roma 2008.
Brehl M., *Vernichtung der Herero. Diskurse der Gewalt in der deutschen Kolonialliteratur*, Monaco 2007.
Brenner M., *Geschichte des Zionismus*, Monaco 2002.
Brown J. M., *Modern India: The Origins of an Asian Democracy*, Oxford-New York 1994.
Brundu Olla P., *L'equilibrio difficile: Gran Bretagna, Italia e Francia nel Mediterraneo 1930-1937*, Milano 1980.
Brunschwig H., *L'expansion allemande outré-mer du XVe siècle a nos jours*, Parigi 1957.
Bucarelli M., *All'origine della politica energetica dell'ENI in Iran: Enrico Mattei e i negoziati per gli accordi petroliferi del 1957*, in «Nuova Rivista Storica», n. 2, 2010.
Bucarelli M., *La questione jugoslava nella politica estera dell'Italia repubblicana (1945-1999)*, Roma 2008.
Buccianti G., *1989: idoli infranti, fantasmi di guerra*, Milano 1993.
Buccianti G., *Enrico Mattei. Assalto al potere petrolifero mondiale*, Milano 2005.
Buccianti G., *La politica di Gorbaciov. Una scelta per sopravvivere*, Siena 1990.
Buccianti G., *Libia: petrolio e indipendenza*, Milano 1999.
Bühler A. H., *Der Namaaufsstand gegen die Deutsche Kolonial-herrschaft in Namibia von 1904-1913*, Frankfurt/M. 2003.
Buttino M. (a cura di), *In a Collapsing Empire. Underdevelopment, Ethnic Conflicts and Nationalisms in the Soviet Union*, Milano 1993.
Büttner K., *Die Anfänge der Deutschen Kolonialpolitik in Ostafrika*, Berlin 1959.
Caccamo F., *Il PCI, la sinistra italiana e la Primavera di Praga*, in Caccamo F. - Helan P. - Tria M. (a cura di), *Primavera di Praga, risveglio europeo*, Firenze 2011.

CACCAMO G., *Il processo di integrazione europea nelle attività scientifiche polari e il ruolo italiano*, Gorizia 2008.

CALANDRI E. (a cura di), *Il primato sfuggente. L'Europa e l'intervento per lo sviluppo (1957-2007)*, Milano 2009.

CALANDRI E., *Il Mediterraneo e la difesa dell'Occidente, 1947-1956: ambizioni imperiali e logiche di guerra fredda*, Firenze 1997.

CALANDRI E. - CAVIGLIA D. - VARSORI A., *Détente in Cold War Europe. Politics and Diplomacy in the Mediterranean and the Middle East*, New York 2012.

CALCHI NOVATI G., *Decolonizzazione e Terzo mondo*, Bari 1979.

CALCHI NOVATI G., *Il Corno d'Africa nella storia e nella politica: Etiopia, Somalia e Eritrea fra nazionalismi, sottosviluppo e guerra*, Torino 1994.

CALCHI NOVATI G., *Il Sud del mondo*, Novara 2009.

CALCHI NOVATI G., *L'Africa d'Italia. Una storia coloniale e postcoloniale*, Roma 2011.

CALCHI NOVATI G., *La decolonizzazione*, Torino 1983.

CALCHI NOVATI G., *Storia dell'Algeria indipendente. Dalla guerra di liberazione al fondamentalismo islamico*, Milano 1998.

CAMINITI A., *La guerra delle Falkland*, Genova 2007.

CAMPANINI M., *Storia dell'Egitto contemporaneo. Dalla rinascita ottocentesca a Mubarak*, Roma 2005.

CAMPUS M., *L'Italia, gli Stati Uniti e il piano Marshall*, Roma-Bari 2008.

CANSACCHI G., *I principi informatori delle relazioni internazionali*, Torino 1972.

CAREDDA G., *Le politiche della distensione (1959-1972)*, Roma 2008.

CARMAGNANI M., *L'America Latina dal '500 a oggi: nascita, espansione e crisi di un sistema feudale*, Milano 1975.

CAROCCI G., *L'età dell'imperialismo*, Bologna 1979.

CAROLI G., *L'Italia e il patto balcanico, 1951-1955. Una sfida diplomatica tra Nato e Mediterraneo*, Milano 2011.

CAROLI R. - GATTI F., *Storia del Giappone*, Roma-Bari 2006.

CARRÈRE D'ENCAUSSE H., *La Politique soviétique au Moyen-Orient, 1955-1975*, Parigi 1975.

CASINI F., *Corea fra passato e presente. tensioni al 38° parallelo*, in «Storia e futuro. Rivista di storia e storiografia», n. 27, novembre 2011. http://www.storiaefuturo.com/it/numero_27/articoli/1_corea-38-tensioni~1439.html

CASTIELLO F., *Fascismo, colonialismo, rivoluzione: rivoluzione anticoloniale e crisi del sistema politico portoghese*, Roma 1976.

CASTRO J., *I miei fratelli Fidel e Raúl: la storia segreta. Le memorie di Juanita Castro raccontate a María Antonieta Collins*, Roma 2010.

CASTRONOVO V., *Piazze e caserme. Il dilemma dell'America Latina dal Novecento a oggi*, Roma-Bari 2007.

CASTRONOVO V., *Un passato che ritorna. L'Europa e la sfida dell'Asia*, Roma-Bari 2006.

Caviglia D. - Cricco M., *La diplomazia italiana e gli equilibri mediterranei: la politica mediorientale dell'Italia dalla guerra dei Sei Giorni al conflitto dello Yom Kippur*, Soveria Mannelli 2006.

Caviglia D. - Varsori A. (a cura di), *Dollari, petrolio e aiuti allo sviluppo. Il confronto Nord-Sud negli anni '60-'70*, Milano 2008.

Chen King C., *Vietnam and China, 1938-1954*, Princeton (N. J.) 1969.

Chikeka C. O., *Africa and the European Economic Community, 1957-1992*, Lewiston, (N. Y.), 1993.

Chipman J., *French Power in Africa*, Oxford 1989.

Chrétien J.-P., *Le Défi de l'ethnisme. Rwanda et Burundi, 1990-1996*, Parigi 1997.

Chrétien J.-P., *Rwanda. Les médias du génocide*, Parigi 1995.

Ciampani A. - De Lucia Lumeno F. - Marcorelli F. (a cura di), *L'Europa e le Americhe. Uno sviluppo integrale e solidale*, Roma 2012.

Cigliano G., *La Russia contemporanea. Un profilo storico (1855-2005)*, Roma 2005.

Cohen W. I.-Iriye A., *The Great Powers in East Asia 1953-1960*, New York 1990.

Collotti Pischel E., *La Cina. La politica estera di un Paese sovrano*, Milano 2002.

Corm G., *Storia del Medio Oriente*, Foligno (PG) 2009.

Cortada J. W., *US Foreign Policy in the Caribbean, Cuba and Central America*, New York 1985.

Costa Bona E., *Il* Bureau International de la Paix *nelle relazioni internazionali (1919-1939)*, Padova 2010.

Costa Bona E., *L'Italia e la Società delle Nazioni*, Padova 2004.

Cresti F. - Cricco M., *Storia della Libia contemporanea. Dal dominio ottomano alla morte di Gheddafi*, Roma 2012.

Cricco M. - Guasconi M. E. - Napolitano M. L. (a cura di), *L'America Latina tra guerra fredda e globalizzazione*, Firenze 2010.

Crowder M., *West Africa under Colonial Rule*, Londra 1968.

D'Amoja F., *La politica estera dell'impero: storia della politica estera fascista dalla conquista dell'Etiopia alla partecipazione al secondo conflitto mondiale*, Padova 1961.

Daniels J., *The Wilson Era, 1917-1923*, Chapel Hill 1946.

Davenport T. R. H., *South Africa: A Modern History*, Londra 1977.

De Leonardis M. - Pastori G., *Le nuove sfide per la forza militare e la diplomazia: il ruolo della NATO*, Bologna 2008.

De Leonardis M., *Alla ricerca della rotta transatlantica: le relazioni tra Europa e Stati Uniti dopo l'11 settembre 2001*, Roma 2008.

De Leonardis M., *Storia dei Trattati e politica internazionale*, Milano 2011.

De Leonardis M., *Ultima ratio regum. Forza militare e relazioni internazionali*, Bologna 2005.

De Luca D., *Fuochi sul canale: la crisi di Suez, gli Stati Uniti e la ricerca di una nuova politica in Medio Oriente, 1955-1958*, Milano 1999.

De Luca D., *Gli Stati Uniti, l'Egitto e la rivoluzione dei "Liberi Ufficiali" del 1952*, in Pisanò A. (a cura di), *Questioni geopolitiche mediterranee*, Napoli 2011, pp. 95-112.

De Luca D., *Il Medio Oriente e la Grande Distensione: l'amministrazione Nixon e l'Iran (1969-1972)*, in *La politica estera italiana negli anni della Grande Distensione (1968-1975)*, a cura di Pia Gelozzi Baldelli, Roma 2009.

De Robertis A. G., *Riflessioni del terzo dopoguerra: Rise and Withering of the "Third Chance"*, Roma 2012.

De Robertis A. G., *Roosevelt e la sicurezza collettiva*, Bari 1994.

Del Boca A. (a cura di), *Le guerre coloniali del fascismo*, Bari 1991.

Del Boca A., *Gli italiani in Africa Orientale*, 4 voll., Roma-Bari 1976-1984.

Del Boca A., *Italiani, brava gente? Un mito duro a morire*, Vicenza 2010.

Del Boca A., *L'Africa nella coscienza degli italiani: miti, memorie, errori, sconfitte*, Milano 2002.

Del Boca A., *La trappola somala*, Roma-Bari 1994.

Del Pero M., *Libertà e impero: gli Stati Uniti e il mondo, 1776-2011*, Roma-Bari 2011.

Deldique P., *Faut-il supprimer l'ONU*, Parigi 2003.

Devillers Ph., *Histoire du Vietnam de 1940 à 1952*, Parigi 1952.

Di Maio T., *Alcide De Gasperi e Konrad Adenauer. Tra superamento del passato e processo di integrazione europea (1945-1954)*, Torino 2004.

Di Nolfo E. - Gerlini M. (a cura di), *Il Mediterraneo attuale tra storia e politica*, Venezia 2012.

Di Nolfo E., *Dagli imperi militari agli imperi tecnologici. La politica internazionale nel XX secolo*, Roma-Bari 2002.

Di Nolfo E., *Il disordine internazionale. Lotte per la supremazia dopo la Guerra fredda*, Milano 2012.

Di Nolfo E., *Lessico di politica internazionale contemporanea*, Roma-Bari 2012.

Di Nolfo E., *Storia delle relazioni internazionali. Dal 1918 ai giorni nostri*, Roma-Bari 2008.

Dodds K., *Geopolitics in Antarctica: Views from the Southern Oceanic Rim*, Chichester 1997.

Dolman E. C., *Astropolitik: Classical Geopolitics in the Space Age*, Londra 2002.

Domenach J.-L. - Philippe R., *La Chine 1949-1985*, Parigi 1987.

Domergue-Cloarec D., *La France et l'Afrique après les indépendances*, Parigi 1994.

Donno A. - Iurlano G. (a cura di), *Nixon, Kissinger e il Medio Oriente (1969-1973)*, Firenze 2010.

DONNO A., *Gli Stati Uniti, il sionismo e Israele: 1938-1956*, Roma 1992.
DONNO A., *La breve «luna di miele» tra l'Unione sovietica e Israele (1947-1949)*, in «Clio», 2012, n. 1.
DRECHSLER H., *Südwestafrika unter Deutscher Kolonialherrschaft: Der Kampf der Herero und Nama gegen den Deutschen Imperialismus (1884-1915)*, Berlin 1984.
DUCE A., *Considerazioni sul Canale di Suez nella politica internazionale dal 1869 ad oggi*, in «Studi parmensi», anno XIV, Milano 1968.
DUCE A., *La Santa Sede e la questione ebraica (1933-1945)*, Roma 2006.
DUCE A., *Pio XII e la Polonia (1939-1945)*, Roma 1996.
DUCE A., *Storia della politica internazionale. Dalla Rivoluzione d'Ottobre ai Trattati di Roma*, Roma 2009.
DUFOUR J.-L., *Les décolonisations de 1945 à nos jours*, Parigi 2000.
DUROSELLE J. B., *Histoire diplomatique de 1919 à nos jours*, Parigi 1993[11] (ed. it. 1998).
DUROSELLE J.B. - KASPI A., *Histoire des relations internationales de 1945 à nos jours*, Parigi 2007.
ELLWOOD D. W., *Una sfida per la modernità. Europa e America nel lungo Novecento*, Roma 2012.
ENARDU M. G., *Palestine in Anglo-Vatican Relations. 1936-1939*, Firenze 1980.
ENCEL F. - THUAL F., *Géopolitique d'Israel*, Parigi 2011.
ENCEL F., *Géopolitique de Jérusalem*, Parigi 1998.
ENCEL F., *Le Moyen-Orient entre guerre et paix. Une géopolitique du Golan*, Parigi 1999.
ERUSALIMSKIJ A. S., *Da Bismarck a Hitler: l'imperialismo tedesco nel XX secolo*, Roma 1974.
ESSEN A. VAN DER, *The Application of the Law of the Sea to the Antarctic Continent*, in *Antarctic Resources Policy. Scientific, Legal and Political Issues*, a cura di F. Orrego Vicuña, Cambridge 1983.
FAIRBANK J., *La grande révolution chinoise 1800-1989*, Parigi 1989.
FARAJALLAH S. B., *Le Groupe afro-asiatique dans le cadre des Nations unies*, Ginevra 1963.
FASANARO L., *Energia contesa, energia condivisa. La Francia, il problema tedesco e la questione carbonifera nei due dopoguerra*, Firenze 2008.
FERRARIS V. L., *Manuale della politica estera italiana (1947-1993)*, Roma-Bari 1993.
FIELDHOUSE K., *L'età dell'imperialismo*, Bari 1975.
FIGUEIREDO A. DE, *Portugal and its Empire: The Truth*, Londra 1961.
FILORAMO G. - MASSENZA M. - RAVERI M. - SCARPI P., *Manuale di storia delle religioni*, Roma-Bari 2006.
FIORANI PIACENTINI V., *Processi di decolonizzazione in Asia e Africa*, Milano 2000.

Formigoni G., *La politica internazionale del Novecento*, Bologna 2007.

Fornari M., *Il regime giuridico degli stretti utilizzati per la navigazione internazionale*, Milano 2010.

Francine F., *India's Political Economy 1947-1977. The Gradual Revolution*, Delhi 1978.

Francioni A., *Guerra di parole. "Minaccia cinese" e "Sviluppo pacifico" nel dibattito sull'ascesa di Pechino (1992-2005)*, in «Storia e futuro. Rivista di storia e storiografia», n. 27, novembre 2011 (prima parte), e n. 28, febbraio 2012 (seconda parte). http://www.storiaefuturo.com/it/numero_27/articoli/1_minaccia-cinese~1437.html e http://www.storiaefuturo.com/it/numero_28/articoli/1_minaccia-cinese~1470.html.

Francioni A., *Il banchetto cinese*, Firenze 2004.

Francioni A., *L'Italia fra le Treaty Powers*, Siena 2004.

Francioni F. - Scovazzi T., *International Law for Antarctica*, Londra-Boston 1996.

Freedman L., *Kennedy's Wars: Berlin, Cuba, Laos and Vietnam*, New York 2000.

Frey K., *India's Nuclear Bomb and National Security*, Londra-New York 2006.

Friedman N., *The Fifty-Year War*, Londra 2000.

Gaeta P., *Il sogno dei diritti umani*, in A. Cassese (a cura di), *Voci contro la barbarie*, Milano 2008.

Galli G. (a cura di), *Il pensiero politico del Novecento*, Bologna 2005.

Ganguly S., *Storia dell'India e del Pakistan: due paesi in conflitto*, Milano 2007.

Garavini G., *Dopo gli imperi: integrazione europea nello scontro Nord-Sud*, Milano 2012.

Garzia I. - Monzali L. - Bucarelli M. (a cura di), *Aldo Moro, l'Italia repubblicana e i Balcani*, Nardò 2011.

Gatti F., *Storia del Giappone contemporaneo*, Milano 2000.

Geiss I. - Wendt B. J. (a cura di), *Deutschland in der Weltpolitik des XIX. und XX. Jahrhunderts*, Düsseldorf 1974.

Gerlini M., *Sansone e la Guerra fredda. La capacità nucleare israeliana fra le due superpotenze (1953-1963)*, Firenze 2010.

Gibbons W. C., *The U.S. Government and the Viet Nam War*, 3 voll., Princeton 1986-1989.

Gifford P. - Louis W. R. (a cura di), *The Transfer of Power in Africa. Decolonization 1940-1960*, New Haven-Londra 1982.

Gifford P. - Roger Louis W. M., *Britain and Germany in Africa. Imperial Rivalry and Colonial Rule*, New Haven-Londra 1967.

Giglio C., *Colonizzazione e decolonizzazione*, Cremona 1965.

Giordano G., *Storia della politica internazionale. 1870-2001*, Milano 2004.

Giordano G., *Tra marsine e stiffelius: venticinque anni di politica estera italiana, 1900-1925*, Roma 2012.

Giovagnoli A., *Roma e Pechino: la svolta extraeuropea di Benedetto XV*, Roma 1999.
Giunipero E. - Giovagnoli A. (a cura di), *Chiesa cattolica e mondo cinese: tra colonialismo ed evangelizzazione, 1840-1911*, Città del Vaticano 2005.
Giunipero E., *Chiesa cattolica e Cina comunista: dalla rivoluzione del 1949 al Concilio Vaticano II*, Brescia 2007.
Gorodetsky G. (a cura di), *Soviet Foreign Policy 1917-1991. A Retrospective*, Londra 1994.
Gorodetsky G., *Grand Delusion*, Londra 1999.
Graziosi A., *L'Unione Sovietica. 1914-1991*, Bologna 2011.
Grimal H., *La Décolonisation de 1919 à nos jours*, Bruxelles 1985.
Gründer H., *Geschichte der Deutschen Kolonien*, Paderborn 2004.
Guasconi M. E. (a cura di), *Declino europeo e rivolte mediterranee*, Torino 2012.
Guderzo M. - Bagnato B. (a cura di), *The Globalization of the Cold War: Diplomacy and Local Confrontation, 1975-1985*, Londra-New York 2010.
Guderzo M. - Napolitano M. L., *Diplomazia delle risorse. Le materie prime e il sistema internazionale nel Novecento*, Firenze 2004.
Gudkov L. - Zaslavsky V., *La Russia da Gorbaciov a Putin*, Bologna 2011.
Guelke A., *Rethinking Apartheid: South Africa in the 20th Century*, New York 2004.
Guglielmo M., *Il corno d'Africa. Eritrea, Etiopia, Somalia*, Bologna 2013.
Guglielmo M., *Somalia: le ragioni storiche del conflitto*, Pavia 2008.
Guitard O., *Bandoung et le réveil des peuples colonisés*, Parigi 1961.
Halliday F., *Il Medio Oriente. Potenza, politica e ideologia*, Milano 2007.
Headrick D. R., *Il predominio dell'Occidente. Tecnologia, ambiente, imperialismo*, Bologna 2012.
Heller M. - Nekric A., *Storia dell'URSS dal 1917 a Eltsin*, Milano 2001.
Henderson W. O., *Studies in German Colonial History*, Londra 1962.
Henderson W. O., *The German Colonial Empire 1884-1919*, Londra 1993.
Hermet G., *L'Espagne au XXe siècle*, Parigi 1992.
Hershberg J. (a cura di), *The Cold War in Asia*, Washington 1995-1996.
Hess G. R., *Vietnam: Explaining America's Lost War*, Malden 2008.
Hilberg R., *La distruzione degli ebrei d'Europa*, Torino 1999.
Hippolyte M., *Les États du groupe de Brazzaville aux Nations Unies*, Parigi 1970.
Hobsbawm E., *L'età degli imperi 1875-1914*, Roma-Bari 1991.
Hobson J. A., *L'imperialismo*, Milano 1974.
Huldt B., *Sweden, the United Nations and Decolonization*, Lund 1974.
Hyamson A. M., *Palestine under the Mandate, 1920-1948*, Londra 1950.
Ignesti G. (a cura di), *Mediterraneo. Confronti e scambi*, Roma 2010.

Imperato F., *Aldo Moro e la pace nella sicurezza. La politica estera del centro-sinistra. 1963-1968*, Bari 2011.
Imperato F., *Aldo Moro, l'Italia e la diplomazia multilaterale. Momenti e problemi*, Nardò 2012.
Iriye A., *The Cold War in Asia*, New York 1974.
Jeannesson S., *La guerra fredda. Una breve storia*, Roma 2003.
Johnson S. K., *American Attitudes Toward Japan, 1941-1975*, Stanford 1975.
Jones S. - Midler A., *The South African Economy. 1910-1990*, Londra 1992.
Joyaux F., *La Tentation impériale. Politique extérieure de la Chine depuis 1949*, Parigi 1994.
Julien C. A., *L'impérialisme coloniale et les rivalités internationales*, Parigi 1975.
Kahin G. M., *Nationalism and Revolution in Indonésie*, New York 1952.
Kaiser W. - Varsori A. (a cura di), *European Union History Themes and Debates*, Basingstoke 2010.
Kennedy P., *Ascesa e declino delle grandi potenze*, Milano 1989.
Kimmerling B. - Migdal J. S., *I palestinesi. La genesi di un popolo*, Scandicci (FI) 1994.
King R. D., *Nehru and the Language Politics of India*, Delhi 1997.
Kissinger H., *Diplomacy*, New York 1994 (ed. it. 2004).
Kissinger H., *Does America Need a Foreign Policy?*, New York 2001.
Krusciov N. S., *Khrushchev Remembers*, Boston 1970.
Ku D., *Korea under Colonialism*, Seoul 1985.
Kundrus B., *Moderne Imperialisten. Das Kaiserreich im Spiegel seiner Kolonien*, Cologne 2003.
Kux D., *The United States and Pakistan 1947-2000: Disenchanted Allies*, Washington 2001.
Labbate S., *Energia made in Italy. Le cooperazioni italiane oltre frontiera. Dagli albori alle crisi petrolifere degli anni Settanta*, Roma 2012.
Labbate S., *Il governo dell'energia. L'Italia dal petrolio al nucleare (1945-1975)*, Milano 2010.
Lacqueur W. L., *The Soviet Union and the Middle East 1958-1968*, Londra 1969.
Lannutti G., *Storia della Palestina*, Roma 2006.
Lebra J. C. (a cura di), *Japan's Great East Asia Co-prosperity Sphere in World War II*, Oxford 1975.
Lefebvre D'Ovidio F., *La questione etiopica nei negoziati italo-franco-britannici del 1935*, Roma 2000.
Leifer M. (a cura di), *Asian Nationalism*, New York 2000.
Leveau R. (dir.), *L'Algérie dans la guerre*, Bruxelles 1995.
Levesque J., *L'URSS et la revolution cubaine*, Parigi 1976.
Longrigg S. H., *Syria and Lebanon under French Mandate*, Londra 1958.

LORENZINI S., *Due Germanie in Africa. La cooperazione allo sviluppo e la competizione per i mercati di materie prime e tecnologie*, Firenze 2003.
LOWE V. - ROBERTS A. - WELSH J. - ZAUM D., *The United Nations Security Council and War. The Evolution of Thought and Practice since 1945*, Oxford 2008.
LOWENTHAL A. F. (a cura di), *Exporting Democracy. The United States and Latin America*, Baltimora 1991.
LUDDEN D., *Storia dell'India e dell'Asia del Sud*, Torino 2011.
MAFFEI M. C., *Tratta, prostituzione forzata e diritto internazionale*, Milano 2002.
MALGERI G. - HASAN SURY S., *Gli esiliati libici nel periodo coloniale, 1911-1916: raccolta documentaria*, Roma 2005.
MALGERI G., *Eritrea e Tigrè. Questioni di confine e relazioni transfrontaliere durante il governatorato di Ferdinando Martini (1897-1907)*, Roma 2002.
MALGERI G., *Una politica per l'oltreconfine: le relazioni italo-britanniche nell'Etiopia nord-occidentale (1902-1914)*, Roma 2005.
MANGIONAMI P., *Gli anni della luna. 1950-1972: l'epoca d'oro della corsa allo spazio*, Milano 2009.
MANNING P., *Francophone Sub-Saharian Africa 1880-1995*, Cambridge 1998.
MANTRAN R. (a cura di), *Storia dell'Impero ottomano*, Lecce 2004.
MARCHISIO S., *L'ONU. Il diritto delle Nazioni Unite*, Bologna 2000.
MARCOCCI G., *L'invenzione di un impero. Politica e cultura nel mondo portoghese, 1450-1600*, Roma 2011.
MARTINO A., *Una media potenza come l'Italia fra politica estera e politica economica*, Milano 1994.
MARUYAMA M., *Le radici dell'espansionismo: ideologie del Giappone moderno*, Torino 1990.
MASTROLILLI P., *Lo specchio del mondo. Le ragioni della crisi dell'ONU*, Roma-Bari 2005.
MAXWELL N., *L'India e la Cina. Storia di un conflitto*, Milano 1972.
MCCOY A. W. (a cura di), *Southeast Asia under Japanese Occupation*, New Haven 1985.
MCDOUGALL W. A., *The Heavens and the Earth: A Political History of the Space Age*, New York 1985.
MEDICI L., *Colonialismo al tramonto: la neutralità dell'Iraq durante la seconda guerra mondiale*, Perugia 1998.
MEDICI L., *Dalla propaganda alla cooperazione. La diplomazia culturale italiana nel secondo dopoguerra (1944-1950)*, Padova 2009.
MEDVEDEV R. e Z., *Krushchev: The Years in Power*, Londra 1977.
MELCHIONNI M. G., *Le relazioni trans mediterranee nel tempo presente*, Soveria Mannelli 2005.
MENEGUZZI ROSTAGNI C. (a cura di), *La Cina luci e ombre: evoluzione politica e relazioni esterne dopo Mao*, Milano 2010.

MENEGUZZI ROSTAGNI C., *L'Organizzazione internazionale tra politica di potenza e cooperazione*, Padova 2000.
MERLATI M., *Gli Stati Uniti tra India e Pakistan. Gli anni della presidenza Carter*, Roma 2009.
MERLE M. (dir.), *Les églises chrétiennes et la décolonisation*, Parigi 1967.
MEYR G., *L'intervento dell'Italia in zone di conflitto a tutela dei diritti umani*, in CARLETTI C. (a cura di), *Il contributo delle istituzioni e della società civile italiana per la protezione e promozione dei diritti umani*, Torino 2012.
MEYR G., *La crisi petrolifera anglo-iraniana del 1951-1954: Mossadegh tra Londra e Washington*, Firenze 1994.
MICHELETTA L., *Italia e Gran Bretagna nel primo dopoguerra*, Roma 1999.
MIGANI G., *La France et l'Afrique sub-saharienne, 1957-1963. Histoire d'une décolonisation entre idéaux eurafricains et politique de puissance*, Bruxelles 2008.
MIGNOLLI A., *Alle origini della questione antartica. La difficile nascita di un trattato internazionale*, in «Clio», 1997, pp. 713-738.
MILANO R., *Una difficile transizione. Momenti e problemi dell'azione internazionale dell'ENI dopo la scomparsa di Enrico Mattei (1962-1965)*, in «Clio», a. XLVII, n. 3-2011.
MOMMSEN W. J., *Imperialismustheorien*, Göttingen 1980.
MONZALI L. - UNGARI A., *I monarchici e la politica estera italiana nel secondo dopoguerra*, Soveria Mannelli 2012.
MONZALI L., *L'Etiopia nella politica estera italiana (1896-1925)*, Parma 1996.
MONZALI L., *Mario Toscano e la politica estera italiana nell'era atomica*, Firenze 2011.
MONZALI L., *Un Re afghano in esilio a Roma. Amanullah e l'Afghanistan nella politica estera italiana 1919-1943*, Firenze 2012.
MOORE R. J., *Churchill, Cripps, and India 1939-1945*, Oxford 1979.
MOREAU DEFARGES PH., *L'ordre mondial*, Parigi 2003.
MORELLI U. (a cura di), *L'Unione europea e le sfide del XXI secolo*, Torino 2000.
MORISON D., *The USSR and Africa, 1945-1963*, Londra 1964.
MORO J., *Il sari rosso*, Milano 2009.
MORONE A. M., *L'ultima colonia. Come l'Italia è tornata in Africa, 1950-1960*, Roma-Bari 2011.
MOSCATO A., *Breve storia di Cuba*, Roma 2006.
MUGNAINI M., *L'America Latina e Mussolini: Brasile e Argentina nella politica estera dell'Italia (1919-1943)*, Milano 2008.
MUHYIDIN A. A. - LANNA M. - PALERMO G., *Somalia: dalla democrazia pastorale al conflitto interclanico. Una letteratura socio-giuridica*, Benevento 2008.
NAGAI Y. - IRIYE A. (a cura di), *The Origins of the Cold War in Asia*, New York 1977.

NATH M.-L., *Chinas Weg in die Weltpolitik: die nationalen und aussenpolitischen Konzeptionen Sun Yat-Sens, Chiang Kai-Sheks und Mao Tse-Tungs*, Berlin 1976.

NAVARRO VALLS J., *A passo d'uomo: ricordi, incontri e riflessioni tra storia e attualità*, Milano 2009.

NAVARRO VALLS J., *Begegnungen und Dankbarkeit: Erinnerungen und Gedanken des Pressesprechers von Papst Johannes Paul II*, Aachen 2011.

NISH I. H., *Japanese Foreign Policy, 1869-1942*, Londra-Henley-Boston 1977.

NOUSCHI A., *Pétrole et relations internationals depuis 1945*, Parigi 1999.

NUGENT P., *Africa Since Independence. A Comparative History*, New York 2004.

NUTI L. (a cura di), *The Crisis of Détente in Europe. From Helsinki to Gorbachev, 1975-1985*, Londra-New York 2009.

NUTI L., *I missili di ottobre. La storiografia americana e la crisi cubana del 1962*, Milano 1994.

NUTI L., *La sfida nucleare. La politica estera italiana e le armi atomiche 1945-1991*, Bologna 2007.

NZONGOLA-NTALAJA G., *The Congo from Leopold to Kabila A People's History*, Londra-New York 2002.

O'DOWD E. C., *Chinese Military Strategy in the Third Indochina War: The Last Maoist War*, Londra-New York 2007.

OLSEN M., *Soviet-Vietnam Relations and the Role of China, 1949-64: Changing Alliances*, Londra-New York 2006.

ORLANDI R. (a cura di), *L'elefante sul trampolino. L'India fra i grandi della Terra*, Bologna 2009.

ORLANDI R. (a cura di), *Oltre guerra e pace. Il Vietnam nel Terzo Millennio*, Bologna 2010.

PANIKKAR K. M., *Storia della dominazione europea in Asia dal Cinquecento ai nostri giorni*, Torino 1958.

PAPAGNO G., *I portoghesi d'oro. Re, nobili, ebrei, mori, mercanti e popolo nella formazione di un impero*, Reggio Emilia 2006.

PAPPE I., *Storia della Palestina moderna. Una terra due popoli*, Torino 2004.

PASTORELLI P., *Dalla prima alla seconda guerra mondiale. Momenti e problemi della politica estera italiana. 1914-1943*, Milano 1997.

PASTORELLI P., *Il ritorno dell'Italia nell'Occidente: racconto della politica estera italiana dal 15 settembre 1947 al 21 novembre 1949*, Milano 2009.

PASTORELLI P., *La politica estera italiana del dopoguerra*, Bologna 1991.

PASTORI G., *Il pomo della discordia. La politica imperiale della Gran Bretagna, il Baluchistan e il great game*, Milano 2004.

PEARSON M. N., *The New Cambridge History of India*, I, 1, *The Portuguese in India*, Cambridge 1990.

PERFETTI F. - UNGARI A. - CAVIGLIA D. - DE LUCA D., *Aldo Moro nell'Italia contemporanea*, Firenze 2011.

PERRAUDIN M. - ZIMMERER J. (a cura di), *German Colonialism and National Identity*, New York 2011.

PERRONE F., *Politica estera italiana e la dissoluzione dell'impero Ottomano (1914-1923)*, Lecce 2010.

PES A., *La costruzione dell'impero fascista. Politiche di regime per una società coloniale*, Roma 2010.

PES A. (a cura di), *Mare Nostrum. Il colonialismo fascista tra realtà e rappresentazione*, Cagliari 2008.

PETRICIOLI M., *L'Italia in Asia Minore: equilibrio mediterraneo e ambizioni imperialiste alla vigilia della prima guerra mondiale*, Firenze 1983.

PETRICIOLI M., *Oltre il mito. L'Egitto degli italiani (1917-1947)*, Milano 2007.

PIERRI B., *Guerra fredda e illusioni imperiali. La Gran Bretagna, gli Stati Uniti e i rapporti con l'Egitto (1948-1954)*, Galatina 2007.

PINESCHI L., *La protezione dell'ambiente in Antartide*, Padova 1993.

PINESCHI L. (a cura di), *La tutela dei diritti umani. Norme, garanzie, prassi*, Milano 2006.

PIZZIGALLO M. (a cura di), *Cooperazione e relazioni internazionali. Studi e ricerche sulla politica estera italiana del secondo dopoguerra*, Milano 2008.

PIZZIGALLO M. (a cura di), *Il Ponte sul Mediterraneo. Le relazioni fra l'Italia e i Paesi arabi rivieraschi (1989-2009)*, Roma 2011.

PIZZIGALLO M. (a cura di), *L'Italia e le monarchie petrolifere del golfo (1991-2011)*, Roma 2012.

PIZZIGALLO M. (a cura di), *La diplomazia italiana ed i paesi arabi dell'Oriente mediterraneo*, Milano 2008.

PIZZIGALLO M. (a cura di), *La politica araba dell'Italia democristiana*, Milano 2012.

PODESTÀ G. L., *Il mito dell'impero. Economia, politica e lavoro nelle colonie italiane dell'Africa orientale 1989-1941*, Torino 2004.

POGGIOLINI I., *Vietnam 1968-73. L'alternativa diplomatica alla guerra*, Firenze 1997.

POLSI A., *Storia dell'ONU*, Bari 2006.

QUARONI P., *Problemi della politica del nostro tempo*, Milano 1966.

RAINERO R. H., *Il trattato di pace delle Nazioni Unite con l'Italia: Parigi, 10 febbraio 1947*, Bologna 1997.

REID R. J., *A History of Modern Africa 1800 to the Present*, Oxford 2009.

REINHARD W., *Storia del colonialismo*, Torino 2002.

RENOUVIN P., *La question d'Estrème-Orient, 1840-1940*, Parigi 1953[3].

RICCARDI A. (a cura di), *Pio XII*, Roma-Bari 1984.

RICCARDI L., *Il problema Israele: diplomazia italiana e PCI di fronte allo Stato ebraico, 1948-1973*, Milano 2006.

RICHER PH., *L'Asie du Sud-Est, Indépendance et communisme*, Parigi 1981.

RICHER PH., *La Chine et le Tiers Monde (1949-1969)*, Parigi 1971.

ROGERS W. D., *The Twilight Struggle. The Alliance for Progress and the Politics of Development in Latin America*, New York 1967.
ROGNONI M. S., *Scacchiera congolese. Materie prime, decolonizzazione e guerra fredda nell'Africa dei primi anni Sessanta*, Firenze 2003.
ROMANO A., *From Détente in Europe to European Détente. How the West Shaped the Helsinki CSCE*, Bruxelles 2009.
ROMANO S., *Europa: storia di un'idea. Dall'Impero all'Unione*, Milano 2006.
ROMANO S., *Lettera ad un amico ebreo*, Milano 1997.
ROMERO F. - VARSORI A. (a cura di), *Nazione, interdipendenza, integrazione. Le relazioni internazionali dell'Italia (1917-1989)*, Roma 2005.
ROMERO F., *Storia della guerra fredda: l'ultimo conflitto per l'Europa*, Torino 2009.
ROMERO F., *Storia internazionale dell'età contemporanea*, Roma 2012.
RONDINONE A., *India: una geografia politica*, Roma 2008.
ROSSI C., *La* Freedom Doctrine *di John F. Kennedy. Cooperazione allo sviluppo e disarmo nell'Europa mediterranea (1961-1963)*, Milano 2006.
ROSSI C., *Partition of Palestine and Political Stability: Ottoman Legacy and International Influences (1922-1948)*, in «Robert Schuman Centre for Advanced Studies-Working Papers», 2010.
ROSSI G., *L'Africa italiana verso l'indipendenza (1941-1949)*, Milano 1980.
ROSSI G., *L'Africa verso l'unità dal 1945 al 2000*, Roma 2011.
ROSSI M., *Tutela dei diritti umani e Realpolitik: l'Italia alle Nazioni Unite (1955-1976)*, Padova 2011.
ROTHERMUND D., *Delhi, 15 agosto 1947. La fine del colonialismo*, Bologna 2000.
ROTHERMUND D., *Storia dell'India*, Bologna 2007.
ROTHWELL D. R., *The Polar Regions and the Development of International Law*, Cambridge 1996.
ROWLAND J., *A History of Sino-Indian Relations, Hostile Co-Existence*, Princeton (NJ) 1967.
RUBINSTEIN A. Z., *Moscow's Third World Strategy*, Princeton 1990.
RYAN S., *The United Nations and International Politics*, Londra 2000.
SAIU L. (a cura di), *Stati Uniti e Italia nel Mediterraneo. Operazioni di pace e di guerra*, Milano 2008.
SALVADORI M. L., *La parabola del comunismo*, Roma-Bari 1995.
SCHECTER M. G., *United Nations Global Conferences*, Londra-New York 2005.
SCHRAM STOKKE O. - VIDAS D. (a cura di), *Governing the Antarctic: The Effectiveness and Legitimacy of the Antarctic Treaty System*, Cambridge 1996.
SCISO E., *Le risorse dell'Antartide e il diritto internazionale*, Padova 1990.
SELVA S., *Integrazione internazionale e sviluppo interno. Stati Uniti e Italia nei programmi di riarmo del blocco atlantico 1945-1955*, Roma 2009.

SENESI L., *Italia e Stati Uniti in America Latina: alcuni aspetti della politica estera fascista e statunitense*, in AA.VV., *Studi in onore di Remo Martini*, Milano 2008.

SERRA E., *Manuale di storia delle relazioni internazionali e diplomazia*, Tavernerio (Como) 1996.

SHANKAR JHA P., *Quando la tigre incontra il dragone: uno sguardo nel futuro di India e Cina*, Vicenza 2010.

SHENG Y.-H., *Idylle sino-cubaine, brouille sino-soviétique*, Parigi 1973.

SMITH J., *La guerra fredda 1945-1991*, Bologna 2000.

SMITH R. B., *An International History of the Viet Nam War*, 2 voll., Londra 1983-1985.

SOAVE P., *Fezzan: il deserto conteso (1842-1921)*, Milano 2001.

SOAVE P., *La "cooperazione indispensabile": Italia e Libia e il paradigma della mancata decolonizzazione*, Milano 2012.

SOAVE P., *La scoperta geopolitica dell'Ecuador. Mire espansionistiche dell'Italia ed egemonia del dollaro 1919-1945*, Milano 2008.

SOAVE P., *Stati Uniti ed Iran nel negoziato sul nucleare (1974-9178)*, in «Rivista di studi politici internazionali», n. 304, 4/2009.

SOM R., *La nascita dell'India moderna: Gandhi, Bose, Nehru*, Roma 2009.

SOMMELLA V., *Dalla non belligeranza alla resa incondizionata. Le relazioni politico-diplomatiche italo-francesi tra Asse e Alleati*, Roma 2008.

SOUTOU G.-H., *La guerre de Cinquante Ans. Le conflit Est-Ouest 1943-1990*, Parigi 2001.

SPEAR P., *A History of India*, New Delhi-Londra 1990.

SPEITKAMP W., *Deutsche Kolonialgeschichte*, Stuttgart 2005.

SPRINGBORN A., *Englands Stellung zur Deutschen Welt- und Kolonialpolitik in den Jahren*, Leipzig 1939.

STEIN L., *The Making of Modern Israel. 1948-1967*, Cambridge 2009.

TATARELLI L., *Guida storico-politica del Sudamerica: Brasile, Argentina, Cile, Perù, Bolivia, Colombia, Venezuela, Ecuador, Uruguay, Paraguay*, Roma 1998.

THOBIE J. - MEYNIER G. - COQUERY-VIDROVITCH C. - AGERON C.-R., *Histoire de la France coloniale, 1914-1990*, Parigi 1990.

THOMAS H., *The Suez Affairs*, Londra 1970.

THOMPSON L., *A History of South Africa*, Jeppestown 2006.

TOMASSINI A., *La fondazione religiosa di un imperio coloniale. Manuel da Nòbrega (1517-1570)*, Roma 2009.

TONDO L., *L'amministrazione Nixon e gli accordi tra il Libano e l'OLP*, in «Nuova Storia Contemporanea», a. XVI, n. 5, settembre-ottobre 2012.

TONDO L., *L'Aquila e il Sol Levante. La politica degli Stati Uniti verso il Giappone (1920-1932)*, Galatina (Lecce) 2007.

TONINI A. - SIMONI M. (a cura di), *Realtà e memoria di una disfatta. Il Medio Oriente dopo la guerra dei sei giorni*, Firenze 2010.

TONINI A., *Il sogno proibito. Mattei, il petrolio arabo e le "sette sorelle"*, Firenze 2003.

TORRI M. - MOCCI N. (a cura di), *L'Asia nel triangolo delle crisi giapponese, araba ed europea*, Bologna 2012.

TORRI M., *Storia dell'India*, Milano 2011.

TOSCANO M., *Storia dei trattati e politica internazionale*, Torino 1963.

TOSI L. - COSTA BONA E., *L'Italia e la sicurezza collettiva. Dalla Società delle Nazioni alle Nazioni Unite*, Perugia 2007.

TOSI L. - TOSONE L. (a cura di), *Gli aiuti allo sviluppo nelle relazioni internazionali del secondo dopoguerra. Esperienze a confronto*, Padova 2006.

TOSI L. (a cura di), *Sulla scena del mondo. L'Italia all'Assemblea Generale delle Nazioni Unite (1955-2009)*, Napoli 2010.

TOSI L., *Politica ed economia nelle relazioni internazionali*, Roma 2002.

TOSONE L., *Aiuti allo sviluppo e guerra fredda. L'amministrazione Kennedy e l'Africa Sub-Sahariana*, Padova 2008.

TRABALLESI A., *Il ritorno sulla luna: problemi e prospettive*, Roma 2008.

TRANIELLO F. - GUASCO A., *Dall'imperialismo alla globalizzazione*, Torino 2004.

TRENTIN M. - GERLINI M. (a cura di), *The Middle East and the Cold War: Between Security and Development*, Cambridge 2012.

TRENTIN M., *Engineers of Modern Development: East German Experts in Ba'thist Syria, 1965-1972*, Padova 2010.

ULAM A. B., *Storia della politica estera sovietica. 1917-1967*, Milano 1970.

VALDEVIT G., *I volti della potenza. Gli Stati Uniti e la politica internazionale nel Novecento*, Roma 2004.

VALDEVIT G., *La guerra nucleare. Da Hiroshima alla difesa antimissile*, Milano 2010.

VALSALICE L. [LUIGI VITTORIO FERRARIS], *Guerriglia e politica. L'esempio del Venezuela (1962-1969)*, Firenze 1973.

VANTAGGIO V., *La seduzione del pavone. Le origini dell'alleanza tra Stati Uniti e Iran (1941-1949)*, Lecce 2008.

VARSORI A. (a cura di), *Europe 1945-1990s. The End of an Era?*, Londra 1995.

VARSORI A., *Controguerriglia e diplomazia: la Gran Bretagna e il coinvolgimento americano in Viet Nam durante l'amministrazione Kennedy, 1961-1963*, Firenze 1999.

VARSORI A., *L'Italia nelle relazioni internazionali dal 1943 al 1992*, Roma-Bari 1998.

VARSORI A., *La Cenerentola d'Europa? L'Italia e l'integrazione europea dal 1947 ad oggi*, Soveria Mannelli 2010.

VENERUSO D., *Storia d'Italia nel Novecento*, Roma 2002.

VENTRE D. (a cura di), *Cyber Conflict. Competing National Perspectives*, Londra-Hoboken 2012.
VERCELLI C., *Breve storia dello Stato d'Israele (1948-2008)*, Roma 2008.
VERCELLI C., *Israele. Storia dello Stato. Dal sogno alla realtà (1881-2007)*, Firenze 2007.
VERCELLI C., *Storia del conflitto israelo-palestinese*, Milano 2011.
VIGNATI D., *Gli Stati Uniti e il Venezuela di Carlos Andrés Pérez (1974-1979)*, Torino 2009.
VIGNI P., *Concorrenza fra norme internazionali: il regime giuridico dell'Antartide nel contesto globale*, Milano 2005.
VILLANI A., *L'Italia e l'Onu negli anni della coesistenza competitiva (1955-1968)*, Padova 2007.
VON ALBERTINI R., *La decolonizzazione. Il dibattito sull'amministrazione e l'avvenire delle colonie tra il 1919 e il 1960*, Torino 1971.
WALTERS F. P., *A History of the League of Nations*, 2 voll., Londra 1952.
WERTH N., *Storia della Russia del Novecento*, Bologna 1993.
WERTH N., *Storia dell'Unione Sovietica: dall'Impero russo alla Comunità degli Stati Indipendenti. 1900-1991*, Bologna 1993.
WESTAD O. A., *The Global Cold War: Third World Interventions and the Making of Our Times*, Cambridge 2005.
WOLPERT S., *A New History of India*, Oxford-New York 2003.
WOMACK B., *China and Vietnam: The Politics of Asymmetry*, Cambridge 2006.
WULZER P., *Gran Bretagna, Stati Uniti e Guerra fredda in Medio Oriente (1945-1955)*, Roma 2008.
WULZER P., *Il Mediterraneo nei rapporti italo-britannici (1945-1958)*, Roma 2010.
YOSHITSU M. M., *Japan and the San Francisco Peace Settlement*, New York 1982.
YOUNG M., *Le guerre del Vietnam. 1945-1990*, Milano 2007.
ZAMPONI M., *Breve storia del Sudafrica*, Roma 2009.
ZANATTA L., *Il Peronismo*, Roma 2008.
ZANATTA L., *Storia dell'America Latina contemporanea*, Roma-Bari 2010.
ZANICHELLI M., *Il discorso sui diritti*, Padova 2004.
ZIMMERMANN A., *Storia della politica coloniale tedesca*, Milano 1943.
ZUBOK V. M. - PLESHAKOV C., *Inside the Kremlin's Cold War. From Stalin to Krushchev*, Cambridge 1996.
ZUBOK V. M., *A Failed Empire*, New York 1999.

INDICE DEI NOMI

INDICE DEI LUOGHI

Stampa:
MEDIAGRAF - Noventa Pad. (PD)